謹んで古稀をお祝いし

水野勝先生に捧げます

執筆者一同

水野勝先生　近影

水野勝先生古稀記念論集

労働保護法の再生

信 山 社

は し が き

　水野勝先生は，さる平成16年12月10日，古稀をお迎えになりました。その折，これまでのご指導とご厚誼に報いるため，日頃親しくご指導いただいている私どもは，先生の古稀記念論集を出版する企画にとりかかりました。しかし，諸般の事情により古稀祝賀に合わせた発刊ができず，企画より約1年遅れとなりましたが，このたびようやく本書の発刊とあいなりました。

　労働保護法の概念は，広義には個別的労働関係法と同義に用いられ，わが国では必ずしも共通の理解に至っておりませんが，先生は，労働者の安全と健康の確保に向けた法規制及び労働災害に対する補償・賠償に係わる法規範を中心とした労働者保護の法体系（労働時間法を含む）を念頭に置かれているように思われます（「労働保護法と労働安全衛生法」労働判例761号（1999））。

　水野先生の業績は多岐にわたりますが，まさに，こうした意味での労働保護法の研究に，先生は多くの力を注いでこられました。

　年次有給休暇権の法構造，労災補償法（とくに，業務上・外認定基準をめぐる法的問題），労働契約と安全配慮義務をめぐる問題について，先生は，多くの業績を残しておられます。そして，先生は，年次有給休暇権に関する「社会法的請求権説」（「年次有給休暇権の法構造」季刊労働法91号（1974））や，業務上・外認定に関する「業務関連性説」（『労働災害補償法論』（1984）水野先生執筆部分）などのように，いくつかの特筆すべき見解を発表されてきました。

　先生の学問に対する情熱は古稀を迎えられた現在においてもやむことはなく，いまなお私どもに対し鋭い問題提起を続けておられます。先生のこの問題提起を受け止めようとする私どもの気持ちが，本書の表題にあります「再生」という表現に込められております。

　本書は，大きく，「労働契約」，「労働条件」，「職場環境と労災」の3部に分かれ，それぞれの部に多くの研究者が寄稿されております。これ

はしがき

　らが，労働保護法の再生に向けてどのように位置づけられるのかは，先生及び読者のご批判を待つほかありません。私ども編集にかかわった者としては，それぞれの論題において少しでも読者の研究に裨益するものがあれば幸いに存じます。

　最後に，本書の出版に当たり，信山社社長の渡辺左近氏に多大のご尽力をいただきましたことに対し，心より感謝申し上げます。

2005年11月

水野勝先生古稀記念論集編集委員

佐 藤 俊 一
辻 村 昌 昭
毛 塚 勝 利
山 田 省 三
藤 原 稔 弘
鎌 田 耕 一

目　次

はしがき

第Ⅰ部　労働契約

1　労働契約変更法理再論──労働契約法整備に向けての立法的提言── …………………………………毛塚勝利…3

2　就業規則法理の再構成 …………………川口美貴…33

3　合意解約の有効性判断と情報提供義務・威迫等不作為義務──労働法における「合意の瑕疵」論を考える素材として── …………………………根本　到…57

4　ドイツにおける従属的自営業者の法的保護に関する議論について …………………………小俣勝治…91

5　ドイツ法における普通取引約款をめぐる司法的コントロールの法思想的基盤 ……………高橋賢司…125

6　ドイツにおける企業別協約の新動向──判例に見る伝統的労使関係の軋みとその法的問題── ……………辻村昌昭…147

第Ⅱ部　労働条件

7　成果主義賃金制度に関する一考察──日本労務学会第33回全国大会での議論を受けて── ……………三柴丈典…177

目　次

8　「過労死」防止という観点から見た年次有給休暇制度に関する一考察 ………………………………畠中信夫…199

9　裁量労働制の解釈論的問題 ………………野間　賢…225

10　フランス労働時間制度の変遷──35時間法の衰退── ………………………………………………水野圭子…253

11　高年齢者雇用の法的課題──高年齢者等雇用安定法2004年改正をめぐって── …………………………清正　寛…285

12　雇用における高齢者処遇と年齢差別の法的構造 ………………………………………………山田省三…305

13　賃金差別訴訟における文書提出命令 ………佐藤優希…327

第Ⅲ部　職場環境と労災

14　安全配慮義務の履行請求 ……………………鎌田耕一…359

15　職場いじめ・嫌がらせの法理──フランス法と比較した素描的考察── …………………………石井保雄…413

16　ドイツにおける疾病解雇の法理──連邦労働裁判所の判例理論を中心に── ………………………藤原稔弘…439

17　職場における精神疾患者をめぐる判例分析と労働法上の課題 ………………………………春田吉備彦…461

18　精神障害・自殺の労災認定──99年認定指針の問題点と今後の課題── ………………………………岡村親宜…483

19　バーンアウトと業務上外認定の法理 ………藤木清次…505

20　通勤災害保護制度と労働者保護の課題 ………………………………………………山崎文夫…527

目　次

21　通勤災害に関する諸問題——通勤概念の拡大の観点から——
　　………………………………………………………………小　西　國　友…543

水野勝先生略歴・主要業績

―――― 執筆者一覧〔掲載順〕――――

毛塚	勝利	中央大学教授
川口	美貴	関西大学法科大学院教授
根本	到	神戸大学助教授
小俣	勝治	青森中央学院大学教授
髙橋	賢司	立正大学講師
辻村	昌昭	淑徳大学教授
三柴	丈典	近畿大学助教授
畠中	信夫	白鷗大学教授
野間	賢	國学院大学兼任講師
水野	圭子	法政大学講師
清正	寛	法政大学教授
山田	省三	中央大学法科大学院教授
佐藤	優希	志學館大学専任講師
鎌田	耕一	東洋大学教授
石井	保雄	獨協大学教授
藤原	稔弘	関西大学教授
春田吉備彦		大東文化大学講師
岡村	親宜	弁護士
藤木	清次	マネジメントコンサルタント
山崎	文夫	明治大学講師
小西	國友	立教大学名誉教授

第Ⅰ部

労働契約

1　労働契約変更法理再論
―― 労働契約法整備に向けての立法的提言 ――

毛 塚 勝 利

I　はじめに

　長年の課題であった労働契約法の整備にむけての取組みが開始されたことは歓迎されてよい(1)。労働契約法は，今後，労働基準法とならび個別的労働法の中核的位置を占めるものとなるであろうし，また，ならなければならない。労働契約法の整備に際しては，雇用形態や就業形態の多様化に対応するためにどの範囲の労働者・就業者を対象とするのか，日本の労働契約法を規定してきた就業規則法制をどうするのか，解雇の救済制度として金銭補償制度を取り入れるかといった大きな問題がある。しかし，労働契約法を整備する上でもっとも重要な中心的な課題のひとつは，労働契約の変更法理をどう形成するかであろう。

　これまで，労働契約の変更に関する明確な法的規定は整備されることなく，判例法理としても契約原理に適合的な法理は形成されてこなかった。実務を圧倒的に支配してきたのは，いうまでもなく，就業規則による労働条件の変更法理である。最高裁判例によって産み出された就業規則の変更法理は，日本における労働契約の変更法理の代替的機能を果たしてきたといってよい。このことは，二つの意味で不幸であった。ひとつは，就業規則を本来の任務から逸脱させ，その労働法における任務を異常に肥大化させてしまったことである。もうひとつは，その必然的帰結として，労働契約法理の形成と発展を阻害し，同時に，集団的自治の形成をも阻害してきたことである。

　この点，筆者は，このような日本の労働契約変更法理の問題点を解決する

ためにかねてから契約変更請求権の承認を求めてきた。しかし，近時（2005年4月13日）発表された厚生労働省「今後の労働契約法の在り方に関する研究会」（菅野和夫座長）の「中間的取りまとめ」（以下「中間報告」）は，「雇用継続型契約変更制度」を志向するとしながらも契約法理の構築にとって必ずしも適切な対応を行うものとなっていない。そのため，本稿であらためて契約変更請求権を中核に据えた労働契約変更法理と統一的労働条件の変更法理を提示し，労働契約変更法理のもう一つのあり方について議論していただくことを求めたい。まず，中間報告書の提言をみることからはじめよう。

II 中間報告書にみる労働契約変更法理案とその問題点

1 労働契約の個別的変更法理

労働契約当事者間における労働契約変更の法的手段として，中間報告は，二つのオプションを提起する。ひとつは，「労働契約の変更の必要が生じた場合には，使用者が労働者に対して，一定の手続にのっとって労働契約の変更を申し込んで協議することとし，協議が整わない場合の対応として，使用者が労働契約の変更の申入れと一定期間内において労働者がこれに応じない場合の解雇の通告を同時に行い，労働者は労働契約の変更について異議をとどめて承諾しつつ，雇用を維持したまま当該変更の効力を争うことを可能にするような制度」，つまり，留保付承諾の余地を認める変更解約告知制度の導入である。もう一つは，「労働契約の変更の必要性が生じた場合には，変更が経営上の合理的な事情に基づき，かつ，変更の内容が合理的であるときは，使用者に労働契約の変更を認める制度」，すなわち，使用者の「労働契約の一方的な変更権」の付与である。

「雇用継続型契約変更制度」というそれ自体は正当な題のもとに，変更解約告知と使用者の一方的権限の付与の二つのオプションしか示していないのは，きわめて残念である。

変更解約告知による対応は，まず第1に，留保付承諾を入れることで，解雇の効力が直ちに発生しないことから，解雇圧力はその限りでは緩和される。しかし，労働者は変更に異議をとどめる場合，訴訟を行わない限り，変更も

解雇も免れることはできない。それゆえ，労働者が訴訟提起の負担を強いられることを考えれば，解雇圧力による変更強制としての性格を拭い去ることは困難である(2)。第2に，異議を留保し，訴訟している期間中であっても，暫定的にせよ変更に応じなければならないことである。これは，労働者が例えば，契約の趣旨からして異職種配転に応じる義務がないと考える場合であれ，老親の介護のため遠隔地配転に応じることが期待できない場合であれ，暫定的に変更に応じたうえでで，訴訟で争うしかないことを意味する。しかし，事情の変更にあわせて契約内容を調整する必要性があるとはいえ，現在の契約内容を遵守することも契約当事者の当然の義務であることを考えれば，変更の合理性に関する裁判所の判断がでるまでの経済的社会的不利益や精神的不利益を，常に労働者が負担しなければならないのは不公平であろう。第3に，原理的にいえば，契約変更を求める事情は契約当事者双方に発生するが，変更解約告知は，変更権と同様，使用者にしか認められない変更手段であることにおいて，労働契約における対等決定原則にそぐわない法的手段だということである。もっとも，後述するように，筆者もまた，変更解約告知に関する規定をおくことを考えているが，それは，現実に労働条件変更をめぐる解雇の発生が回避できないからであり，また，認知するのはあくまで例外的な変更手段としてある。

　もうひとつの案である使用者に労働契約の一方的変更権を付与する考えは，変更対象事項や変更の合理性要件を法定できる実用的利点はあるにしても，契約法理としては賛成しがたい。労働契約法理は，雇用関係を規定する企業組織や経営実務の特性を無視して構成できないが，決して現実をそのまま法的に合理化することではない。雇用が対等当事者間の契約関係であることを踏まえて，契約原理に適合的な労働契約法理を追求することを放棄してはならないであろう。なお，一般に「法律により一方当事者に契約の一方的な変更権を与える場合には，厳密な手続や代償措置が求められている」として，「労働者と十分な協議」と「解雇の回避」をあげているが，果たして，それが「厳密な手続や代償措置」に値するといえるか疑問である。

　このように，変更解約告知も一方的変更権も，使用者にのみ認められる変更手段にすぎない。時間とコストの負担を厭わず解雇圧力にも果敢に立ち向

かう「自立的労働者」を措定するか,「物言わぬ労働者」と「善意の使用者」を措定するかの違いはあれ,ともに,使用者による一方的労働条件の形成という現実の世界を合理化する点では変わりがない。労働契約もまた双務契約であること,しかも事情の変更による契約内容調整の必要性は契約当事者の双方に発生することを無視した法理として,基本的な問題点を内包するものと言わざるを得ない。

2 就業規則による労働条件変更法理

中間報告書は,労働契約の変更法理と同じく,就業規則による労働条件の変更についても,二つのオプションを用意している。

(a) 変更就業規則拘束力法定案＝統一的労働条件変更権付与説

ひとつは,「就業規則による労働条件の変更が合理的なものであれば,労働者はこれに拘束される」とする規定をおき,「労使当事者間で当該労働条件について就業規則によっては変更しないことの合意がある場合」を除き,就業規則による労働条件変更の法的拘束力を認める,「就業規則変更条件拘束規定創設案」である。報告書は,就業規則の作成手続に関して抜本的な変更を加える考えをもたない(3)から,この案は,換言すれば,合理的な範囲内で就業規則記載労働条件（これは「当該事業所の労働者のすべてに適用されるもの」（労基法89条10号）を記載するものであるから以下「統一的労働条件」と呼ぶ）を一方的に変更する権限を使用者に与えることを法定する「統一的労働条件変更権付与」方式である。この案は,最高裁の就業規則法理が,変更法理の側面を見る限り,使用者に一方的変更権を付与する法規説に他ならないことを直視し,その法的根拠を与える整備といえる。

この変更権付与方式は,変更が認められる要件を法的に書き込むことに適するため,先の契約法理としての変更権同様,実務的には使い勝手のよい規定ともなりうる。しかし,統一的形成や流動的形成が必要にせよ,労働契約の基本的内容である労働条件を含めて,なぜ使用者にのみ形成権を付与するのかという労働契約法理としての基本的欠点を内包している。

(b) 変更就業規則承諾推定条項案＝統一的労働条件変更権留保説

もうひとつは,「就業規則による労働条件の変更が合理的なものであれば,

労働条件は当該変更後の就業規則の定めるところによるとの意思が，労使当事者間にあったものと推定する」旨の規定を設けること，つまり，「就業規則による労働条件変更承諾推定条項」案である。これによれば，就業規則が変更された場合，新たな就業規則の内容にそった労働契約内容が形成されることになるが，「反証をあげて覆すこと」もできる。報告書は，「就業規則の変更による労働条件の変更は，労使当事者間の合意の範囲内のものであって，労働契約そのものの変更ではないとされ，契約の一方当事者（使用者）に契約の変更権を与えるものではないため，契約についての一般原則に合致する」として，法的構成の妥当性を主張している。

　この案は，「労働条件は変更後の就業規則の定めるところによる」という推定規定をおくだけであるから，確かに報告書自らいうように契約の一般原則に反しないとはいえる。右推定を覆すことのできる場合として，報告書は，「当該労働条件については将来においても就業規則によっては変更しないとの労使当事者間の明示又は黙示の合意があったと認定できる場合」としているが，問題は，「当該労働条件について将来においても就業規則によっては変更しないことの合意」をどのような場合に認めるかである(4)。これを，当該労働条件について就業規則とは異なる個別約定がある場合に限定し，これまで就業規則に定める労働条件を受入れてきた場合には，「将来においても就業規則によっては変更しないことの合意」の存在をみないというのであれば，いってみれば，就業規則による労働条件変更についての包括的合意説ないし変更権留保説であり，機能的には変更権付与説と何ら異ならないことになる。しかし，「就業規則による労働条件の変更が合理的なものであれば，労働条件は当該変更後の就業規則の定めるところによるとの意思が，労使当事者間にあったものと推定する」にとどまるのであれば，就業規則と異なる個別約定がある場合だけでなく，労働者が合理的な変更とは言い難いとして変更に異議を述べる場合には，就業規則による労働条件変更の拘束力を認めないのが素直な解釈ではないであろうか。まして，「過半数組合が合意した場合または労使委員会委員の5分の4の多数により変更を認める決議があった場合」には「変更後の就業規則の合理性が推定される」とする(5)ことを明記することの検討を求めている（10頁，21頁）のであるから，逆に，

過半数組合が反対し変更後の就業規則の合理性の推定が働かないときにも，その就業規則の受け入れを拒否している労働者に「労働条件は変更後の就業規則の定めるところによる」という推定規定も働かすのは理不尽な解釈であろう。

それゆえ，本来，統一的労働条件の変更に反対している労働者に対して，少なくとも合理性推定の働かない変更就業規則に反対している労働者には，個別労働契約変更法理による対応問題が残るはずであるが特に言及されてはいない。とすれば，結局，契約締結においては，特段の合意がなければ「就業規則によって契約内容を決めたもの」と契約内容を推定（契約雛形・約款説）し，契約変更時には，就業規則によっては労働条件を変更しないとの合意がなければ「就業規則の変更による契約内容の変更を受入れたもの」と変更権付与を推定する（白地契約説）のは，意思解釈のあり方としても一貫性がないというべきであろう。

3　労働契約変更法理の全体像と基本的問題点
(a)　報告書における労働契約変更法理の全体像

中間報告書における二つの契約変更方法（変更解約告知案，契約変更権案）と二つの就業規則変更法理（就業規則による労働条件変更承諾推定条項案，就業規則変更労働条件拘束条項案＝就業規則による労働条件変更権案）を単純に組み合わせれば，4つの方法が生まれることになる。

　第1類型　A1-B1（就業規則変更条件承諾推定規定・変更解約告知）
　第2類型　A1-B2（就業規則変更条件承諾推定規定・契約変更権）
　第3類型　A2-B1（就業規則変更条件拘束規定・変更解約告知）
　第4類型　A2-B2（就業規則変更条件拘束規定・契約変更権）

このうち，特段の約定がない限り，使用者に，就業規則による労働条件変更権と契約変更権を与える第4類型は，機能論的には，現行の就業規則判例法理に，契約上の変更権を付与しただけともいえるが，契約法理としてはあまりにも片面的すぎる。ただ，実務的処理の便益性を志向の論者からすれば，就業規則による変更にも契約による変更にも，変更を認める場合の明確な要件を法律に書き込むことが可能として歓迎する向きもあろう。第3類型は，

機能論的には，統一的労働条件に関しては現在の就業規則判例法理で処理し，個別契約の労働条件については変更解約告知で対応するもので，学説のなかでは一部主張されてきた見解[6]の法制化ともいえる。

　第1類型と第2類型は，「就業規則による労働条件の変更が合理的なものであれば，労働条件は当該変更後の就業規則の定めるところによるとの意思」の推定に対する反証をどの程度認めるかによって評価がかわる。前述のように，労働者が労働条件の変更は合理的とはいえないと反対している場合には「変更後就業規則の定めるところによるとの意思」の推定を認めないのであれば，就業規則による労働条件の変更の効力が及ばず，個別契約レベルでの変更法理が働く余地が拡大し，従来の就業規則法理の改編をせまることになるが，反証が認められる「当該労働条件については将来においても就業規則によっては変更しないとの労使当事者間の明示又は黙示の合意があったと認定できる場合」の意味を個別契約約定の存在に限定すれば，ほとんど就業規則による一方的労働条件変更権を認める第3，第4類型と変わらない。

図1　中間報告書にみる労働条件変更法理

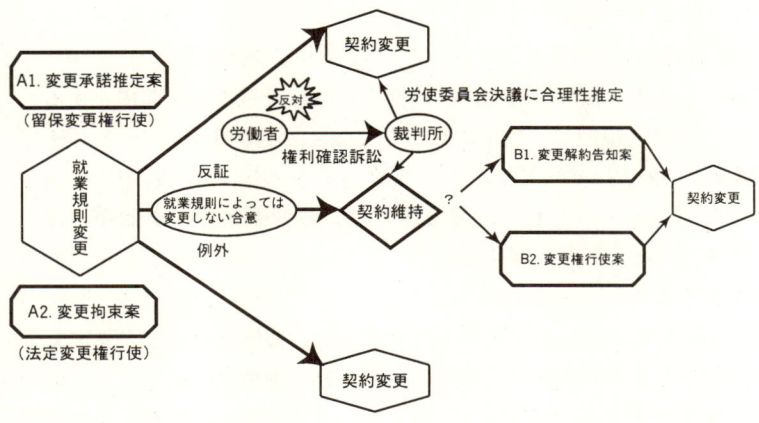

(b)　基本的特徴と問題点

　このようにみてくると，今回の中間報告書は，労働契約の変更法理という労働契約法の中核を占める問題に，変更解約告知と契約変更権という新たな法的手段をつくることを志向しながら，就業規則による労働条件変更という

契約変更法理の「異型」を取り除くことなく，むしろそれを法的に正当化するための整備を考え，その補完物として新たな契約変更手段を位置づけているにすぎないことになる。これは，報告書が，雇用継続型契約変更制度に先立ち，就業規則の不利益変更の法的効力を論じ，また，「雇用継続型契約変更制度」のなかで，変更解約告知についても変更権についても，就業規則による労働条件変更ができない場合に限って認める考えを示していることに端的に表れている（しかも，これが「就業規則の変更に反対している労働者」に向けられたものではなく，「個別約定をしている労働者」のみを念頭においていると思われることは前述した）。

しかし，就業規則による労働条件法理は，労働契約法理としての労働条件変更法理が未成熟であるために展開してきたのであるから，労働契約法理としての労働条件変更法理を立法的に整備する以上，就業規則を労働条件変更手段にすることは可能な限り縮減する方向で考えるべきであろう。改めて指摘するまでもないが，これは，就業規則法制の廃止を求めているわけではない。就業規則の存在がとりわけ中小企業の労働者保護に今日なお重要な役割を果たしていることは否定できない。しかし，これは，労基法が本来予定する 93 条の法定効力（最低基準的効力，筆者からすれば禁反言的効力）を期待するものであって，それは就業規則に法的拘束力を与えることを前提とするものではない[7]。就業規則の法的効力に関しては，今日，労基法 93 条の法定効力（最低基準的効力）と法的拘束力とを峻別することは，一般的に承認されていることである[8]。そして，就業規則による労働条件変更問題とは，基本的に前者ではなく後者の問題なのであるから，あらたな契約変更法理の枠組みのなかで処理すべきである。

もちろん，就業規則法制を残す以上，就業規則が最低基準的効力を通して労働者保護機能を果たす以外に，労働契約の内容を事実上形成していく機能（約款機能）を果たすことは避けられない。したがって，報告書が就業規則による契約解釈として，「就業規則の内容が合理性を欠く場合を除き，労働者及び使用者は，労働条件は就業規則の定めるところによるとの意思を有していたものと推定するという趣旨の規定を設ける」(15頁)とすることは，契約意思の推定を合理的な就業規則に限定することを意図する限りで妥当で

ある。しかし，就業規則が変更された場合でも，「就業規則による労働条件の変更が合理的なものであれば，労働条件は当該変更後の就業規則の定めるところによるとの意思が，労使当事者間にあったものと推定する」との規定をおき，しかも，反証できる場合を狭く限定すること，つまり，白地慣習法的な契約解釈で常に就業規則の法的拘束力を承認することは，せっかく新たな労働契約法理を志向しながら，事実上それが働く余地を排除するものであって，方向性として適切とは言い難い。

　結局，中間報告書が，新たな労働契約変更法理を設けながらも，就業規則法理の肥大化や契約法理としての不健全さを解消することなく，判例法理の合理化に腐心することで終ってしまったのは，そこで提示した個別契約法理それ自体に問題があるからであろう。示された二つの契約変更法理のうち，一方的契約変更権の承認が契約法理としての難点をかかえる以上，変更解約告知しか事実上残らない。しかし，変更解約告知はたとえ留保付承諾を認めても，日本の雇用慣行や裁判実務を考えれば，やはり契約変更法理としては「劇薬」すぎる[9]。とすれば，補完的法理として位置づけることにならざるを得ない。そのことが，結果的に就業規則判例法理の合理化へと走らせているといえまいか。しかし，契約変更解約告知以外にも労働契約変更法理の中核を占める法理はありうるのである。

III　労働契約の個別的変更法理の整備

1　契約変更請求権による対応
(a)　契約変更請求権の概念と法的性格
(i)　現行法のもとでの解釈論的構成

　かつて，筆者は，「労働契約関係において事情の変更にもとづく契約内容の変更の申入れに相手方が承諾しないことが権利の濫用となり結果的に契約内容の変更が認められる権利」として契約内容変更請求権を構成した[10]。また，このような契約内容変更請求権が認められる法的根拠としては，労働契約関係では労働債務にかぎらず，広く労働条件＝契約内容一般の流動的形成が不可避であること，そして，これを退職の自由と解雇の自由という「契

約の自由」一般に委ねることでは最初から流動的形成の余地を残さないこと，また，法がまさに個々の労働者と使用者との関係をにらんだ労基法において労使対等決定の原則を定めていること（労基法2条1項）からすれば，労働法秩序との整合性を損なわないかぎり，個別契約当事者間においても契約関係の存続を前提とした労働条件の取引を，つまり契約内容の変更を求める権利を，労働契約における信義則に基づき認めてよいと考えたからである。

　ただ，このような契約内容変更請求権を構成する際に，「承諾権の濫用」を媒介として変更の効力が発生する構成をとらざるを得なかったことは，日本の裁判手続きを想定した場合に，裁判所の確定判決をまって法的効力が発生する構成をとることは，あまりにも現実離れした議論とならざるを得なかったためである[11]。本来，現在の法的関係の変更を求める利益紛争（規整紛争）は，当事者間で交渉や話し合いで解決できない以上，第三者の判断をまって解決することがもっとも公正な解決方法である。それゆえ，これまた，繰り返し言及してきたことであるが，労働紛争処理制度の充実を求めてきたのも，かかる個別労使間の利益紛争（規整紛争）の解決法理の形成には，簡易にして迅速な労働紛争処理制度が不可避であるとの認識があったからである[12]。

　(ii)　立法論的構成

　さて，現在は，筆者がかつて契約内容変更請求権を構想したときに比べて，事情は異なる。労働審判制度等，労働紛争処理制度という契約変更法理の前提となる環境がそれなりに整備された[13]なかでの，契約変更法理の立法的整備をめぐる議論だからである。それゆえ，現在における労働契約変更請求権は，つぎのように設計されることができるし，また，しなければならない。すなわち，「契約変更請求権は，契約内容を維持することが困難な事情が発生したことを理由にする合理的な契約内容の変更申入れに相手方が応じないときに，裁判所の判断に基づき契約内容の変更を実現することができる権利」としてである。

　裁判所等の紛争処理機関において契約内容の変更の実現を求めることができるとは，相手方が変更の同意をしない場合には，紛争処理機関の介在なしに私法的効力が発生せず，相手方が同意しないことを明示的に表明した以上，

変更を求める当事者は，紛争処理機関において変更可能性を追求し，紛争処理機関が契約変更の合理性を認めたときに相手方当事者に変更に応じる義務が生じることになる。この意味では，契約変更請求権は，相手方に一定の行為を求める私法上の請求権でもなく，また，請求すれば変更の効果を発生させる私法上の形成権ではなく，裁判所等の形成判断を経て法的効果が発生する手続法的権利としての性格をもつことになる。

　これに類似した権利としては，地代や家賃の賃料の増減額請求権（借地借家法11条）がある。賃料の増減額請求権の法的性格に関しては，形成権と理解するか請求権と理解するかについてかつて大きな議論がなされた[14]。形成権と理解すると，増減額請求の時点にすでに変更の効力が発生することから，判決の確定によって変更が肯定された場合に，遡って差額分の不履行について責任追及される（契約の解除）可能性が残るからである。そこで，相手方に対する請求だけでは増減額の効果を生じることなく，相手方の承諾が必要であるが，承諾が得られないときは裁判によって増減額の効果を発生させる権利と理解する「権利変更請求権説」が唱えられるようになった。その後，借地借家法の改正によって11条（旧12条）に2項と3項が挿入され，増減額に関する裁判が確定するまでは，「相当と認める地代等」の支払をもって対応すれば，契約の解除を免れることとなった。このような立法的解決を経たことで，増減額請求権を形成権と理解しても，請求時に遡って変更の効力が発生しても契約解除の効果は否定される以上，不都合はないことになる[15]が，権利の性格としては，相手方の承諾がない場合に裁判外で変更の効果を発生させることができないのであるから，形成判決を求める権利として理解しておくのが適切と思われる。

　(b)　契約変更請求権の主体と対象

　裁判によって変更効果を発生させる権利としての契約変更請求権は，労働契約の当事者の双方に認められる。この点において，変更解約告知や変更権と基本的に異なるものである。契約関係を維持し難い事情は，決して使用者だけに生じるものではない。確かに，労働者は退職の自由をもつこと（exit）によって事情の変更に対応できるのに対し，使用者は解雇を制限されるがゆえに，契約内容の調整を求める権利は使用者にのみ付与されてしか

るべきとの考えにも一理がある。しかし、労働者が退職の自由を行使して契約内容調整をはかるほど、労働市場が健全に機能するわけではない。退職の自由を行使して容易に調整できる市場であるならば、解雇されても新たに適切な職場を得ることができる市場であって、解雇制限の必要性もない。他方、企業経営にあり方に裁量権をもち、多数の労働者を要しする企業組織としての使用者は、個々の労働者の契約内容変更の要請に応える多くの手だてをもっており、企業内で調整を求めることが理不尽とはいえない。その意味で労働者にも使用者に期待可能な範囲で契約内容の調整を求められていい。もっとも、現実には、労働者が使用者を相手に契約変更請求権を行使することは多くないであろう。それでも、契約当事者双方に契約変更請求権を認めておくことが、労働契約の双務契約性や対等決定原則の支配が求める権利が認められていることを考えれば、契約法理としては自然であろう。

変更請求権の行使対象となる契約内容＝労働条件に限定があろうか。労働契約関係では、賃金、諸手当、賞与、退職金等の労働の報酬に限定されることなく、労働の場所・種類、定年制、解雇基準、人事評価基準、労働時間・休日・休暇等、きわめて多様な労働条件について変更問題が発生する。契約内容変更請求権は時間的経過のなかでの環境の変化に対応するものとすれば、基本的に、すべての労働条件に関して契約内容変更請求権の対象とする必要性もあるし、対象とすることができるともいえる。

しかし、労働契約関係では、契約当事者の力の不均衡を背景に、契約関係を解除することなく契約内容＝労働条件を調整する方法として、すでに歴史的に集団的労使自治が形成され、法的に承認されてきた。したがって、個別契約当事者間における契約内容＝労働条件調整方法を新たに認める際には、かかるシステムとの整合性をはかる必要がある。このような観点からすれば、たとえば、労働者が労働組合を通しての団体交渉を経ることなく、契約変更請求権を行使することで賃金の引き上げ等、労働条件の改善を求めることはできないというべきである。しかも、契約変更請求権の集団的行使は、強制仲裁にほかならないからなおさらである。それゆえ、原理的には使用者にも労働者にも契約変更請求権が認められるとはいえ、労働者が集団的規制で対応できる契約内容＝労働条件については対象から除外されることになる[16]。

また，契約関係を維持しがたい事情も，社会的経済的な事情の変化ではなく，原則，個人的事情の変化に限定されよう。

　他方，使用者は，みずから集団的に労働条件を形成することを求められない。したがって，契約変更請求権の行使しうる労働条件にも限定がなく，契約内容を維持し難い事情についても特に限定されることがない。ただし，労働組合との交渉を経てすでに集団的に形成されている労働条件について，契約内容変更請求権を行使して，切り下げ等を求めることはできない。その意味で団体交渉・協約システムに適合する対応が求められる。不当労働行為と評価される余地がないまでに団体交渉を尽くした場合には，交渉が行き詰まった打開策として，契約変更請求権を行使することは可能であろう[17]。

(c)　契約変更請求権の要件

(i)　積極的要件

　第1に，契約内容変更請求権は，時間的経過のなかでの事情の変化（契約関係を取り巻く環境の変化）により従来の契約内容を維持させることが公平の観点から適切でないために認められるものであるから，「契約内容を維持しがたい事情の発生にもとづく契約変更の必要性」が求められる。

　この点，賃料増減額請求権については，「土地に対する租税その他の公課の増減により，土地の価格の上昇若しくは低下その他の経済事情の変動により，又は近傍類似の土地の地代等に比較して不相当となったとき」と，要件が設定されている。しかし，労働契約内容の変更請求権に関しては，多様な労働条件を対象とせざるを得ないから，契約変更が必要となる事情を限定して規定することは困難であろう（賃料増額請求権も，一般に例示的列挙と解されている[18]）。

　「契約内容を維持しがたい事情」は，契約当事者によってその発生原因が大きく異なる。使用者にとっては企業経営に起因する場合のほか，労働者の能力・適性の喪失，非違行為などがきわめて多様であるが，労働者側に発生する事情は，職業的能力の向上や減退，親族の介護等，労働者本人と家族に発生する事情に限定される。

　また，事情の変化に伴う契約内容＝労働条件の変更の必要性は，一般には時間的経過が拡大するにともない高まるといえるが，労働条件といっても，

①賃金額のように流動的決定（契約調整）が強くもとめられるもの，②賃金制度や労働時間・休日・休暇制度のように比較的長い時間の幅をもって定めるもの，③定年制や退職金制度のようにかなり長い期間の存続を前提するもの，④懲戒・職場規律等ほとんど流動的決定（契約調整）を要しないもの等，多様であるから，変更の必要性は単なる物理的な時間的経過だけを指標にはできない。むしろ，当該労働条件の時間軸を基準にした時間の経過であろう。

第2に，「変更内容の合理性」である。ここでは，まず，新たな契約内容が相手方にとって期待可能のものであることが求められる。これも労働条件の性格によって期待可能であることの意味も変わる。一般的に賃金・賞与・退職金のような対価的労働条件であれば，給付の増減の程度や代償措置が問題となるし，仕事の内容では，職業的能力との関連が問題になるし，勤務先等の労働の場所であれば，家庭生活との関係が問題となる。労働者から使用者が変更請求された場合であれば，請求対象が限定的であるから多くは配置可能性の問題であろう。

変更内容が期待可能であるかをみる際には，変更後の内容だけではなく，変更前の契約内容の継続に対する信頼も考慮することが必要であろう。上記に述べたように，賃金額のように契約内容調整の必要性が高いといってもそれが当然に下方調整を予定しているわけでもない。賃金は労働者の生活を維持する基礎であるから，世間相場にあわせて改善することは想定していても，通常，切り下げは当事者双方とも予定していない。同時に，年俸制のような成果主義賃金制度のもとでは賃金額の変動は想定の範囲内でもある。要は，契約当事者の当該労働条件の継続に対する信頼をどの程度配慮するかであろう。

第3に，「変更手続きの妥当性」である。使用者が裁判所に変更請求する際には，当事者間での協議を尽すことが前提となる。どの程度，協議を尽すことが必要かを一般的にいうことは困難であるが，変更の必要性が合理性を説明して同意が得られるよう説得することである。協議が整わない状態でひきずることは，当事者一方に負担を強いることになるから，一定期間（例えば2週間ないし4週間）期間を限定することも考えられよう。また，次の

消極的要件に抵触するものでないことも必要となる。

(ⅱ) 消極的要件

労働契約関係に関しては，前述のように，労働法固有の労働条件調整方法として集団的規制システムがあるだけに，従来の契約内容を維持し難い事情が発生したとしても，契約内容変更請求権の行使が認められない場合がある。使用者であれ，労働者であれ，集団的規整の方法を通して労働条件の流動的形成の要請に対応することが第一義的に求められるから，労働協約に定める労働条件のように集団的規整を通して形成された労働条件を対象として契約内容変更請求権を行使できないことはもちろん，集団的規整の可能性が残る限り，現に協約対象となっていない労働条件であれ，契約内容変更請求権をもって変更を実現することはできない。

また，就業規則に定める労働条件のように，別段の個別約定がない限り，従業員全体に統一的に適用することを予定している労働条件（統一的労働条件）について，今後，過半数組合や労使委員会労働者代表との合意により決定する方向に整備された場合については，これに関しても，契約変更請求権を行使することで変更を求めることはできない。もっとも，この点は，後述するように，直ちにかかる法的整備を期待することは困難であるから，過渡的には，規範的効力をもつ労使協定締結能力を付与することなく，かかる労働者代表との交渉・協議を実質化する方向での法的整備をはかることが考えられる。この場合も，労働者代表との交渉・協議が終了するまでは，契約当事者は，契約内容変更請求権を行使できず，交渉・協議の結果に対して行使することが求められる。

(d) 管　　轄

契約変更請求権は，契約内容の変更に関して当事者間で合意形成できないときは，紛争解決機関の形成的判断によって契約内容の変更を実現するものである。形成的判断を行う機関は，裁判所ないし審判委員会となろう。紛争の実質からすれば利益紛争（規整紛争）であるから，行政的紛争解決機関で処理することも考えられなくもない。しかし，変更を求める当事者は，変更後の契約内容の確認を求める形で争うものであるから，訴訟ないし審判手続にするしかないであろう。

(e) 形成的判断と効力発生時

契約変更の請求は，訴訟形式的には，変更後の契約内容の確認を求める訴えか，変更後の契約内容に基づく給付を求める訴えということになる[19]であろう。変更の必要性，変更内容の合理性，変更手続きの妥当性等，契約変更請求権の要件が充足されていることの立証責任は，変更請求を行う当事者が負う。裁判所や審判委員会は，契約内容の変更の合理性が認めて新たな契約内容を決める判断を示すが，契約内容変更をめぐる紛争が利益紛争（規整紛争）の性格をもつことから，形成的判断として裁量権が広く認められてよい[20]であろう。ただ，賃金や退職金等の金銭的給付に関しては，請求額を縮減して認めることは問題ないが，当事者の行為義務を内容とする形成的判断に際して裁量の余地は少ないといえる。例えば，使用者や労働者が特定地域への配置換えを求めている場合に，当該地域外への配置を内容とする判断を示すことは許されないから，実際には和解の勧試による解決を志向することになろう。

形成判断が示された場合，契約内容の変更の効果はいつの時点から発生するか。賃料増減額請求については請求の時点から効力が発生するものとしている。これは，訴訟の遅延の不利益を，変更を求める事情が発生したために請求を行った当事者に負わせることが，公平に反するからであるが，賃料という金銭的給付の変更だけに遡及的な変更が可能であることにもよる。この点，労働契約の内容たる労働条件は，金銭的給付に限らない。労働の場所や種類の変更，労働時間の変更は遡及的に変更することは，なす債務としての性格からして，不可能である。また，契約内容の調整ということからいえば，変更の時点について常に請求時に行うことが合理的とはいえない。その意味で，裁判所にその判断のなかで契約変更の効力を発生させる時期についても裁量をみとめてよいであろう。

2 変更解約告知の限定的承認

(a) 変更解約告知への対応の必要性

以上述べてきたように，継続的契約関係である労働契約における契約変更請求権によって対応することが望ましい。ただし，契約変更請求権のみで，

1 労働契約変更法理再論

労働契約の変更問題に対応できるかについては幾つかの問題が残る。

ひとつは、契約変更請求権を認めることが論理的に困難な場合である。契約変更請求権は、事情変更の原則が適用されるような事情の変更がなくても、契約締結後の事情の変更に対応して契約内容の調整をはかることを認めるものである。しかし、労働契約の当事者が契約締結に際して契約変更を行わない約定をすることは一般に排除することはできない。この点は、賃料の増減額請求権に関しても借地借家法は「一定の期間地代等を増額しない旨の特約がある場合には、その定めに従う」（11条1項但書）と、特約による排除を認めている。もちろん、将来にわたって契約変更請求権の行使を一切排除する約定は無効とすることを確認する必要ある[21]。ただ、有期労働契約が許容される3年ないし5年の期間[22]において契約変更請求権の行使を排除する約定を無効することは困難である。例えば、勤務地の限定や職種の限定があった場合に、その約定を契約関係が続く限り変更を認めないことは、契約締結後の事情の変化を無視するものとして妥当ではないが、3年ないし5年の期間においては契約拘束力のもとにおくことは、契約意思を尊重した解釈であるし、また契約当事者双方の意思にも沿うものである。とすれば、かかる場合には、契約変更請求権の行使を認めることは論理的に困難となる。他面、そのような限定的な約定を行った場合でも、事情の変化のなかで、契約調整を求める必要性は発生する。とすれば、契約変更請求権以外の法理が必要となる。もっとも、この点に関しては、「特段の事情」がある場合には3年ないし5年の期間内であれ契約変更請求権の行使を認める例外規定を入れれば対応が可能な問題といえる。

では、契約内容変更請求権で対応可能であるにもかかわらず変更解約告知に関する規定をなぜおくのか。それは契約変更に応じないことを理由にする解雇の発生を現実に排除することは困難と思われるからである[23]。たしかに、契約変更請求権を認める以上、契約変更に応じないことを理由にする解雇は無効との規定をおくことは可能である。しかし、実際に契約変更に応じなければ解雇すると通告された場合、留保付承諾の規定がないとすれば、変更に応じるか、解雇されて解雇の効力を争うしか道がない[24]。その意味では、変更解約告知に関する規定をおき手続的整備をすることは有意義である。

とくに利点があると思われるのは，企業再編過程では，労働条件の切り下げに応じない労働者を解雇するのではなく，従業員を全員解雇し労働条件の切り下げを受入れる労働者を再雇用する方法で，労働条件の変更を実現することが登場するが，変更解約告知の規定をおいておけば，かかる解雇形式も変更解約告知の一形態として包摂して処理することが可能になることである[25]。

　もちろん，変更解約告知に関して留保付承諾を認めることは，結果的に，変更解約告知を契約変更手段として法的に承認することである。これは，使用者にとっては，契約変更請求権にないメリットをもたらす。企業経営上，緊急に契約内容の調整が必要となるような場合，確定判決を待つまでもなく，暫定的とはいえ変更を実現できるからである。

(b)　変更解約告知の要件と効果

　では，具体的にどのような要件のもとに変更解約告知を承認すべきか。

　変更解約告知は，解雇という労働者にとって重大な不利益を圧力手段として用いる変更方法であり，また，契約変更請求権と異なり，一方契約当事者である使用者のみに認め，かつ，変更の効果を暫定的にせよ直ちに発生させることで，変更の合理性判断に要する期間に発生する不利益（事後に契約内容調整が不要とされた場合でも回復できない不利益）を常に労働者に負担させるものであるから，あくまで，例外的な変更手段として位置づけるべきである。契約内容変更請求権で対応することが，企業経営上期待し難いと思われるような場合であるから，契約関係を維持し難い「重大な事情の発生」と「緊急の変更の必要性」を前提に承認すべきであろう。

　したがって，一般には整理解雇が認められるような企業経営上の困難を前提とする。ただ，企業経営上の理由で契約変更＝労働条件の切り下げを求める場合のほか，労働者の職業的能力・適性の低下を理由に賃金引き下げや職種転換をはかる場合や，非違行為を理由に降職・降格を強いるような場合のように，労働者個人に発生した事情の変化を理由に契約内容の変化を求めることもある。このうち，非違行為を理由にする不利益変更は懲戒処分にあたるから，変更解約告知の要件をみたす場合であっても，懲戒手続をとることなく変更解約告知を行うことはできないといえる。

変更解約告知を受けた労働者は，承諾するか，一定期間内に留保付承諾をして訴訟を提起しないと，予告期間の経過をもって解雇の効力が発生する。この場合，労働者は従業員としての地位を失うが，解雇の効力を争うことは可能である。裁判所は，「契約内容を変更する緊急の経営上の必要性」「変更の合理性」等の変更解約告知固有の要件に解雇一般の有効要件を考慮にいれて効力を判断することになる。これに対して，労働者が，留保付で承諾をし契約内容の変更に暫定的に応じたうえで変更解約告知の効力を争う場合は，基本的に，上記の変更解約告知固有の要件について判断を行えばよいことになろう。

3　小　　括
労働契約の個別的変更法理に関する立法政策を要約するとつぎのようになる。

まず，労働契約の一般的変更法理として，契約変更請求権が認知されるべきである。それは，この方式が，①原理的に契約当事者双方に認められる変更法理であること，②変更の合理性判断に要する期間の負担を労働者だけに負担させることなく，変更を求める当事者に求める点でも，使用者に一方的変更権を付与する方法や変更解約告知で対応させる方法よりも，より契約法理に適合的であるからである。

同時に，契約内容の変更＝労働条件の切り下げを意図した解雇についてその救済方法を容易にする観点から，変更解約告知に対して留保付承諾の規定をおくことが必要である。契約内容変更請求権を認める以上，当該手続を経ない契約内容の変更方法をとってはならない，あるいは，契約変更に応じないことを理由にする解雇は無効とする規定をおくことはできる。しかし，使用者に解雇権がある以上，契約内容変更＝労働条件の切り下げに応じないことを理由にする解雇が発生することは実際には回避できないからである。留保付き承諾ができれば，労働者は職を失うリスクを回避して解雇の効力を争うことができる。もちろん，使用者にとっては，事情の変化が深刻で企業経営上緊急に契約内容を調整する必要がある場合には，確定判決をまつまでもなく調整を実現できる利点もある。ただし，変更解約告知は，解雇として事

第Ⅰ部　労働契約

実上強力な圧力であることのうえ，変更法理としても①使用者のみがもつ契約変更手段であり，②変更効力の発生を阻止するには労働者が裁判を起こさざるをえず，③契約変更の合理性判断についての裁判が確定するまでの不利益を常に労働者に負担させる点で片面的であるという問題点をもっているこ

表1　労働契約変更法理としての契約変更請求権と変更解約告知

	契約変更請求権	変更解約告知
変更法理としての位置	一般的契約変更方法	例外的契約変更方法
変更請求当事者	契約当事者双方	使用者
積極的要件	・契約内容を維持しがたい事情の発生に伴う変更の必要性 ・変更内容の合理性 ・変更手続きの妥当性 （統一的労働条件については，労働者代表と交渉・協議済みであること）	・契約関係を維持し難い重大な事情の発生に伴う緊急の変更の必要性 ・変更内容の合理性 ・変更手続きの妥当性 （統一的労働条件については，労働者代表と交渉・協議済みであること）
消極的要件	・集団的規制（労働協約）上の労働条件でないこと ・労働者の請求の場合，集団的規制になじむ労働条件でないこと	・集団的規制（労働協約）上の労働条件でないこと
争訟形式	変更請求権を行使するものが訴訟の提起（審判の申立）を行なう。 ・使用者による場合の例「○月○日以降，原告の被告に対する賃金支払義務は○円であることの確認をする」 ・労働者請求の例：「原告の勤務地は○月○日以降○であることを確認する」	解約告知を受けた労働者が解雇の効力を争う。
契約変更の効力の発生時期	原告が変更を求める時期を原則とし，裁判所の裁量を認める。	解約告知時
判決に伴う契約内容の調整	判決が認めた契約変更時からの調整。金銭的給付については遡及的清算可能	告知が有効とされた場合調整不要。告知が無効とされた場合，金銭的給付については精算。職場・職種の変更に関しては，判決確定時に変更前に復帰。

とから，それはあくまで例外的な変更手段としての位置を与えられるにすぎないというべきである。

なお，契約内容変更請求権や契約変更告知が，労働者個人に対してではなく，労働者集団に向けられる場合がある。しかし，労働者が契約内容変更請求権を集団的に行使することは，団体交渉制度に抵触するものであり認められないし，使用者が労働協約で定められた労働条件に関して契約内容変更請求権を行使することも，協約・団体交渉制度に抵触するものとして認められない。考えられるのは，使用者が，従業員全員に対して適用される労働条件について個々の労働者に対して一斉に契約変更請求や変更解約告知を行うことである。これは統一的労働条件の変更問題，換言すれば労働契約の集団的変更問題であるから，項を改めて検討することにしよう。

Ⅳ　労働契約の統一的変更法理の整備

1　労使協定方式の追求

従来，就業規則による労働条件の変更が判例法理として形成されることになった背景には，労働契約における契約変更法理がなかったことに起因するほか，「労働条件の集合的処理，特にその統一的画一的処理な決定」の必要性（秋北バス事件・昭和43年12月25日最高裁大法廷判決）が，経営実務の観点からつよく意識されたことによる。したがって，契約変更請求権を基礎にして契約変更法理を構成する場合にも，労働者の労働条件の集合的処理ないし統一的画一的な変更の必要性に応えるものである必要があろう。もっとも，雇用管理の多様化と個別化が進行するなかで，労働条件を統一的画一的に処理する必要性は相対的に低下している。それでも，定年制や退職金，企業年金制度等，変更するには統一的に処理する必要性が高いものが存在することもなお否定できないであろう。

労働条件を集合的ないし統一的に処理する適切な方法は，いうまでもなく，労働者代表との集団的交渉により合意形成をはかることである。問題は，労働者代表が，交渉の相手方となりうる代表性をもちうるかである。現在，労基法上は，過半数労働者代表（過半数組合，過半数代表者）と労使委員会を知

る。これらに関して，当該事業場の労働者代表者としての正当性を与えることができる程度に代表選出の制度的担保（従業員数に比例した代表委員数，定期的な選出，常任執行機関等）の手当がなされる場合には，これら労働者代表と使用者の合意に規範的効力を与えるとともに，または合意が得られないときは紛争解決機関[26]の裁定によって労使協定の成立を認める方式をとることができる。

　中間報告書が，今回，労働者代表制に関して，労使委員会の常設化構想を示している。「直接複数の労働者委員を選出すること」「選出された労働者委員は当該事業場のすべての労働者の利益を代表するようにしなければならないこと」「委員の任期を定め一定機関後には改選されるようにすること」「労使委員会の開催方法は労使委員会の決議により定めること」などの提案（10頁）は，その意味で評価することができるものである（もちろん，複数委員として従業員数の比例的な代表となっていないことや，労働者代表委員だけの執行機関を予定していない点等の不十分さは残るが）。

　とはいえ，労使委員会の「決議」に規範的効力を承認するとなると，あらたな労使関係システムを正規に承認することにほかならず，就業規則法制を超えた問題として，労働組合・労働協約法制との調整のはかり方[27]についての労使のコンセンサスを得るにはやはり時間を要することになろう。その限りでは，報告書が，就業規則の作成手続きに関して，現行法の意見聴取手続きを変更することに消極的な姿勢を示している（17頁）ことは理解できる。しかし，就業規則の法定効力と法的拘束力を峻別することからいえば，労基法の就業規則手続きに変更を加えないこと，また，組合・協約システムとの調整という立法政策上の未解決問題を考えれば，労使協定に規範的効力を付与しないことが妥当だとしても，使用者に統一的労働条件の形成権を付与することや変更権付与の黙示的意思を推定することで法的拘束力を導くことはやはり適切とは言い難い。

2　労使協議による約款方式

　では，①就業規則法制を維持しつつ，②使用者に統一的労働条件の一方的変更権を与えることなく，しかも，③労使協定に規範的効力を与えることな

く，労使の自治を促進する方法はないか。考えられる方法は，労働者代表と使用者間の合意に統一的労働条件に関する約款＝一般的労働条件[28]としての性格を与えることである。逆に言えば，従業員との労働契約を締結する際に用いる約款となる統一的労働条件の作成に関しては，労働者代表との協議を義務づけることである。労働者代表との協議を経て成立した変更案であれば，その合意に規範的効力を付与しなくても，事実上，多くの労働者の同意を得られるであろう。その際，報告書の前記Ａ１案ように，「将来においても就業規則によっては変更しない」という合意がない限り，就業規則変更による労働条件を受け入れる意思があったと無理に推定して，反対労働者に変更受け入れを強制する必要はない。使用者は，合意案や使用者案（合意に至らない場合）に一定期間内に承諾しない労働者に対して，個別契約法上の変更手段をとれば足りることになる。また，このように解することで，労働契約締結の際と労働契約変更の際とで就業規則の法的性格や機能（ともに契約約款機能）は変わらないので統一性も確保される。その際，労基法90条の就業規則作成手続を改正して協議を義務づけるよりも，あくまで「労働契約法」のなかで，従業員の全部または従業員の一部を対象とする約款＝一般的労働条件に関して労働者代表との協議を義務づける方が適切であろう[29]。

　協議を経て作成された統一的労働条件（一般的労働条件）の受け入れを拒む労働者に対する個別契約法上の変更方法は，前述した契約変更請求権の行使である。ただ，変更の緊急の必要性等，変更解約告知をとる要件が満たされれば，例外的に変更解約告知をとることが認められよう。なお，労働者代表との協議を尊重する観点から，協議により合意形成された約款と，協議が調わず使用者が一方的に作成した約款で，反対労働者に対する使用者の対応に差異を設けることも考えられる。つまり，反対する労働者の契約内容の調整をはかる方法として，使用者に，協議合意に至らない統一的労働条件（一般的労働条件）には契約変更請求権の行使をもとめるが，合意をみた案については変更解約告知の方法をとることを認め[30]，即時の変更効果を確保するとともに，契約調整の手続的負担を労働者側に負わせる設計である。しかし，変更解約告知を用いるのは，やはり，「緊急の変更の必要性」がある場合に限定すべきで，労働者代表との合意をみたかどうかは，右約款に基づく

第 I 部　労働契約

個別労働者の同意拒否をめぐる法的処理の際に，変更の合理性の判断において斟酌すればよいであろう。

さて，このように，就業規則に記載される労働条件が統一的労働条件に関する約款ないし契約雛形に過ぎず，同意に反対する労働者に対しては，個別契約法理で対応することは統一的労働条件性を失わせるのではないかとの危惧を指摘するむきもあろう。しかし，個別労働者の契約変更請求権の行使の場合であれ，変更解約告知の場合であれ，裁判所が当該労働条件の変更の合理性を判断するに際して，当該労働条件が従業員全体を対象にした統一的労働条件の変更であるという特性をも配慮して行うことになる。この方法は，入り方の相違はあれ，就業規則による労働条件の不利益変更が裁判所で争われた場合，従業員全体にとっての労働条件変更の合理性と当該労働者にとっての労働条件変更の合理性を総合的に判断することで，現在すでにとられていることでもある[31]。

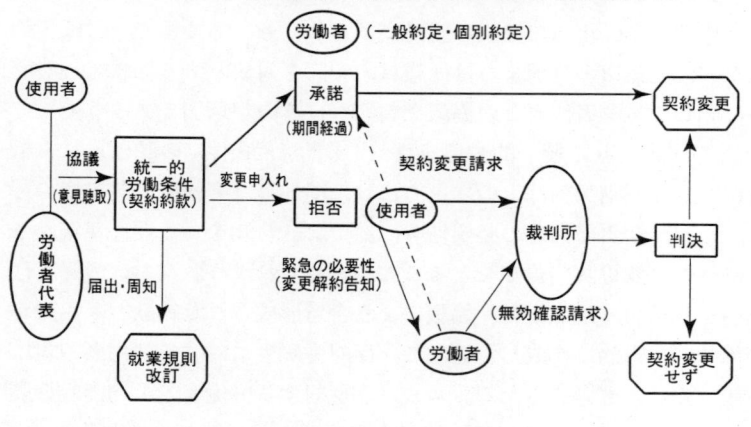

図2　統一的労働条件の変更手続と契約変更手続

就業規則変更手続　　　　　　　　　契約変更手続

V　おわりに

労働市場が流動化し雇用環境が変わろうと，労働契約の支配的形態が継続

的性格を失うことはないであろう(32)。しかも，雇用管理の個別化の進展を考えれば，個別労働契約当事者間で契約内容を調整する必要性はさらに拡大する。中間報告書が，せっかく「雇用継続型変更法理」を標榜しながら，契約原理からあまりに遠い法理や雇用継続型の名に値するとは言い難い法理しか提示していないのは残念と言わざるを得ない。法技術的「効用」に走ることや，安易に外国法理に依拠することなく，21世紀にふさわしい労働契約法を構築すべく，当事者双方に契約内容の調整方法を保障するような契約原理と適合的な契約変更法理，「雇用継続型変更法理」の名に値する契約変更法理を追求する構想力を発揮すること期待したい。また，統一的労働条件に関しては，労働契約変更法理が未整備のなかで就業規則法理がその変更法理として果たしてきた役割を評価しつつも，労働契約法制定に際しては，就業規則を契約変更手段から解き放し，労使自治を促進するとともに，創設する個別契約変更法理に接合させる新たな法理の構築をすべきであろう。

(1) 労働契約法制の整備は，旧労働省の私的諮問研究会である労基研報告書で80年代から指摘されてきたが，本格的に独自立法を志向するのは93年の労基研報告書以降である。この期の議論として，金子征史ほか「労働契約法制の立法論的検討課題」学会誌労働法82号（1993），日本労働弁護団「労働契約法制の立法提言」季刊労働者の権利204号（1994），土田道夫「労働契約法制の課題」獨協法学44号（1997）等。筆者自身も，90年代以降，紛争処理制度の整備と対をなす課題として，労基法の規制原理とは異なる独自の労働契約法制の必要をといてきた。「労働契約法制の立法論的検討課題」ジュリスト1030号（1993）68頁。「労働契約法制のあり方を考える」中央労働時報883号（1995）。今回の立法論的議論は，解雇権濫用法理の法制化を行った2003年労基法の改正の際に，「労働条件の変更，出向，転籍など労働契約について包括的な法律を策定」するための専門的調査研究を行い，その結果に基づき「法令上の措置を含め必要な措置を講ずること」を求めた国会の付帯決議（衆議院厚生労働委員会6月4日，参議院厚生労働委員会6月26日）に基づくものである。
(2) 学説のなかには，土田道夫「変更解約告知と労働者の自己決定（上・下）」法律時報68巻2号39頁，3号55頁（1996）に代表されるように，変更解約告知を「自己決定」を尊重する法理とみる見解もみられるが，留保付承諾が認められようと，変更解約告知が，労働者に経済的にも精神的に一方的負担を強いる変更法理であることには変わりがない。変更解約告知に関する議論については，米津孝司「変更解約告知」労働法の争点［第3版］（2004）173頁以下参照。

第Ⅰ部　労働契約

(3)　「過半数代表者からの意見聴取に代えて労使委員会の労働者委員からの意見聴取によることを認めることや，意見聴取の手続に関する指針を定めること」について検討の必要性も指摘するが，「意見聴取に代えて労働者代表の同意を必要とすること」には，「判例法理の前提を覆す」もので「企業運営への影響が大きい」として「適当でない」とし，「協議を必要とすること」についても，協議がおこなわれたかのチェック問題から「慎重に検討する」としている（「報告書」17 頁）。

(4)　報告書は，法的拘束力付与案の例外特約「当該労働条件について就業規則によっては変更合意をしないことの合意」がどのような場合に成立したといえるか問題となる記述する際に，拘束力推定案の反証に関しても「どのような場合に推定を覆す反証がなされたといえるかは問題となる」と付言している（20 頁）ことからすれば，ここで広く認める余地を残しているようにも読める。

(5)　労使委員会制度の整備を志向すること，また，過半数組合等の合意に一応の合理性を推定することに関しては，基本的に異論はない。前者に関しては，拙稿「労使委員会の『可能性』と企業別組合の新たな役割」日本労働研究雑誌 485 号（2000）13 頁以下，後者に関しては，「集団的労使関係秩序と労働協約・就業規則」季刊労働法 150 号（1989）143 頁以下参照。

(6)　荒木尚史『雇用システムと労働条件変更法理』（有斐閣，2001）303 頁等。

(7)　拙稿「就業規則法制の『問題点』と検討課題」季刊労働法 145 号（1987）56 頁以下参照。

(8)　唐津博「就業規則の法的性質」労働法の争点［第 3 版］（2004）16 頁以下。報告書は「労働基準法第 93 条の最低基準効を認めるための要件と労働者を拘束するための要件とは違うのではないかとの意見があった」（15-16 頁）とし，研究会の委員全体では共有されていない表現方法をとっているが，報告書自体は，法定効力要件と法的拘束力要件を分けて考える方向性をとっており正当である。

(9)　菅野和夫『新・雇用社会の法』（有斐閣，2002）も，変更解約告知は，「長期雇用システム下の労働条件変更手段によっては実現できない，労働条件の異常な変更手段」との認識のもと，「整理解雇にも準ずる厳しい要件の下で許容される」としているものである。

(10)　拙稿「就業規則理論再構成のひとつの試み（二・完）」労働判例 430 号（1984）4 頁以下，同「就業規則法制の『問題点』と検討課題」季刊労働法 145 号（1987）56 頁以下。学説上他に契約内容変更請求権を志向するものとして，唐津博「長期雇用慣行の変容と労働契約法理の可能性」学会誌労働法 87 号（1996）111 頁（136 頁）以下。

(11)　拙稿・前掲「就業規則法制の『問題点』と検討課題」63 頁。

(12)　日本労働研究機構・調査研究報告書 65 号『個別紛争処理システムの現状と課題』（1995）2 頁以下参照。

(13)　拙稿「労働審判制度創設の意義と課題」ジュリスト 1275 号（2004）57 頁以下参

(14) 幾代通編『注釈民法 15 債権 (6)』(1966)(篠塚昭次) 438 頁以下，幾代通・広中俊雄編『新版注釈民法 15 債権 (6)』(1989)(篠塚昭次) 648 頁以下参照。
(15) 星野英一『借地借家法』(1969，有斐閣) 243 頁以下は，現行法のもとでは，「形成権説によって説明できる効果と，請求権説（形成判決を求める権利）によって説明できる効果とが並存するのであるから，どちらをとっても例外的効果を認める」のであるから，「そのような特殊の権利とすれば足り，形成権か否かを論ずる意味はないと考えられる」とする。
(16) 前掲拙稿「ひとつの試み（二）」10 頁。
(17) アメリカにおける団交行き詰まりと労働条件変更問題については，道幸哲也「労働条件の変更と誠実団交義務（上）（下）」日本労働協会雑誌 267 号 (1981) 12 頁，268 号（同）33 頁以下参照。
(18) 星野・前掲書 235 頁。
(19) なお，賃料の増減額請求権を行使する裁判は，「増減額請求当時既に客観的に定まっている額の確認」の形式をとる。一例として，平成 15 年 8 月 25 日東京地裁判決は，現行の建物賃料 70 万について，借主が，「別紙物件目録記載の建物の賃料は平成 14 年 9 月 1 日以降 1 箇月当たり 40 万円であること」の確認をもとめ，東京地裁は，「別紙物件目録記載の建物の賃料は平成 14 年 9 月 1 日以降 1 箇月当たり 50 万 4283 円であることを確認する」として，減額を認めている。
(20) 純粋に実体法上の権利として構成せざるを得なかった解釈論では裁量権を否定した（前掲注 2 論文「ひとつの試み（二）」13 頁）が，立法論では手続法上の権利としての性格をも付与して裁判所の裁量権を認めるのが紛争の性格からして妥当であろう。
(21) なお，地代の増減額請求権に関して 3 年ごとに消費者物価指数により賃料を改訂するがそれが下がっても賃料を減額しない旨の特約の効力を否定したものとして平成 16 年 6 月 29 日最判がある。
(22) 3 年ないし 5 年の有期労働契約を無限定に認める趣旨ではなく，有期契約を締結する合理的な理由がある場合を前提にしている。
(23) 拙稿「労働契約変更法理としての「変更解約告知」をどう構成するか」労働判例 680 号 (1995) 6 頁以下。
(24) もっとも，これまでも配転事件などでみられるように，変更を縦しとしない労働者は，変更に応じながら従来の権利義務（勤務地・職務）の確認なり新たな契約内容での就労義務がないことの確認を求める訴訟を提起することで対応してきた。その限りでは，留保付承諾は明記するまでもなくこれまでも認められてきた。これは，変更に暫定的にせよ応じている以上契約違反事実はなく，解雇の合理理由がないからである。ただ，理論的には，使用者が労働者の留保付承諾を受入れる義務があるかどうか議論の余地もあるために，法的に明確にしておく必要はあろう。

第Ⅰ部　労働契約

(25)　解雇・再雇用型の場合，新たな労働条件に応じないと再雇用してもらえないし，応じれば引き下げを承認したものと看做され争う余地がなくなるだけに，留保付承諾を認める規定は有益となる。

(26)　この場合には，ドイツ従業員代表制度のように事業所ごとに調整委員会を設置することも考えられるが，すでに存在する労働委員会制度を利用することが考えられよう。

(27)　従業員代表と組合との規制権限の調整問題に関しては，拙稿「わが国おける従業員代表法制の課題」学会誌労働法79号（1992）129頁以下，同「組合機能と従業員代表制度」『参加発言型産業社会の実現に向けて』（連合総研，1997）105頁以下参照。学会における議論状況については，野川忍「変貌する労働者代表」岩波講座『現代の法・12巻』（1998）103頁以下，小嶌典明「従業員代表制」『講座21世紀の労働法・8巻』（2000）50頁以下，藤内和公「従業員代表立法構想」岡山大学法学雑誌53巻1号（2003）1頁以下等参照。

(28)　一般的労働条件の概念は，ドイツにおいて，従業員全体を対象とする労働条件で，協約や経営協定のようにそれ自体法的規範性をもつことなく，契約や給付約束を通して法的拘束力をもつものを一般的労働条件（Allgemeine Arbeitsbedingungen）と読んでいるが，これは，普通契約約款（Allgemeine Geschäftsbedingungen）にならった表現である。一般的労働条件の概念については，村中孝史「労働契約と労働条件」民商法雑誌97巻6号，98巻1，2号，同「労働契約と労働条件の変更」法学論叢124巻5/6号（1989）135頁以下，小俣勝治「スイス・西ドイツにおける一般的労働条件の『概念』について」國學院法研10号（1989）3頁以下参照。

(29)　就業規則に，労基法上は使用者による労働条件集成明示文書として禁反言的効力の性格をもつ法定効力（最低基準効力）を，労働契約法上は統一的労働条件に関する契約約款としての位置を与えるのであるから，作成手続きが異なっても問題ない。労働協約が締結されてその内容に沿って就業規則が改訂されるように，約款が改訂されて就業規則が改訂されると考えればよい。また，雇用形態が多様化するなかで，その当否はともかく，雇用形態別の就業規則が登場していることを考えれば，従業員の全部または一部を対象とする約款（一般的労働条件）に協議を義務づけるのが妥当であろう。

(30)　例えば，大内伸哉『労働条件変更法理の再構成』（有斐閣，1999）279頁以下，は過半数労働者の同意を得て形成された集団的労働条件には変更解約告知で「労働契約への編入」をはかることを求めている。

(31)　就業規則における変更の合理性判断の相対性に関しては，近時のものとして，青野覚「就業規則の不利益変更」労働法の争点［第3版］（2004）176頁以下参照。

(32)　報告書の「雇用継続型変更法理」に対しては，本稿とは全く反対のベクトルからの批判もありうる。日本の伝統的雇用や「正社員」利益の擁護法理であるという批判

である。しかし，有期契約を用いたスポット型の非正規雇用の増大に目を奪われ，あるいは，将来における転職市場の整備を期待し，契約変更問題を退出（exit）方式に委ねればよしとするのはあまりにも短絡的である。分業と協業の体系としての企業組織をみればわかるように，他人の労働力の利用に伴う継続性や組織性は不可避である。労働契約がもつ継続性や組織性の着目する法的整備は，決して「正社員」のための法的整備ではない。

2　就業規則法理の再構成

川口美貴

I　はじめに

1　問題の所在

　就業規則を使用者の権利の発生・行使との関係でどのように位置づけるのか，換言すれば，就業規則の個別的労働関係における法源性をどのように解するのかは，労働法における最も重要な論点の一つである。

　就業規則は，当該事業場の労働者と使用者が締結する労働契約に対して法規範的効力（強行的・直律的効力）を有する，「当該事業場の労働基準法」であり，個別労働契約が就業規則の定める基準に達しない場合は，就業規則の基準が個別労働契約の内容となり，労働契約当事者間の権利義務関係を発生させる（労基法93条）。

　しかしながら，判例法理は，「労働条件を定型的に定めた就業規則は，一種の社会的規範としての性質を有するだけでなく，それが合理的な労働条件を定めたものであるかぎり，経営主体と労働者との間の労働条件は，その就業規則によるという事実たる慣習が成立しているものとして，法的規範としての性質を認められるに至っている（民法92条）ものということができ」，「当該事業場の労働者は，就業規則の存在および内容を現実に知っていると否とにかかわらず，また，これに対して個別的に同意を与えたかどうかを問わず，当然にその適用を受けるというべきである」（秋北バス事件最高裁判決)[1]とする。そして，(1)「使用者が当該具体的労働契約上いかなる事項について業務命令を発することができるか」について，「就業規則が労働者に対し，一定の事項につき使用者の業務命令に服従すべき旨を定めているとき

は，そのような就業規則の規定内容が合理的なものであるかぎりにおいて当該具体的労働契約の内容をなしている」(電電公社帯広電報電話局事件最高裁判決)[2]として，就業規則の規定に基づく使用者の業務命令権，時間外労働命令権（日立製作所武蔵工場事件最高裁判決)[3]等の発生を認め，(2)「既存の労働契約との関係について，新たに労働者に不利益な労働条件を一方的に課するような就業規則の作成又は変更」について，「当該就業規則条項が合理的なものであるかぎり，個々の労働者において，これに同意しないことを理由として，その適用を拒否することは許されない」として，就業規則の規定に基づく権利義務関係の変更を認めている。すなわち，判例法理は，個別労働契約が就業規則の定める基準に達していない場合でなくても，当該就業規則条項が合理的な内容であることを条件として，就業規則の規定が個別労働契約の内容となり，①使用者の請求権や形成権を創設すること，および，②個別労働者と使用者の間の権利義務関係を変更することを認め，使用者の権利行使については権利濫用により制限するという就業規則法理を展開している。

また，判例法理は，(3)「使用者が労働者を懲戒するには，あらかじめ就業規則において懲戒の種別及び事由を定めておくことを要する」(フジ興産事件最高裁判決)[4]として，就業規則の規定に基づく懲戒権の発生（または行使）を認め，やはり権利濫用によりこれを制限するという就業規則法理を展開している。

しかしながら，筆者は，①個別的労働関係における権利義務関係の創設・変更は，期間の定めのない労働契約の解除を除き，法令・労働協約[5]，または，使用者と労働者の合意によってのみ行われ，就業規則の規定は，最低基準としての強行的・直律的効力（労基法93条）により個別労働契約の内容になる場合を除けば，労働者の同意を媒介とすることなしに，権利義務関係を創設・変更することはできず，②就業規則の規定は，労働基準法所定の要件（89・90・91・92・106条）を充足し，信義誠実の原則に則して作成されることにより，使用者と労働者の合意により発生する権利義務関係や使用者の権利の行使を限定するものとして位置づけられるべきであると考える。

そこで本稿においては，個別的労働関係における権利義務関係の創設・変

更に関わるものとして、①労働条件の個別的な変更、②就業規則の規定の新設・改廃による、労働条件の集合的な変更、③懲戒処分、④期間の定めのない解雇について、判例が、就業規則をどのように位置づけているかを批判的に検討し（Ⅱ）、次に、就業規則をどのように位置づけるべきか、就業規則法理を再構成する（Ⅲ）[6][7]。

2 定 義
(1)労働条件変更

広義の「労働条件変更」は、「同一契約当事者間における、労務提供とその対価および契約の終了に関わる権利義務関係の変更（具体的労務提供方法・内容等の変更も含む[8]）」と定義しうるが、本稿では、狭義の「労働条件変更」、すなわち、「労働契約の存続を前提とする権利義務関係の変更」（広義の「労働条件変更」から「労働契約の終了」を除いたもの）のうち、「懲戒処分による労働条件変更」以外の「労働条件変更」を対象とする。

具体的には、①労務の質（職種、職務内容、労務提供方法、服装等）、②労務の量（総労働時間、出来高等）、③労務の配分方法（始業終業時刻、休憩、休日、休暇等）、④労務提供場所（勤務場所）、⑤労務提供の相手方、⑥労働環境（施設設備、安全衛生、人格権保障等）、⑦労務提供の対価（賃金、退職金、福利厚生等）、⑧契約終了要件（定年、退職、解雇要件）、⑨①～⑧の決定方法・決定基準（たとえば職能給という賃金額の決定方法）に関する権利義務関係の変更である。

また、本稿で対象とする「労働条件変更」は、①「具体的労働条件」（労務の提供とその対価の具体的内容）の変更（勤務場所や賃金額の変更等）と、②「抽象的労働条件」（具体的労働条件が変更される可能性の有無とその内容）の変更（配転命令権や時間外労働命令権の創設・変更等）を含む概念である[9]。

(2) 労働条件の個別的な変更

本稿では、「労働条件の個別的な変更」として、①就業規則の規定に基づかない具体的労働条件の変更、および、②既存の（労働契約締結時から存在する）就業規則の規定に基づく具体的労働条件の変更を対象とする。

具体的には、使用者の配転命令、時間外労働命令、降格・降給決定等によ

る，個別労働者の勤務場所・職種内容，労働義務時間，格付け・賃金額の変更等である。

(3) 労働条件の集合的な変更

本稿では，就業規則の規定の新設・改廃による「労働条件の集合的な変更」として，①就業規則の規定の新設・改廃による具体的労働条件の変更，および，②就業規則の規定の新設・改廃による，使用者の労働条件の個別的変更権の創設・変更を対象とする。

具体的には，就業規則の規定の新設・改廃による，賃金体系の変更，賞与・退職金の支給基準の変更，使用者の配転・出向命令権や降格・降給権の創設等である。

(4) 懲戒処分

本稿では，「懲戒処分」は，「使用者が，企業秩序を維持し，服務規律の実効性を確保することを目的とし，使用者が非違行為と考える労働者の行為（作為・不作為を含む）に対する制裁として，労働者に対して行う経済的または人格的不利益処分」と定義する。

「懲戒処分」は，労働者に経済的・人格的不利益を生じさせる使用者による一方的行為（形成権の行使）である点で共通であるが，その法的効果は，①労働契約終了（懲戒解雇，諭旨解雇等），②労働条件変更（出勤停止・休職，降職・降格・降給等），③違約金と賃金の相殺（減給），④賃金請求権の発生阻止（賞与・退職金の不支給等），⑤始末書提出命令・戒告・訓告等と，多様である[10]。

II 権利義務関係の創設・変更と就業規則に関する従来の判例法理

1 判例法理

(1) 労働条件の個別的な変更

労働条件の個別的な変更の有効性判断において，前掲日立製作所武蔵工場事件最高裁判決は，三六協定の締結・届出を前提として，「就業規則に当該三

六協定の範囲内で一定の業務上の事由があれば労働契約に定める労働時間を延長して労働者を労働させることができる旨定めているときは，当該就業規則の規定の内容が合理的なものである限り，それが具体的労働契約の内容をなすから，右就業規則の規定の適用を受ける労働者は，その定めるところに従い，労働契約に定める労働時間を超えて労働する義務を負うものと解する」と判示して，就業規則の規定が合理的であることを条件として，使用者が労働契約上時間外労働命令権を有することを認めている。また，東亜ペイント事件最高裁判決[11]も，就業規則の規定に基づく使用者の配転命令権を認めている。

したがって，判例法理は，労働条件の個別的な変更に関して，就業規則の規定内容が合理的であることを条件として，就業規則の規定に基づき，労働契約上，当該労働者の事前の同意がなくても，使用者の労働条件の個別的変更権が発生すること（合理的な内容の就業規則の規定の存在が，労働条件の個別的変更権の発生要件となること）を認めていると解される。

(2) 就業規則の規定の新設・改廃による労働条件の集合的な変更

就業規則の規定の新設・改廃による，当該事業場の労働者の労働条件の集合的な変更について，前掲秋北バス事件最高裁判決は，「新たな就業規則の作成又は変更によって，既得の権利を奪い，労働者に不利益な労働条件を一方的に課することは，原則として，許されないと解すべきであるが，労働条件の集合的処理，特にその統一的かつ画一的な決定を建前とする就業規則の性質からいって，当該規則条項が合理的なものであるかぎり，個々の労働者において，これに同意しないことを理由として，その適用を拒否することは許されないと解すべきであ」ると判示し，就業規則の規定が合理的であることを条件として，新設・改廃後の就業規則の規定が個別労働契約の内容となり，その結果，従来の労働契約の内容が変更され，労働条件が不利益に変更されることを認めていると解される。

しかしながら，判例法理においては，就業規則の規定が合理的であればなぜ使用者は従来の労働契約の内容を変更することができるのか，その就業規則の規定の新設・改廃による労働条件の集合的変更権（以下「就業規則変更権」）の法的根拠は明らかではなく，少なくとも，使用者が就業規則変更権

を有することについての個別労働者の事前の同意を要求するものではない。
(3) 懲戒処分

懲戒処分について，関西電力事件最高裁判決[12]は，「労働者は，労働契約を締結して雇用されることによって，使用者に対して労務提供義務を負うとともに，企業秩序を遵守すべき義務を負い，使用者は，広く企業秩序を維持し，もって企業の円滑な運営を図るために，その雇用する労働者の企業秩序違反行為を理由として，当該労働者に対し，一種の制裁罰である懲戒を課することができる」と判示し，前掲フジ興産事件最高裁判決は，「使用者が労働者を懲戒するには，あらかじめ就業規則において懲戒の種別及び事由を定めておくことを要」し，「就業規則が法的規範としての性質を有するものとして，拘束力を生ずるためには，その内容を適用を受ける事業場の労働者に周知させる手続が採られていることを要する」と判示し，就業規則の作成・届出（労基法89条）と過半数代表の意見聴取（労基法90条）の事実のみを認定して当該就業規則の効力を肯定した原判決を破棄している。

したがって，判例法理は，懲戒処分に関して，使用者は少なくとも抽象的懲戒権をその固有権として有しているが，具体的懲戒権の発生または懲戒権の行使においては，就業規則に懲戒事由と懲戒の種類・程度の定めがあり，かつ，懲戒規定の作成過程で，労基法所定の手続のうち少なくとも周知（106条）が履行されていることを必要としている（就業規則における懲戒事由と懲戒の種類・程度の定めと少なくともその周知を具体的懲戒権の発生要件または懲戒権の行使要件としている）と解される。

(4) 期間の定めのない労働契約における解雇

期間の定めのない労働契約における解雇について，判例法理は，民法627条1項または期間の定めのない契約の一般原則に基づき，使用者が解雇権を有することを前提としているが，就業規則の解雇条項については，東芝柳町工場事件最高裁判決[13]は，「就業規則に解雇事由が明示されている場合には，解雇は就業規則の適用として行われるものであり，したがってその効力も右解雇事由の存否いかんによって決せられるべき」と判示して限定列挙説を採用している。

したがって，判例法理は，期間の定めのない労働契約における解雇に関し

て，使用者は解雇権を有しているが，就業規則に解雇事由に関する規定がある場合は，これに該当する事実の存在を必要としている（解雇権の発生要件はないが，就業規則に解雇事由に関する規定がある場合は，当該解雇事由に該当する事実の存在を解雇権の行使要件としている）と解される。

2 判例法理の問題点と今後の方向性
(1) 問題点
(a) 使用者の権利の発生根拠

判例法理が，期間の定めのない労働契約における解雇については，民法627条1項または期間の定めのない契約の一般原則に基づき，使用者が解雇権を有すると解している点については，首肯できよう。

しかしながら，第一に，労働条件の個別的な変更について，就業規則の規定が合理的であることを条件として，使用者が就業規則の規定に基づき労働条件を個別的に変更する権利を有することを肯定し，その根拠を，就業規則が「合理的な労働条件を定めたものであるかぎり，経営主体と労働者との間の労働条件は，その就業規則によるという事実たる慣習が成立している」点に求めている点は支持できない。けだし，労働契約も契約である以上，当然のことながら，使用者がいかなる権利を有するかは，契約当事者の合意を媒介として各契約毎に決定されるというのが，契約法の一般原則であるとともに，労働基準法2条1項の労働条件対等決定の原則が前提としているところだからである。

第二に，就業規則による労働条件の集合的な変更について，判例法理が，新設・改廃後の就業規則の規定内容が合理的であることを条件として，就業規則の規定の新設・改廃による労働条件変更の効力を肯定し，その根拠を，就業規則が「合理的な労働条件を定めたものであるかぎり，経営主体と労働者との間の労働条件は，その就業規則によるという事実たる慣習が成立している」点に求めているのであれば，契約法の一般原則および労働条件対等決定原則に反するという前記の批判がそのまま妥当しよう。また，判例法理が，新設・改廃後の就業規則の規定内容が合理的であることを，就業規則変更権の行使要件と解しているとするならば，当該権利は何を根拠に発生するのか

という疑問が提示されよう。

　第三に，懲戒処分について，判例法理が，少なくとも抽象的懲戒権はその固有権と解し，個別労働者の同意を懲戒権の発生要件としていない点も支持できない。けだし，①懲戒処分は，国家による刑罰権行使に類似する私的制裁手段の一形態であるが，私的制裁を行う権利は，労働契約の当事者である使用者が労働契約上の権利として当然に有しているわけではなく，法律上有する権利でもない（労基法89・91条は，懲戒処分を行う場合に就業規則に規定をおく使用者の義務と減給の上限を規定する規定であり，懲戒権の法的根拠となる規定ではない）ので，その法的根拠は個別労使間の合意に求めるしかない。また，②契約の解除を除き，使用者は，労働契約上の一方当事者として，権利義務関係を変更する権利を当然に有しているわけではないので，懲戒処分により権利義務関係を変更するためには，使用者がそのような権利を有することにつき，個別労働者の事前の同意が必要であると解されるからである[14]。

　したがって，使用者の，労働条件の個別的変更権，就業規則変更権，懲戒権は，就業規則の規定のみでは発生せず，少なくとも労働者の事前の同意を権利発生要件の一つと解すべきである。

　(b)　使用者の権利の発生・行使における就業規則の機能

　判例法理においても，使用者自身が，就業規則において，使用者の請求権や形成権の範囲・行使方法を厳格に限定している場合は，労基法93条に基づき就業規則の規定が個別労働契約の最低基準となり，就業規則の規定が使用者の権利の発生・行使を限定する機能を有することになる。

　しかしながら，使用者が，①就業規則において使用者の権利を包括的に規定している場合，あるいは逆に，②使用者の権利の有無・内容について就業規則に規定していない場合，従来の判例法理は，使用者の権利の発生または行使を十分に規制するものではない。

　第一に，判例法理は，労働条件の個別的な変更について，①就業規則に使用者の労働条件の個別的変更権が包括的に規定されている場合，特に配転命令権や時間外労働命令権については，規定の「合理性」により当該権利の発生や行使を十分に規制しておらず，当該労働条件の個別的変更権が，就業規

則に適法かつ合理的な範囲に限定・明示されていることを，権利の発生要件の一つとしているわけではない。また，②就業規則の作成義務のある事業場において，個別に労働条件変更権を設定する場合，当該労働条件変更権を就業規則に規定し当該事業場の最低基準を明示することを当該労働条件変更権の発生要件の一つとしているわけでもない。

第二に，就業規則による労働条件の集合的な変更について，従来の判例法理においては，そもそも使用者の就業規則変更権の法的根拠が不明確であり，また，当該権利が就業規則に適法かつ合理的な範囲に限定・明示されていることを，当該権利の発生要件の一つとしているわけではない。

第三に，懲戒について，従来の判例法理は，就業規則における懲戒事由と懲戒の種類・程度の定めと少なくともその周知を，具体的懲戒権の発生要件または行使要件とし，懲戒事由と懲戒の種類・程度を定めた就業規則の規定がなければ使用者の懲戒権が発生せずあるいは行使できないとしている点，評価できるが，なぜ，就業規則における懲戒事由と懲戒の種類・程度の定めが必要とされるのか，その根拠は不明確である（就業規則の必要記載事項には懲戒事由は含まれていない）。また，懲戒事由・懲戒の種類と程度につき，就業規則の規定の合理的解釈によりこれを限定しているが，懲戒権が適法かつ合理的な範囲に限定・明示されていることを懲戒権の発生・行使要件としているわけではない。

第四に，解雇について，従来の判例法理は，就業規則に解雇事由が包括的に規定されている場合，解雇権濫用法理の事実上の繰り上げや規定の合理的解釈によりこれを限定しているが，解雇事由が就業規則に適法かつ合理的な範囲に限定・明示されていることを，解雇権の行使要件の一つとしているわけではない。

したがって，労働条件の個別的な変更，集合的な変更，懲戒，解雇という，労働者に重大な経済的・人格的不利益を与える行為については，その権利の発生・行使を必要かつ合理的な範囲に限定する就業規則法理を再構成することが必要である。

(2) 就業規則法理の方向性

以上の判例法理の批判的検討に鑑みれば，第一に，使用者の労働条件の個

別的変更権・就業規則変更権・懲戒権の発生根拠は，使用者が当該権利を有することについての個別労働者の事前の同意に求められるべきであり，就業規則の規定は，それが最低基準としての強行的・直律的効力に基づき個別労働契約の内容となる場合を除き，労働者の同意を媒介とすることなしに権利の発生根拠とはならないという契約説[15]に基づき，就業規則法理を再構成することが必要である。

第二に，就業規則の規定は，①使用者自身が就業規則上使用者の権利を厳格に限定した場合に，個別労働契約の内容となって使用者の権利の発生・行使を限定するにとどまらず，②労基法所定の要件を充足し，適法かつ合理的な範囲に使用者の権利を限定・明示して作成されていなければ，使用者の労働条件の個別的変更権・就業規則変更権・懲戒権は発生せず，解雇権は行使できないという意味で限定的機能を有し，他の信義則上の義務とあいまって，使用者の権利の発生・行使を限定するものとして，就業規則法理を再構成することが必要である。

III 就業規則法理の再構成

1 労働条件の個別的な変更と就業規則
(1) 労働条件の個別的な変更の有効性要件[16]
(a) 労働条件の個別的変更権の発生要件

労働条件の個別的変更権は，使用者が本来有している権利ではなく，法律上の根拠がある権利でもないので，使用者が，当該労働条件の個別的変更権を有するためには，第一に，使用者が同権利を有することにつき，当該労働者の事前の同意が必要であり，その同意内容は合理的・限定的に解釈されるべきである。

ところで，就業規則作成義務のある事業場においては，当該労働条件の個別的変更権に関する規定がなければ，使用者が当該変更権を有さないことが当該事業場の労働条件の最低基準となり，個別労働者の同意があっても当該変更権は発生しない（労基法93条）。したがって，使用者が労働条件の個別的変更を行うためには，第二に，就業規則に当該労働条件の個別的変更権に

関する規定をおく必要がある。

　また，使用者による一方的な労働条件の変更は，労働者に経済的・人格的不利益を与えるものであるところ，①事前同意時点で将来の労働条件変更に伴う不利益を労働者が全て予測することは困難であり，②個別労働者は使用者と対等に契約内容を決定することが困難な立場にあるので，使用者の提示する包括的な変更権に同意せざるをえず，③労働条件対等決定の原則に照らせば労働条件変更は変更時の当事者の個別合意により行われるのが原則であるから，労働条件の個別的変更権の内容は適法かつ合理的な範囲に限定される必要がある。

　したがって，使用者は，第三に，就業規則に労働条件の個別的変更権に関する規定をおく場合，これを信義誠実の原則に則して作成し，当該変更権を適法かつ合理的な範囲に限定・明示する信義則上の義務を負う。具体的には，①就業規則の作成・変更に関する，労基法所定の，意見聴取，法令・労働協約不抵触，行政官庁への届出，周知（89・90・92・106条）の要件を充足し，②労働条件の個別的変更権の具体的内容（変更要件と変更範囲）を適法かつ合理的な範囲内に限定・明示した，就業規則の規定をおき，もって，当該事業場において使用者が有する当該労働条件の個別的変更権の最低基準を明示する[17]信義則上の義務を負う。労基法所定の要件のうち，意見聴取，法令・労働協約不抵触，行政官庁への届出は，当該労働条件変更権に関する規定を適法かつ合理的な範囲に限定する使用者の信義則上の義務の最低基準を，周知は，当該規定を労働者に明示する使用者の信義則上の義務の最低基準を明文化したものであり，信義則上の義務の一部と位置づけられる。

　なお，就業規則作成義務のない事業場であっても，就業規則に労働条件の個別的変更権に関する規定をおいている場合は，信義誠実の原則に則して当該規定を作成し，①労基法所定の要件を充足し（ただし，行政官庁への届出を除く），②当該変更権の具体的内容（変更要件と変更範囲）を適法かつ合理的な範囲に限定・明示することが必要である。

　当該変更権が適法かつ合理的な範囲に限定・明示されていない就業規則の規定は，信義誠実の原則（民法1条2項）違反で無効であり（労基法92条），就業規則に当該変更権に関する規定がないのと同じ状態となり，使用者が当

該変更権を有さないのが当該事業場の労働条件の最低基準となるから，個別労働者の同意があっても当該変更権は発生しない（労基法93条）。それゆえ，労働条件の個別的変更権に関する就業規則の規定が信義誠実の原則に則して作成されること（労基法所定の要件の充足を含む）は，当該変更権の発生要件の一つである。

労働条件の個別的変更権は，①労働者の同意に基づき，②信義誠実の原則に則して作成された就業規則の規定に抵触しない範囲（労基法93条）で，発生する（ただし，就業規則作成義務のない事業場で就業規則に当該労働条件の個別的変更権に関する規定が存在しない場合は，②は適用されない）。

(b) 労働条件の個別的変更権の行使要件・効力発生阻止要件

当該労働条件の個別的変更が，事前に明示・合意された個別的変更権（就業規則の規定がよりこれを限定している場合は労基法93条に基づき就業規則の基準に縮減される）の内容（変更要件・変更範囲）を充足し，使用者が当該労働条件変更権を有する場合であっても，具体的に労働条件の個別的変更権を行使する場合，使用者は，第一に，信義誠実の原則に則してこれを行使しなければならない。具体的には，①一方的労働条件変更に伴う労働者の経済的・人格的不利益に配慮して，必要かつ合理的な範囲（当該労働者レベルで判断される）で労働条件変更を行い，②当該労働条件変更が必要であっても，それが労働者の責めに帰すべき事由によるものでない場合は，労働条件変更に伴う労働者の不利益の緩和を可能な限り緩和する措置を行い，③労働条件変更を決定する前に，当該労働者および労働者集団・労働組合に説明・協議し，④労働条件変更を対象労働者に通知する際，その内容と理由を明示するという，信義則上の義務を履行することが必要である。

また，当該労働条件の個別的変更が有効であるためには，第二に，その他，労働協約や就業規則，労働契約が定める行使要件を充足し，第三に，強行法規違反（公序違反，権利濫用等）等の効力発生阻止要件に該当しないことが必要である。

(2) 労働条件の個別的変更権の発生・行使と就業規則

労働条件の個別的変更権は，使用者が当該権利を有することについての労働者の事前の同意をその法的根拠とするが，就業規則作成義務のある事業場，

または，就業規則作成義務はないが就業規則に労働条件の個別的変更権に関する規定がおかれている事業場においては，①労基法所定の要件を充足し，②当該労働条件変更権の具体的内容を適法かつ合理的な範囲に限定・明示した就業規則の規定を作成することが，当該変更権の発生要件の一つである。

したがって，就業規則の規定は，①使用者自身がその個別的変更権の範囲を厳格に限定している場合，当該個別的変更権の権利の発生・行使を限定するのみならず，②就業規則作成義務のある事業場，または，就業規則作成義務はないが就業規則に労働条件変更権に関する規定をおいている事業場においては，労基法所定の要件を充足し，適法かつ合理的な範囲に個別的変更権を限定・明示して作成されていなければ当該個別的変更権が発生しないという意味で限定的機能を有し，他の信義則上の義務とあいまって，使用者の労働条件の個別的変更権の発生・行使を限定する。

2 労働条件の集合的な変更と就業規則
(1) 労働条件の集合的な変更の有効性要件[18]
(a) 就業規則変更権の発生要件

就業規則変更権は，使用者が本来有している権利ではなく，法律上の根拠がある権利でもないので，使用者が，就業規則変更権を有するためには，第一に，使用者が同権利を有することにつき，当該労働者の事前の同意が必要であり，その同意内容は合理的・限定的に解釈されるべきである。

ところで，労働条件の個別的変更権の場合と同様，就業規則作成義務のある事業場においては，就業規則変更権に関する規定がなければ，使用者が当該変更権を有さないことが当該事業場の労働条件の最低基準となり，個別労働者の同意があっても就業規則変更権は発生しない（労基法93条）。また，就業規則作成義務のない事業場においても，就業規則の規定の新設・改廃による労働条件の集合的な変更は，当該事業場の労働者全体を対象とするものであるから，これを行うためには，就業規則を作成し，当該就業規則変更権に関する規定をおくことが必要である。したがって，使用者が就業規則の規定の新設・改廃により当該事業場の労働条件を集合的に変更し，もって個別労働者の労働条件を変更するためには，第二に，就業規則に，当該就業規則

変更権に関する規定をおく必要がある。

　また，前記のように，使用者による一方的な労働条件の変更は，労働者に経済的・人格的不利益を与えるものであるところ，①事前同意時点で将来の労働条件変更に伴い生じる不利益を労働者が全て予測することは困難であり，②個別労働者は使用者と対等に契約内容を決定することが困難な立場にあるので，使用者の提示する包括的な変更権に同意せざるをえず，③労働条件対等決定の原則に照らせば労働条件変更は変更時の当事者の個別合意により行われるのが原則であるから，就業規則変更権の内容は適法かつ合理的な範囲に限定される必要がある。

　したがって，使用者は，第三に，就業規則に就業規則変更権に関する規定をおく場合，これを信義誠実の原則に則して作成し，当該変更権を適法かつ合理的な範囲に限定・明示する信義則上の義務を負う。具体的には，①就業規則の作成・変更に関する，労基法所定の意見聴取，法令・労働協約不抵触，行政官庁への届出，周知（89・90・92・106条）の要件を充足し，②就業規則変更権の具体的内容（変更要件と変更範囲）を適法かつ合理的な範囲内に限定・明示した就業規則の規定をおき，もって，当該事業場における使用者の就業規則変更権の最低基準を明示する[19]信義則上の義務を負う。労基法所定の要件のうち，意見聴取，法令・労働協約不抵触，行政官庁への届出は，当該就業規則変更権に関する規定を適法かつ合理的な範囲に限定する使用者の信義則上の義務の最低基準を，周知は，当該就業規則変更権の具体的内容を明示する使用者の信義則上の義務の最低基準を明文化したものであり，信義則上の義務の一部と位置づけられる。

　なお，就業規則作成義務のない事業場であっても，就業規則に就業規則変更権に関する規定をおいている場合は，信義誠実の原則に則して当該規定を作成し，①労基法所定の要件を充足し（ただし行政官庁への届出を除く），当該変更権の具体的内容（変更要件と変更範囲）を適法かつ合理的な範囲に限定・明示することが必要である。

　就業規則変更権が適法かつ合理的な範囲に限定・明示されていない就業規則の規定は，信義誠実の原則（民法1条2項）違反で無効であり（労基法92条），就業規則に就業規則変更権に関する規定がないのと同じ状態となり，

使用者が当該変更権を有さないのが当該事業場の最低基準となるから、個別労働者の同意があっても就業規則変更権は発生しない（労基法93条）。それゆえ、就業規則変更権に関する就業規則の規定が信義誠実の原則に則して作成されること（労基法所定の要件の充足を含む）は、当該変更権の発生要件の一つである。

就業規則変更権は、①労働者の同意に基づき、②信義誠実の原則に則して作成された就業規則の規定に抵触しない範囲（労基法93条）で、発生する。

(b) 就業規則変更権の行使要件と効力発生阻止要件

当該就業規則変更が、事前に明示・合意された就業規則変更権（就業規則の規定がよりこれを限定している場合は労基法93条に基づき就業規則の基準に縮減される）の内容（変更要件・変更範囲）を充足し、使用者が当該就業規則変更権を有する場合であっても、具体的に就業規則変更権を行使する場合、使用者は、第一に、信義誠実の原則に則してこれを行使しなければならない。具体的には、①一方的労働条件変更に伴う労働者の経済的・人格的不利益に配慮して、労基法所定の要件（89・90・92・106条）に基づき就業規則の規定の新設・改廃を行って（ただし、就業規則作成義務のない事業場においては行政官庁への届出を除く）、必要かつ合理的な範囲（当該事業場レベルで判断される）で労働条件変更を行い、②労働条件変更が必要な場合でも、労働条件変更に伴う労働者の不利益を可能な限り緩和する措置を行い、③労働条件変更を決定する前に、当該労働者および労働者集団・労働組合に説明・協議し、④労働条件変更を対象労働者に通知する際、その内容と理由を明示するという、信義則上の義務を履行することが必要である。

また、当該労働条件変更が有効であるためには、第二に、その他、労働協約や就業規則、労働契約だ定める行使要件を充足し、第三に、強行法規違反（公序違反、権利濫用等）等の効力発生阻止要件に該当しないことが必要である。

(2) 就業規則変更権の発生・行使と就業規則

就業規則変更権は、使用者が当該権利を有することについての労働者の事前の同意をその法的根拠とするが、信義誠実の原則に則して、①労基法所定の要件を充足し、②当該就業規則変更権を必要かつ合理的な範囲内に限定・

明示した，就業規則の規定を作成することを当該変更権の発生要件の一つとする。

したがって，就業規則の規定は，①使用者自身がその就業規則変更権の範囲を厳格に限定している場合，当該変更権の発生・行使を限定するのみならず，②労基法所定の要件を充足し，就業規則変更権を限定・明示して作成されていなければ，当該就業規則変更権が発生しないという意味で限定的機能を有し，他の信義則上の義務とあいまって，就業規則変更権の発生・行使を限定する。

3 懲戒権と就業規則
(1) 懲戒処分の有効性要件
(a) 懲戒権の発生要件

懲戒権は，使用者が本来有している権利ではなく，また，法律上に根拠がある権利でもない（労基法89・90条は，懲戒処分を行う場合の就業規則への記載と減給の限度を定める規定であり，懲戒権の根拠規定ではない）ので，使用者が，懲戒権を有するためには，第一に，使用者が同権利を有することにつき，当該労働者の事前の同意が必要であり，その同意内容は合理的・限定的に解釈されるべきである。

ところで，就業規則作成義務のある事業場においては，就業規則に懲戒権に関する規定がなければ，使用者が懲戒権を有さないのが当該事業場の最低基準であるから，個別労働者の同意があっても懲戒権は発生しない（労基法93条）。また，就業規則作成義務のない事業場においても，懲戒処分は企業秩序の維持と服務規律の実効性確保のために当該事業場の労働者に適用される制裁手段であるから，懲戒処分を行うためには，就業規則を作成して懲戒権に関する規定をおくことが必要であり，個別に労働者の同意に基づき懲戒権を創設することはできない。したがって，使用者が懲戒処分を行うためには，第二に，就業規則を作成し，就業規則に懲戒に関する規定をおかなければならない。

さらに，懲戒処分は，労働者に経済的・人格的不利益を与える制裁手段であるところ，個別労働者は使用者と対等に契約内容を決定することが困難な

立場にあるので,必要以上に労働者に過酷な懲戒権が創設されるおそれがあること,また,使用者と労働者は本来対等な立場にあるべき契約当事者であり,契約罰とは異なる制裁罰である懲戒処分を行う権利は必要最小限にとどめられるべきであることから,懲戒権の内容は適法かつ合理的な範囲に限定される必要がある。

したがって,使用者は,第三に,就業規則に懲戒に関する規定をおく場合,これを信義誠実の原則に則して作成し,懲戒権を適法かつ合理的な範囲に限定・明示する信義則上の義務を負う。具体的には,①労基法所定の要件(労基法 89・90・91・92・106 条)を充足し(ただし,就業規則作成義務のない事業場では行政官庁への届出を除く),②懲戒権の具体的内容(懲戒事由と懲戒の種類・程度)を適法かつ合理的な範囲内に限定・明示した,就業規則の規定を作成し,もって,当該事業場における使用者の懲戒権の範囲(最低基準)を明確化する[20]信義則上の義務を負う。労基法所定の要件のうち,意見聴取,法令・労働協約不抵触,減給制限,行政官庁への届出は,懲戒権を適法かつ合理的な範囲に限定する使用者の信義則上の義務の最低基準を,周知は,懲戒権の具体的範囲を明示する使用者の信義則上の義務の最低基準を明文化したものであり,信義則上の義務の一部と考えられる。

当該懲戒権を適法かつ合理的な範囲に限定・明示していない就業規則の懲戒規定は,信義誠実の原則違反で無効となり(労基法 92 条),就業規則に当該懲戒規定がないのと同じ状態となって,使用者が当該懲戒権を有さないのが当該事業場の最低基準となるから,個別労働者の同意があっても当該懲戒権は発生しない(労基法 93 条)。それゆえ,信義誠実の原則に則した懲戒権に関する就業規則の規定の作成(労基法所定の要件の充足を含む)は,懲戒権の発生要件の一つである。

抽象的な懲戒権は,労働者の同意に基づき,信義誠実の原則に則して作成された就業規則の規定に抵触しない範囲(労基法 93 条)で発生する。

そして第四に,就業規則の懲戒事由に該当する事実の存在により,使用者の具体的懲戒権が発生することになる。

(b) 懲戒権の行使要件と効力発生阻止要件

当該懲戒処分が,事前に明示・合意された懲戒権(就業規則の規定がよりこ

れを限定している場合は労基法93条に基づき就業規則の基準に縮減される）の内容（懲戒事由と懲戒の種類・程度）を充足し，使用者が当該懲戒処分権を有する場合であっても，具体的に懲戒権を行使する場合は，使用者は，第一に，信義誠実の原則に則してこれを行使しなければならない。具体的には，(1)必要かつ合理的な範囲で懲戒処分を行い，(2)懲戒処分に伴う適正手続（①懲戒事由に該当する事実の発生後，迅速な調査，②懲戒処分に関する決定を行う前に，当該労働者に対し，懲戒事由に該当する疑いのある事実を告知し，証拠を開示し，弁明の機会を付与，③当該労働者の弁明を聴取後，熟慮期間をおくこと，④当該労働者の防御権行使に支障が生じない相当な期間内に懲戒権を行使，⑤懲戒処分に関する決定の内容と理由の明示，⑥労働組合・労働者集団への説明・協議）を行うという，信義則上の義務を履行することが必要である。

　また，当該懲戒処分が有効であるためには，第二に，その他の労働協約や就業規則，労働契約が定める行使要件を充足し，第三に，強行法規違反（公序違反，権利濫用等）等の効力発生阻止要件に該当しないことが必要である。

(2) 懲戒権の発生・行使と就業規則

　懲戒権は，使用者が当該権利を有することについての労働者の事前の同意をその法的根拠とするが，信義誠実の原則に則して，①労基法所定の要件を充足し，②当該懲戒権の具体的内容を適法かつ合理的な範囲内に限定・明示した就業規則の規定を作成することをその発生要件の一つとする。

　したがって，就業規則の規定は，①使用者自身が懲戒権を厳格に限定している場合，当該懲戒権の発生・行使を限定するのみならず，②労基法所定の要件を充足し，懲戒権を適法かつ合理的な範囲に限定・明示して作成されていなければ，当該懲戒権が発生しないという意味で限定的機能を有し，他の信義則上の義務とあいまって，使用者の懲戒権の発生・行使を限定する。

4　解雇権と就業規則

(1)　期間の定めのない労働契約における解雇の有効性要件

(a)　解雇権の発生要件

　前述のように，期間の定めのない労働契約における使用者の解雇権は，民

法627条1項または期間の定めのない契約の一般原則に基づき発生すると解される。

(b) 解雇権の行使要件と効力発生阻止要件

就業規則作成義務のある事業場においては，解雇事由は就業規則の絶対的必要記載事項（労基法89条3号）であるから，解雇事由に関する就業規則の規定がなければ，使用者が解雇権を行使しないことが当該事業場の労働条件の最低基準となる（労基法93条）と解すべきである。したがって，使用者が解雇権を行使するためには，第一に，就業規則に解雇事由に関する規定をおく必要がある。

また，解雇は，労働者に重大な経済的・人格的不利益を与えるものであるから，解雇権の行使は必要かつ合理的な範囲に限定される必要がある。したがって，使用者は，第二に，就業規則に解雇事由に関する規定をおく場合，これを信義誠実の原則に則して作成し，解雇事由を適法かつ合理的な範囲に限定・明示する信義則上の義務を負う。具体的には，①就業規則の作成・変更に関する，労基法所定の，意見聴取，法令・労働協約不抵触，行政官庁への届出，周知（労基法89・90・92・106条）の要件を充足し，②解雇事由を適法かつ合理的な範囲に限定・明示した就業規則の規定をおき，もって，当該事業場における使用者の解雇事由の最低基準を明確化する[21]信義則上の義務を負う。労基法所定の要件のうち，意見聴取，法令・労働協約不抵触，行政官庁への届出は，当該労働条件変更権に関する規定を適法かつ合理的な範囲に限定する使用者の信義則上の義務の最低基準を，周知は，解雇事由を明示する使用者の信義則上の義務の最低基準を明文化したものであり，信義則上の義務の一部と位置づけられる。

なお，就業規則作成義務のない事業場であっても，就業規則に解雇に関する規定をおく場合，使用者は，信義誠実の原則に則して当該規定を作成し，①労基法所定の要件を充足し（ただし行政官庁への届出を除く），②当該解雇事由を適法かつ合理的な範囲に限定することが必要である。

解雇事由が適法かつ合理的な範囲に限定・明示されていない就業規則の規定は，信義誠実の原則（民法1条2項）違反で無効であり（労基法92条），就業規則に解雇事由に関する規定がないのと同じ状態となり，使用者が当該解

雇事由に基づき解雇権を行使しないのが当該事業場の最低基準となる（労基法93条）。それゆえ，解雇事由に関する就業規則の規定が信義誠実の原則に則して作成されること（労基法所定の要件の充足を含む）は，解雇権の行使要件の一つである。

第三に，就業規則の解雇事由に該当する事実が存在する場合，または，就業規則作成義務のない事業場で就業規則に解雇に関する規定がない場合であっても，具体的に解雇権を行使する場合，使用者は，信義誠実の原則に則してこれを行使しなければならない。具体的には，①解雇に伴う労働者の経済的・人格的不利益に配慮して，必要かつ合理的な範囲で解雇を行い，②当該解雇が必要な場合であっても，当該解雇が労働者の責めに帰すべき事由による場合を除き，解雇に伴う労働者の不利益を可能な限り緩和する措置を行い，③解雇を決定する前に，当該労働者と労働者集団・労働組合に対し説明・協議を行い，④解雇を予告または通知する際，その内容と理由を明示するという，信義則上の義務を履行することが必要である。

また，当該解雇が有効であるためには，第四に，その他の労働協約や就業規則，労働協約の定める行使要件を充足し，第五に，強行法規違反（公序違反，権利濫用等）等の効力発生阻止要件に該当しないことが必要である。

(2) 解雇権の発生・行使と就業規則

解雇権は，就業規則作成義務のある事業場，または，就業規則作成義務はないが就業規則に解雇事由に関する規定をおいている場合，①労基法所定の要件を充足し，②解雇事由を適法かつ合理的な範囲に限定・明示した就業規則の規定を作成することをその行使要件の一つとする。

したがって，就業規則の規定は，①使用者自身が解雇権を厳格に限定している場合，解雇権の発生・行使を限定するのみならず，②労基法所定の要件を充足し，解雇事由を適法かつ合理的な範囲に限定・明示して作成されていなければ，解雇権を行使できないという意味で限定的機能を有し，他の信義則上の義務とあいまって，使用者の解雇権の行使を限定する。

Ⅳ 総　　括

　以上検討したように，第一に，使用者の労働条件の個別的変更権・就業規則変更権・懲戒権の発生根拠は，個別労働者の同意に求められるべきであって，就業規則の規定は，それが最低基準としての直律的効力に基づき個別労働契約の内容となる場合を除き，労働者の同意を媒介とすることなしに，労働条件の個別的変更権・就業規則変更権・懲戒権の発生根拠とはならない。

　第二に，①使用者の労働条件の個別的変更権（就業規則作成義務のある事業場，または，就業規則作成義務はないが就業規則に労働条件の個別的変更権を規定する事業場の場合）の発生要件，②就業規則変更権の発生要件，③懲戒権の発生要件，④期間の定めのない労働契約における解雇権（就業規則作成義務のある事業場，または，就業規則作成義務はないが就業規則に解雇に関する規定をおく事業場の場合）の行使要件の一つとして，これら使用者の権利を，労基法所定の要件を充足し，適法かつ合理的な範囲に限定・明示した就業規則の規定を作成することが必要である。したがって，就業規則の規定は，①使用者自身が就業規則上使用者の権利を厳格に限定した場合に，個別労働契約の内容となって使用者の権利の発生・行使を限定するにとどまらず，②使用者の権利の内容を，労基法所定の要件を充足し，適法かつ合理的な範囲に限定・明示して作成されなければ，当該使用者の権利が発生しないあるいは行使できないという意味で限定的機能を有し，他の信義則上の義務とあいまって，使用者の権利の発生・行使を限定する。

　これら使用者の権利の発生要件，行使要件の充足については，使用者がその証明責任を負担する。

（１）　最大判昭和 43・12・25 民集 22・13・3459。
（２）　最一小判昭和 61・3・31 労判 470・6。
（３）　最一小判平成 3・11・28 民集 45・8・1270。
（４）　最二小判平成 15・10・10 労判 861・5。
（５）　ただし，労働協約の自治の範囲内であり，筆者は，労働協約は，配転命令権，時間外労働命令権等の使用者の労働条件変更権を設定することはできず，ただ，個別労

働者の同意に基づき設定された使用者の労働条件変更権の範囲・行使要件を限定することはできる（これは本来の労働協約の機能である）と解する（同旨・盛誠吾『労働法総論・労使関係法』新世社（2000年）358頁）。

(6) 筆者は，使用者による一方的労働条件変更，一方的労働契約終了，懲戒処分の有効性要件と証明責任について，すでに共同論文において詳細に法理の再構成を提示している（川口美貴・古川景一「労働条件変更法理の再構成」労働法学会誌102号（2003年）70-98頁，同「労働契約終了法理の再構成」季刊労働法204号（2004年）34-75頁，同「懲戒法理の再構成」季刊労働法206号（2004年）146-185頁）ので，これらの論文も参照していただきたいが，これらの形成権の発生・行使において就業規則をどのように位置づけるべきかという観点からの検討は十分には行っていなかったので，本稿ではこれを中心に検討する。

(7) 紙幅の都合上，参考文献をほとんど摘示できないことをご容赦願いたい。

(8) 具体的労務提供方法・内容等の変更も，請求権に基づく履行催告，労務給付請求，弁済受領ではなく，権利義務関係の変更（形成権の行使）と把握すべきである（川口美貴・古川景一・前掲論文「労働条件変更法理の再構成」71頁参照）。

(9) 「労働条件」と「労働条件変更」の定義と分類に関する詳細は，川口美貴・古川景一・前掲論文「労働条件変更法理の再構成」71頁参照。

(10) 懲戒処分の諸類型の詳細については，川口美貴・古川景一・前掲論文「懲戒法理の再構成」150-151頁参照。

(11) 最二小判昭和61・7・14労判477・6。

(12) 最一小判昭和58・9・8労判415・29。

(13) 最一小判昭和49・7・22民集28・5・927。

(14) 懲戒権の発生根拠として労働者の同意が必要であることについての詳細は，川口美貴・古川景一・前掲論文「懲戒法理の再構成」159-161頁参照。

(15) 就業規則の法的拘束力の法的根拠を労働者の同意に求める契約説を支持する見解として，土田道夫『労働法概説Ⅰ』弘文堂（2004年）58-60頁，山川隆一『雇用契約法（第3版）』新世社（2003年）32-33頁，下井隆史『労働基準法（第3版）』有斐閣（2001年）308頁等。

(16) 労働条件の個別的な変更の有効性判断に関する他の学説批判については，川口美貴・古川景一・前掲論文「労働条件変更法理の再構成」73-76頁参照。なお，土田道夫・前掲書59-60頁は，契約説を基本としつつ就業規則の法的拘束力を制限的に解釈するために，就業規則の場合は，労働者と使用者が対等の立場で交渉し，自由な意思に基づいて契約内容を決定できるという状況が存在しないので，労使間合意の拘束力をそのまま認めることはできず，「裁判所は，交渉力の弱い労働者に代わって就業規則の内容が対等交渉に基づく決定からかけ離れていないかどうか（合理性）を審査する権限を，労働条件対等決定の原

2 就業規則法理の再構成

則によって付与されている」との見解を提示する。しかしながら、裁判官は、法の条文を離れてアプリオリに合理性を審査する権限を有しているわけではないから、同見解は失当であり、問題は、何を法的根拠として就業規則の内容が合理的であることを労働条件の個別的な変更の有効性要件と位置づけるかである。川口美貴・古川景一・前掲論文「労働条件変更法理の再構成」および本稿では、労働条件の個別的変更権を労働者の同意に基づき設定する場合、および、これを行使する場合に使用者が負う信義則上の義務をその法的根拠として提示している。

(17) 個別労働契約により、使用者が当該労働条件変更権を有するかどうか、また、その具体的な内容は当然異なりうる。

(18) 労働条件の集合的な変更の有効性判断に関する他の学説批判については、川口美貴・古川景一・前掲論文「労働条件変更法理の再構成」76-78頁参照。

(19) 就業規則の規定の新設・改廃による労働条件の集合的変更であっても、個別労働者との約定により、全部または一部の労働条件について、将来の就業規則による労働条件変更の可能性の対象から当該労働者を除外すること等は可能である（たとえば、将来賃金体系の変更はありうるが60歳以上の労働者は対象から除外する等）。

(20) 通常、就業規則の懲戒規定がそのまま個別労働契約の内容として合意されることになろうが、個別労働者の状況・事情（身体的・精神的事情等）により、通常の懲戒処分を緩和する特約を設けることも可能であろう。

(21) 通常、就業規則の解雇規定がそのまま個別労働契約の内容として合意されることになろうが、個別労働者の状況・事情（身体的・精神的事情等）により、通常の解雇権行使を緩和する特約を設けることも可能であろう。

3 合意解約の有効性判断と情報提供義務・威迫等不作為義務
――労働法における「合意の瑕疵」論を考える素材として――

根 本 　 到

I 労働法における「合意」論の課題

「契約は守らなければならない（pacta sunt servanda）」という原則は、あえて民法典に明示の規定がおかれなかったほどの自明の原則[1]であり、取引社会だけでなく労働社会においても大切なものである。労使間においても、合意[2]を介して実務が展開されることは多いが、合意は自己決定を保障するだけでなく、義務や権利を確定させ、他方当事者の権限を制約する手段としても機能するからである[3]。しかし、労使間においては、使用者から十分説明のないまま、使用者に有利なかたちで合意の成立に至ることがしばしば生じる。この場合、合意は、一方的権限の行使と異なり「権利の濫用」等の司法審査は予定されていないため、使用者に有利な手段と化してしまうこともある。

こうした合意については、形式的にその成立と有効性を承認してしまうのでなく、「合意の拘束力の根拠」が何であるかに立ち返り、合意の効力を再検討してみることも必要である。「合意の拘束力の根拠」については、様々な議論が存するが、－少なくとも合意の基本的な部分については－両当事者の「（自由）意思」にあるとされている[4]からである。こうした観点にたてば、合意の一方当事者である労働者の意思からあまりにかけ離れている場合には、「合意の瑕疵」を認定する制度が本来あってもよいといえる。

しかし、従来の労働判例をみる限り、錯誤、詐欺、強迫あるいは公序良俗

に違反しなければ、合意の有効性が否定されることは少ない。労働法学においては、合意の拘束力の根拠にまで立ち戻り「合意の瑕疵」を検討しようとの問題意識が少なく、意思表示論に基づく伝統的な判断基準を無批判に受け入れることが多かったからである。合意は、労使双方の問題として、自己決定以外の法原則（信頼保護や表示主義）が様々なかたちで関係していることに配慮し、形式的合意の有効性も広く尊重されてきたといえよう。

しかしながら、様々な原則を顧慮したとしても、使用者の不当な対応の結果、合意の拘束力を正当化できるだけの当事者の意思があったとはいえないケースまで（労働）法が放置しているとすれば、大きな問題である[5]。周知のように、消費者法では、自己決定それ自体の保障だけでなく、自己決定する際の環境整備を行うとの考え方[6]に基づき、消費者契約法に代表される様々な法規制が整えられたが、同様の問題を抱えている労働者については、こうした規制を欠いたままである[7]。こうしたことに鑑みると、消費者法の動向等も意識しつつ、労働法においても「合意」に関する法制度を再検討することが求められているといえるだろう。

II 合意解約論の状況と課題

1 合意解約論に関する裁判例の状況

合意を介して法関係が変動する問題は労使間には数多く存在するが、その一つが合意解約である。労働者の「退職」は、「辞職」と称される一方的解約告知によってもなされるが、意思表示の撤回可能性等を考慮して、辞職の意思表示が明瞭でない限り、労働者の退職の意思表示は「合意解約」の申込と解するという扱いが広く定着しているからである[8]。

この合意解約の成立については、学説・判例において、契約成立時まで申込の撤回を認めるなど、労働契約当事者間の事情に配慮した特殊な法理の形成もなされてきた[9]。しかし、いったんこの成立要件を充足して合意の成立が認められれば、伝統的な意思表示論に基づいて有効性が審査されるが、この審査は次のように限定的である。以下では、判例の判断枠組[10]を確認しておきたい。

3 合意解約の有効性判断と情報提供義務・威迫等不作為義務

(1) 心裡留保

まず，心裡留保である。いわゆる真意がなかったとしてもその無効を主張しえないが（民法93条），相手方がこれを知っているか，あるいは知り得べき場合には，無効を主張できるとされている（同条但書）。裁判例のなかには，反省の色が最も強い文書がよいため退職願を提出し，汚名を挽回するためにも勤務の機会を与えて欲しいと述べていた昭和女子大学事件・東京地判（平4.12.21，労経速1485号8頁）では，退職願は退職を回避しようとして作成されたものに過ぎず，大学がこれを承知していたことが明らかであるとして，民法93条但書を根拠に退職の意思表示を無効としている。しかし，これを除くと，心裡留保を問題とした事案はほとんどなく，その適用範囲は限られてきた。

(2) 錯　　誤

法律行為の要素に錯誤があり，そのことに重過失がない場合には退職の意思表示は錯誤として無効を主張できる。裁判例のなかには，一方で，会社にその実行の意思がないにもかかわらず，新会社への再雇用等を条件に退職届を提出させた場合に，退職届の提出に錯誤があるとして無効とした丸中製糸事件・長野地諏訪支判（昭59.3.26，労旬1098号68頁）がある。また，昭和電線電纜事件・横浜地川崎支判（平16.5.28，労判878号40頁）は，上司から退職しなければ勤務成績不良で解雇するという勧奨等を受けて退職したケースで，解雇事由がないのにあると誤信したとして，錯誤無効を認めた。他方で，ヴァリグ事件・東京地判（平11.12.27，労経速1752号3頁）は，定年年齢を65歳から60歳に引き下げる就業規則変更の効力が有効であると誤まって退職の申し出をした事件であるが，就業規則変更の有効性は承諾の主たる動機を形成したものとは認められず黙示的に表示されたということもできないとして錯誤無効を否定した（フジクラ事件・東京地判（平11.12.27，労経連1747号3頁）も同様に，従たる動機を論拠として，否定している）。また，ザ・スポーツコネクション事件・東京地判（平12.8.7，労判804号81頁）は，動機が表示されていないとして，錯誤を否定している。

錯誤については，退職届を書かないと解雇されると錯誤したケースと解雇が有効であると錯誤したケースとがありうるが，いずれにしろ，主たる動機

であり，かつ，動機が表示されない限り，意思決定の動機にあたる事情は，法的保護が与えられないとの伝統的な枠組があり，この点が大きな問題となっている。

(3) 強　　迫

使用者が労働者に畏怖を生じさせて退職させた場合で，かつ，その目的や手段が社会的に相当でない場合には，強迫を理由として労働者は退職の申し出を取り消すことができる。これまでの裁判例では，懲戒解雇あるいは横領罪としての告訴がありうることを告知して退職願を提出させたことにつき強迫であることを認めたニシムラ事件・大阪地決（昭61.10.17，労判486号83頁）がリーディングケースとされている。判例は，（懲戒）解雇に理由がないにもかかわらず，退職願を提出しなければ懲戒解雇すると告げる行為は，畏怖を生じさせ，かつ違法な告知であるとして，強迫概念を拡張してきた。しかし，明確に退職に応じない場合の解雇，配転・減俸等が告知されないなど，明白な強迫行為が存在せず，状況や環境を圧力手段として利用しているに過ぎない場合は，強迫には該当しない[11]とされている。最近は，このように十分な情報を与えないことで威迫する事案[12]や重要な情報を与えないまま合意を締結している事案[13]が増えており，このようなケースへの対処が問題となっている。

(4) 不法行為

以上のような意思表示論を補ってきたのが不法行為制度である。退職勧奨行為は，使用者が労働者に対し「自発的な退職意思の形成を慫慂するためになす説得等」の事実行為であると解されているが，その行為が強制的なものである場合は不法行為を構成するとされているからである。この問題のリーディングケースである下関商業高校事件・最判（昭55.7.10，労判345号20頁）では，執拗な退職勧奨行為の不法行為性を認め，慰謝料を認容している。裁判例の中には，職場環境配慮義務違反を理由に逸失利益として数か月分（だいたい6か月）の賃金相当額を認容するものもある[14]。

2　学説の状況

意思表示の有効性を審査する判例の枠組が限定的であることを意識して，

学説においては次のような理論が提唱されてきた。ここでは、そのポイントと課題のみを指摘しておきたい。

(1) 「擬制解雇」説

小西國友教授[15]は、いわゆる解雇だけでなく、合意解約と退職も含め、使用者のイニシャティブによる雇用契約の終了も「擬制解雇」として規制の対象とすべきだと提唱している。この説は、後述の小宮文人教授の「準解雇」説と異なり、擬制解雇からの救済につき、いわゆる無効構成を採用したことに大きな特徴がある。

しかし、「擬制解雇」説は、法政策的には検討に値するが、やはり現行法を前提とする限り、その妥当性は疑わしい。解雇と合意解約・辞職とを比べた場合、後者は解雇事由の問題とは言えず、合意の要件を充足している限り無効とするのは困難であるからである。

(2) 強迫概念拡張説

森戸英幸教授[16]は、強迫概念に拡張の余地があるとの民法学説[17]を参考にして、退職問題における強迫概念の拡張を提案している。そのうえで、退職勧奨行為だけでなく、内容のない苦痛な作業に長時間従事させる行為や仕事を与えない行為も強迫に該当する可能性があるとの考え方を提示している。

この強迫概念拡張説については、日本の民法学説は依然として経済的強迫を認めていないという点[18]から批判もあるだろうが、その理論の志向性には問題はないと考えられる。もともと、労働判例においては、違法な解雇等による威迫を強迫と認めるなど、強迫概念を拡張してきたと考えられるからである。ただし、強迫のもともとの意味は「おどす」ということである。やはり強迫概念の拡張によって果たされる適用領域はそれほど広くならないのではないか。結局、この説は、威迫が明瞭など特定の類型の事案に適用されるのみで、不公正な方法で合意が成立した場合など合意解約において広く存する問題事案を対象とできるわけではないことに留意すべきであろう。

(3) 心裡留保説

三井正信教授[19]からは、心裡留保規定を活用することが提唱されている。具体的には、「一方で使用者の職場環境配慮義務違反の事実（帰責事由）があれば、他方で、たとえ、労働者が効果意思通りの表示を行って辞職

もしくは合意解約によって退職した場合であっても，職場環境配慮義務違反の事実が存しなければ退職しなかったであろうとの不本意さを示す労働者の内心（意思形成過程における本音・内心の声）が存し，これを使用者が認識しあるいは認識すべかりしとき（即ち，認識可能性を有するとき）には，民法93条但書の類推適用により，退職をめぐる労働者の意思表示……は無効となる」という法律構成となっている。

心裡留保は，当事者の真意の確保をもともと意図とした法制度であり，この理論の拡張は検討に値する。ただし，職場環境配慮義務違反の事実が存しなければ退職しなかったであろう労働者の内心は，「義務違反がない」という法的操作を介在させているため，仮定的意思として存する場合が多い。このような意思は「内心」であるうえ「仮定的」なものであるから，その認識可能性（あるいは悪意や善意有過失）が認められる場合は極めて少なくなるように思われる。

(4) 「申込適法性」説

島田陽一教授[20]は，まず，退職の意思表示にいたる過程を一連の経緯のなかで捉えることで，従来申込の誘因と捉えられてきた使用者側の行為が合意解約の申込と位置づけられるとする。そのうえで，申込行為が不当な動機・目的に基づく場合だけでなく，解雇の必要性が存しない場合にも，合意解約という手段を検討していることが問題だとして，この申込に承諾を与えても労働契約の終了の効果は発生しない（無効）とする。そして，解雇事由がないのに合意解約が許されるのは，再就職や退職金の割増などの代償が客観的に用意された場合に限られるとしている。

この申込行為の適法性を基準として判断する説は，使用者の退職勧奨を申込と解することが妥当かという批判が予想されるものの（津田鋼材事件・大阪地判（平11.12.24，労判782号47頁）），解雇事由を満たす場合とそうでない場合とで合意の真意性の判断について段階を設けるという事案適合的な判断基準を提供している。ただし，不当な動機・目的など強行法規に反する場合は申込という「意思表示」が民法91条（反対解釈）に照らして無効となるのでわかりやすいが，客観的な状況から真意に基づいて合意をしたとされるときは解雇制限規定を除外できると考えているので，強行法規違反というよ

りは民法90条の公序良俗違反を想定していると推測される。しかし、そうだとすると、申込の自由をこうした論理で制約できるのだろうかという疑問が生じる。また、公序良俗で無効となる対象は、「意思表示」ではなく「法律行為」（契約＝合意）である。そうなると、合意全体の公序性を判断すればよいこととなり、使用者の意思表示を「申込」と解する実益があるのかということになる（「動機の不法」という構成など、使用者の行為が「申込の誘因」と構成されても成立した合意の公序性は判断できる）。ただし、こうした法技術的な問題は些末な点であり、労働者の真意と解雇基準で合意の公序性を測ることの現実的及び法理論上の妥当性がこの説の真価であり、課題でもあるのだろう[21]。

(5) 「準解雇」説

小宮文人教授[22]は、英米法における「みなし解雇」法理等の検討をふまえ、使用者による陰湿な追い出し行為を「準解雇」として損害賠償の対象とすることを提案している。その要件としては、①使用者が雇用契約を終了させる社会通念上相当な事由がなかったこと、②使用者の追い出し意図が具現化された行為があったこと、③合意解約や辞職により労働契約が終了したこと、④使用者の当該行為と当該合意解約等に相当因果関係が存することを挙げているが、これらの要件に該当した場合には、慰謝料だけでなく、職場環境配慮義務を介して逸失利益を肯定するところに特徴がある。

この準解雇説については、準解雇概念を基軸に、使用者の追い出し行為を広く損害賠償の対象として明確化し、嫌がらせ事案などを想定して金銭的な救済方法を理論的な俎上にのせたことに大きな意義がある。だが、「救済として退職の無効を追及するメリットは必ずしも大きくはない」として無効（あるいは取消）構成にあまり熱心でないと解される余地もあるが、使用者の退職勧奨行為から労働者を広く救済するには、損害賠償構成とともに、無効構成を追及することの意義は否定できないように思われる。

3 合意解約論の課題

以上のような学説、判例の状況から見えてくる点は次のような点である。

(1) 過度の不法行為の利用

第一に，合意解約について，学説からは擬制解雇説なども提唱されているが，判例においては，合意の有効性は一応尊重されたうえで，実際の解決は不法行為に基づく損害賠償に大きな役割が与えられているということである。もちろん，損害賠償も重要な救済制度ではある。しかし，退職勧奨行為が不法行為と認定されることも少なくないとすれば，勧奨行為は事実行為であるとの論理を検討し，「合意の瑕疵」の拡張を試みることも必要であろう。

(2) 「真意」の認定のための法制度の不足

第二に，民法学における伝統的な意思表示論を前提とすると，労働者の真意（真の自己決定）を基準として「合意の瑕疵」を認定するのは容易ではないということである。すなわち，意思表示制度は，当事者（労働者）の真意を確保することを目的としている。しかし，実際には，現在の判例を見る限り，真意の存否が完全に審査されているわけではない。真意の不存在とは，いわゆる「意思の欠けつ」＝表示行為に対応する内心の効果意思がないことを意味するとされており，心裡留保や錯誤などの独特の要件（「相手方の認識可能性」や「法律行為の要素」）によって，その適用範囲は限定されている。つまり，民法が保護を予定している真意はもともと狭いといえるだろう。

(3) 法制度間の限界事例の存在

第三に，既存の意思表示論によっては適用できない明確な限界問題が存することである。意思表示論は，歴史的な事情を背景として形成されてきた強固な体系を有しており，法制度の規制対象をみると，主に，(A)本人の主観的事情（無能力制度，錯誤，心裡留保），(B)相手方の行為態様（詐欺，強迫，不法行為），(C)合意内容の社会的評価（公序良俗）の3つに分類[23]され，独特の要件によって対象が限定されている。その結果，例えば，詐欺，強迫に至らない程度の使用者の働きかけによって労働者の判断力の低下がもたらされた場合や合意内容は公序に反しないが，労働者の無知や経済的窮迫に乗じて合意が締結される場合などについて「合意の瑕疵」を認定することが困難となっている。問題を類型化すれば，①威迫型（強迫に至らない威迫行為によって自己決定させるケース）や②幻惑・困惑型（正常な自己決定ができないような環境をつくりだしたケース。熟慮期間を付与しないケースも含む。）だけでなく，③不実表示型（労働者に誤解を生じさせるような虚偽の事実を告げるケース）や

④情報提供不全型（合意解約に応じない場合の解雇の有無など重要な情報を提供しないで労働者に判断させるケース）もあることが注目され，こうした事案の救済が十分なされていない。意思表示制度の「合わせ技」（例えば，詐欺と強迫の相補的適用）が困難であるとすれば[24]，いかなる法技術でこうした限界事例に対応できるかが課題となる。

(4) 合意締結過程の法的構成

第四に，合意の有効性を考えるにあたって，合意の成立過程をどのように捉えるかである。民法典には，契約の成立につき比較的簡単な規定しかおいていないため，法的に取り上げられるのは「申込」，「承諾」（あるいは「申込の誘因」）のみであり，使用者の多くの行為は事実行為として不法行為の対象とされてきた。しかし，合意の成立過程をみれば，両当事者の対応が交錯して合意に至っており，「申込」等に該当しない行為でも法的に重要なものも存する。したがって，行為を個々に考察するのでなく，その両当事者の行為が交錯する「交渉プロセス」[25]として扱うという発想が必要となる（なお，学説の一部[26]はすでにこうした発想に依拠してきた）。

合意解約の成立過程を「交渉プロセス」として位置づけると，締結過程に存する様々な当事者の行為を法的判断に取り込むこととなるが，その際，自己決定それ自体の保障だけでなく，自己決定の「環境整備」に両当事者がどのように関わりあっているかが問題となる。とりわけ，合意解約においては労働者の自己決定環境を整備するうえで，使用者にどのような責務が課せられているかの解明が先決となるだろう。合意解約と転籍合意の有効性（錯誤，詐欺）が争われた大塚製薬事件・東京地判（平 16.9.28，労判 885 号 49 頁以下）が明示的に示したように，判例は概して，合意解約に応じなかった場合の対応（職場に残れる可能性）についてでさえ情報を提供する義務が使用者には課せられていないと解している。こうした判例の状況に鑑みると，「情報収集及びその分析は本人（労働者）の責任」であるとの観念の妥当性がまずは検討されなければならないだろう。

(5) 合意解約・辞職問題における解雇規制利用の限界

第五に，これまでの学説をみる限り，解雇規制基準を合意解約や退職にも適用することは魅力的であるが，無効構成と結びつけることは現行法を前提

とする限り容易ではないということである。それは，擬制解雇説ではなく，準解雇説の考え方が広く判例にも受け入れられていることに典型的に表れているが，やはり合意解約は両当事者の合意として成立しているため，解雇法の「潜脱」や「類推適用」という法律構成は合意（意思表示）の制約に適した理論ではなく，その適用領域（例えば解雇基準を利用した強迫論）は限られている。また，すでに判例の強迫法理や錯誤法理が，解雇規制とリンクして手段としての解雇を制約する機能を果たしているとすれば，解雇基準に固執して新たな法理を提供することのメリットも再考しなければならない。前述の限界事例が示すとおり，解雇をめぐる情報が明瞭に告知されないケースの方が最近は問題となっていることも意識すべきであろう。

3 考察の対象と順序

以上のような課題の設定から，本稿は退職問題全般ではなく，以下では，労使間合意の法規制のあり方をにらみながら，合意解約における「合意」の法規制（とくに有効要件）に限定して考察を行う。考察の順序としては，まず，日本と同じような問題を抱えるドイツの理論動向を紹介・検討し，そのうえで，日本での合意解約の法規制のあり方を検討してみたい。

III ドイツにおける合意解約の規制――強迫論・錯誤論の内容と新しい議論動向

ドイツでは，合意解約は解雇とともに，民法623条において書面が要請された要式行為とされているが[27]，合意の成立が認められれば，錯誤，詐欺，強迫といった意思表示論に依拠して，合意解約の有効性を審査する。本稿では，紙幅の関係もあり，その枠組全体を紹介できないが[28]，ここではその中で最も活用されている錯誤と強迫をめぐる理論状況を紹介する。また，ドイツでは伝統的な枠組を克服するため，近年，労働者の自由な自己決定を確保するという観点から新たな規制も議論の対象となりつつある。そこで，強迫論や錯誤論に加えて，労働者の撤回権，情報提供義務および内容規制に関する議論動向も紹介し検討する。

3 合意解約の有効性判断と情報提供義務・威迫等不作為義務

1 意思表示論による制約

(1) 強迫 (Drohung) による規制

ドイツ民法典123条1項は,「害意のある詐欺によりまたは違法な強迫によって意思表示を決定した者は,その意思表示を取り消すことができる」として,詐欺と強迫を取消事由としている。このうち,即時解雇だけでなく,通常解雇を利用して合意解約を迫ることは強迫手段であると認められてきたため,古くから強迫法理は合意解約において利用されてきた。

しかし,強迫に該当するためには,「違法」性がなければならず,その点が裁判では一番争点となる。この点,連邦労働裁判所第三法廷[29]は,「理性的な使用者であれば同様の状況で解雇を告知しなかったであろう」という基準で違法性を判断するとしている。これは,解雇という手段の違法性だけでなく,使用者が違法な目的で労働者の意思形成に悪影響を及ぼしたか否かという主観的事情も考慮しようとしたことを意味する。

もっとも,かつて連邦労働裁判所第二法廷[30]は,解雇という手段の違法性が解雇制限法に照らして無効であることが認められれば,それだけで違法性が認められると判示したことがあり,第三法廷の基準と整合性を欠いたこともあった。その後,第二法廷[31]も第三法廷の見解を採用するところとなり,判例は統一されたのである。だが,主観性の要件が含意されているとはいえ,現在の判例をみると,圧力手段として利用された解雇の無効性が強迫の違法性の重要な判断要素(「理性的使用者」論の内容)として機能している。このような状況から,ドイツにおいては,解雇が告知される限りは,威迫型の合意解約は解雇基準を介して強迫論と結びつけられ,広く規制されているといえる。

(2) 錯誤 (Irrtum) による制約

ドイツ民法典には,表示内容の錯誤(119条1項前段),表示行為の錯誤(119条1項後段),不正の伝達(120条),性質錯誤(119条2項)についてそれぞれ錯誤の規定があり,取消事由の一つとなっている(無効構成ではない)。その中核にあたる民法119条の文言は以下のような条文である[32]。

「1. 意思表示をする際にその内容に関して錯誤に陥っていた者またはこの内容を表示することを意図してしなかった者は,事情を認識しかつ当該事

件につき合理的に推認すれば当該意思表示をしなかったであろうことが認められる場合には、当該意思表示を取り消すことができる。2．人または物の性質が取引において本質的とみなされるものである場合には、このような性質に関する錯誤も、表示内容に関する錯誤として扱われる。」

　日本と同様、錯誤の本質を「意思の欠けつ＝表示行為に対応する効果意思がないこと」と捉えており、原則としていわゆる「動機の錯誤」はその対象とされていない。もともと、日本の民法典の規定が、ドイツ民法典の第一草案に影響を受けたと解されているため、このような類似性がみられる。ただし、日本法においては、ドイツ民法典以外にローマ法（及びその影響の強いフランス法）に由来する点があり、条文上は「内容」と「動機」という区分が明示的に表現されていないのに対し、ドイツ法においては、日本が継受したとされる第一草案は第二草案（錯誤についてはこれが現行法）において修正がなされたため、「意思表示の内容」しか錯誤の対象とならないことが明示されている。このため、ドイツにおいても、「性質錯誤」を除き、原則的に動機の錯誤は保護されない。

　しかし、例外的に民法典が特に明示していない錯誤が保護の対象となることがある点には留意しなければならない。その一つが、いわゆる「法律効果の錯誤」というものである。ただし、法律効果の錯誤に該当すればすべて保護されるわけではない。法律効果が意思表示に基づいている場合にはその意思表示に根拠がないということで錯誤の対象となるが、制定法の効果が意思表示と結びつけられて法律効果を生じさせている場合には「動機の錯誤」として保護を受けられないとしている。例えば、この区分に関する問題として、妊娠した労働者が妊娠者に対する特別解雇制限規定（母性保護法9条）を知らずに、合意解約に応じてしまったケース[33]が争われたことがある。連邦労働裁判所は、このケースは後者（動機の錯誤）にあたり、取消が認められないと判示した。学説の中には、こうした事案について、当該労働者は、制定法の効果ではなく、合意解約の効果について錯誤に陥ったのであるから、保護の対象となる「法律効果の錯誤」だとの見解も存した[34]。しかし、今日においては上述の判例の立場を正当とみる学説が支配的になっている[35]。

2 新しい議論動向
(1) 労働者の撤回権
① 概　要

ドイツにおいては，労働協約に，「合意解約は書面によって成立する。その際，各当事者は3日間の熟慮期間を請求することができる。合意解約を拒絶する場合には書面によって意思表示しなければならない。」(ノルトラインヴェストファーレン州のある協約)(36)と規定をおくことで，熟慮期間及びその期間中の撤回権を保障することがある。ただし，個別労働法上はこのような規定はなく，申込の拘束力を前提として，労働者の撤回権を否定してきた。学説のなかには，消費者について定められた撤回権を類推適用すべきだとの見解(37)も存したが，法の趣旨が異なるとして概して判例で認められることはなかった。

② 「不意打ち (Überrumpelung)」判決

ところが，こうした状況に衝撃を与えたのが次のような下級審の判決である。この事件では，使用者が合意解約の提案をしたが，わずか4日間でその締結を迫ったことが争点となった。この問題につきハンブルグの州労働裁判所(38)は，使用者の信義則上の義務として熟慮期間や労働者の撤回権の付与を挙げ，これを履行せずに使用者が合意解約を迫った場合には「不意打ち (Überrumpelung)」にあたる違法な行為であるとしたのである（付随義務違反を根拠に損害賠償を認容）。

もっとも，この判決については，立法にない権限（撤回権の付与等）を認めることは，錯誤，詐欺，強迫に基づく取消権の意義を失わせるものだとして，学説からは多くの批判がなされている(39)。また，連邦労働裁判所も，信義則を根拠に法が企図していない撤回権を認めることは私的自治に対する深刻な侵害となるとして，明示的にこの立場を否定している(40)。しかし，学説の中には，この判決を「不意打ち（規制）」を志向した判決として高く評価する者(41)もある。こうした立場にたつ者からは，信義則を根拠に労働者に撤回権等が生じることの例として論じられている。

③ 債務法改正と「消費者の権利」の付与

信義則を根拠に撤回権を肯定するという考え方はこのようにドイツでは支

配的にはならなかったが，立法上この権利は最近明示された。ただし，「消費者の権利」として，である。

2002年1月1日に施行された債務法改正により，民法典の総則規定に「消費者」概念が導入された。従来，個々の消費者保護立法に規定されていたため，消費者の権利を労働者が享受する余地はなかったが，この改正により，「労働者」が「消費者」（民法13条：「消費者とは，事業活動または独立した職業活動に帰せられない目的で法律行為を締結するすべての自然人をいう」との規定）にも該当する可能性が生じ，大きな論争を巻き起こした。なかでも，合意解約に関わっては，次のように規定された民法312条の撤回権が労働者に付与されるのではないかとの問題提起がなされたのである

「消費者は事業者との契約が有償給付を目的とし，かつ，次の各号のいずれかに該当する（訪問販売）場合には，第355条（2週間の撤回期間を定めている——筆者）に基づき撤回権を有する。

1 消費者の職場またはある私的住居における口頭の交渉により契約を締結した場合

2 少なくとも事業者の利益のために事業者または第三者によって実施された余暇行事に際して契約を締結した場合

3 交通機関または公衆の立ち入り可能な通路において不意に話しかけられたのに続いて契約を締結した場合」

労働者が消費者の権利を享受できるか否かについて，学説の中では，労働者が消費者であることを肯定する説と否定する説とが展開され，カナーリス（Canaris）[42]やハナウ（Hanau）[43]といった著名な民法あるいは労働法学者からも，労働者に消費者の権利を付与することを支持する見解が表明されている[44]。ただし，この肯定説の論者がすべて312条の直接適用を認めるわけではなく，それを肯定する者も類推適用や目的的解釈という手法を用いることが多い。この312条の適用を結論的に認める者は，消費者概念規定の包括性だけでなく，労働者と消費者との置かれた状況を比べて，労働者もいわゆる「不意打ち」状態に直面することがあるという実質的根拠を指摘するのである。

しかし，これに対しては，否定説の論者[45]から，民法の消費者概念はた

しかに包括的に規定されており，概念だけをみれば労働者も該当するが，やはり労働者と消費者ではその属性が違うことを考慮すべきだとの反論が出されている。このため下級審においては，312条の適用を肯定するもの[46]もあるが，否定する裁判例もあり[47]，判断は統一されていない。

(2) 情報提供義務の内容と効果
① 情報提供義務の内容

合意解約に際して，労働者に対して何らかの情報提供を行う義務が使用者にあることは，立法上明示の規定がないが，連邦労働裁判所は，信義則を根拠にこれを認めている。ただし，合意解約に関しての情報収集は，特段の事情のない限り，当事者の責任であるとして，沈黙することの責任を使用者に問うことまでは求めていない。企業年金や社会保障法上の受給権について不利益を受けるような場合に限ってこの「特段の事情」を肯定しているのである[48]。

しかし，このような判例については，消費者法を中心として発展してきた「当事者間の情報の均衡性についてのプログラム」（実質的には「情報提供モデル（相手方が積極的に重要な情報を提供しなければ自己決定の結果とはいえないという考え方）」を想定している）[49]との調整を欠き，情報提供義務の範囲を限定しすぎていると批判がなされている。例えば，こうした説を支持するドイブラー（Däubler）は[50]，労働者側が主導して合意解約締結交渉が始まった場合と使用者側が主導して始まった場合とを区別し，前者については判例の考え方が採用されてもよいが，後者については，使用者側に存するあらゆる情報の提供義務が課されるべきだというのである。

ドイツでは，民法学説を中心として，情報提供義務の根拠として，「社会国家」論[51]，「職業上の地位」論[52]，「交渉力の実質的対等性」論[53]，「基本権保護義務」（自己決定）論[54]，「人格的自由」論[55]など様々な根拠に基づき，意思形成過程に相手方の情報提供が欠かせない場合があるとして情報提供義務を肯定する見解が有力である。これに対し，労働法においては，上記の見解を除き，情報提供義務の拡張に概ね批判的である。判例や通説は，情報提供義務の拡張が否定される積極的な論拠を提示しているわけではないので，単に「情報収集は自己責任」との観念に固執しているといえよう。

② 情報提供義務の効果

情報提供義務は信義則上の付随義務であるため，この義務の不履行は積極的債権侵害にあたり損害賠償請求権を成立させることに異論はないが，合意解約自体の有効性が維持されるのかが一つの論点となっている。

この点については，理論的には情報提供義務違反の場合を「不作為（沈黙）による詐欺」と構成するという選択肢もあるが，ドイツでは，詐欺の害意（故意）の要件を証明することが困難であるため，情報提供義務を詐欺と認定する見解は少ない（「過失による詐欺」の否定）。

これに対し，ドイツでは，次のような理論構成で合意解約の解消を認める見解は広く認められている。すなわち，民法249条で原状回復型損害賠償請求（Naturalrestitution）が認められているため，損害賠償の原状回復義務を媒介として契約の解消を認めるのである(56)。ただし，「過失による詐欺」が実定法上否定されている趣旨に鑑み，意思決定の自由に関する取消規定と損害賠償法とは明確に分離すべきとの批判もある(57)。こうした見解によれば，民法249条を媒介とすることが否定されることとなる。

③ 情報提供義務論の限界

ところで，ドイツにおいては，情報提供義務論が論じられる際，しばしば，情報提供義務論の限界論も指摘される。

情報提供義務論者の多くは，自己決定論やリベラリズムの観点から，情報が提供されれば私的自治機能を回復することができるし，それで足りると考えている。しかし，社会国家論や契約正義論に基づき社会的弱者保護の観点から情報提供義務を位置づけようとする者は，それで足りると考えていない。情報が提供されても，構造的な不均衡が大きく影響し，情報を十分に利用できるとは限らず，別の観点から要保護性が生じる可能性を指摘するのである(58)。

こうした考え方に影響を受けたのか，労働法においても，情報提供義務を積極的に位置づける者からも，情報提供義務は重要な手段であるが，唯一の手段ではないと主張され(59)，補足的に内容規制を行うことの重要性も指摘されている。「情報提供モデル」に過度に依拠し，労働者の自己責任の不当な拡張を警戒するものと推測されるが，日本でも留意すべき議論だといえよ

3 合意解約の有効性判断と情報提供義務・威迫等不作為義務

(3) 合意解約の内容規制

2002年1月のドイツ民法典の債務法の改正により，立法上も約款規制が労働契約にも適用がなされることとなったが，合意解約の締結も，労働者との十分な交渉によってもたらされていない限り，内容規制を受けると解されている[60]。ただし，内容規制は，不意打ち条項規制等，他の約款規制に抵触しない限りで許されると解釈され，一般に合意の主要条件については規制を行わないこととしている（主要条件は不意打ち条項規制等で規制する）。このため，合意解約において主要条件と付随的条件に何が該当するかが問題となるが，これまでは，合意解約の際に適用される補償金規定などは付随的条件と位置づけられている。こうした点から，補償金規定の内容が労働者にとって著しく不利な場合は内容規制を受けることとなる。

なお，ドイツでは，債務法改正の以前から，民法138条には良俗違反規定（「良俗に違反する法律行為は無効である」）とともに，同2項に「窮状，軽率または無経験」を悪用した場合（暴利行為）の規定（「とりわけ，ある者が，相手方の窮状，軽率または無経験を悪用して，自己または第三者に，ある給付に対して財産上の利益を約束または提供させ，その利益が給付に対して著しい不均衡が生じるほどその給付の価値を超えるならば，法律行為は無効である。」という規定）が明示されているため，当事者の自己決定環境を考慮して内容規制を行う余地があった。しかし，「悪用」という主観的要件が存するため，その利用範囲は極めて限定的に解されており[61]，合意解約においてはその適用例はほとんどない。

3 小　括

ドイツの新しい議論動向の背後にあるのは，労使の構造的不均衡のもとで締結された合意をどのような法技術に結びつけて規制するかという問題意識であり，こうした点は日本の問題状況と類似し，参考に値する。とくに，情報提供義務を導入しながら，自己決定の環境整備を法的にコントロールとしようとする考え方は適切であり，日本でも大きな意義があるだろう。以下では，こうした考え方を日本でも応用できないか考察してみたい。

Ⅳ 「情報提供義務」や「威迫等の不作為義務」の根拠や内容

1 問題解決の視点

問題解決の方向性を定める意味でも，最初に合意解約問題の本質について考えておきたい。

第一に，合意解約は，実質的には解雇と同じ機能を果たすため，いわゆる解雇規制と類似の規制が必要だと議論されることがある。たしかに，解雇を威迫手段として用いて合意解約を迫ることが多く，解雇事由の有無を意思表示論に結びつけている判例は，先述のように多い。ただし，こうした問題の本質を考えてみると，解雇規制基準に照らして解雇が許されていないのに合意解約を迫っている場合には，威迫手段の不当性や意思の完全性を問題としているのであろうし，また，解雇を明確に告知しないまま，誤った情報でもって合意解約の締結を得ているのであれば，この情報提供行為の不当性と誤解に基づく意思決定が問題とされている。いずれも，意思形成過程に介在した使用者側の行為の正当性が問題とされ，また，合意の拘束力を正当化できるような労働者の意思決定の有無が問題となっている。その意味で，法政策としては，その法技術として解雇規制を準用する（イギリスの「みなし解雇」）ということもあるのかもしれないが，この問題の本質は自由な意思決定の保障にあると考えるべきである。

第二に，意思決定の保障が規制目的であるとすれば，意思決定それ自体の保護にとどまるのか，あるいは意思決定の環境（自己決定環境）まで規制するかである。合意解約が紛争となるのは，日本でも，情報力や交渉力の実質的対等性が保障された環境がないもとで，労働者の自己決定が歪められることがあるという点にある。したがって，ドイツ法を参考にすれば，労使の構造的な不均衡を是正することを目的として，自己決定するための環境を法的に整備するという発想を採ることは有益だろう。すでに指摘したように，これまで日本では「点」としての行為（申込，承諾，自己決定）だけが取り出され，合意解約の締結過程を「プロセス」として捉えることが弱かった。しかし，もはや結果として自己決定を保障し，それに自己責任を単純に課して

しまうことは事態に適合しないだけでなく、自己決定論の尊重に値しない。労働者が自己決定に至るまでの「環境」の整備に当事者（とくに使用者）がどのように関与すべきかを規制することが求められる。

なお、使用者の関与があって労働者の意思決定の条件が確保されるという発想は、事後的な保護機能を果たすだけでなく、合意の締結過程を正常化させることに貢献するだろう。また、日本では退職に関する「職場環境整備義務」[62]というものも認められており、「環境整備」という考え方は受け入れやすいと推測される。ただし、あくまでもこうした発想は「考え方」であって、特定の法技術に結びつけることの可否は独自の課題として残る。そこで、以下では、「情報提供義務」[63]や「威迫等の不作為義務」を中心として「労働者が自己決定できる環境を整えることに配慮すべき責務」の位置づけについて考察を加えてみたい。

2 義務の根拠と構造——情報提供義務と威迫等の不作為

古典的な契約法においては、意思決定環境の整備や情報収集は自己責任であるとの観念が存在する。このため、契約交渉過程へ国家が介入することの根拠や本人以外の者に義務づけることの根拠については検討を要する。その際、実定法上の根拠は信義則に求めることになるが、この点には大きな意味はない。むしろ、慎重に考えなければならないのは、「対国家」あるいは「対使用者」においてこうした義務が認められる実質的な根拠が何かである。

この点、本来であれば、自己決定論にまで掘り下げて論じることが一つの鍵となるだろう。だが、本稿では労働法だけでなく法学全体で様々な議論の存する自己決定論をここで論じる力量はない。しかし、国家が、契約当事者の対等性が確保されていない領域で、自己決定を自由になしうる状態を保障するだけでなく、契約当事者の自己決定環境を整備する任務があることは、否めないのではないか。こうした領域において積極的に国家が介入することは「私的自治に対する侵害」というよりは「私的自治の整備」を意味すると考える。

つぎに、使用者に義務が課せられる根拠であるが、次のように考えられる

だろう。まず、どのような当事者間でも契約交渉に直面しているときには、相手方の自己決定それ自体あるいは自己決定環境を侵害しない責務（公正交渉規範）[64]が課されている。法技術の面でいえば「契約締結上の過失」など様々なかたち[65]で表現されてきたものであるが、例えば、虚偽の事実を提供することの責任は本人帰せられなければならないとの規範（不実告知の不作為責務）はこうした関係でも正当されよう。ただし、この責務の効力はけっして強いものではなく、例えば「沈黙」の責任（作為義務）まで問える根拠ではない。

しかし、労働契約の合意解約における自己決定環境を想定してみると、消費者と同様、《多くの情報が使用者に偏在している》という事情に加え、《合意解約が労働契約の解消という重大な法益と関係している》という事情があり、使用者は解雇等の権限を有しながら、権限行使に関する情報を秘匿したり、積極的に開示することで《地位を利用できる》という労働法的な特殊性があることに留意しなければならない。こうして考えてみれば、労働契約の解消という重大な法益が問題となっていることから、そもそも使用者側は慎重な対応が求められるが、すでに労働契約関係があるという事情（消費者と違って交渉から逃れにくいという事情が生じる）や、使用者はその地位を利用できるという事情に鑑みると「威迫等の不作為義務」を肯定せざるをえない。また、労使間に知的情報格差があり、使用者は地位を背景にして情報格差を利用できるという事情も考慮すれば「適正な情報を提供する作為義務」（情報提供義務）を使用者に課すことも正当化されるべきである。

3 義務の内容
(1) 情報提供義務の対象事項

合意解約において、情報提供義務の対象はどのように解すべきか。この点については、次のように考えるべきであろう。

まず、労働者側から要請のある場合に、どのような情報がこの義務の対象となると解すべきかである。このケースでは、プライバシー権や個人情報保護法等に抵触しないことを前提として、情報が使用者側に存し、かつ、労働者の自己決定に関係するとされる限りは、基本的には使用者の情報提供義務

の対象となるといえよう。

　これに対し，労働者側からとくに要請のない場合には，どう解すべきか。これは，消費者法を参考にすれば，①交渉の主導権がいずれにあるか，②その情報を当事者が必要としていて，それを相手方が認識できるか，③情報がどちらの側にあるか，などによって異なってくるだろう。

　第一に，労働者が合意解約を働きかけたケースでは，辞める意思をある程度有していると想定でき，労働者からとくに要請がない限り，使用者から積極的に情報提供しなければならない事項は原則的にない。ただし，企業年金制度に伴う不利益など企業側が熟知する情報などは，労働者から要請がなくとも，この情報を労働者が得れば退職しないことが明白である場合には，積極的に助言する義務（助言義務）が使用者に課せられるのではないだろうか[66]。

　第二に，使用者側から合意解約を働きかけた場合には，使用側に存在し，かつ，労働者の自己決定に関係すると思われるあらゆる事項が抽象的には情報提供義務の対象になりうる。ただし，労働者側からの要請がなくとも積極的に提供しなければならない情報は，上述のような企業側に存する制度に加え，合意解約の意思決定に影響することが客観的に明確な事情に限定されるだろう。すなわち，合意解約の効果が労働契約の解消にあることに鑑みれば，(a)合意解約に応じない場合に使用者が当該労働者の労働契約（他の労働者の労働契約の問題は該当しない）をどのように扱うか（例えば解雇や配転）という情報や，(b)合意解約を自己決定するうえで決定的な要因となる情報で，その情報が労働者に「決定的」になるという事情を使用者が認識している場合（例えば退職金問題）である。なお，この問題に伴い，解雇等の法的規制内容まで説明することが求められるかも問題になるが，労基法等の解雇禁止事由（19条）や解雇規制（18条の2）が存することについては，この助言を怠ることは強行法規の潜脱行為となることもありうるので，こうした情報の助言義務は成立すると考えるべきだろう。

(2)　情報の適切性及び勧奨行為に対する制約

　情報を提供するということは，正確で適切な情報を提供しなければならないこと（適正な情報を積極的に提供する作為義務）を意味する。したがって，

虚偽情報を提供したり（③不実表示型），労働者のニーズに合致しない情報を提供すること（不適切情報による不当な勧奨などの④情報提供不全型）は当該義務違反を構成することになる。また，判例の基準をあまりに無視した解雇等の可能性を示唆することも情報の不適切性を意味するだろう。

これに対し，限界事例のうち①威迫型や，職場の圧迫状況を利用した勧奨が問題となるような②幻惑・困惑型は，情報提供義務ではなく，威迫等の不作為義務の対象となる。

(3) 熟慮期間と労働者の撤回権限

情報提供義務が行使された場合に，労働者に一定の熟慮期間が付与されないとすれば，情報提供義務の意義を否定することに等しい。したがって，情報提供後に労働者に十分な熟慮期間が付与され，その期間中の撤回が許されていたのか否かという事情は情報提供義務の履行評価においては考慮される。そして，この期間は画一的に決まるのではなく，情報の種類（重大性や複雑性）によって変わってくると考えるべきである。

なお，こうして考えてみると，使用者の情報提供義務や威迫等の不作為義務は，それが立法に規定されない限り，合意の成立をひとまず認めたうえで問題となる有効要件に関する問題とせざるをえない（成立要件の問題ではない）[67]が，実質的には情報提供義務の履行や熟慮期間の付与をもって合意の成立を認めることになるという意味で，成立要件に大きな影響を及ぼす可能性を有しているといえるだろう。

4　義務違反の効果－意思表示論との接合

情報提供義務や威迫等の不作為義務は信義則上の義務であるから，損害の対象（慰謝料か労働契約継続の利益か）や義務違反と意思決定との因果関係などが論点として残るとはいえ，当該義務違反が不法行為に基づく損害賠償請求権を成立させることは問題ない。問題となるのは，この義務違反が意思表示論とどのような法理によって結びつくかである。私見によれば，その可能性を有するものとしては下記の3つの法理があり，この点を述べて稿を閉じることとしたい。

(1) 詐欺の拡張と情報提供義務――「沈黙による詐欺」の利用

3 合意解約の有効性判断と情報提供義務・威迫等不作為義務

　作為による詐欺（例えば，威迫等の不作為義務違反）だけでなく，不作為の詐欺も理論上は否定されていないため，「沈黙による詐欺」（情報提供義務違反）も認定される余地はある。だが，実際には，「沈黙による詐欺」はほとんど認められてこなかった。なぜなら，不作為の違法性を認定するためには，情報提供義務が肯定されることが必要となるが，「情報収集の自己責任」観念が認められることが多かったからである。したがって，情報提供義務が肯定されれば，「沈黙による詐欺」がこれまで以上に認定される余地が生まれることを意味する。実際，フランス民法理論を手がかりとしながら民法学説の中には，相手方の錯誤状態を惹起したのでなく，単に利用した場合にも，情報提供義務の違反により沈黙が違法となり，詐欺となるとの見解も主張されている[68]。

　しかし，日本民法典においては，「故意」の基準（①相手方を錯誤に陥らせる故意と②その錯誤によって意思表示をさせる故意の二つの要件で構成される）があると伝統的に解されており，「過失による詐欺」は詐欺的黙秘と完全に同一視してしまうことには無理があるとの指摘もある[69]。このため，こうした見解に対する再批判としては，情報が相手方に重要であることを認識しつつ，それを告げなければ，「故意の推定」を認めるという見解や[70]，さらに進んで不当な勧誘が錯誤を生じさせる蓋然性を認識していることで故意の要件をはずすべきとの意見[71]が提示されている。

　また，詐欺の故意要件を維持しながら合意解消を導くことを可能性とするもう一つの方法も存在する。「契約締結上の過失」を理由として契約解除を肯定するという理論構成である。民法学説においては，ドイツ法を参考にして，古くからこうした理論も展開されてきた[72]。ただし，こうした見解に対しては，原状回復主義[73]を損害賠償の原則とするドイツと異なり，このような損害賠償を採用してこなかった日本では「契約締結上の過失」の解除効果は否定されるべきだと批判されている[74]。

　以上のような理論動向を参考にして，合意解約における情報提供義務等の違反と詐欺論の関係を結論づければ以下のようになるだろう。

　使用者の沈黙ないし不適切な情報提供あるいは威迫行為が労働者を錯誤に陥らせる限り欺罔行為にあたり，その違法性が認定される。情報提供義務違

反や威迫等は、欺罔行為の違法性判断基準としての役割を果たすのである。ただし、故意の要件を維持しようとすれば、「過失による情報提供義務違反」は詐欺にできないこととなる。これには、(a)使用者が諸般の事情からすでに当該事実＝情報を労働者が知っているものと誤信した場合や(b)使用者が諸般の事情から労働者に当該事実を告げる必要がないと思った場合が該当するだろう。この場合には、原則的には損害賠償請求権の問題となる。

ただし、合意解約の問題というのは、通常の消費者問題と比べて、すでに労働契約関係を有していた当事者間の問題であるうえ、労働契約関係の解消という重要な法効果の問題に直結していることに留意すべきである。こうした事情から、当該情報が労働者の意思決定に影響を与えることを使用者が認識していた場合には、詐欺の故意を推定するといった法技術[75]も認めてよいと考えるべきであろう。

(2) 公序良俗論の活用

既存の意思表示論に限界があるとすれば、公序良俗違反による無効の可能性も検討すべきであり、威迫等の不作為義務や情報提供義務論とも接合を図ることが必要である。

公序良俗論の利用については、伝統的に合意の内容を何らかの規範に照らして問題とするものであるので批判もあるだろう。しかし、近年の新学説によれば、公序良俗論は、内容規制だけでなく、当事者の自己決定の状況を考慮して、総合判断するための規範として位置づけられつつある。この点、注目すべき理論構成としては次の二つの視角が呈示されており、情報提供義務違反や威迫等の不作為義務と接合することも可能である。

(a) まず、大村敦志教授[76]からは、日本では暴利行為の規制がドイツと異なり明示されていないが、「暴利行為」法理が契約の正義の観点から公序良俗規範で考慮されてきたことが指摘されている。こうした視角にたてば、合意解約の締結内容を契約正義の観点から審査する際、内容の不当性と意思の不完全性とを相関的に判断できるというメリットがある。合意解約問題に即していえば、労働者の意思形成過程が取消・無効事由に該当しないケースでも、情報提供義務違反等が存するなどその意思形成過程に問題があれば、内容の不当性も考慮に入れて公序性を否定することも可能となる。

(b) また，山本敬三教授(77)からは，ドイツ法を参考に，公序良俗違反を媒介として，憲法価値を実現するために，基本権保護義務論や個人の国家に対する権利保護請求権という理論が提唱されている。この見解によれば，私的自治も憲法13条が保障する自由であり，この私的自治の機能が侵害される状態が放置されている場合には公序良俗違反となる。したがって，こうした視角にたてば，合意解約の締結にあたり労働者の自己決定が十分保障されていない場合や情報提供義務違反がある場合は，「自由な自己決定をおこなう機会の剝奪」や「本来ならばするはずのない契約に拘束される可能性の創出」として基本権保護型公序良俗の一類型に該当すると構成されることになるだろう。

(3) 意思決定の自由（真意）性の判定

当事者の真意を確保するという観点から，「自由な意思に基づくものであると認めるに足る合理的な理由が客観的に存在していた」か否かを審査し，真意が存しないとすれば意思表示を否定するといった考え方(78)や，そもそも契約の成立には「内面的合致」が必要だと解して合意の成立を否定する(79)という手法が提唱されている。こうした見解は，意思表示制度が有していた「真意」の規制に関する限界を乗り越えようとする試みとして高く評価でき，とりわけ，前者は退職・合意解約の法律効果と類似性のある，重大な法益（賃金）の「放棄」等で問題とされてきたという意味で，労働判例において広く受けいれられる余地もあるだろう(80)。

ただし，合意が成立した場合には相手方の信頼保護が一定程度生じるが，事後になって「真意」の不在や合意の不成立によって有効性を否定できるとすれば，やはり信頼保護や法的安定性を害する恐れもある。そこで，この立場にたっても，「真意」の不存在があれば，あらゆるケースで意思表示を否定するということにはならないので，どこかで線引きをすることになるだろう。その際，いわゆる「自己決定」観(81)を直接的な基準とするのでは基準は明瞭にならないので，情報提供義務や威迫等の不作為義務の履行状況を考慮することで労働者の真意を測るというのも一つの考え方であろう。

なお，こうした手法は，合意の「有効要件」ではなく，「成立要件」を問題としているので，労働者が自由な意思で意思決定を行ったことの合理的な

事情の立証責任は使用者側にあると考えられよう。

V　おわりに

　合意解約を素材として，合意に対する法規制のあり方を考えてきたが，本稿で主に行ってきたことは，労働者が「自己決定できる環境を整えることに配慮すべき責務」を使用者に課すという視角から，使用者の情報提供義務や威迫等の不作為義務を理論化し，その義務を介して，「詐欺」論，「公序良俗」論あるいは「意思表示の存在」論の適用範囲を拡大することであった。しかし，残されている課題も多い。例えば，具体的事例を想定した義務内容の分析という作業がこれにあたる。また，労働契約法制の整備についての議論が開始されており，立法政策的な課題も残されている。そして，合意解約以外の合意問題についても検討していかなければならないだろう。

（1）『解説　条文にない民法』（日本評論社，2002 年）参照。
（2）厳密に言えば，全ての合意が契約としての効力を持つのではないという意味で，「合意」と「契約」を区別する必要があろうが，本稿で取り上げているのは，契約としての効力をもつ合意のみであり，合意と契約は同義として扱っている。
（3）西谷敏教授は，国家法や集団的自治に加え，労働契約や個人の自己決定が，使用者の単独決定を制約する手段となることを指摘しているが，こうした視角は，自己決定環境を整備するという新たな課題を浮き彫りにしたといえる。本稿は，西谷教授の問題意識に応え，合意解約論でそれを具体化することを試みたものである。西谷敏『規制が支える自己決定』（法律文化社，2004 年）247 頁参照。
（4）合意の拘束力の根拠については，様々な考え方（例えば，功利的な交換理論や信頼理論）があり，最近では内田貴教授（『契約の再生』（弘文堂，1990 年））によって「関係的契約」といった考え方も提起されている。しかし，「自己の意思にのみ拘束される」という近代的な観念がこの考え方を支えてきたのであり，現代においてもそれは広く受け入れられるといえよう。この点については，原島重義「契約の拘束力」法セ 345 号（1983 年）参照。
（5）西谷・前掲書(3)379 頁では，真の自己決定をする環境整備の責務が，労働者保護法や集団的規制だけでなく，裁判所（判例）の課題であることも指摘されている。なお，労使合意について包括的な分析を行った先駆的な文献として，野田進「労働契約における『合意』」日本労働法学会編『講座 21 世紀の労働法　労働契約』（有斐閣，

2000年）19頁がある。
(6) 山本敬三「民法における『合意の瑕疵』論の展開とその検討」棚瀬孝雄編『契約法理と契約慣行』（弘文堂，1999年）175頁によれば，消費者契約法の制定趣旨は，「私的自治，すなわち，自己決定による自己責任を基礎とした契約理論が通用するためには，充足されなければならない前提条件が存在」し，「十分に理性的な自己決定をなし得る状況の下での自己決定という条件」を確保するという考え方に基づいているとされている。
(7) 消費者契約法12条は労働契約を適用除外としているが，この点について制定過程であまり議論はなかった。適用除外の趣旨は，「労働契約については，その規制の理念・方法等において大きな相違があり，両者を同一に規制するのは妥当でないからである」と説明されている（落合誠一『消費者契約法』（有斐閣，2001年）167頁）が，消費者契約法2条3項における「消費者契約」に「労働契約」も含まれると解している。したがって，同法12条の規定は創設規定だというのである。「契約の対象類型の違い」というよりは，「別の立法政策が展開される分野」だからということなのであろう。しかし，実際には，消費者契約法に相応するような立法を労働法分野では欠いている。したがって，立法政策的には，この妥当性を再検討すべきかもしれない。
(8) 大隈鉄工所事件・名古屋高判（昭56.11.30，判時1045号130頁），全自交広島タクシー支部事件・広島地判（昭60.4.25，労判487号84頁），株式会社大通事件・大阪地判（平10.7.17，労判750号79頁）参照。
(9) 契約法の原則（民法521条）からすれば，相手方の信頼を保護するために，申込をなす者は，その申込に拘束されるとの論理が成り立ちうる。しかし，判例は，「被用者による雇用契約の合意解約の申込みは，これに対して使用者が承諾の意思表示をし，雇用契約終了の効果が発生するまでは，使用者に不測の損害を与えるなど信義に反すると認められるような特段の事情のない限り被用者は自由にこれを撤回することができるものと解するのが相当である」（岡山電気軌道事件・岡山地判平3.11.19，労判613号70頁）として，民法の原則を修正して判断を行ってきた。もっとも，こうした立場については，小西國友教授（『解雇と労働契約の終了』（有斐閣，1995年）157頁）から，契約の申込をなす者はその申込に拘束されるというのが相手方の信頼を重んずべき契約法の一般原則であり，合意解約の申込についても民法の原則を適用し，申込の撤回を否定すべきだとの反論がなされている。しかし，こうした小西教授の見解に対しては，同じような認識をもちつつも，退職することの労働者にとっての重大さと撤回された場合の使用者の不利益性が小さいことに鑑みれば，合意解約だけでなく辞職の意思表示も，信義に反する事情のない限りは撤回できると解すべきだとする下井隆史教授の見解（『労働基準法　第2版』（有斐閣，1996年）132頁）も主張されている。また，島田陽一教授（「自ら辞めるということ」道幸哲也・小宮文人・島田陽一『リストラ時代　雇用をめぐる法律問題』（旬報社，1998年）108頁）も，民

第 I 部　労働契約

法の枠組が隔地者間での契約の合致を前提としているとの内田貴教授（内田『民法 II 債権各論』（東大出版会，1997 年）40 頁以下）の見解を参考にしながら，具体的な契約成立の場面を無視して民法の一般原則を適用するべきではないとして，合意解約の申込だけでなく，辞職の意思表示についても，使用者に特段の不利益を生じさせるものではなければ，2 週間以内であれば撤回可能と解すべきだとしている。

(10) 判例の動向については，道幸哲也「解雇事由の正当性についての錯誤と合意解約の成否」労判 889 号（2005 年）5 頁以下参照。

(11) ダイフク事件・大阪地判（平 12.9.8，労判 798 号 44 頁以下）は，退職勧奨に応じなかった場合に配転や減俸等が予想されても，具体的にこれを告知したわけではないので強迫にあたらないとしている。

(12) 大塚製薬事件・東京地判（平 16.9.28，労判 885 号 49 頁以下）は，会社に残るという選択肢を明確に説明しなかったとしても錯誤や詐欺にあたらないとしている。

(13) 近畿コカ・コーラボトリング事件・大阪地判（平 17.1.13，労働判例 893 号 150 号）は，雇用契約を終了させる旨の条項が突然契約書に挿入され，少なくとも労働者の熟慮の意思がないままそれに押印したケースで，地裁は意思表示がないということはできず，公序良俗違反でもないとしている。

(14) エフピコ事件・水戸地下妻支判（平 11.6.15，労判 763 号 7 頁）では，「労働者がその意に反し退職することがないように職場環境を整備する義務」に違反したことを理由に逸失利益（賃金相当額）を認めている。

(15) 小西・前掲書(9)169 頁。

(16) 森戸英幸「辞職と合意解約」日本労働法学会編『講座 21 世紀の労働法　労働契約』（有斐閣，2000 年）227 頁参照。

(17) 四宮和夫・能見善久『民法総則　第 5 版』（弘文堂，1999 年）213 頁や内田貴『民法 I　第 2 版』（東大出版会，1999 年）86 頁。

(18) (17)で挙げた民法学説も，正確に読めば，経済的強迫を認めていない。

(19) 三井正信「準解雇の法理(1)〜(4)」広島法学 27 巻 1 号 53 頁，2 号 111 頁，3 号 1 頁，4 号 31 頁以下参照。

(20) 島田・前掲論文(9)110 頁以下参照。

(21) こうした枠組が公序良俗論の範疇に入ってくるかが一つの課題である。

(22) 小宮文人『英米解雇法制の研究』（信山社，1992 年），同「解雇・雇止め・退職強要の法律問題」ジュリスト 1149 号（1999 年）54 頁，同「切られてたまるか――雇用終了の法理を考える」道幸哲也・小宮文人・島田陽一『リストラ時代　雇用をめぐる法律問題』（旬報社，1998 年）94 頁，同「解雇の法的規制と救済」『新時代の労働契約法論』（信山社，2003 年）363 頁以下等を参照。小宮教授は，「雇用終了における労働者保護の再検討」日本労働法学会誌 99 号（2002 年）38 頁では，損害賠償だけでなく無効構成を取り込む主張をしたこともあるが，最近だされた同「退職と擬制解雇」

『労働法の争点 第 3 版』（有斐閣，2004 年）167 頁では本文にあるように，意図的に無効構成を採用していない。
(23) こうした分類については，河上正二「現代的契約についての若干の解釈論的課題」棚瀬孝雄編『契約法理と契約慣行』（弘文堂，1999 年）199 頁を参照した。
(24) 民法においては，周知のように，民法 94 条と 110 条など既存の根拠を重ねて，新たな要件を見いだすことも少なくないが，意思表示の各制度の「合わせ技」は難しいだろうとの指摘がある。河上正二「契約の成否と同意の範囲についての序論的考察（四，完）」NBL 472 号 41 頁参照。
(25) 民法学においても，「合意の熟度」論（鎌田薫「不動産売買契約の成否」判タ 484 号（1983 年）17 頁や河上正二「『契約の成立』をめぐって」判タ 657 号（1988 年）24 頁）や「契約プロセス」論（内田貴「契約プロセスと法」岩波講座『社会科学の方法Ⅵ 社会変動のなかの法』（岩波書店，1993 年））などが指摘されている。
(26) 島田教授からは「使用者とのやりとりなど一連の経緯のなかで吟味する」との指摘（前掲書(9)110 頁）がなされていた。
(27) 書面を欠く場合には，民法 125 条（要式を欠く法律行為の無効の規定）により無効（Nichtigkeit）となる。
(28) 錯誤，強迫以外にも理論的には詐欺（Täuschung）ということもある。ドイツにおいても，「害意（arglistig）」を要件としているため，いわゆる故意にあたるような積極的なかたちで相手を錯誤に陥れる欺罔行為が必要であり，詐欺が合意解約問題で果たす役割は極めて限られてきた。
(29) BAG v.30.3.1960 AP §123 BGB Nr.8.
(30) BAG v.14.7.1960 AP §123 BGB Nr.13.
(31) BAG v.20.11.1969 AP §123 BGB Nr.16.
(32) ドイツ錯誤論については，磯村哲『錯誤論考』（有斐閣，1997 年）を参照。
(33) BAG v.16.2.1983 AP BGB123 Nr.22.
(34) Bulla, Kommentar zum Mutterschutzgesetz, 3.Aufl., 1968, §9 Rz.40.
(35) Bauer, Ernst, Aufhebungsverträge zur Beendigung von Arbeitsverhältnissen, 1993, S.197.
(36) Vgl. Manteltarifvertrages Einzelhandel-NRW vom 20.9.1996, §11.
(37) Lorenz, JZ 1997, 277.
(38) LAGE §611BGB Aufhebungsvertrag Nr.6.
(39) Fischer/Machunsky, §1 Rn.90 Fn.58.
(40) BAG v.30.9.1993 AP §123BGB Nr.37.
(41) Däubler/Dorndorf, AGB-Kontrolle im Arbeitsrecht, 2004, S.54.
(42) Canaris, in Lorenz, Karlsruher Forum 2002, S.179.
(43) Hanau, Anm.zu BAG 7.3.2001 AP Nr.4 zu §288 BGB.

第Ⅰ部　労働契約

(44) これまでの賛否を分類すると，労働者の消費者性を肯定する論者としては，カナーリスとハナウ以外に，Boemke, BB 2002, 96, Däubler, NZA 2001, 1333, Preis, Erfurter Kommentar zum Arbritsrecht, 5. Aufl., 2005, §§305-310 BGB Rn.26, Schaub, Arbeitsrecht-Handbuch §8Rn.9a. がいる。これに対し，これを否定する論者としては，Berkowsky, AuA 2002, 15, Henssler, RdA 2002, 133, Hromadka, NJW 2002, 2524, Olzen/Wank, Die Schuldrechtsreform, 2002, Rn.487. などが挙げられる。

(45) Olzen/Wank, Die Schuldrechtsreform, 2002, Rn.487.

(46) ArbG Berlin v.2.4.2003 ZTR 2003, 526.

(47) LAG Hamm v. 1.4.2002 DB 2003, 1443.

(48) BAG v.3.7.1990 AP Nr.24 zu §1 BetrAVG.

(49) ドイツの「情報提供モデル」の展開過程と内容については，潮見佳男『契約法理の現代化』(有斐閣，2004 年) 193 頁参照。民法領域のドイツにおける情報提供義務論については，潮見教授の文献に依拠しつつ，原典を分析している。

(50) Däubler/Dorndorf, a.a.O.(40), S.60.

(51) Vgl.Hans Stoll, Tatbestände und Funktionen der Haftung für cic., FS von Caemmerer, 1978, S.434. この理論の核心は，契約の相手方が弱者（例えば，未成年）であることに着目し，契約締結上の過失論を拡張することにある。

(52) Vgl.Mertens, Berufshaftung-Haftungsproblem alter Professionen, VersR 1974, 509. この理論の核心は，事業者や専門家としての「職業上の役割」を正当化根拠として情報提供義務を認めることにある。

(53) Vgl.Mafred Wolf, rechtsgeschäftliche Entscheidungsfreiheit und vertraglicher Interessenausgleich, 1970, S.35ff この理論の核心は，法律関係の構造的な状況に着目し，自由な交渉＝法律行為自由が侵害される可能性（現実でなくともよい）がある場合には，契約自由が契約正義に代わるとして規制を広く認めることにある。

(54) Vgl.Singer, Vertragsfreiheit, Grundrecht und der Schutz des Menschen vor sich selbst, JZ 1995, 1133. この立場は，1993 年 10 月 19 日憲法裁判所判決以来，判例で承認された立場でありうるが，契約自由を前提としたうえでその機能が基本権に照らし問題となるときに限って（その点がヴォルフ（Wolf）と異なる），契約自由の侵害を認める。この立場は，過剰介入の禁止も考慮するため，契約内容の事後的な審査よりも説明義務の方が優位だとしているところに大きな特徴がある。

(55) Vgl.Bydlinski, WuB Ⅰ 1a-4.94. この理論の核心は，自己決定環境の整備を，「交渉力の不均衡」でなく「人格の自由な展開」という基準で判断する点にある。

(56) 例えば，こうした効果は，連邦通常裁判所（vgl. NJW 1962, 1196）が古くから承認してきたものであったし，労働法においては情報提供義務の承認に否定的なロマドカでさえ承認している。Vgl.Hromadka/Maschmann, Arbeitsrecht Band 1, 2.Aufl.,

2002, S.343.
(57) Vgl.Medicus, Grenzen der Haftung für cic., JuS 1965, 209. メディックスの批判の核心は，詐欺規範を空洞化してはならないということに尽きる。ただし，メディックスはその後，特定の場合に契約解消請求権を肯定するようになった。Vgl. Allgemeiner Teil des Buergerlichen Rechts, 6.Aufl., 1985, S.170.
(58) この点については，潮見・前掲書(49)214頁参照。
(59) Däubler/Dorndorf, a.a.O. (40), S.64.
(60) この問題については一度紹介したことがある。根本到「ドイツにおける労働契約法制の動向」日本労働法学会誌102号40頁参照。不意打ち条項規制は民法305 c 条において「普通取引約款に含まれる条項であっても，事情により，特に契約の外観を基準とするときわめて異例であり，約款使用者の契約相手方が当該条項を考慮に入れる必要がないものは契約の構成要素とならない」と規定されている。
(61) ドイツの暴利行為論については，大村敦志『公序良俗と契約正義』(有斐閣，1995年)参照。
(62) エフピコ事件・水戸地下妻支判(平11.6.15，労判763号7頁)。本稿で提唱する情報提供義務，威迫等の不作為義務と判例の職場環境整備義務との関係も一つの論点となるだろう。後者の義務内容は，「意に反し」ないようにすることを求めているという意味で，「労働者が自己決定できる環境を整えることに配慮すべき責務」を退職場面に適用したものであろう。ただし，信義則上の付随義務論については様々な批判(例えば，中島士元也「労働関係上の付随的権利義務に関する感想的素描」『労働関係法の現代的展開』(信山社，2004年)159頁以下)があるので，判例の立場も本文で述べた「労働者が自己決定できる環境を整えることに配慮すべき責務」についても，付随義務として成立するとはここでは断定していない。従来付随義務とされてきたものは，①(履行請求可能な)契約法上の付随義務，②不法行為法上の注意義務，③法的評価のなかで判断基準として活用されるだけの「負担」があるが，情報提供義務，威迫等の不作為義務は少なくとも②と③として成立していると考えている(①についてはもう少しよく考えてみたい)。
(63) 民法分野では，以下のように，情報提供義務に関する豊富な蓄積があり，本稿もこうした文献に依拠している。横山美夏「契約締結過程における情報提供義務」奥田昌道編『取引関係における違法行為とその法的処理――制度間競合論の視点から』(有斐閣，1996年)(以下『制度間競合論』とする)110頁以下，森田宏樹「『合意の瑕疵』の構造とその拡張理論(2)」NBL 483号(1991年)58頁，後藤巻則「フランス契約法における詐欺・錯誤と情報提供義務(1)～(3)」民商法雑誌102巻2号58頁，3号78頁，4号54頁，松本恒雄「詐欺・錯誤と契約締結における情報提供義務」法学教室177号55頁，潮見・前掲書(49)142頁参照。
(64) 公正交渉規範については，山本顕治「契約交渉関係の法的構造についての一考

察」民商法雑誌 100 巻 2 号 22 頁以下参照。
(65) 英米法の "undue influence" 法理（不当威圧法理）もこうした規範を説明するものとして参考になるだろう。この法理については，樋口範雄『アメリカ契約法』（弘文堂，1994 年）181 頁以下参照。
(66) 「助言義務」の定義は，内田貴『民法 II』（東大出版会，1997 年）29 頁参照。
(67) 契約の成立要件と有効要件は，立証責任の問題も意図して区別するのが妥当だとされている。四宮和夫・能見善久『民法総則第 6 版』（弘文堂，2002 年）261 頁。
(68) 横山・前掲論文(63)117 頁，後藤・前掲論文(63)，松本・前掲論文(63)参照。なお，実際，消費者法領域ではこうした扱いをした裁判例もある。判例時報 937 号 51 頁以下参照。
(69) 磯村保「契約成立の瑕疵と内容の瑕疵」『制度間競合論』39 頁。
(70) 横山・前掲論文(63)117 頁参照。
(71) 橋本佳幸「取引的不法行為における過失相殺」『制度間競合論』129 頁。
(72) 北川善太郎「契約締結上の過失」松坂佐一・西村信雄・舟橋諄一・柚木馨・石本雅男還暦『契約法体系 I』233 頁以下参照。北川教授は「調査・解明・告知・説明義務などと称される付随義務〜の違反の効果として，損害賠償と解除が考えられる（後者は，付随義務違反が給付義務に影響を及ぼす場合でその要件などは今後の課題）」と論じている。
(73) 完全賠償原則（原状回復主義）については，平井宜雄『損害賠償法の理論』（東大出版会，1971 年）24 頁以下参照。ドイツ民法 249 条 1 項は，「損害賠償義務を負う者は，賠償義務を生ぜしめる事情がなかったならば存在したであろう状態を回復しなければならない」と規定されている。
(74) 大村敦志『消費者法』（有斐閣，1998 年）82 頁参照。
(75) 横山・前掲論文(63)117 頁参照。
(76) 大村・前掲書(61)13 頁，同『契約法から消費者法へ』（東大出版会，1999 年）163 頁以下参照。
(77) 山本敬三『公序良俗論の再構成』（有斐閣，2000 年）46 頁以下参照。
(78) 例えば，労働法においては，賃金債権の放棄と相殺についてこうした手法が認められてきた。例えば，シンガーソーイングメシーン事件・最判（昭 48.1.19，民集 27 巻 1 号 27 頁）や日新製鋼事件・最判（平 2.11.26，労判 584 号 6 頁）参照。
(79) 消費者法の分野では内面的合致を基準とすることを提起する見解もある。山本映子「消費者取引における不当な勧誘行為と錯誤(上)(中)(下)」NBL 346 号 14 頁，347 号 48 頁，379 号 28 頁や本田純一「消費者問題と契約法理」法律時報 60 巻 8 号 (1988 年) 17 頁参照。
(80) 西谷・前掲書(3)372 頁以下は，こうした手法を広く利用することを提起している。また，後藤清先生は，シンガーソーイングメシーン事件に関する評釈（民商法雑

3 合意解約の有効性判断と情報提供義務・威迫等不作為義務

誌 69 巻 1 号 177 頁）において，土地賃貸借の期限付合意解約の事案（昭和 44 年 5 月 20 日最判，民集 23 巻 6 号 974 頁）でも同様の手法が使用されていることを紹介し，労働法にその適用が限られていないことを示唆している。

(81) 「自己決定」観（何が真の自己決定と呼べるかという考え方）から「規範的基準」を導きだそうとすると「神学論争」のようになってしまうだろうし，当事者（とくに使用者）の行為規範を明らかにすることができないと考える。

4 ドイツにおける従属的自営業者の法的保護に関する議論について

小俣 勝治

I はじめに

ほぼ20世紀の産業社会の現出を受けて登場した労働法は、標準的労働関係の一方当事者の被用者（労働者）をその適用対象とすることによって、労働法上の保護は被用者以外の就業者には及ばない。労働法による被用者の保護は使用者側への負担を強化したため、企業を取り巻く競争条件などの環境が変化するなかで、事業コスト削減の要請から業務の外部企業への委託や派遣労働者の利用等が増大する。

例えば[1]、下請運送業者（Unterfrachtfuehrer）の場合には、唯一の経営手段は運送用トラックであるが、これについても委託会社が包括的なコントロール権を有し、外観上は当該会社のもののように見える。顧客募集は委託者のためにのみできる、委託者の提供する委託は全て引き受ける、などが契約上義務となっている。日常的な作業の経過も持続的なコントロールに服する。運送用トラックをはじめ、各種の経費や借入金を支払えなければ、彼らに残されているのは破産手続開始の申請以外に方法がない。また、建設部門では悪天候給付金協約によって保護されているドイツの被用者たる建設労働者を嫌い、外国人の就業者を仲介エージェントを媒介に自営業者として、採用するケースが多い（一計では5～6万人）。さらに、デパート等の宣伝販売員（Propagandisten）も自営の販売員として採用される。元来は特定の製品の販売促進を任務とするが、実際には販売員の仕事に関連する業務を遂行する。例えば、商品の正札貼り、包装、販売、料金受領または棚卸の手伝いな

どである。契約上自営業者なのでなんらの指示にも服するものでない旨規定されているが，他方労働時間や休憩時間等は規定されている。伝統的な職種としては，保険外交勤務における自営の保険代理商もそうである。最近では，印刷業などにおけるテレ家内労働の増大が挙げられる[2]。

彼らのほとんどは一企業のために専属的に活動し，労働自体は従業員と同一であるが，法的名称は別異である。彼らにとって共通なのは，就業リスクが使用者から就業者たる自営業者に転換されている点と，他方における対価が手数料制（Provision）となって協約賃金にも拘束されない結果低廉となっているためその調整（補償）がなされていないことである。

被用者性のメルクマールは，人的従属性（特に指揮命令被拘束性と事業組織への編入）に置かれ[3]，委託者との間にそのような関係の欠如する就業者（自営業者）が増大しているといわれる。人的従属性が欠如するとはいえその就業実態は限りなく被用者に類似する自営業者は，その類似性のゆえに被用者と同様の法的保護を受けるべきかどうかが課題となっている。ドイツでは，法形式上は自営業者であってもその実態は被用者である場合には，偽装自営業者として，最終的には被用者として扱うべきとされる。このような，被用者と自営業者の二分割方式を前提にすれば，労働法・社会保障法による保護は「オールオアナッシング」の両極端になり，新たに登場してきた従属的自営業者がその法的保護を受けるには何らか被用者概念によって包摂されることすなわち被用者概念の拡大傾向とならざるを得ない。これに対して被用者と独立自営業者の間に従属的自営業者を被用者類似の者として一定の局面において法的保護の対象とする扱いが主張されている（三分割方式）。

本稿は，このような就業者を被用者類似の者[4]として考えた場合，どのような法的な保護の対応が可能かについて，ドイツにおける論議を紹介しようとするものである。

II 被用者類似の者

1 「被用者類似の者」を適用対象にする法規

被用者類似の者の全てに適用されるのは，原則として労働裁判所法，連邦

休暇法，労働協約法，職場保護法，若年労働者保護法及び就業保護法である。家内労働就業（従事）者ならびにその同格指定者は，補完的に，母性保護法，連邦教育手当法及び職場保護法の人的適用範囲に引き込まれる。家内労働就業者を除くと，被用者類似の者はその社会的な要保護性にもかかわらず限定された範囲内においてのみ被用者保護に組みこまれているにすぎない。

(1) 労働裁判所法（Arbeitsgerichtsgesetz-ArbGG）5条1項2文

そこでは，家内労働者並びにその同格指定者及びその他の（被用者類似の）者が被用者とみなされる。そしてその他の被用者類似の者は，その経済的非独立性を理由としてそのように扱われる。同条3項では，一会社専属代理商（HGB 92a条）も月収が1000ユーロを超えない場合にはやはり被用者とみなされる。

(2) 連邦休暇法（Bundesurlaubsgesetz）2条2文

そこでは，その経済的非独立性を理由に被用者類似の者とみなされるべき者は同法上被用者とみなされる。

(3) 労働協約法（Tarifvertragsgestz＝TVG）12a条

同条によれば，労働協約法の諸規定は以下の者（被用者類似の者）に準用される。すなわち，経済的に従属しかつ被用者に比較可能なほど社会的に保護を要する者（被用者類似の者）が，自由雇用契約（Dienstvertrag）または請負契約に基づいて他人のために活動していて，その債務となっている給付を自身でかつ本質的に被用者の協力なしに提供する場合であって，(a)主として一人の者のために活動しているかまたは，(b)報酬の半額を超える額が1人の者からである場合である。ただし，芸術家，小説家またはジャーナリストなどは報酬の3分の1を超える額を1人の者から受け取る場合でも被用者類似の者とみなされる。

(4) 就業者保護法（Beschaeftigtenschutzgesetz）1条2項2文，労働保護法（Arbeitschutzgesetz）2条2項3号，若年労働者保護法（Jugendarbeitsschutzgesetz）1条1項3号

就業者保護法1条2項2文によれば，就業者にはその経済的非独立性のゆえに被用者類似の者とみなされるべき者も含まれる。労働保護法2条2項3

号によれば，労働裁判所法5条1項の意味における被用者類似の者は就業者にあたるとするが，家内労働就業者並びにその同格指定者は除かれる。また若年労働者保護法1条1項3号によれば，被用者または家内労働者の労務提供に類似するその他の役務提供を義務付けられる者が適用対象者とされる。

(5) 社会法典第6編2条1項9号

年金保険義務を負う自営業従事者が列挙されるなかで（2条1項），9号は，

(a) その自営活動との関連において，就業関係から生ずる賃金が月に400ユーロを超える保険義務のある被用者を就業せしめない者であって，かつ

(b) 継続してかつ本質的に一人の委託者に対してのみ活動する者，と定める。この規定は，1998年11月18日の修正法により新たに導入されたもので，以前は「被用者類似の」事業者との見出しがついていたが，現在では削除されている。

2　被用者類似の者の一般概念──シュウベルトの提唱

連邦休暇法，就業者保護法及び労働裁判所法では，「彼らの経済的非独立性のゆえに被用者類似の者とみなされるべき人」が話題となっている。労働裁判所法ではこれらの者は更に家内労働就業者並びに同格指定者と等置された。これに対して就業保護法は，同法の就業者は労働裁判所法の意味における被用者類似の者を含むが，家内労働就業者と同格指定者は除かれる，と規定する。そこで，ノイヴィアンスによれば，被用者類似の者について明定する諸規定において，被用者類似の者の統一的な概念は存在せず，それはそれぞれの法律の規定及びその意味や目的の解釈によってのみ生ずる。ただ労働協約法12a条ではこれに反して，被用者類似の者の定義が存在する。しかしこれが，労働協約法の範囲内においてのみ妥当するもので一般化可能ではないとして，結局のところ統一的な被用者類似の者の概念を否定する[5]。

(1) 類型としての被用者類似の者

これに対しシュウベルトは，諸規定の不均質な点は認めつつ，用語が統一的に展開されることによってその概念と適用可能な法規範との間に相互作

用的影響が生ずるとして，一般的な被用者類似の者の概念を「類型」として構成する。まず，人的従属性と経済的従属性という区画基準は抽象的な性格のものであって，個別事例において実際に適用するには操作可能な基準に転換する必要がある。収入の額や協働者の数など。その用語の適用において重要なのは，狭義の概念すなわち確定的定義が可能なものか，あるいは被用者概念と同様類型であるかである。概念が内延と外延に関して明確に画定され，その適用は包摂によってなされ，古典的な解釈によって解釈されるのに対し，類型は目的論的な視点に方向付けられその対象を多数のメルクマールによって記述する。類型は，概念のような確定的範囲を設定するのではなくそれを特徴付ける諸基準について開かれている。従って法の継続形成を必要とせず，あとから新しいメルクマールを付け加えることができる。ただし，メルクマールはその類型の価値のコンテクストに合致せねばならない。メルクマールは等級付けられ，ある基準の欠如はその類型を組成する別のメルクマールの強烈な存在によって補塡されうる。すべての特徴が同じ程度に存在することは必要ではなく，評価的な全体的考察が行われ当該類型の目的論的な諸基準に方向付けられる[6]。

　被用者類似性の類型について法規定の諸基準を手掛かりに内容補充する場合に，他の多くの論者と同じくシュウベルトも，労働協約法12ａ条1項1号の法的定義を引き合いに出す。そこでは，被用者類似性を被用者のそれに比較可能な程の社会的要保護性を随伴する経済的従属性として範囲確定する。彼女によると，経済的従属性は社会的要保護性の原因を明確化し，自営業者に対して被用者類似の者の範囲を画定する。しかし，どんな経済的従属性でも社会的要保護性を結果するわけではなく，それだけでは当該類型を評価どおりに決定するには十分でない。すなわち前記法令の経済的従属性は被用者に比較可能な社会的な要保護性を惹起する。そこで，被用者類似の者は人的自立（独立）性によって同じく社会的要保護性を有する被用者と区分され，他方社会的要保護性を伴う経済的従属性によって他の自営業者と区分される，いわば中間的立場に置かれる[7]。

(2)　被用者類似の者の経済的従属性

　就業者の委託者に対する経済的従属性は，被用者に比較可能な社会的要保

護性を有するので，第1に生存の収益のために活動しかつ収入を得るには固有の労働力の処分（換価）に依存している就業者である。したがって，経済的従属性は，就業者がある特定の委託者と結びつきしかもその就業に依存している場合に，初めて登場する。そして第2に，就業者の経済的従属性にとってもう一つ重要なことは，彼がある委託者の下にある一定の期間活動していることである(8)。

① 委託者との法律関係の特質
(a) 委託者の利益のための活動

シュウベルトによると，就業者の経済的従属性の本質的条件は彼が委託者の利益のために活動していることである。その結果として就業者は，その活動を当該委託者の諸基準のみに適合させ，市場に対して自由に生産しない。収入はこの契約関係に依存している。とりわけ就業者が主として1人の委託者のために活動する場合はそうである。

また，社会的要保護性を結果する経済的従属性は，就業者がその収入を自身の肉体的または精神的な給付によって得る場合に存在する。そうすると，労働力の有償の処分（換価）のために有用であれば，その契約は経済的従属性を基礎付ける。自由雇用契約や請負契約のみならず，その混合契約，BGB 675条による事務管理，更には物品供給契約（Werklierferungsvertrag）も考えられる(9)。

(b) 活動の継続性

委託者との債務関係が長期間維持されればそれだけ，就業者と委託者との関係はより緊密になりまたその労働組織と投資も当該委託者との関係に整調される。そのことは同時に他の委託者のための就業を困難ならしめる。そして就業者がとりわけ1人の委託者のために労働し，その収入の大部分をそこでの就労により取得することが必要である。そうなれば，就業者は市場において複数の委託者のために活動しないので，稼得リスクを制御するチャンスも有しないことになる。

「継続的」と評価されるためには，無期の契約関係であればもちろん，請負契約や有期の自由雇用契約であっても，長期間法律関係が存続すれば継続性は承認される，とする。その際，労働協約法12a条1項1番b号及び労

働裁判所法5条3項から6ヶ月間(平均収入の算定期間)と考えることもできるが，シュウベルトは，1年存続してはじめて1週間の解約予告期間を設定する1951年3月14日の文言の家内労働法29条1項を参考に，1年を一応の基準にすべしとする[10]。

(c) 委託者による労働生産物の換価

シュウベルトは，就業者がその生産物または役務(サービス)給付を自ら販売するのではなく，その換価を契約当事者に委ねることも経済的従属性の重要な基準とみる(家内労働法1条2項3文，同法2条1・2項)。委託者による排他的な換価の結果として，就業者は市場ではなく委託者の具体的な需要のために活動しているので，市場の見通しがもてない。就業者は経済的活動に基づく事業者的なチャンスを展開させる可能性は極めて少ないのに反し，その人的自立(独立)性に基づいて事業者的なリスクを負担せざるを得ない点に，事業者的なチャンスとリスクの関係の不均衡，さらに彼らへの多大のコスト負担により，その経済的従属性が深化する[11]。

(d) 就業者自身による活動

就業者の経済的従属性は，自ら委託者に対して労務提供すること，従って協働者を使用しないこともし使用する場合にもごく少数であることを前提にしている(家内労働法2条1項――家内労働者，同法2条2項――家内工業経営者，同法1条2項3文――経済的従属性の決定基準としての協働者数，労働協約法12 a 条1項1号)。複数の委託者のための活動によってその収益のリスクを制御する可能性をもたないからである[12]。

② 就業者の個々の事情

(a) 事業資本及び組織的な装備

シュウベルトによれば，事業(企業)組織の態様並びに事業資本の規模は就業者の経済的従属性を決定的に影響付ける。とくに技術的な装置や一定の装備を前提とする職業的活動では，資本の少ない就業者は特定の委託者との就業関係継続への依存性(従属性)をそれだけ強める。

(b) 1人の委託者のために主として活動すること

(ア) ある法律関係のために主たる労働時間を費消すること

就業者がもっぱら1人の委託者のために働きそのため(それを失った場

合）他の委託者には逃げ込めない場合にのみ，被用者類似の者であるのかに関しては，争いがある。家内労働法1条2項，労働協約法12ａ条1項1号──ａでは「主として1人の委託者のため」，労働協約法12条1項1号──ｂでは「主たる報酬を1つの就業関係から」となっている。したがって，複数の委託者のためにも活動しうるが，その場合就業者は「主として1人の委託者のため」に活動していればよいことになる。この要件は，就業者がその「労働時間の半分」を超えて当該委託者のために活動すれば（労働協約法12ａ条1項1号ａ），充足される。シュウベルトは，その基準は経済的従属性にとって重要な他の諸基準が明確には存在しない場合には，より厳しくなければならないとして，当該就業が労働力の70－80％を要求することが必要とする[13]。

(ｲ) 1人の委託者の下で主たる収入の獲得

就業者が経常的な収入を主として一人の委託者の下で獲得していてかつ，その個人の生存の基礎が当該就業関係からの収入に依存しているか否かも基準となる。労働協約法12ａ条1項1号ｂは，就業者が当該委託者から「その収入の半額」を越える額を取得することで十分としている。これについても，シュウベルトは，経済的従属性に関する他の拠点がない限りでは，経済的従属性への諸要求を引き上げるべきとして，その収入の70－80％を一人の委託者の下で獲得することが必要としている[14]。

(ｳ) 労働時間と収入の関連

労働時間の関連と収入関連が結合することではじめて，社会的要保護性を伴う経済的従属性が確保される。したがって，収入の最重要部分をひとりの委託者のもとで取得しながら主たる労働力を投入しない場合には，その委託者に対する経済的従属性は否定される。特に，就業者の収入状況は委託者には完全には分からないので，その経済的従属性並びに被用者類似性も即座には判断しがたいため，法的安定性を害することが危惧される[15]。

(3) 被用者に比較可能な社会的要保護性

シュウベルトによると，社会的要保護性は，就業者が財政的に社会的リスクに対する固有の備えをなしうる場合には，否認されるべきである。各行為者が自己の行動の結果に対して自ら責任を負担するのは，私法秩序の自由主

義的構想に属する。この責任は権利主体の私的自治と対応する。従って各人はそのリスクに対しては自ら備えをしなければならない。ただし，人が不均衡なまでに多くのリスクに見舞われる場合，または自らの責任によらない諸事情に基づき生存への備えができない場合には，法秩序が特別の社会的保護を提供する。被用者類似の者に対しては，原則としてその経済的従属性とそれに由来する社会的要保護性に基づき社会的保護がなされねばならない。なぜなら，彼らは通常の職業的活動に随伴するすべてのリスクを負担しなければならないが，その生存への備えを可能にするほどの報酬を受け取っていないからである[16]。

しかしながら，就業者が経済的に労働からの収入に依存しない場合には，保護必要性はなくなる。社会的要保護性は就業者の財産状況に依存する。

① 就業者の労働収入の額

被用者類似性を超える就業者＝事業者は日常の生計費の他にリスクへの備え（使用者側の負担を含む保険コスト）ができなければならない。そこで，比較可能な活動を行う被用者の平均的な手取り給与が基準となる。次に，使用者が納入しかつ彼が人的独立性のゆえに自ら負担しなければならない社会保険料を負担できることである。そして，就業者の収入が上記の最低限度を本質的に超える場合にのみ，社会的要保護性が否認されるべきである。

② 総資産の意義

高額の労働収入のみならず高額の総資産も，経済的従属的就業者の要保護性を排除することもある[17]。

もとより委託者は就業者の個別的な諸事情を全て把握するのは困難であり，彼らが自分との関係でどの程度時間を割きそして自分からの収入が彼らの収入全体のなかでどの程度を占めるか等は把握しきれるものではない。しかし，以上のシュウベルトの提唱する，自己のもとにほぼ専属的に継続的に就業する者でしかも固有の被用者を使用しない場合であれば，通常使われている被用者類似の者よりもより限定的であって，他面における委託者の使用者類似性も強まるといえよう。

III 基本権保護義務と従属的自営業者の保護

1 基本権保護義務の一般理論
(1) 基本権の防御権的機能と保護機能——基本権保護義務の基礎付け

基本権は，市民と国家との関係に関連し，基本法1条3項（後に続く諸基本権は，直接適用される法として立法，執行権及び判例を拘束する。）により国家を拘束する。したがってドイツでも基本権は，個人の国家に対する防御権として構想されている。この基本権の防御権的機能から生ずる国家の行動（制限）の諸上限を具体化するのが，相当性原則（Verhaeltnismaessigkeitsprinzip）より導出された過剰侵害禁止（Uebermassverbot）の原則である[18]。私法主体間には，基本権による行動のコントロールを正当化する市民・国家間のような権力関係が存在しないので，基本権の間接的第三者効力説が支持される。ただし民法の一般条項の解釈に当たって基本権の客観的な価値が関与せしめられる[19]。

この防御権的機能と並んで基本権は，積極的機能すなわち国家に保護義務を課すと見られている。国家権力のみならず他の基本権の担い手（市民）もまた市民の保障された自由を侵害し得るとの認識に立って，第三者による侵害に対して実際の自由の国家による保護が求められる。保護義務は国家に対して，基本権を促進，擁護しその機能不全から守る義務を課す。連邦憲法裁判所は，この国家の保護義務を特に基本権の客観的法の内容から導出する[20]。このことにより，基本権の担い手の法益や行為は基本法の価値秩序の一部となるが，この価値秩序の貫徹は，基本権の防御権的機能のみによってはなされ得ず，それら法益や自由の積極的な保護を必要とする[21]。これにより国家の保護義務は基本権に対する直接的な侵害を禁止するだけでなく，基本権を保護促進するように防護することを国家に義務付ける。すなわち，国家は確保されるべき法益の意義に沿った保護を保障しなければならず，保護の欠缺が存する場合それを補完しなければならない[22]。さらに，基本権保護義務は国家の人間の尊厳についての尊重義務（基本法1条1項2文）並びに基本権の社会国家機能や平等義務（基本法3条2項）等により支持され

ているとされる(23)。

(2) 保護義務成立の条件

国家が〔基本権保護の〕危殆化の高度の潜在性にもかかわらずなにも活動しない状態にあるか，またはたとえなんらかの措置がとられたとしてもそれらが明らかに不十分かつ不適切である場合にのみ，個人が基本権保護義務に基づく請求権を引き出し得るとする限りにおいて，保護義務の範囲は限定されている(24)。保護義務は，基本権をしてその機能不全から守ることだけである。第三者による基本権的自由の侵害は重大かつ違法なものでなければならない。「重大な」基本権侵害に至る「典型的な」危殆状況に対して国家は反応しなければならない。保護義務履行のための措置は，法益の保護と自由の実現のために資するものでなければならない。そのためには国家は広範な裁量の範囲を有する(25)。

連邦憲法裁判所によれば，基本権保護義務は過少保護禁止（Untermassverbot）を内包する。すなわち，国家はその保護義務の履行に足るだけの，規範的並びに事実的態様の諸措置をとらなければならず，しかもそれらは—対抗する法益を尊重しても—適切でかつそれ自体有効な保護が達せられるようにしなければならない(26)。基本権の命ずる保護の最低基準を守るために，国家は基本権保護にとって正当で，適切かつ効率的な措置をとらねばならない(27)。国家は最良の自由の保護を実現しなければならないのではなく，むしろ保護義務が侵害されるのは，最低限の保護すら保障されていない場合にのみである(28)。

(3) 過剰侵害禁止と過少保護禁止の関係

過剰侵害禁止と過少保護禁止は，私的自治的行動に対して，また立法者による私法規範の創設にあたって，外部的な限界を提示する。すなわち，一方当事者による基本権行使が不可能なほどには国家の介入が強力であってはならず，他方，保護を必要とする基本権の担い手がその基本権を行使するためのいかなる手段も持ちあわせないことを法秩序が放置することも許されない(29)。立法者は私法規範の創設に当たって常に2つの基本権上の制約の下に置かれている。すなわち，それは国家による介入が多すぎることもまたそれが少なすぎることも禁止している。過剰侵害禁止並びに過少保護禁止は私

法における国家の規律に関する憲法上の外部的限界である。過剰侵害禁止は立法者による保護的侵害（介入）のための上限でありかつ過少保護禁止はその下限である[30]。これら2つの限界の間には法政策の領域が広いか狭いかは争いのあるところだが，連邦憲法裁判所は，立法者の形成課題（広範な裁量）が存在するとする。ディテリッヒによれば，この判決は「補完的具体化の権限」のみに基づくことができるとし，しかもそれは現存の解釈領域の範囲内において諸基本権を尊重しなければならない[31]。

　フランツィオッホによれば，契約の一方当事者が契約をその義務や結果までも単独で命じてしまうならば，基本権行使への最低基準が他方の契約当事者には保たれない。一方の契約当事者の私的自治は自分が少なくとも自分固有の請求と価値を契約の中に混入する機会を有したとの最低要件を下回った限りにおいて，その契約形成は基本権の諸条件を充足しない。この過少保護基準が保たれないのであるから，その契約の内容規制はその均衡（Ausgewogenheit）と相当性（Angemessenheit）に基づいて正当である[32]。

2　被用者類似の者に対する職業の自由（基本法12条1項）に基づく国家の保護義務

(1) 「契約内容の自由」の侵害に対する保護義務

　シュウベルトによると，被用者類似の者は自己の基本権的自由の行使を委託者との契約の締結を通じて制約している点が問題である。契約が合意の性格を有するにもかかわらず，就業者の職業の自由の委託者による侵害と認められる場合には，そしてその場合に限り，基本法12条1項に基づく保護義務が成立する[33]。基本法12条1項により保護された「契約自由」は「契約内容の自由」な形成を保障しかつ，就業関係の締結に当たって「個別的な自己決定」を保障する（自己決定のメカニズム）。被用者類似の者の契約内容の自由も，少なくとも彼らがその利益を契約の形成にあたって混入せしめるチャンスを有する場合には，委託者との契約の締結に当たって現実化している。その限りにおいて合意は彼らの意思の表現であって，彼らに伴う全ての自由の制限は任意になされたものである[34]。

　連邦憲法裁判所は，いわゆる代理商判決において次のように判示する。す

なわち,「私的自治は自己決定の原理に基き,したがって自由な自己決定の諸条件が実際に存在していることが前提になっている。契約当事者の一方が契約の諸規定を事実上一方的に設定し得るほど圧倒的な優位を占める場合には,それは他方の契約当事者にとっては他者決定となってしまう。関係当事者の大凡の力の均衡の欠如するところでは,契約法の手段のみによっては利害の合理的(客観的な)調整は保障され得ない。このような事態において基本権によって保障された地位が意のままに処されてしまう場合には,基本権保護を確かなものにするため,国家の規律が調整的に介入せざるを得ない[35]。」

そこで,シュウベルトは,被用者類似の者が委託者に対して契約締結に当たり「構造的に劣位」におかれているか否か,そして彼らの利益の実現が国家介入を必要とするほど広範に制約されているかが問題となるとする。先ず,原因の複合性から,契約当事者の対等性の判断は困難であり,個別事例における契約当事者の均衡が標準にされるべきでない。締結段階で当事者間の構造的不均衡が類型的に成立している契約であって,優位にある契約当事者が一方的に利益を実現することが可能なものが確定されねばならない,とする[36]。例えば,一人会社(Ein-Mann-Unternehmen)のような就業者は本質的にその個人的な労働力のみで主たる委託者のために継続的に労働する者である。このような就業者は,委託者によって提案された契約内容を容易には拒否し得ず契約締結に当たって委託者に構造的に劣位に置かれる,とみられる[37]。しかし,シュウベルトによれば,この構造的劣位性は補助基準であって,保護義務介入の必要条件ではあるが十分条件ではないとする。そして基本法12条1項の保護義務は,被用者類似の者の契約自由が実際に侵害されている場合に成立する。すなわち,もはや利益調整とはいえない程自己の利益を委託者の利益に対して後退させる契約を就業者が結ぶ場合である。被用者類似の者の不当な不利益取扱は,国家の介入を必要ならしめる契約自由の侵害とみなされねばならない。しかし契約合意の相当性は当事者の同等性と同じく測定不能である。そこでシュウベルトは,任意法規に法典化され得る「通常の契約」から内容的に大幅に逸脱するなど,被用者類似の者に「特別の不利益」が生ずる場合にのみ,委託者が契約条件を一方的に決定するこ

とから出発し得る,とする(38)。
(2) 就業関係の終了にあたっての保護義務

シュウベルトは,継続的契約関係においては基本法12条1項に基づいて,契約の終了の自由（委託者側の解約告知の自由）と共に,被用者側の就業関係に留まりたいとする被用者類似の者の利益も保護されるべき,とする。委託者の解約告知権は無制限の状態なので,委託者は自己の利益を貫徹することができ,そのことによって被用者類似の者の契約終了の自由を侵害する。ここに基本法12条1項に基づく被用者類似の就業者保護のための保護義務が成立する(39)。

3 基本法2条2項1段の（生命・身体の不可侵性）保護と被用者類似の者

職業活動に当たって生命と健康が危険に曝されている被用者類似の就業者にとって,生命・身体の不可侵性の基本権（基本法2条2項1段）は重要である。彼らがその契約上の義務を履行するに当たって利用する労働手段や原料並びに労働条件を媒介として生命・健康への危険が成立するからである。基本法2条2項1段に基づく国家の保護義務は特に肉体的健康に関係する。精神的健康が保護の対象になるのは,その侵害が肉体的な影響と同一視されかつ特別の苦痛を惹起する場合に限られる(40)。生命と健康は上位にランクされその侵害は長期の損害（障害）が発生するほど不可逆的であるので,基本法2条2項1段に基づく保護義務は生命健康の侵害に対してのみならず,その法益に対する危険に対しても向けられる。生命・健康の損傷に対する大きな蓋然性が存在すればその保護義務は現実化する。その蓋然性の程度は切迫する損害の規模による(41)。しかし,契約で特定されている場合などを除き,通常作業設備や原材料から生ずる生命・健康への危険は原則として就業者の手の中にある。契約は被用者類似の者にとって自由意思による義務付けであって,形式上は委託者による基本権の侵害にはならない(42)。

IV 民法の一般条項による契約の内容規制

1 労働法規の類推適用の限界

　上記（II 1）以外の労働法規（とくに解雇制限法と労働時間法）を被用者類似の者へ直接に適用するのは適用対象の関係上困難であるとしても，利害状況の類似性から類推適用ができないか，が問題となる。この場合最も難しい問題を提供するのが，類推には規定の欠缺が（立法）計画に矛盾していること，したがって立法者がそのことを意識していなかったことが必要なことである。解雇制限法も1996年に労働時間法も1994年に改正されており，その当時はすでに従属的自営業者の問題は社会的な大きな問題となっていたのであり，しかも別の法規には適用対象となっていることから，立法者はこれを意識してこれらの者を組み入れなかったと解され，計画に矛盾する規定の欠缺は存在しないとして，類推が否定される。フランツィオッホは，解雇制限法は立法者が就業者の特別の要保護性を事業所に包含されることに基礎をおいている点からも，被用者類似の者が除外されても仕方ない，とする[43]。

　これに対し労働時間法についてフランツィオッホは，（立法・改正の）原理的なモチベーションでは意識しながら具体的な規律段階で意識しなかった場合にも「計画に矛盾した規定の欠缺」の存在が肯定されるとする[44]。労働時間規制の根拠すなわち要保護性が労働時間に関する他者決定にあるとすると，自己決定を旨とする自営業者にはそれが及ばないのは当然であるが，被用者類似の者の場合委託者による納入期限に縛られて時間拘束されているのも同然であることからも要保護性を肯定する[45]。

　シュウベルトによれば，被用者類似の者の社会的要保護性を考慮する法律規定の存在は，立法者がそれら就業者の要保護性と規律の必要性を原則的に認識しているのであって，立法者が法律の不備を見逃した例外事例があるからといって，被用者類似の者の社会的要保護性が全く見逃されたとして，被用者保護法への無制限の類推は許されない。したがって原則的には，計画に矛盾した規定の欠缺は存在せず，被用者類似の者へ有利な類推による法の継続形成にはできないとする[46]。

2 内容規制の根拠と判断基準となる条文
(1) 根　　拠

　フランツィオッホによれば，契約の内容規制の思想はシュミット-リプラー（Schmidt-Rimpler）に遡る。彼によると契約は，対立する利害の調整を結果する。なぜなら，契約を締結する者なら誰でも契約形成に当たって自分の利益の死守に腐心する。契約が締結される限りそれは「正しい」（肯定的正当性保障）のであって，契約が一方当事者に不利益を課す限りその契約の締結は拒否される（否定的正当性保障）。そこで契約の一方当事者が自分にとってマイナスの規定に応ずる場合には，契約によって設けられた規定の正当性はなお保障されている，といえる。これに対し，一定の特殊例外事例では，例えば，典型的な力の不均衡がある場合，しかもその力の不均衡は契約のメカニズムを破壊するに足るだけの高度の強さである場合には，契約の正当性保障は欠如する[47]。またライザーも，自由と自己決定の範囲内においては内在的な制約が存在するとの認識から，道具としての契約が契約当事者の自由のみに拘束されるのではなく，むしろその平等にも拘束されるとする[48]。フルーメも，自己決定のための力が現実に存在する場合に始めて，法原理としての私的自治は現実化されうるとする[49]。

　フランツィオッホによれば，このような，契約自由の概念に両契約締結者の事実上の地位をも関与させる考えは，説得的である。そのような場合（構造的な）劣位の契約当事者の契約自由は，契約条件が他方の優越的当事者によって排他的に決定されるため，実質的にはもはや行使され得ない。（構造的な）劣位の契約当事者は契約の内容形成にはなんの影響も持たない。両契約当事者が意思表示によって自ら拘束されることを欲するという事実（形式的な契約自由）の示唆は，そのような事例においては十分ではない。そして，従属的自営業の問題領域について彼は，契約の対等（同等）性の構造的崩壊，すなわち従属的自営業者は典型的事例では契約形成のなかに自己を適切に持ち込めないこと，から出発すべきとする。その結果，企業を一方的に有利に扱う反面従属的自営業者を不利益に扱う契約形成となる。このような構造的問題に対しては，契約の内容規制のような「構造的に措定された解決モデル」によって対処されるべきである。ただし，このような状況は例外的

事例においてのみ登場する。どんな同等（性）の破壊であっても，または一方を優遇する契約形成のすべてが，他方契約当事者にとって契約メカニズムの機能不全となるほどの負担になるわけではない。ただそのような例外的事例において契約メカニズムの機能不全が確認され得る場合には，国家の側の修正的な措置によって劣位の契約当事者による契約自由の行使を確保することが正しいのである(50)。

シュウベルトは，被用者類似の者における私的自治への介入の正当化は，彼らの経済的従属性並びにそれに附帯する自己決定の喪失から生ずるとする。したがって彼らは，契約自由を自己に有利には活用し得ずまた委託者との契約締結による利益調整も実現し得ない。彼らは独立自営業者のようには職業活動に伴うリスクを回避し得ないしまた自らの法益を保護し得ない。彼らの私的自治的形成の自由の欠如がその法的立場にとって決定的であるとする(51)。

(2) 判断基準としての条文

このようにして，問題となっている契約の正当性保障が欠如する場合にその契約の内容規制が正当化される。その場合の原則をどの規定に見出すかについて，フランツィオッホは以下のように述べる。消費者保護法の領域では約款規制法の制定以前は民法の一般条項が一定の役割を果たした。そして同法制定後はとくに同法8条以下が事前に方式化された契約に関する規定を有し，この分野における安定的な法制度となっている。そして約款規制法23条による同法の労働法への適用の否定により，労働法における契約の内容規制の展開は十分でなく，むしろ保護の欠缺が認められるとして，消費者保護法の諸原則が労働法分野においてどの程度有用かを検討する(52)。フランツィオッホは，契約当事者間における不均衡に着目する民法の一般条項としてBGB 138条（良俗違反）並びにBGB 242条（信義誠実の原則）は適しているが，BAGが利用するBGB 315条の衡平性コントロールはこれに適していないとする(53)。

3 内容規制の例——契約関係の終了（BGB 242条）

BGB 138条（良俗違反）と242条（信義誠実の原則）に基づく被用者類似

の者の契約の内容規制を通じて，労働法の保護の「オールオアナッシング」の原則の修正を行なう立場が主張されている。それによれば，BGB 138条，242条に基づく労働契約における諸合意の無効に関する判例は広く被用者類似の者の諸契約に転用されうる。とりわけ報酬と契約関係の終了について問題となる。本稿では紙幅の関係上後者のみを取り上げたい(54)。

(a) BGB 138条

今日では BGB 138条1項の労働関係の解約告知（解雇）への適用は一般に承認されている（解雇制限法13条2項）。被用者類似の者の解約告知についても，委託関係の終了が良俗違反と考えられねばならないかまたは，解約告知が内容と方式に基づき良俗違反である場合には，善良な風俗違反となる場合がある。とりわけ重大な態様で基本権の諸価値に違反する解約告知は，BGB 138条1項を通じて，無効となる。しかし被用者類似の者に関する一般的な解約告知保護は，BGB 138条を通じては基礎付けられないとしつつも，ただそこでの良俗違反の概念が民法において用いられるカテゴリーに同化せしめられる場合に限り，被用者類似の者の保護の段階的な改善が達せられうるであろう，とする(55)。

(b) BGB 242条

BGB 242条は，「いかなる者も」その権利と義務の行使においては信義誠実に従い行動しなければならないとの原則を内含している。自由雇用関係または労働関係への関連では，BGB 242条は両契約当事者が尊重しなければならない誠実（忠実）義務の範囲を具体化する。BGB 138条が「法倫理的な最小限度」に限定されるのに反し，BGB 242条は包括的な利益考量を認める(56)。ところで，恣意禁止は違法な権利行使の一例である。権利行使の理由に対して法秩序がいかなる要件を定立するかの問題である。ある権利の行使は，そのことによって有益者がなんら保護に値する利益を追求するものでない場合，あるいは他方当事者の全く圧倒的な利益がこれに対立する場合には，違法である。解雇制限法は，その1条において，いかなる理由に基づく解雇権の行使が合法でありかつ違法であるかを規定する(57)。

1951年解雇制限法の制定以前には解雇の反社会性ないし不当性は BGB 242条から導出されていたため，同法制定以後には同法の諸規定と BGB 242

条との関連が問題となった。すなわち，信義誠実の原則が解雇制限法の諸規定の中に完全に吸収されてしまったのかあるいは解雇についてBGB 242条にも適用範囲がなお残されているかである。BAGは1959年10月8日の判決[58]において，「通常解雇において使用者が，信義則上，どの程度被用者の職場維持に対する配慮をしなければならないか」については，解雇制限法（1条2項）によって，「人物，行動並びに経営に関連していない解雇を是認しない形で最終的に具体化されている。」とする（「肯定的・否定的具体化」）。すなわち，「解雇制限法が適用される被用者の分野では，使用者が通常解雇を通じて被用者の職場を攻撃しその際解雇制限法1条2項において定立された諸制約を守らなかった場合，使用者は反社会的かつ反誠実的に行動するものである（解雇制限法によるBGB 242条から生ずる職場保護の肯定的具体化）。解雇制限法によって特権化され保護された人的範囲に所属しない被用者に対する通常解雇にあっては，同法1条2項が同法によって保護される人的範囲について提示した諸制約に違反したことを理由にはその解雇は反社会的かつ反誠実とはならない（BGB 242条より生ずる職場保護の否定的具体化）。」ただし，それは，被用者の職場利害に対する誠実義務違反の意味における反社会性が問題となる限りにおいてである。「それ以外の点では解雇制限法によって具体化されていない一般的な適用範囲を残している」。誠実義務違反が被用者の職場保護に対する配慮の問題からでなく，他の特別の理由や契機（例えば，恣意，矛盾する行動）から生ずる限りでは，BGB 242条の一般的な基準による検討を甘受せざるを得ない，と判示する。1994年6月23日の判決では，「ある解雇が解雇制限法1条によって把捉されていない事由に基づいて信義則に反する場合には，それはBGB 242条に違反しかつ無効である。解雇制限法1条1項による6ヶ月の待機期間を満たしていないため同法が適用されない解雇であってもこの点はなんら異ならない。なぜなら，このような事例についてはBGB 242条を通じて法律により排除された解雇制限（保護）が容認されるだろうからである。信義則違反の解雇の典型的要件事実はとりわけ使用者の矛盾した行為，名誉を傷つける形でまたは折悪しくなされた解雇である。」ホモセクシュアルを理由の解雇の事案であったが，私的生活領域の形成は事業所の領域に影響しかつそこでの障害となる限り制約を受

けるとする(59)。

これに対し，オエトゥカー（Hartmut Oetker）(60)は，基本権保護義務の観点から解雇制限法から抜け落ちた被用者の解雇保護法理を立論する。まず，現行解雇制限法が基本権保護義務を十分に考慮したものであるとの連邦憲法裁判所の見解(61)には賛意を示す。オエトゥカーは，基本法12条1項から通常解雇についても職場保護に対するなんらかの最小限度が生ずるとすると，労働法の解雇法は被用者の職場保護を完全になおざりにしてはならないことを要求することから出発する。そうすると，被用者が民法の一般条項に基づいて解雇の適法性に対し直接反論できるならば，それで被用者の労働関係存続への利益は十分に考慮されたと言える。このことによって，被用者が恣意的な理由で職場を喪失することは排除されているのである。解雇制限法1条における規範的な存続保護は基本権の基準を十分に考慮しているが，しかしそれは被用者の存続保護を考慮するための唯一の方法ではない。法的安定性の疑念を置けば，民法上の一般条項は，その伸縮性に基づき基本権上の諸要求に配慮し得るので，その任に耐え得る。たしかに存続保護の構想について解雇制限法によって規範化された制約や障壁が民法の一般条項に遡ることによってかいくぐられることになるならば，解雇制限法の特別法たる評価に矛盾することになろう。しかしそのことは，解雇制限法の適用範囲外の通常解雇は「理由なしに」発せられてもよいと言うことにはつながらない。通常解雇の範囲においても基本権保護義務がその意義深い適用範囲を見出すべきであるとするならば，民法上の一般条項の基本権に導かれた解釈によって，被用者はその意思に反して客観的で承認されるべき価値のある理由なしにはその職場を失うことがあってはならない旨が確保されるべきである。この職場選択の自由に対する基本権保護義務から，労働関係と関連のある客観的な理由が存在しない場合には被用者は解雇によって職場を喪失することがあってはならないとの要求が導出される。この要求は，特別の解雇禁止法または不利益取扱法を起草するか否かは立法者の自由に委ねられているのではないことを意味する。この立場からオエトゥカーは，前述の民法の一般条項と解雇制限法の判例上の区分はもはや維持され得ないと主張する。なるほど基本権保護義務の形成にあたっては立法者は非常に広い裁量の活動領域を認められ

る。しかしそのことは,解雇保護を完全に抹消したりあるいは専ら個別の不利益取り扱いの禁止に縮小してしまうことを正当化しない。基本権保護義務は全ての被用者そしてとりわけ解雇制限法23条1項によって除外された小規模事業所で就労する被用者のために存在する。基本権保護義務に対応した解雇法の形成にはなにも特別立法の形式を必要とはせず,信義則を基本権に導かれた理解をすることによって,使用者が労働関係の終了について客観的な,労働関係に関連のある理由に基づくこができない場合には,その通常解雇はBGB 242条に基づき無効とすることで足りる[62]。

そしてフランツィオッホは,まさに解雇制限法の適用外にある被用者類似の者の委託関係の解約告知についても,以上の法理が適用されるとする。すなわち,「被用者類似の者の解約告知は,それが客観的な,就業関係と関連する理由に支持され得ない場合には,BGB 242条に違反する。客観性の有無の確定には解雇制限法1条2項の3対(Trias)が参考になる。すなわち,解約告知が被用者類似の者の人物または行動において基礎付けられるかまたは経営に条件づけられていてかつ,この理由が就業関係並びにその実施に影響する場合には,それは客観的関連性を有する。この基準に従い「理由なく」なされた解約告知は信義則違反である。」と[63]。

このようなフランツィオッホの帰結,すなわち被用者類似の者の恣意的な解約告知にBGB 242条の適用を認める見解に対しては,解雇制限法の被用者類似の者への類推適用の禁止を結果的には回避することになるとの批判がある。ただし,そのノイヴィアンスも事業者的チャンスの不存在,契約締結における構造的不均衡を,連邦憲法裁判所の保証並びに代理商判決の転用可能性の条件として認めていることは注目に値する。尤も彼女は,そのような者は従属的自営業者ではなく被用者であるとする点で,問題解決の方法を異にする[64]。

V　民法上の保護義務による規制

1　従属的就業者に対する委託者の保護義務の成立と範囲

シュウベルトによれば,従属的就業者と委託者の債務関係の特徴は,就業

者が委託者のために継続的に，他人に利用される形で活動を提供する点にある。これは無期の継続的債務関係の形式をとる場合もあるが，有期の契約や請負契約の反覆継続（継続的な取引関係）によってなされる場合もある。後者の継続的な取引上の接触でも，BGB 311 条 2 項 3 号（法律行為類似の取引上の接触により BGB 241 条 2 項の相手方に対する配慮義務・保護義務を伴う債務関係）により債務関係が成立する。したがって，この債務関係も継続的債務関係と同様保護義務を伴う(65)。

かつて，労働契約関係を他の債務関係から質的に区別するものとして特別の人的性格が挙げられた。被用者が全人格をもって労働に従事することから，使用者に被用者保護のための特別の配慮義務が課されたのである。ところが，シュウベルトによれば，被用者類似の者も事業所に編入されてはいないが，被用者と同じように委託者のために人的に活動（自身で活動しその主たる労働力を継続的に提供）する者であるが，そのことによって彼らが自営業者の債務関係とは質的に区別される債務関係にあるわけではないのである。被用者の特別の保護を要求するのは債務関係の如何ではなくむしろこの活動の態様である。人的性格は被用者に関する特殊な債務関係を基礎付けるものではない。そこで，シュウベルトは，労働契約上使用者に随伴する付随義務就中被用者の社会的要保護性に配慮する保護義務が，自営業者の契約相手方よりも本質的により強烈に関わることに注目する。この労働関係に随伴する保護義務は，被用者の社会的要保護性に配慮する。これにより労働契約と被用者類似の者または自営業者の債務関係との間の差異が質的性格になるわけではない。しかし，付随義務の範囲と強烈さに関しては，両者間で異なる。したがって「活動の態様」と併せて「（付随）義務の範囲と強烈さ」が，被用者，被用者類似の者及び自営業者の間で段階的な区別を示すものとみる(66)。

次に，債務関係から生ずる付随義務は給付関連義務，BGB 242 条 1 項に基づく誠実義務及び BGB 241 条 2 項に基づく保護義務に分かれる，といわれる。誠実義務の範囲については約定された給付と契約目的が基準となり，被用者類似の者の経済的従属性や社会的要保護性とは特別の関わりをもたない。これに反し保護義務は，債務関係の当事者に相手方当事者の法益，権利並びに利益に対して配慮すべきことを課すとされる。そしてシュウベルトに

よれば、ある契約との関連で成立する保護義務は、契約当事者の私的自治に対する必要的補完ないし私的自治の裏面である。取引上の接触の増大の結果として生ずる契約相手方の信頼を特に保護する。保護義務は取引上の接触または増大する社会的接触の結果として生ずる相手方当事者の法益への影響可能性の増大に付着する。その範囲と強度は債務関係の内容と性質如何による。したがって保護義務は、当事者意思に基づく契約解釈によってだけではなく、債務関係の範囲内におけるリスク分配の評価的判断（経済的従属性や就業の継続性の程度など）によっても確定されねばならない。他方 BGB 241 条 2 項から具体的な保護義務を導出するには、それが取引相手に負担を課しかつその事業者的な自由を制約するものであるから、個別の場合に正当化を必要とする(67)。被用者類似の者についてシュウベルトの挙げる正当化は、先ず事業所組織への編入はないにもかかわらず、委託者はその活動（業務）の実施に関する基準の多くを作成しかつ、作業手段または部屋の借用のための特別の投資を誘引することである。次に、契約履行の方法と態様に関する諸基準を委託者が作成してしまうことである。これにより、委託者が製造手続、原料を確定しまうことになり、就業者の財産または身体と健康に対する危険を設定する(68)。

　委託者の保護義務の発動は、被用者類似の者が自己責任で活動できる限りにおいて、終了する。委託者の保護義務が生ずる場合でも、それは期待可能性の範囲内においてである。期待可能性の判断に当たっては、就業者が法益の危殆に対してどの程度自ら備えをすることができるかが、考慮されねばならない。また、BGB 241 条 2 項に基づく保護義務は、任意規定が原則なので、BGB 619 条におけるような特別の強行指令によって始めて被用者類似の者の有利に強行的効力をもちうる。その限りで、委託者がその構造的優越性を利用して保護義務を免責する危険が存する。そこで、このような就業者に不利で不相当な合意を無効にする「契約に関する内容規制」が要請される。内容規制にあたっては再び保護義務が契約の有効性判定の基準となる。このように保護義務は、不可変的効力や内容規制と結合して初めて、経済的従属者にとって有用でかつ委託者の優越性の濫用を阻止する保護の道具となる(69)。

2 公法上の労働保護法規による契約上の保護義務の具体化

労働保護法（Arbeitsschutzgesetze）は，公法上の規範であって委託者をして国家に対し一定の行為・不行為を義務付ける。これらは被用者（被用者類似の者に適用ある場合には彼らも含めて）の法益だけでなく社会一般や特定の人的グループの利益をも保護する。その義務の履行は行政官庁のコントロールに服しその義務違反は秩序違反または犯罪として評価される。BGB 241条1項に基づく債務関係から生ずる保護義務は，違反の効果はBGB 280条（義務違反に基づく損害賠償請求）1項による損害賠償義務の発生にとどまるものの，部分的に被用者保護法と重なる。シュウベルトによると，契約上の保護義務が公法上の被用者保護法と結び付くことによって，若干の特別効果（間接的な私法的効果）が発生する。

まず，被用者保護法はBGB 823条（不法行為に基づく損害賠償）2項の保護法として，保護目的が契約上の保護義務と合致する場合その違反に対しては就業者に損害賠償請求権が発生する。次に，委託者の公法上の義務に反する契約上の合意は，当該規範がそのような申合せを禁止する趣旨であるならば，BGB 134条（公序良俗違反）により無効となる。しかし，そのような申し合わせがなくても契約は締結していたであろう場合には，BGB 139条（部分無効）により法律に反した部分のみが無効となり，残余の部分は有効のままである。さらに，公法上の諸規定は，禁止法規または保護法規として私法上の効果を展開するだけではない。それらはBGB 241条2項，BGB 618条1項に基づく委託者の保護義務を具体化する。公法規範はどの程度において委託者が就業者保護のため配慮または措置をとらねばならないかをほとんど先取りしている。公法規範が契約実施のための最低要件を設定する。したがってBGB 241条2項，BGB 618条1項に基づく保護義務は少なくとも適用可能な被用者保護法の基準に対応している。したがってそれより高次の義務が発生するのは，法律が考慮しなかった特別の危殆化状況が存在する場合だけである[70]。

しかし，公法規範の私法への転換は，債務法がこれについて開かれている限りにおいてなされる。就業者保護の目的を有する規定，契約当事者間の権利義務関係を規制する規定などは問題ないが，一般社会を保護目的とするも

のや組織法などの部分は転用不可能である。次に，BGB 241 条 2 項，BGB 618 条（雇用主の保護措置義務）1 項に基づく保護義務が公法規範によって具体化されるのは，被用者類似の者がこれら法規の適用範囲に含まれるかまたは少なくとも類推適用が許される限りにおいてである。とはいえ，シュウベルトによれば，公法上の保護法規が適用される余地がないことから，委託者は規律されている事例においていかなる私法上の保護義務も負担しないという包括的な帰結にはならない。被用者類似の者が労働保護に組みこまれるのには慎重である。だから彼らに有利な規定がないからといって就業者に社会的要保護性がないとは必ずしも言えない。〔彼らに社会的要保護性が認められる限り，〕BGB 241 条 2 項，BGB 618 条 1 項に基づき委託者の保護義務が成立する。また，計画に矛盾した規定の欠缺がないことを理由に労働保護法への類推ができない場合には，少なくとも私法上の保護義務は存在するのであって，これが公法の規定と類似の義務を委託者に課す。この種の保護義務の導出は，法の継続形成に関する諸条件の回避ではない。BGB 241 条 2 項は，公法上の保護法規が存在するか否かに関わりなく，債務関係に保護義務を結びつける。ただ委託者の保護義務の創設に当たって厳密に検討しなければならないのは，被用者類似の就業者の法益に関する危殆化が就業関係から生ずるか否か，及び委託者にとって保護義務が期待可能であるか否かである。特に人的自立性が就業者の自己責任的要素の増大につながり，委託者は使用者と同レベルには相手方に対する配慮をを義務付けられないことは注意を要する(71)。

3　委託者の付随義務の具体例
①　技術的な労働保護による生命・健康の保護

1994 年に発効した就業保護法は技術的な労働保護の「基本法」である。同法は基本構造を規定しそして諸義務の具体化を同法 18 条（就業者の権利），19 条（法規命令の授権）に基づく法規命令にゆだねる。就業保護法はその適用範囲を被用者ではなく就業者によって画定する。被用者類似の者も就業者に含まれる（同法 2 条 2 項 3 号）。法律の文言に従えば，使用者が負担するものと同一の義務が委託者に課せられる。しかし BGB 618 条 1 項によれば勤

務の権利者（雇用主）は提供した部屋，器具，装置並び素材が発生源となる危険に対する予防措置だけをとればよい。これに反し，就業保護法3条以下は労働関係が就業関係の典型となるため，委託者の義務を就業に付随しかつ就業者の安全と健康を危殆化する全ての事情に及ぼしている。そこで，被用者類似の就業関係と労働関係との相違を反映させて，委託者の法的保護義務をその支配・組織領域にふさわしく軽減することが求められる[72]。

そこで，先ず委託者が活動の場所，作業手段並びに作業経過についてなんらの基準も作成せず，かつ被用者類似の者が委託者の部屋または器具並びに装置での活動を行う必要がない限りにおいて，就業者は安全並びに自己の健康の保護については原則として自己責任である。逆に，被用者類似の者がその契約上の義務を合意に基づきまたは事実上の所与から委託者の事業所において履行しなければならない限りにおいて，委託者はその事業所に随伴するすべての危険について責任を負う。またたとえ委託者の事業所外であっても，就業者がどんな作業手段または製造方法を使用するかについて委託者が就業者に拘束力をもって指示している場合には，委託者が労働保護を義務付けられる。委託者が被用者類似の者に提供する器具についての委託者の責任は，それが就業者の自由に利用される時点で終了する[73]。

(2) 労働時間保護

シュウベルトによると，被用者類似の者に有利な労働時間保護は，技術的労働保護と同様公法上の規定と私法上の規定に基づく。公法上の労働時間保護は，家内労働法11条と若年労働者保護法8条以下のみが規定を有する。私法上の労働時間保護は，BGB 241条2項，618条1項に基づく委託者の保護義務に依拠する。特別法たるBGB 618条2項は契約締結後の委託者の一方的給付指定にのみ関連する。BGB 241条2項に基づく委託者の義務は，被用者類似の者の健康に関して配慮することと，彼らの経済的従属性を利用しないことである。委託者が作業量または給付（引渡）時間を決定することによって時間的観点において就業者の労務給付に影響を与え，そのことを通じて彼らの継続的な過重要求を惹起する限りにおいて，委託者は就業者を保護しなければならない[74]。

シュウベルトによれば，この保護義務の具体化は，労働時間法3条に方向

付けられるべきである。同法は被用者類似の者には適用されない。しかし健康保護に対する拠点を提供してくれる。なぜなら，そこでの労働時間の確定は，労働医学の認識に方向付けられており，被用者に対し労働を生涯にわたって可能にさせ続けしかも彼がその生存の基礎を満たす収入を得るようにするのである。そして人的自立性に基づいて何時休みを取るかを自分で決定できる被用者類似の者の立場を考慮して，労働時間法の許容する最長労働時間（3条）を家内労働法11条1項に基づくような最大作業量の規制方式に転換すべきであろう，とする[75]。

VI まとめにかえて

被用者（労働者）と独立自営業者との中間的存在としてのいわゆる従属的自営業者にも相当のヴァリエーションがあって，その単一の性格づけは難しいことが予想できる。そしてこれら全体が「被用者類似の者」とした場合にはある程度の範囲画定はできるものの，なお相当の幅があるようである。そこで，シュウベルトの提唱するように，特定の委託者のために長期間しかもほぼ全面的に活動し，そして当該委託者からの収益で生計を維持する者を想定するならば，まさに被用者に類似してくるし，委託者としてもその就業者の状況を把握できることになろう。使用者による労働者の支配・管理にある程度相当する関係が看取されることになるのではないだろうか。

このように限定された範囲の被用者類似の者について，その社会的要保護性にどのように応えることができるかが課題となる。もとより被用者類似の者への適用を予定する法規によってはその要保護性は充足されない。実定法上彼らを保護する規定が限られるなかで，その要保護性を満たすため，フランツィオッホ並びにシュウベルトは，基本権保護義務に依拠する。市民による市民の基本権侵害の可能性を認め，これに対し国家が最低限の基本権保護を確保するために介入する方式である[76]。職業選択の自由に基づき契約内容の自由・就業関係の終了の自由の侵害に対する保護義務は職業選択の自由（基本法12条）に基礎を置き，また就業者の生命・健康侵害に対する保護義務はその不可侵性（基本法2条2項1段）に基礎を置く。これを受けて労働法

規への類推適用並びに契約の内容規制を通じた被用者類似の者の保護が検討される。とくに、解約告知について解雇制限法の適用対象になっていない被用者に対する解雇保護をBGB 242条の信義則を通じて肯定する見解にならって、その法理をさらに被用者類似の者へ適用することが主張されている。さらに、シュウベルトは、付随義務としての、契約の相手方の法益の保護を要求する保護義務（一般的にBGB 241条、雇用関係特別にBGB 618条1項）により、就業者の健康保護（技術的保護や労働時間保護など）を主張している。

以上のような被用者類似の者の法的保護促進の要請は、ドイツにおける労働法の基本理解に沿うものと思われる。労働法の保護原理ないしはその背景にある被用者の要保護性の説明である。すなわち、被用者は非独立的にしかも継続的に（長期的に）その労働力を通常固定的な賃金であって事業者的成功への参加可能性をほぼ全面的に排除する程のものを対価として企業にその処分を委ねるのであって、しかも固有の事業者的な処分を主観的・客観的に放棄した状態においてである。そのことの帰結は、使用者・事業主側の処分の可能性・事業者的活動領域の拡大または事業者的チャンスの相対的な拡大であって、これが使用者による被用者の生存の扶助を正当化する[77]。自営業者は事業主として固有の処分・扶助のチャンスを有するので被用者のような経済的要保護性を肯定できない。社会的要保護性の登場は、自営業者の特定のグループにおける事業者的なチャンスの利用可能性が一般的かつ継続的に縮小したことにより、固有の扶助の可能性に依拠できなくなった場合である。この場合には自営業者も他者による扶助の拒否を正当化し得ない[78]。自己扶助（Eigenfuersorge）は私的な保険に加入して保険料を支払いまたは相応の積立金を貯蓄する必要がある、前記のような被用者類似の者はその報酬の低廉さからそれはほとんど困難かまたはまったく無理である。そこで、就業者自身による扶助（備え）の構想が委託者すなわち他人による扶助によって補充されるべきである。もとより委託者による扶助は委託者に財政的に大きな負担を課すことになり、また彼らの事業者的自由を制約することにもなる。しかし、就業者の職業的活動に随伴する諸リスク発生に対し委託者が影響ないし関与している限り、それは正当化される。なぜなら、委託者にとっては被用者類似の者の経済的従属性に由来する様々な利益が発生するから

4 ドイツにおける従属的自営業者の法的保護に関する議論について

である(79)。

しかしながら，使用者の近代的工場・事業所において管理された存在としての被用者（労働者）を適用対象として生成されてきた労働保護法規や，自由雇用契約（わが国では有償委任契約）や請負契約から区別される労働契約も人的従属性（労働の種類・内容・場所に関する指揮命令被拘束性と事業組織への編入を中心とする）を媒介として形成されている以上，自営業者形式で就業する被用者類似の者に対してどのような形で保護がなし得るかは，容易には応えられない。シュウベルトの著作はその点まで踏みこんだ議論をある程度行っているようであるが，本稿ではあまり扱えなかった。これについてはまた別稿を期したいと思っている。

(1) Petra Frantzioch, Abhaengige Selbststaendigkeit im Arbeitsrecht, Berlin 2000, S.36-43.
(2) テレワーカーの法的取扱いに関しては，拙稿「ドイツにおける在宅テレーワーカーの法的保護」労働政策研究・研修機構『労働政策研究報告書 No.5』2004，209頁以下参照
(3) しかしながら，19世紀にはむしろ経済的従属性が基準であったのであって，家内労働者などにも労働法が適用されていた。それが20世紀に入って工場労働者をモデルとする（人的従属性をメルクマールとする）被用者概念の確立・労働契約の展開によって経済的従属的就業者はその範疇から漏れていくことになったのである。Claudia Schubert, Der Schutz der arbeitnehmeraehnlichen Personen, Muenchen 2004, S.6. 1923年の労働契約法の草案では，被用者類似の者は被用者と同格扱いされていた。ただし，これは制定にまで至らなかった。Nicole Neuvians, Die arbeitnehmeraehnliche Person, Berlin 2002, S.24.
(4) ドイツの被用者類似の者については，柳屋孝安「ドイツ・西ドイツにおける被用者類似の者の概念について（1～4）」日本文理大学商経学会誌第6巻1号（1987）257頁以下，同第6巻2号（1988）87頁以下，同第7巻1号（1988）95頁以下，同7巻2号（1989）99頁以下，また最近の自営業者に関するドイツの立法動向については，柳屋孝安「ドイツにおける自営業者に対する労働法，社会保障法上の規整の動向」法と政治51巻2号（2000・6）93頁以下および柳屋孝安『現代労働法と労働者概念』信山社（2005）第1・2・3章参照。さらに，最近のドイツの被用者（労働者）概念をめぐる論議については，橋本陽子「ドイツ法における労働契約と労働者概念」学会誌労働法101号（2003）90頁以下，皆川宏之「ドイツにおける被用者概念と労働契約」学会誌労働法103号（2003）166頁以下参照。

第Ⅰ部 労働契約

なお、わが国における論議としては、鎌田耕一「契約労働の研究」多賀出版（2001年）、同「委託労働者・請負労働者の法的地位と保護-業務委託・業務請負の法的問題」日本労働研究雑誌526号（2004）56頁以下、島田陽一「雇用類似の労務供給契約と労働法に関する覚書」西村健一郎他編『新時代の労働契約法理論』信山社（2003）2頁参照。

(5) Neuvians, a.a.O., S.49-55, その他否定的見解として Rolf Wank: Wiedemann/Wank TVG §12a, Rz 12, 肯定的な見解として Wolfgang Hromadka, Arbeitnehmeraehnliche Personen, NZA 1997, 1249ff. 等が挙げられている。
(6) Schubert, a.a.O., S.23-24.
(7) Schubert, a.a.O., S.26-27.
(8) Schubert, a.a.O., S.28-29.
(9) Schubert, a.a.O., S.30-31.
(10) Schubert, a.a.O., S.32-34.
(11) Schubert, a.a.O., S.34-35.
(12) Schubert, a.a.O., S.35-36.
(13) Schubert, a.a.O., S.37-40.
(14) Schubert, a.a.O., S.40-42. なお、労働協約法12a条3項が、マスメディアの職員や芸術家に関する基準が全収入の3分の1であることは、特別規定であって一般化にはなじまない、とされる。
(15) Schubert, a.a.O., S.42-43.
(16) Schubert, a.a.O., S.47-50.
(17) Schubert, a.a.O., S.51.
(18) Schubert, a.a.O., S.106. 連邦憲法裁判所が、相当性の原則を上位概念としその下に適性、必要性および狭義の相当性または期待可能性を置くのに対し、過剰侵害禁止を上位概念としその下に必要性、相当性の諸原則を統括するとの見解もある。Canaris, Grundrechte und Privatrecht, AcP 184 (1984) S.201ff (S.209, Fussnote 23.).
(19) Schubert, a.a.O., S108. 三並敏克『私人間における人権保障の理論』法律文化社（2005），17頁以下参照。
(20) Schubert, a.a.S., S.110, Fusnote 40 に列挙された裁判例参照。例えば、BVerfGE 39, 1 (41)（1975年2月25日判決）では、「連邦憲法裁判所の確立した判例によれば基本権規範は、国家に対する個人の主観的防御権だけでなく、それらは同時に客観的価値秩序を体現する。そしてこの価値秩序が全ての法領域に対する憲法上の決定とみなされかつ立法、行政及び判例に対する指針と刺激を提供する。(BVerfGE7, 198〔205〕-Lueth-; 35, 79〔114〕-Hochschulurteil) ただし、このような基本権の客観法的側面という考え方に対しては、「正当化の必要を忘れさせる危険性」があると

の注意がなされている。山本敬三「契約関係における基本権の侵害と民事救済の可能性」田中成明編『現代法の展望』有斐閣 (2004) 3頁以下 (10頁)。

(21) その他の基本権保護義務の基礎付けに関して詳細に関しては，小山剛『基本権保護の法理』成文堂 1998, 170頁以下参照, また本稿のテーマとの関連では，同著「第六章私法関係における基本権保護」212頁以下参照, 基本権保護義務の概要は, 同「立法政策と基本権保護義務」石川明教授古希記念論文集『EU法・ヨーロッパ法の諸問題』231頁以下参照。これらに反対する見解として，ベルンハルト・シュリンク・岩淵達治他訳『過去の責任と現在の法』(岩波書店, 2005) 151頁 (高田篤解説・法学者としてのシュリンク) 参照。

(22) BrerfG vom 25.2.1975 E39, 1, 46, 55., Franztioch, a.a.O., S.131.

(23) Schubert, a.a.O., S.111.

(24) Franztioch, a.a.O., S.132.

(25) Schubert, a.a.O., S.112-113.

(26) BVerfG vom 28, 3.1993, E88, 198, 203ff.

(27) 連邦憲法裁判所によれば，保護義務をどのように履行するかの態様については先ず第一に国家の諸機関が自ら決定すべきであり，従って有効な保護を保障するためにはどのような措置が目的に適いかつ求められているかについて彼らが判断する。Urteil 16.10.1977, BVerGE 46 160 (164), Beschluss vom 14.1.1981, BVerGE 56, 54 (80).

(28) Schubert, a.a.O., S.115. 憲法上要求される最低限の保護が達せられない場合に「保護規定の欠如」が憲法違反となるとするカナーリスによれば，その輪郭がはっきりしていないので過少保護禁止は過剰侵害禁止に相当する有能な一般的な道具としては発展してこなかったとしている。Canaris, a.a.O., S.228.

(29) Frantzioch, a.a.O., S.137.

(30) Schubert, a.a.O., S.117, 118.

(31) Dieterich, Grundgesetz und Privatautonomie im Arbeitsrecht, RdA 1995, 129 (134).

(32) Frantzioch, a.a.O., S.137.

(33) Schubert, a.a.O., S.130.

(34) Schubert, a.a.O., S.131, Frantzioch, a.a.O., S.114-119. ドイツの契約メカニズム論，自己決定権論については，潮見佳男『契約法理の現代化』有斐閣 (2004) 184頁以下及び 189頁以下参照。

(35) BVerfG Beschluss vom 7.2.1990, BVerfGE81, 242 (254-255). なお，同判決については，潮見佳男・前掲(34)186頁に解説があり，この判決の理論的支えはカナーリス (AcP 184, S.201ff., JZ 1987, S.993ff.) の見解である，とされる。同著202頁注(44)参照。

第Ⅰ部　労働契約

(36) Schubert, a.a.O., S.133, Frantzioch, a.a.O., S.142, Dieterich も,「類型的な事例形成，すなわちそこでは契約の機能不全が明白な事例形成のみが問題となりうる」としている。Dieterich, a.a.O., S.131.
(37) Schubert, a.a.O., S.134.
(38) schubert, a.a.O., S.135.
(39) Schubert, a.a.O., S.137.
(40) Schubert, a.a.O., S.139, BVerGE 39, 1 (42).
(41) Schubert, a.a.O., S.139, Dieterich, ErfKomm. Art. 2GG Rn. 109.
(42) Schubert, a.a.O., S.130, BVerfGE 85, 191 (212f.).
(43) Frantzioch, a.a.O., S.193-194, S.262-263.
(44) Frantzioch, a.a.O., S.264. ノイヴィアンスによれば，フランツィオッホが述べる被用者類似の者は全体の中のごく一部であるとする。
(45) Neuvians, a.a.O., S.126-127.
(46) Schubert, a.a.O., S.93-94.
(47) Franztioch, a.a.O., S.115-116., Schmidt-Rimpler, AcP 147, S.130ff, FS fuer Raiser, S.3f., 4,5,14.
(48) Raiser, JZ 1972, S.732ff., Vertragsfunktion und Vertragsfreiheit, S.101, 106., Frantioch, a.a.O., S.117.
(49) Flume, Rechtsgeschaft und Privatautnomie, S.135, 143ff., Frantzioch, a.a.O., S.117. ドイツの契約メカニズム論に依拠する「交渉力の実質的対等性」確保の主張について，潮見佳男『契約法理の現代化』有斐閣 (2004) 184頁参照。
(50) Frantzioch, a.a.O., S.118.
(51) Schubert, a.a.O., S.101.
(52) Frantzioch, a.a.O., S.120.
(53) Frantzioch, a.a.O., S.110-111.
(54) Frantzioch, a.a.O., S.273.
(55) Frantzioch, a.a.O., S.198.202.
(56) Frantzioch, a.a.O., S.203.
(57) Frantzioch, a.a.O., S.212.
(58) Urteil vom 8.10.1959, Entscheidungen des BAG Band 8, S.132 (140-141), AP Nr.1 zu §242 BGB-Schuldrechtliche Kuendigungsbeschraenkung. その後も「存続保護と被用者の職場維持への利益が問題となる限り」，信義誠実の原則は解雇制限法によって最終的に規律されているとされる。BAG Urteil vom 30.11.1960 BAG AP Nr. 2 zu §242 BGB Kuendigung.
(59) BAG Urteil vom 23.6.1994 AP Nr.9 zu §242 BGB Kuendigung.
(60) Hartmut Oekter, Gibt es einen Kuendigungsschutz ausserhalb des Kuendi-

gungsschutzgesetzes?, AuR 1997, S.41ff(51).
(61) BVerGE 84, S.133(147).
(62) Oekter, a.a.O., S.51-52.
(63) Frantzioch, a.a.O., S.221.
(64) Neuvians, a.a.O., S.169. なお，シュウベルトも，詳細な検討の後，BGB 242 条が通常の解約告知に対する一般的な私法の障壁のみならず，被用者類似の者に対する存続保護を実現するものとみる。Schubert, a.a.O., S.456-488, 489.
(65) Schubert, a.a.O., S.75. シュウベルトによると，BGB 311 条 2 項 3 号の発効以前には継続的な取引関係は BGB 242 条が類推適用される特別結合（Sonderverbindung）とみなされる結果，委託者には同じく保護義務が課せられる。また，ドイツの債務法の改正並びに条文の邦語訳については，半田吉信『ドイツ債務法現代化法概説』信山社（2003），潮見・前掲『現代化』「第三部第二章 ドイツ債務法の現代化と日本債権法学の課題」339 頁以下参照。

　ドイツの付随義務論とくに保護義務については，潮見佳男『契約規範の構造と展開』有斐閣（1991）「第 4 章 債務履行過程における完全利益の保護構造」85 頁以下，とくに「七 カナーリス，ティーレの『法定の保護義務』論」(103 頁以下)，宮本健蔵『安全配慮義務と契約責任の拡張』信山社（1993）とくに「第 3 章 ドイツにおける使用者の安全配慮義務と保護義務」117 頁以下，田沼柾「Canaris の統一的法定保護義務関係論」比較法雑誌 18 巻 3 号（1984）75 頁以下，長坂純「ドイツ法における『統一的法定保護義務関係』論の展開」法律論叢第 77 巻 10 号（2004）69 頁以下参照。
(66) Schubert, a.a.O., S.76-77.
(67) Schubert, a.a.O., S.79.
(68) Schubert, a.a.O., S.80.
(69) Schubert, a.a.O., S.81.
(70) Schubert, a.a.O., S.87-88.
(71) Schubert, a.a.O., S.89-91.
(72) Schubert, a.a.O., S.357-359.
(73) Schubert, a.a.O., S.362-364.
(74) Schubert, a.a.O., S.384.
(75) Schubert, a.a.O., S.385. これによれば，家内労働の発注者は家内労働就業者（従業員も含めて）にその給付能力を考慮して均等に労働量を分配しなければならない。そして家内労働委員会は業種や家内労働の種類に応じた一定期間における労働量の確定を行える。それは比較可能な事業所の労働者の通常の労働時間によって処理できるように定められねばならないことになっている。拙稿・前掲（注 2）論文 217 頁。
(76) わが国労働法においても「基本権保護義務論」の有用性を認める見解として，西

谷敏『規制が支える自己決定』法律文化社（2004）190頁以下（193頁）が挙げられる。
(77) Manfred Lieb, Die Schutzbeduerftigkeit arbeitnehmeraehnlicher Personen, RdA, 1974, S.257ff.(259) この見解は，Wiedemann, Das Arbeisverhaeltnis als Austausch- und Gemeinschaftsverhaeltnis, Karlsruhe 1966. に依拠しつつ展開されている。
(78) Lieb, a.a.O., S.262.
(79) Schubert, a.a.O., S.98-99.

5 ドイツ法における普通取引約款をめぐる司法的コントロールの法思想的基盤

高 橋 賢 司

I はじめに

　現在，消費者保護，契約正義などを法的な基礎として，いかに不公正な約款から契約の一方当事者を保護し，約款の適正な利用を実現するかが，契約法理の課題とされている。河上教授は，著書『約款規制の法理』の冒頭，「自由契約思想の危機」(Kramer)，「契約思想の腐蝕」(Pflug)，契約思想の死（Gilmore）といった言葉を掲げておられる[1]。同時に，なぜ同意をしていない約款に拘束を受けることになるのか，という拘束力の根拠に関心がもたれてきた。これに対し，正義という概念を持ち出す場合，正義概念の持つあいまいさとともに，概念の輪郭もはっきりしない点が問題になりうる。同時に，契約正義という概念自体，私法秩序とは縁の薄い理念ではないかともいえる。近代法の建前では，市民法と社会法が厳格に峻別されていたにもかかわらず，近年市民法と社会法の垣根が取り除かれつつある。戦前において市民法が変質し社会法的な原理が導入されたことで，―ドイツと同様に―統制法や国家権力によって市民生活が脅かされたが，その過去の事実について歴史的な反省をなすべきだという現代の意識さえも，もはや過去の遺物となり，風化されるべきものなのだろうか。いうまでもなく，市民法は建前からして抽象的人格を前提とし，個人の属性，財産的状況等を考慮するものではなかった。市民法が社会法化しつつある，と説かれるが，市民社会の変容や法原理的な違いを考慮することなく，実践的な解決さえ得られればよいものとし，消費者保護，契約正義などを述べれば足りる，といった実用法学のあ

り方こそむしろ，反省を迫られるべきなのではないかと思われる。労働法においても就業規則が約款類似の画一的な労働条件形成機能を果たしていることは，以前より指摘されてきた。最高裁は，就業規則の法的拘束力のために「合理性」を要求し続けており[2]，裁判所の就業規則の内容審査については学説においても「司法的規制」の問題として盛んに議論されており[3]，現在は，労働契約法制との関係でこれらの内容審査のあり方が注目されている。このようななかで，民法・他の法分野を問わず統一的な契約条件の規整がいかなる基準で裁判所によって判断され，かつ，裁判所の司法的コントロールがいかなる法原理的な基礎を有しているかが明らかにされなければならない。最近においても，ドイツでは，相次いで，教授資格論文において，Preis, Grundfragen der Vertragsgestaltung im Arbeitsrecht, Neuwied, 1993; Fastrich, Richterliche Inhaltskontrolle im Privatrecht, München, 1999, さらに最近ではHans Hanau, Der Grundsatz der Verhältnismäßigkeit als Schranke privater Gestaltungsmacht, Tübingen, 2004 において，画一的に形成される契約条件に対して裁判上のコントロールがいかなる法思想的な基礎によるものかについて，法原理的に問われている。本稿では，私法の領域で問われる契約条件に対する裁判上のコントロールの法的基礎について，ドイツにおける特に民法上及び労働法上の学説を手がかりに検討する。

II 内容コントロールの正当化根拠とその契約思想

1 契約の正当性の保護

(a) 普通取引約款に対する裁判所上の内容コントロールに関して，今でも語り継がれる基本的思想は，シュミット・リンペラーの学説である。シュミット・リンペラーは，個人の意思によって法律関係を形成することを求める，私的自治の原則を機能させるには，一定の機能要件があると考え，いかなる場合に私的自治の機能要件が備わるのかを検討している。つまり，契約締結にあたってその内容の形成を一方当事者が一方的に決定する場合，法律行為は正当性の要件と結びついていなければならず，かかる正当性の要件は，当事者がそれを望んでいる場合にはじめて充足されるのが原則である[4]。も

し，そうでない場合には，特別な正当性が必要とされ[5]，契約の正当性の要件が個々的に求められ，その要件として必要なのは正しさそのものであると説く[6]。この場合，法源としては私的自治の概念が不適切であると強調し[7]，「共同体の意思からは，個人が正しくないことを例外的に排除できる秩序を必要とせざるをえない[8]」と述べる。その上で，シュミット・リンペラーは私的自治の機能要件を欠く場合，一方当事者による一方的な決定は濫用になりえて，契約の正当性が保障されないことから，一方当事者の客観的に不相当な意思は，他方当事者の正当な対抗する利益のために裁判所による（共同体の意思を体現した！）修正を受けなければならないと説いている[9]。つまり，「すべての法律行為は許可を受けなければならず，共同体意思との一致が，例えば，事後的な裁判所または行政的な決定によって確認されるまで，不確かなままさまようことになり[10]」，契約の正当性が疑わしい場合，約款に対する裁判上の内容コントロールを肯定できるとしている。

　シュミット・リンペラーの学説は，当時の時代を反映して特殊な事情のもとで形作られている。本来契約の秩序は，契約内容が当事者の意思で決定されることによって，妥当するのであって，実質的な正当性の保障が契約の中に内在しているわけではない。にもかかわらず，契約法の再生に向けた国家社会主義的国家に対する要求に対して，シュミット・リンペラーは，国民の共同体秩序におけるいわゆる契約正義（Vertragsgerechtigkeit）を対抗させたのであった。非ゲルマン的に感じられた私的自治の原則をむしろ再編・（実質的に）廃止しようとするナチス支配の意思から，契約思想を救済させるため，シュミット・リンペラーは，国民共同体秩序において契約に対する裁判上の内容コントロールを組み入れようとしたのであった[11]。この学説は，ナチスの国家社会主義的な立法に対して，私的自治にもとづく契約の形成を擁護するために作られた，という歴史的な背景があるもので，当時の時代に制約されて形作られていたことがわかる。

　(b)　近時，教授資格論文において，シュミット・リンペラーの見解を現代に置き換え，実質的な契約正義の法思想を実現し，契約当事者の力の均衡を確保しようとする見解が現れている[12]。ファストリッヒの見解である。彼は，民法・労働法を通じて，内容コントロールの基準によって契約の正当性

が再生されるのであり,内容コントロールは,契約の機能不全とその補完を根拠とするものであると説く[13]。労働法との関係でも,労働市場は,使用者の優位性と被用者の経済的従属性を理由として,付随的条件についてのみ機能しないことから,賃金・労働時間のような主たる契約条件と,それ以外の労働条件である付随的契約条件とを分けるべきだと説きつつ[14],付随的契約条件については裁判上のコントロールが必要であると述べている[15]。

(c) しかし,シュミット・リンペラーの見解とファストリッヒの見解には問題が多い。特に,正義に適った規整をするための一種のメカニズムとして契約を理解している点である。これに対し,フルーメは,契約が双方の当事者の自らの決定によって締結される場合にはじめて,契約は正しいと考えられるのであって[16],これをこえて,正しいとか正しくないといった裁判所の判断は,私的自治にもとづく法秩序になじむものではない,と反論している[17]。契約が正しいかどうかの法的判断は自己決定秩序にふさわしいものではないのである[18]。「そうでないことが妥当することが許されるならば,価値としての自己決定を実際上否定し,全体的に見て正しいあるいは目的適合的なものとして作られる秩序の実現のための手段として,私的自治が帝国非直属領に(mediatisiert)されてしまう[19]」。私法がこのように過剰に裁判所のコントロールに期待する場合,裁判所は許可官庁(Genehmigungsbehörde)と化し,市民法というよりもかつての東ドイツにおける民法典と化してしまう危険を内包している[20]。

2 構造的従属性 (Strukturelle Unterlegenheit)

(a) 連邦憲法裁判所は,約款規制法との関係で,当事者の力の均衡がとれていない場合にのみ,契約の自由が相当な利益調整の手段として現れ,そして,力の均衡の調整は現行民法の任務である,と強調している[21]。つまり,「一方当事者の構造的な従属性が認識される定型化されたケースが問題になる場合で,契約の効果が地位の従属した契約当事者に通常でない程度に負担がかかる場合,民法秩序は修正を可能にするように反応しなければならない[22]」と説示して,親が債務者の場合の未成年者の保証契約を無効であると判断した[23]。これは,私的自治の原則の保障(基本法2項1号)およ

び，社会国家原理（基本法20条1項，28条1項）から生じる(24)。これと類似した考え方はシュミット・リンペラーによって基礎づけられ，最近ファストリッヒに引き継がれる「実質的正義の保障」の学説のなかに見い出すことができる。

(b) しかし，こうした理論は，若干の疑義を生じさせる。連邦憲法裁判所は，私法秩序には一方契約当事者の従属性を理由として裁判所による若干の修正を要し，契約の対等性の回復が現行民法の任務である，という私法の全般的な考えを前提にしている。しかし，この考えにこそ問題がある。なぜなら，構造的な従属性に依拠する私法の任務に関する上の言説が私的自治の原則を一般的原理とするとする現行私法秩序と調和するのは難しく，私法秩序には縁遠いものだからである。これとは反対に，契約の自由がドイツの法秩序の中心的な原理をなすことを誰も否定できない(25)。連邦憲法裁判所の思想は労働法における平等に関するテーゼとも類似するもので，労働法において保護法が私的自治的な規整を制約しているのと類似の考え方をとることになろう(26)。しかし，これについてはツェルナーが労働法との関係で述べる次の指摘が重要である。「依然としてドイツの従業員の大部分は労働法による保護を必要としているが，被用者と使用者の意思の一致を否定し，使用者と被用者との私的自治的な契約形成を一般的に信用しないというまったく逆の過激派であってはならないのである(27)」。これに加えて，自己決定秩序を建前とする私法秩序においては，保護措置が必要とされるのは，むしろ，例外的な場合に限られるのであるから，構造的従属性を唱えて保護措置が原則的に必要であると説くのは，むしろ，原則と例外が逆転している(28)。

(c) 連邦憲法裁判所決定のように，普通取引約款規制に対する内容コントロールの正当性を契約当事者の平等性の回復という理念によって基礎づけるリープ（*Lieb*）は，契約の一方当事者が定式化された契約条件の設定と変更に関して真の交渉のチャンスを有しない場合にのみ，定式化された画一的規整（Einheitsregelungen）の効力は常に疑問の余地があると述べる(29)。契約条件が事前に定式化される場合，真の交渉可能性がないことから（よって契約の自由の保障にも疑義が生じる），その効力に疑問があるというものである。これに対しては，「契約締結を提供する者が，締結してもよい契約条件

を定式化することを許容することも契約の自由には含まれている。その者は，契約条件に関する交渉に関わる必要はないのである(30)」。問題なのは，例えば，契約条件の透明性，認識可能性，比較可能性を欠く場合のような，約款利用者による事前の定式化（Vorformulierung）そのものが濫用されることにある(31)。これによって，契約を普通取引約款(32)にしたがって締結する者には，契約内容に影響を与えるための自己決定権の発展可能性が縮減されている。こうした問題には，契約締結の自由や内容形成の自由の問題が含まれている(33)。さらに，約款のような定式化された条項においては，他の企業の契約条件と比較することを個人に対し可能にする，透明性が欠けていることが多い(34)。このため，普通取引約款について約款利用者によってなされる契約の自由の濫用は，裁判上の内容審査によって排除されるべきである。民法の普通取引約款に関する内容審査の目的は，約款という手段の濫用を防止することにあり，そして，自ら回避することのできない不利益から，約款受領者を保護することにある。普通取引約款法の起草者は，一方で，裁判上の内容審査が約款利用者の有する契約の自由の濫用を制限すると同時に，他方では，普通取引約款の条項が契約当事者の双方の利益について相当な調整を行なうことを要求している(35)。実際上，内容コントロールの根拠は，首尾一貫したものなのである(36)。

　(d)　これをこえた民法の機能，すなわち，一方的に定式化される普通取引約款作成に当たって力の均衡を再生するという機能は，一般論でいって法律の機能の限界をこえたものである(37)。学問的には，何が力なのかを知覚し，認識することができない。このため，法律がこの知覚可能でない「力の均衡」を維持し，または，再生しうると主張することはできないと考えられる。これに加えて，契約当事者間の力の不均衡の問題は，経験ではなく，経験の解釈の問題なのである(38)。したがって，普通取引約款に関する規整の目的は，力の均衡の再生にあるのではなく，普通取引約款の不透明性，了知不可能性（Unverständlichkeit），比較不可能性等の契約の自由の濫用を防止するために存在している(39)。このため，「力の均衡」に関する連邦憲法裁判所の見解や「契約正義」に依拠するシュミット・リンペラーの学説は，当時の普通取引約款法（＝現行の民法）の制度趣旨および私法全体の精神からみ

て，その思想的な基盤を失うことになる。

　但し，以上のような観点から裁判上の内容審査が許容されるのは，例外的な場合に限られる。なぜなら，人間の自己決定と自己責任がドイツ私法の基本コンセプトであるからである。しかし，個人の自己決定権が個々の場合に，約款利用者によって排除される具体的な事情があるときには，裁判所による内容審査を否定することは困難である。この限りで，約款の作成・適用にあたって，一方的な決定の濫用を排除するためには，かかる約款法理自体は，必要であり，かつ適切であると考えられる。

3　経済的従属性

　(a)　後述のように，労働法においても約款法理の適用（適用ないし類推適用＝後者は普通取引約款法の法思想を適用するなどといわれることもあった）が考えられるが，学説では，これをこえて，普通取引約款に対して及び労働法上これに類する条項に対して，契約当事者の経済的な従属性を理由として，裁判上のコントロールが必要であると考える学説がある[40]。経済的従属性を原因として契約当事者の交渉力の差が生じている，と指摘する学説が現在増えつつあるのである[41]。これは，もともと，ゼッカー（Säcker）が，標準化された契約条件が自由な交渉と合意の結果ではなく，使用者の規整化の結果である場合，契約条件の定式化の中で経済的従属性が現れると述べたのを引き継いだものである。契約締結にあたって，使用者に有利に契約条件が設定・変更される場合，個人が約款利用者によって提示される条件を放棄できず，ただそれに賛同できるだけだからである[42]。

　(b)　しかし，これらの見解には賛成できない。確かに，契約条件について交渉し得ない被用者が存在する個々の場合があることは否定できない。しかし，約款利用者の提供する取引条件を拒絶できる可能性が約款受領者には乏しい，という個人の脆弱さは，個々の場合において財産的な意味から生じることもありうるが，すべての場合ではない[43]。個人が，契約締結にあたって，約款利用者より典型的に経済的に依存し従属していると，一般化することはできない[44]。また，商業取引を行う当事者間の不平等もありうるのであり，それゆえ，契約当事者を強者または弱者として財産的に差のある当事

者として構想し一般化するのはあまり適切とはいえい(45)。実際，約款への司法的規制が民法の領域でも問われていたのは，商人間の取引が多いといわれるからである(46)。

(c) 確かに，約款作成者によって作られる条項が契約を補なうことで，または，それが契約にとって代わらせることで，約款の適用を受ける者には，契約締結の自由のみが残り，契約内容形成の自由がないのである。しかし，ゼッカーによって指摘されるこの契約規制の現象とその不利益は，元来知的従属性として考えられてきた契約上の問題そのものである。問題の本質は，むしろ，約款利用者によって立てられた詳細な規定のために，価格条件や付随的な条件について個人が様々な企業の中で自由な比較と選択を行なうのを阻害され，個人の選択と決定の自由が阻害されることにある(47)。このため，これが，経済的な従属性に由来するものであるかどうか，本質的に疑問である。

III 裁判上のコントロールの法的基礎

(a) 普通取引約款のために作られた内容審査制度は，法律によって規定された他人決定のコントロールシステムにほかならない。なぜなら，第三者としての裁判官が契約当事者の意思とは無関係に契約条件を内容上審査しているからである。ドイツ私法は，自治的な拘束から逸脱した他人による拘束（Fremdbindung）によって基礎づけられる義務を知っている。例えば，損害賠償義務がそうである。自治的な自己拘束によって基礎づけられる義務は，約された給付で組み尽くされる。これに対して，損害賠償義務は，被害者の財産の塡補のために加害者に対し法律が強制する責任であって，意思とは無関係に法律の強制によって基礎づけられる責任である（それゆえ他人による拘束（Fremdbindung）と呼ばれる）(48)。類似したことは，普通取引約款の作成に関して民法307条2項1号から基礎づけられる内容審査にもいえる。それゆえ，内容審査の場合，客観法の実現が問題になる。普通取引約款法の創設に当たっては，それまで判例によって発展した当時のルールが（現行民法307条以下）法規化されている。法律によって作られた民法307条以下の他

5 ドイツ法における普通取引約款をめぐる司法的コントロールの法思想的基盤

律的なコントロールシステムは、いずれにしても契約の自由によっては基礎づけられない。このため、内容審査は、約款利用者の一方的決定による契約当事者の不利益からの保護のために裁判所によって行なわれる他人決定的な道具なのである。

(b) 約款の裁判上の内容審査が求められる場合、いかなる基準で行なわれるべきか常に問われる。約款の解釈方法としては、ⓐ普通取引約款法の解釈（主に文言解釈と縮小解釈）とⓑ法の文言にない法原則を発展させる判例による法創造がありうる。約款の規則上何らかの給付の撤回を留保する条項について、留保条項の適法性の基準である当該撤回の期待可能性が問われる場合、その条項はⓐの普通取引約款法の解釈が主に問題になろう。しかし、故意または過失の場合損害賠償義務が生じ、民法上債務者に帰責事由の存在の立証責任があるにもかかわらず、倉庫約款の帰責事由の存在の立証責任が顧客側にあると規定される場合、連邦通常裁判所が普通取引約款法制定前に、「普通取引約款は、その法的効力を私的自治から演繹されるのではなく、契約相手方の服従からのみ演繹されるのであり、したがって、普通取引約款によって不特定多数の個別的諸契約のために設定された規則が信義誠実の原則に合致しない限り、その承認は拒絶されるべきである」と判示し、「任意法規が、合目的性の考慮のみならず、事物の本性から生じる正義命題に依拠して成立している限り、約款によりこれを逸脱する条項においては、当該条項の規整している諸事例にとって、任意法の基礎にある正義命題が疑問視され、かつ、任意法と相違している条項が正義と構成に適っているとみなされるだけの理由が、示さなければならない」と判示している[49]。本件において、連邦通常裁判所は、法定の立証責任の転換が正義命題からの逸脱であると結論づけている。この場合、かかる判断は正義とは何かという命題に関わる。この限りでの裁判所の法的判断は判例による法創造であるといえる。裁判官による法創造については、連邦憲法裁判所第一小法廷決定は、「権力分立原理の、およびそれと同時に法治国家の主要な構成要素である、裁判官の法律への伝統的拘束は、基本法においては条文上、いずれにしても、裁判は『法律及び法』に拘束される（20条3項）という形で部分的に変更されている」と説示している[50]。このように、裁判所の法創造が—そうであれば内容審

査も―権力分立原理と法治国家原理のもとで許容されうることになる。そして，権力分立原理と法治国家の原理のもとで議会が主に法制定権力を有しているにもかかわらず，裁判官による法創造が許容されるのはいかなる場合かが問われるが，同決定は①（人格権のような）基本権の価値体系の中心に位置する基本権の保護が問題になっていること，および，②法創造が行なわれた当該判決が一般的な法確信によって支持されていること，を要件としている(51)。同決定にはさまざまな問題点が指摘されているものの(52)，現行のドイツの基本法秩序においては，権力分立原理と法治国家原理のもとで裁判所の法創造が許容されていることになり，約款に関する内容審査を含む，他律的な裁判所の判断は，―それが法創造であったとしても―以上のような根拠と限界点において承認されることになる。

Ⅳ　普通取引約款規整の他の法分野（労働法）への適用可能性

1　ドイツ民法改正前の普通取引約款規整の労働法への適用可能性

(a)　かつて普通取引約款法の他の法分野への適用可能性が特に問題とされたのは，普通取引約款法23条において同法が労働契約には適用されないと明示的に規定されていた点をめぐってであった。普通取引約款法23条は一連の適用除外規定を置いていたのであった。普通取引約款法の立法者は，労働法典委員会によって当時検討されていた労働契約法の草案が提出されると考え，普通取引約款の規整が労働契約との関係では不要になると考えていた(53)。しかし，結局のところ，普通取引約款法の発効のすぐあとに，労働法典委員会は，その作業を終えて，協議の結果を公刊したが，労働契約法草案は普通取引約款法草案と同じ年に提出されたが，前者の法案のみ成立しなかった(54)。普通取引約款法の立法者は，労働法を適用除外としたが，これは，同様の価値の保護を集団的労働法などによっても可能になるとの期待によるものであった(55)。このため，労働契約の分野で普通取引約款規整がないという法の欠けつが生じたのである。

(b)　しかし，このような立法のプロセスは，民法242条の信義則のような一般条項を基礎として発展しうる普通取引約款の理論の適用を排除するもの

ではなかった。裁判所は，民法134条（良俗の規定），242条，315条（一方的給付決定の規定）を根拠とした判例の法創造によって，法の欠けつを補充していった(56)。信義誠実の原則の適用によって，労働法上の内容審査にとっての基準が立てられ，連邦労働裁判所の判例においてその基準の具体化と一層の発展がなされ，内容審査の基礎として長く承認されていた(57)。普通取引約款法に関する立法の判断に影響され，学説でも，民法242条による内容審査を労働法でも適用させるべきである，という声が高まっていった(58)。

2 債務法改革後の普通取引約款規整の労働法への適用可能性

(a) 債務法現代化法は，2002年に普通取引約款法の多くの条項を本質的に内容を変えることなく民法のなかに挿入する改正を行なった。しかし，労働契約の適用除外の規定も改正されている。連邦参議院は，普通取引約款法23条の適用除外が労働法において適当であるかどうかを審査した上で，民法310条4項1文は，労働協約，事業所協定，雇用上の合意は，普通取引約款には適用されないままであるものの，民法305条以下は労働契約には適用されると規定した（民法310条4項2文）(59)。つまり，民法310条4項は，「本章は，相続法，家族法，会社法ならびに，労働協約，事業所協定ないし雇用上の合意には適用されない。労働契約への適用にあたっては，労働法に妥当する特殊性が相当な程度で考慮されなければならない」と規定している。これによって，前述の旧普通取引約款法23条による法の欠けつは，民法の改正によって埋められている。

(b) 債務現代化法は，普通取引約款法に存した規定のうち多くの規定を民法典の305条ないし310条に挿入している。民法305条1項1文によれば，「普通取引約款とは，多数の契約のために予め定式化されたすべての契約条項で，一方の契約当事者（約款使用者）に対して，契約締結の際に設定するものをさす」。民法305条2項および3項は労働関係には適用されない(60)。不意打ち禁止の原則は労働法においてもすでに適用されている(61)。そして，民法305条ｃ1項（＝旧普通取引約款法3条）は，「約款中の条項が，諸般の事情ことに契約の外形から見て，約款使用者の契約相手方がそれを考慮する必要のないほどに非慣行的である場合には，当該条項は，契約の構成部

分とはならない。非慣行的な条項による不意打ち禁止の原則は，契約当事者が知りえた，または，事情によっては考慮しえた場合には，妥当しない」と規定する。民法305条ｃ2項の多義的条項の規整（Mehrdeutigkeitsregel＝旧普通取引約款法5条）は古くから明確性の原則として法的に認められてきた。民法307条以下の内容審査（＝旧普通取引約款法8条以下）は労働法にも適用される。したがって，学説では，これらの諸原則を労働法へ適用させることは承認されている。但し，注意されるべきなのは，民法307条3項の1の解釈によって，価格に関する条項（価格条項 Preisabreden）は，通常，裁判上のコントロールに服さないということである(62)。価格は，市場と競争によって定められるものであって，裁判所によって定められるものではないからである(63)。このため，労働法でも，賃金の額やその引下げ額に関しては，これらの内容審査が及ばない。但し，2002年の債務法現代化法は，信義則に反する不相当条項を禁じ（民法307条1項の1），「不相当であるとは，その規定が透明でなく了知しえないことからも，生じる」と規定する（透明性の原則（Transparenzgebot）民法307条1項の2）。契約条件が透明性の原則に反する場合，価格に関わる契約条項であっても事情によっては無効になり得る(64)。透明性の原則は，労働契約上の契約条件に対しても適用されることになる(65)。

　(c)　民法の発展との調和は，労働法では，長い間多くの文献において試みられている。労働契約法で比較可能な契約当事者間の利益状況が民法と同様に存在するとき，私法上の解決方法を労働契約法から取り除く理由は存在しない。法的安定性と私的自治の原則は，法律学および判例において決して見過ごされてはならないドイツ法の重要な原則であり続けている。この場合，労働契約上の法規整のあり方が民法のあり方に調和させることは，むしろ労働法にとっても，また，私法秩序全体にとっても必要不可欠なものである。とりわけ，約款規整をめぐる私法秩序の中での労働契約法との調和は，労働契約上の賃金の問題などを考える場合（例えば，透明性の原則），有用であると考える(66)。

　(d)　ⓐ最近実務では，協約外賃金に関する条項が事前に雛形として定式化される傾向がある。複雑な賃金条項をおく結果，大企業では，濫用的でかつ

不透明な条項が置かれている(67)。ドイツにおいては，協約外賃金の形をとって，協約賃金に上乗せされる賃金が企業から支給される。企業によって異なるが，賃金全体の5％から30％を占めているといわれる。産業別の横断的労働協約は，ある産業部門，例えば，自動車，鉄鋼などの金属部門において，画一的で統一的な賃金の条件を定めるのが通常であることから，企業によって賃金の格差が生じない。そこで，産業別の協約で定められる協約賃金を上回る部分において，協約外賃金として，企業または個人ごとに異なる能力・成績主義賃金が定められている。これによって，賃金のフレキシビリティーが確保されている。1990年の段階で，ドイツ企業の46.8％もの企業が能力・成績主義賃金をすでに導入している(68)。

ⓑ 協約外給付は協約による拘束がなく，約款類似の一般的労働条件ないし画一的契約条項と呼ばれる使用者によって作成された条項によってもっぱら規定される。この部分について，いったん使用者は約款類似の規則においてある手当の給付を約束しながら，同時に，その規則において協約外給付の撤回・変更の可能性を留保している。「自由に使用者によって撤回（変更）されうる」という撤回ないし変更条項が事前に使用者によって規定され，後に撤回・変更条項を行使するという形でいったん支給するといった賃金を撤回ないし変更するのである。これは賃金削減の主な手段の一つであり，撤回・変更の留保（Widerrufs- und Änderungsvorbehalt）と呼ばれる(69)。ハーナウとプライスによれば，協約外賃金を含むすべての手当（Zulagen）のほぼ70％が留保されている。これによって，賃金規整のフレキシビリティーが確保され，撤回留保条項や変更留保条項が労働条件の調整手段として機能してきた。

ⓒ ここで私法上問題になるのは，労働契約当事者間の主たる給付の決定・削減が撤回・変更留保条項を通じて使用者に委ねられることが，私的自治の秩序と精神にかなうかどうか，という問題である。また，約款理論との関係で，使用者の恣意的な裁量に従った，賃金の撤回・変更が適法とみなされるかどうか，またどの程度であれば適法とみなされるのか，という問題が横たわる。かかる賃金削減手段は，賃金の構成部分がドラスティックに縮減されることを意味するため，深刻な労働法上の問題になっている。

第Ⅰ部　労働契約

これに対し，連邦労働裁判所は，協約賃金の19-31%にあたる成績加給の撤回を適法であると判断した[70]。また，給与全体の15%を占める手数料の撤回[71]，さらには，給与全体の20%を占める販売部門対象の手数料の撤回も[72]，適法と判断している。

ⓓ　また，学説も，例えば，連邦通常裁判所は，かなり以前から，変更の留保を旧普通取引約款法9条違反（現行民法307条1項の2）であるとし，変更の留保の要件，範囲，態様（Modalitäten）を可能な限り具体化し透明なものに形成しなければならない，と説示していたことから[73]，利用者（＝約款作成者）の変更の留保は，私法上，透明性の原則から，特別な理由のある場合に有効であると解され，これに付け加えて，連邦通常裁判所の説示するとおり，要件の可能な限りの具体化・確定化が必要であると解されていた[74]。つまり，約款利用者（＝使用者）の提示する労働条件は，それが透明性の原則に沿うものでないとき，契約一方当事者（＝被用者）に不利益に変更されたもので，違法であると解される。ある協約外給付が契約実務において自由に撤回しうると宣言される撤回の留保も，場合によっては，透明性の原則に反するものと解されうることを意味する[75]。これらの留保は，特別に合理的な理由があり計算しうる場合でなければならないのである[76]。

ⓔ　このほか，ドイツ労働法においては，返還条項（Rückzahlungsklauseln），算定条項（Anrechnungsklauseln），および，独身条項（Zölibatsklauseln）など不利益な付随条項（Nebenbedingungen）が約款法理との関係で問題になっている。

Ⅴ　結びに代えて

かつて，戒能教授は，Geny教授のDes droits sur les letters missivesを読み，「契約こそ自己をしばる法である」という言葉に頭でも殴られるかのようなショックを受けたことを「約款と契約」と題する論文の冒頭において述べておられる[77]。当時から主張され始めた「約款は制度である」とする学説に戒能教授は異議を唱えている。その上で，日本では「契約は政府をも法をも作りうる力である」という観念に乏しく「双務的等価関係契約にまだ

なじまず，契約といえば契約条件指定者の専権によって定まると意識されている」という事態をふまえ，契約の重要性を説きつつ「約款法の中心問題は，約款に関する法律理論である先きに，契約の双務意識問題ではあるまいか。私はこの問題が解決しなければ，逆に安易な『契約から制度へ』の観念を通して，いわゆる独占資本家や若干の政治家に，われわれの政治生活のみならず経済生活にいたるまで，附従的に依託するようになると信じているのである」と述べておられる(78)。こうした事態は，戒能教授がこの論文を執筆されて45年近くたった今も，変わらないままであると考えられる。約款や就業規則の重要な問題の一つは，これらの条項の適用を受ける個人の自己決定権を保護するための規定の十分な透明性と明解さを欠いていることにあると考えられる。このことは，個人が決定の自由を十分享受できない原因を被用者の使用者への経済的な依存に帰することができず，その意味で，経済的従属性には，本質的には関係してはいない。この限りで，その条項の設定者（労働契約では使用者）が契約条件の不確かさと不透明さを利用し，その結果，契約上条項が他方契約当事者にとって不相当な不利益に導く危険が存在しているからである（知的従属性）。このため，裁判上の内容審査は，契約自由の原則が害される契約形成の例外的な場合に必要とされる。なぜなら，個人の自己決定権が私法の基本理念であるからである。この限りで，約款の作成・変更にあたって，その作成者の一方的な決定・変更による濫用を排除するためには，これら約款法理が原則的に必要とされるという考えは，むしろ原則と例外が逆転しているのである。

　現在でも，裁判所の内容審査に―しばしば過大なまでに―期待がかけられるが，ドイツ私法において，普通取引約款法の発効より100年前から争われていたのは，いかに普通取引約款に関して判例と法律によって発展した内容審査が法的に基礎づけられるか，ということであった。主な問題は，裁判官によって行なわれる普通取引約款に関する内容審査が，民法典の創設以来重要と考えられていた私的自治の原則に一致しないということであった。フルーメが述べるように，他人決定のあるところに私的自治の原則はない(79)。普通取引約款に関する内容審査は，法律によって形作られた他律的なコントロールのシステムである。契約当事者の意思とは別に，普通取引約款が裁判

第Ⅰ部　労働契約

官によって他人決定的に審査される。一方的に行使される契約の自由の濫用から一方の契約当事者の保護が目的とされているとされる。

　星野英一教授は，約款との関係で，私法における私的自治の原則，意思主義の重要性を強調した上で，国家的規制について「契約に対する種々の国家的規制を私的自治によってバックアップし，これを合理的なものにする努力がなされうるのではないか。」「この見方からは，契約に対する国家の規整をより民主的なものにすべしという行動原理から導かれるだろう」と指摘しておられる[80]。こうした問題意識をさらに発展させれば，私的自治の原則がその役割を終え約款や就業規則の支配する領域において，個人の契約の自由が契約条件の不確かさや不透明さから侵害される場合，法治国家原理から，裁判上の内容審査が正当化されうる。裁判上の画一的・統一的な契約条件に対する内容審査は，特に私的自治の原則の本質と法治国家原理が設定する限界をこえない限りで，自由の生産者となりうると考えられる。その場合，権力分立の原理をとる日独両国において裁判所が持つ内在的な限界があることはいうまでもない。

（1）　河上正二『約款規制の法理』（有斐閣・1988年）。
（2）　就業規則の不利益変更に関しては，秋北バス事件の最高裁大法廷決定（最大判昭43・12・25民集22巻13号3459頁）以来，最高裁は，「賃金，退職金など労働者にとって重要な権利，労働条件に関し実質的な不利益を及ぼす就業規則の作成又は変更については，当該条項が，そのような不利益を労働者に法的受忍させることを許容させることができるだけの必要性にもとづいた合理的な内容のものである場合に，その効力を生ずるものというべきである。そして，その合理性の有無は，就業規則の変更によって労働者が被る不利益の程度，使用者側の変更の必要性の内容・程度，変更後の就業規則の内容自体の相当性，代償措置その他関連する他の労働条件の改善状況，労働組合等との交渉経緯，他の労働組合又は他の従業員の対応，同種事項に関する我が国社会における一般的状況等を総合考慮して判断すべきである」と判示している。
（3）　土田道夫『労務指揮権の現代的展開』（信山社・1999年）。
（4）　Schmidt- Rimpler, AcP 147 (1941), S.130 (154).
（5）　Schmidt- Rimpler, AcP 147 (1941), S.154.
（6）　Schmidt- Rimpler, AcP 147 (1941), S.158.
（7）　Schmidt- Rimpler, AcP 147 (1941), S.159.
（8）　Schmidt- Rimpler, AcP 147 (1941), S.167.

(9)　Schmidt- Rimpler, AcP 147 (1941), S.166.
(10)　Schmidt- Rimpler, AcP 147 (1941), S.177 f.
(11)　Adomeit, NJW 1994, S.2467 (2468).
(12)　Fastrich, Richterliche Inhaltskontrolle im Privatrecht, München, 1999（以下 Inhaltskontrolle と略す),S.53.
(13)　Fastrich, Inhaltskontrolle, S.201, 208.
(14)　Fastrich, Inhaltskontrolle, S.188; Ebenso Dietrich, RdA 1995, S.135.
(15)　ファストリッヒは，労働市場が付随的条件について機能不全に陥っているということを出発点としている。「このことは，特に引く手あまたの被用者がこれらの条件について詳細に交渉しうるし，また，交渉している，という個々の場合があることを，排斥するものではない。しかし，権利は，通常の場合を出発点としなければならない。通常の場合とは，個別的な労働契約の場合の交渉なのではなく，使用者による一方的な労働条件の設定なのである（Fastrich, Inhaltskontrolle, S. 188)。」
　　しかし，この見解には矛盾がある。ファストリッヒは，こうした自立した個々の被用者が，企業年金など付随的な労働条件について交渉できるのに，主たる契約条件である賃金・労働時間については，交渉と譲歩によって合意を導くことができないと述べる。しかし，賃金や労働時間などについて自らの主張を貫徹しこれを契約に反映できる被用者が，ファストリッヒの考えるとおり，経済的に従属しているといえるか，という疑問がある。
(16)　フルーメは，「契約当事者の自己決定を考慮する場合のみ，それが正しいといえると述べている（Flume, Rechtsgeschäft und Privatautonomie, in: Hundert Jahren deutsches Rechtsleben Festschrift zum Hundertjahren Bestehen des Deutschen Juristentages Bd I, Karlsruhe, 1960, S. 135 (142f).」。
(17)　Flume, a.a.O., S.142.
(18)　Flume, a.a.O., S.143. シュミット・リンペラーの考えは，自己決定の思想と私的自治の原則に矛盾している。むしろ，契約の自由は普通取引約款が作成される場合も民法307条ないし309条の限界までは維持されるべきものである。民法305条bは，普通取引約款より個別的な契約条項を優先させることで内容に関わる契約の自由を保障している。約款利用者（Verwender）は，普通取引約款の規範の制限を受けることなく，法律から逸脱して有利な条項を定めることを反対当事者に対して認めさせることができる。民法305条1項2号によれば，何度も用いられる契約条件そのものに対しても，契約条件が個別的に双方の当事者の間で交渉しつくされている場合，法律の適用が排除されている。これらによって，契約当事者は，契約条件の内容に影響を及ぼすために，自らの利益を保護するための契約の自由を行使できることになっている。しかし，交渉しつくされていない定式化された条項の裁判上の内容コントロールに関しては，契約当事者の契約の自由は保障されない。なぜなら，裁判上のコントロ

第Ⅰ部　労働契約

ールは，契約当事者の間の契約条件が個々に交渉しつくされていない場合に，裁判所の名において行なわれるもので，契約の自由をむしろ修正させる意味を持つものであるからである。ここでは，契約の自由は度外視されているのである。このため，どれだけ民法で予定されている裁判上の内容コントロール（307条ないし309条）が契約法上正当化されるかという問題は，未解決な問題のままである。

(19)　Flume, a.a.O., S.143.
(20)　Adomeit, NJW 1994, S.2467 (2468).
(21)　BVerfG, NJW 1994, S.36 (38).
(22)　BVerfG, NJW 1994, S.36 (38).
(23)　BVerfG, NJW 1994, S.36 (38).
(24)　BVerfG, NJW 1994, S.36 (38).
(25)　Junker, NZA 1997, S.1318.
(26)　普通取引約款法の立法者は，正当性回復の理論と類似した考えを有していた。つまり，「約款利用者の利益の一方的な保護と追求は，耐え難い押し付け（Verdrängung）のなかに現れ，定式化される条件群に服する，という一方当事者の負担のもとでの契約の自由の原則と契約正義の不尊重にある。当事者間の契約条件の自由な交渉によって，契約正義の出発点での同価値的な地位を伴って，民法で前提とされる契約自由の機能を創り出すことは，不公正または濫用的な普通取引約款の一方的な記述に関して契約の自由が求められる場合には，その契約の自由がすでに阻害されていると感じられる。こうした発展は社会的法治国家から何も措置を講じないまま排除されうるものではない。一方で，個人の人格発展の一部として個人の法律行為による自己決定に関する価値判断が，他方で，より下位の憲法秩序を要求する社会的な目的決定は，私法秩序において過大な契約形成の自由の濫用に対し対抗することを求めている。不相当で反良俗的な普通取引約款に服する者の保護のため，この法の実質を規整することが立法者に要求される（BT-Drucks. 7/3919, S.9）」。
(27)　Junker, NZA 1997, S.1311.
(28)　Vgl. Junker, NZA 1997, S.1318.
(29)　Lieb, AcP 178 (201). Vgl. Westermann, AcP 178 (1978), S.151.
(30)　Zöllner, JuS 1988, S.333.
(31)　Zöllner, JuS 1988, S.333. ツェルナーによれば，たとえ，被用者が交渉できる余地がとどまっており，かつ，定式化された条件を結ぶ可能性がある場合には，労働契約上の規整の形成の可能性につき，私的自治的な行為をなす余地が残されている，という（Zöllner, JuS 1988, S.333）。
(32)　従来は Allgemeine Geschäftsbedingungen は，普通契約約款と訳されてきたが，約款を契約と捉えることには反発も多いこと（法規ととらえる見解もある），および，Geschäft は，取引と訳すのが適切であることを考えると，より適切な翻訳語

は，普通取引約款であると思われる。同じ理由から，普通契約約款法というのも，普通取引約款法と約すべきではないかと思われる。

(33) これとの関係で，連邦司法大臣のフォーゲル氏は次のように述べている。「顧客がその条件に服しその射程範囲を理解するチャンスがないことを除いて，条件に服する契約の自由が縮減されるわけではないし，重要な法益の獲得を放棄し重要なサービスの要求を放棄する，契約の自由が縮減されるわけでもない（BT- Drucks, Sitzung 187, 1975)」と。同旨 Ulmer AGBG Einleitung, Rn. 28. 187, 1975.

(34) Fastrich, Inhaltskontrolle, S. 188.

(35) BT-Drucks. 7 / 3919, S.10; im Ergebnis Ulmer AGBG Einleitung, Rn. 28.

(36) 普通取引約款法の立法者は，政府の草案において次のような立法の目的を明らかにしている。「この道具の濫用に対処し，(…) 顧客自ら回避することのできない不利益から顧客を保護することが問題となる。なぜなら，顧客は，約款条件の批判的な学習によって，そしてまた，不公正な条項の拒否によって自助することができる，というここで主張される見解が，法の実際をかんがみると，幻想にすぎないからである (BT, Sitzung 187, 1975)」。

(37) Zöllner, AcP 176 (1976), S.221 (239).

(38) Zöllner, AcP 196 (1996), S.1 (19); Picker, ZfA 1986, S.186 (251); Junker, NZA 1997, S.1311.

(39) 民法の領域では，普通取引約款法の発効前から，普通取引約款が契約であるのか，それとも，法規の性格を有しているのか，論争されてきた。連邦通常裁判所は，普通取引約款の法的性格に関わる重要な問題について，「完成目前の法秩序である („fertig bereitliegende Rechtsordnung") であると説示している (Ausdrücklich BGH Urt. v. 9.10.1981 NJW 1982, S.1820; BGH Urt. v. Urt. 4. 5. 1995 NJW 1995, S. 3117)。約款利用者による普通取引約款の一方的な作成可能性を指摘し，顧客が普通取引約款の内容に対し影響を与える可能性が通常存在しないことを指摘したうえで，プーク (Pflug) は，普通取引約款の妥当性の根拠を，慣習法になりつつある約款利用者の一方的な法制定権限のなかにみている (Pflug, Kontakt und Status im Recht der allgemeinen Geschäftsbedingungen, München, 1986, S.263 ff., 278 ff.; 283)。当時の普通取引約款法をみると，Qualität に関する明確な条項はみられない。「契約条件」（民法305条1項）または，「契約の構成部分」（民法305条a1項，305条c，306条1項）という文言にもかかわらず，法律行為理論からは逸れた民法上の規定が見出される。組み入れ (Einbeziehung) の要件（民法305条a，305条b），普通取引約款の内容コントロール（民法307条ないし309条），及び，個別的条項の優位（民法306条b），多義的条項の規整 (Mehrdeutigkeitsregel 民法305条c) からは，約款そのものに規範としての性格 (Normenqualität) があることを前提にしているように思われる。立法者の意思によれば，内容コントロールの根拠を，一方的な決定

からの保護に置いている。しかし，内容コントロールは，普通取引約款が規範であるのか契約の一部分であるのかということとは別に，普通取引約款に対する内在的な制限が設定されることに変わりはないといえる。

(40) Säcker, Gruppenautonomie, S.89; Fastrich, Inhaltskontrolle, S.188; Hromadka, Inhaltskontrolle von Arbeitsverträgen, in: Richterliches Arbeitsrecht, Festschrift für Thomas Dietrich zum 65. Geburtstag, München, 1999, S.253 (255); Dietrich, RdA 1995, S.134 f.; Wolf, RdA 1988, 272.

(41) Fastrich, Inhaltskontrolle, S.188; Dietrich, RdA, 1995, S.135.

(42) Säcker, Gruppenautonomie und Übermachtkontrolle im Arbeitsrecht, Berlin, 1972, S.93.

(43) Dietrich, RdA 1995 S.135; Wolf, RdA 1988, S.272.

(44) Zöllner, ZfA 1976 (176), S.237.

(45) BGH Urt. v. 7.7. 1976, NJW 1976, S.2346.

(46) 広瀬久和「免責約款に関する基礎的考察」私法40号180頁（182頁）。

(47) 連邦憲法裁判所は，優先的に，私的自治の原則の制限を不可欠なものとしているが，これは，結果的には，弱者の保護が，法律行為への裁判によるコントロールの拡大へとつながる。しかし，個人の決定の自由が例外であり，これに対し民法による裁判所のコントロールが原則であると考えるのは，むしろ誤まっている。

(48) Picker, JZ 1987, S.1041 (1049, 1052 f.).

(49) BGH Urt.v. 17.2.1964, NJW 1964, S.1123. Ebenso BGH Urt.v. 28.3.1973, NJW 1973, S.1192.

(50) BVerfG Beschluss v. 14.2.1973, BVerfGE 34, 269; 同決定については，ドイツ憲法判例研究会編『ドイツの憲法判例』（信山社・2003年）384頁。

(51) BVerfG Beschluss v. 14.2.1973, BVerfGE 34, 269; 同決定については，ドイツ憲法判例研究会編『ドイツの憲法判例』（信山社・2003年）384頁。

(52) Etwa Ipsen, Verfassungsrechtliche Schranken des Richterrechts, DVBl 1984, S.1104; Wank, JuS 1980, S.804.

(53) これについて，普通取引約款法の草案でも次のように述べられている。「労働法の領域では，不相当な契約条件による契約当事者の保護は，今日すでに，強行的な規定や集団法的な合意のネットによって実現している。この領域でも，不相当な条件からの保護の改善がなお必要であるように思われる限り，労働法の領域でも特別な立法的措置が行なわれるべきである（BT-Drucks. 7/ 3919, S.41）」。

(54) Preis, Grundfragen der Vertragsgestaltung im Arbeitsrecht, Neuwied, 1993（以下 Grundfragen der Vertragsgestaltung と略す），S.243 f.

(55) Dietrich, RdA 1995, S.135. Vgl. Regierungsbegründung, BT-Drucks, 7/ 3919, S. 41 zu §11 Abs.1 des Entwurfs, dazu kritisch Preis, Grundfragen der

Vertragsgestaltung, S.241 f.
(56)　Z.B. BAG Urt. v. 7.1.1971 AP Nr. 12 zu §315 BGB; BAG Urt. v. 13.5.1987 AP Nr. 4 zu §305 BGB Billigkeitskontrolle. BAG Urt. v. 6.9.1995 AP Nr. 23 zu §611 BGB Ausbildungsbeihilfe; BAG Urt. v. 24.11.1993, NZA 1994, S.759.
(57)　BAG Urt. v. 23.5.1984 AP Nr. 1 zu §242 BGB Ruhegehalt- Unterstützungskassen; BAG Urt. v. 29.11.1995 AP Nr. 1 zu §3 AGB- Gesetz m. Anm. Fastrich; BAG Urt. v. 17.6.1997, DB 1998, S.2476.
(58)　Zöllner, RdA S.153 (158ff.); Wolf, RdA 1988, S.270 (271ff.); v.Hoyningen-Huene, Billigkeit, S.156 ; Preis, Grundfragen der Vertragsgestaltung, S.224, 226f.; Fastrich, Inhaltskontrolle, S.187f.
(59)　Palandt, Gesetz zur Modernisierung des Schuldrechts, Ergänzungsband zur Bürgerliches Gesetzbuch, 61 Aufl., München, 2002, §310 BGB, Rn.51. この労働法の適用可能性に関わるドイツ民法典の改正については，根本到「ドイツにおける労働契約法制の動向」日本労働法学会誌102号40頁。
(60)　Palandt, Gesetz zur Modernisierung des Schuldrechts, Ergänzungsband zur Bürgerliches Gesetzbuch, 61 Aufl., München, 2002, §310 BGB, Rn.51.
(61)　不意打ち禁止の原則にとっての重要な適用事例は，参照条項である（これについては根本到「ドイツにおける労働契約法制の動向」日本労働法学会誌102号42頁，拙稿「いわゆる労働契約上の参照条項の有効性」労働判例846号96頁）。
(62)　Palandt, Gesetz zur Modernisierung des Schuldrechts, Ergänzungsband zur Bürgerliches Gesetzbuch, 61 Aufl., München, 2002, §307 BGB, Rn.59.
(63)　Canaris, NJW 1987, S.609 (613).
(64)　Palandt, Gesetz zur Modernisierung des Schuldrechts, Ergänzungsband zur Bürgerliches Gesetzbuch, 61 Aufl., München, 2002, §307 BGB, Rn.55.
(65)　拙稿『成果主義賃金の研究』（信山社・2004年）166，281頁以下
(66)　Takahashi, Die Lohnbestimmung bei leistungs- und erfolgsabhängigen Entgelten im Spannungsfeld von Privatautonomie und Kollektivautnomie, Tübingen, 2003, S.138. 以上について，石田喜久夫編『注釈ドイツ約款規制法』（同文舘・1999年）参照。
(67)　Dietrich, RdA 1995 S.135; Säcker, Gruppenautonomie, S.88; Fastrich, Inhaltskontrolle, S.187.
(68)　Tondorf, Modernisierung der industriellen Entlohnung, Berlin, 1994, S.83.
(69)　土田道夫『労務指揮権の現代的展開』（有斐閣・1999年）128頁，160頁以下，大内伸哉『労働条件変更法理の再構成』（有斐閣，1999年）222頁以下，緒方桂子「ドイツにおける成績加給制度と法的規整の構造」季刊労働法190号127頁（149頁），拙稿『成果主義賃金の研究』（信山社・2004年）169頁以下，などで詳しく紹介されて

第 I 部　労 働 契 約

いる。

(70) 　BAG Urt. v. 13.5.1987 AP Nr. 4 zu §305 BGB.
(71) 　BAG Urt. v. 21.4.1987 AP Nr. 34 zu §2 KSchG 1969.
(72) 　BAG Urt. v. 7.10.1982 AP Nr. 5 zu §620 BGB Teilkündigung.
(73) 　BGH Urt. 7.10.1983 BGHZ 89, 226 (211); BGH Urt. v. 26.11.1984 BGHZ 93, 29 (47).
(74) 　BGH v. 21.12.1983, BGHZ, 89, 206 (211); BGH v. 26.11.1984, BGHZ, 93, 29.
(75) 　Preis, Anrechnung und Widerruf über- und außertariflicher Entgelte – vertragsrechtlich betrachtet, in: Festschrift für Otto Rudolf Kissel, München, 1994, S.879 (909).
(76) 　Preis, Anrechnung und Widerruf über- und außertariflicher Entgelte, S.907.
(77) 　戒能道孝「約款と契約」法律時報第 31 巻第 3 号（347 号）268 頁。同様に約款との関係で私的自治の重要性を説くものに，石田喜久夫「普通取引約款（上・下）」法学セミナー 292 号 48 頁，293 号 64 頁，原島重義「契約の拘束力」法学セミナー 345 号 32 頁以下。
(78) 　戒能道孝「約款と契約」法律時報第 31 巻第 3 号（347 号）268 頁。
(79) 　Flume, Allgemeiner Teil des Bürgerlichen Rechts, Bd. 2, Das Rechtsgeschäft, 3. Aufl., Berlin, Heidelberg, New York, 1979, §1, 5.
(80) 　星野英一「現代における契約」星野英一など編・岩波講座現代法 8『現代と市民』（岩波書店・1966 年）206 頁（255, 256 頁）。

6 ドイツにおける企業別協約の新動向
―― 判例に見る伝統的労使関係の軋みとその法的問題 ――

辻 村 昌 昭

「労働協約の法理はその行われる生ける社会の構造とそこに流れている規範意識との分析をさけて，市民法的な解釈態度と法理をもって捉えても形式的だといわなければならない。協約法規の概念分析からではなく，生ける協約とその行われている社会の構造や性格と規範意識とからこそ協約の生ける法理が生まれるのである。」(沼田稲次郎「企業別組合の実態に即した協約法の捉え方」(東洋経済新報社編「労働協約・就業規則をめぐる法律問題」(昭和 30 年刊・60 頁，著作集第六巻〈労働旬報社刊 1976 年〉159 頁)

I　はじめに

(1)　ドイツのワイマール時代においては，組合組織が職業団体 (Berufsverbandsprinzip) によって支配されていたため，組合間の〈縄張り争い〉があり，協約をめぐる紛議が結構あった。1929 年初頭でも，その適用労働者数は，わずか 3.9% でしかなかったが，企業別協約数は協約総数中 36.6% にも上ったという[1]。ところが，第二次世界大戦後の 1949 年に労働協約法 (TVG) が制定されて後この協約をめぐる紛議は急速に減少した。その最大の理由は，連邦共和国 (BRD) の労働組合が産業別団体原理 (Industrieverbansprinzip) により組織化され，のことと関連して「一事業場一労働組合〈ein Betrieb eine Gewerkschaft〉」という目的が追求されたためであった。にもかかわらず，近時，ドイツにおいては事業場内，そして個々の労使関係において協約をめぐる紛議が増大している。それは，第一に，技

術的あるいは営業上の理由からの事業場目的の変化や戦略的に動機づけられた事業場の分割，統合再編成による原因の結果である場合，第二に，旧DDR（東ドイツ）を統合した結果，国の財政事情が悪化し，一向に改善しない失業状況などにより経営者が，すすんで企業別協約を結んで横断的な労働協約の「硬直性」から逃れることが原因であるといわれている。これを評して，〈平面協約（Flächentarifvertrag）が危機的な中にある一方で，企業別協約（Firmentarifvertrag）が好景気を迎えている〉と言葉が語られている。旧DDR内では，その比は一対一にまで近づいているといわれている[2]。

　これら企業別協約を労使が積極的に締結する理由は，いうまでもなく企業が市場競争に勝ち抜かんとするためである。この伝統的な産業別横断的な労働協約の揺らぎを象徴する最近の事例に関する判決を読んだ結果，以下のような特色が明らかとなった。まず，第一に，使用者が使用者団体を逃亡した結果生じた労使紛議をめぐって労働組合が対抗的争議戦術を行使した際に生じた法的問題点がある。そして，第二に，使用者団体に加入しない使用者が，労働組合と指示あるいは承認付き協約（Verweisung-oder Anerkennungs-tarifvertrag）を結んで，他の労組が結んだ労働協約の成果を只乗りするという現象である。第三に，個別の使用者が，使用者団体を脱退して団体（産別）協約の拘束を回避し，自ら単独で労組と企業別協約を結び，これが労働者の労働条件の規制をめぐり協約の競合または協約複数状態を生起せしめた結果をめぐる法的問題である。そして，第四に，産業別団体労組と使用者団体とが締結した産別協約の代わりに，使用者が他の労組と産業別協約の補充協約（ErgänzungsTV）と称する企業別（家内）協約を結び，この協約の効力が争われるという事案である（この法的問題点については，別稿「別労組が個別使用者と結んだ産別団体協約の補充協約としての家内協約が，産別労組員の労働条件を規制することの是非が争われた例」労働法律旬報 No.1605〈05年8月上旬号〉56頁以下参照）。これら四点の法的問題には，「使用者団体からの脱退」，「使用者団体に未加入」あるいは，「使用者団体の規制回避」というキーワードを見出だすことができ，その意味ではいずれもドイツの伝統的な労働協約法理にある種の反省を迫るものであり，そして難しい労働法理上の問題提起している。本稿は前三者の論点と合わせて日本の協約法理との関連を

も部分的に考察するものである。

（2）ところで，本稿であえてふれるまでもないことであるが，まず第一にドイツでは団交システム（Tarifvertragsystem）は，協約締結能力（Tariffähikeit）が前提とされる。何故なら，労働協約は協約締結能力がある契約当事者（tariffähige Vertragsparteien）の間で締結される契約に他ならないからである。したがって，団体交渉と労働協約は不可分なものとしてある。このことは，団体交渉が相対的な独自領域を構成しないということを意味する。そして，第二に労使関係の交渉は，協約交渉のみではなく経営協議会（事業場委員会＝Betriebsrat）による交渉もある。これらを労使関係のデュアルシステムと称す。つまり，ドイツにおいては，個別契約（Einzelvertrag）による労使関係ではなく集団的に行われる限り，使用者団体と労働組合の間の労働協約または法律と協約の組合せによって行われる。この場合，法律とは労働協約法（TVG）と事業場組織法（Betriebsverfassungsgesetz）をさす。第三に，一般的には，団体交渉は，労働組合と使用者及び使用者団体の間の交渉をさし（TVG 2条），労働組合が産業別横断組織でもって形成されていることもあって，そのねらいは横断労働市場における最低労働条件の定立にあり，事業場委員会の交渉は，一経営内の経営規範の定立が目的であると解されている。ただ，この場合，留意すべきは，労働協約法第2条は，個別の使用者も協約当事者と定めている関係から，使用者団体に属する個別使用者が産業別団体協約で決められた労働条件を上回る内容を有する協約を労組と結ぶこともある（いわゆる「経営接合協約＝betriebsnahe Tarifvertrag」）。これは，いわゆる企業別協約（Firmentarifvertrag, Werktarifvertrag, Betriebstarifvertrag oder Haustarifvertrag）を意味する。第四に，団体交渉方式の特色を指摘できよう。これには，通例3類型が挙げられている。つまり，横断的な産業別（もしくは職能別）労働組合と使用者及びその団体との交渉方式としては，統一交渉方式，対角線交渉方式及び共同交渉方式がある。(1)統一交渉方式は，一般的に協約交渉といわれるもので横断的な産業別（職能別）労働組合とこれに対応する使用者団体との間の交渉である。(2)対角線交渉には，二種類がある。産業別横断労働組合と個々の使用者との交渉と産業別横断労働組合と如何なる使用者団体にも属していない個別使用者との交渉

の二種類である。前者は，いわゆる上積み交渉を意味する経営近接的な協定（企業別協約）を結果する場合が多い。後者は，未組織使用者が，当該産業・当該地位において重要な位置を占める場合に，労働市場における〈相場作り〉を意味する交渉方式である。(3) 2 またはそれ以上の横断的労働組合が横の関係で共同して交渉する場合である[3]。以上，これらの基本的な認識を前提に筆者が，最近読んだ判例の中からドイツの労働法上の問題の概況スケッチを試みる。

II 使用者団体から脱退した使用者が結んだ団体協約に対抗的な企業別（家内）協約の効力をめぐる事件
―― Sächsisches LAG v. 13.11.2001 AuR 2002 年 8 月号 310 頁以下

(1) 事実の概要

① 原告 X は，IGMetal Zwickau 支部である。被告会社 Y は，エンジン関係の有限会社であるが，雇用されている労働者約 290 人中 199 人がその支部組合員である。事業場の 3 分の 2 以上の労働者が，金属労組 IGMetal に所属している。2000 年 4 月 7 日まで，Y は，訴外ザクセン金属・エロトロニクス団体（使用者団体，以下 Z）の構成員であった。なお，Y 事業場内には，僅かであるがキリスト教系金属労組の組合員である労働者がいた。

② X Y 間で，(イ)労働者（ArnN）に関し，91 年 4 月に賞与（13 Monatseinkommens）保障協定が締結され。これは，97 年 5 月 1 日の職員（Angestellen）の一般協約（MTV）にも取り入れられた。(ロ) 98 年 12 月 1 日に，高齢者従業員（Arbeiter und Angestellen）パートに関する協約が締結された。(ハ)これらの協約は，期間を超えて解約告知されないまま妥当していた（TVG 3 条 3 項）。

③ 00 年 4 月 7 日に Z を脱退した Y は，翌月末（5 月 31 日）に②と本質的に反する経営協定（BV）を労働者に提示した。

④ さらに，00 年 10 月 2 日に③と同じ内容の家内協約（HTV）を 8 月 1 日に遡及するかたちで，IGMetal とは別労組であるキリスト教系金属労組と締結した。

⑤　あわせて，以下のような労働条件を不利益に変更する雇用保障付き統一形式の変更契約（Änderungsvertrag）を「特定の労働者」（約80％の労働者）と締結した。その契約内容は，「イ，労働時間を00年6月1日に遡及して週40時間とする。ロ，追加的休暇手当とクリスマス賞与（特別手当）を成果主義払いとする。しかも，翌年払い（年平均的な月収額により，固定的倍率にならない）で，会社の営業成績がプラスになれば支払う。目的は，Yのコスト削減にある。ハ，03年3月31日に，この契約内容は経営協定（BV）に引き継がれる〈経営協定への委任条項〉。ニ，この契約内容と対立する経営協定（BV）は，適用されない。ホ，これらの合意と引き換えに03年5月31日までに解雇しない〈職場保障条項〉。」から成立っていた。この「特定労働者」が約80％ということは，この中にIGMetal労組員も含まれていた。

⑥　Xは，これらYの対応が自らの団結権侵害に該当すると判断し，BGB 823条及び1004条にもとづき，Yを相手に団結権侵害を理由とする妨害予防請求の確認を求めた。

(2)　決定主文

「1．Yは，IGMetalの組合員である労働者の労働契約では，00年5月31日の個別契約上合意された取り決めを以下の形式（in nachstehenden Form）で適用してはならない〈この形式は，変更契約それ自体を基本的に意味するので略──筆者〉。2．Yは，1号義務違反行為の場合には，労働者一人当り1000マルクの強制金（Zwangsgeld）を払わねばならない。」（傍線筆者）。

(3)　理　　由

(A)「Yの見解に反し，訴えは認められる。」「第一小法廷が，その第三の判決要旨の中で（im dritten Leitsatz）不作為請求権（ein Unterlassungsanspruch）が，当然ある労働組合は，場合によっては（ggf）使用者が契約上の統一規定の実行を止めるべく請求できることを詳述している（BAG v. 20.4.1999-1AZR72/98-APNr. zu Art. 9GG）。労働組合に個々の契約上の規定に関するこの種の不作為請求権が認められるならば，Xは〈労組支部──筆者注〉，当該申立てを通して，その要求を有効にすることが可能とならねばならない。」「当該訴訟手続方式（Verfahrensart）は，経営組織法関係であ

(B) (Ⅰ)「Xは，訴訟適格もある。」「本件はGG 9条3項により保護されている団結の自由の侵害に対し労働組合が反対する場合に妥当する（例，協約留保〈Tarifvorbehalt〉BAGv. 20.4.1999, APNr. 89 zu Art. 9GG)。」(Ⅱ)「Xには，Yに対してGG 9条3項に基づくBGB 1004条，823条により生ずる妨害予防請求権が与えられる。」「団結適合的な——本件では労働組合的なそれ——活動に対する団結権もまたGG 9条3項の意を受けたBGB 823条の保護領域の一部を成（し）——第三者効（Drittwirkung）を有する。」「（この第三者効は，法律行為上あるいは不法行為上の効力を有し，その保護範囲には〈筆者注〉)，団結存立の維持及び保護のための必要不可欠（な活動）のみならず，団結に特性的な行為の全て（alle koalitions spezifischen Verhaltensweisen）を含む」「とりわけ，労働協約の締結が含まれる。」「GG 9条3項により保護されている規制権限（Regelungsbefugnis）は，協約自主権（Tarifrecht）を作り出す際に団結が妨害される場合にはじめて侵害されるわけではなく——協約の成立あるいは法的な存立に関わるわけではないが，その協約上の効果を無に帰せしめるか空にさせることにも向けられている。——団結の自由の侵害は，<u>特定の協定（bestimmte Absprachen）</u>が，<u>協約上の規制に代わって</u>自ら宣言した適用領域に基づいて<u>割り込んで来ること</u>に事実上相応しいものであり得ることにもある。全ての協約違反の合意が，同時に団結の自由の制限や侵害を必ずしも意味しない。<u>(経営協定・事業場への引受協定や契約上の統一規定が)</u>，集団的秩序としての協約規範を侵害しそしてその中心的な機能を侵害する場合に，協約自治への侵害が語られ得る。」

(Ⅱ) (1)「Xが，その団結の自由の侵害と考える，00年5月31日の合意の置き換えは，集団的な関連を有し，それに加えて事実上現行労働協約に対抗した。」(a)Yは，事業場委員会と事業場組織法77条2項の意味（=formlose Betriebsabsprache）での事業場協定を結んではいないし，同法77条3項1段（=協約違反の協定禁止）もない。しかし，約80％以上の労働者との間の変更契約（gleiche lautende Änderungsverträge）を締結したYは，Xに関して結ばれた協約の集団規定と関わった。(b)Xの組合員がこのような変更契約を結んだ限りで，それは協約法3条1項の意味（協約の拘束当事

者）に反する。

(2)　「変更契約の内容は，協約法4条3項（有利性原則）の意味で，どれも労働者に不利である。」つまり，労働時間が長くなり，成果主義のために追加的休暇手当とクリスマス賞与（特別手当）請求権が抜け落ち，しかも経営がマイナスにならない限り支払われることになった。Yは，有利性の評価は，変更契約の規定と協約のそれとの比較ではなく，全体で評価すべきと主張するが，本法廷はこの見解に与しない。(a)本法廷は，労働条件の有利性比較は，学説上有力な見解である Sachgruppenzusammen（＝グループそれ自体の関連性）を採用する。つまり，テーマ上相通じ得ない労働条件規定の比較は方法的に不可能であるから（例，林檎と梨の比較）。(b)労働時間の延長及び特別手当の成果主義への変更と就労保障の両者をバーターする場合の「共通基準」はない。協約法4条3項によりなされる有利性比較は，協約規定の執行（Normalvollzug）なので，その基準は，労使の妥協の産物である協約の評価から導き出さざるを得ない。本件の場合，その協約の規範化された評価を克服せんとする試みであったが，職場の危険（Arbeitsplatzrisiken）は，種々の点で客観化されていない。(c)協約法4条4項は，協約上の権利の放棄はそれを当事者が認めた場合にのみ許される。個別労働者の多くが同意したかは取るに足らないことである。(3)　略。

(4)　「協約の継続的効力は，Yが01年10月20日にキリスト教系金属労組との間で，家内協約（Haustarifvertrag）を結んだからといって終了とはならない。」

(a)協約法2条1項によれば，個々の使用者は，補充的かつ競合的な企業別協約（Firmentarifvertrag）を，団体に属していても締結することは妨害されない。(5)　略。

(6)　「相互に競合している多くの労組が，同一の規制対象（den gleichen Regelungsgegenstand）に関する協約を結んだ場合には，いわゆる複数協約（Tarifpluralität）が生じる。しかし，これは，<u>余後効ある労働協約が，その使用者のみが拘束される協約（企業別協約を指す──筆者注）と重なっている場合には，適用はない。BAGは，本件のような場合，協約複数から出発をしている</u>」（傍線筆者）。(a)略。(b)「協約競合や複数協約の場合には，まず第

一にどの（welcher）協約が適用されることになるかを解釈を通して突き止められねばならない。これから何らの規定をも明らかにならなければ，協約当事者の意志とは無関係に牴触規定を規定する。」(c)本件の場合，解釈という方法で優先適用されるべき協約を突き止められない。たしかに，当該家内協約9条では，自らの優先権を定めているが，2協約の当事者が自らの協約が競合する協約に優先することを決定することは許されない。このことは，協約管轄（Tarifzuständigkeit）は規制領域（Regelungsbereich）にのみあり，競合する組織の責任ついての規定を結ぶことはでき得ないことから結論づけられる。(d)「BAGは，協約競合及び複数協約の事案を統一協約（Tarifeinheit）の原則により解決している。この原則は，個々の労使関係にとり<u>同じ協約当事者の協約の規定のみ</u>が常に適用することが許されることを意味する。つまり，事業場内では，労働協約の適用は統一的になされなければならないことを意味する〈BAGv. 14.6.1989, APNr.16zu §4TVG Tarifkonkurrenz〉。」「BAGの見解によれば，企業別協約は，つねに，平面協約（Flächentarifvertrag）に優先する〈BAGv. 24.1.2001-4AZR 655/99 AuR2001, 282〉。このことは，いわゆる特殊性原則（Spzialitätsprinzip）でもって論拠づけられている〈BAGv. 14.6.198-9, APNr.16 §1TVG Tarifkonkurenz〉。この原則によれば，空間的に，事業場的に，専門的にそして人的に一番近い協約が適用される〈BAG APNr.2,4,8,11,12zu §4TVG Tarifkokurrenz〉。したがって，空間的に限られた適用領域を有する労働協約は，より広いそれに優先する。通例，このことは家内協約にも妥当する。」

(7)「本法廷の見解では，統一協約の原則は，複数協約の場合には適用されない。統一協約は，たしかに事業場内の労働条件規制の実際的なきっかけとなりうるかもしれないが，そのための実定法上の論拠とは考えられない。」「（GG9条3項の団結自由の保障より，使用者はいつでも団体に参加し得るが），他面，労働協約法3条1項より，使用者は自ら協約当事者でもある。それ故，BAGは，相応する団体協約が有効であり，そしてその使用者がその使用者団体の構成メンバーであるにもかかわらず，企業別協約（Firmentarifvertrag）を効果的に結び得ることを当然の帰結として認めている。」

(a)「使用者が，団体協約に関し協約当事者である労働組合との間で，企業別協約を結んでいる場合には，したがって事物近接（Sachnähe）から企業別協約の優先性から出発することには疑いはない。結局のところ，協約当事者自身は，事業場のための特別な規定（spziellere Regelung）を欲していることが想定される。」(b)「しかし，そのような仮定は本件のような異なった労働組合との間で競合する協約が結ばれているような場合には機能しない。——何故なら，出発点は結局使用者は——企業別協約が無ければ——団体協約がない労働組合とまさに協約を結びたがっているということにある。このことは，使用者が団体協約から発生する義務に逆らおうとする場合に意味をなす。」「にもかかわらず，この場合にも——協約法3条3項により団体協約の拘束力は，構成員が団体から脱退しても，その拘束力が終了するまで存続し続ける。立法者は（この協約法3条3項）でもって，団体協約法からの逃亡を阻止せんとした。協約法5条4項の場合（一般的拘束力）と異なり，当該協約が他の別な協定（andere Abmachung）により取って代わられるまで，継続して効力が団体協約にある。このことは，団体から脱退した場合に常に企業別協約に優先的地位を認めたり，団体協約において実定法上企図された使用者への拘束力が終了したりすることを正当化しない。なぜなら，結果的に労働組合の構成員である労働者及び団体協約を結んでいる組合は，万が一にもその協約の拘束力を失うことになるかもしれないからである。労組を替えたり，協約の保護なしに済ますことにならざるを得なくなるかもしれないからである。これは，結局，GG9条3項違反を意味する。」「それ故，本法廷の見解によれば協約競合について展開された統一協約の原則は，協約複数の場合には適用されない。」

　(c)「ところで，BAGは統一性の視点を首尾一貫して適用をしていない。余後効期間中に結ばれた家内協約は，協約法5条4項の意味での別な協定（andere Abmachung）ではないとする（BAGv. 24.1.1997）。このことは，協約の統一性ではなく，協約法2条が同時に適用されるという結論になる。立法者が協約法3条3項による協約の拘束力が，同法4条5項の文言の余後効（＝Nachwirkung）よりも明らかにより強力な効果を与えているならば，この場合にもなぜ適用されることにならないのか。協約競合と複数協約を統一

(8)「団体協約に対抗的な家内協約（der Haustarifvertrag im Gegenzatz zum Verbandstarifvertrag）は，労働・賃金諸条件のわずかな部分だけを規制し，それ故特殊な・対象近接的な労働協約としてはみなされない。とりわけ家内協約が今や決定的な秩序機能を一般的に引き受けることになるということは，一般的に成り得ない〈LAG Sachsen-Anhalt（9[5]Sa 723/00）〉」「しかも，キリスト教系金属労組が事業場内の全メンバーにより代表されていることは今まで一度も明らかにされていない。」

（Ⅲ）「Ｘは，2000年5月31日に結ばれた合意の実行を止めることを請求できる（差止請求権）」「Ｙは，変更契約に基づき合意され，ザクセン金属・エロクトロニクス産業の現行協約ととは異なる規定を実行することにより，Ｘの団結の自由を侵害している。すでに，別な箇所で詳述したように，（本件変更契約）は，労働協約の成立あるいは法的な存立にはたしかに関係しないが，協約の効果を乗りつぶしたり，あるいは空虚にさせることに向けられた合意あるいは手段にも団結の自由の制限あるいは妨害が見出だされる。これには，ある特定の申し合わせ（bestimmte Absprachen）が，自ら宣言した適用請求（Geltungsanspruch）に基づいて，協約が規定している箇所に割り込んで来ることが当てはまるような場合に妥当する（BAGv.16.6.1998-1ABR68/97-APNr.7zu §87BetrVG 1972 Gesundheitsschutz）。GG 9条3項2段は，申し合わせあるいは手段の目標方向のみならずその法的効果にも向けられている。」（傍線筆者）。妨害予防請求は，Ｘの組合員だけに受け入れられる。

Ⅲ　新たな法的問題の諸相

(1)　Ⅱで取り上げた判例は，ザクセン州の労働裁判所という一下級審の決定でしかない。にもかかわらず，「横断的労働協約の危機」[4]と評される現下のドイツの労使関係の実態が象徴的に現われているといえよう。ドイツにおいては，周知のように1980年代からについて種々の規制緩和の流れが労働法的テーマにおいても論議されてきた。「雇用形態の多様化と労働市場の変容」[5]という日欧シンポジウムが1999年3月に日本でもなされた，そこ

でドイツの研究者や日本のドイツ法の専門家などが幾つかのテーマについて論じたが，その報告集からも問題の底の深さと多様性に気づかざるを得ない。

この報告集の中では，雇用保険と雇用保護の問題，非典型雇用，解雇と有期雇用，労働時間の柔軟化，派遣労働，協約規制の柔軟化等多岐にわたる論点が議論されている。本件も経済不況・失業増大等に起因する協約紛議の典型的事案である。

(2) ところで，この判例で取り上げられた法的論点を整理して見ると以下のように集約ができる。第一に，会社YがIGMetal労組員も含めた労働者の約80％の労働者と雇用保障付きながら労働条件の不利益変更を惹起する変更契約を締結したことが，協約法4条3項の「有利性原則（Günstigkeitsprinzip）の関係でどのように解するかが問題とされた。"雇用は保障するが，労働条件は引き下げる"という契約内容が「被用者に有利と zugunsten des Arbeitnehmers」と言い得るかどうかである。単純な労働条件引き上げを内容とする変更契約ではないという点が，まさに好景気時代の「有利性原則」論議と異なる。「有利性原則」の「有利」の評価基準をどう法的に確定するかが問題とされた。第二に，統一協約の原則（Grundsatz der Tarifeinheit）ならびに協約競合（Trifkonkurrenz）及び複数協約（Tarifpuraltät）との関係で，本件事案をどう法的に評すべきかが論点の肝要な部分を構成した。ドイツでは，BAG vom 29.3.1957-1AZR208/55 が，ニッパーダイを明確に引用しながら「全ての事業場において，原則的に唯一の労働協約が適用されるべき。」と判示したこともあり，本件事案はより複雑な問題を提起した。なぜなら，協約法2条が「協約当事者とは，労働組合，個々の使用者ならびに使用者団体である。」と明示していることから，ドイツ経済が好景気時には，Ⅰ(2)でも述べたように使用者団体に属する個別使用者が産業別団体協約で決められた労働条件を上回る内容を有する，企業別協約（いわゆる「経営接合協約＝betriebsnahe Tarifvertrag」）を締結することがままあったからである[6]。いわゆる，産業別横断労働組合と個々の使用者との対角線交渉〈Ⅰで論じた「対角線交渉二種類中の最初の例」〉の結果が，この経営接合的な企業別協約である。しかし，本件は，IGMetalとは異なる別労組であるキリスト教系の金属労組が，会社Yと企業別協約を結んだ事件である。その意

味では，旧来の経営接合協約の場合とは似而非なる「企業別協約」であり，協約競合（同じ協約当事者により調整的に結ばれ同一の労働関係に適用される複数協約）の効力が争われたものではない。むしろ，<u>元来二つの異なる労働組合</u>が同一の使用者団体とそれぞれ労働協約を結んだ複数協約の純粋類型との類似性を有しながらも，使用者団体を脱退した<u>個別の使用者</u>が事業場内の別労組と企業別協約を結び結果的に IGMetal が結んだ団体協約の適用領域に「割り込む」企業別協約を結ぶというドイツの労使関係においては特異な事案が，協約の余後効論も含めながら争われたものである。そして，第三に，第一の問題点とも関係するがこの特殊な企業別協約及びその実施の実行形式である変更契約に対し，GG 9 条 3 項に基づく差止請求の申立ての是非の問題がある。GG 9 条 3 項の規制保護範囲につき「協約の成立あるいはその存立」にだけ限定されるわけではなく，「協約上の効果」を他の労組の協約による「割り込み」により「無に帰させしめる場合」も含まれるか否かの問題が争われた[7]。

(3) 労働協約の競合とは，ある労働者の労働条件が二つの労働協約で律せられる場合をさす。この生成理由から見ると，第一に協約自治による場合があり，第二に法規による場合とがあるが，これは一般的拘束力が問題とされる場合である。この協約の拡張適用を受ける労働者が，すでに労働組合を作っていて，別に労働協約を締結している場合にも，一般的拘束力が及ぶと解する立場を採る時には，協約競合の現象が生ずる[8]。ただこれは拡張適用条項（日本では，労組法第 17 条あるいは第 18 条）の解釈の問題であって，本来的な協約競合の問題ではないと一般的に解する者もいる[9]。

ところで，労働協約は労働条件その他労働者の待遇に関する基準を定める事項その他より成り，有機的に全体として統一性を有する者であるから，どちらかの（Welcher）協約を適用すべきことになり，双方の一部ずつの適用（＝摘み食い）を認めることにはならない。この場合，排他的な優先権が認められる協約に牴触する他の協約は，その限りでその効力は停止することになる[10]。

この協約競合の成立要件は以下のものである。(a)複数の協約の存在，(b)労働条件基準〈規範的部分〉の矛盾・牴触，そして(c)複数の協約が，同一の労

働関係を規律するという適用対象の同一性（人的，場所的，業種分野的等）が必要とされる。まず，(a)についてはドイツでは通例，イ，企業別協約と団体協約が競合する場合，ロ，団体協約の競合と大きく二つに分けられる。後者のロについては，例えば，使用者団体が，2 労働組合と二つの労働協約を結び労働者が二重に加盟している場合等種々のバリエーションがある[11]。本件の場合は，前者イの場合であると一応はいえる。

　他方，複数協約も，協約競合の場合と同様にその生成理由から見ると，第一に協約自治による場合，第二に法規による場合とがある。この場合，協約競合と異なり適用上の効力範囲による（nach der Reichweite）による区別は原則関係がない。何故なら，複数ある協約の内，人的，場所的，分野的等適用範囲のいずれかが異なる場合には，協約競合とはならないからである。例えば，<u>イ，異なる 2 労働組合と同一の使用者団体との間で各々別個の労働協約が締結され，これら二つの協約に少なくとも事業場内の一人の労働者が拘束される場合</u>，ロ，使用者が異なる使用者団体に二重に加盟し，こら等の団体が異なる労働組合と協約上の合意に達し，しかも職場では 2 労組のメンバーが就労している場合，ハ，使用者が団体変更をしたため，使用者は協約法（TVG）3 条 3 項により，今までの団体協約に拘束されながも，同法 3 条 1 項により新規の団体協約に拘束される場合，そして，ニ，事業場内に使用者団体と労働協約を結んだ労働組合の構成員が就労し，他方未組織労働者が拡張適用の結果，この協約の保護下にあるという場合等があるとされる。これは，たとえ，場所的適用範囲が同じであっても，人的適用範囲において異なっているからである[12]。本件の場合，上記イの事案（傍線部分）との類比性が一応語られる。

　そこで，(1)(2)から本件事案を検討すると，まず第一に，一応 X の上部団体である IGMetal と Y が，かつて加盟していた訴外 Z との間には，団体協約が存在し，有効期間が経過しても存続していた。第二に Y は，Z 脱退後キリスト教系金属労組と名目的には「企業別協約」を締結した。ただ，このキリスト教系金属労組が Z と団体協約を結んでいたかは事実上で必ずしも明確ではない。たまたま，Y 事業場内でキリスト教系金属労組が僅かであるがメンバーを擁していたと解し得る。その意味では，「協約競合」のイ，団体協

と企業別協約の協約規範の効力関係が問題とされた側面がないわけではない。しかも，協約競合の成立要件である，(a)複数協約の存在，(b)労働条件基準（IGMetal の MTV と Y とキリスト教系金属労組の Haustarif との間の労働条件）は，明らかに矛盾・牴触がある。そして，(c)Y の労働者の労働関係を規律するという適用対象の同一性が概ねありながら Y が Z の構成員でないという決定的な違いがある。ために，判示は(B)(II)(6)ででその協約管轄の側面から協約競合事案であることを否定し，さらには〈企業別協約は平面協約に優先するという。〉という特殊性原則が妥当する場合でないと結論づけたものといえる。つまり，経営近接的協約のケースでないとしたわけである。しかも，これは複数労組間の協約適用の問題である故に，協約法（TVG）3条3項より IGMetal の団体協約の効力が存続している点からも家内協約の効力を否定した。そして，Y が変更契約が X の団体協約よりも有利であるという「有利性原則」の主張についても，判示は(B)(II)(2)で，当該変更契約がむしろ X の団体協約の労働条件よりも不利となったことを Sachgruppenzusammen の学説を採用して，雇用保障を最優先させて労働条件の引き下げを安易に認めるバーター論を否定した。

　むしろ，第三に，判示はむしろ上記「複数協約」の類例イのように異なる労組が異なる労働協約を締結しながらも変更契約を介して同一の対象を結果的に規制している点から，Y が使用者団体から脱退した後のキリスト教系労組が団体協約なしに結んだ家内協約が余後効論（協約法4条5項）が機能する「新しい約定（andere Abmachung）」にはあたらず，結論的にはこの Y とキリスト教系労組との間の企業別協約である家内協約が Y 労働者の労働条件を規制する法的要件としての効力を否定することを結論づけた。さらに，本判決のもっとも留意すべき点であるが，判示(B)(II)(8)の中で Y とキリスト教系労組との間の企業別協約を，「団体協約に対抗的な家内協約（der Haustarifvertrag im Gegensatz zum Verbandstarifver-　trg）」と法的に評した。変更契約によってて IGMetal 組合員へ家内協約の実効性を具体化することが XY 間の団体協約の効果を空虚にさせる（いわゆる割込み）効果をもたらし，結果として X の団結権侵害になることから組合員への変更契約の差止め求めた X 主張を是認した。これは，団体協約の場合，それ自体では個々

の使用者に労働組合の協約の履行請求権がなく，また，個々の使用者に産別労組が結んだ協約の効果の履行を求め得るのは協約上の介入訴訟 (Einwirkungsklage) という方法があるが，これは，協約に拘束されている圧倒的多数の労働者が自らの協約上の権利を労組に譲渡することがなければ不可能である。事実，IGMetal労組員も含む約80%の労働者が変更契約を結んだためこれは不可能である[13]。そのため，団結権に基づく不作為請求により，労働条件を不利益変更する企業別協約を別労組が結んだ団体協約にとって代わることを否定することを求めたわけである[14]。判示はこれを認めたわけである。

Ⅳ 社会的パートーナシップ論と産別団体協約——争議行為をめぐる事件

Ⅱでは，産別団体協約の法的効力につき一下級審の判決を紹介した。この判決の結論は，使用者団体から脱退した使用者が別労組と結んだ企業別協約の効力の具体化を阻止せんとする産別労組支部の主張を認めた。その意味で，産別労働協約の法益に法的価値の優位性を認めたものといえる。この産別労組と産別使用者団体との間で形成されてきた労働条件をめぐる社会的秩序の優位性が争議行為の次元でも法的積極的に認められた事案の論理を以下に検討してみる。

1 協約逃亡に反対するボイコット呼び掛けの事件——LG Düsseldorf v. 14.6.2000 AuR 2001年5月号194頁以下

(1) 事実の概要

申立人（X）は，アメリカンシティバンクの子会社である。被申立人（Y）は，「労働の世界」（KDA）の教会部門の幹部牧師である。Xは，経営不振のため事業場統合及び一部事業場の営業譲渡というリストラ対策を行った。新たに作られたコールセンターの従業員は，元からの従業員と新規採用者が各々約半分ずつより構成された。Xは，このコールセンター事業場について，HBV（商業・銀行・保険産業労働組合）との間で協約の締結を拒否して

いる。このため，以前からXに雇用されていた従業員（Mitarbeiter）は，イ，旧来より週労働時間が長くなり，休暇請求も制限されたので，金銭補償での解決（einen finanziellen Ausgleich）がなされた。しかし，ロ，この補償は，一般協約（MTV）で予定されていた，より高い勤続年数へ昇進することによる賃金引き上げが中止となり，結果的に立ち消えとなった（労働条件の引き下げと昇進による賃上げのバーターが不能）。そして，ハ，一般的な加給（Zulage）に代わって，能率給及び個人的な給与査定がなされることになった。この場合，個々の従業員は給与が悪くなる人もいれば良くなる人も出た。そして，新規採用組は，Xでの以前採用組と比べて労働条件が悪かった。これに対して，Yは，デュッセルドルフにあるXの中央管理棟の前で，抗議のビラと合わせて，〈シティバンクには，新口座を作らない。〉との抗議の郵便葉書を配布した。なお，〈Kirchlicher Dienst in der Arbeitswelt (KDA) Duisburg, für Citi-Critic〉の署名があった。これに対し，XがYに，㈠ビラ配布の禁止及び㈡ボイコット禁止の申立てを求めた。論拠は，基本的にBGB 1004条と同823条である。

(2) 決定理由

1，ビラ配布禁止請求却下（理由略）

2，ボイコット禁止請求却下

(a) 「ボイコットの呼掛けは，本質的に関係のある疑問を表明をする際の精神的な意見表明の手段として投入される場合には，原則GG5条〈表現の自由〉の保護領域内にある。」「ボイコットの呼掛けは，倫理的な理由から行われる場合に正当化される。（Yは，私的な動機で呼掛けを行ったものではない。）」

(b) 「Xは，新コールセンターについて，HTVとの協約締結を拒否している。労働協約という形態での労働条件の規制は，GG9条3項において，憲法起草者において明白に認められ，ドイツにおいて成長して来た社会的パートナシップ（Sozialpartnerschaft）という文化に符号している。したがって，この見解はこのシステムを拒否する者は，<u>社会的パートナシップの原理</u>を解約告知し，そしてそのバランスを一面的に使用者に有利に動かさんとしていると主張できる。それ故，このような紛争において弱い部分は，いわば

ボイッコット呼掛けという手段によって世論の助けを求めることは禁じられない。GG 14条により保護されているXの『組織され運営されている営業の権利』は，意見表明の自由に対するYの権利については，抑制されなければならない。」（傍線筆者）。

(3) (2)の中で，該決定が協約逃亡（Tarifluft）それ自体をネガチブに評価をし，産別労働協約による労働条件の決定を社会的パートナーシップ文化という視点で積極的に評価をしている点をまさに留意すべきである。

2 アウトサイダー（使用者団体未加盟）に対する産別団体協約をめぐるストライキ——BAG v. 18.2.2003, 1AZR 142/02 AuR 2004年4月号151頁以下

(1) 事実の概要

原告（X等）は，IGMedien（現在のver.di＝Vereinigte Dienstleistungs-gewerkschaft）の組合員である。被告（Y）は，使用者団体（印刷業使用者団体）の構成員でない，印刷会社である。Yは，IGDruck u. Papier（産業別労組）と企業別協約（Firmentarifvertrag）を結び，この企業別協約の中で，印刷業界に適用されている団体協約の内容を，企業別協約に<u>自動的にスライドさせる指示条項</u>（Verweis Klausel）を置いていた。これによって，Y労働者の賃金等を上記産別協約に定める労働者及び職員のものと同一内容とする効果がもたらされた。もとより，これには平和義務が当然付随した。Yは，自らの労働者の争議行為に遭遇することなく，協約の成果を使用者の立場で得ることができた。

ところが，X等17名の同僚が属する産別労組（IGMedien）が団体協約の締結のためにIGDruck u. Papierとともにストライキを指令，X等参加。これに対し，YはX等が使用者団体に属しておらず，しかも自ら締結をした企業別協約の平和義務にX等の行為は反するとして，戒告（Abmahnung）処分を課した。X等は，この処分の人事記録から削除を求めた。しかし，下級裁判所は，X等のスト参加を違法とし，訴えを棄却した。

(2) 判旨〈X等の請求認容〉

「X等は，労働契約上の義務に違反しているのではない。双方の労働契約

上の義務は停止した。なぜなら，X等は団体争議に正当に参加した。Yは，使用者団体の構成員ではないが，ストライキへのYの編入は（法的に）許容される。」

(A)「Yは，団体の紛争に関与していない第三者ではない。企業別協約に指示条項をおいているため，自ら雇用している労働組合構成員には，引き合いに出されている団体協約（in Bezug genommnen Vebandstarifvertrag）の労働条件が妥当する。この団体協約の法的拘束がYを団体争議への編入（Einbeziehung）を正当化する。」

「本件（X等が行った）ストライキは，いずれにせよ（jedenfalls），基本的には，特定の労働条件に関してアウトサイダーである（Y）と締結した企業別協約が，独自の内容上の規制を含むのではなく，ただ単に協約領域内でそして支部内で有効とされ団体協約の規定をその都度ダイナミックに指示する場合のものである。」

「協約自治の実現に関係がある労働争議という補助的機能は，協約当事者及びその構成員との間で労働争議がなされるし，<u>それが協約自治の利害において必要なものであるかぎりだけであるが，第三者の利益侵害も甘受される。</u>それに，労組あるいは争議団のメンバーでない法人（又は自然人）が団体協約をめぐる労働争議に組み入れられることは排除されない。」

「団体争議の結果に関与（Partizipation）することは，使用者団体に属さない使用者を団体争議に編入することを正当化する。――この使用者は，たしかに形式的には（formal）にはアウトサイダーであるが，当該事案においては，まったく関係ない第三者ではない。その場合，その関与がどのような類で，かつその関与がどのように正確に予測可能であらねばならない（prognostizierbar）かの確定的な評価は求められない。多少なりとも高い（mehr oder weniger Wahrscheinlich），<u>事実上の関与ではなく，争議の対象となっている団体協約を継受することが法的にすでに確保されている場合</u>はいずれも，団体争議へのアウトサイダーの編入は正当化される。とりわけ，このような場合，<u>労働契約あるいは指示あるいは認証付き協約</u>で（in einem Verweisung-oder Anerkennungstarifvertrag），その都度団体協約がダイナミックに指示されていることが前提である。このような引き合いを原因として

(wird bewirkt)第三者である使用者に雇用されている労働者の労働条件は，その都度関連した団体協約を目安とすることになる。ダナミックな指示をすれば，労働者は直ちに組織された労働者と使用者との間で獲得された協約領域に参加する。また使用者は，自ら雇用している労働者の労働関係を団体協約から避難させながら，団体の活動を利用し，そして団体協約をめぐる争議に関与した使用者団体の得意とするところから（Starke）から利益を得ることを行う。――第三者の事業場の労働条件をめぐる労働争議にもこの団体争議は関係がある。」

(B)「X等のストライキへの参加は，比例原則や最後的手段の原則に反しない。」「第三者（たる使用者）は，使用者団体の決定に対してメンバー権に基づく影響は有しない。しかし，（他の部門への同情ストが正当とされる場合のように）労働・経済生活の現実において，多数の・種々様々な影響・反応の余地がある。」「アウトサイダーたる使用者に対するストライキは労組にとっても，重要なコストをともないストを行う労働者にも犠牲が伴う。」「IGMedienによって設定された要求は，Yだけでは充足はされない。労組は，Yに対し，企業レベルの特別な目標（eigenstandiger firmenbezogener Ziele）を実現するための特別のストライキを行ったわけではない。X等のストライキは，団体争議の一部であった。X等は，企業別協約ではなく，<u>企業別協約において指示されて自らに有利になる団体協約のために</u>ストライキを行った。争議の名宛人はYではなく，印刷業の使用者団体であった。」

(C)「労働争議へのYの編入はYの消極的団結の自由にも反しない。」

(D)「IGMedienは，Yを団体争議に編入することにともない，企業別協約から生ずる平和義務に反しない。平和義務は，有効期間が切れた団体協約の対象に関し，労働組合が被告会社（Y）に対して闘うことが許されるのは，団体領域において異義を申立てた要求に他ならないものに限定される。しかも，団体争議への参加は，禁じられていない。

「企業別協約は，団体協約で主張された<u>それ以上の要求を認めさせられる</u>ことから使用者を保護することにある。また，この保護は，団体争議の成果を使用者に与えるのみならず使用者をこの争議に編入させることを正当化する関与の一部をなす。本紛争において，X等は他でもなく，もっぱら団体領

第Ⅰ部 労働契約

域において主張される要求のためにストライキを行った。」(傍線筆者)

(3) 本判決は、ドイツの争議権法理と協約法理等集団法理のきわめて本質的な議論が絡み、しかもBAGの判決であることもあり本格的な論議や検討が必要な論点が含まれている。とくに大きな問題点は、第一に、YとIGDruck u.Papierとの間に企業別協約の平和義務があるわけで、これが本件争議の際に当然問題とされる可能性があった。第二に、Yは、産別団体協約の当事者でないにもかかわらず、X等の争議の相手方となったことを争議行為の正当性論との関係でどう法的に評価すべきかという問題があった。Yにしてみれば「側杖的な役割」を押しつけられたという側面がないわけではない。しかし、BAGは、企業別協約の中に、団体協約の内容をなす指示及び承認付き協約をおいていること。そして、この指示及び承認付き協約が、産別協約の成果を個別企業であるYが只乗りをして産別協約の成果を自動的に享受するのみならず、逆に産別団体協約以上の要求が労働者からなされないことを保護する意味をも有するが故に、アウトサイダーである使用者の団体争議編入を正当化したわけである。本件X等のストライキが徹頭徹尾団体協約に関わる事項を目的としていることから、本判示は、企業別協約の平和義務の法的効果が生ずる余地を封じたものといえよう。関与原則が、本判の示す(B)及び(C)の部分で論じられている争議行為の比例原則、最後的手段の原則あるいは消極的団結権等の法的に緻密に論議せねばならぬ部分が残されているものの、本BAG判決は、西欧的なトレード・ニオニズムを基盤とする伝統的なドイツの争議権法理に原則依拠しながらの結論であったといえよう。つまり、産別団体協約自治の保障の上での個別使用者の争議権法上の地位を明らかにしたものといえよう[15]。細かな法的論点の検討はさておき、これは、ドイツの労働法の特性を論る際に「協約中心主義」があげられ、団結権や争議権を協約に付随する法制度としてとらえることを意味するが、産別協約締結との関係でのみ争議行為が把握され、しかもこの傾向が一層強まっていると評すべき判示の結論ともいえる[16]。

V 提起された課題——産業別団体協約と企業別協約の相克

　企業別組織を基本とするわが国労使関係に「一企業一組合」が，原則的なものと考えられてきた。総評と同盟という二大ナショナルセンターが存した時代には，その運動路線の違いもあって，「複数組合併存」ということが例外的な形態として存した(17)。この現象が現われた時代においては，組織拡大をめぐり同じ企業内の中で併存組合同士が，激しい組織拡大をめぐる〈縄張り争い〉を繰り返したことが多かった。Ⅱで最初に取り上げた判例は，ある面ではこの特徴と比肩できるケースともいえよう。組合併存と労働協約の効力が，ドイツ法の次元で争われたものである。この判例中で争われた法的問題点の特徴は，第一に，協約競合か複数協約かの問題である。ある労働者の労働条件が二つの労働協約で律せられる場合を，協約競合というが，労働協約は労働条件その他労働者の待遇に関する基準を定めるその他の事項より成り，有機的に全体としてその統一性を有するものであるから，いずれか一方の労働協約を適用すべきであって，双方の一部ずつの適用を認めることはできない。この原則論は，第一番目の判例の(Ⅱ)(6)の「統一協約論」の部分で語られている。そして，その解決の解釈原則である「特別法は，一般法に優先する」，つまり，「空間的に，事業場的に，専門的にそしてに人的に一番近い協約が適用される〈＝特殊性原則（Spezialitätsprinzip）〉。」という基本的な考えは，日本の数少ない先例である理研工業小千谷工場事件・新潟地長岡支判（昭和24・2・2刑資26号92頁）と同じである。しかし，上記ドイツ・ザクセン州労働裁判所は「企業別協約は，つねに平面協約に優先する（BAG）」という点においてその協約制度の違いが決定的に現われている。日本で語られるのは，人的適用範囲が狭いか広いか，前法か後法かが評価基準であって，企業別か団体（平面）かではない。第二に，有利性原則の考えについて言及している部分である。日本の労働協約の労働基準は，企業別組合が当事者である関係から，標準的・定型的労働条件基準であり，この協約規範に対しては上にも下にも違反する契約は否定される解されている。つまり，協約基準が両面性を有し，ドイツ労働協約法（TVG）4条3項と異な

第I部　労働契約

る解釈がなされている。その，基本基盤として協約制度の基盤の違いが論じられている。事実，企業別組合が結んだ企業別協約は，産別横断的な団体協約と異なり，超企業の労働市場をコントロールする機能を原則有せず，むしろ従業員団と使用者の経営協定的な取り決め的要素が強いと解されている。上記判示は，(Ⅱ)(2)部分で，変更契約による「職場保障と労働条件の引き下げとのバーター論」から〈有利な契約変更〉という主張（会社側）を否定した。事業場ではきわめて僅かな組合員しか有しないキリスト教系金属労組が結んだ企業別協約である家内協約を，それと同一内容の統一規定による変更契約により，事業場内で3分の2以上擁するIGMetalの組合員をも含めた事業場内約80％にも上る労働者への適用に当該使用者は成功したにもかかわらず，判示はその法効果を認めなかった。余後効論あるいは，協約法(TVG)4条4項の協約上の権利放棄は，協約当事者の権限とする理論は，この家内協約及び統一的な変更契約の効力否定する補強理論である。この「職場保障と労働条件の引き下げ」とのバーターを有利な変更契約と結論づけた場合には，IGMetal労組員へ変更契約を介してこの家内協約の内容が適用される結果になったと思われる。このバーターが不利益変更であり目的が結果的に企業別協約の内容が変更契約を介して，逆に，職場保障という餌でIGMetalの労組員を釣り上げ結果的に産業別な労使交渉・産業別団体協約による労働条件を決定するというドイツの社会的な公序に背離するもと評したと思われる。この産別団体協約による労働条件決定システムが社会的パートナーシップ論で強調しているのが，Ⅳで取り上げたボイコット事件の判例でも強調されている。そして，結果的にX（IGMetal支部）の協約当事者でない個別使用者への団結妨害の不作為を認めたものと思われる（判示(B)(Ⅱ)(7)参照）。つまり，産業別団体協約と企業別協約の効力が争われたケースではなく，産業別団体協約の複数化であり，結果としての組織対抗的な企業別協約と認定したものと思われる。これは，日本の不当労働行為制度において，個別的労働関係の権利義務関係の侵害について使用者に実体法上の不作為請求が認められるか否かの論議に類比され得る内容をも有する[18]。そして第三，にこの種の争いは，日本の協約制度では事業場内の複数併存組合が存立している場合に生じる。ただ，ドイツの場合と異なる点は，イ，有利性原則

の規定が労組法の協約条文にない点である。したがって，新協約とこれに関する変更契約が有利か否かというよりも，不利益変更協約が他にの組合員を拘束するか否かで論議される。通例，不利益変更協約の「合理性」が認められれば，「特段に事情がないかぎり，組合員拘束する」(日本トラック事件・名古屋地判〈昭和60・1・18労民集36巻6号698頁，名古屋高判〈昭和60・11・27労民集36巻6号691頁〉)。次にロ，この不利益変更協約に反対する他の少数組合の組合員を拘束するか否かの問題がある。人的適用の論理からこの別労組が反対する限りこの不利益変更の効力は，別労組の組合員を拘束しない。結局，別労組の協約失効手続と改正就業規則の問題にならざるを得ない。キリスト教系の家内協約が，変更契約を介して別労組の組合を拘束するという点を日本法理に引き付けると，労組法17条の一般的拘束力が他の労組員を拘束するか否かの論議に類比される。これについては，イ，少数組合の組合員に及ぶとする説，ロ，少数組合の組合員には及ばないとする説，ハ，少数組合が協約を締結しているとき又は有利な協約のときには及ばないとする説等がある。IIで取り上げた判例は，「拡張適用は，一つの工場事業場に二つの労働組合が存する場合に（多数派の組合の協約が有利な部分に限ってなされるべきである。さもないと，）少数派の労働組合が，団結，争議行為，団体交渉を通じて，有利な労働条件を獲得しても，（労組法17条の規定によって，この有利な労働条件が引き下げられ），少数派の労働組合固有の団結権，争議権，団体交渉権をほとんど意味のないものにすることになるからである」(黒川乳業事件・大阪地判〈昭和57・1・29〉労働判例380号25頁，同控訴審・大阪高判〈昭和59・5・30〉労働判例437号34頁)。ドイツ法の判例の場合は，産業別団体協約秩序をベースに企業別協約を消極的に評価しているがその結論において団結権に基づく不作請求権を認めている点において日本法理への接近が見られよう[19]。

　さらに，第三に，日本の場合，労働組合は「企業別職工混合，全員組織」ということはすでに指摘した。組織の基盤は，企業内にあり，そこに活動の重点がある。企業内交渉が交渉方式の主たるあり方であった。にもかかわらず，この交渉方式の弱点とその成果である組合が結んだ協約の弱点補充の方策が試みられて来た。その一つは，企業内で職能別に労働組合を結成して自

らの職種の利害を主張する協約を結ぶやり方である（例，旧国鉄時代の機関士労組〈その後，動力車労組〉）。もう一つ，実質企業別労組の連合体でしかない単産が，直接の当事者となり，産別の統一協約を締結する場合である（例，私鉄総連が，春闘の際に大手私鉄の集団交渉により締結した賃金協定）。これは，昭和27（1952）年の対日講和条約発効前後より労組側からの努力が試みられた。単産のとしての統一意思を闘争に反映させ，単産下の各企業別交渉を統制するための方策が試みられた。統一交渉，対角線交渉，共同交渉（または連名交渉），集団交渉等の試みがなされた。純粋の産別交渉というよりは，<u>超企業別交渉</u>と評した方が実態を反映している。つまり，<u>単組単社交渉への前段交渉的な意味がある</u>。その長期目標は，西欧型の産別労働組合への再組織理念があったといわれている。この賃金協定は，単産自体が企業別労組の連合体であるため，努力目標的な要素を必然的に負った。しかし，これらの産業交渉方式（超企業別交渉）は，まず労使交渉の窓口問題を引き起こした[20]。他方で，上部団体に加盟していない単組（企業別労組）が，単産が行った春闘の成果を自動的に個別企業の労使間にスライディングさせる個別の労使協定を結ぶ問題（例，1953年に私鉄総連を脱退した西武鉄道労組は，会社側と私鉄大手の集団交渉の成果を，原則スライディングさせる明示または黙示の労使間協定を有していたともいわれる。このため西武鉄道の経営者は，鉄道ストの対抗手段を経ることなく私鉄大手労組の春闘成果をそのまま従業員の労働条件に具体化し得たともいわれる。この種の企業別労組と個別企業の態様は，他の産業でも一般的であろう。私鉄関係において，それなりに長期にわたってなされて来た中央統一交渉における私鉄総連と私鉄経協〈民鉄協〉中央労働協約[21]の成果の只乗りであった。）も派生させた[22]。

　本稿で取り上げた，Ⅳの2判例の「指示あるいは承認付き協約」は，まさにドイツ的な風土の中でのこの種の現象であるといえよう。産別団体労組が，使用者団体未加盟の個別使用者と企業別協約を結ぶこと自体，伝統的な産別団体労使の交渉の成果である団体協約により労働者の労働条件を決定するということの例外に他ならない。この判例は，基本的にⅣの1判例のボイコット事案と同様，産別団体協約秩序に法的価値を重く見，「関与」理論でもって未加盟使用者の労働者のストライキにつき企業別協約の平和義務違反に該

当しないと結論づけた。この問題は、ドイツの労使関係の中での事実上の問題のみならず、争議行為正当性の論議、協約法の効力論等（例、統一協約の関係、団結権、協約権限の確定・移行の問題、解約告知等）の問題が生起しているといわれる。日本では、前述した交渉の窓口問題以外に、この種のスライディング条項の効力が争われた事案はない。単組単社交渉が基本であるからである。IGDruck u.Ppier という産別労組がアウトサイダーである使用者と個別交渉〈Ⅰ(2)で触れた対角線交渉の二番目の類型〉をし、企業別協約を結ぶことは通例予想されない。日本の場合、企業別労組であるゆえ、連帯する両労組が産別単産を同じくして、その産別単産が個別使用者と対角線交渉をして協定を結ぶ場合〈Ⅰ(2)で触れた対角線交渉の一番目〉であろう。したがって、産別の基本協約が対角線交渉の結果である企業別協約と齟齬することはまず無く、あっても産別基本協約のためにだけに企業労組がストに入ることはまずありえない。他組合の支援ストであるが一般的にその正当性が否定されている[23]。

Ⅵ　おわりに

わずか三件の判例を検討しただけであるが、伝統的なドイツの産業別団体の労使間における労働条件規制という法原理は、協約逃亡、アウトサイダー使用者がかかわる労働紛議においても、繰り返し強調されており、この種の法原理がいくら企業別協約が平面協約を揺るがす事態になっても直ちに変更されるわけではない。法規定の問題もあり、法原理自体が、企業別労使関係の論理を軸に律することにはならない。しかし、日本の労使関係が企業別組合を前提としたものに至るのは、1953（昭和28）年の「日軽連協約基準案」を先駆けとしながら、昭和30年前後であった。労組側は産業別統一協約闘争等をかかげ、労働法の研究者も職場滞留、マス・ピケ、在籍専従慣行、チェック・オフ慣行等で企業別組合という組織形態を前提とした法理を組み立てながら対応した[24]。しかし、結局判例等の基本的考えは、西欧的なトレードユニオニズムを基本原理とするものが支配的なった（例、エッソ石油事件・最一小〈平成5・3・25労判650号6頁、国鉄札幌運転区事件・最三小判〈昭

和54・10・30労判329号12頁〉等)。つまり,労使関係は企業別労使関係,しかし判例法理は必ずしもこのことを法的判断の要素としては考慮しない傾向が強い[25]。このことは,デュアルスシテム(協約制度と事業場組織法という二元的労使関係)であるといいながらも,ドイツにおける企業別労使関係の勢いが不況を背景に急速に進んでいる現在,その労働法理も大きく変化し得る余地もあることを逆に示唆しているともいえる[26]。労働組合の組織率の低下と使用者団体から使用者が脱退することが今後も続くならば,自ずと産別団体協約による労使関係の規制という社会的基盤の脆弱化を招来するのは必至である。かつて,わが国の労働組合運動の健全化を願い戦後的色彩を払拭し,トレードユニオニズムに徹すべしとの期待の下に出された政府の労働政策指針が,一本化された労協約こそが産業平和に寄与することを「諸外国においては,労働協約は原則として一本化され,すべての(労使間の——筆者注)問題は,協約更新期に集約的に論じられている」(傍線筆者)との表現で称揚した[27]。ある面では,この政策の理想型ともいうべき労使秩序を代表していた協約一本による産業別団体協約秩序が揺らいでいるともいえる。ドイツ企業の人事管理の「日本化」が論じられている昨今[28],産業別団体協約と企業別協約の法理の相克には,今後も留意すべきであろう[29]。今後も留意すべきであろう。

(1) 西谷敏『ドイツ労働法思想史論』(日本評論社 1987年刊)496頁の注の(15)参照。名古道功「大量失業・グロバリゼーションとドイツ横断的労働協約の『危機』」(『金沢法学』第43巻第2号〈平成12年12月〉)61頁参照。
(2) Maren Band, Tarifkonkurrenz, Tarifpluraliät und der Grundsatz der Tarifeinheit, PETERLANG, 2003. S.22.
(3) 横井芳弘「各国における団体交渉の形態 ドイツ」(『新労働法講座7巻・団体交渉』(有斐閣 1967年刊)76頁以下。
(4) 名古道功・前掲書55頁以下。
(5) 社会経済生産性本部社会労働部編「日欧シンポジウム 雇用形態の多様化と労働市場の変容」(社会経済生産性本部生産性労働情報センター 1999年刊)。
(6) 喜多實「西ドイツにおける経営接合的協約政策と協約法理論」(横井芳弘編「現代労使関係と法の変容」勁草書房 1988年刊)11頁以下。
(7) ドイツにおける団結権侵害とその救済法理を分析したものに今野順夫「西ドイツ

　　　　　　　　　　　　　　　　　　　　6　ドイツにおける企業別協約の新動向

　　における団結権侵害と救済」（外尾健一編『団結権侵害とその救済』（有斐閣　1985
　　年刊）421 頁以下）。
（8）　石井照久『新版　労働法』（弘文堂　1971 年刊）443 頁。
（9）　萩澤清彦『判例法学全集』541 頁。
（10）　山下幸司「協約の競合」（『現代労働法講座 6 巻・労働協約』（総合労働研究所
　　1981 年刊）191 頁以下）。
（11）　Maren Band, a.a.O., S44.
（12）　Maren Band, a.a.O., S51.
（13）　Matthias Jacobs, 本判決の Gemeinsame Anmerkung, AuR. 8/2002.
（14）　今野・前掲書 464 頁以下参照。
（15）　根本到「使用者団体構成員でない使用者と産業別組合のストライキ」（労働法律
　　旬報・1591・92 合併号 25 頁以下参照）。2004 年 11 月 20 日に法政大学で開かれた外国
　　労働判例研究会での根本教授の本判例に関する報告から貴重な示唆をいただいた。な
　　お，争議行為の比例原則や最後的手段論に関しては，筆者がかつてロックアウトにつ
　　いて検討したことがある。辻村昌昭「西ドイツにおけるロックアウト論争」（横井芳
　　弘編『現代労使関係と法の変容』（勁草書房　1988 年刊）213 頁以下）。
（16）　西谷・前掲書 683 頁以下参照。
（17）　萩澤清彦「複数組合併存と労使関係」（学会誌 54 号）5 頁以下参照。
（18）　山川隆一「団結権に基づく支配介入禁止・妨害排除の仮処分」（労働判例百選〈第
　　五版〉1989 年）16 頁。日本の判例法理は，住友重機械工業・富田機器製作所事件・
　　津地裁四日市支決（昭和 48 年 1 月 24 日労経速 807 号 3 頁）の判断に見られるように
　　団結権に妨害排除請求権を認めたり労組法 7 条から実体法上の不作為義務を認めるこ
　　とには消極的である。
（19）　今野・前掲書 436 頁以下は，集団的団結権侵害の中の「組合間の団結権侵害」と
　　いう類型をあげる。本件事案は，IGMtal 労組員にも一般協約（MTV）と異なる別
　　組合が結んだ企業別協約を変更契約を介して会社側が実行することを，組合間の競合
　　を奇貨とするある面では，組合脱退的と同じ効果をもたらしたとも評し得る。
（20）　例えば，共同交渉問題の全鉱事件・中労委決（昭和 31・3・20）・中労委事務局編
　　「不当労働行為事件命令集・第 14 集」所収。
（21）　日本私鉄労働組合総連合編『私鉄総連 40 年史』（1987 年刊）の 19 頁参照。西武
　　鉄道自体，日本民営鉄道協会に正式加盟したのは，平成 14（2002）年である。この
　　間，経営者団体からは，一応アウトサイダーであった。
（22）　佐藤進「日本における団体交渉の形態──産業別団体交渉」（『新労働法講座・第
　　7 巻』（有斐閣　1967 年刊）198 頁以下）。
（23）　杵島炭礦事件・東京地判（昭和 50・10・21 労民集 26 巻 5 号 870 頁）。
（24）　川崎忠文「〈労働法の解釈〉について」法学新報第 101 巻 9・10 号 1 頁以下。

173

第Ⅰ部　労働契約

(25)　エッソ石油事件最高裁判決は，労働組合と使用者との間で締結されたチェック・オフ協定には，規範的効力を認めず，使用者のチェック・オフ権限を個々の組合員に求め，その中止を組合員が申し入れた場合には使用者はチェック・オフを中止しなければならないとした。産別協約システムを基盤とするドイツの産別労組も，基本的に組合費の徴収は，組合員の自己申告を前提とするという。後者の国鉄札幌駅事件最高裁判決は，組合活動の正当性評価を原則使用者の許諾の有無に求めた。この判決の背景には，企業別労組であっても，組合活動は，事業場外で行われる場合に法的に許容されるべしという考えがある。事業場内に支部組合を持たないことを組織方針とする産別労組において，この「組合活動は，事業場外」という原理は一応妥当しえよう。しかし，ドイツ産別労組は経営協議会に対する影響力を介しながら各種の企業内活動がなされているとされる。角田邦重「西ドイツにおける企業内組合活動」(季刊労働法117号37頁以下)，毛塚勝利「西ドイツの労働事情」(日本労働協会編　平成元〈1989〉年) 参照。

(26)　ドイツの失業者の数は，2005年に入り戦後最悪の500万人を突破したという。この数は，ヒトラーが台頭した1930年代の世界恐慌直後の水準に並んだとされる。朝日新聞2005年4月6日〈第13版〉。

(27)　「団結権，団体交渉権その他団体行動権に関する労働教育行政の指針について」(昭和32・1・14労発第1号労働事務次官発各都道府県知事宛通牒〈労働法律旬報490号・昭和38年6月上旬号2頁以下〉参照。

(28)　稲上毅「ポスト工業化と企業社会」(メネルヴァ書房　2005年刊) 258頁以下。

(29)　日本では，労働組合組織率は，2割を下回った。その意味で，事業場内では無協約化が進行しているともいえるが，労働者の労働条件が個別企業の労使のやりとりで決定されること〈含・従業員代表制〉には原則変わりはない。かつて「おそらく当分は協約は企業別協約の形態が（日本では――筆者注）主であるにちがいない。」「日本の企業協約はかなり特殊な形であり，現実に即して法理を構築しないわけにはゆかない。」(沼田・蓼沼・横井著「労働協約読本」東洋経済新報社刊・1972年刊)の「はしがき」の言は，ドイツにおいて企業別協約が個別の労使間で増加していくこととなるとその協約法理にもはねかえってこざるを得ないであろう。

第II部

労働条件

7 成果主義賃金制度に関する一考察
―― 日本労務学会第33回全国大会での議論を受けて ――

三　柴　丈　典

I　はじめに

　筆者は，2002年度より，近畿大学学内科学研究費の助成を受け，我が国の雇用慣行の特色に配慮しながら，人事考課に関する法的検討を進めている。この課題に関しては，1996年10月に開催された日本労働法学会第92回大会で，「賃金処遇制度の変化と法」が統一テーマとして取り上げられた時期と相前後して，労働法学者による検討も若干進められてきた。しかし，その多くは，人事考課の法的位置づけや，制度的，手続的検討に力点が置かれ，その具体的基準に関わる実質的検討にまで踏み込んだものは，目にしたことがない。確かに，毛塚勝利教授は，同大会での報告の中でも，公正評価すべき対象として，「職業的能力」との概念を提示したが[1]，その具体的な中身，とりわけ法的視角からみた「公正な賃金とは何か」，との問題については，経営からみた「公正」（成果，業績，貢献度），市場からみた「公正」（外部市場賃金），労働者からみた「公正」（肉体的精神的負荷の程度，生活保証，仕事・能力等），等，様々な視点から「公正」を捉える必要があることを示唆するものの，その多様性の中に埋没し，今一歩明確性を欠く感を否めない。
　むろん，最低賃金法所定の賃金額を超える部分についての「公正」な賃金額の決定は，本来労使自治に委ねられており，従って，賃金その他の処遇に反映する人事考課基準についても同様のことが言えよう。しかし，長期決済型処遇制度から短期決済型処遇制度への変化がもたらされている昨今，特に必要とされているのは，我が国の雇用慣行の実像，特色を捉えた上で，それ

に即した公正な評価基準の具体像を抽出し，その面からも公正な評価，処遇が担保されるよう，より踏み込んだ検討を行うことではないか，と考えられる。筆者自身は，雇用形態，業種，職種等，様々な条件により相違があることを前提としつつも，仮説としては，第1に，「組織親和性（：配転応諾義務や残業応諾義務等の法的俎上に上るもののみならず，法的義務を超えて組織に貢献する，より大きな枠での組織への帰属意識を計る概念）[2]」の程度，第2に，毛塚教授も触れている，「労働負荷（：近時産業衛生学などの分野で進められている肉体的，精神的な職業ストレスの研究などを反映し，ある程度の定量化を志向する）」の程度，といったものを，一定程度重視すべきではないか，と考えている。

その検討は，現在なお進行中だが，ここでは，その一節，「日本的雇用慣行は本当に変容『している』のか」，を先行的に公表し，先学のご教示に預かりたいと考えた。但し，この論点に関わる論考はあまりに多く，門外漢の筆者にその全てを渉猟，整理，分析する能力はない。そこで，2003年7月25〜27日にかけて，日本大学において開催された，日本労務学会第33回大会での報告，議論を受け，それに肉付けをする形で，本稿を作成することとした。

II 現在起きている変化

現在起きている，年俸制に代表される成果主義賃金制度[3]の導入の背景には，以下のような事柄が指摘されている[4]。(1)バブル経済崩壊等による賃金コスト抑制や効率的配分の要請[5]，(2)右肩上がり経済の終焉[6]と企業の従業員構成の高齢化，高学歴化，女性化による年功型賃金体系維持の困難，(3)国際競争の激化による間接部門効率化の要請，(4)(3)とは裏腹に，労働のホワイトカラー化，知識集約型労働の進展により，賃金と成果とをより密接に関係づける必要性が生じたこと，(5)若年労働者層の意識の変化，独身従業員の増加，雇用の流動化[7]，多様化等を背景に，長期決済型賃金より短期決済型賃金への要請が高まったこと，等。また，三谷直紀教授は，近年，年齢―賃金プロファイルの傾斜が緩やかになってきている現象の説明を試みる

仮説として，①人的資本への投資の減少による労働能力の伸びの縮小（：これは日本の賃金額が現実の労働能力と無関係ではないことの証左でもある）。②技術革新による中高年労働者の技能の陳腐化，③定年延長（：年功制の下では定年間際の賃金は後払い的に高額になるから，定年延長が与える傾斜の緩慢化への影響は特に大きい），④いわゆる団塊の世代のような人口の多い世代への対応，等を指摘している[8]。

このうち(1)～(4)は，バブル崩壊等の時代性はあるにせよ，企業の高コスト体制の修正という意味では，例えば職能資格等級制度が導入された時期ないしそれ以前の賃金制度の変化の際にも，背景要因としてある程度指摘されていた事柄であり，特に目新しいものとは思われない。むろん，今般の賃金制度改革では，当初，能力主義を目指して職能資格等級制度を導入したはずの企業が，その運用において実際には年功的に傾き，新たに何らかの対応策を求められていたという事情は存在した[9]。しかし，これとて，以前の賃金制度改革の際にも指摘されていた事情である。また①～④も，あくまで企業内労働市場や生産物市場での市場圧力であって，「外部労働市場の市場圧力が増大し，企業が成果主義的な賃金制度を導入したために，年齢－賃金プロファイルの傾きが小さくなっているのではな」い，というのが三谷教授の分析である[10]。

そうした中，(5)の指摘は比較的新しい要素を含んでいるだけに重要である。むろん，従来，我が国の新卒同時期一括採用の慣行にも支えられて，特に非管理職従業員の職能資格等については，同じ仕事をしている人でも勤続年数によって職能資格や賃金に大きな差がつけられてきた，という意味で[11]，また，管理職（候補）従業員を含め，少なくとも同期同学歴入社の間では，一定段階までは昇級昇格がほぼ同様に行われてきた，という意味で[12]，勤続年数重視であったことは事実である。しかし，成果主義賃金制度の導入が主に予定されている管理職従業員等については，従来の我が国の賃金制度の下でも，要は，経営組織のハイアラーキーの中での上位進出者の「ふるい落とし」，という形で，長期決済型競争選抜制度は維持されていたはずである[13]。もちろん，職能資格制度は，それ自体，ポスト不足でも資格で従業員を処遇する制度（いわば企業内人的序列制度）でもあったわけだから，ハイ

第II部　労働条件

アラーキー上昇中のふるい落とし問題は一定程度緩和されたが，職能資格といえどもほんらいは詳細な課業分析に基づき職務と対応して決定せられるべきものである以上，上位の資格ほど数が減ることに変わりはない。また，同じ資格内でも等級等による格差はあり，定期昇給の昇給幅や昇格幅も査定により決定されてきた[14]。従って，これまでであっても，決して能力や実績が重視されていなかったわけではない[15]。

しかし，比較的長期的で多面的な観察の中で「ふるいおとし」が行われる慣行が（全てでないにしろ），真に短期的評価・処遇の制度へと変化しているのだとすれば，これはかなり本質的な変化ということになる[16]。現に，わが国の大卒ホワイトカラーの賃金決定がアメリカのExempt層に比べても短期化している，との指摘もある[17]。それと基を一にして，月例賃金の特に基本給部分について，成果主義賃金制度が導入され始めた当初は，これを減額させることまでは必ずしも予定されず，賞与等での調整が主であるように見受けられたが[18]，笹島教授によれば，現在では，「月例賃金に成果主義賃金を導入した企業は数多い[19]」，とされる（もっとも，「その実態をみると月例賃金の100％が成果主義賃金であるとする企業は少な」く，「年功主義賃金，能力主義賃金あるいは成果主義賃金を組み合わせている企業がほとんどである」という[20]）。また，こうした変化の背景として，企業成長の鈍化から昇進機会が減少したことによる労働者の労働意欲の低下や，労働力の高齢化や定年延長，等への対策といった実際的要請があると指摘する見解もある[21]。

ところが，人的資源管理に関する学問領域では，近時，我が国の雇用慣行にさほど本質的な変化が生じていないことを示す（と思われる）分析も多く発表されて来ている。例えば，「『日本的雇用慣行』の有効性……と深く連関」する「労働市場の流動化」につき，太田聰一教授は，一概に「労働市場の流動化」とは言ってもその意味するところは多義的であり，確かに転職入職率（年初労働者数に対する，当該1年間に他企業から入職した労働者数の比率）のここ最近の増加を含め，労働移動の増加という傾向は見られるが，その内容を具に検証していくと，自発的離職者は少なく，むしろリストラ整理解雇による非自発的離職者や，パートタイム労働者の増加などが要因となっている，と指摘している[22]。例えば定着性を見ると，同一企業5年残存率

の指標で，90年代に平均的残存率が低下し，高卒社員については長期勤続層で雇用安定度が低下している[23]。これは，一見，90年代における労働市場「内部化」進展の停滞，とも映るが，その背景には，離職率の比較的高いサービス業および卸売・小売業のシェア拡大と離職率の低い製造業シェアの縮小，ことに卸売・小売業でのパート化による離職率上昇（すなわち，雇用における「サービス化」と「パート化」）があったという[24]。これに加えて挙げられているのが，(1)若年層を中心とした不況期の不本意就職者の増加，(2)定期昇給や勤続給の廃止・縮小等による転職コストの低下，(3)前述のような，経営上の都合による離職の増加，であるが，大田教授は，転職入職率データの回帰分析の結果から，90年代半ばから最近に至る転職率上昇の大きな要因は(3)にある，と推定している。つまり，経営都合による一方的措置や産業構造の変化による一部産業の条件の影響力の拡大などはあるが，労働者側からの産業横断的な雇用慣行変更圧力は必ずしも認められない，というのである[25]。その上で，日本的雇用システムは，「労使間の信頼関係」を必要条件とする稀有な均衡である，として，その安易な改編を戒めている[26]。

　また，三谷直紀教授は，そもそも労働力の市場価値の測定は困難である，という経済学の基本的な視点に立ち戻った上，近年の賃金構造の変化の特徴として，以下を指摘する。(1)成果主義賃金制度の導入にもかかわらず，年齢階級毎の賃金格差にあまり変化が見られないこと，(2)パートタイム労働者とフルタイム労働者の賃金格差が拡大していること[27]，等。加えて，もし市場の賃金相場が企業内賃金に与える影響が増大しているならば，賃金は市場相場に収斂し，企業間格差は小さくなるはずだが，実際には，1990年から2000年にかけて企業間格差は拡大している，等として，外部労働市場の企業内賃金に対する影響力が90年代以降に強くなったとは言えない，と明言する[28]。加えて教授は，短期成果主義賃金制度を導入する場合の問題として，短期評価における公平性担保の困難性，それによる労働意欲の低下，長期的目標に対する誘因の喪失，等を挙げ[29]，自らの分析の正当性を裏付けている。

第Ⅱ部　労働条件

Ⅲ　年　俸　制

　成果主義賃金制度（正確には「〜と呼ばれているもの」）の代表例として挙げられるのが年俸制である。厚生労働省の平成14年就労条件総合調査によると，年俸制を導入している企業数割合は11.7％で，企業規模が大きいほど年俸制の導入割合が高くなる傾向は変わらないが，数値の上では，平成10年に行われた前回調査に比べ，0.6％減少している。年俸制を導入する企業の狙いは，おおよそ，前項で述べた背景を意識しつつ，「従業員のモチベーションの向上」を図ることにあるようである[30]。

　一概に年俸制と言っても，1年を単位とした賃金決定（金額の提示，交渉，決定）を行うことを基本として（但し，決定されるのは賃金の基本部分にとどまるとするものが多い[31]），(1)賃金額の決定要素から労働時間を完全排除するか否か（学説上排除するとするものあり[32]），(2)成果（＝業績＝実績）主義[33]を採用するか否か（(1)(2)の問いは一致することも少なくないだろう。しかし，労働時間を賃金決定要素から排除しても，「純粋な」成果のみが決定要素として残るわけではなく，例えば「同じ時間内でも」誠実労働をしているか否かは依然として重要な決定要素となり得る。また，例えば，遅刻・欠勤等した場合に賃金カットがなされるか（この点については資料が見当たらず実態は定かではないが，学説上は「労働時間管理が行われる場合」について，これを肯定する見解あり[34]）といった問題では，仮にカットを認めれば，(2)が肯定されても(1)が否定されることもあり得ること[35]，年功要素を加味することの可否，程度等は主に(2)の問題であること，といった相違は出てくるであろう），(3)継続雇用を前提とするか，契約期間を1年ごとに更新するか（わが国では通常，継続雇用が前提[36]），(4)年俸額決定は前年度実績に対応するか当該年度実績に対応するか（通常は，前者を基本としつつも後者による調整を行うことが多いと思われる），等によって，その内容は異なる。ちなみに厚生労働省の前掲平成14年調査では，「賃金を1年単位で決定しているもので，適用者の能力や業績に対する評価で決定するものをいう」，と定義されており，前述の調査はこの定義に基づいてなされている。これは，(1)(2)を肯定し，(3)を不明（通常は肯定），(4)を不

明,とするものと考えられ,その他の定義を見ても,おおよそ違いはないようである。

もっとも,わが国で採用されている年俸制の多くは,特に(3)の肯定を前提とし,「年俸額の変動幅も業績年俸として比較的小幅に抑制される[37]」など,雇用や雇用条件の急激な変化を必ずしも予定しておらず,日本的年俸制や業績賞与併用型年俸制などと呼ばれている。つまり,「年俸制と呼ばれるもの」を導入する企業の意図は,賃金額の決定と勤続年数(定期昇給)や実働時間(時間外手当)との関係を切断することであったり,賃金の下方硬直性を修正することであったりするもの,と思われる。前掲厚生労働省調査での制度導入企業の減少傾向を見ても,また年俸制と一体で導入されることの多い後述する目標管理制度の不成功の傾向からも,とりわけ(3)を否定するような,純粋な意味での年俸制の導入は,わが国では一般的に困難を伴うものと言えよう。

Ⅳ　目標管理制度

成果主義賃金制度の導入に併せ,90年代中期以降,就業管理の一環として導入企業が増えている目標管理制度について,奥野明子助教授は,次のように説明する[38]。

「組織目標を分析し,それを達成するために上司と部下の双方が合意する……明確で,数値化され,時限的で……,行動計画をともなう」「部下の個人目標を設定する[39]」。目標の実行段階では「部下の自己統制を基本とするが,上司は部下を支援し,……一定の期間後……,面接を行い,上司と部下の双方が納得した業績基準に基づいて進捗度と目標達成度が評価される……管理プロセスを,目標管理という[40]」。

期首と期末における面接(交渉)を不可欠の要素とするから,仕事に関する「会社と社員の対等な関係を前提と」するとともに,その実現をもたらす。つまり,エンプロイアビリティ[41],すなわち「労働市場で価値のある職業能力をもつ社員[42]」(日経連の雇用ポートフォリオでいえば,高度専門能力活用型および雇用柔軟型社員)に対してはじめて有用なしくみと言える。

しかし，現状では，多くの会社で，「労働市場にみられる交渉のルールにのりにくい職務を行う社員」，すなわち「社内で長期的に雇用されるもの」（同じく，長期蓄積能力活用型社員），を対象に，「社内での序列形成をねらいとした評価制度として用いられている」。このような場合，個々の「社員が行う職務について……目標を設定することは可能であるが，目標のレベルを評価する基準は存在しない」から，「目標管理を使った評価は不十分なものと」ならざるを得ない[43]。よって，「目標達成度と報酬との関連度を強めすぎないことが必要となる」。裏から言えば，目標管理における目標設定や目標評価の基準が社内外に存しない以上，それらは上司と部下の力関係や交渉力の違いにより決定される。つまり，「話し合い（≠交渉）」を通じた社内序列の形成ないし固定化がもたらされる。

他方，本来の目標管理，すなわち「労働市場を前提とした仕事に関する交渉としての目標管理」，あるいは「エンプロイアビリティを高めるために有効な目標管理」では，「明確な交渉条件の参照先が労働市場に存在する」ことが前提となる。すると，むしろ，「個々人によって基準が異なる不完全な交渉ルールともいえる目標管理を導入することが，かえってコスト高となる場合もあ」り得る。よって，この場合にも，「会社によって行われる目標管理ではなく，日常の仕事のなかで社員が独自に行う目標設定，進捗度のチェック，目標達成度の評価」によってこそ，その趣旨が実現される，と。

つまり，目標管理は，あくまでエンプロイヤビリティを持つ社員の自律的な志気向上のツールとして用いられるべきで[44]，従属的立場にある社員に対する報酬決定のための評価のツールとして用いるべきではない，ということである。

思うに，わが国の雇用社会における（多元的な）同質性志向を基本にすれば，面接での交渉を基本とする目標管理制度は，タテとヨコ，最低2つの視点でうまく機能しない危険を孕むように思われる。先ず，タテだが，わが国の企業では，上司と部下の間には同じ従業員としての同質（連帯）意識[45]がある一方，労働法（学）が基礎としてきた労働者の経済的，組織的従属性，地位や社会階層の違いにも通じる人格的従属性，知識や経験，職務遂行能力やそれらを要素とするリーダーシップなど，様々な要素を背景とする異

質性[46]も存する。よって，そもそも対等な関係での交渉には困難を伴う。次にヨコだが，そもそも謙譲を美徳とするわが国の文化からも，加えて，集団プレーを強みとし，従って重視するわが国の就業慣行からも，自身の優れた点を臆面無くアピールすること自体馴染まないし，もとより人事評価基準でも，協調性や順応性は重要な評価基準の一つであることが多い[47]。目標管理制度は，奥野助教授の指摘する制度内在的な問題，同じくエンプロイアビリティーの前提となる外部労働市場の未成熟という外在的問題[48]に加え，こうした様々な問題を有する制度であり，これらの条件をクリアしない限り，わが国ではなじみ難い制度といえよう。

V　コンピテンシーとディレールメント

近時，人事・労務管理の分野で，コンピテンシー（Competency）との用語が注目されている[49]。これは，従来のわが国の能力主義という場合の能力が意味した，年功や潜在的能力とは異なり，顕在化した発揮能力を特定するもので，成果主義と結びついて導入されたものである[50]。歴史的には，旧来アメリカで用いられていた「知的能力」や「性格特性」などの用語が，実際の職務遂行能力との関係（妥当性）を問われ，かつそれに関する研究が困難である，等の事情から，評価方法の中心に行動評定手法を導入することをもって，それを刷新する意味合いを持って登場したものである[51]。

Klempによれば，「効果的で優れたパフォーマンスをもたらす人に見られる特性」のことで，「動機，性向，技能，知識などの総体」からなり，「本人も保持していながら気づいていないもの」，とされ[52]，人事測定研究所研究主幹の二村英幸氏によれば，「高業績をあげているメンバーの成果に結びつきやすい行動を抽出し，その行動と同じ行動が出現する程度を評定する」実践性と顕在性を持った能力観，と説明されている[53]。コンピテンシーマネージメントの分野で著名なSpencer LyleとSpencer Signeの共著によれば，「もともとは資質的な側面も後天的に学習される側面も，また職務を超えた普遍的な能力も特定の組織・職務に固有に求められる能力も含んだ概念である[54]」，という。

第II部　労働条件

　実際のコンピテンシーの評価は，ある「職務において決定的な意味をもつ行動や機能を，コンピテンシー・モデルと呼ぶコンピテンシー要素の体系として構築」し，この体系に照らした「具体的な職務行動の観察評定」によって行われる。「課題解決能力，積極性などの人物特性の要素を評定するのと異なり，観察可能な行動の事実の確認をさせる評定であり，評定要素の理解や特別の評定スキルが求められるわけでもな」く，部下や同僚を含めた複数の多面的観察評価手法により行われることも多いようである[55]。わが国では，小林忠嗣氏により，いわゆる知的生産性向上システム（DIPS）と呼ばれる，労働の効率化，自律的キャリア形成志向の労働のあり方が提唱されているが[56]，コンピテンシー評価とは，一面において，まさにこうした事柄を体系化し，促進していく評価手法とも言えよう。

　そのメリットとして挙げられているのは，(1)評価項目が具体的であることによる，評価の分かり易さと納得の得られ易さ[57]，(2)経営戦略（方針）を具体的行動指針として組織の末端まで伝え易いこと（それにより高業績を生み出す組織文化の統一が図り易い）[58]，等であり，それなりに効果をあげている，との実務家の評価もある[59]。

　しかし，この概念の使用に対しては批判もある。第一に，概念自体の曖昧さが挙げられる。先述のSpencer LyleとSpencer Signeの共著が示すように，コンピテンシーが顕在化能力とそれを生み出す潜在的能力の両者を含む総合的なものを示す以上，既存の職務遂行能力との違いは不明確となる[60]。よって，その評定項目にも客観性，市場性がなく，採用選考や訓練開発には利用できても報酬決定基準としては不適当，との批判がある[61]。第二に，この概念の現場適用上の問題として，この概念が総合的な意味合いを持つにもかかわらず，提案された物差しが過剰に重視され，却って概念操作される本末転倒が生じ得ることが指摘されている[62]。しかし，これまた職務遂行能力にも該当しよう。第三に，コンピテンシーが行動評定（外見にこだわる指標）と誤解される結果，外見ばかりの行動の枠組みに縛られ，労働の創造性が失われたり，「行動レベルでは自由を許容しながら底に流れる精神的含意をじっくりと体得させる日本的マネジメントにはそぐわないのではないか」，との指摘がある[63]。

また，コンピテンシーが高業績の達成者モデルを基本にしていることから来る問題点として，いわば「スーパースター」要件を列挙してしまい，標準的要件を欠いてしまう恐れや，チームワークへの視点が欠如してしまう恐れ，等を指摘する者もある[64]。こうした問題に対処するため，わが国でも，ディレールメント（Derailment）という概念の併存利用を提唱する論者も現れた[65]。ディレールメントとは，ほんらい脱落脱線を意味し，80年代にCCL (Center for Creative Leadership: アメリカの代表的なリーダーシップ訓練機関）という訓練団体で開発，提唱されたものである[66]。具体的な項目としては，「人への無関心」，「傲慢」，「用心深すぎる」，「依存的」，「疑い深い」，「エキセントリック」（以上DDI社）[67]，「多様性に対する柔軟な対応力の欠如／組織順応性の欠如」，「業務管理能力の欠如／詰めの甘さ」，「行きすぎた野心性／自己中心的な出世志向」，「傲慢／独善性／自分本位」，「裏切り／言行不一致」，「学習力の欠如／行動改善力の欠如」，「ヒステリー／行動安定性の欠如」，「過剰な自己防衛」，「倫理観・ヒューマニティの欠如」（以上，Lombardo)[68]，等が挙げられ，要は，職務遂行を負の側面から「治療的に」支えようとする意図を看取できる。組織人事コンサルタントの永井隆雄氏は，コンピテンシーだけでは，「列挙しても当たり前のことが並ぶだけだが」，両者を相補的な関係と捉えると，キャリア成功／失敗が説明されやすい，と述べている[69]。

ここからもたらされる示唆としては，以下の2点が挙げられよう。(1)コンピテンシーの概念は，従来より注視されて来た潜在能力（やその誤用がもたらした形式的な年功）「に加え」，顕在能力や行動様式に注視させる意義を持つが，「総合的な」職務遂行能力の概念からさほどかけ離れたものではない。しかし，従前は当人に知らされることの少なかった評定結果の詳細が，成果主義導入の一環として当人に示されるのであれば，能力開発手法としてのみならず，意義が認められる。(2)ディレールメントは，負の側面から職務遂行を支える概念として，コンピテンシーの欠点を補う意義を持つ。

しかし，それでもなお，従業員の長期的観察の結果を反映する従来の職能等級資格制度等を本質的に改変する必要性があったか，という疑問は払拭されない。

Ⅵ 年功制度の合理性

いわゆる「年功」制度といっても，同期同学歴が前提であることや，組織の必然として上位進出者のふるい落としが存在することは既述の通りだが，純粋な年功的処遇にもそれなりの合理性は存在する。従来指摘されてきたところをまとめると以下のようになろう。(1)例えば職能資格制度の下では潜在能力が評価対象となるが，そもそも個人の潜在能力を計ることは容易でなく，年功と共に向上することを前提とせざるを得ない。逆に言えば，勤続年数以外の主観的要素による判断の偏向を抑制できる[70]。(2)年齢の高齢化に伴う生計費の上昇に対応できる。(3)自社内でスキルアップさせた人材を外部に逃さずに済む，と同時に，将来の見返りを誘因として若年層の労働意欲，会社従属性を高められる[71]。(4)わが国の文化的背景としての「長幼の序」に沿い，従業員の納得を得やすい[72]。(5)労働者の能力情報を長期間にわたって観察し，評価することができる[73]。

三谷教授によれば，年功賃金の合理性を述べる「いずれの仮説でも企業内の市場価値と賃金は短期的には乖離するが，長期的には一致しているはずである。また，これらの仮説で考えられている年功賃金を成り立たせている要因が最近なくなったとは考えられず，年功賃金の経済合理性が消滅したとは考えられない」[74]。さらに，近年の「労働需給の緩和や非正規雇用の拡大といった外部労働市場の変化は，従来の不況期と同様に，若年層や高齢層といった非熟練層や非正規雇用と代替的な労働者の賃金を低下させており，……むしろ年齢－賃金プロファイルの傾きを急にする方向に働いている」，とされる[75]。

また，このうち一見軽視され易い，(4)わが国の文化的背景は，従業員の納得上，就業管理上，ひいては企業経営にとって，存外に重要な意味を持つ。この点，文化人類学者，中根千枝の次の指摘は未だに一定の妥当性を持つものと考えられる。すなわち，従業員の序列は同学歴を前提とした「入社年次によって普通きまるようである。これは，経営者側がつくるというよりは，従業員自体の意識によって設定されるといえよう」。「この驚くべき序列意識

に対しては，会社側はたとえ……能力主義を打ち出したとしても，たじたじとならざるをえない。筆者のみるところ，日本人の『オレだって』という意識はまったく世界に類をみないほど強く，自己に対する客観性をミニマムにしている」。「伝統的に日本人は『働き者』とか『なまけ者』というように，個人の努力差には注目するが，『誰でもやればできるんだ』という能力平等観が非常に根強く存在している」。「この能力平等観にたてばたつほど，その結果として序列偏重に片よらざるをえない」。こうしてできた企業内のタテ型社会は，「序列偏重で一見非常に弾力性がなく，硬直した組織のようであるが，これは同時に，驚くほど自由な活動の場を個人に与え」ている。その理由としては，リーダーの能力の欠如を部下が補えること，有能な部下が上司の仕事に介入できること，しかしリーダーを立てることでヨコの位置に配慮できること，等が挙げられる。他方，「日本のシステムは序列一辺倒で，能力主義が行われていないとみるのはまちがっている。正確には，能力主義はきわめて限定された枠内で行われているというべきであろう」。例えば，「各年度の出世頭の線では年度による序列が守られている……のがつねである」。また，「たまたま一見不公平と思われる人事が行われたとしても，長い目でみれば，後に調整されたりしている」，と[76]。

Ⅶ　おわりに

わが国のイエ制度内での母子の「甘え」に関連して船曳教授が述べる次の一節は，本稿の主旨を的確に捉えている。「イエを成り立たせていた経済的基盤はなくなっても，イエにあった『甘え』といった構造は続いていました。それは，イエの物質的な，経済的な変化とは別に，家族の中の育児のように，育てられたものが同じようにして自分の子を育てる，という身体を通じての慣習はなかなか変わらないからです」。むろん，現在は，「農業段階から産業段階への移行に伴う」「最終的な変化を要求されて」おり，「強い喪失感を伴」いますが，重要なことは，「その中で，『甘え』をどのように，よいものとして再発見出来るのか」，と考えることです，と[77]。

人事労務管理の分野も労働法学の分野も，優れて人間論的な分野である。

むろん，労働法学は規範学ではあるが，それとて人間社会を抜きに解釈論，立法論を立てることは難しい。危険回避性向を持つ人間像，集団主義的傾向を持つ日本人像，を念頭に置いた時，安易な形で長期決済型制度から短期決済型制度への変容を制度的に受け入れることには，疑問を感じざるを得ない。

（1） 毛塚勝利「賃金処遇制度の変化と労働法学の課題」日本労働法学会誌89号（1997年）5頁以下。
（2） ただし，この仮説が前提とする，いわゆる日本人の同質性論に対し，国際的な社会調査結果を踏まえて批判を加える論者もいる。例えば，間淵領吾「第7講：社会調査データの二次分析　第2部：二次分析の実例紹介『二次分析による日本人同質論の検証』」http://www.nara-u.ac.jp/soc/staffs/mabuchi/lectures/researchmethod7_2.htm（2003年1月19日現在）（この論述は，同「二次分析による日本人同質論の検証」理論と方法17巻1号（2002年）3頁以下を基礎としている）は，1981年から1998年までに日本を含む多数の国々で同時に実施された9つの大規模な国際共同世論調査から223項目を選び，回答の標準偏差（バラツキの指標）によって通説を検証し，「要するに，(1)日本人の意識は他国民より特に同質的とは言えないし，(2)日本人の家族・ジェンダー，政府の役割，職業に対する意識については，むしろ同質性が低い場合もある」，と述べている。また，近年，多角的分析から，従来の日本人論が同質同調論に偏りすぎると指摘し，多元分散の視点を提起，国民性よりはむしろ階級間の相違の方が実質的意味を持つ，と論ずる杉本良夫／ロス・マオア『日本人論の方程式』（筑摩書房，1995年）が公刊されている。むろん，日本人を安易に一括りにして同質的であると論じることに問題があることは当然である。しかし，平井宜雄教授が著書『法政策学（第2版）』（有斐閣，1995年）の中で紹介している「持分仮説（軍政秩序内の各身分階層が個々に持つ権限（持分）の総和が上位者（特にトップ）のそれを凌駕する場合（このような組織を教授は「弱い」ヒエラルキーと呼ぶ），意思決定には下位者との「合意」が求められることになる，とする説で，元は幕藩体制下の藩について実証研究がなされたもの）」からも，その「傾向」についてある程度合理的な説明は可能となるし，同教授自身，こうした検討を受けて，わが国の社会，特に雇用社会で「根回し」的紛争解決が行われてきたことと，その前提として，「紛争の関係者が共通の価値に支えられた規範によって強く統合されている」状態が存すること，等を指摘している。また，労働契約の性格という視角から，職場のチームワークへの貢献を考課基準とすることの合理性を論じたものとして，土田道夫「成果主義人事と人事考課・査定」『成果主義人事と労働法』（日本労働研究機構，2003年）81頁以下を参照されたい。
（3） 成果主義は年功主義に対する用語として登場し，日経新聞データベースによれば，

92年にはじめて登場し99年には3桁台,と急速に使用頻度が増えた,とされる(笹島芳雄「成果主義賃金の概念,実態,意義と課題」『日本労務学会誌第33回全国大会研究報告論集』(2003年)43頁,二村英幸「成果主義と個別人事管理」http://www.hrr.co.jp/research/images/09_00soshiki.pdf(人事測定研究所,2001年公開。筆者アクセスは2003年8月15日)2頁)。しかし,実際には,「業務請け負い的な関係づくりが志向されることもないではないが,多くは従業員の動機づけ,能力開発が本旨と理解」され(二村前掲論文(2001年)2頁),「成果主義と年功主義の違いは……厳密に考えると必ずしも明快ではない(笹島前掲論文・報告論集(2003年)43頁)」。もっとも,この点は,そもそも労働契約が請負契約ではなく,純粋に成果による賃金体系は労働契約の本質に矛盾すること(土田道夫「能力主義賃金と労働契約」季刊労働法185号(1998年)13頁)とも一定の整合性を持つように思われる。従って,結局のところ,98年になされた野田教授による以下の説示が,今なお正鵠を得ているものと思われる。すなわち,「当面のわが国の多くの企業では,たとえ成果主義賃金の導入が急がれているとしても,これまで支配的であった職能資格制度を全面的に廃止しているわけではない。むしろ,これまで確立されて生きた職能資格制度を,年功的にではなく成果主義的に運用することが,火急の課題とされているものといえよう(野田進「能力・成果主義賃金と労働者の救済」季刊労働法185号(1998年)66頁,同旨のものとして,八代充史「成果主義人事制度の実態と今後の課題」『成果主義人事と労働法』(日本労働研究機構,2003年)16頁ほか)」。

(4) 以下,例えば,土田前掲論文(1998年)8頁,永野仁『日本企業の賃金と雇用』(中央経済社,1996年)56,57頁,笹島前掲論文・報告論集(2003年)46頁他。

(5) 笹島前掲論文・報告論集(2003年)46頁は,企業による成果主義賃金制度導入傾向の要因の筆頭に,企業業績の悪化を挙げている。このことは,ともすれば,実質的な賃金制度の改善よりも賃金削減の要請が優先されてしまうことがあり得ることを物語っているようにも思われる。

(6) 三谷直紀「賃金の『市場化』と賃金制度」『日本労務学会誌第33回全国大会研究報告論集』(2003年)29頁によれば,これにより,春闘の役割も,当初の大幅賃上げ(ベア)獲得やその後の相場形成から,「賃上げや労働条件だけでなく,企業を取り巻く経済環境,人事制度など労使の幅広い対話の場としての役割」へと変貌してきている,とされる。

(7) 成長率の低下,将来収益の不確実性,少子高齢化,等の前提の下では,企業行動は,企業特殊技能の社内養成よりは,即戦力の採用や短期的雇用形態の積極的採用へと流れる(大田聰一「労働市場の流動化:現状と展望」『日本労務学会第33回全国大会研究報告論集』(2003年)15頁)。その結果,賃金体系は外部労働市場を意識した短期決済型へと移行せざるを得ない,と考えられる。

(8) 三谷前掲論文・報告論集(2003年)28頁。

第Ⅱ部　労働条件

(9)　笹島前掲論文・報告論集（2003年）49頁脚注5。原著は，笹島芳雄「職能給の発展と成熟，そして職務給の再登場」雇用システム研究センター編『日本の賃金』（社会経済生産性本部生産性労働情報センター，2001年）第2章第2節）。
(10)　三谷前掲論文（2003年）29, 30頁。
(11)　井手亘「人事評価手続きの公平さと昇進審査の公平さに対する従業員の意識」日本労働研究雑誌455号(1998年)http: //db.jil.go.jp/jsk012/dtldsp?detail =F1998120116 & displayflg =1（2002年9月24日現在）Ⅰ，Ⅶ2。
(12)　井手前掲論文（1998年）Ⅰ。
(13)　同旨，笹島前掲論文・報告論集（2003年）43頁。
(14)　三谷前掲論文（2003年）29頁。
(15)　三谷前掲論文（2003年）25頁以下も同旨。特に同28頁は次のように述べる。「日本の賃金制度が，大企業を中心にこれまで市場価値を無視して年齢や勤続年数といった属性だけで年功的に賃金を決定していたというのは明らかに誤りである」，と。
(16)　三谷前掲論文（2003年）28頁も，成果主義賃金制度の導入が，定期昇給廃止と並び，賃金決定の短期化を意味するものとしている。笹島前掲論文・報告論集（2003年）44頁図表1（初出：笹島芳雄「成果主義の概念」楠田丘編『日本型成果主義』（生産性出版，2002年）第1章第3節）は，縦軸に「処遇格差」（上下＝大小），横軸に「個人成果を処遇に反映するタイムスパン」（左右＝短期長期）を設定した表を示し，いずれも「従業員の業務上の個人成果」を反映する制度であることを前提としつつ，年功主義を右下に，能力主義を中心に，成果主義を左上に置いている。
(17)　小池和男「国際相場を越えた短期化－日本大企業サラリーの変化」ファイナンシャルレビュー67号（2003年）35頁以下。
(18)　例えば永野前掲書75頁以下の実例紹介等を参照されたい。
(19)　笹島前掲論文・報告論集（2003年）45頁。
(20)　笹島前掲論文・報告論集（2003年）45頁。ここでは3種類の典型的パターンが示されており，いずれも業績給（成果主義賃金）部分は基本給全体の2〜3割にとどまり，実際の最低〜最高評価までの金額的な差異は，職能資格等級に応じ，毎月2万円から8万円程度である。

　なお，これらは初期的な賃金決定の問題であり，直接の関連性はないが，労基法91条は，減給制裁の制限を一賃金支払期における賃金総額の十分の一以下としている。このことは，制裁においてすらかような制限が設けられている，という意味で考慮されてもよいと思われる。
(21)　三谷前掲論文（2003年）29頁。
(22)　大田前掲論文（2003年）9頁以下。
(23)　大田前掲論文（2003年）11, 12頁。

(24)　大田前掲論文（2003 年）13 頁。
(25)　ここで大田教授は次のように述べる。「単純な回帰分析から強い結論を得るのは危険であるが，『サービス化』という要因を除けば，最近の一般労働者の転職率上昇が必ずしも労働市場の『構造変化』を反映しているとは限らない（大田前掲論文（2003 年）14 頁）」。従来の日本的雇用慣行に深く根ざした転職阻害要因等を考えると，「筆者は今後急激に労働市場が流動化するというシナリオは現実性が薄いと考えている（同前 15 頁）」，と。但し，教授は，日本の長期雇用均衡が短期雇用均衡より望ましいとされる前提条件として，次の 3 点を挙げる。①企業存続についての労使双方の楽観，②企業内訓練の効率性，③外部労働市場の未発達（同前 16 頁）。
(26)　大田前掲論文（2003 年）16 頁。
(27)　以上，原典は，大竹文雄「90 年代の所得格差」日本労働研究雑誌 480 号（2000 年）2 頁以下。パートタイム労働者とフルタイム労働者との賃金格差の拡大傾向については，厚生労働省「平成 15 年版労働経済の分析〈要約〉——経済社会の変化と働き方の多様化——」第Ⅱ部第 2 章第 3 節賃金制度等の動向（2003 年 8 月発表）http: //www.mhlw.go.jp/wp/hakusyo/roudou/03/hyo42.html（アクセスは 2003 年 8 月 27 日）も参照した。これによれば，賞与を含む年間賃金で時間当たり賃金の格差をみると，33 種，女性労働者間比較の統計で，1990 年では，一般労働者を 100 として，58.3 ポイントであったものが，2001 年では，54.4 にまで拡大している，という。
(28)　三谷前掲論文（2003 年）27 頁。その他，賃金改定要素として「世間相場」よりも「企業業績」を挙げる企業割合の増加，（名目）賃金引き下げによる労働意欲の低下を回避するための賃金の下方硬直性の存続，等が挙げられている。
(29)　三谷前掲論文（2003 年）29 頁。
(30)　笹島前掲論文・報告論集（2003 年）47 頁。
(31)　日本生産性本部「年俸制に関する調査」（1992 年），雇用情報センター「これからの賃金制度のあり方に関する調査研究のためのアンケート調査」（1995 年），社会経済生産性本部「年俸制に関する調査」（1996 年）など。
(32)　盛誠吾「年俸制・裁量労働制の法的問題」日本労働法学会誌 89 号（1997 年）53 頁。なお，盛教授は，労基法 37 条，労規則 19 条が，割増賃金計算に際して賃金―労働時間の対応関係を図っていることについても，あくまで「労働時間規制のための技術的手段にほかならない」，として，それが例外的措置であることを強調している。
(33)　なお，成績，業績，能力といった用語の意味内容や相違については，人事労務コンサルタントの楠田丘氏が，81 年時点で既に次のような整理を行っているが（楠田丘『人事考課の手引』（日本経済新聞社，1981 年）22 頁以下。労働法学の分野では，野田前掲論文（1998 年）76 頁脚注(3)が，既にこの定義を紹介している），成果，実績といった用語を含め，実務界ではそれほど厳格な区別がされているようには思われ

　　　　ない。
　　　　　成績（職務の遂行度）×「職務のレベルや広がり」＝業績
　　　　　業績±外部条件 and/or 内部条件 and/or 本人条件＝能力
(34)　土田前掲論文（1998年）14頁。もっとも，労働時間管理が行われるような作業であれば，そもそも成果主義賃金にはなじまない，との考え方も成り立とう。ちなみに，遅刻・欠勤等の場合の賃金カットに関する私見は以下の通り。たとえ，年俸額が前年の実績を基に決定されていたとしても，それは前年同様の成果を期待した上での金額である以上，遅刻や欠勤によらない場合はもちろん，それらにより，期待された「成果」が挙げられなければ，成果主義という本旨に照らし，その部分の賃金カットをなし得ることは当然であろう。このことは，民法624条1項（または632条ないし634条）の趣旨からも正当化されると考えられる。よって，業務の性質上，一定の拘束時間を経てはじめて成果を挙げることが可能なものであれば，成果の中に拘束時間の経過が含まれている，とも考えられ，時間を基礎とする賃金カットも可能であろう。とはいえ，拘束時間と賃金との関係性があまりに強いものは，そもそも成果主義にはなじまないことにも留意する必要がある。
(35)　但し，(1)の対象をあくまで賃金決定要素としての労働時間，つまり通常の労働が行われている場合の考慮要素の問題と考えれば，遅刻・欠勤といった懲罰的な事柄とは分けて考えなければならないかもしれない。この点については，逆に超勤手当の有無を判断基準の1つとすることも可能であろう。
(36)　土田前掲論文（1998年）16頁。
(37)　土田前掲論文（1998年）16頁。
(38)　奥野明子「エンプロイアビリティと目標管理」『日本労務学会第33回全国大会研究報告論集』（2003年）35-40頁。これによれば，わが国では，1963年頃から，十條製紙（現日本製紙），日本電信電話公社（現NTT），住友金属鉱山などでの導入が先駆けとなった。その後，2001年では64.2パーセント（労務行政研究所調査），2002年では81.8パーセント（同研究所別調査）にまで拡大している，という。
(39)　目標設定面接では，部下が一定期間に達成すべき目標を自ら考え，それをもとに上司と目標内容や目標のレベルについて話し合い，その結果，評価の基準となる目標と評価方法が上司から示される，という手順が原則であるとされる（奥野前掲論文・報告論集（2003年）36頁）。
(40)　奥野明子「目標管理と職務の適合性」日本労務学会誌5巻1号（2003年）61頁。
(41)　森田雅也「エンプロイヤビリティの可能性と人事・労務管理」『日本労務学会第33回全国大会研究報告論集』（2003年）51頁によれば，エンプロイヤビリティという用語は，アメリカの人事労務管理の分野で，ビジネス環境の激変に応じ，リストラクチュアリングやダウンサイジングが行われていた1980年代後半に登場し，わが国

では，日本経営者団体連盟『エンプロイヤビリティの確立を目指して──「従業員自律・企業支援型」の人材育成を──（日経連教育特別委員会・エンプロイヤビリティ検討委員会報告）』（日本経営者団体連盟教育研修部，1999年）がそれに関する議論の嚆矢となった，とされる。そもそもは，Kanter, R.M. の提唱にかかり，「雇用されることがもはや保障されないとすれば，雇用される能力があることが保障されなければならない（Kanter, R.M., When Giants Learn to dance (1989), p.321)」，という考え方を示したものである，という。

(42) 日経連前掲報告書（1999年）では，「広義のエンプロイヤビリティ（雇用される能力）」=「労働移動を可能にする能力（狭義のエンプロイヤビリティ）」+「当該企業の中で発揮され，継続的に雇用されることを可能にする能力」と定義されている。また，同報告書は，その中で一貫して，「従業員自律・企業支援」という方向を示唆している。これらに加え，実際の企業の動向を受けて，森田助教授は，わが国でエンプロイヤビリティが用いられる場合の特徴として，それ「を雇用の代替物として捉えず，雇用の確保には努める姿勢を明確にしているところにアメリカとの違いが見いだせる」，と述べている（森田前掲論文・報告論集（2003年）52，53頁）。

エンプロイヤビリティは未だに多義性な概念であり，用いる主体によっても強調される意味が異なる。使用者は，雇用代替志向（雇用保障に代わるもの）や雇用柔軟性志向（必要な時に必要な人材を用いること），自律性付与志向（従業員の自律支援）を強調し，従業員は，キャリア志向（内部・外部労働市場での自身の価値の把握と形成）や自律志向（他律的仕事から自律的仕事への変化，変更）を強調する。他方，政府は，失業回避志向（求職・転職者の職業能力の向上と雇用のミスマッチの減少）を強調する（同前54頁）。

他方で森田助教授は，このような概念の多義性を前提としつつもなおエンプロイヤビリティが持つ特徴として，労働者の形成した能力の市場価値が諸事情に左右されるという意味での状況依存性，個人が形成・育成する職業能力を選択できるという意味での個人帰属性などを指摘し，また，利点として，労働者の自信と組織の将来や組織外部（水平軸）への視野の拡大，仕事を離れた生活（ワーク・ファミリー・バランス）への意識の拡大，等がもたらされる可能性を指摘し，従来の職業能力との違いを強調している（同前54～56頁）。

(43) このことの証左として，目標管理に問題を感じる，とした企業（これ自体が導入企業の大半を占める）の約7割が評価者間の評価基準の統一の困難さを挙げ，約6割が目標設定の基準の曖昧さを挙げた，社会経済生産性本部の調査がある，という（奥野前掲論文・報告論集（2003年）37頁）。

しかしながらその一方で，労務行政研究所の調査によれば，89年以降95年までは目標管理結果を人事考課制度に間接的に反映させるとした企業が直接的に反映させるとした企業を上回っていたが，97年以降の調査で逆転した，という。さらに，産業

能率大学の調査からは，80年代に目標管理を導入した企業の約半数が「経営ビジョン・経営計画の具体化」を狙いとしていたが，90年代に入り「成果・業績主義の徹底」を狙いとする企業が増加した，という（同前）。

(44) 奥野助教授によれば，そもそも目標管理は，Drucker 氏（Drucker, Peter F., The Practice of Management, (Harper & Row., 1954)．邦語訳は，野田一夫監修・現代経営研究会訳『現代の経営』(上)(下)（自由国民社，1956年)）によって，「目的と自己統制による管理（Management by Objectives and self-control）」として提示され，50年代から米国企業で一般化していった管理制度であり，あくまで「自己統制を行うことができる自律的な個人が前提となっている」という（奥野前掲論文・報告論集（2003年）40頁）。

(45) この点は，栗田健『日本の労働社会』（東京大学出版会，1994年）等に詳しい。

(46) この点については，中根千枝『タテ社会の人間関係：単一社会の理論』（講談社，1967年）71〜94頁も参照した。中根女史は，ここで，日本社会が単にタテとヨコの2つの糸（構造）を持っている，と述べているのではなく，ヨコよりはタテの関係が重視されていること，タテの関係は能力や実力よりは年齢等の序列で構成されていること，それゆえ（とはいえ），タテの関係は欧米におけるような厳格な身分階層的なものではなく，特に一族郎党的な同族の枠内では，親密感で形成されていること，等を示している。しかし，タテ関係で「序列」意識が存在すること自体は否定していない。

(47) この点で，奥野助教授も引用する，太田肇『日本企業と個人──統合のパラダイムと転換』（白桃書房，1994年）216頁（括弧内注釈：奥野前掲論文・報告論集（2003年）38頁脚注(8)）の以下の説示は非常に示唆的である。「それ（自律性の拡大として行われる小集団活動や目標管理など：注）は，あくまでも組織あるいは集団の一員として組織目標を達成していくための自律性であって，組織目的とは必ずしも一致しない個人の仕事上での目的を達成するうえでの自律性を意味するものとはいえない」。

(48) 奥野前掲論文・報告論集（2003年）38頁。

(49) 二村前掲論文（2001年）6頁によれば，competency (-ies) はアメリカで個人差を捉える枠組みとして発展した用語で，それと混同され易い competence (-es) は，イギリスで公的な職務要件を整理する際に使われた用語であり，前者は高業績者に求められる能力で，後者は平均的業績を挙げるための能力，との説明もある，という。

(50) 二村前掲論文（2001年）3頁。

(51) 二村前掲論文（2001年）4頁。

(52) George Klemp は，エール大学心理学博士で，1979年にコンピテンシーの概念を提唱し（Klemp, G.O.Jr., Identifying, Measuring, and Integrating Competence, in

P.S.Pottinger & J.Goldsmith (Eds.), Defining and Measuring Competence (Jossey-Bass Inc., 1979))、その前後、20年以上に亘ってコンピテンシーモデルを基礎にした人事・労務管理の計画立案、実践を行っている実務家である。本文の定義は、Klempの定義を組織人事コンサルタントの永井隆雄氏が整理し直したもの（永井隆雄「コンピテンシーとディレールメントの相補性——人材育成モデルとパラダイム変換——」日本労務学会第33回大会（2003年7月26日、於日本大学経済学部）研究報告レジメ1頁項目2）である。

(53)　二村前掲論文（2001年）4頁。

(54)　原著は、Spencer, Lyle M.and Spencer, Signe M., Competence at Work (John Wiley & Sons, Inc., 1993).訳語、解釈は二村前掲論文（2001年）5頁による。

(55)　二村前掲論文（2003年）5頁。

(56)　DIPSに関する小林忠嗣氏の著書は、『知的生産性向上システムDIPS』（ダイヤモンド社、1992年）をはじめとして、数多く発刊されている。amazon.co.jpでの検索結果では、これに関する16冊の著作が確認された。

(57)　二村前掲論文（2001年）6頁は、この点がグローバルな人事・労務管理下での国際理解にも繋がる、と指摘している。

(58)　(1)(2)とも、二村前掲論文（2001年）5、6頁。

(59)　二村前掲論文（2001年）6頁。

(60)　二村前掲論文（2001年）3、6頁によれば、1969年時点で既に、日経連能力主義管理研究会編『能力主義管理——その理論と実践——』（日経連出版部、1969年）が、そもそも能力主義にいう能力には発揮能力が含まれる旨を明らかにしており、職務遂行能力を「体力×適性×知識×経験×性格×意欲」と説明していた、という。二村氏自身、「いずれも総合性が強調されており、あいまいである上にわざわざカタカナ語を用いる必要が感じられない」、と述べているが（同前6頁）、他方で、その実践的意義を認め、「理屈をこね回すことなく、開発が可能な表層的な個人差とし」、「概念的混乱のないようにその都度定義しながら適用すればよい」、ともしている（同前10頁）。なお、コンピテンシーと職能との概念的共通性については、永井前掲報告レジメ（2003年）1頁も同旨。

(61)　永井前掲報告レジメ（2003年）1頁項目6。原著作もここに記載されている。

(62)　二村前掲論文（2001年）7頁。いわく、「コンピテンシーは行動評定を主な測定ツールとするが、そこで測定された個人差がその全てであるかの理解が進まなければよいと思うのは杞憂であろうか」、と。

(63)　二村前掲論文（2001年）8頁。

(64)　永井前掲報告レジメ（2003年）1頁項目5。原著作もここに記載されている。

(65)　永井隆雄「キャリア・ディレールメントを防ぐ人材マネジメント戦略」日本労務学会第33回大会（2003年7月26日、於日本大学経済学部）研究報告レジメ添付資

第Ⅱ部　労働条件

　料。永井氏のディレールメントに関する紹介論文は，永井隆雄「人事ナビ HRM Navigation System (11) ディレールメント」月刊人事マネジメント12巻7号64頁以下が初出。
(66)　永井前掲論文（2003年）3頁。
(67)　永井前掲報告レジメ（2003年）2頁項目11。
(68)　永井前掲報告レジメ（2003年）3頁項目13。Michael Lombardoは，ディレールメント概念を発展させた実務家の一人で，特に，強みであるはずの特性も，状況の変化や傲慢などによって問題になることがあることを力説した（詳細は，永井前掲報告レジメ（2003年）3頁）。
(69)　永井前掲報告レジメ（2003年）3頁項目17。
(70)　井手前掲論文（1998年）Ⅳ2。
(71)　前述のエンプロイヤビリティが高まれば，人事・労務管理が担う主な機能のうち，能率促進機能や変化対応機能は促進され易くなるが，組織統合機能については，「流出を前提として獲得した人材から組織へのコミットメントを引き出す仕組みを構築する」取り組みがなされなければ，むしろ低下する危険があると指摘されている（森田前掲論文・報告論集（2003年）55頁）。
　　　また，教育訓練・能力開発制度についても，従来は「主として，新卒一括採用した人材を社内訓練を通じて自社が求める人材に育てる形をとってきた」が，現在に至り，「企業は，育てる仕組み作りよりも育つ環境づくりを重視し始めている」，という（同前）。しかし，従来の制度下でも，人材は必ずしも全員一律の底上げ式育成がなされてきたわけではなく，企業の期待する一部の人材に特化したローテーション人事やそれによるOJT（On-the-Job-Training），その他企業内外での人脈形成の促進等もなされてきた。他方，職務遂行に最低限必要とされる一律的な教育研修や社内訓練の必要性が無くなるわけではないことを考えれば，それほどドラスティックな変化がもたらされているのか，もたらされるべきか，やはり疑問が残る。
(72)　(1)～(4)永野前掲書（1996年）1～42頁他。
(73)　三谷前掲論文（2003年）29頁他。
(74)　三谷前掲論文（2003年）28頁。
(75)　三谷前掲論文（2003年）30頁。
(76)　中根前掲書（1967年）74頁以下。
(77)　船曳建夫『NHK人間講座「日本人論」再考』（日本放送出版協会，2002年）91，92頁。

（本稿は，2002年度近畿大学学内研究助成金（奨励研究）の成果の一部である）

8 「過労死」防止という観点から見た年次有給休暇制度に関する一考察

畠 中 信 夫

I はじめに

　早いもので，労働基準法が制定されて，60年近くになる。半世紀以上経ったことになる。
　昭和21 (1946) 年11月3日に公布された現行憲法の中に，「賃金，就業時間，休息その他の勤労条件に関する基準は，法律でこれを定める。(27条2項)」との規定が置かれ，それに基づき，勤労条件（労働条件）の基準を定める法律として，翌昭和22 (1947) 年4月に制定された労働基準法は，その帝国議会における提案理由説明の中でも明言されているように，当時の基本的なILO条約を基準として制定されたもので，わが国の労働者に対して，当時国際的に是認されていた基本的な労働条件を最低基準として保障しようとするものであった[1]。
　この労働基準法の制定によって設けられた，「男女同一賃金制度」，「最低賃金制度」，「8時間労働制度」，「週休制度」，「年次有給休暇制度」などは，全労働者を対象とするものとしてはそれまでのわが国の労働法制には存在しなかったものであり，当時の産業労働事情からすれば，常識的には，到底想定し難い，隔絶した水準のものであったであろうことは想像に難くないところである。このことは，立法当局も自認していたところであり，前述の労働基準法の提案理由説明の中においても，「敗戦の結果荒廃に帰せる我が国の産業は，その負担力において著しく弱化していることは否めないのでありますが，――」と述べられているところである[1]。

第II部　労働条件

　その後，労働基準法に対する基準緩和の圧力が高まったが，それも全体としては，日本の独立の前後における若干の法改正と規則改正によって切り抜けることができ，その後は，昭和30年代以降の日本社会の目覚しい高度経済成長の中で，昭和34（1959）年の最低賃金法の制定に見られるように，これらの制度の大部分が日本の風土に根を下ろし，成長していくこととなった。

　しかし，これら労働基準法の制定によって植えつけられた，敗戦当時の国際基準を充たす諸制度（苗木）の中でも，この60年近くの間，どうしても成長しきれなかったものがある。

　年次有給休暇制度である。

II　年次有給休暇制度の定着の実態

　年次有給休暇の取得の実態を，厚生労働省の就労条件総合調査で見てみると，平成16（2004）年(同年1月1日現在で調査)では，労働者数30人以上の企業における年次有給休暇の付与日数（前年度からの繰越し分は除く当該年度における新規付与日数）は18.0日であるのに対し，実際の取得日数は8.5日であり，付与日数に対する取得日数の割合（取得率）は，47.4％[2]となっている。

　この取得率は，表1に見られるように，一時期は60％を超えた時期もあった。統計のとれる昭和55（1980）年以降で見ると，同年には61.3％であり，その後減少傾向にあったが，制定以来40年ぶりに行われた昭和62（1987）年の労働基準法の大改正において，週の法定労働時間が40時間に短縮されるとともに，年次有給休暇制度についても，最低付与日数の6日から10日への引き上げ，パートタイマー（短時間労働者）に対する比例付与制度の創設，計画年休制度の創設などの改正がなされたことや，当時の好調な経済の勢いにも乗って，昭和63（1988）年の50.0％を底として上向きに転じた。しかし，その後のバブル経済の崩壊もあり，平成5（1993）年の56.1％をピークにして低下に転じ，近年は，ただでさえ低い取得率がさらに急速に低下し，現在の数字に至っている。

表1 年次有給休暇の付与日数，取得日数，取得率の推移

(30人以上企業規模計)

年	付与日数（日）	取得日数（日）	取得率（％）
1980（昭和55）	14.4	8.8	61.3
1981（　　56）	15.0	8.3	55.3
1982（　　57）	15.1	8.7	57.6
1983（　　58）	14.8	8.8	59.5
1984（　　59）	14.8	8.2	55.6
1985（　　60）	15.2	7.8	51.6
1986（　　61）	14.9	7.5	50.3
1987（　　62）	15.1	7.6	50.2
1988（　　63）	15.3	7.6	50.0
1989（平成元）	15.4	7.9	51.5
1990（　　2）	15.5	8.2	52.9
1991（　　3）	15.7	8.6	54.6
1992（　　4）	16.1	9.0	56.1
1993（　　5）	16.3	9.1	56.1
1994（　　6）	16.9	9.1	53.9
1995（　　7）	17.2	9.5	55.2
1996（　　8）	17.4	9.4	54.1
1997（　　9）	17.4	9.4	53.8
1998（　　10）	17.5	9.1	51.8
1999（　　11）	17.8	9.0	50.5
2001（　　13）	18.0	8.9	49.5
2002（　　14）	18.1	8.8	48.4
2003（　　15）	18.2	8.8	48.1
2004（　　16）	18.0	8.5	47.4

注(1)：年次有給休暇は，労働基準法39条にもとづく休暇をいう。
(2)：付与日数は，当該年度における新規付与日数を示しており，前年度からの繰越分は含まない。取得日数は，当該年度中の取得日数である。
(3)：取得率は，取得資格のある労働者の取得日数計／付与日数計×100（％）である。
(4)：本表に表示されている取得率は，各企業の取得率の平均であり，表中の日数から計算した値ではない。
(5)：平成11（1999）年までは「賃金労働時間制度等総合調査」，平成13（2001）年から「就労条件総合調査」。調査期日は，平成11年以前は12月末日現在，平成13年から1月1日現在であり，表は，調査年を表章としている。
資料出所：厚生労働省「就労条件総合調査」（1999年までは「賃金労働時間制度等総合調査報告」）各年版より作成

このように，年次有給休暇の取得実態が低迷している理由を調べたものとしてはいくつかのものがあるが，少々数字は古いが，前述の労働基準法の改正や労働省が初の「労働時間短縮推進計画」[3]を策定するなど，政府が労働時間短縮に全力を上げて取り組んでいた当時の平成元（1989年）年に，当時の労働省が行った「労働時間短縮に関する意識調査（労働者調査）」があるのでそれを見ることとしたい。

それによると，年次有給休暇を取得しにくい理由（複数回答）のうち上位5位までをとると，
① 周囲に迷惑がかかる（32.4%）
② 病気等有事への備え（27.8%）
③ 仕事がたまり後で忙しくなる（27.0%）
④ 仕事が多く人手不足（23.7%）
⑤ 休暇をとりにくい職場の雰囲気（15.0%）

となっており，②以外は，職場の事情が理由となっている。さらに，それに関連しては，ストレートに「配置，昇進，賞与への影響が不安」という答えも6.6%見られている。

政府が国家の方針として労働時間短縮を掲げ，大々的に旗を振っていた当時においてさえ見られたこのような年次有給休暇の取得の実態から分かることは，日本の産業労働の現場には，年次有給休暇を法所定どおり取得できる環境が未だ育っていないということである。別の言い方をすると，日本の産業社会には，年次有給休暇を法所定どおり付与するための仕組みと，その前提となる，年休は法所定どおり与えなければならないとする規範意識自体が，一般的な形としては未だ形成されていない，ということではなかろうか。

いずれにしても，このような異常に低い年次有給休暇の「取得率」によって（すなわち，年次有給休暇を100%取得しないことによって），表2に見るように，全体としては，毎年約4兆5千億円分の年次有給休暇が取得されないままとなっている。すなわち，現在の日本の年休取得率の状況は，別の言い方をすれば，日本産業は，年休が100%完全には取得されないことによって，毎年，総額約4兆5千億円の負担を免れる形で運営がなされていっていることを意味している[4]。

表2　未消化年休の経済的影響額（試算）

区　分		平成16年	資料出所	備　考
年　休	付与日数（日）	18.0	就労条件総合調査	常用労働者30人以上
	取得日数（日）	8.5		
	未消化日数（日）	9.5		
賃　金	所定内給与（円）	253,105	毎月勤労統計調査	5人以上
	出勤日数（日）	19.7		
	所定内給与の1日当たり平均額（円）	12,848		
週35時間以上非農林常用雇用者（万人）		3,736	労働力調査	
未消化年休の経済的影響（億円）		45,600		

（試算方法）　就労条件総合調査で得られた年休の付与日数と取得日数が全産業の平均であると仮定して，年休の未消化日数に，毎月勤労統計調査で得られた所定内給与の1日当たり平均額を掛け，さらに労働力調査で得られた週35時間以上非農林常用雇用者数を掛けて算出した[5]。

III　労働基準法が思い描いている労働者の生活像（労働時間の観点から）

　労働基準法においては，労働時間の枠組みを設定する事項として，労働時間，休憩時間，週休日，年次有給休暇という4つの事項が法規制の対象とされている[6]。

　それらの規制事項のねらいが，

① 1日（労働時間の途中における休憩を伴う1日8時間の労働）
② 1週（週40時間の労働と少なくとも週1日の休日）
③ 1年（最低10労働日〜最高20労働日の年次有給休暇）

という3つの単位における，労働による労働者の心身の疲労の防止および疲労からの回復，さらには労働者の人間らしい生活の確保にあることは論を俟たない。

　すなわち，憲法（27条2項）に根拠を置く勤労条件（＝労働条件）の基準[7]として労働基準法が規定するところにより描かれる労働時間に係る労

働者の生活像は，図1に見るように，一年のうち11ヵ月は，週休（1〜2日）制のもと一生懸命働き，あとの1ヵ月は，有給の休暇でその疲れを癒すとともに，人間らしい生活やゆとりある人生を楽しむというものである。

図1　労働基準法が思い描いている労働時間に係る労働者の生活像

　1日の時間数

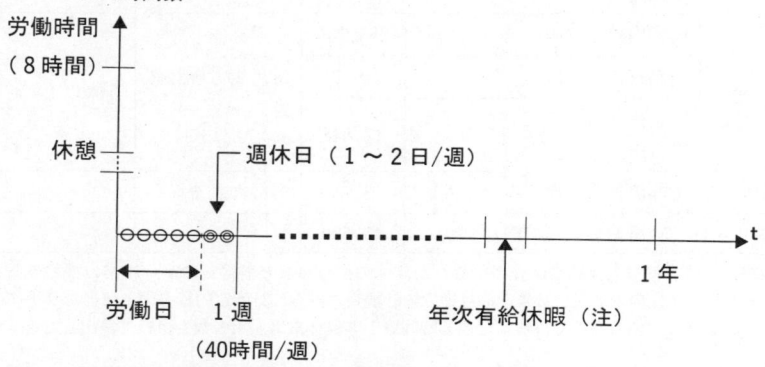

労働時間
（8時間）
休憩
週休日（1〜2日/週）
労働日　1週
（40時間/週）
年次有給休暇（注）
1年
t

（注）　最低10労働日〜最長20労働日。週5日労働制（週休2日制）をとっている場合には，10労働日＝2労働週＝14暦日，20労働日＝4労働週＝28暦日となり，14〜28暦日となるが，その前あるいは後の土・日を加えれば，16〜30暦日となる。すなわち，最長20労働日の年次有給休暇というのは，約1ヶ月のバカンスの保障を意味している。

Ⅳ　「過労死」等の労災認定状況とその予防通達における重点事項

　厚生労働省の労災保険統計によれば，平成16（2004）年度は，いわゆる「過労死」による労災認定件数は294件であり，そのうち死亡が150件となっている。一方，精神障害等で業務上と認定された件数は，130件，そのうち自殺（未遂を含む。）が45件となっている。

　このいわゆる「過労死」，「過労自殺（未遂を含む）」と認定された件数を足し合わせると195件（人）となるが，この195人という数字は，平成16年（暦年）の労働災害（多くはいわゆる「血をみる災害」であり，当該年（1月1日〜12月31日まで）に発生し，翌年3月末までに労働者死傷病報告等により死亡が確認されたものという同統計のとり方からして，一酸化炭素中毒等の急性の職

業性疾病以外の，じん肺等の慢性の職業性疾病や「過労死」，「過労自殺」などとのダブり計上はそれほど多くは見られない。）による死亡者数1620人と対比すると12.0％となり，「過労死」，「過労自殺」が今後どこまで増えて行くのか予断を許さないということも併せ考えると，異常な数字であると言わざるを得ない。

　しかし，常識的に考えても，前述したような，一年のうち11ヵ月は毎週の所定週休日（週1〜2日）がきちんと確保されつつ一生懸命働き，あとの1ヵ月は有給の休暇で1年分の疲れを癒すとともにゆとりある人間らしい生活を楽しむ，という労働基準法で規定されている（労働時間に係る）労働者の生活像が現実のものとなっておれば，たとえ毎日の時間外労働時間が少々長かろうが[8]，「過労死」がこれほどの社会問題になることはなかったはずである。

　平成13（2001）年の暮に，厚生労働省労働基準局長通達として新「過労死」認定基準（「脳血管疾患及び虚血性心疾患等（負傷に起因するものを除く。）の認定基準について」平成13年12月12日，基発1063号）が出され，これにより，脳・心臓疾患の旧労災認定基準が改正され，脳・心臓疾患の発症に影響を及ぼす「業務による明らかな過重負荷」として，これまで発症前1週間以内を中心とする発症に近接した時期における負荷を重視してきたところを，長期間にわたる疲労の蓄積についても，「業務による明らかな過重負荷」として考慮することとされた。その中で，「過労死」のよってきたる「長期間の過重業務に就労したこと」による明らかな過重負荷の有無の判断について，次のように，労働時間との関連において明確な数値基準を示している。

「発症日を起点とした1ヵ月単位の連続した期間をみて，
① 　発症前1ヵ月ないし6ヵ月にわたって，1ヵ月当たりおおむね45時間を超える時間外労働（1週間当たり40時間を超えて行わせる労働をいう。）が認められない場合は，業務と発症との関連性が弱いが，おおむね45時間を超えて時間外労働時間が長くなるほど，業務と発症との関連性が徐々に強まると評価できること
② 　発症前1ヵ月間におおむね100時間又は発症前2ヵ月間ないし6ヵ月

間にわたって，1ヵ月当たりおおむね80時間を超える時間外労働が認められる場合は，業務と発症との関連性が強いと評価できることを踏まえて判断すること」[9]

これは，この認定基準の策定の基礎となった厚生労働省の「脳・心臓疾患の認定基準に関する専門検討会」の報告（平成13年11月16日）によれば，長期間にわたる長時間労働やそれによる睡眠不足に由来する疲労の蓄積が血圧の上昇などを生じさせ，その結果，血管病変等を自然経過を超えて著しく増悪させるところから，通常の労働者の生活時間からみて，長期間にわたる長時間労働やそれに対する睡眠不足に由来する疲労の蓄積を癒すことのできる睡眠時間をとれるか否かという観点から導き出された，と説明されている[10]。

この「過労死」の認定基準では，年次有給休暇の付与（取得）状況は何ら評価の対象とはされておらず，また，週休日の定期的な確保状況も評価の対象とはされていない。これらはすべて，「月間の時間外労働時間の長さ」の評価の中に組み込まれているということなのであろう。

しかし，「過労死」の認定基準が出されてすぐ後に出された「過労死」予防のための厚生労働省労働基準局長通達「過重労働による健康障害防止のための総合対策について（平成14年2月12日，基発0212001号）」においては，年次有給休暇の取得の促進が，時間外労働の削減，労働者の健康管理に係る措置の徹底とならんで，「過労死」予防の3本柱の一つとして掲げられているのはもちろんのことである（しかし，柱として掲げるだけで，「取得の促進」を図るための具体的な制度，施策が伴わなければ，現実は一向に変わらないであろうが……）。

V なぜ年次有給休暇制度は定着しなかったのか。

表面的な制度としては整っているように見えるのに，なぜ年次有給休暇は，法施行以来60年近くを経過しても制度としては定着せず，年休取得率は低いままでさらに低下して行っているのであろうか。

1 「8時間労働制」および「週休制」との対比において

小零細企業の中には，そもそも年次有給休暇が制度として存在しないというところもある。(財)労働問題リサーチセンターの委託により，㈱産業労働調査所が，昭和61 (1986) 年に，全国の従業員10人未満の商業・サービス業に属する113事業所を対象として実地に行ったヒアリング調査の結果によると，113事業所のうち68事業所（60.2%）が年次有給休暇制度「なし」と答えている[11]。

年次有給休暇の制度は本来，「あり」，「なし」を論ずべき性質のものでないことはもちろんのことであるが，この調査対象事業場が就業規則の作成義務のない10人未満の事業場であることからするとこのような結果はある意味では当然予想されるところであり，さらに，このような問題は，例えば36協定の締結・届出，最低賃金や割増賃金の支払い，健康診断の実施，危害防止基準の遵守などにも見られるのと同様の，小零細企業に対する労働基準法，最低賃金法，労働安全衛生法等の労働保護法の施行全体を通ずる根本的な問題の一つの表れであると見ることの方が自然であろう。

そのような，小零細企業に見られる，古くて新しい，現在の制度や労働組合の組織状況の下ではある意味ではやむを得ない問題を別にすると，戦後，労働基準法の制定によって新たに導入された労働時間に関する「8時間労働制」，「週休制」および「年次有給休暇制度」という3つの制度の中で，大企業を含めて今でも日本の産業社会に定着していないのは，年次有給休暇制度のみであるというのはどうしてであろうか。

「8時間労働制」および「週休制」については，戦後，法施行の面で多くの困難を経験しながらも，昭和30年代から40年代にかけて，制度としてはほぼ日本社会に根を下ろし，昭和62 (1987) 年の労働基準法改正によって，法的にも週40時間（週休2日）制という新たな局面に入っていったということは何人も認めるところであろう。

もちろん，現在でも，不払い残業[12]や，時には「常軌を逸した長時間労働」[13]と表現されることもある過度の時間外・休日労働による過労死・過労自殺などの問題はなお存在するとしても，関連する法規定があり，また，それらは遵守されるべきであるとの法規範意識は普通の使用者の間には存在して

いると言えるであろうし、さらに、それを抑制するための法的手段も整備されている。すなわち、これらの制度については、労働者の「請求」の有無にかかわらず使用者に遵守義務があるところから、少なくとも、常時、労働基準監督機関による監視と履行強制の環境の下に置かれているのである。

それに対して、「年次有給休暇制度」のほうはどうであろうか。

2 使用者の年休付与義務の実体（労働者の年次有給休暇権の行使に関する最高裁判決から）

労働基準法では、39条1項において、「使用者は、（法所定の一定の要件を充たした）労働者に対して、継続し、又は分割した10労働日の有給休暇を与えなければならない。」と規定し、2項では、有給休暇日数の逓増制を、3項では、パートタイマー等短時間労働者に対する比例付与制度を定めている。

使用者の労働者に対する年次有給休暇の付与義務を定めるこれらの規定とは別に、同法には、年次有給休暇の付与時期の特定に関し、39条4項として、「使用者は、前三項の規定による有給休暇を、労働者の請求する時季に与えなければならない。ただし、請求された時季に有給休暇を与えることが事業の正常な運営を妨げる場合においては、他の時季にこれを与えることができる。」との規定が置かれている。

これらの規定に基づく年次有給休暇権の行使に関し、最高裁は、林野庁白石営林署事件判決（最高裁第2小法廷昭和48年3月2日判決、労働判例171号16頁）において、次のとおり判示している。（アンダーラインは、筆者）

① 「労基法39条1、2項（現1〜3項。筆者注）の要件が充足されたときは、当該労働者は法律上当然に右各項所定日数の年次有給休暇の権利を取得し、使用者はこれを与える義務を負うのであるが、この年次休暇権を具体的に行使するにあたっては、同法は、まず労働者において休暇の時季を「請求」すべく、これに対し使用者は、同条3項（現4項。筆者注）但書の事由が存する場合には、これを他の時季に変更させることができるものとしている。かくのごとく、労基法は同条3項において「請求」という語を用いているけれども、年次有給休暇の権利は、前述

のように，同条1，2項の要件が充足されることによって法律上当然に労働者に生ずる権利であって，労働者の請求をまって始めて生ずるものではなく，また，同条3項にいう「請求」とは，休暇の時季のみにかかる文言であって，その趣旨は，休暇の時季の指定にほかならないものと解すべきである。」

② 「論旨は，また，労基法が同条1項ないし3項において，使用者は労働者に対して有給休暇を「与えなければならない」とし，あるいは20日を超えてはこれを「与える」ことを要しないとした規定の文言を捉えて，同法は年次有給休暇を「与える」というに相当する使用者の給付行為を予定しているとみるべきである，と主張するが，<u>有給休暇を「与える」とはいっても，その実際は，労働者自身が休暇をとること（すなわち，就労しないこと）によって始めて，休暇の付与が実現されることになる</u>のであって，たとえば有体物の給付のように，債務者自身の積極的作為が「与える」行為に該当するわけではなく，<u>休暇の付与義務者たる使用者に要求されるのは，労働者がその権利として有する有給休暇を享受することを妨げてはならないという不作為を基本的内容とする義務にほかならない</u>。」

この判決の考え方は，一見美しいが，しかし，何かおかしいのではなかろうか。

この考え方（特にアンダーラインを引いた部分）によれば，いくら「年次有給休暇の権利は，法所定の要件が充足されることによって法律上当然に労働者に生ずる権利であって，労働者の請求をまって始めて生ずるものではない」とはいっても，それは，労働者側からする行動（Action）がなければ制度自体が動き出すことはないこととなる。（この判決によれば，使用者の年休付与義務の実体は，労働者のAction に対応すべき義務（対応義務）にすぎず，「労働者がその権利として有する有給休暇を享受することを妨げてはならないという不作為を基本的内容とする」受動的なものでしかない。）

すなわち，年次有給休暇は使用者が「与えなければならない」とする労働基準法39条1～3項所定の使用者の年次有給休暇の付与義務が宙に浮いてしまい(14)，労働者からの Action（請求＝休暇の時季指定）がなければ，使用

者に具体的な付与義務は発生せず，その限りにおいては，労働基準監督機関による監視と履行強制の環境の下に置かれることもない。

　同じように労働基準法の制定によって新たに導入されながら，「8時間労働制」および「週休制」という他の労働時間に関する制度が順調に日本の産業社会の中に根を下ろすことができたにもかかわらず，それと異なり，年次有給休暇制度がいつまでたっても日本社会に根を下ろすことが出来ずにきたのは，この点にこそ原因があったのではないだろうか。

　前に見た労働者の意識調査結果にも表れているように，企業において「年次有給休暇を積極的に付与しようという備え（企業としての基本方針の宣明，年休代替要員の手当て，年度当初における年休付与計画の策定，年休取得の奨励，あるいは少なくとも，取得に対する中立的な態度の保持など)(15)」がない中においては，年休の取得が現在および将来の人事評価においてマイナス評価されることを恐れて，よほどのことがない限り，労働者側からはActionが出てくることはないであろうことは想像に難くない(16)。さらに，それに現在の社会全体の雇用失業情勢の厳しさを加味して考えれば，労働者が，年休「時季指定」権の行使の前で立ちすくまざるを得ないのは当然のことではないだろうか。

　労働基準法39条に関して現在行われている以上のような解釈(17)をとる限り，現実に労働基準法に規定されて以来の年休制度の歩みがそれを立証しているように，日本の年次有給休暇制度は，今後ともに決して，欧米のような本来のあるべき姿としては動いていかないこととなる。

　しかし，本当に，年次有給休暇というものは，労働者側からActionを起こさなければ使用者に付与義務は発生しないとして構成されるべきものなのだろうか。完全付与（100％消化）が当然の前提であるILO52号条約（年次有給休暇に関する条約，1936年）を念頭において立法された(1)労基法39条の理念がそのような中途半端なものであったはずがないと思われるのに，なぜこのような解釈になってしまったのであろうか。

　その問題を考えるよすがとして，次に，欧米諸国の年休取得の方法をその実際に即して見てみたい。

3 欧米諸国の年休取得方法の実際

昭和62（1987）年の労働基準法の本格的な改正を前に，実地のヒアリング結果を踏まえて労働省労働基準局監督課がとりまとめた「サミット構成諸国労働時間実態調査報告（昭和62年）」[18]の中から，各事業場における具体的な付与の実際例を3つばかり見てみたい[19]。

A　大手スーパー（アメリカ）の例

　イ　年休の付与週数は，勤続の期間に応じて，次のとおりとされている。

勤　続　日　数	付　与　週　数
勤続1年以上5年未満	2労働週（work week）
勤続5年以上15年未満	3労働週
勤続15年以上20年未満	4労働週
勤続20年以上	5労働週

（注）　有給祝祭日がこの年休期間と重なった場合には，年休期間がその分だけ延長される。

　ロ　毎年2月1日までに，使用者は，年休付与可能時期を掲示する。年休付与可能時期としては，年間を通じて活動レベルの高い時期（high activity level），例えばクリスマスセールや感謝祭（Thanksgiving）セールの時期は避け，活動レベルの低い時期（low activity level）に集中して付与することとしている。

　ハ　従業員は，先任権順位に従って，自己の希望時期を選定する。自己の希望する時期が先任権順位の上位の者で選択されてしまっている場合は，残余の時期の中から選定する（bidding system）。

　　4月1日までに，このようにして選択しない従業員については，使用者が，年休付与時期を決定し，当該年度の年休計画（vacation schedule）が確定する。

　ニ　年休の賃金は，次のとおり算出する。

$$\frac{\text{年休取得時期直前26週間の総賃金}}{26\text{（週間）}} = \text{年休1週間分の賃金}$$

ホ　従業員は年休を放棄することができず，また，年休を翌年に繰り越すことができない。

ヘ　従業員が退職する際には，未取得年休に相当する年休手当を受ける。

B　大手自動車製造会社（アメリカ）の例

イ　年休の付与週数は，次のように勤続年数によって異なるが，最長で4労働週となっている。

勤 続 年 数	付 与 週 数
1年以上3年未満	1労働週
3年以上5年未満	1.5労働週
5年以上10年未満	2労働週
10年以上15年未満	2.5労働日
15年以上20年未満	3労働週
20年以上	4労働週

なお，上述の年休の他に，1年以上の勤続労働者に対しては年間40時間（1労働週）の有給休日（Paid Absence Leave）が設けられている。これは実質上は年休と同じようなものであるが，何の目的に使っても良く，取得に当たっては事前に会社の許可を要することとされている。

この有給休日と年休とを合わせると，年間有給休日日数は最長5労働週となっている。

ロ　年休の具体的な付与の方法は，毎年の第Ⅰ・4半期に30日前の取得希望時期の申出期間が設けられ，その個々の労働者の申し出を参考としつつ，生産計画に応じて年休計画が決定されることとなっている。この場合，労働者の希望は，先任権順位に従って調整されることとなっているが，取得時期に関する苦情が多く組合役員も頭を痛めているとのことであった。

なお，この工場では夏場その他一定の時期に，年休取得のため工場を閉鎖することはない。

C　大手自動車製造会社（ドイツ）の例
　イ　かつては労働者の年令によって休暇日数が違っていたが，現在は一律30日（労働日で計算）になっている（6月以降の採用者には15日を与えている。）。
　ロ　付与の仕方は，夏季に工場を4週間閉鎖することによって行う。
　　　残りの10日は従業員の好きなときにとるが，一番多いのは閉鎖の前後に1週間ずつとるというやり方である。とくに出稼ぎ労働者の場合は，こういうやり方がほとんどである。
　ハ　この残り10日については，閉鎖期間以外にとることとなるので，休暇の15日前に上司に申出て，承認を受けなければならない。業務上の理由があれば，労働者の申出た休暇を拒否できるが，取り残した休暇は少なくとも翌年の3月末までに与えることになっている。

Ⅵ　労働基準法施行規則25条の規定と労働基準法39条の制定当時の解釈

　立法の沿革をたどってみると，労働基準法制定の当時には，労働基準法施行規則に，25条として，次のような条文が置かれていた。
　「第25条　使用者は，法第39条の規定による年次有給休暇について，継続一年間の期間満了後直ちに労働者が請求すべき時季を聴かなければならない。但し，使用者は，期間満了前においても年次有給休暇を与えることができる。
　②　法第39条第3項の規定による平均賃金は，有給休暇を与える前に，又は与えた直後の賃金支払日に支払わなければならない。」
　この規則25条と一体となった労基法39条の法意は，明確である。
　すなわち，継続1年間の期間満了によって年休付与義務を負った使用者は，個々の労働者の意向を聴いて，それと，年間の円滑な事業展開のために必要とされる各月，各期における労働力配置などの事業実施上の事情とを調整した上で年休付与計画を立て，それに基づいて年休付与義務を果していくというものである。

個々の労働者について、このような作業を付与義務発生の都度行うことは、労働者間の取得希望時季の重複の調整なども考慮すると煩瑣に過ぎ、また、事業場における年休制度の斉一的かつ円滑な運用にも妨げとなるところから、規則25条1項但書きにおいては、各事業場における年休年度（年休の基準日）の統一を法的に許容している。

この規則25条1項の本文および但書きの規定するところに従い、企業は、毎年休年度始めに、全労働者を対象とした年休付与計画をまとめ上げ、これにより計画的に年休を付与していくというのが、労基法の施行当初に法的に描かれていた年休付与の姿であったのではないのだろうか[20]。

これは、前述の欧米諸国で行われている年休付与の手続の実際に沿うものであり、まさに法39条の趣旨に則り、使用者が、その負っている年休付与義務に基づき「年休付与の備え」をすべきことを明確にしたもので、極めて妥当なものであると考えられる。

これについて、有泉亨教授は、「昭和29年の施行規則改正前には、「使用者は、法39条の規定による年次有給休暇について、継続1年間の期間満了後、直ちに労働者が請求すべき時季を聴かなければならない」という規定があった（規則25条）。日本的勤務態勢——予備員が少なく、誰かが休暇を取ると他の者に負担がかかる——の下で、労働者が積極的に長期の休暇をとりにくいという実情をふまえて考えると、まことに法39条1、2項と3項（これらは改正前の条項。筆者注）との調和を計った妥当な規定であったと考えられる。」と述べておられる[21]。

そうすると、労基法に基づく年休制度の本来の考え方というのは、図2のようなものであったと言えるのではなかろうか。

すなわち、

（イ）39条1〜3項の要件を充たすことによって、年休に関する基本的権利義務関係が設定される。

この基本的権利義務関係における使用者の年休付与義務は、「与えなければならない」とする罰則付きの義務であり、その基本的権利義務関係における年次有給休暇権に基礎を置く労働者からの請求（＝時季指定）がある場合には対応すべき義務（対応義務）であることはもちろんのこと、罰則付きの

図2 年次有給休暇規定の法構造（労働基準法39条）

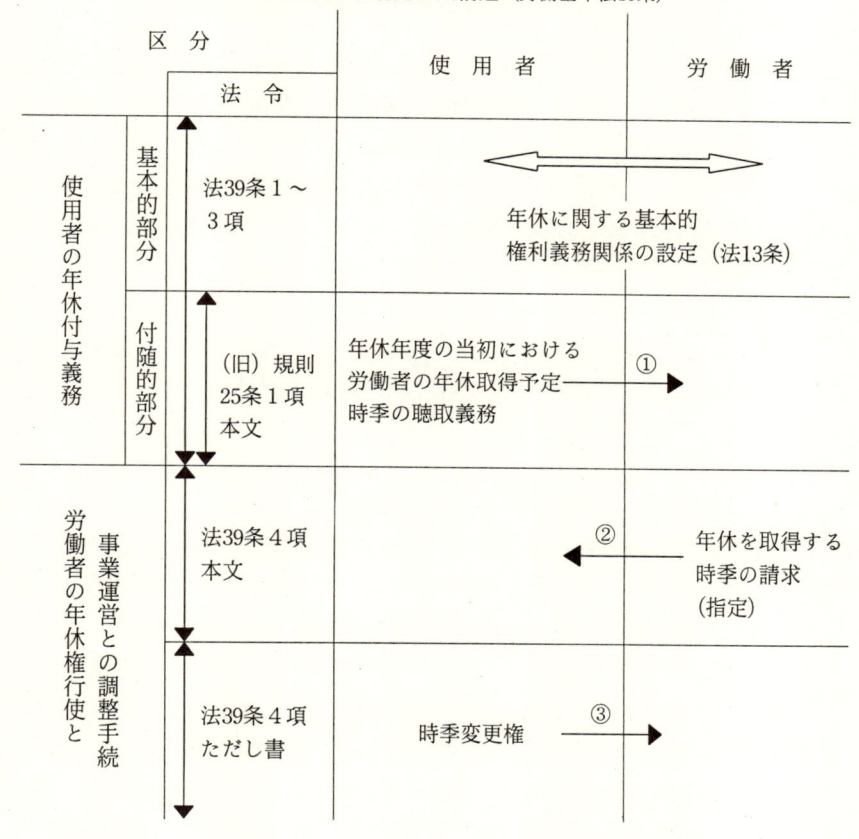

区分		法令	使用者		労働者
使用者の年休付与義務	基本的部分	法39条1～3項	←　年休に関する基本的権利義務関係の設定（法13条）　→		
	付随的部分	（旧）規則25条1項本文	年休年度の当初における労働者の年休取得予定時季の聴取義務	①→	
労働者の年休権行使と事業運営との調整手続		法39条4項本文		←②	年休を取得する時季の請求（指定）
		法39条4項ただし書	時季変更権	③→	

義務付け規定の当然の効果として，そのような労働者からのActionがなくとも，この「与えなければならない」とする義務は能動的に履行しなければならない[22]。

　この使用者の年休付与義務を定める法39条1～3項の規定と，「労働者の請求する時季に与えなければならない」と定める同条4項の規定とをつなぐものとして，その使用者の年休付与義務には，年休付与のための労働者の年休取得予定時季の聴取義務が含まれる。そのように解することによってはじめて，労基法に定める年次有給休暇制度の円滑な運営を期することができる

こととなる（そのような解釈を，（旧）規則25条は明文で明らかにしただけということになる(23)(24)(25)）。

たしかに，後述のように，その後（旧）規則25条が削除されたことにより，現在は法条文には明確な規定はないが，（旧）規則25条の規定の有無にかかわらず，このように考えないと，労基法39条の中に存在する「使用者の年休付与義務」の部分と「労働者の年休権行使と事業運営との調整手続」の部分とを法的に結ぶ懸け橋が失われてしまい，年次有給休暇も，実質的には，労働者の「請求（Action）」をまってはじめて動き出す制度となってしまうこととなる。

そうすると，労働者の「請求」をまって使用者に義務が生ずるとする労基法の他の規定（例えば，産前休暇（法65条1項），育児時間（法67条）など）と同じようなものとなり，法文の構成からいっても，法39条が，これらの条文とは異なり図2のように，「使用者の年休付与義務」がありそれに「労働者の年休権行使と事業運営との調整手続」が設けられているという形で大きく2段階に書き分けられていることについての説明がつかないこととなる。

（ロ）　図2を見れば，やはり，図の中の②は，本来，①に対するresponse（応答）として構成されていると理解するのが素直ではないだろうか。そうすると，使用者は，①により「継続6ヶ月間の期間満了後直ちに労働者が請求すべき時季を聴」き，②のresponseがあれば③を背景として付与時季の調整を行い，もし，②のresponseがなければ，図2の上部の「使用者の年休付与義務（基本的部分）」を，その事業場の実情に応じた適切な方法で淡々と果たすことが求められていると考えるべきであろう(26)（このように考えるとしても，もちろん，使用者の①の動きがなくとも，労働者からのActionを契機として，②，③の手続によって年休の取得（「付与」ではなく「取得」）が行われることを否定するものではない）。

このような解釈となることは，次のような点からも推測されるところである。

①　まず，労基法の制定過程において，第6次案までは，年次有給休暇関係の規定は，労働者が年次有給休暇を「請求することができる」という労働者の請求権を規定する書き方となっていたのが，公聴会等での意見

を容れて，第7次案以降は，使用者が「与えなければならない」という使用者の付与義務を規定する書き方に改められたという経緯があること[27]。すなわち，意図的に，労働者の「請求」によって付与されるとするものから使用者の「付与義務」という構図に変更されていること。
② 労基法制定の際，当時の厚生省労政局労働保護課が作成した，いわゆる想定問答集である「労働基準法案解説及び質疑応答」[28]の中の法39条関係の問答において，「年次有給休暇をとらぬ者に対しては，有給休暇の平均賃金と休日労働の割増の割増を合わせ22割5分の賃金を払うべきものと思うが間違いないか。」という問に対して，「年次有給休暇については，これを是非労働者にとらせる必要がある。年次有給休暇の売買は認めない趣旨であるから，これをとらなかった労働者に対しては，通常の賃金支払いで良いことになる。<u>但し，年次有給休暇を与えなかった使用者に対しては違反が成立する。</u>」とあり，労働者からのActionがなくとも，年次有給休暇を与えなかった場合（能動的な付与義務に違反する場合）には，違反が成立すると考えられていたこと（アンダーラインは，筆者）。
③ 労基法の施行通達（昭和22年9月13日，発基17号）において，「年次有給休暇は使用者が積極的に与える義務があることを強調し，徹底させること」とあり，決して労働者からのActionをまって受身の形でのみ使用者に付与義務が発生するものととらえられていたとは考えられないこと。

VII 昭和29年の労基法施行規則の改正による同規則25条の削除がもたらした年休制度の致命的な変質

以上述べたような法施行当初の労働基準法39条の解釈が引き続き維持されておれば，年次有給休暇制度も，日本の高度経済成長とともに，自然に日本社会に根を下ろし，定着して行ったのではないかと思われてならない。
　しかし，惜しむらくは，このような年休制度の本来の考え方が定着する前に，昭和29（1954）年の労働基準法施行規則の改正（「昭和29年労働省令第

12号」による。）により，規則25条が削除されてしまった。その削除の理由として，当時の労働省の関係者は，「本条（（旧）規則25条。筆者注）によってその請求すべき時季を積極的に聴かなければならないと使用者に義務を課する法的根拠がなく，又但書も当然のことで別段の意味がないので，本条は削除することとした。」と説明している[29][30]。

　この昭和29年の労働基準法施行規則の改正は，改正時の施行通達によると，「行政事務の簡素化と法令の体系の整備との見地から，……諸規則について法律に根拠が薄弱と認められる規定の廃止，許可，届出，報告等の手続の簡素化，現下のわが国の経済社会の実情特に中小企業に過重な負担を負わせていると認められる規定の改正，啓蒙的な規定の廃止等を中心として全面的に再検討を加え」たもの（昭和29年6月29日，基発355号）であった。たしかに，（旧）規則25条は，労基法の中に明確な委任根拠規定をもたないことは明らかであるが，制定当時の労基法は，当時の法律がそうであったように簡潔な形をとっており，明白な委任根拠規定に基づく委任命令という形によるものばかりでなく，実施命令という形でも重要事項が定められるという形をとっていた。例えば，時間外・休日労働協定に係る労基法36条1項の規定に対応する同法施行規則16条1項などである。（旧）規則25条の性格もこのようなものであると理解するとすれば，「法律に根拠が薄弱と認められる規定の廃止」ということを名目上の理由として，これが廃止され，年休制度成長の芽が摘まれてしまい，その後，年休について欧米諸国との間に大きな差が開いて行くこととなる道が開かれてしまったのは，大変残念なことと言わざるを得ない。

　くどいようであるが，（旧）規則25条は年休制度の本質に係わるものであり，この規定の削除は，単なる規則改正にとどまるものではなく，日本の年休制度のその後の発展の息の根を止め，結果として，日本の労働者の多くがゆとりのない，時には「過労死」にすら脅えざるを得ないような生活を余儀なくされるようになったという意味で，かえすがえすも悔やまれるところである。

VIII　おわりに

　(旧)規則25条が削除されて以来半世紀が経過し，その後，最高裁において前記のような判例法理が確立してからでさえ30年以上が経過してしまっている。そのような状況の中で，本来の労基法39条の解釈論は前述のようなものだと幾ら叫んでも，もはやすんなりと受け入れられるものではないであろう。

　また，そう解することは昭和29年以前の状態に戻るだけだとは言っても，現在の日本の年休制度にとっては大変革をもたらすであろうことは想像に難くなく，現今の「過労死」等の状況を考えて，ことは急ぐべきだとしても，一片の省令でやれる話でもなさそうである。

　したがって，もし，年休制度を本来の姿に戻し，欧米並みのものとして運用していこうとするならば，結局は，立法論の問題となる。

　すなわち，使用者には能動的な年休の付与義務があることを明確な前提とした上で，(旧)規則25条1項と同じような条文を労基法39条3項の次に設け，そしてさらに，年休の未消化が労働者サイドの負担に転嫁されるのを防ぐためにも，ILO132号条約（年次有給休暇に関する条約，1970年）第11条[31]の規定するところに従い，労働者の退職時における，それまでの間の未消化年休の日数に対応する金銭の支払いを義務付けることである[32]。

　そのことにより，年次有給休暇制度は，かろうじて「8時間労働制」や「週休制」という他の労働時間制度と同じ土俵に立つことができるようになり，その理念どおりの姿で日本社会の中に根を下ろすことができるであろう。その暁には，当然のことながら，欧米では意味の通じない「取得率」という言葉は過去のものとなり，日本の労働者から日本の産業界に対する約4兆5000億円にも上る意図せざる寄付もなくなり，「過労死」，「過労自殺」もその分遠のいていくのではなかろうか。

（1）　提案理由説明においては，「法案の作成に当たり特に政府が考慮した事項」として，3つの点が挙げられている。すなわち，労働条件の決定に関する基本原則の闡明，

第II部　労働条件

労働関係に残存する封建的遺制の一掃が挙げられ，続いて，次のように述べられている。（アンダーラインは，筆者）

「この法案の作成に当たり特に政府が考慮した事項の第三点は，1919年以来の国際労働会議で最低基準として採択され，今日広く我が国に於いても理解されて居る<u>8時間労働制，週休制，年次有給休暇制</u>の如き基本的な制度を一応の基準として，この法律の最低労働条件を定めたことであります。戦前我が国の労働条件が他の文明国に劣って居たことは国際的にも顕著なものでありました。敗戦の結果荒廃に帰せる我が国の産業は，その負担力において著しく弱化していることは否めないのでありますが，政府としては尚日本再建の重要な役割を担当する労働者に対して国際的に是認されている基本的な労働条件を保障し，以って労働者の心からなる協力を期待することが，日本の産業復興と国際社会への復帰を促進する所以であると信ずるのであります。」
（寺本広作著「労働基準法解説」138頁，昭和23年，時事通信社刊）

(2)　これは当該年度における新規付与日数を分母とする数字であり，前年度からの繰越分をも併せた「労働者の現に有する年休権」に係る総付与日数を分母としたとすれば，さらに低く，30％前後の率となってしまう。

(3)　「労働時間短縮推進計画について」（昭和63年6月17日，労働省発基60号）

(4)　そのほかに，企業が負担を免れている費用としては，年休取得要員の代替雇用のための費用がある。それは，「休暇制度のあり方と経済社会への影響に関する調査研究委員会報告書（表題：休暇改革は『コロンブスの卵』，12兆円の経済波及効果と150万人の雇用創出）」（平成14年6月，経済産業省・国土交通省・(財)自由時間デザイン協会）によれば，約2兆8000億円と推計されている（同報告書16頁）。

そうすると，（推計の方法は若干異なっているとしても，）これと前述の直接の年次有給休暇手当の負担軽減分約4兆5000億円と合わせると，約7兆3000億円という膨大な金額となる。

(5)　この試算方法は，笹島芳雄教授の例にならった（昭和62年10月7日付け日経新聞「経済教室」欄参照）。

(6)　他に「深夜業」も法規制の対象とされている（労基法37条3項）が，主として労働時間の位置に関するものであるところから，ここでは触れていない。

(7)　憲法27条2項でいう「勤労条件（＝労働条件）」は，「労働者が人たるに値する生活を営むための必要を充たすべきものでなければなら」ず（労基法1条1項），また，労基法において定められるその「基準」は「最低のもの」である（労基法1条2項）。

(8)　もちろん，これも程度問題で，たとえ毎週，土日の休日が確保されたとしても，毎月の残業時間が恒常的に100時間を超えるような状況にあるとすれば，過労死の発生は余り減らないのかもしれないが，そもそも毎週の所定休日が守られ，年次有給休暇の完全取得が確保されるような企業においては，毎月の残業時間が恒常的に100時

間を超えるような状況は起こりえないのではなかろうか。
(9)　「過労死」認定基準第 4「認定基準の運用」の(3)参照。
(10)　「脳・心臓疾患の認定基準に関する専門検討会」報告書（平成 13 年 11 月 16 日）96 頁。
(11)　(財)労働問題リサーチセンター「小規模商業・サービス業の労働時間等実態調査報告（昭和 62 年 3 月）」50 頁。
(12)　平成 15（2003）年度に全国の労働基準監督署から是正指導を受けて企業が支払った不払い残業に係る割増賃金は、一企業当たり合計 100 万円以上の割増賃金の支払額となった事案に限っても、1184 社、約 19 万 5000 人分の計 238 億 7466 万円にのぼる（厚生労働省労働基準局監督課、平成 16（2004）年 9 月 27 日発表）。
(13)　電通事件（東京地裁平成 8 年 3 月 28 日判決、労働判例 692 号 13 頁）。
(14)　労基法 39 条に規定する年次有給休暇制度の主役が、「使用者の付与義務」から「労働者の取得する権利」に転換してしまっている。
(15)　企業における「年次有給休暇を積極的に付与しようという備え」の重要性を示す例として、前掲の「休暇制度のあり方と経済社会への影響に関する調査研究委員会報告書」における、次のような鉄道会社A社のヒアリング結果参照（同報告書 17 頁）。
　「大手鉄道会社のA社は、事業の性質上高い安全性の確保を求められる企業である。『年休もとれない業務態勢下では、安全な運行管理は不可能』との視点から、同社では十分な代替要員の確保や管理体制を整備し、年次有給休暇の計画的取得を推進している。この結果、平成 12 年度の年休付与日数 19.8 日、取得日数 18.2 日、92％という高い年休取得率を実現した。」
(16)　野田進教授も、この点について、次のように述べておられる。
　「わが国の労基法は、年休の取得方法として労働者の選択の自由を最大限尊重すべく、労働者の「時季指定権」という諸外国に例を見ない制度を案出し、それは年休権保障の意義を高めるうえで一定の機能をはたしてきた。しかし、労働者はこのように「自由」に年休の時季を選択できる権利を与えられたために、かえってその自由を享受しえないという事態が生じたのであり、この事実は経験の教えるところである。」（野田進『曲がりかどにきた年次有給休暇』「ジュリスト 998 号（1992.4.1）」51 頁）。
(17)　労働省編「改訂新版労働基準法（上）」（平成 17 年、労務行政研究所刊）590 頁では、労働基準法 39 条違反が成立する場合について、最高裁判決と同じ立場から次のように解説している。
　「本条違反行為は、労働者の請求する時季に所定の有給休暇を「与えない」ことである。前掲の昭和 48 年 3 月 2 日の最高裁判決（林野庁白石営林署事件判決。筆者注）は、「有給休暇を『与える』とはいっても、その実際は、労働者自身が休暇をとること（すなわち、就労しないこと）によって始めて、休暇の付与が実現されること

になるのであって，たとえば有体物の給付のように，債務者自身の積極的作為が『与える』行為に該当するわけではなく，休暇の付与義務者たる使用者に要求されるのは，労働者がその権利として有する有給休暇を享受することを妨げてはならないという不作為を基本的内容とする義務にほかならない。」と述べており，この使用者の義務違反が本条違反を構成することとなるものと考えられる。そうとすれば，時季変更権を行使し得る正当な事由がないにもかかわらず時季の変更を求めた場合や労働者の指定した日に出勤を命じた場合に本条違反が成立するものと解される。」

(18) 山口浩一郎上智大学教授（当時）と筆者（当時：労働省労働基準局監督課企画官）による共同調査結果をとりまとめたもの。

(19) 「サミット構成諸国労働時間実態調査報告（昭和62年）」30，83-84，158-159頁。

(20) 最高裁も，前述の林野庁白石営林署事件判決（最高裁第2小法廷判決，昭和48年3月2日）において，次のように述べている。

「ちなみに，労基法39条3項（現4項。筆者注）は，休暇の時期といわず，休暇の時季という語を用いているが，「時季」という用語がほんらい季節をも念頭においたものであることは，疑いを容れないところであり，この点からすれば，労働者はそれぞれ，各人の有する休暇日数のいかんにかかわらず，一定の季節ないしこれに相当する長さの期間中に纏まった日数の休暇をとる旨をあらかじめ申し出で，これら多数の申出を合理的に調整したうえで，全体としての計画に従って年次休暇を有効に消化するというのが，制度として想定されたところということもできる……」。

(21) 有泉亨著「労働基準法」362頁，有斐閣刊，法律学全集47。

(22) そういう意味では，使用者の年休付与義務は，対応義務でもあり，能動義務でもあるということになる。

(23) この施行規則25条に関しては，労働基準法の制定当時，厚生省労政局労働保護課長としてその衝に当たり，その後，初代の労働省労働基準局監督課長として労働基準法の施行に当たった寺本広作氏が，その著において，次のように述べており，労働基準法の制定・施行当初は，（旧）規則25条は，法39条の解釈規定であるとされるとともに，年休の付与が，この規則25条を媒介として，法的にも滑らかに流れていく仕組みとなっていたことが見てとれる。

「本条（労働基準法第39条。筆者注）第1項は年次有給休暇を与えることを使用者の義務として規定している。施行規則第25条はこの規定の解釈として継続一年の期間満了後使用者が積極的に労働者に対してその請求すべき時季を聴かねばならぬ事を規定した。使用者は，これに基いて労働者の請求する時季に年次有給休暇を与えなければならない。」（寺本広作著「労働基準法解説」250頁，昭和23年，時事通信社刊）

(24) 吾妻光俊教授も，（旧）規則25条が未だ削除されずに健在であった昭和26

(1951) 年に出された著書において，労働基準法39条違反が成立する場合について，(旧) 規則25条1項の規定の趣旨にからめ，次のように述べておられる。

「使用者が有給休暇の時季について，労働者の請求を求めることを怠り (規則25条1項参照)，そのため，労働者がその時季を請求せずにその年度を徒過した場合，労働者がその求めた時季の休暇に労働しようとするときこれを阻止せずに放任する等の場合には，すべて本条違反が成立すると解すべきである。但し，使用者が，右の如き措置に出たにもかかわらず，労働者が休暇を請求せず，又は，休暇に労働したため，所定の休暇を与え得なかったような場合には，本条違反を構成しないとみるべきであろう。」(吾妻光俊著「労働基準法」362頁，昭和26年，日本評論社刊)

(25) 昭和28 (1953) 年に，労働省労働基準局編として出されている「労働基準法 (上)」(労務行政研究所刊) 614頁では，(旧) 規則25条の性格が，寺本氏の「労働基準法解説」とは異なり訓示規定とされている点において違いはあるが，次のように述べて使用者の能動的な年休の付与義務を認めている。

「年次有給休暇というものはそれ自体労働者の請求をまって与えるものではない。本条第3項はただ休暇付与時季について定めているにとどまり，その時季について労働者の請求がなくても——そのためにこそ前述の如く訓示規定として施行規則第25条があるのである——使用者において積極的に付与すべきものなのである。そして労働者が請求する時季を申出ないときは使用者において事業運営との関連を考慮しつつ休暇付与時期 (「時季」でない) を決定して付与しなければならないものと考えられるのである。昭22・9・13労発基17号が「年次有給休暇は使用者が積極的に与える義務があることを徹底させること」といっているのもかかる意味においてなのである。」

(26) 年休に関する学説の変遷についてなされた文献研究 (菅野和夫『年次有給休暇の法理論』「文献研究労働法学」48-49頁，1978年，総合労働研究所刊) において，使用者の年休付与義務を積極的に解すべきであるとし，使用者は一定の場合には労働者からの請求がない場合でも一方的な年休の付与義務を負うとするいくつかの学説が紹介されている。本稿は，これら先学の諸先生方の驥尾に付して，使用者は労働者からのActionの有無に関係なく能動的な年休の付与義務を負っているという理解に立った考えを述べさせていただいている。

(27) 渡辺章他「労働基準法(1)，日本立法資料全集51」331頁 (資料11参照)，信山社刊。

(28) 同上「労働基準法(3)—上，日本立法資料全集53」161頁。

(29) 「労働基準 (昭和29年2月号)」12頁，(社) 日本労務研究会刊。

(30) しかし，この施行規則改正を審議する中央労働基準審議会の場においては，この規則25条の削除について，「労使それぞれの意見もさることながら，公益委員の間でも「実益がなく不必要である」とするものと有給休暇制度の「実効性を確保するため

(31) ILO 132号条約第11条には，次のような規定が置かれている。「第5条1の規定に基づいて要求される期間に相当する最低勤務期間を完了した被用者は，雇用の終了の時に，有給休暇を受けていない勤務期間に比例する有給休暇，それに代わる補償又はそれに相当する休暇権を受ける。」（労働省「ILO条約・勧告集（第6版）」59頁，労務行政研究所刊）

(32) 立法論を展開するとすれば，次のような点についても考慮すべきであろう。

① 「年次有給休暇に関すること」を就業規則の労働基準法89条の各号列記の中に，独立の項目として規定すること。労基法89条1号には，就業規則の絶対的必要記載事項として，「休暇」という文言が入っているが，その中には，年次有給休暇，産前・産後休業，育児休業，介護休業など法定の休暇（休業）のほか，年末年始休暇，病気休暇など各企業独自の休暇（これらは本来は相対的必要記載事項である。）なども含まれている。年休制度の重要性に鑑みると，「年次有給休暇に関すること」という一項目を就業規則の絶対的必要記載事項として独立の項目として規定することにより，年休というものを他の休暇から特化させるべきではなかろうか。

② 制度全体を分かりやすくすること

「労働基準法は，普通教育を修了した日本国民であれば，誰でも無理なく読めて理解できるものでなければならない（畠中『労働法に対する基礎的要請―分かりやすさ―』「季刊労働法201号」235頁，総合労働研究所刊）」，というのが鉄則であることを考えると，制度全体を分かりやすくすることも大事なことである。労基法39条でいえば，2項および3項について，「分かりやすさ」という観点からの工夫が強く求められる。

9　裁量労働制の解釈論的問題

野間　賢

I　はじめに

　裁量労働のみなし労働時間制とは，労使協定の締結（労使委員会の決議）と届出をした場合には，業務の性質上（その適切な遂行のためには），その遂行の方法を大幅に労働者にゆだねる必要があるため，当該業務の遂行の手段及び時間配分の決定等に関し使用者が具体的な指示をすることが困難な（そうでなくても具体的な指示をしないこととする）業務に就かせたときは，労使協定（決議）で定めた時間労働したものとみなすこととする制度である（労基法38条の3，同38条の4）。

　労働者の側においては，自らの知識，技術，能力を生かし創造的で主体的な働き方を可能にするものとして，新たな働き方のルールを設定するところに制度趣旨がある[1]。このようなルールを設定するといっても，労働時間の算定は「適切に」行われる必要があることには異論はないと考えられるが，ここで言う「適切な算定」とは，具体的にはどのようなあり方を意味するのかについては議論のあるところである。法文上でみるかぎりは，同じくみなし制ではあっても，事業場外労働のみなし制と異なって，「みなし時間数を実際の労働時間数にできるだけ合致させようとの要請」は明文では示されてはいないことから，この制度について，「労働時間の長さではなく労働の成果ないし質によって報酬を決定することを可能にする」制度，すなわち，労働時間の量と報酬の関係を切断することを認める制度であると考えられ，そこにこそ制度の眼目があると理解されることにもなる[2]。このように裁量労働のみなし制は，実際の労働時間に縛られずに能力・成果主義的な処遇管

理に基づく賃金制度を導入しようとの，または，時間外労働（割増賃金）の「適正な」処理という経営実務上の期待に対応する制度として立法化されたことは否定できないところである。しかし，賃金との関係で言えば，一般の労働時間制度の下でも，時間と対応させない賃金の決定・支払は可能であることを考えれば，裁量労働のみなし制を専ら賃金の決定方法との関係において特徴付ける見方は適切ではない。すなわち，労基法上の割増賃金の計算や，契約上，欠勤の賃金処理においては，労働時間との結びつきがみられるとしても，「賃金の決定・支払について当然に労働時間に対応したものでなければならない」との原則が，一般的に労基法上の原則となっているとは言い得ないからである[3]。したがって，みなし制も労働時間規制のあり方＝労働時間の算定それ自体の問題としてみる必要がある。また，「実労働時間」は，労基法の労働時間規制においてその物差しとして用いられる概念であり，それに代わる「みなし制」も，労働時間規制との関係において位置付けられなければならない。そこで，裁量労働制のみなし制の制度設計，解釈，運用においても，基本的な視角として，第一に，労基法の労働時間規制の有する規範的意義が堅持される必要がある[4]。第二には，みなし制を「合理化」しうるのは，労働における裁量性すなわち労働者の裁量を最大限確保するような制度設計になっている必要があるという点にある。また，法技術上の問題として，「みなし」の法的効果については，労基法の他の労使協定のような「規制解除」的効力とは異なる法的な構造を有しているという問題があり，その視点からの検討も必要である（企画業務型の裁量労働制における，「労働者の同意」の問題に関わる）。本稿においては，以上のような視角から，裁量労働制にまつわる解釈論上の問題点を検討しようとするものである。

II　適用要件と対象業務

1　専門業務型裁量労働制
(1)　適用要件

専門業務型裁量労働のみなし制とは，法定の必要記載事項を定めた労使協定を締結し，使用者が労働者を対象業務に就かせたときは，協定で定めた時

間労働したものとみなす制度である（労基法38条の3）。この制度の適用要件は、条文（38条の3第1項柱書）上は、①労使協定の締結・届出、②労働者を対象業務に就かせることであるが、裁量労働の本質からみて、③「対象業務の遂行の手段及び時間配分の決定等に関し、当該対象業務に従事する労働者に対し使用者が具体的指示をしないこと」（労基法38条の3第1項3号）が要件となると解すべきである。

(2) 対象業務

専門業務型裁量労働のみなし制の適用対象となる業務は、「業務の性質上その遂行の方法を大幅に当該業務に従事する労働者の裁量に委ねる必要があるため当該業務の遂行の手段及び時間配分の決定等に関し具体的な指示をすることが困難なものとして厚生労働省令で定める業務」（労基法38条の3第1項）とされ、具体的には省令において列挙されている（労基法施行規則24条の2の2第2項)[5]。

列挙されている対象業務に該当しても、業務の遂行を労働者に委ねることができない場合には適用対象とならない。その例として、数人のプロジェクトチームを組んで開発業務を行っている場合で、そのチーフの管理の下に業務遂行、時間配分を行うときや、プロジェクト内で業務に付随する雑用、清掃等のみを行う場合には裁量労働には該当しないとされている[6]。また、「研究の業務」といっても、裁量性のない補助的業務は含まれないし、「情報処理システムの分析または設計の業務」にはプログラムの設計または作成を行うプログラマーは含まれない[7]。

「大学における教授研究の業務」については、「主として研究に従事するものに限る」とされているが、講義等の授業の時間をどうみるかについて具体的な判断基準としては、行政解釈によれば、「講義等の授業の時間が、多くとも、1週の所定労働時間又は法定労働時間のうち短いものについて、そのおおむね5割に満たない程度であることをいう」とされている[8]。時間的拘束を受ける業務が含まれる場合に、その点をどう評価するかという問題に関わるが、「5割に満たない程度」という基準は、講義等の授業の特殊性を考慮したものであり、他の業務について一般的に当てはめることはできないと解すべきである。

このように法の列挙する対象業務に該当すれば，みなし制が適用されるということではなく，当該業務の遂行手段および時間配分の決定等につき労働者に具体的な指示をしないことが必要であり，具体的な指示がなされる場合には，みなし制が適用されることにはならない[9]。

2 企画業務型裁量労働制

(1) 適用要件

労基法38条の4第1項によれば，労使委員会が設置された場合において，当該委員会の委員の5分の4以上の合意により，同項1号から7号までの事項に関する決議をし，かつ，それを行政官庁に届け出ること，同2号に定める労働者の範囲に属する労働者を，同1号に定める業務に就かせたときは，当該労働者は，同3号に掲げる時間労働したものとみなすとされている。具体的には，労使委員会において1号から7号までの事項に関し決議をし，それを行政官庁に届け出た場合において，2号に定める労働者，すなわち「対象業務を適切に遂行するための知識，経験等を有する労働者であって，当該対象業務に就かせたときは当該決議で定める時間労働したものとみなされることとなるものの範囲」に属する労働者（以下「対象労働者」とする。）を，1号に定める業務すなわち「事業の運営に関する事項についての企画，立案，調査及び分析の業務であって，当該業務の性質上これを適切に遂行するにはその遂行の方法を大幅に労働者の裁量にゆだねる必要があるため，当該業務の遂行の手段及び時間配分の決定等に関し使用者が具体的な指示をしないこととする業務」（以下「対象業務」とする。）に就かせたときは，当該労働者は決議で定めた時間労働したものとみなすというものである。

(2) 対象事業場

従来は，企画業務型裁量労働制の適用対象となる事業場は，法文上，「事業運営上の重要な決定が行われる事業場」と限定されていた。すなわち，「当該事業場の属する企業等に係る事業の運営に大きな影響を及ぼす決定が行われる事業場」とされ，具体的には，「本社・本店」とそれ以外の事業場のうち，「当該事業場の属する企業等に係る事業運営上の重要な決定を行う権限を分掌する事業本部又は地域本社，地域を統括する支社・支店等である事

業場等」というように限定されていた（改正前の「指針」）。それが2003年7月の労基法改正（2004年1月1日施行）により，「事業運営上の重要な決定が行われる事業場において」という文言が削除され，適用対象となる事業場の範囲が限定されないことになった。しかし，「指針」[10]によれば，すべての事業場がその対象となると解することができることになったわけではなく，対象業務の要件に照らしてその範囲は限定されるとしている。これまでのように「当該事業場の属する企業等に係る事業の運営に大きな影響を及ぼす決定が行われる事業場」である本社・本店と，企業の事業運営上の重要な決定を行う権限を分掌する事業本部，地域支社，支社・支店等の本社・本店に準ずるもののほか，事業場の中でも「本社・本店である事業場の具体的な指示を受けることなく独自に，当該事業場の運営に大きな影響を及ぼす事業計画や営業計画の決定を行っている支社・支店等」の事業場までが含まれることになるとされている。法文上は，対象事業場についての限定はないが，対象業務が存在する事業場でなければならないとの観点から，対象となる事業場も一定の範囲が画されることになる。したがって，企業全体に係る事業計画や営業計画でなく，支社・支店の権限範囲内における事業計画や営業計画の決定を行う事業場も含まれることになるが，「事業の運営に大きな影響を及ぼす事業計画や営業計画の決定を行っている支社・支店等である事業場」に限られるのであって，どのような事業場でも対象になるわけではないと解されるのである[11]。

(3) 対象業務

企画業務型裁量労働制の対象となる業務とは，①「事業の運営に関する事項について」の，②「企画，立案，調査及び分析の業務」であって，③「当該業務の性質上これを適切に遂行するにはその遂行の方法を大幅に労働者の裁量にゆだねる必要がある」ため，④「当該業務の遂行の手段及び時間配分の決定等に関し使用者が具体的な指示をしないこととする」業務であることとされ，①〜④のいずれの要件をも充たすものでなければならない（労基法38条の4第1項1号）。

「事業の運営に関する事項」とは，一般的には，「対象事業場の属する企業等に係る事業の運営に影響を及ぼす事項又は当該事業場に係る事業の運営に

影響を及ぼす独自の事業計画や営業計画」のことをいい,「対象事業場における事業の実施に関する事項」が直ちに対象業務に該当するものではないとされている（指針第3・1・(1)・イ)。具体的な例として，本社・本店の管理・運営部署において策定される企業全体の営業方針，事業本部での企業の主要な製品・サービス等の事業計画，地域支社等での事業計画や営業計画，工場等での企業の主要な製品・サービス等の事業計画，支社・支店等の地域における生産・販売等についての事業計画や営業計画などがあげられている。

「企画，立案，調査及び分析の業務」については，これらの業務はそれぞれ独立しているものではなく，相互に関連しあって一群の業務をなすと考えられるので,「『企画』,『立案』,『調査』及び『分析』という相互に関連し合う作業を組み合わせて行うことを内容とする業務」をいい，また，ここでいう「業務」とは,「部署が所掌する業務ではなく，個々の労働者が使用者に遂行を命じられた業務をいう」とされている。したがって，これらの業務を所掌する部署で行われている業務がすべて,「企画，立案，調査及び分析の業務」に当たることにはならない（指針第3・1・(1)・ロ)。例えば，企画部に属する労働者すべてが直ちに対象業務に従事するものとはならず，個々の労働者が担当する業務により判断されることになる[12]。企画，立案等の業務が行われている部署において，補助的または定型的業務が行われている場合に，かかる業務は含まれないことになる。

労基法41条2号の「管理監督者」に該当し適用除外となる者の範囲に，これまで「経営上の重要な事項に関する企画，立案，調査等の業務を担当する者（いわゆるスタッフ職)」が含まれるとされてきたが，裁量労働制の対象業務に当たるので，これらの者は適用除外の範囲には含まれないとの解釈をする必要がある[13]。

「当該業務の性質上これを適切に遂行するにはその遂行の方法を大幅に労働者の裁量にゆだねる必要がある」業務とは,「使用者が主観的にその必要があると判断しその遂行の方法を大幅に労働者に委ねている業務を言うのではなく，当該業務の性質に照らして客観的にその必要性が存するものであることが必要である」とされている（指針第3・1・(1)・ハ)。ここでいうところの「裁量にゆだねる必要がある」とは，業務の性質上「客観的に」労働者の

裁量に委ねる必要性が認められることが必要であり，業務そのものにそのような必要性がないとみられるのに，労使委員会において対象業務として決議して，実際にも使用者が労働者の裁量に委ねているとしても，ここでいう対象業務には当たらないことになる（みなし制が適用にならない）[(14)]。

「当該業務の遂行の手段及び時間配分の決定等に関し使用者が具体的な指示をしないこととする」とは，当該業務の遂行に当たり，「企画」，「立案」，「調査」および「分析」という相互に関連し合う作業を「いつ，どのように行うか等についての広範な裁量が，労働者に認められている業務」をいう。したがって，「日常的に使用者の具体的指示の下に行われる業務や，あらかじめ使用者が示す業務の遂行方法等についての詳細な手順に即して遂行することを指示されている業務」は該当しない（指針第3・1・(1)・ニ）。ただし，使用者が何ら指示をすることも許されないというわけではなく，「業務の遂行の手段および時間配分の決定等」以外の業務遂行上の基本的な指示をすること，または経過の報告を求めることは可能であり，それによって裁量性が否定されることにはならない。しかし，使用者の指示によっては業務量が過大である場合や，期限の設定が不適切である場合には，時間配分の決定について労働者の裁量を失わせることになり要件を充たさないものとなる（指針第3・1・(2)・ハ）。

法文の上では，「当該業務の遂行の手段および労働時間の配分の決定等に関し使用者が具体的な指示をすることが困難」な業務とされる専門業務型（労基法38条の3第1項1号）と違って，「当該業務の遂行の手段および労働時間の配分の決定等に関し使用者が具体的な指示をしないこととする業務」との文言になっていることから，解釈によっては，使用者が具体的な指示をしないこととすれば，みなし制が適用される対象業務になると解することもできるのではないかとの読み方もできる[(15)]。しかし，対象業務となるのは，前記のように，業務の性質上その遂行方法を労働者の裁量に委ねる必要性」が客観的に認められなければならないので，そのような必要性が認められないのに，「使用者が具体的な指示をしないこととする」としたとしても対象業務に該当せず，要件を充たすことにならないと解される[(16)]。

「企画業務型」の裁量労働制は，以上①〜④の要件のすべてを充たす必要

があり，その一部でも該当しない業務を労使委員会において決議したとしても適法にみなし時間の効果は発生しないことになる（指針第3・1・(2)・イ）。

なお，専門業務型裁量労働制の場合には，「当該業務の遂行の手段及び時間配分の決定等に関し使用者が具体的な指示をすることが困難なものとして厚生労働省令で定める業務」の中から，労使協定において定めることになるが，企画業務型裁量労働制については，対象業務につき「当該業務の遂行の手段及び時間配分の決定等に関し使用者が具体的な指示をしないこととする業務」を決議によって決定することになるという違いがある。

(4) 対象労働者

「対象業務を適切に遂行するための知識，経験等を有する労働者」とは，対象業務に「常態として」従事している者であり，また，「客観的にみて」，対象業務を適切に遂行するための知識，経験等を有しているものと認められるものである必要がある。実際には，業務内容ごとに必要な職務経験年数や職能資格等の具体的基準を明らかにしたうえで特定することが必要であろう（指針第3・2・(1)）。具体的な基準の例としては，少なくとも3年ないし5年程度の職務経験を経た上で（すなわち，このような経験年数を積んだ者のなかから），対象業務を適切に遂行するための知識，経験等を有しているかどうかの判断の対象となりうるとされている（指針第3・2・(2)）。すなわち，職務経験年数のみによって判断されるのではなく，このような経験年数を積んだ者の中から「対象業務を適切に遂行することができる知識や経験，能力を有するかどうか」によって決められるべきあることを意味する[17]。このような知識，経験を有しない労働者を含めて決議をし，当該労働者を対象業務に就かせても企画業務型裁量労働制の労働時間のみなしの効果は発生しない（指針第3・2・(2)）。

「常態として」の意味については，まず，対象業務の一環として当該業務に付随して，一定の定型的業務に従事する場合でも全体として裁量労働に該当するものと解される。つぎに，対象業務とは関連しない別個の非裁量的な定型業務に従事した場合については，「常態として」対象業務に従事したとは言えず，当該日は全体として対象業務に従事したことにならず，実労働時間により処理されるべきである[18]。

III 裁量労働制における「裁量性」の要件

(1) 適用要件

業務の裁量についての適用要件は,「当該業務の遂行の手段及び時間配分の決定等に関し使用者が具体的な指示をしないこと」であるが（労基法38条の3第1項3号,同38条の4第1項1号）,①「業務の遂行の手段」と②「時間配分の決定」に分けられる。

(2) 「業務の遂行の手段」についての裁量

「業務の遂行の手段」について具体的な指示をしないことであって,業務の遂行についての基本的指揮命令権限は使用者に保持され続けていることには変わりはない。したがって,使用者が労働者に対して業務内容の基本的な指示をすること,業務遂行の各段階での進行状況の報告を求めることなどは認められる[19]。

裁量労働制の適用を受けている労働者が対象業務以外の業務についたときは,みなし制が適用にならず,実労働時間により処理されなければならない[20]。

業務上の指示・命令との関係で,会議への出席や出張について命令できるかどうかについては説が分かれている。否定説は,フレックスタイム制のように出勤・退勤時刻を労働者の自由な決定に委ねて指揮命令は及んでいる場合と異なり,具体的な指示をしないこととするものであるから,会議等への出席を命令することはできず,労働者の裁量に任せるしかないとするものである[21]。これに対し肯定説は,全体として裁量性が確保され,裁量労働制に反しない限り認められるとする考え方である[22]。しかし,「全体として裁量性が確保されている」という基準については,「全体として裁量性が確保されている」とは,どの程度までなら具体的な指示も許容されるのか,また,その範囲内で具体的な指示ができるとなれば,裁量と拘束の混合形態が認められることになり,裁量性は部分的にあればよいことになるのではないかとの疑問がある。

なお,休憩時間や深夜労働などの規制は受けるので,使用者は裁量労働に

従事する労働者の実際の労働時間を把握する必要があり，タイムレコーダーへの打刻や出勤簿への記載，監督者による確認などを義務づけることは問題ない[23]。

(3) 「時間配分の決定」についての裁量

(i) 始業・終業時刻の設定

「時間配分の決定」に関して具体的な指示をしないことが要件のひとつであるが，それとの関係で始業・終業時刻の規制はできるのかどうかが論点になる。この点に関する一つの考え方は，裁量労働のみなし制の趣旨を，高度の専門的裁量的労働について労働の量によってではなく，その質ないし成果によって報酬を定めることを可能にするという制度ととらえることから，始業・終業時刻をもはずすのがみなし制の本来的姿であるとするものである[24]。それに対して，裁量労働制においても始業・終業時刻の規制は外すことができないとする考え方もある[25]。ただし，前者の考え方でも，始業・終業時刻の規制をしたままで，そのなかで時間の配分の決定を労働者の裁量に委ねることでも要件を充たすと解している。すなわち，始業・終業時刻を指定したうえで休憩時間のとり方や残業の仕方を労働者に委ねることでも要件を充足すると解している。また，始業・終業時刻を定めた場合であっても，それは標準時間帯としての意味にとどまり遅刻・早退などにより賃金カットをしないとするものとしなければならないとしている[26]。この説によれば，結局のところ始業・終業時刻の定めはできるが，実際上始業・終業時刻は法的な拘束力はないものと解されているのであろう。そうすると，始業・終業時刻の設定にいかなる意味があるのか，また，ここで言う「標準時間帯」の意味は明確ではなく，遅刻・早退について賃金カットはできないとしても，人事考課においてマイナス査定するなどの取扱いは認められるのかどうかなど問題点が残る。また，この説では，始業・終業時刻の指定は標準時間帯としての意味しかなく，遅刻・早退などにより賃金カットはできないことが条件とされているのであるが，一定の限度はあるとしても通常の労働者についても遅刻・早退による賃金カットをしないという取り扱いが行われることはあるわけで，このことが裁量労働制に適合するための条件として意味あるものとは考えにくい。

始業・終業時刻は外せないとする説は、裁量労働制の趣旨は所定外の労働時間の部分のみについて、みなし制による処理を図ろうとするものであること、また、労基法89条により始業・終業時刻が絶対的必要記載事項とされている点は裁量労働者にも適用になるという理由を根拠にするものである[27]。この説の基本的視点は、裁量労働制の趣旨を所定外の労働時間の部分のみについてみなし制による処理を図ろうとするところにあると解しているところにあるが、法文上みなし時間の定め方について所定外について定めなければならないような規定にはなっていない点から考えて、このように解するのは難しいのではないだろうか。就業規則の始業・終業時刻の定めは、「始業・終業時刻の定めは適用しない」という定めをすることで89条には違反しないと解してよいのではないか。

　ところで、始業・終業時刻というのは、本来所定労働時間の開始点と終了点を画するための規制方法として、労基法上その規制が設けられていると解されるが、始業・終業時刻の定めは所定労働時間の長さと配置を画定する意味を有している[28]。これによって労基法上の労働時間規制が担保されることになると考えられるものである。しかし、裁量労働制は、労基法の労働時間規制の原則を外す制度であり、所定労働時間と始業・終業時刻の設定という枠組には納まらない性質を有するものである。「時間配分の決定に関し具体的な指示をしないこと」という要件との関係においては、ここでの時間配分の決定とは、労働時間の長さすなわち労働の開始や終了が含まれなければならないと解されるべきである[29]。労働時間の長さも労働者の自由な決定に委ねる必要があるということから、何時に出勤するか（労働を開始するか）（始業）、何時に退社するか（労働を終了するか）（終業）についても、自主的に決定できなければならず、始業・終業時刻を義務づけることはできないと解される[30]。要するに、裁量労働のみなし制においては、所定労働時間を画するところの始業・終業時刻を設定することは、その要件を充たさないと解され、結局は、始業・終業時刻の規制をはずす必要がある。

　もし、始業・終業時刻を定めた場合に、その定めは違法、無効となるかという問題であるが、違法とまでは言えないとしても出退勤管理の上での目安となるに過ぎないと解され、裁量労働者に義務づけることができるような拘

束力はないと解すべきである。

(ⅱ) コア・タイムの設定

コア・タイムの設定は可能かどうかについては，労働時間の管理が基本的に労働者に委ねられている場合には，コア・タイムの設定は裁量労働制と両立しないとは言えないとする説や[31]，全体として裁量性が確保されていれば，コア・タイムを設けることも裁量労働制に反しないとする考え方[32]があるが，この点も，始業・終業時刻の設定について述べたのと同様の論旨から考えて，また，労働時間の長さ・配置についての裁量が確保されなければならないという要請からみて，時間帯の長さいかんにかかわらず認められないと解すべきである。

Ⅳ みなし時間の設定

(1) みなし時間の基準

労使協定または労使委員会の決議において，「対象業務に従事する労働者の労働時間として算定される時間」（みなし時間）を定めることが，制度適用のひとつの要件である（労基法38条の3第1項2号，同38条の4第1項3号）。みなし時間の設定に当たって，みなし時間の基準が問題になるが，事業場外労働（同38条の2）については，法文にその基準が明確に定められていて，原則的には所定労働時間とされ，特別に通常所定労働時間を超えて労働することが必要な場合には，労使協定において「通常必要とされる時間」をみなし時間として定めることにより，それがみなし時間となる。しかし，裁量労働制の場合には，みなし時間を設定するに当たって準拠すべき基準が法文の上では何ら示されてはいない。したがって，みなし時間を事業場の所定労働時間にするか，または，それより短くするか，あるいは法定労働時間とするか，それより短くするか，いずれにしても現行法上明示的に禁止されているわけではないと解される[33]。そこで論点となるのが，このようにみなし時間を法定労働時間またはそれ以内とすることも，また，他の労働者に適用になる所定労働時間としたり，あるいは，所定労働時間以内とすることもできると解されるのかどうかである。

9 裁量労働制の解釈論的問題

　この点は，裁量労働制の制度趣旨の捉え方の違いにより見解の対立が生ずることになっているが，要するに，みなし時間の設定につきとくに制約はないと解すべきか，当該業務に必要な実労働時間に見合ったみなし時間を設定すべきと解されるのかという点が議論となるところである。

　裁量労働制の趣旨を労働の質に応じた報酬の支払いを可能ならしめる制度ととらえる説によれば，みなし時間数を実際の労働時間数にできるだけ合致させようとの要請は含まれていないとする[34]。したがって，みなし時間は時間外を含まないことにすることも，または，所定以下でも問題ないということになる[35]。これに対して，制度趣旨につき所定外労働の適正な処理を目的にしているととらえる立場からは，「所定労働時間労働したものとみなす」旨の労使協定（決議）の内容は，この趣旨から逸脱することになると解されることになる。すなわち，みなし時間を所定内労働時間にすることは，所定外労働部分を一切認めないことに帰着するものであり，法的効力を認めるのは妥当でなく無効とされるのである[36]。つぎに，前記の二つの説は対立するものではなく，裁量労働制の利用の仕方として2つのケースが考えられ，それぞれの利用目的との関係でみなし時間のあり方が決まるとする考え方である。一つの利用方法は，本来であれば時間外労働となるはずの時間数を含むみなし労働時間を設定することにより，この制度を実質的な割増賃金の定額払制として利用する場合であり，この場合のみなし労働時間は，1日8時間を超え，対象業務を遂行するために通常必要な，ないしは平均的な時間外労働時間数を加算した時間が，「適切な水準」となるとする。もう一つの利用方法は，賃金の決定基準から時間の要素を切り離し，個人の成果や業績に基づいて決定するために，この制度を利用する場合であり，この場合には，みなし労働時間を1日8時間またはそれ以下の所定時間とすることにより，割増賃金の支払いを排除するか，あるいは，一定額の時間外労働手当保障の趣旨で，8時間を若干超えるみなし時間が「適切な水準」ということになる。ただし，この場合には，成果主義的な賃金制度と，それに必要な成果や業績についての評価制度が形成されていることが前提条件であり，そのような制度の趣旨や内容について十分に検討し，納得したうえで，みなし労働時間を決定する必要がある。そのような前提なしに，みなし労働時間を法定

労働時間以下に設定することは，もっぱら時間外労働手当節約のためにこの制度を濫用するものとして，労働時間のみなし処理の効果は生じないと解すべきであるとするのである[37]。

　思うに，法文の形式上は，事業場外労働のみなし制の場合と違って，「当該業務に必要と考えられる時間」をみなし時間とするという枠は設けられていないので，（職場の）所定労働時間以下，あるいは法定労働時間以下とすることも一概に認められないとは言えない。裁量労働制を成果主義管理のために利用するか，時間外労働部分を一定限度までにとどめるため（割増賃金の定額制）に利用するかは，この制度の機能面から見て，いずれの利用方法も可能である。しかし，「実際の労働時間にできるだけ合致させようとする要請」が，法文上は明示されていないとしても，そもそも，みなし労働時間制の本質は，実労働時間の算定が困難またはあえてしないこととするために，それに代わる労働時間の算定方法として設けられたところにある。裁量労働制にしても，労基法における労働時間の規制方法であることに変わりはなく，事業場外労働の算定のあり方とまったく異なる理解のしかたであってはならないと解される。裁量労働制のみなし時間についても，労働時間の算定を適切に処理しようとするものであるが，みなし時間の定め方について論ずる場合にも，労働時間規制の規範的意義である労働者の健康と自由時間の確保という視角からまったく離れて解釈されるべきではない。実際の労働時間に即してみなし時間を定めることとする原則からまったく離れてしまうならば，このような労働時間規制の根本的な規範的意義はその役割を果たさなくなってしまう。したがって，裁量労働制におけるみなし時間の設定についても，「当該業務に通常必要とされる時間」に合致させようとする「要請」がまったく無視されてよいとは解されない[38]。そうすると，結局は，「実際に要する労働時間」や，業務内容，業務量，成果主義に基づく賃金制度の整備など労働者の処遇について制度的に整備されているかどうかなど，こうした実態的な諸事情を基準にして，「適切なみなし時間の設定」かどうか評価されることになると解される。指針（第3・3・(2)）が言う「適切な水準」というのもこのような意味に理解される。したがって，業務の量からみて客観的に常に時間外労働を必要とすることが明らかになっているような場合に，それに

もかかわらず時間外部分をカットしてしまっているようなケースについては，「適切さ」を欠くものと判断されるのではないか。このように「どの程度の時間労働することが必要となるか」の基準も含めて，「適切さ」が判断されるべきであるので，客観的にみて，実際の労働時間が「適切な水準」から相当かけ離れているときは，労働者がその点を証明すれば，当該業務についての当該みなし制の適用は，要件を欠いているものとして効力を生じないことになり，実労働時間による算定を要求できると解される[39]。

　成果主義的な賃金制度とそれに必要な成果や業績についての評価制度が形成されていることを前提条件にして，その場合には，みなし労働時間を1日8時間またはそれ以下の所定時間とすることにより，割増賃金の支払いを排除するという形で制度を利用することとしても，常に時間外労働が発生し，それも相当の時間数となる実態にあるような場合において，実際の労働時間とは関係なしにみなし時間を設定するのは，みなし時間の「適切な水準」と認められるかどうかである。労働時間の算定とは賃金の支払（時間外割増）との関係においてのみ意味があるのではなく，労働時間規制の規範的意義を失わせるべきではないと考えるならば，成果主義的な賃金制度との関係のみで「適切さ」を判断するべきではないことになる。このような場合でも，時間外労働が常態的に行われることが明らかなときには，「適切さ」を欠くものとして，みなしの効果が否定されると解すべきである。なお，指針（第3・3・(2)）では，「労使委員会においては，みなし労働時間について決議するに当たっては，委員は，対象業務の内容を十分検討するとともに，対象労働者に適用される評価制度及びこれに対応する賃金制度について使用者から十分な説明を受け，それらの内容を十分理解した上で，適切な水準のものとなるよう決議することが必要である」としている。賃金制度との照し合わせをして，「適切な水準」になるようにすべきとの趣旨であるが，評価制度等は一判断要素であって，実際労働時間を排除してよいという趣旨ではないと解すべきである。

(2) みなし時間の設定単位

　みなし時間を定めるにあたって，それが1日当たりの時間を定めなければならないか，あるいは，1週間，1カ月間を単位にみなし時間を定めること

ができるかについて、労基法(38条の3、38条の4)では、その点について明記されているわけではない。

みなし労働時間制は、労働時間の算定に関する計算方法についての制度であるから、労基法における労働時間規制が1日と週とを単位として行われていることとの関係で、みなし時間の単位も1日と週ということになる。そこで、1日および週を単位にしてみなし時間を定めることが必要である。ただし、1日についてみなし時間を定めるならば、週の労働日数との関係で週単位のみなし労働時間も自動的に出てくることになるので、結局、1日についてのみなし時間を定めることが必須条件であり、みなし労働時間数は、1日当たりのものを定めなければならない。指針(第3・3・(1))では「1日についての対象労働者の労働時間数として」定める必要があるとされている。したがって、1日当たりのみなし労働時間数に代えて、1週間当たりまたは1カ月当りのそれを定めることは、要件を充たさないと解される。

問題は、一日についてのみなし時間数を定めることと合わせて、1週または1カ月当たりのみなし労働時間数を定めることは許容されるかどうかである。前述のように、一日のみなし時間数を定めれば、それに週の労働日数を乗じて得た時間数が週のみなし時間数となり、その限りで週のみなし時間数とするのであれば(実際にはあまり意味のないことにはなるが)取り立てて問題にすることはない。

ところで、1日のみのみなしだけではなく、1日とあわせて週についてのみなしを定める仕方もありうるとした上で、その場合に、1週の労働時間数をも週所定労働時間とみなして、法定週休日(35条)ではない週休日(週休2日制における1日の週休日)に労働したとしても、労働時間数としては報酬に反映させないという取扱い、すなわち、1日当たりと合わせて、週当たりのみなし時間を定める場合には、このような労働義務のない日に労働したとしても、週のみなし時間により算定することにする定め方も有効であると解する説がある[40]。要するに、休日(法定の他に付与する休日)に労働したとしても、その日の労働時間も週単位で決めたみなし時間に含めて計算、処理されることになるのである。しかし、1日当たりのみなし時間数が定められているので、その点は問題ないとしても、休日に労働してもその時間は、週

当たりのみなし時間の定めによりそれに吸収されてしまうという点は以下の理由で問題がある。この説の考え方は、法定休日に労働した場合には、休日労働として扱う必要があるが、法定外の休日については、週単位のみなし時間の中で処理することができると解するのである。確かに、労基法の休日労働の規制は受けないが、労基法上の休日かそうでないかの違いにより、このような扱いが認められることにはならない。なぜなら、裁量労働制は、出勤するかしないかまで労働者の裁量にゆだねられる制度ではないので、週のなかで日を跨ってみなしを及ぼすことになり、また、法定外の休日とはいえ、契約上労働義務がない日であり、その日に労働したのに週単位のみなし時間を設定したことによって労働時間としてカウントされないことになるというのは、「みなし制の枠」を超えていると言える[41]。実際上も、たとえば、1日当たりでは8時間、かつ、週当たりでは40時間とみなし時間を定めたとすると、休日に労働しても週40時間とみなされることになるが、1日のみなし時間で計算して週では40時間に達しており、週の法定労働時間を超えることになるのに、法定以内にみなしてしまうことを認めるというのでは、結局、1日のみなし時間の設定は意味のないものになってしまうのではないだろうか。こうしたことから考えても、このような効果を持たせる週当たりのみなし時間の設定は、裁量労働制の要件に適合しないと解される。

V 「みなし」の効果の法的構造と効力

(1) 「みなし」の効果の法的構造

労働時間のみなし規定（労基法38条の2、同38条の3、同38条の4）は、労基法上の労働時間の算定について例外となる算定方法を定めた規定であり、労基法上の労働時間規制に使用者が違反していないかどうか判断するについて、原則的な実労働時間によらずに、みなし時間により時間計算をしようとするものである。「みなし」とは、法定の要件を充たす場合には、労基法上の労働時間の算定について「みなし時間」により算定が行われるという法的効果を発生させるものである。この「みなし」の効果には、その効果の発生のあり方において、特徴的な法的構造を有している点に留意しなければなら

ず，その法的構造との関係でみなし制の適用要件や効力を議論する必要があることになる。

「みなし」の効果については，一般に労使協定の効力として議論されるいわゆる「規制解除効力」（免罰的効力）とは異なる法的構造を有していることを確認しておく必要がある。すなわち，「強行性解除効力」とは，労基法の規制が解除され，そのことによって使用者に例外的扱いを許容するという構造になっていると言えるものであり，例えば，時間外労働の労使協定のように，労基法の労働時間規制が「解除」されて，その上で，時間外労働をするか・しないかについて労使の意思（労使の自治）により決定できることになり，労働させても労基法違反とならないということになる。それに対して，「みなし時間」とは技術的な概念であり，例えば「働かせてはいけない」とか「……しなければならない」とかいうような労基法の規制そのものではなく，労働時間規制に関わり時間を算定する「物差し」になるものである。みなしの効果は，直接的に免罰的効力ないし強行性解除効力と結びつけて理解するのは適切ではなく，免罰的効果・強行性解除効果という観念にはなじまないものということができる(42)。この意味で裁量労働制の労使協定・決議の効力についても，直接的に，免罰的効力ないし強行性解除効力と関係づけることはできないことになる。言い換えると，法定の要件を充たせば，「労基法上の労働時間の算定」自体については，みなし時間による処理が自律的に行われることになるのである。このようにみると，まず規制の解除があって，つぎにいかなる合意をするか労使の自治にまかされることになるというような段階的な構造にはなっていないのである。このような意味で，「労基法上の労働時間の計算それ自体については，自己完結的にみなしの効果が発生する」(43)という言い方ができる。

以上のような「みなし」の効果の構造から，「労基法上の労働時間の算定」それ自体については，労使間でそれを適用することとするかどうかの自由に任されることになるわけではなく，強行的に「みなし時間」による計算が実行されると解されるのである。したがって，「労基法上の労働時間の算定」について，労使間の合意という手続きの余地はなく，また，それゆえに，労働者の同意を適用要件とすることも法構造上そぐわないのである。

(2) 「みなし」の私法上の効力

「みなし時間」の私法上の効力についてどう解するかであるが，前述のような自己完結的効力という構造から考えると，「労基法上の労働時間算定につき『みなし』による」という効果は，私法上（個別の労使間の契約上）も当然に効果が及ぶことになり，「労基法上」のみなし制の適用をするか，しないかについて，あらためて私法上の根拠を問題にするまでもなく効果が及ぶことになると解さざるを得ないのである。このように，みなし効果の発生は，個別労使間の合意には関わらないものと言うことができるとしても，労働者の同意を得ることを適用要件として法定することも可能であるとの見解もありうるが，「みなし」の法的構造から考えて，労基法上の規制のあり方に関わる効果の発生について，個別の労使間合意によって左右されることになるような事態は，法的構造上避けるべきであると考える。要するに，みなしの効果は，「使用者にみなし時間による処理を可能にする」というものではないのであって，私法上の効力という点でも，直律的に法的効力が及ぶと解されることになる[44]。ただし，みなし制を適用する場合には，賃金など労働条件において，実労働時間による場合とは異なる処遇がなされることになると考えられるので，それらの労働条件の下で労務を提供するという点については，労働契約上の根拠が必要であることには変わりがない。みなし制は，労働時間の算定に限っての適用の例外を定めるものであり，みなし制の適用に伴う賃金の決定方法については特別の規制を定めてはいないので，その点は，労働契約上いかなる定めをしているかによることになる。

結論的に言えば，法定の要件（対象業務，対象労働者，労使協定・労使委員会の決議と届出）を充足すれば，労基法上も労働契約上もみなし時間の適用の効果が発生すると解することができる。したがって，法文の上からも，また，みなしの法的効果の性質からも，「労働者の同意」は要件ではないと解すべきである（労働時間のみなし自体については，私法上も当然に効力が及ぶ（別個に労使間の合意を整える必要はない）と解することになると，決議の「同意」事項はいかなる意味を有するのかがあらためて問われなければならなくなるが，この点については，「5．裁量労働制の労使協定・労使委員会の決議」の「(4)「労働者の同意」（企画業務型）と不利益取扱い禁止事項」の項を参照）。

VI 労使協定・労使委員会の決議

(1) 労使協定・決議の記載（決議）事項

裁量労働制のみなし効果が発生するためには，対象業務と対象労働者についての実体的要件を備えるとともに，労使協定・労使委員会における決議とその届出という手続的要件が必要である。協定・決議事項としては，①対象業務，②対象労働者（企画業務型），③みなし時間，④労働者の健康福祉確保に関する措置，⑤苦情処理に関する措置，⑥労働者の同意および同意をしない労働者に対する不利益取扱いの禁止（企画業務型），⑦その他省令で定める事項がある。これらは必要的記載・決議事項であり，すべての事項について決議する必要があり，1つでも欠けている場合にはみなし制の適用要件を充たさないことになる[45]。必要的記載・決議事項以外に制度実施のため必要と考えられる事項について，任意に協定・決議することは差し支えない。

④事項については，裁量労働に従事する「労働者の労働時間の状況に応じた当該労働者の健康及び福祉を確保するための措置を当該協定（決議）で定めるところにより使用者が講ずること」（38条の3第1項4号，38条の4第1項4号）と定められている。「協定（決議）で定めるところにより」講ずることとされているにとどまるから，措置の具体的な内容については，協定・決議で定めるところによることになる（具体的措置の例として，指針第3，4・(2)・ハ参照。）。ただし，「何らかの措置を講ずる」とするのみの協定・決議では要件を充たしたことにはならず，いかなる健康・福祉確保措置をどのように講ずるかについて明確にしておく必要がある（指針第3，4・(1)・ロ参照）。

⑤事項についても，措置の具体的内容については協定・決議で定めるところによることになるが，「苦情の申出の窓口及び担当者，取り扱う苦情の範囲，処理の手順・方法等その具体的内容を明らかにするものであることが必要である」と解される（指針第3，5・(1)）。

⑥事項については，この同意は，当該労働者ごとに，かつ，決議の有効期間ごとに得る必要がある（指針第3，6・(1)）。

⑦事項には，協定・決議の有効期間などが定められている（労基則24条の

2の2第3項,同24条の2の3第3項)。

　なお,企画業務型の決議事項については,委員の5分の4以上の合意による決議が必要である。5分の4以上の合意が得なれていない場合には,当該決議は,有効な決議とは解されないことになる。なお,従前,委員全員の合意による決議とされていたが,それでは決議の達成が困難であるとの実務上の配慮から,2003年法改正により決議要件が緩和されたものである。「委員の5分の4以上の合意」とは,行政解釈によれば,労使委員会で定められた定足数が充たされている場合に,出席した委員の5分の4以上で足りると解される(指針第4・3・(2))[46]。

(2) 労使協定・決議の効力

　手続要件として「協定・決議すること」とは,協定・決議事項(必要的記載(決議)事項)のすべてについて記載(決議)する必要があり,1つでも欠けている場合にはみなし制の適用要件を充たさないことになることを意味する。問題となるのは,これらの事項について,協定(決議)するだけで足りるのか,それとも,協定・決議事項の内容に則して使用者によって実際に遵守ないし履行されることが必要であると解されるかどうかである。協定・決議事項につき「遵守ないし履行される」という意味には,正確には二つの論点が含まれている。第一には,実際にも遵守されることが,みなし制の適用要件であると解されるかどうか,すなわち,遵守されない場合には,当然要件を充たさないことになり,みなし制が適用されないことになるかどうかという問題である。第二には,みなし制の適用要件としては,協定(決議)することで足りると解した上で,協定(決議)の私法上の効力の問題として,協定・決議事項が個別労使間の権利義務を設定するような効力を有すると解することができるかどうかという問題である。裁量労働制の協定・決議事項のなかには,使用者に対して一定の措置を講じるべきことを求める内容の事項を定める(決議する)こととされているため,特にその効力と使用者の履行義務の存否が議論されることになる。

　まず,第一の論点であるが,協定・決議事項のなかでも実体的要件とされている内容(法文の柱書に規定されているもの)に該当する事項については,実際にも遵守・履行される必要があるということは異論のないところである。

第II部 労働条件

問題は，それ以外の事項についても協定（決議）するだけでは足りず実際に遵守されることが必要であり，遵守されない場合には要件を充たさない＝みなしの効果は発生しないことになるかどうかである。専門業務型裁量労働制については，①対象業務（労基法38条の3第1号），②みなし時間（同2号）は，法文上要件であることは明確であるが，同3号の事項（「具体的指示をしないこととする」旨の定め）については，38条の3の柱書に文言がないので議論になる余地がある。企画業務型裁量労働制については，決議事項の中で①対象業務，②対象労働者，③みなし時間は38条の4第1項柱書においてみなし制の適用上の要件として明文でもって規定されていると言えるので，これらは決議するだけでなく実際にその内容に適合する必要があり，遵守されない場合には要件を充たさないことになり，みなし制が適用にならないことについては問題がない[47]。そこで，問題になるのは，専門業務型の3号事項，企画業務型では「労働者の同意に関する事項」，専門業務型と企画業務型とも共通して「労働者の健康福祉確保に関する措置」および「苦情処理に関する措置」である。この点に関して，協定・決議をすることに加えて，その内容が実際に履行・遵守されることがみなし制適用の要件かどうかについて学説は対立している。第一の考え方は，決議（2003年法改正（2004年1月1日施行）前において，企画業務型裁量労働制について論じたものであるので，決議としておくが，現時点では専門業務型の「協定」も含めることとなる）という手続によって企画業務型裁量労働制の正当化が図られる仕組を採用している以上，形式的に決議すればよいということにはならず，すべての事項が遵守されなければ労基法に違反すると解する説である[48]。これに対して，第二の考え方は，決議事項をその性格により適用要件とそうでないものとに二分して，適用要件でない決議の不履行によっては，みなし制の適用の法的効果は否定されないとする見解である[49]。第二の考え方のなかでも，企画業務型の「労働者の同意」決議については，適用要件とする説と適用要件ではないとする説とに分かれている。

協定・決議事項が協定（決議）されるだけではなく，実際上履行されることが適用要件であると解すべきかどうかについては，まず，法文の定めにより判断されるべきであるが，法文上明確に要件とされていない事項について

は，少なくとも当該制度の本質に照らして要件となるべき内容を有するような事項であるかどうか，裁量労働制に即して言えば，裁量労働の労働時間について「みなし」という効果を発生させるという制度の本質にとって密接不可分と解されるような内容であるかどうかによって決められるべきであると解する。このような観点から判断するならば，専門業務型の3号事項は裁量労働制の本質に照らして要件となるべき内容の事項と言える。それに対して，「労働者の健康福祉確保に関する措置」および「苦情処理に関する措置」に関する事項については，裁量労働制を実施する上で講じることとされるものであって，みなし制の適用上本質的な内容を持つ事項とは言えない。議論となるのは，企画業務型の「労働者の同意」事項（6号）についてであるが，「みなしの効果」の項で述べたように，みなしの効果自体は直律的に効力がおよぶものであり，労働者の同意は適用要件と解することはできない。

　第二の私法上の効力についてであるが，労使協定の私法上の効力問題として従来から議論されているように，一般的には，それ自体により個別労使間の権利義務関係に影響を及ぼすような効力を有するものではないと解されている。就業規則ないし労働協約において，「労使協定（労使委員会の決議）による」旨定められることによって，協定（決議）の内容が就業規則ないし労働協約の条項の効力（労基法93条，労組法16条）として労働契約に対して規範的効力を有することになる。しかし，協定・決議事項の内容によっては，就業規則等の規定を媒介にすることなしに，協定（決議）自体に「基準設定的効力」を認めて，個別労働契約の内容に入り込むと解することもできるのではないか[50]。

(3) 「健康福祉確保」措置

　労働者の健康福祉確保に関する措置については，協定（決議）の有無に関わらず，一般的に使用者は労働契約上の付随義務として，労働者の健康が損なわれることがないよう注意・配慮すべき義務を負っていると解されているから，その上での義務違反に対する法的責任を問われることになる[51]。しかし，そのこととは別に，協定（決議）において，健康福祉措置として，例えば，休日や休暇の付与について具体的基準を定めたような場合には，それ自体で私法上の効力を認められると解してよいのではないか。また，使用者

の配慮措置を定めたような内容の場合には、安全配慮義務の内容を具体化したものとしての効力を有すると解される。なお、苦情処理制度は、ここで言うような労働条件基準には当たらないと解される。

(4) 「労働者の同意」(企画業務型)と不利益取扱い禁止事項

企画業務型の決議事項である「労働者の同意」については、前述(「V(1) みなし」の効果の法的構造)のように、労基法上のみなしの効果は適用要件の充足によって、私法上もその効力が及ぶとする見解に立つので、この点についてあらためて労働者の同意を得ることは要しないと解されることになる。「労働時間の算定はみなし時間による」との効果が、直接私法上に及ぶことになる。しかし、そうであるとしても、その上で、個別契約で契約上は「みなし時間によらず実労働時間により算定する」との合意をすることが許されず無効となると解されるわけではない。そこで、このような合意の手続きを求めたものとして、「労働者の同意」の決議事項があると解されることになる。言い換えると、労働者に実労働時間制かみなし制かの選択権があることになり、その確認の手続が義務付けられることになる。みなし制によるか実労働時間制によるかの選択の問題であり、労働条件基準に関する事項に当たると解して、「同意」条項は決議自体から個別労使間の権利義務を形成する効力が認められると解してよいのではないか。「同意」事項を決議するよう求めた実質的な意味は、みなし制の適用についてあらためて同意を得る手続を踏ませることによって、「みなし制は適用しないで、実労働時間制を適用する」権利(選択権)を労働者に付与することにあると解される。

労働者が「原則どおりの実労働時間制の適用」を選択し、個別に労使でそのことを合意するということは、「時間外については労基法37条の定めるところに従って割増賃金を支払う」という合意も、そのなかに当然に含まれていると解釈されることになる。したがって、割増賃金の支払について契約上の根拠付けをどのように理論構成するかについては、別に明示的合意に求めるとか、就業規則や労働協約の規定に求めるまでもないことになる。

「同意」事項が協定事項とされていない専門業務型については、労働者の同意を取ることは義務付けられていないといわざるを得ない(裁量労働制の下での労働義務を根拠付けるものとして、労使間の合意(就業規則、労働協約、

個別労働契約) は必要であるが)。

「同意をしない労働者に対する不利益取扱いの禁止」については,「不利益取扱い」の実際例としては,解雇のほかには,賃金,配転・出向,昇進・昇格など広く労働条件が含まれる。みなし制の適用に同意をしなかった労働者に対して,使用者は,解雇したり,当該業務から外すなどの配転,賃金その他労働条件について不利益な取扱いをすることを禁止されることになる。この点については,決議違反の直接の法的効果としてではなく,「公序違反」または「権利の濫用」法理を媒介にして,当該措置が違法・無効となると解されることになる[52]。

(1) 平成11.1.29基発45号。
(2) 菅野和夫「裁量労働のみなし制」ジュリスト臨時増刊917号『新労働時間法のすべて』(有斐閣,1988年) 109頁。このような見解に対して,本制度を所定時間外労働の部分について適正なみなし時間を定めることを趣旨としていると見る見解がある(渡辺章『わかりやすい改正労働時間法』(有斐閣,1988年) 97頁)。また,成果主義的な賃金制度と結び付けることができないことは,法定時間を超えるみなし時間については,割増賃金を支払う必要があり,賃金決定が時間的要素と切り離されていないこと,賃金決定方法を労使協定(決議)の記載事項とするなど何の配慮もなされていないことから明らかであるというように疑問を呈する見解もある(盛誠吾「変形労働時間制・裁量労働制」季刊労働法183号29頁)。また,時間外労働となる時間数を含むみなし労働時間を設定することにより,この制度を実質的な割増賃金の定額払制として利用することも考えられる(「新裁量労働制の詳細と運用上の課題・新裁量労働制の概要」労働法律旬報1488号24頁(2000年))。しかし,このような利用方法においては,依然として「賃金決定が時間的要素と切り離されていない」とも言えそうであるが,このような場合でも,時間外労働部分について実労働時間を反映させなければならないとの「法的な要請」があるとは必ずしも言えないことからすれば,「労働時間の量と報酬の関係の切断」は相対的な違いでしかないと言える。したがって,いずれにしても,裁量労働制のみなし制は,労働時間と報酬の関係を断ち切ることを可能にする制度と言うことができる。
(3) 労働時間と賃金請求権との関係について,荒木尚志『労働時間の法的構造』302頁以下参照(有斐閣,1991年)。
(4) 野間賢「変形労働時間制・フレックスタイム制」『講座21世紀の労働法第5巻賃金と労働時間』(有斐閣,2000年) 240頁以下参照。
(5) 同項1〜5号に掲げられた業務および同6号に基づき厚生労働大臣の指定する業

務（平成9.2.14 労働省告示第7号，平成14.2.13 厚生労働省告示第22号，改正平成15.10.22 厚生労働省告示第354号）とをあわせて19業務である。
(6)　昭和63.3.14 基発150号，平12.1.1 基発1号。
(7)　労働省労働基準局編著『労働基準法上〔改訂新版〕』（労務行政研究所，2000年）509頁。
(8)　平成15.10.22 基発1022004号。
(9)　菅野・前掲注(2)112頁，東京大学労働法研究会『注釈労働時間法』（有斐閣，1990年）576頁，同編『注釈労働基準法(下)』（有斐閣，2003年）666頁（水町勇一郎）。
(10)　「労働基準法第38条の4第1項の規定により同項第1号の業務に従事する労働者の適正な労働条件の確保を図るための指針」（平成11.12.27 労働省告示第149号　改正　平成15.10.22 厚生労働省告示第353号）。
(11)　労働法令研究会編『改正労働基準法実務解説』（労働法令協会，2003年）91頁，島田陽一「裁量労働制」ジュリスト1255号（2003年）45頁。
(12)　吉田美喜夫「裁量労働制」日本労働法学会編『講座21世紀の労働法第5巻賃金と労働時間』（有斐閣，2000年）271頁。
(13)　荒木尚志「裁量労働制の展開とホワイトカラーの法規制」社会科学研究50巻3号（1999年）16頁参照。
(14)　小嶋典明「裁量労働と成果主義」季刊労働法185号（1998年）29頁以下，吉田・前掲注(12)271頁以下，東京大学労働法研究会・前掲注(9)『注釈労働基準法(下)』675頁（水町勇一郎）。
(15)　盛誠吾「一年単位の変形労働時間制・裁量労働制」労働法律旬報1430号（1998年）23頁以下は，そのような解釈が可能であるとして，そのような定め方を批判する。
(16)　小嶋・前掲注(14)29頁以下，荒木・前掲注(13)18頁以下。
(17)　盛誠吾「新裁量労働制の要件」労働法律旬報1488号（2000年）20頁以下。大沼邦博「改正労基法の政策と法理(下)」労働法律旬報1463号（1999年）34頁以下は，「当該業務の性格や内容，職務組織，労働者の地位や権限などから客観的に評価・判断されなければならない」とする。
(18)　盛・前掲注(17)21頁以下，同「裁量労働の要件変更」労働法律旬報1554号（2003年）17頁。
(19)　菅野・前掲注(2)111頁。片岡曻・萬井隆令編『労働時間法論』（法律文化社，1990年）294頁（唐津博），東京大学労働法研究会・前掲注(9)『注釈労働時間法』576頁，青木宗也・片岡曻編『労働基準法Ⅰ』（青林書院，1994年）499頁（青野覚），金子征史・西谷敏編別冊法学セミナー『基本法コンメンタール労働基準法〔第4版〕』（日本評論社，1999年）179頁（三井正信）。

9　裁量労働制の解釈論的問題

(20)　安西愈『労働時間・休日休暇の法律実務〔全訂5版〕』(中央経済社，2005年) 516頁。
(21)　菅野和夫『労働法〔第7版〕』(弘文堂，2005年) 279頁は,「ミーティングへの出席等も労働者が主体的に行う」ことになるとする。
(22)　東京大学労働法研究会・前掲注(9)『注釈労働時間法』577頁，金子・西谷・前掲注(19)『基本法コンメンタール労働基準法〔第4版〕』180頁（三井）。
(23)　菅野・前掲注(2) 111頁。
(24)　菅野・前掲注(2) 111頁，東京大学労働法研究会・前掲注(9)『注釈労働時間法』577頁，同『注釈労働基準法(下)』664頁（水町）。行政の解釈は，裁量労働のみなし制は,「その業務を処理するために，通常，どの程度の時間労働することが必要となるのかについて」協定で定めるところによるとする制度であるとの考えかたであるが，始業・終業時刻の規制をはずすことを認めている。
(25)　ジュリスト臨時増刊917号『新労働時間法のすべて』(有斐閣，1988年) 117頁（渡辺章発言）。
(26)　菅野・前掲注(2) 117頁。
(27)　渡辺・前掲注(2) 97頁。
(28)　東京大学労働法研究会・前掲注(9)『注釈労働基準法(下)』1007頁（荒木尚志）。
(29)　盛誠吾「変形労働時間制・裁量労働制」季刊労働法183号 (1997年) 22頁，大沼邦博「改正労基法の政策と法理(中)」労働法律旬報1463号 (1999年) 35頁。
(30)　外井浩志『改正労働基準法』（生産性出版，2005年) 184頁は，遅刻・早退に対し賃金カットはできないが，規律違反で懲戒処分できるとするが賛成できない。
(31)　菅野和夫「時間短縮をめぐる法律問題」労働法学研究会報1793号49頁。
(32)　東京大学労働法研究会・前掲注(9)『注釈労働時間法』581頁。
(33)　盛・前掲注(29) 29頁。
(34)　菅野・前掲注(2) 110頁。
(35)　菅野・前掲注(2) 120頁。
(36)　渡辺章「40時間労働法制の推進について」日本労働研究雑誌448号 (1997年) 13頁。
(37)　盛誠吾「新裁量労働制の詳細と運用上の課題・新裁量労働制の概要」労働法律旬報1488号 (2000年) 24頁。
(38)　中島正雄「裁量労働制」日本労働法学会編『講座21世紀の労働法第5巻』(有斐閣，2000年) 189頁。「指針」（第3・3・(2)）において述べられている「適切な水準」も，このような意味において使われているものと解される。
(39)　東京大学労働法研究会・前掲注(9)『注釈労働時間法』537頁は，事業場外労働のみなし制についてであるが，この点につき,「労働者は，反証を提出して賃金請求または割増賃金請求をもってこれを争いうる」としている。裁量労働制についても同様

(40) 菅野・前掲注(2)113頁以下，同・前掲注(21)279頁，東京大学労働法研究会・前掲注(9)『注釈労働時間法』578頁，同『注釈労働基準法(下)』667頁（水町）。
(41) 盛誠吾「フリー勤務制と労基法──変形制，スーパーフレックス，裁量労働制を中心に──」労働法学研究会報1930号22頁は，「休日の趣旨に反する」とする。
(42) **安枝英訷**「労働基準法における労使協定」同志社法学39巻3・4号300頁は，裁量労働制の労使協定について，「免罰的効果という概念にはなじまない」というように述べている。
(43) 東京大学労働法研究会・前掲注(9)『注釈労働時間法』568頁。
(44) 安西愈『改正労働時間法の法律実務〔第2版〕』（総合労働研究所，1991年）420頁も述べているように，「客観的な要件が具備しておりさえすれば適法であって，一人一人の労働者との間の労働契約で決めるべきものではなく，公法上の使用者に課せられている労働時間の把握，算定方法に関する規定の適用なのである」ということができる。そして，同書が述べるように，「労使協定で定めた内容が反射的に労働条件の内容となるのであり……労基法第13条等によって一方では私法上の労働条件の内容をなす」との立論によって，みなし時間数は，労使協定（決議）の効力として直接的に契約の労働条件内容になると解してよいのではないか。
(45) 平成12.3.28基発180号。
(46) これに対して，委員全員の5分の4以上でなければならないとする見解がある（鴨田哲郎「『企画型』裁量労働制は働き易いか？」労働法律旬報1473号（2000年）60頁）。
(47) 東京大学労働法研究会・前掲注(9)『注釈労働基準法(下)』678頁（水町）。
(48) 吉田・前掲注(12)279頁。
(49) 角田邦重「労働基準法の改正と今後の課題」労働法律旬報1450号（1999年）14頁，荒木・前掲注(13)23頁，青野覚「労使委員会──設置と運営」労働法律旬報1488号（2000年）34頁以下。
(50) 菊池高志「労働時間法改正と労使協定の機能」季刊労働法146号（1988年）25頁以下，東京大学労働法研究会・前掲注(9)『注釈労働時間法』42頁，同・前掲注(9)『注釈労働基準法(下)』50頁（川田琢之）参照。
(51) 東京大学労働法研究会・前掲注(9)『注釈労働基準法(下)』678頁（水町）は，健康福祉確保の措置として協定（決議）において具体的に定められた措置については，より強く使用者に配慮義務が課されることになるとしている。
(52) 角田・前掲注(48)14頁，大沼・前掲注(29)37頁，荒木・前掲注(13)30頁，東京大学労働法研究会・前掲注(9)『注釈労働基準法(下)』679頁（水町）。

10 フランス労働時間制度の変遷
―― 35 時間法の衰退 ――

水 野 圭 子

I はじめに

　第二次オブリー法の施行後の 2000 年，フランス労働法学会の重鎮であったG.リオン・カーンは，1936 年，週の法定労働時間が 40 時間とする議決がなされたこと，1982 年に 39 時間制が導入されたことを振り返り，35 時間導入に感嘆しつつ，次のような鋭い疑問を 2 つ呈している(1)。
　ひとつは，はたして労働時間の短縮は，労働の軽減に結びつくのであろうか。労働時間短縮は労働密度の上昇を必然的にもたらし，労働の軽減とはならないのではないかという視点である。二つには，労働時間を 35 時間まで短縮し，他者と労働時間，仕事，雇用を分かち合うことが可能かという疑問である。自己の時間を他人と「分け合う」ことができない以上，法的にも，自らの仕事と時間を他者と分け合うことはできない。労働時間の短縮と雇用の創設とは，パートタイム労働の創設にしか結びつかないと指摘するのである。そして，法制度の中で，労働時間短縮を規定する場合のキーワードとして「時間貯蓄」(épagne temps)，文字通り時間を貯めて，休暇や手当としての金銭と交換するとする方法に触れている(2)。
　週法定労働時間が，35 時間制から再び 39 時間制に移行しようとしている 2005 年現在を見越したかのような，まさに，的を射た疑問であった。
　思い切った労働時間政策として注目を集めた，俗に「35 時間」と呼ばれるこの法律は，2 つの法律から構成されている。それらは保革共存内閣であるジョスパン首相のもとで成立した「労働時間短縮の導入と奨励に関する

1998年6月13日法」[3]，（以下第一次オブリー法）と「交渉による労働時間短縮に関する2000年1月19日の法（以下第二次オブリー法）である[4]。

　日本と同様に，フランスでも，労働時間の短縮は，労働時間の「柔軟化」をともなっている。さらに，フランスの労働時間短縮においては，労使交渉・協約締結といった団体法の側面でも，「柔軟化」がすすめられたという特徴を指摘することができよう。フランスでは，原則として集団的労働条件を決定する場合，組合代表委員による労使交渉と協約締結という方法によってなされる。しかしながら，39時間から35時間に週法定労働時間を短縮し，雇用創設を促進するためには，協約締結当事者を欠く零細企業や小規模な事業所においても，何らかの方法を用いて，効率的に，協約が締結される必要があった。このため，従業員代表委員や，あるいは，従来は協約締結当事者と想定されていなかった労働者が，時短に関して交渉を行い協約を締結するという「柔軟」な動きが導入されたのである[5]。これらの時短と協約締結という点についても，本稿の考察の対象としたい。この様な観点から，本稿は，フランスの労働時間短縮という動きの中で，オブリー法を位置づけ，なぜ，今，週法定労働時間延長の動きが生じているのか，オブリー法を修正するフィヨン法，その後の修正法案について検討することとしたい[6]。

I　労働時間短縮の動向

　第二次オブリー法・フィヨン法を検討に入る前に，まず，はじめフランス労働時間法制の概略を，労働時間短縮と労働時間に関わる協約締結に関する立法という視点から見ていくこととにする。現在，労働法典は5週間の年次有給休暇，週35時間の法定労働時間を定めている。フランスは名実ともに，バカンスを享受する国であるといえる。1967年にはすでに，年次有給休暇は3週間と定められ[7]，1969年には4週間に延長されている[8]。

　次に，週労働時間の短縮の過程を，年代を追って概観することとする。

1　35時間制導入に至る労働時間短縮の動き

　週35時間に法定労働時間を短縮するという政策は，1981年にミッテラン

が保守中道のジカールデスタンを破り，大統領に就任した当時から目標として掲げられてきたものである。フランス経済は，1970年代後半から低迷を続けており，ミッテラン政権は経済低迷の一因は，ジカールデスタン政権下の緊縮政策と市場調整力への過信にあると分析した。そして，工業を発展させ経済的危機を克服するために，経済市場に強力に介入し，財政を拡大し，所得再配分による消費の拡大をはかるという政策をとった。具体的には，大規模な企業の国有化を進め，最低賃金，家族手当・住宅手当，老齢年金の大幅な増額をおこなった。さらに，賃金削減なしでの法定労働時間を週39時間に短縮し，年次有給休暇を5週間に延長するというものであった[9]。

(1) オルー法改革

この様な展望の下で，オルー法による労働法の改革が行われた[10]。労働時間についても，日本と同様に，労働時間短縮と労働時間調整制度の柔軟化を二つの柱として様々な改変が行われた[11]。例えば，「労働時間および有給休暇に関する1982年1月16日のオルドナンス」は，5週間の有給休暇，法定労働時間を週39時間とする制度を導入し，労働時間短縮を図っている。その一方で，変形労働時間制や時間外労働を容易に命じることができる仕組みを導入し，使用者にもメリットがある労働時間法制改革，つまり「労働時間のを柔軟化」を図ったのである。このオルドナンスによって時間外労働の要件が緩和され，企業委員会，労働監督官への通知のみによって，年間130時間の範囲で時間外労働を命ずることができるようになった[12]。また，一年単位の変形労働時間制（modulation des horaires）は，①週労働時間を増減しても一年を平均して法定労働時間を超過しないこと②その増減方法の諸条件が拡張協約もしくは団体協定もしくは企業・事業所の協定に規定されることの2点を要件として，週労働時間の増減を認めるというものであった[13]。

フランス政府はこの様な労働時間改革と平行して，労働時間に関する協定締結のプロセスにおいても「柔軟化」を推し進めようとする。大きな改革を導入したものとして，まず第一に，1982年1月16日のオルドナンスに示されている非典型協定（accord dérogatoires）が挙げられる。これは，日本でいう三六協定と近似した機能をもつといえよう。すなわち，労働協約を締結

することによって，公序である法規に抵触する内容を定めることが可能となるのである。例えば，1日の最長労働時間を12時間に延長する非典型協定を結ぶことによって，1日労働時間の法定10時間を超えて労働させることができるのである。第二に，それまで認められていなかった企業内における団体交渉を容認したことである。1982年11月13日法は，むしろ，容認というよりは，積極的に導入・促進しようとして，毎年ごとの実所定労働時間（durée effective du travail）と労働時間編成について，団体交渉を行うことを義務づけたのである。

このほか，使用者団体の求めによって，1984年に行われた全国中央労働交渉で示されたプロトコルでも，労働時間の弾力化や雇用形態の見直しに関して，協約締結の柔軟化という動きをみることができる[14]。このプロトコルは締結こそされなかったが，雇用を確保するという目的の下，法規に抵触するような労働時間の弾力化や雇用形態の見直しであっても，労使協定を締結することによって，実施を可能とするという内容のものであった。これらのオルドナンスやプロトコルに示されていた労働時間や労働時間決定に関わる協約の「柔軟化」の動きは，2年後に，1986年2月28日法，1987年6月19日法として取り込まれる事となった。

(2) 1986年2月28日法

1986年2月28日法は，一年単位の変形労働時間制について定めるものであるが，この法によって，使用者は，コストを抑えて一年単位の変形労働時間制を導入することが可能となった。1982年法では割増賃金は，原則通り，法定労働時間を超えた時間について支払われ，代償休日も算定されていた。しかし，86年法は，変形労働時間制を採用することによって，週労働時間を41時間あるいは，週44時間に延長することが可能であるとしたうえで，これらの週労働時間を超過しないのであれば，割増賃金の支払いは必要ではない，年間割当の時間外労働時間に算入する必要もないとしたのである。ただし，週の平均労働時間は，38時間（週41時間を限度とする場合の場合），37.5時間（週44時間を限度とする場合）を超えてはならないとされ，超過勤務の年間割当時間は80時間を限度とする（通常は130時間）との制限がなされていた。

また，労使交渉・協約についても次のような変更がなされた。1986年2月28日法は，労働時間を弾力的に運用する場合に，部門別協約（accord branche）の定めに基づく必要があると規定している。公序（ordre public）である法律に抵触する規定を定めるためには，部門別協約を労使間当事者が締結することが必要とされていたのである。つまり，労働時間調整に関する団体交渉と協約締結については，部門別協約が企業協約に対して，優位性を持つという点を明確にしていたといえる。さらに，この1986年2月28日法は，翌1987年法の成立を促し，立法的な法源と協約的な法源の優劣という問題を解決する端緒となったととらえられている[15]。なぜなら，立法に抵触するとしても，部門別協約を締結することによって，法律に優先して，労働時間を調整しうることが明確になったからである。この様な改正の下で，より実効的な変形労働時間制を求めて，年単位の総労働時間規制を排除した金属労組協定が結ばれる。立法規制をこえたこの協定は，1987年法に対して大きな影響を与えることになった。

　この時期に，政局も大きく変動する[16]。1980年当初，労働時間政策の目的は労働者が労働に費やす時間を短縮し，余暇を享受することであった。これは，消費の拡大をもたらすと考えられていた。しかし，ミッテランの企業の国有化，市場介入，所得の再分配という経済政策は，世界的な不況が持続する中で進行した。他の先進国は，財政削減，金利引き上げを堅持していたし，アメリカの高金利政策のため，ドルは高騰し，これを受けて原油価格も上昇し貿易収支を悪化させた。EMS（欧州通貨制度）参加による固定為替レートのためフランは，実際よりも高く評価され，国際競争力を損なうこととなった。このため所得の再配分によって，購買力は上がったが，国内品よりも輸入品の購入に向けられたため，貿易収支の改善にはいたらなかった。経済が低迷し続ける中で，ミッテランの第二次首相のファビウス内閣では，フランの切り下げ，緊縮財政，市場経済重視に方向を転換する。また，公共料金，医療費の引き上げ，為替管理の厳格化，増税，賃金物価上昇率の抑制などの政策をとった。

　しかし世論の批判は厳しく，1983年の市町村選挙で社会党は惨敗する。さらに，選挙制度を社会党に有利に改革したにもかかわらず，1986年3

月,国民会議選挙で,社会党は敗北し,社会党ミッテラン大統領の下で保守系シラク(共和国連合)が首相になるという「保革共存内閣」が成立する。ミッテランの経済政策が不調に終わったこともあり,政権交代した保守党内閣は,「市場重視」し,企業を民営化し,規制緩和を進められていく。したがって,この政府のもとでも,労働時間規制と労働協約に対する柔軟化政策が,押し進められるのである。

(3) 1987年6月19日法

1987年6月19日法は,団体交渉・労働協約の局面で,大きな変革を導入したといえる。部門別協約において進められてきた労使交渉・労働協約制度の「柔軟化政策」が企業協約にまで拡張され,企業レベルでの交渉によって,労働時間を「柔軟に」策定する事をも認めたのである。国家による画一的な労働時間規制あるいは産業別,地域別といった大枠で設計された労働時間から,企業という小さな単位で労使交渉・協約締結を行うことにより,企業の実情に即した労働時間設計へ移行するという,大きな方向転換がなされたのであった。また,1987年6月19日法は,法律に代わり企業協約・協定に対し,新たな労働時間の法源としての地位を与えたといえよう。企業協定・協約は,公序(ordere public)である法規に代わって,労働時間を規制する。すなわち,企業協定・協約を締結することによって,一年間の変形労働時間制の導入,時間外割増賃金を代償休日に交換すること等が可能となったのである。また,数週間を単位として,同一の労働時間配分が繰り返される場合に,週平均39時間を超えた部分のみが超過労働となるサイクル労働や,部門別協約を締結することを条件として,経済的理由であっても交代休日制を採用することも可能となった。フランスにおいて,労働時間短縮は,部門別・企業協約の柔軟化とともに,進められ,労働法制に大きな影響を与えたと指摘されるゆえんである。この後、労働時間を協約によって定めるという動きは,次にふれる二つの法によって事業所レベルにまで拡張されていくのである。

(4) 1992年12月31日法と1993年12月20日法

これらの二つの法によって,ついに,事業所協定が,労働時間に関する規定を定めることをも認めることとになる。現在においても,企業協約と事業

所協定は，労働時間決定，労働時間編成において，重要な役割を占めているのである[17]。

さらには国家の介入によって調整されるという従来のフランスの労使関係が，企業レベル・事業所レベルで使用者と労働の間で自主的に解決する制度に，方向転換したという意味でも重要な意味をもつといえよう[18]。また，この様な方向転換は，オルー法で示された「自主的な」労働条件決定という方向性と一致するものでもあった[19]。

その後，いったん政権は社会党に移り，経済合理化路線が取られたが，景気後退に対して有効な政策を打ち出すことはできなかった。1993年の総選挙で，保守中道連合が圧勝し，パラデュール内閣が誕生する。新内閣も，社会党政権を引き継いで緊縮財政を取るしか方策がなかった。ユーロの導入の前提条件として，財政赤字の削減が求められていたからである。公務員の賃上げ凍結，閣僚の賃金カット，間接税の増税，大規模な民営化などの改革が行われた。しかし，失業問題に関しては，効果的な政策を推し進めることができなかった。再雇用の障害の一つとして，社会党政権によって，高い水準に引き上げられた最低賃金制度が指摘される。パラデュール内閣は94年，企業が職業訓練を実施する代わりに，若年層について従来の最低賃金を8割に引き下げる提案を行うが，学生の激しいデモにあい，導入の撤回を余儀なくされる。かくして失業問題は未解決のまま残ったのであった。

政府は労働時間短縮を，労使の協約自治によって進めるという基本的な姿勢を変えなかった。労使は労働時間の削減について労使交渉を行い，様々な異なる内容の労働協約が締結された[20]。労働時間短縮の目的は，第一は，社会的保護（protection sociale）であり，第二は，余暇の調整であり，第三は，失業対策であった[21]。

また，政府は，失業問題が重要であると認識しつつも，効果的な政策を打出すことができないでいた。なぜなら，公共事業によって雇用を創出しようとすると，財政赤字が増大するので，EUの通貨統合基準を満たすことができなくなる。効果的な景気浮揚政策をとることができないので，失業率は依然として，12％という高い状況にあった。1993年になると，深刻な失業問題に対応するために，政府主導により，フランスの労働時間政策は，雇用対

策として労働時間短縮とワークシェアリングを追求するようになる。政府は，協約による労働時間短縮という路線を踏襲し，これを支援するような法の制定を進めていくのである。

(5) 1993年12月20日法

1993年12月20日の雇用対策5ヵ年法 (loi quinquennale du 20 decembre 1993) は，労働時間短縮による雇用の創設・維持を目的としたものであり，企業・事業所レベルの協約によって労働時間短縮が実施され，雇用が維持・創設された場合には，使用者に対し国が社会保険料の軽減措置を認めるというものであった[22]。これは典型的な労働時間短縮と雇用の柔軟化であった。しかし，この実施条件は非常に厳しく，(例えば，一年間の変形労働時間の導入による労働時間の削減が義務づけられていた) 大きな効果をもたらすものではなかった[23]。

1995年4月の大統領選挙では，シラクとジョスパンが，大統領決選投票を戦うこととなった。失業問題に対する二人の公約をみてみると，ジョパンは週労働時間を37時間に短縮してワークシェアリングを進めるとするのに対し，シラクは，失業者を雇う企業の社会保険を免除するという政策を取った。失業問題を争点とした選挙戦に勝利したのはシラクであった。大統領選の公約の実現として，策定された法律がロビアン法である。

(6) ロビアン法

1996年6月11日法（ロビアン法）は，1993年12月20日の雇用対策5ヵ年法を改正したものであり，部門別・企業協約によって時短・雇用の促進を進めようとするものであった。ロビアン法は，雇用対策五ヵ年法の問題点をふまえ，社会保険料減免となる範囲を拡大したものととらえることができる。ロビアン法の適用を受ける二つの形態は，①雇用創出 (offensive) と②経済的解雇を回避する雇用維持型 (déffensive) である。雇用創出タイプは10%から15%の労働時間短縮し，かつ10%から15%の雇用創出を行うというものである。雇用維持型は社会計画 (plan social) を策定し経済的解雇を回避する，あるいは雇用を削減することなく労働時間を10%削減するというものである。雇用維持型の場合，拡張部門別協約あるいは企業協約を締結する。また，雇用維持型の場合は企業協約を締結する。各々，協約にしたが

って，労働時間の短縮が実施されると，国は企業との協定に基づき，使用者に対し，社会保険の企業負担金を 7 年にわたって免除するというものであった。その免除の割合は，労働時間を 10% 短縮した場合について，一年目は 40%，その後 6 年間は 30% である。また，労働時間短縮が 15% の場合は，それぞれ一年目 50%，その後 6 年は 40% とされた。ロビアン法に基づいて，1997 年の 11 月末までに，1500 の協約が締結され，これは 15 万人の労働者をカバーするものであった。ロビアン法によって，団体交渉による労働時間短縮とワークシェアリングという手法が広い範囲で導入されたといえよう。

しかし，ロビアン法に問題がなかったわけではない。一つには，社会保障費の減免期間が限定されていること，社会保険料の減収が生じるため，政府の財政負担が大きいことが指摘されていた[24]。

II 35 時間制の導入と失業率の回復

シラク政権下のジュペ内閣には，失業問題と並んで，EU 通貨統合を控え財政赤字を削減する必要があった。通貨統合を優先した結果，ジュペは，景気の回復を待ちながら，公務員の賃上げ凍結，年金受給開始時期の引き上げ，所得税の増税等により財政赤字を削減しようとした。これは，フランス国民の反発を買い，1995 年 12 月には，国鉄，バス，地下鉄，電力ガス，郵便，航空機の長期ストライキに突入する。ロビアン法による雇用対策も実施されたのであるが，ジュペの支持率は急落した。

いっぽう，ジョスパンは「国民を犠牲にしない通貨統合」，35 時間制による 70 万の雇用創出を訴える。シラク大統領は，国民議会を任期前に解散するが，総選挙は，社会党，社会急進党，共産党など，左翼政党が 320 議席，保守派が 256 議席，FN が 1 議席という結果になった。選挙によって，政権は社会党に移行し，保守系大統領の下で社会党内閣という今までとは反対の「保革共存内閣」が生まれた。週 35 時間労働時間制は，EU の通貨統合のために財政赤字を減らすという絶対的な条件の下で，つまり，財源に限りがある中での雇用対策として取られた労働政策なのである。したがって，週 35

第Ⅱ部　労働条件

時間労働時間制の第一義的な役割は雇用の創設・維持であり，特に若年失業率の解消が期待されていたのであった。この時点での失業率は依然として12.6％と高水準であり，ジョスパン首相は，公約の実現のために，第一次・第二次オブリー法を成立させ，週35時間労働時間制と雇用の創設・維持を打ち出したのである。

1　第一次オブリー法

　第一次オブリー法も，ロビアン法にみられた特徴や枠組みを引き継ぐものであり，労働時間短縮による雇用創出を目的とすること，時短と雇用創設に際しては，企業協約・事業所協定・部門別協約が締結されること，国との協定により企業の社会保険負担金が一定の割合で免減されるという共通点をもつ。異なる点としては，雇用創設型の場合も，雇用維持型の場合も，労働時間の削減は10％から15％をもとめられている点である。いっぽう，雇用創出・維持の条件は，ロビアン法が10％から15％であるのに対し，第一次オブリー法は6％に引き下げられている[25]。

(1)　タイムリミットの設定と社会保険料の軽減

　第一次オブリー法の1条は，労働者が20名をこえる企業においては，2000年1月1日から，20名以下の企業においては2002年1月から，法定労働時間を39時間から35時間にするという，時短導入の始期を定めた。第一次オブリー法の特徴は，このタイムリミットまでに，35時間制の導入に向けて，企業レベルあるいは産業部門レベルで労使交渉と協約締結を促進しようとするところにあった[26]。したがって，35時間制導入の期限である2000年（労働者数が20名以下の場合は2002年）より早い時期に①10％以上の労働時間短縮をおこなって週労働時間を35時間以下とする。②この時短により従業員全体の6％以上の雇用の創設・維持を企業協約・拡張部門別協約で締結する。この二つを条件として，社会保険・労災保険・家族手当などの使用者の社会保険負担金を軽減（1年目は労働者一人当たり9000フラン，2年目以降は1000フランずつ逓減され，5年後に5000フランとなる）するというものであった。社会保険負担金を軽減するという財政援助によって，時短政策を促進させようとしたのである。なお，協約で定めた採用は時短の実施から，1

年以内に行わなければならないとされ、また、すくなくとも2年間は達成された水準の雇用が継続されなければならないとの条件も課せられた。しかし、重大な問題が一つ存在した。社会保険料の減免を得るためには、新規雇用の数が問題とされるだけなので、賃金コストの低い労働者を雇う方が企業は社会保険の減免から得る利益が大きくなる。このため、パートタイマーの雇用は増加しても、正規従業員の雇用増には至らなかったのである[27]。

(2) 委任による労働時間の短縮

通常フランスで企業協約を締結する場合、50名以上の企業で組合支部があれば、組合代表委員が行う。あるいは従業員11名以上で、従業員代表委員が、組合代表委員としても兼任して指名されている場合であれば、協約締結当事者となる労働者が存在するので、協約を締結することは容易であり、部門別協約が拡張適用されることとなるであろう。問題となるのは、企業規模が小さく、組合代表委員や従業員代表員を欠き、協約・協定が適用されない場合である。

この様な場合に、第一次オブリー法は、1996年11月12日法[28]を適用し、従業員代表(あるいは企業委員会委員や従業員代表委員)による協約締結を可能とし、従業員代表を欠く場合には、委任方式 (mandatement) によって協約を締結しうるとしたのである[29]。委任方式とは、代表的な組合組織によって委任された、当該企業の労働者が協約締結を行うというものである[30]。従業員代表者あるいは委任を受けた労働者と企業協約を締結することによって、国は企業と協定を締結し、企業は、社会保険料の軽減措置を受けることが可能となる。

この様な柔軟な労働契約を認めた結果として、一年半後には、2万6000の企業協約と、131の部門別協約が締結された[31]。これは、290万人の労働者に係るものであり、17万の雇用を創設・維持すると考えられた。

2 第二次オブリー法
(1) 導入までの経緯

第二次オブリー法は、週35時間に移行する過程で生じる諸問題を解決することを目的とした極めて技術的な法律であり、デクレ・省令によってさら

に詳細な点について補完されている(32)。第二次オブリー法，すなわち，《労働時間の短縮に関する団体交渉》は，最終的に1999年12月15日に国民議会で採択された。しかし，反対する野党保守派議員によって，違憲の疑いがあるとして，憲法院に付託された。これを受けて憲法院は，1958年10月4日憲法，1958年11月7日オルドナンス，第一次オブリー法，労働法典，社会保障法典などに違反しないかどうか検討し，オブリー法の主たる改正部分については，合憲としたものの，いくつかの重要な項目について，「労使による自由な協約締結と平等の原則」に反するとして，違憲との判断を下した(33)。検討された項目は，①社会計画（plan social）の策定を行う前に，労働時間短縮協定締結する義務，②職業訓練時間を区別，③社会保険料軽減措置が廃止または停止される場合の基準，④国家の予算権限と労使代表の関与，⑤政府の作為義務を定める立法規定，⑥企業の自由，⑦労働者の個人的自由，⑧労使代表の協約の自由，⑨企業間の平等，⑩労働者間の平等であった。これらのうち，①社会計画を行う前の労働時間短縮協定の締結義務について，この義務が社会計画の有効性の条件であるのかどうか不明である点を問題とし，また，⑧労使代表の協約締結の自由に関して，時間外労働に関する割増賃金制度（5条），⑩労働者間の平等について，賃金保障措置からのパートタイマーなど一部の労働者の排除（32条），⑧労使間の協約締結について，第一次オブリー法に基づいて締結された協定の有効期間の制限（28条II）の4つが違憲であるとされたのである。

憲法院は上記の規定を憲法に違反するとしたものの，法律自体は合憲とする判断を下した。憲法院により違憲と宣言された諸規定が削除された上で，第二次オブリー法は2000年1月13日の決定として認可され，2000年1月19日に公布，2000年2月1日から施行された(34)。

(2) 労働時間短縮のための多様な労働協約・協定締結方法

オブリー法は労働時間短縮を実施する労働協約締結を促進することを目的とし，そのために，社会保障費負担の軽減を定めた。社会保障費の軽減は，社会保障家族手当保険料徴収組合（URSSAF）に変更された協約・協定が届け出られた場合に実施される。協約締結を促進するために，第一次法では，委任（mandatement）の手法や，従業員代表委員・企業代表委員など組合代

表以外の者との協約締結の方式がすでに定められていた。さらに，第二次法では，協約で，週35時間あるいは年間1600時間という短い労働時間と「雇用の創設と維持」を定めた企業に対して，社会保障費の軽減がなされると規定し，協約・協定に定めるべき具体的な内容としては，適用を受ける企業の集団的労働時間，関連する労働者，組織の変更と削減される労働時間，賃金に対する労働時間短縮の影響，労働時間の短縮によって創設・維持される雇用の状況，予想される企業の雇用に対する影響，短時間労働者からフルタイム労働者への移行を優遇するための方法が定められる必要がある。そして，この協約を周知させるために，従業員を代表するものに示されなければならないと規定された（19条Ⅲ）。

協約締結について，第二次オブリー法は，従業員50名未満の中小企業において，企業・事業所協定と同様の条件で締結されること，あるいは拡張部門別協約によって定められること，企業代表委員（労働法典421-1条，421-2条）によっても定められるとしている。企業協約によるのであれば，最近の企業委員会の代表選挙や従業員代表の選挙で過半数を得た企業内のひとつの代表的組合によって，あるいは複数の代表的組合によって締結されることにより，社会保障費の軽減を受けることが可能である。この場合，ひとつの代表的組合によって締結されただけでも条件を満たすことになる（19条Ⅴ）。もしこのような条件が満たされないのであれば，ひとつの，あるいは複数の組合組織の署名を受けた，交渉代表者が協約締結を行うことも可能である。また，第一次オブリー法と同様に委任による協約の締結も規定している（19条Ⅵ）。このほか，従業員代表委員（délégue du personnel）による締結を定めている[35]。50名以下の企業において，拡張適用される協約・協定を欠き，組合代表委員・組合に委任された労働者をも欠く場合，従業員代表委員は労働時間短縮のための労使交渉・協約締結をおこなうことができる。しかしながら，これは，その後，過半数代表によって承認され有効とされねばならず，この承認のあとの三ヵ月間に，全国レベルの労使半数の委員会（労働法典132-30条）によって承認されなければならない（19条Ⅶ）。

最後に，非常に小さい規模で11名以下の労働者の場合，2002年1月1日より，従業員代表を欠くような状況の下であっても，新しい手法によって，

社会保障費の軽減を受けることが可能となる。拡張適用される協約・協定がなく，使用者が労使交渉を行いたい旨とその地区・地域の労働組合組織に，通知してから2ヵ月の間に，委任労働者が任命されない場合，使用者は，労働時間の短縮，雇用の創設の方法が記述された書類を作成する。労働者の過半数によって認められた労働者代表に，または，全国，あるいは地域別部門別委員会の労使同数代表委員にその内容が認められ有効となれば（労働法典132-30条），社会保険費の軽減が認められる（19条Ⅷ）[36]。

オブリー法は，時短を促進するために組合代表委員以外の者を協約締結当事者として認めている。これは，従来の労働協約法制に対する一つの変革であると考えられよう[37]。

(3) 主たる変更の内容

第二次オブリー法は，週労働時間・休日・実労働時間の概念などについて修正を加え，割増賃金の支払い，最低賃金法について，規定をおいている。

① 週法定労働時間の変更（第二次オブリー法1条・労働法典212-1条）

労働法典は，週労働時間を39時間と定めていたが（212-1条）第一次・第二次オブリー法により，週の法定労働時間は35時間となる。条文は変更を受けることとなる。これを受けて，超過労働，週休の規定も変更された。

超過勤務が行われる場合，連続12週間を期間として計算される週の平均労働時間は，44時間を超えることはできないとされ，最大労働時間は46時間から44時間に引き下げられた（労働法典212-7条，第二次オブリー法6条）。

週休は，最低，連続して24時間与えられなければならないとされているが（労働法典221-4条），週休に加えて，連続11時間与えなければならないとされる平日休暇（労働法典220-1条）が加算され，週休は合計35時間となる。

② 労働時間性の問題

また，第一次オブリー法によって，労働法典に新たに労働時間の定義が導入された（労働法典212-4条）。この条文は「実労働時間とは，労働者が使用者に使用され，その指揮命令に従わなければならず，個人的な活動に従事することができない時間である」としている。この定義は，破毀院の判決から引用されたものであるが[38]，当然のことながら，労働者の職務上の活動と

私的な活動を区別するという問題を提起することとなった。新しい概念である「個人的な活動 (des occupation personnelles)」が問題となったのである。第二次オブリー法は、この点について、労働法典 212-4 条の定義と第 1 項をあわせると、疲労回復の時間や休憩時であっても、たとえば、その場所で休憩を取ることが義務付けられ、業務を理由として休憩中であってもいかなる自由も認められていない場合などは実労働時間に該当するとされる[39]。

③　着衣・脱衣時間が実労働時間に含まれるかどうか

この点について、①仕事着の着用が法令・就業規則・労働契約によって義務付けられ、②着衣・脱衣が、企業あるいは仕事場においておこなわれるという、二つの条件が満たされれば労働時間となるとの基準を示した。(労働法典 212-4 条)。

④　換算労働時間

鮮魚小売店・理髪店などいくつかの業種では手待ち時間を考慮して、週の法定労働時間を超えることが認められているが、その手待ち時間は実労働時間として考慮されず、たとえば、42.5 時間拘束されても 39 時間労働と換算することを判例が認めていた。第二次オブリー法もこのような労働時間の換算を認めるが、週 35 時間以内での換算はデクレ (労働協約を締結した後に、デクレ・サンプルあるいはデクレ・コンセイユ・デ・タによる承認が必要となる) のみによるとして業種による不均衡を是正した。

⑤　自宅待機

また、第二次オブリー法は自宅待機の労働時間性について条文を定め、実際に業務に参加した場合のみを実労働時間であるとした。ただし、自宅待機に対し、報酬を支払うかあるいは休暇を付与することが義務付けられている。(労働法典 212-4 条 bis)

⑥　小規模な企業に対する超過労働時間に対する割増賃優遇措置

超過労働時間に対する割増賃金の支払い制度について、企業の規模に応じて導入に際して経過措置を取り入れた。20 人以上の労働者を雇用する企業では 2000 年まで、20 人未満の労働者を雇用する企業においては 2002 年まで、35 時間を超えて労働させる場合、すなわち、36 時間から 39 時間までの

超過労働時間に対する割増賃金は10％のである。経過期間終了後は，36時間から39時間までの超過労働時間に対する賃金の割増率は25％となる。あるいは，超過勤務労働時間に対し代償休暇を与える，割増賃金と代償休暇の組み合わせも可能である。40時間を超え43時間までの間の超過時間に対しては，割増率は，25％となる。あるいは，休暇を付与するか（これは義務的補償休暇と同じ方法でおこなわれる）あるいは割増賃金の支払い，双方を組み合わせて行うことが可能である。43時間を超えると割増賃金率は50％となる（4条，5条）。使用者にとって，法定労働時間を超過することは，高いコストを強いるので，小規模な企業の経済的負担を軽減する優遇措置が盛り込まれたのである。

⑦ 年間超過労働時間に対する規制

フランスでは，デクレによって1年間に可能な超過勤務時間が割り当てられている。オブリー法以前に，認められた年間（超過労働）割当時間は，管理職ではない一般的労働者一人当たり130時間であり，この範囲においては労働基準監督官および企業委員会への通知のみで，時間外労働を命じることができた[40]。さらに，拡張部門協定によってこの時間数を増減することが認められていた（労働法典212-6条2項）。オブリー法は，これらの超過労働時間に対しては，10％から150％の割増賃金，あるいは100％で計算された代償休暇（8時間労働に対して一日の休暇である）の付与を規定した。このため，第一次オブリー法の成立後，労働時間短縮を埋め合わせようとして，年間超過労働時間を大幅に延長する協定が締結され，問題となっていたのである[41]。

この年間超過労働時間の取扱い如何によっては，週35時間労働は何の意味も持ちえなくなる。例えば，協約等によって，この年間割当時間を180時間拡大すると，割増賃金の支払いは生じるが，39時間労働を45週間継続することが可能となる。この点を考慮し，第二次オブリー法はデクレによって，年間超過労働時間に対する規制を強化したのである。

⑧ 管理職区分

また，第二次オブリー法は労働時間短縮という問題において，企業において負う責任と機能から管理職のカテゴリーを3つに分けて定義づけ，このカ

テゴリーにしたがって超過労働時間の枠を定めた[42]。管理職のカテゴリーの第一は，企業組織において重要な責任と決定権をもち，労働時間に関して独立している上級管理職（cadres dirigeants，労働法典212-15条1項）であり，二つめは，集団的労働時間，あるいは週・月・年などの労働時間の協約・協定に従う初級管理職（cadre integres，労働法典212-15条2項，212-15条3項），第三は上級管理職でなく，個人として労働時間協約を締結している中級管理職（cadres intermédiaires，労働法典212-15条2項，労働法典212-15条3項）である。

年間超過労働時間規制について，初級管理職は工場労働者，ホワイトカラー，職長と同じ130時間であり，中・上級管理職は，180時間である。さらに，労働協約・部門別協約によって変形労働時間制が採用されている場合には，年間超過労働時間は90時間に削減されるものとした。また，変形労働時間制を採用している場合であって，協約・協定によって週の労働時間の増減が31時間から39時間と定められている場合，あるいは，法定労働時間を下回るか，それに等しいとされている場合は，年間超過労働時間は70時間とされた。その一方で，中小企業に対しては，経過措置が認められ，従業員20名未満の企業の場合は，年間超過労働時間が2002年度は180時間，2003年度が170時間，2004年度からは，130時間とされることとした。

(4) 労働者による時間削減の拒否と解雇

35時間制の導入によって，賃金，あるいは労働時間が変更される場合，これは，労働契約に関する重要な変更である。このため，35時間労働時間に関する労働協約が締結されたとしても，労働時間・賃金などの労働契約を自動的に変更することは難しく，変更について労働者の同意が必要であると考えられる。第二次オブリー法は，労働者らが労働時間短縮を拒否することにより，雇用が不安定とならないように，二つの原則を定めた。①労働時間短縮協約の適用によって労働契約に記載された労働時間が削減されたこと自体は，労働契約の変更に該当しない（労働法典212-3条）。また，②労働者らが労働時間短縮協約の適用を拒絶した場合，その者の解雇は個人的な理由に基づく解雇であって，経済的理由に基づく解雇であるとみなされず，労働法典122-14条から122-17条の解雇手続が適用される。個人的な理由に基づく

解雇には「現実かつ重大な理由」あるいは過失（faute）が法的要件として求められる。すなわち，労働時間削減の拒否は過失（faute）とみなされ解雇事由となる。しかし，逆に言うならば，労働者は賃金の変更を伴うのであれば，労働契約の変更として拒否したとしても，過失（faute）とみなされず解雇事由ともならないと考えられるのである。

(5) 労働時間短縮と最低賃金制度

しかし，現実的な問題としてフランスで最低賃金（salaire minimum de percevoir）は，多くの場合時給で計算されており，労働時間短縮により，給与総額が減少する可能性があった。これを避けるため，週39時間で就労していた時給最低賃金 SMIC で働く労働者に対し，169時間（39時間×52週÷12月）を限度する月給計算の最低月額賃金 GMR 導入した。また短時間雇用労働者に対しても，差額補助を行い，時短以前の給与が補償される仕組みとしていた[43]（第二次オブリー法32条）[44]。

具体的には，1999年12月31日に，週39時間，40.72 FF で働いていた労働者は，2000年1月1日から，35時間労働に短縮されたとすると実労働から得られる賃金は $35 \times 40.72 \text{ FF} = 6175.87 \text{ FF}$ である。しかし，169時間 $\times 40.72 \text{ FF} = 6881.68 \text{ FF}$ が GMR であり，実際の給与である。つまり，39時間働いたときとの差額 705.81 FF を所得の損失として被ることはないのである。

ジョスパン政権はこれまで，時間給 SMIC の引上げ幅を月給 GMR より大きく引き上げていくことにより，両者を横並びにする方針を示していた。しかし，時給 SMIC が毎年引き上げられるいっぽうで，月給 GMR は時短導入時の SMIC の時給を基準に設定される。これによって，毎年異なる額の月給 GMR が出現し，複雑さと不公平さを生んでいた[45]。この点についても，解決が必要とされ，オブリー法の問題点の一つと指摘されていた。

III 第一次第二次・第二次オブリー法の評価

これまで，オブリー法の内容をみてきたが，オブリー法とはどのように評価されたのであろうか。また，雇用創設や失業に対する効果はあったのだろ

うか，検討することとしたい。

1 オブリー法の意義

オブリー法は労働法典を修正するいくつかの新しい手法を導入するものであった。中でも，一つ重要な点は，第一次オブリー法によって，新しい形態の変形労働時間制（タイプⅣと呼ばれている）を設定したことである。タイプⅣ（第一次・第二次オブリー法による）は，変形労働時間制に対して，いくつかの改革をもたらした[46]。それまで，変形労働時間制は，協約によって，上述したような複数の形態が混在していたわけであるが，以後，変形労働時間制は一つの形態で行われることとなった（年間労働時間の限界は1600時間である。週の労働時間は35時間である。週の最長労働時間は，48時間あるいは44時間であり12週間連続することが可能である。週の最短労働時間は0時間である。一日の最長労働時間は10時間である。短時間労働者であっても，労働時間調整を受けうるが，このカテゴリーに該当する労働者の週あるいは月の労働時間が正確に協約によって定められなければならない）。

また，35時間の導入によって，雇用を維持しつつ，経済的支援と組み合わせ，企業協約や拡張部門協約によって行い，協約締結を促進したという方法は高く評価される[47]。

しかしながら，協約が規定しなければいけない内容として，法が規定しているのは，雇用の創設と雇用の維持であり，その数値については最低ラインを定めるに留まっている。したがって，実施に創設される雇用の数は，従業員代表委員や組合代表委員あるいは，委任を受けた従業員によって定められることになる。オブリー法が定めている唯一の義務は雇用のために交渉することだけであるとして，否定的に捉える見解も見受けられる[48]。

第二次オブリー法は，年間の労働時間を1600時間としたこと，複数の形態で行われていた労働時間調整を一つのタイプにまとめたこと，管理職の定義などが功績として数えられよう。また，この法の問題点として，創出する雇用の数，あるいは，維持する雇用の数が明確に規定されていない点が挙げられる。経済的メリットを得るために課している条件は，他の法規が課す条件よりもかなり緩やかなものであるといえよう。

271

2 オブリー法導入の結果　労働時間短縮と労働契約の変更の問題

　オブリー法によって，雇用が創設されたのであろうか。1998年以降，短時間労働者は減少傾向にあるとの見方もあるが，INSEE（国立統計研究所）によれば，1998年から2001年にかけて，短期雇用が0.4ポイント上昇し，終日雇用が1.3ポイント減少している[49]。しかしながら，創出された雇用の多くは，短時間労働であり，賃金はSMICの1.3倍（7400フラン）程度であった。

　週35時間制が導入されたにもかかわらず，月給SMIC（GMR）として，39時間分の賃金が支払われているため，SMIC改定の基準となる労働者の時間賃金率は大幅に上昇しており，機械的に算定された場合，7月1日の引き上げ率は最低でも3％になる[50]。1997年以降，SMICはすでに10.8％，購買力は7％上昇しており，他の労働者のそれを上回っている。

　2002年に出された，労働時間短縮に関する政府報告では，労働時間短縮政策を次のように評価する[51]。2001年末には，860万人が雇用されており，経済的競争がある分野の補助的業務に従事する労働者の53％の労働者の労働時間が短縮されている（したがって，管理職，公共的な分野の労働者などは除かれる）。しかしながら，これは企業の規模によって，大きな格差がみられる。

　企業レベルにおいて，労働時間短縮のための団体交渉を促進するという政策は，大きな成果を上げたということができる。これは，とりわけ，企業内交渉と企業協定によるものである。1998年以来，3万5000の協定が，各年，結ばれている。そのいっぽうで，部門別協約は行われていないに等しい。これは，2000年以降，大部分の小規模の企業において，オブリー法によって，労働時間短縮に関する協約締結手続きが改正され，企業・事業所で直接，協約を締結することが可能となったからである。

　同時に，労働時間の柔軟化は，変形労働時間制の導入という手法によって，大いに促進された。労働時間短縮のために企業が好んで選択した形態は，労働時間短縮休日を年間・あるいは一定期間に設定する，あるいは，労働時間半休を一週間・14日間の間に設定するといったものである。統計によると，10名前後の労働者を雇用する企業において，1996年末と比較して約2.9時

間の労働時間の短縮が行われ，2001年末には，7.5％減となり，約36時間になるとされている。この穴を埋めるために，30万の雇用が創設されたとされる。正社員を行う場合に，使用者に重い負担となっていた社会保険を軽減する措置が機能したといえよう。また，統計上，労働時間の短縮に伴う賃金の減額はほとんどみられない。結論として，労働時間の短縮は，賃金の削減によってではなく，雇用を創設することによって，達成されたということができる。したがって，労働時間短縮を受けた労働者は，35時間制の導入に対して，おおむね，肯定的である。これは職業資格（qualification professionnelle）を持った層が，35時間制に強く反対していることと対照的である。いっぽう，労働時間短縮の切り札となった超過時間割増賃金手当は，超過勤務が一部変形労働時間制に移り，減少がみられるものの，依然として，高い数値を保っている。労働者10人のうち一人の割合で，年間割当時間である130時間を超えている。さらに，報告書は，政府が負担する労働時間短縮のための公的補助は（これはFOREC[52]の算定である），2001年には，900万ユーロとなるとしている。これは，非常大きな財政負担となると警告されている。

　これらの問題があるとはいえ，第一次・第二次オブリー法の施行によって，失業対策として一定の効果がもたらされたことは，統計上も明らかであった。フランス統計局の失業率の推移によると，1997年6月に12.6％であった失業率は，1998年から減少し始め，1999年12月には10.6％まで下がり，2000年6月には10％を下回る9.6％を記録した。その後，2001年2月には8.8％をとなり，35時間制の効果は絶大であるかと思われた。

(1) 失業率の減少の停止

　しかしながら，失業減少傾向は2001年5月に終止符を打ち，徐々に増加に転じ始める。2001年12月の失業率は9％であった。多少の増加はあるものの，それ以後失業率は9％で前後することとなる。2002年12月の失業率も9％である。これらの事実をふまえたとしても，1997年12.6％から約3年で失業率は4％減少したこととなり，雇用対策として一定の効果があったと評価をすることができよう。しかしながら，35時間制は若年労働者の失業対策に十分な効果をもたらすものではなかった。バカロレア資格試験直後

である 2000 年 10 月には 14.9％まで減少するが，01 年 1 月には 16.2％とやはり徐々に増加の傾向に転じ，02 年 6 月には 20％に達している[53]。

(2) 時短は労働の軽減となりうるか。

雇用連帯省が 2001 年 5 月に発表した「週 35 時間制が生活に与えた影響に関する調査」結果によると，過半数の労働者は労働時間の短縮（時短）によって日常生活が改善していると見ている。しかしながら，労働条件の問題では評価が分かれる。この調査は，1 年以上前に週 35 時間制へ移行したフルタイム労働者 1618 人を対象に，2000 年 11 月から 2001 年 1 月にかけて実施された。調査対象者の 59％は自分たちの日常生活が「改善された」と答えたが，13％は「悪化した」，28％は「いかなる影響もなかった」と回答している[54]。一方，労働条件に対する時短の影響についての評価は芳しくない。「改善された」(26％)と「悪化した」(28％)はほぼ同じ割合だが，それ以上に「時短は何も変えなかった」(46％)が圧倒的な多数を占めている。35 時間制導入の際に，G．リオン・カーンが指摘したように，労働時間の短縮は，労働密度の上昇，兼務，ストレスの増加を生じさせている。数値としても，「兼務の要求が増加した」(48％)，「同じ仕事に費やせる時間が減少した」(42％)，「仕事でのストレスの増加」(32％)，「新しい仕事の追加」(23％)など，兼務と労働密度の上昇が労働者の目には労働条件の悪化ととらえられているようだ。

いっぽう使用者は，35 時間制に強い拒否感を持っている。1998 年の第一次オブリー法の制定段階から，企業の競争力の低下，時短が雇用を創出しない，時短の導入方法において対話にかける等の強い批判があった[55]。経営者団体である MEDEF（Mouvement des Entreprises de France）は，1999 年 9 月に，「オブリー法の 11 の過ち」という提言をし，フランスの突出した時短によって使用者が被る経済的負担，失業対策として時短に対する疑問，使用者との対話を軽視したこと，最低賃金制度が複雑であること，管理職区分設定が実効的でないこと，賃金コストの上昇，協約協定が労働条件決定にはたす役割が大きすぎること等の問題を指摘した。

3 35時間労働の停止

2002年6月、社会党ジョスパン首相から保守派ラファラン首相に政権が変わると、週35時間労働制の見直しが検討され始める。そして、2003年1月、35時間と最低賃金法に関する「労働者と労働時間と雇用の維持に関する2003年4月14日法」（以下フィヨン法）によって、週35時間労働は、大きく姿を変えることとなった[56]。法制度上は週35時間労働が維持されるのであるが、実際には、使用者は大きな負担を被ることなく、労働者を週39時間労働させることが可能となったのである。

この法改正は、社会的経済的必要性ではなく、政治的な判断であるとの見方もある。特に、フィヨン法以降の改正については、上述のMEDEFのオブリー法に対する批判を、反映した形で、改革が進められており、MEDEFよりの保守中道政権へ交代したことと労働時間延長は、少なからず関連している。

しかし、失業率の減少がとまったこと、若年失業率の減少に効果が薄いこと、短時間労働が労働密度を上げるので労働の軽減とはいえない場合も多いこと、労働時間の短縮による、使用者の負担が大きく、使用者団体から強い反発があることなどが、35時間法制の問題点であり、フィヨン法による週労働時間延長の理由ともなっているのである。

(1) フィヨンによるオブリー法の修正

2002年4月、フランス大統領選挙は大波乱を迎える。大統領決選投票に選出されたのは、社会党のジョスパン首相ではなく、極右政党党首ルペンであった。総選挙において政権党であった社会党は得票数を減らし、シラク・ジョスパン保革共同政権から、シラク・ラファラン保守中道政権に交代する。この時、シラク大統領の選挙公約は、週35時間制の見直しであった。

ラファラン内閣で雇用連帯相となったラファランは、オブリー法の改革に着手した。改革の対象となったのは、複雑化していたSIMCとオブリー法によって定められた35時間法制の柔軟化であった。2002年9月、フィヨン社会問題労働連帯相は、35時間制の一部緩和、及びSMICの一本化を主たる内容とする「給与・労働時間・雇用促進法案」を提出する[57]。フィヨン法の主たる改正は、次の3点であった。第一には、第二次オブリー法が規定す

る年間割当時間を130時間から，180時間に延長することである。第二には，非常な大きな負担となっていた超過労働手当を引き下げること。第三にはオブリー法によって作られた最低賃金の見直し。5種類の月給最低賃金（GMR）からなる最低賃金制度の格差をなくし調整を図ることであった。

(2) 2003年1月17日法[58]による年間割当時間の変更

フィヨン法は，第二次オブリー法が定めた年間割当超過労働時間を130時間から180時間に変更した。これによって，2003年からは，すべての企業に対して，50時間増の年間180時間が超過労働時間として認められる。一人あたりの年間法定労働時間は1600時間とされ，法制は週35時間労働が維持される。しかし，実際には，年1780時間の労働が可能であり，これは，週39時間労働とほぼ同じ計算である。

ただし，週20名以下の中小企業に対しては，第二次オブリー法の規定が維持される。すなわち，原則として，2002年は週37時間，2003年は週36時間2004年から週35時間が段階的に導入される。

超過労働時間の規制対象となるのは，工場労働者，事務職員，工場長，集団的労働時間に服する初級管理職，中級管理職である。年俸制で働く上級管理職はこの規定の除外とする。

なお，変形労働時間が使用されていて，年間超過労働時間が90時間とされている場合，年間超過労働時間は，90時間が維持され変更されない。しかしながら，週の変形労働時間の増減が31時間から39時間である場合は，70時間であるとされていた超過労働時間は180時間に延長される。

(3) 超過時間に対する割増賃金・代償休暇

25％から50％とされていた割増賃金率は，次のように改定される。協約を欠く場合，35時間を越えて，最初の8時間，つまり，43時間までは25％である。しかし，割増賃金率を，拡張部門協定によって，10％を下限として定めることが可能である。協約による割増賃金率の下方修正は多くの企業で適用されることが予想される。オブリー法によって，導入された柔軟な協約締結方式によって，決定は協約締結事業所あるいは協約締結企業全体に適用されるからである[59]。なお，協約は，労働監督官の許可を得なければいけないとされている。また，20名以下の企業では，2005年12月31日ま

で，25％の割増賃金率を10％に引き下げることが可能である。

協約は，最初の4時間を休暇に振り替えること，あるいはすべてを休暇に振り替えることが可能であるとしている。代償休暇の仕組みはフィヨン法でも維持されたといえる。

(4) 複雑化していた最低賃金制度の見直し

オブリー法によって，5つの月額最低賃金（GMR）とひとつの時給最低賃金SMICが規定されていた[60]が，3年間の間に，数段階の調整を経てSMICを11.4％引き上げ，2005年1月1日に，ひとつの月額最低賃金（GMR）に統一を図るという計画を示した[61]。

以上の3点の改革がフィヨン法の骨子である。これにより，オブリー法がめざした週35時間労働と雇用の創設という政策は，事実上週39時間労働に大きく方向転換したのである。

V 終わりに

ラファラン内閣の最初の立法は，MEDEFの意見を取り入れた35時間制の改革であった。労働時間を短縮し，雇用を増やすことではなく，企業の負担を軽くすることによる経済発展を選択したのである。しかしながら，この政策が広く受け入れられたわけではない。2004年3月の地域県議会選挙では，政権与党（保守中道）が勝利（議長職を獲得したことを意味する）したのは，22地域圏のうち，わずか2つ，アルザスとコルシカだけであった。これは，ラファラン政権の社会労働政策に対する厳しい批判であると考えられる。特に，労働時間法制の改革も含め，労働政策，社会保障政策に対する軽視に批判が集まった。首相更迭の声も上がったが，政府は続投を決め，2004年4月第3次ラファラン内閣が成立する。この内閣において，2004年12月9日，35時間制の見直しが，再び提言された。この改革の骨子は，①週法定35時間を維持する，②しかし，収入増を望む労働者が労働時間を増やすことを可能とする，③20名以下の企業に認められていた超過労働時間の割増賃金率を3年間延長するというものであった。ただし，法定労働時間は35時間に据え置かれるとしている。しかし，フィヨン法ですでに定められ

ているように，超過労働時間を利用して週39時間の所定労働時間を導入することは十分可能である。さらに注目すべき点は，超過労働時間・割増賃金率については，労働者個人との交渉によって，決定されるとしている点である。協約による集団的労働条件決定から，さらに一歩進み，「働きたい労働者が，長時間働ける」という制度に切り替わったといえる。超過労働時間の条件は，年間割当労働時間の上限を範囲とする。現在超過労働時間は180時間であるが，これを220時間に延長するとされている。これによって，年間可能となる労働時間は，1820時間であり，これは，週40時間とほぼ同じ時間となる。また，（compte épargne temps）の利用も促進するとしている。さらに，従業員20名以下の企業に対する経過措置も延長される。2005年12月間末とされていたが3年延長され2008年まで，超過労働時間に対する割増賃金率は25％のところ10％に据え置かれる。2005年2月9日[62]，提言されていた労働時間改正法案が，国民議会を通過した。この法の成立によって，オブリー法は終わりを迎えたとの見方もあろう。しかし，2005年2月9日法の規定は，従来の協約による労働条件決定と全く異なる，個別契約による労働時間制度という方向性を打ち出している。協定による労働条件決定とどのような優劣関係になるのか，今後の動向に注目したい。

(1) Gérard LYON-CAEN, «Considérations intempestives sur le temps» *Dr. Soc.* 2000, p.236. また，最低賃金や社会保障の問題，中小企業において35時間の時間等労働時間短縮が可能かどうかという疑問が呈されている。とりわけ，労使交渉・協約法制とオブリー法の規定との整合性を問題としている。
(2) この方法は，新しいものではなく労働法典にも規定がある。なお，2005年2月の労働時間改革法には，この「労働時間貯蓄」の概念が利用されている。
(3) Loi n° 98-461 du 13 juin 1998 d'orientasion et d'incitation relative à la réduction du temps de travail *JO.* 14 juin 1998.
(4) Loi n° 2000-37 du 19 janvier 2000 relative à la réduction négociée du temps de travail; *Liaison sociales,* Législation sociale n° 8061 du 25 janvier 2000.
(5) 第二次オブリー法によって導入された，労使交渉，協約締結手法は，大きな論争を引き起こした。Paul-Henri ANTOIMATTEI, *Dr. Soc.* 2000, p. 305 «Le temps dans la négociations 35 heures»; Jean SAVATIER *Dr. Soc.* 2000, p.318 «Les seuils d'effectif pour l'applications des loi Aubry II»; Bernard Gauriau *Dr. Soc.* 2002, p.

《La demande de consultaion du personnel au sens de l'article 19-V, alinéa 2 de la loi Aubry II》
（6）　2005年2月12日読売新聞夕刊（第3版）1頁。「フランスバカンス大国返上？」という見出しで，週労働時間を延長する法案を可決したことを伝えている。
（7）　Loi du 27 mars 1956.
（8）　Loi du 16 mai 1969.
（9）　1981年ミッテラン政権による労働法制の改革の詳細については Jean-Claude JAVILLIER, *Les reformes du Droit du travaile depuis le 10 mai 1981 Réipression avec complément* Paris LGDJ 1984; Michel MINE, *Droit du temps du travail* Paris LGDJ 2004.
（10）　Jean AUROUX 労働大臣が提出した報告書である「les doits des travailleurs」に基づいて，1982年から1983年にかけて，実現された。J.-C.JAVILLIER *op. cit.* note(8)；保原喜志夫「オルー法とフランス労働法の新展開」日本労働協会雑誌302号（1984年）37頁以下，水町勇一郎『労働社会の変容と再生』（有斐閣，2001年）117頁以下。
（11）　Gérard LYON-CAEN Jean PELISSIER Alain SUPIOT *Droit du travail* 19e DALLOZ paris 1998 p883 et. suiv.; Antoine MAZEAUD *Droit du travail* p.423 et suiv. Montcherstien paris 1999；フランスの労働時間制度の詳細，1982年，1987年の改革の分析については，野田進「フランス労働時間制度」『変容する労働時間制度——主要五カ国の比較研究』山口浩一郎＝渡辺章＝菅野和夫編（日本労働協会）127頁以下。
（12）　このオルドナンスは，Code du Travail Art.L212-6 に条文化されている。Un contingent annuel (d'heures supplementaires). 直訳すると，年間割当（超過労働時間）である。
（13）　Code du Travail Art. L212-8.
（14）　1984年の12月16日付けのプロトコルについて，また，フランスにおける労働法の柔軟化の経緯・内容について　盛誠吾「フランスにおける労働法の規制緩和と弾力化」日本労働法学会誌93号（1999年）81頁以下。Le texte du protocole du 16 déc.1984 sur l'adoptation des conditions d'em ploi est publie par *La Semaine sociale,* Lamy, n° 242, 2 janv.1985, p.6 労働時間の弾力化を企業協定によって認める，有期労働規約や派遣労働者の利用事由等に関して，部門レベルでの交渉を認めること等を内容としていた。
（15）　G. LYON-CAEN et al., *op. cit.* note(11) p.884 et suiv. 前掲（11）野田論文165頁以下。1986年法にもとづいて，結ばれた金属労組の部門別，非典型協定が，1987年法に影響を与えたと指摘されている。資料編に日本語翻訳が掲載されている。*Liaisons sociale,* Législation socialen N° 5828 du 22 juillet.

(16) 森本哲朗「第五共和制——ゴーリスト体制の光と陰」渡辺和行・南充彦・森本哲朗著『現代フランス政治史』（ナカニシヤ出版，1997年）。

(17) 80年代の改正について，Antoine LYON-CAEN, «Le meintien de l' emploi» Dr. Soc. 1996, p.655; Gérard LYON-CAEN et al., op. cit. note(11) p.893 et suiv; 奥田香子「フランスにおける労働権決定システムの変容と労働協約の機能」日本労働法学会誌92号（1998年10月）167頁以下。三井正信「フランスにおける労働時間法改革と労働時間短縮」労働法の柔軟化政策について，前掲(10)水町論文125頁以下，前掲盛論文89頁以下。

(18) Mari-Armelle SOURIAC ROCHILD «Le contorole de la législatif interne des conventions et accords collectifes», Dr. Soc. 1996, p.419.

(19) 前掲(14)盛論文92頁以下。

(20) Gérard LYON-CAEN et al., op. cit. note(11) p.893.

(21) J.BUÉ Jaen-Luc Mezger Dominique Roux-Rossi «Le temps partile a l'épureuve des 35heures» La documentation Française 2004 p.17 et suiv.

(22) J.BUÉ et al., op. cit. note(21).

(23) 1997年労働法典 Dalloz (Code du taravail 1997 Dalloz) のL.212-2-1の解説に雇用対策五ヵ年法の39条が掲載されている。

(24) J.BUÉ et al., op. cit. note(21). p.24 et suiv.

(25) 奥田香子「『35時間法』をめぐる諸問題——フランス時短法制の新たな展開」労働法律旬報 No.1476号 2000年。

(26) Jean-Emmanuel RAY «Quelques questions collectieve: concurrence ou complementarite», Dr. Soc. 1998, P.428.

(27) J.BUÉ et al., op. cit. note(21) P.24 et suiv.

(28) J.O n° 264 du 13 novembre 1996 p.16527 Loi no 96-985 du 12 novembre 1996 relative à l'information et à la consultation des salariés dans les entreprises et les groupes d'entreprises de dimension communautaire, ainsi qu'au développement de la négociation collective.

(29) 矢野昌弘「企業内労使関係と『非典型協定』」日本労働法学会誌92号190頁。奥田香子「組合代表がいない企業における協約交渉を可能にする合憲性」労働法律旬報1418号（1997年）20頁。前掲(25)奥田論文参照。

(30) Georg BORENFREUND «La negociation collective dans les entreprises dépourvue de délégués syndicaus» Dr. Soc. 2004, p.606.

(31) Circulaile ministérielle n° 2000-3 du mars 2000 relative à la réduction négociée de travail et décision de travail (relative à la loi AubryII).

(32) Circulaire provisoire n° 01 du 3 février 2000; Décrets nos 2000-70, 2000-73, 2000-74 du 28 janvier 2000 (JO. du 29 janvier); nos 2000-81, 2000-82, 2000-83,

2000-84 du 31 janvier 2000 (*JO.* du 1er février); n° 2000-89 du 2 février 2000 (*JO.* du 3 fevrier); n° 2000-113 du 9 février 2000 (*JO.* du 13 février); n° 2000-140 du 21 février (*JO.* du 22 février); n° 2000-147 du 23 février 2000 (*JO.* du 24 février); n° 2000-150 du 23 février (*JO.* du 26 février).

(33) *JO.* du 20 janvier Loi 2000-37 du 19 janvier 2000 et décision du Conseil.
(34) Constitusionnel n° 99-423 DC du Janvier 2000; Decision n° 99-423 DC du 13 Janvier 2000; *Liaison Sociales,* Législation sociale n° 8061-25 janvier 2000 Texte intégrale définitif Décision du conseil constitutionnel loi et Décret du à janvier 2000; analyse de loi: *Liaisons sociales,* Législation sociale, n° 8062-27et28 janvier 2000.
(35) Paul-henri ANTONMATTEI «Le temps la négociation 35heurs» *Dr. Soc.* 2000, p.305.
(36) 19条V, Ⅶが争点となった事例として, Cass.soc.7 mai 2002, Syndicat CGT des Galeries Lafayette *Dr. Soc.* 2002, p.873.
(37) Georges BORENFREUND op. cit. note(30) p.606.
(38) Cass.soc.6.février 2001, Sté GTMH c /Gomez *Liaison sociale,* juriusprudence n° 708 du 09.03.2001 管理人の実労働時間が問題となった事例である。
(39) Cass.soc. 4 janvier 2000 SARL Sant -Marcc/Gomez Liaisonssociales, jurisprudence n° 665 du 9 mars 2000.
(40) *D.*n° 82-101, 27 janvier 1982. たとえば, ホテル・カフェレストランなどでは, 130時間より長い割当時間を, 協定に定めていた。
(41) 例えば, 金属労組協定である。Bilan des accords de branche 35heurs *Liaisons sociales*, convention et accords, n° 62 (10 juin 1998).
(42) Décret n° 2000-140 du 21 février.
(43) パート労働者に対しても差額補助によって, 時短前の給与水準が保障される。
(44) Decision n° 99-423 DC du 13 Janvier 2000; *Liaison Sociales,* Législation sociale n° 8061-25 janvier 2000 Texte intégrale définitif Décision du conseil constitutionnel loi et Décret du à janvier 2000; analyse de loi: *Liaisons sociales*, Législation sociale, n° 8062-27et28 janvier 2000.
(45) 週35時間が適用されるSMIC労働者の賃金は, 時短が開始された時点の週39時間労働者の月額のSMICに固定するようオブリー法で定めたことによる。したがって, 現在まで, 5タイプの月最低賃金GMR類型があり, 複雑化していた。また, 週35時間労働者の月給ベースでのSMICについては, 最終的に週39時間労働者のものに同一化させるため, 2005年までの最低賃金の統一が義務づけられていた。なおフランスでは業界別最低賃金がSMICより低く設定されている業界が多い。これらの業界で働く労働者は実際にSMIC以下の賃金を受け取ることはないが, 業界単

位の最低賃金がSMICより低く設定されているため,事実上SMIC以上に昇給することが難しいシステムとなっている。

(46) 変形労働時間 タイプⅠ（1982年1月16日のオルドナンスによる），使用者は，法定労働時間を超えたとしても，割当自由割増賃金（contigento libre d'heures supplément）に対する責任はないが，割増賃金の支払い，割増代償休日の付与を免れるものではない。ただし，協定は，労働者に対する代償措置を定めなければならない。タイプⅡ，1997年6月19日法によるものであり，週労働時間の幅を44時間（拡張部門別協約が適用されるときは47時間）とし，使用者は，法定労働時間を超えたとしても，認められた枠内であるならば，超過割増賃金を支払わなくてよい。タイプⅢは1993年の12月20日法によるものであり，これは一年間の変形労働時間制を法律として導入したものである。このタイプは最も広い範囲での変形性を認めており，一日の最長労働時間は10時間であり，週の最大労働時間は48時間あるいは46時間であり，最大12週間の範囲で可能であった。ただし，協定において，週労働時間の削減を規定することを義務づけられている。

(47) J.BUÉ et al., *op. cit.* note(21) p.17 et suiv.

(48) オブリー法の協約締結についての分析については J.SAVATIER, «Les seuils d'effectifes pour l'applications des lois Aubry» *Dr. Soc.* mars 2000 p316.

(49) INSEE PREMIERE N° 856 JUILLET 2002.

(50) SMICは通常7月1日に見直される。

(51) *Liaisons Sociales,* Documents N° 64/2002 -17/09/2002.

(52) fonds de financement de la réforme de cotisations patoronales de sécurité sociale.

(53) 時短による若年失業率の改善は，バカロレア資格を得たあと，2年間大学などで高等教育を受けた層（BAC+2）に対しては，効果的であったとされる。

(54) les effets de la réduction du temps de travail sur les modes de vie: Qu'en pensent les salarié un an aprés ? PREMIERE SYNTHESES Mai 2001 N° 21-1.

(55) 前掲(11)奥田論文6頁。

(56) Le Monde DIPLOMATIQUE 2003 Fevrier p4.

(57) Dossier présentè à la Commission nationale de la négociation collective du 6 septembre 2002 *Liasons sociales,* legislation sociale n° 62/2002 du 13 septembre 2002; *Liasons sociales,* Documents n° 68/2002-26 septembre 2002 projet de loi relatif aux salaires, au temps de travail et au développement de l'emploi (Conseil des ministres du 18 septembre 2002); *Liaisons sociales,* legislation sociale n° 8331-25 octobre 2002 Relèvement du Contigent d'heures supplémentaires.

(58) Loi n° 2003-47 du 17 janvier 2003 relative aux salaries, au temps de travail et au développement de l'emploi (Loi Fillon du 17 janvier 2003; 35heures, simc,

allégement de chareges) *JO.* 15 du 18 janvier 2003 p.1080; *Liasons sociales,* legislation sociale n° 8384 25 avril 2003 Temps de travail et smic; *Liasons sociales,* BREF SOCIAL Préciions linistérielles sur le volet «35heures» de la loi Fillon.
(59) *Liasons Sociales,* Législation sociale N° 8061-25 janvier 2000 Chapitre VIII Développment de la négociation et allégement des cotisations sociales.
(60) 前掲(49)。たとえば，2003年7月1日GMR1：1136.15ユーロ，GMR2：115.54ユーロ，GMR3：1158.62ユーロ，GMR4：1168.16ユーロ，GMR5：1172.74ユーロであり，それぞれ，設定時期のSMICをベースとしていた。
(61) SMICは通常7月1日に新設定される。これに伴って，GMRも設定されていたが，見直しの第一段階として，2003年の設定は行われなかった。
(62) Loi 9 février 2005 text adopté n° 378 proposition de loi, adoptée par l'Assemblée nationale, portent réforme de l'organisasion du temps de travail dans l'entreprise.

11 高年齢者雇用の法的課題
——高年齢者等雇用安定法2004年改正をめぐって——

清 正 寛

I 本稿の課題と高年齢者雇用の問題状況

1 本稿の課題

2004年6月11日に高年齢者等雇用安定法の一部改正法（以下では「2004年改正法」という）が成立した。改正の主要点は，事業主の65歳までの安定した雇用の確保措置，事業主の高年齢者等への再就職援助措置，事業主による募集・採用時における年齢制限についての理由の提示，の3点である。これらのうち，募集採用時の年齢制限についての理由の提示は，すでに，2004年12月1日から施行されており，また，前2者は2006年4月1日から施行されることになっている[1]。

本稿の課題は，2004年改正法の主要な改正点である上記の3点の中からとくに65歳までの安定した雇用の確保措置を中心に，その法的内容と高年齢者雇用への実効性の程度の検討を行うことにある[2]。

2 高年齢者雇用の問題状況

(1) 今回の改正が行われた背景には，主として，少子高齢化の進展により労働力人口が減少傾向にあり，長期的には，高年齢労働者の活用がわが国の雇用社会において求められていること，1994年および2000年の厚生年金保険法改正により，60歳支給であった特別支給の老齢厚生年金について，定額部分については2001年から2013年までに，報酬比例部分については2013年から2025年までに，段階的に支給開始年齢が65歳に引き上げられ

ること(女性については5年遅れで実施)、短期的には、いわゆる団塊の世代(1947-49年生まれ)が2007年から2009年にかけて、60歳定年を迎えること、一方、高年齢者とくに65歳までの60歳代前半層の雇用状況は、諸外国に比べ高い労働力率を示すにもかかわらず、現実の雇用確保は厳しい状況にあること、という状況の存在を指摘することができる。

(2) これらの4つの状況について少し詳しくみておこう。

第1の労働力人口の推移については、2005年の6772万人をピークに減少に転じ、20年後の2025年には6296万人と、476万人減少するものと推計されている[3]。2005年から2025年にかけての推移を年齢階級別にみると、20歳〜59歳層は5642万人から5051万人へと約500万人近い減少となり、とりわけ44歳以下層の減少が大きく、一方、60歳〜64歳層は479万人から545万人へと65万人を超える増加が推計されている。このような高年齢労働力人口の増加と中年・若年労働力人口の減少は高年齢者の活用を社会的に要請する要因となるものと考える。

第2の年金支給開始年齢の65歳への引き上げは、60歳定年制の下で雇用労働により所得を得ている雇用労働者にとり、定年退職後から年金支給開始となる65歳までの所得をどのように確保するかという問題を生じることは明らかであり、退職金や蓄えた資産での生活をそれほど期待できない以上、65歳までの雇用確保が重要な現実の課題とならざるをえない。また、第3点目の700万人ともいわれる団塊の世代の60歳定年到達問題[4]は、第2の問題の量的拡大をもたらすとともに、企業で蓄積されてきた技能や技術の継承という問題も生み出す。

第4の点については、60〜64歳層の労働力率をみてみると、例えば、アメリカは男性56.5%、女性42.4%(2001年)、フランスは男性15.5%、女性13.5%(2002年)、ドイツは男性34.0%、女性16.4%(2002年)、スウェーデンは男性60.1%、女性53.4%(2002年)、韓国は男性64.7%、女性45.3%(2001年)であるのに対して、わが国のそれは男性71.2%、女性39.4%(2003年)と男性の労働力率がかなり高いことに特色があり、女性も40%近くが就労意欲をもっていることになる[5]。このような高い就労意欲にもかかわらず、改正前の高年齢者等雇用安定法9条による65歳までの高

年齢者雇用確保措置を講ずる事業主の努力義務の存在だけでは，65歳までの継続雇用を確保することは困難な状況にあるといえる。例えば，65歳定年制を実施する企業は7.0%に過ぎず，また，一律定年制を採用する企業のうち勤務延長・再雇用制度を有するものは67.4%存在するものの，希望者全員を対象とするものは，勤務延長制度で29.4%，再雇用制度で23.6%に止まっているのが実状である[6]。

以上のような問題状況の下で，2004年改正法が成立したのであり，改正法の法的内容が65歳までの継続雇用の確保にどのような有効性をもちうるかを検討しておくことは，高年齢者雇用保障にとり重要な課題となる。

II 最近の高年齢者雇用政策の展開——65歳までの継続雇用の確保を中心に

2004年改正法の内容についての検討を行う前に，最近5年ほどの65歳までの継続雇用の確保に関する高年齢者雇用政策の展開を中心に，その特徴を概観し，本稿の課題の問題状況をより明確にしておく。

1 第9次雇用対策基本計画

(1) 周知のように，わが国の雇用政策の基本となる文書は雇用対策法8条に基づく雇用対策基本計画である。現行のものは1999年に閣議決定された第9次雇用対策基本計画（以下では「第9次計画」という）であり，計画の対象期間は1999年から21世紀初頭までの10年間程度とされている。

この第9次計画では，65歳までの継続雇用をふくむ高年齢者雇用政策について，長期的な高齢者雇用の在り方，向こう10年程度の間における取組み，高齢期に向けた社会参加の促進，という3つの側面での対策を示している。

(2) まず第1の長期的な高齢者雇用の在り方に関しては，「高齢者が，意欲と能力がある限り年齢にかかわりなく働き続けることができる社会」の実現を将来の目標として設定し，政労使の協力による段階的な取組み，企業サイドでは従来の人事管理制度の見直しによる高年齢労働者の継続雇用のため

の条件整備の必要性を指摘している。

　第2の向こう10年程度に間における取組みについては，65歳までの雇用確保を具体的な目標とし，65歳定年制の普及，再雇用または再就職による65歳までの雇用の確保，を掲げている。65歳定年制については，人事管理制度の見直しに関し検討すべき問題が多いことから，政策の中心は，意欲と能力のある高年齢労働者に関して，再雇用による継続雇用あるいは再就職によって65歳までの雇用を確保することにおかれているとみてよい。そのための具体的な施策として，定年延長または継続雇用への取組みの促進のための事業主に対する各種の指導・援助，定年退職者の再就職の円滑な促進のために，事業主に対する各種の支援など，さらには，事業主に対して労働者募集の段階における年齢制限の緩和を求めること，高齢期における就業意欲や体力の多様化への対応として，短時間勤務の雇用形態の普及，高齢者の自営開業の促進，雇用・就業機会に関するあっせん機能の強化のため，シルバー人材センター事業等の発展・充実，などが指摘されている。

　第3の社会参加については，ボランティア活動など様々な社会参加の促進，在職中の退職準備活動への支援，が掲げられている。

　(3)　以上の第9次計画における高年齢者雇用政策をみると，長期的な目標として「高齢者が，意欲と能力がある限り年齢にかかわりなく働き続けることができる社会」の実現を掲げたことは評価できるものであるが，政策の中心は向こう10年程度の間における具体的な取組みの提示におかれているといえよう。そして，その内容は65歳定年制にふれてはいるものの，それを実現目標として設定したものとはいえず，再雇用あるいは再就職による65歳までの雇用の確保を具体的目標とするに止まったところに特徴がある。一方，事業主に対して労働者募集の段階における年齢制限の緩和を求めることとした点は，国の政策が年齢差別にかかわる事項に一歩踏み込んだ点で，注目しておくべきであろう。

2　高年齢者等職業安定基本方針

　(1)　第9次基本計画の策定を受けて，2000年には高年齢者等雇用安定法が改正されることとなる（以下では「2000年改正法」という）。2000年改正法

の主要点は，定年年齢の引き上げあるいは継続雇用制度の導入等による65歳までの安定した雇用の確保の促進，定年，解雇等により離職する高年齢者等について，再就職の援助や在職中からの主体的な求職活動の充実を図ること，であり，2000年改正法ではいずれも事業主の努力義務として規定されている（9条，15条および19条）。

この改正の趣旨をふまえて，高年齢者等職業安定基本方針[7]が2000年9月29日に改正策定（以下では「2000年基本方針」という）されることになる。

(2) 2000年基本方針は，2000年度から2004年度までを対象期間とするものであり，内容としては，第1に高年齢者の雇用機会の増大の目標に関する事項，第2に事業主が行うべき諸条件の整備等に関して指針となるべき事項，第3に高年齢者等の職業の安定を図るための施策の基本となるべき事項，という3つの事項について定めている。

第1の事項に関しては，具体的な施策として，定年の引き上げ，希望者全員を対象とする継続雇用制度の整備を基本とし，高年齢者の職業ニーズに応じた多様な形態による雇用機会の確保を推進するとし，向こう10年程度の間に，原則として希望者全員が，その意欲および能力に応じて65歳まで継続して働くことができる制度の普及を図るとする。第2の事項に関しては，事業主が行うべき諸条件の整備に関する指針，高年齢者雇用確保措置に関する指針，再就職の援助等に関する指針，職業生活設計の援助に関する指針，という4つの指針が示され，事業主に対して指針の内容を実施する努力義務を設定している。第3の事項に関しては，前述の指針の周知徹底，高年齢者雇用確保措置に係る助言・指導の充実と積極的な取組，公共職業安定所による再就職援助計画の作成要請の的確な実施など，行政サイドの行うべき施策の基本的事項が示されている。

(3) この2000年基本方針は，定年の引き上げ，希望者全員を対象とする継続雇用制度による65歳までの安定した雇用の確保を重要な目標とし，この目標達成のために，行政サイドとして，指針の周知徹底や助言・指導の積極的な活用などを行うとするところに特色がある。さらに，このような企業における雇用の継続が困難である場合には，再就職援助措置等を活用するこ

第II部　労働条件

とにより，65歳までの雇用を確保しようとするものである。

なお，2000年基本計画は，再就職援助に関して，求人の年齢制限の緩和に向けた指導・啓発を強化する，として年齢制限の緩和に踏み込んでおり，高年齢者等雇用安定法3条1項の示す基本的理念を具体化したものとして注目すべきである。この点は，2001年に雇用対策法の改正により，事業主に対して募集・採用条件に年齢制限を設けないとする努力義務が法律上設定されることになる（雇対法7条，「労働者の募集及び採用について年齢にかかわりなく均等な機会を与えることについて事業主が適切に対処するための指針」平成13年厚労告95号）。

その後，2001年12月には同様の内容をもつ「高齢社会対策大綱」が閣議決定されている。

3　高齢者雇用対策に関する行政評価・監視結果——行政による政策評価

(1)　それではこれらの政策は現実にどのような効果を発揮し，政策目標はどの程度達成されたのであろうか。総務省行政評価局は，2000年8月から2002年3月にかけて，高齢者雇用対策に関する行政評価・監視を行い，2002年3月に厚生労働省に対して勧告を行っている[8]。これは行政サイドによる政策評価であるが，高齢者雇用に関する立法と施策の有効性を判断する上で重要なデータであるといえる。この行政評価・監視結果と勧告は，高齢者の雇用確保措置の促進，高齢者の再就職の促進および就業機会の確保，高齢者の職業能力開発の効果的実施，という3つを主な内容とするものであるが，ここではその内容の中から，高齢者の雇用確保措置の促進に関する部分についてのみ，若干，ふれておく。

高齢者の雇用確保措置の促進に関しては，定年の引き上げ，継続雇用制度の導入・改善に係る公共職業安定所等における業務の適切な実施および各種助成金等の効果的支給の2点について，行政評価と勧告が行われている。

(2)　まず第1の定年の引き上げ，継続雇用制度の導入・改善に係る公共職業安定所等における業務の適切な実施に関しては，次のような評価を行っている。

すなわち，まず実態について，2001年1月現在，希望者全員について65

歳までの雇用を確保している企業の割合は28％にとどまっていること（厚労省「雇用管理調査（2001年）」），その一因として，定年の引き上げ，継続雇用制度の導入に係るメリットが事業主に十分理解されておらず，また，導入に伴う様々な問題・懸念が解消可能であることも事業主に十分理解されていないこと，が挙げられること，厚生労働省は労働局に対して，安定所が行う指導・助言のための企業訪問の際に，高年齢者雇用アドバイザー[9]を同行させるための年間利用計画の作成を指導しているにもかかわらず，1999年度において，23労働局のうち5労働局が計画を未作成であり，また，安定所の訪問企業（101社）において，定年の引き上げ，継続雇用制度の導入を行った例は皆無であること，を指摘する。

そして，このような実態に基づき，希望者全員について65歳までの雇用を確保していない企業に対し，定年の引き上げ，継続雇用制度の導入に係る合理性ないしメリットの浸透，各種問題・懸念の解消に重点を置いた啓発・広報活動を推進すること，労働局における高年齢者雇用アドバイザーの年間利用計画の作成の励行，安定所職員の企業訪問に際して，アドバイザーの同行等を徹底すること，を勧告している。

(3) 第2の各種助成金等の効果的支給に関しては，まず，支給状況と支給申請手続の改善について指摘を行う。

支給状況について，高齢者雇用に関する各種助成金等（13種類で，2000年度決算総額は2183億円）については，毎年度不用額が生じており（2000年度は9助成金で133億円），中には支給実績が無いものもあること（予算額27億円の在職求職高年齢者等受入給付金），雇用保険財政が厳しい中，継続雇用制度奨励金の支給額は年々増加し，財政圧迫の要因となることが懸念されること，また，同奨励金の1事業主あたりの支給額（単年度当たり最高300万円）の水準が，継続雇用制度導入のインセンティブとして適切であるか否かの検討の余地があること，特定求職者雇用開発助成金（高年齢者分）は，対象労働者を支給対象期間（雇入れ後1年間）経過後も引き続き相当期間雇用することが確実であると認められる事業主に支給されるものであるが，1年以内の離職が2割存在すること，から支給効果に疑問があることを指摘する。

また，支給申請手続については，特定求職者雇用開発助成金（高年齢者

分)を取り上げ,特定求職者雇用開発助成金支給要領(労働省職業安定局長通知昭56・6・8職発320号)により,支給申請書を提出する事業主は一定の書類を添付することとなっているが,現実に添付させている18種類のうち8種類は一律に添付させる必要性が認められないこと,さらには安定所のコンピュータシステムで確認が可能なものがあること,を指摘する。

そして,このような実状に基づき,各種助成金に係る不用額の発生要因や支給の実態について分析・評価し,予算規模,支給要件,支給額の見直し等助成金の在り方を検討すること,特定求職者雇用開発助成金(高年齢者分)の申請に際して,添付書類の簡素化を図ること,勧告している。

(4) この総務省行政評価局による2002年の「高齢者雇用対策に関する行政評価・監視結果」は,高年齢者等雇用安定法や高齢者雇用対策の新たな方向を勧告するものではない。しかし,調査時点で希望者全員について65歳までの継続雇用を確保している企業の比率が30％未満であり,65歳までの継続雇用のメリットやそれに伴う問題・懸念が解消可能であるにもかかわらず,事業主に十分理解されていないこと,の指摘は,事業主の努力義務にとどめた高年齢者等雇用安定法4条の2の限界を浮かび上がらせるものであるし,また,事業主の努力義務を実行あるものにするための高齢者雇用対策としての各種の助成措置もその効果に限界があることを示すものといえよう。

4 「今後の高齢者雇用対策に関する研究会」報告書

(1) 2004年改正法は,以上のような高齢者雇用対策の問題状況をふまえて,成立したのであるが,より直接的に2004年改正法の方向性に大きな影響を与えたのは,厚生労働省に設けられた「今後の高齢者雇用対策に関する研究会」が2003年7月にまとめた報告書「今後の高齢者雇用対策について——雇用と年金との接続を目指して」(以下「研究会報告書」という)であるといえる[10]。研究会報告書は,雇用と年金との接続を強化することが喫緊の課題であるとするとともに,意欲と能力のある限り年齢にかかわりなく働き続けることができる環境整備の必要性を指摘した上で,年金支給開始年齢である65歳までの雇用確保を柱とし,中高年齢者の再就職の促進,高齢者の多様な働き方に応じた就業機会の確保という具体的な高齢者雇用対策を提

示するものである。
　(2)　以下では，2004年改正法の主要な内容である，65歳までの安定した雇用の確保の促進を目的とする高年齢者雇用確保措置を中心に，必要に応じて研究会報告書にもふれながら，その法的意味内容と課題，さらには実効性について検討することにする。

III　高年齢者雇用確保措置——65歳までの安定した雇用の確保の促進

1　2004年改正法9条1項の法的意義

　(1)　2004年改正法9条1項は，定年の定めをしている事業主に対して，その雇用する高年齢者の65歳までの安定した雇用を確保するために，定年の引き上げ（1号），継続雇用制度の導入（2号），定年の定めの廃止（3号）のいずれかの高年齢者雇用確保措置を講ずることを，義務づけた。65歳までの安定した雇用確保を図るために，高年齢者雇用確保について事業主の措置義務を定めた9条1項の改正規定は，改正前の規定が定年の引き上げ，継続雇用制度の導入などを事業主の努力義務としていたことに比べると，法的内容を強化したものと評価できる。

　このように65歳前半層の安定した雇用を確保するために，事業主に対し努力義務から措置義務へと法的内容を強化した背景には，先に問題状況のところでふれたように，60歳未満定年を原則として禁止（高年法8条）し，これに加えて65歳までの高年齢者雇用確保措置を努力義務（改正前の高年法9条）とするこれまでの法的規制だけでは，65歳までの安定した雇用確保にとり不十分な結果しかえられていないという現実があるといえる。そして，このような現実にどのような法的対応をすべきかについては，「少なくとも年金支給開始年齢となる65歳まではその雇用する労働者を年齢を理由としては離職させないというルールを作り，高齢者の雇用の安定を図ることが必要である」という研究会報告書の考え方を基礎としたものといえる[11]。

　(2)　2004年改正法が事業主に対して措置義務を設定したことは，この研究会報告書の考え方を具体化したものとして，重要な改正であるといえる。

同時に，研究会報告書は年齢を理由として「離職させないというルール作り」を重視することに力点を置いている。すなわち，離職を回避し，いかなる形であれ雇用の継続が確保されることを主たる目標としているのであり，職務の継続性＝雇用の質の確保の点まではふみこんでおらず（もっとも，このことを法的規制の対象とするためには解決すべき多くの課題があるものと思われる），次にふれるように，改正法9条が高年齢者雇用確保措置の内容として3つの選択肢，とりわけ選択肢の一つとしての継続雇用制度の導入，を規定することに結びついたものといえよう。

2　高年齢者雇用確保措置——3つの選択肢

(1)　2004年改正法9条1項は65歳までの安定した雇用を確保するための高年齢者雇用確保措置として，定年の引き上げ，継続雇用制度の導入，定年の定めの廃止のいずれかの措置を講ずることを事業主に義務づけていることから，事業主は措置義務の内容として3つの選択肢を有することになる。従って，この3つの選択肢のうちのいずれかを講ずれば，事業主は9条1項の義務を履践したことになる。もっとも，定年の引き上げと定年の定めの廃止はトレード・オフの関係にあるので，具体的には，定年の引き上げと継続雇用制度の導入のいずれか，あるいは，定年の定めの廃止と継続雇用制度の導入のいずれか，が選択肢となるものといえる。

これらの3つの措置は，第9次計画がすでに指摘しているように，いずれも人事管理制度の見直しを伴うものである。このため9条1項の65歳という年齢は，62歳から段階的に65歳へ引き上げられることになっている。すなわち具体的には，2006年4月1日からは62歳，2007年4月からは63歳，2010年4月からは64歳とし，特別支給の老齢厚生年金について定額部分の支給年齢が65歳となる2013年4月から65歳という本則の年齢となる（高年法附則4条1項）。なお，本則どおりの65歳となるまでの間については，65歳未満の定年制を定める事業主は，定年の引上げ，継続雇用制度の導入など65歳までの安定した雇用を確保する措置を講ずる努力義務が課せられることになる（高年法附則4条2項）。

(2)　9条1項は2006年4月から施行されるが，ここ数年遅くとも2010年

までの間に，65歳までの安定した雇用確保を前提として，企業における人事管理制度を見直すための対応が必要であるといえる。本稿では人事管理制度の見直しにどのように取り組むべきかという問題にはふみこまないが，少なくとも，60歳代前半層の賃金については年功的賃金を維持することにはならないといえようし，60歳定年制を実現するための企業の経験は一定の有用性を持ちうると考える。ただし，60歳代前半層の職務を，その意欲と能力に関わりなく，一律に補助的性格のものに限定することは，「意欲と能力のある限り年齢にかかわりなく働き続けることができる社会の実現」が第9次基本計画で将来的な目標とされ，また，また，このような社会を少なくとも65歳までについては実現するため，その環境整備の必要性が2004年改正法の基本的な認識となったことからみて，妥当性を欠くものと考える。以下では，3つの措置の法的特質ないし意義とそれがもたらす課題に限定して検討しておく。

3　定年の引き上げと定年の定めの廃止

(1)　先にふれたように，2004年改正法9条1項は65歳までの安定した雇用を確保するための高年齢者雇用確保措置として，定年の引き上げ，継続雇用制度の導入，定年の定めの廃止という3つのうち，いずれかの措置を講ずることを事業主に選択的に義務づけている。まず，定年をめぐる措置について検討しておく。

(2)　定年の引き上げと定年の定めの廃止は，いわば定年制のもつ性格の異なる2つの側面を利用して，雇用先企業において継続的に，65歳までの安定した雇用を確保しようとするものである。

すなわち，定年の引き上げは，定年年齢までは年齢を理由とする解雇に合理性を認めないという意味で，定年制の持つ雇用保障機能を利用し，65歳までの安定した雇用を確保しようとするものである。一方，定年の定めの廃止は，定年年齢到達を理由とする解雇に合理性を認める定年制そのものを廃止することにより，65歳という年齢に限定されずに，意欲と能力に基づき年齢にかかわりなく安定した雇用を確保することを目的とするものであるといえる。この定年の定めの廃止の措置を定める2004年改正法9条1項3号

は，定年制を法的には維持した上での一つの選択肢として規定されているところから，直接的に年齢差別禁止の法理を具体化したものと評価すべきではないが，努力義務ではなく措置義務の内容として法律上規定したことは，将来的な年齢差別禁止法理の確立へ向けたファーストステップとしての意味はもちうるものと考える。

(3) それでは，これらの法的措置の法的効果について，具体的にはどのように考えるべきであろうか。

ここでは定年の引き上げの措置について検討しておく。次項で検討する継続雇用制度の導入との関係で，現実に多く生ずることはないと思われるが，想定される課題として以下のことが問題となろう。

すなわち，この措置は，定年年齢を60歳から段階的に引き上げ，2013年には65歳へ引き上げることをその内容とするものであるが，労働協約あるいは就業規則で定められた定年年齢が，この段階的に引き上げるべき年齢を充たしておらず，かつ，継続雇用制度の導入という高年齢者雇用確保措置をも履践していない場合，この定年制あるいはこの定年制による解雇の私法上の効力はどうなるかという問題である。

改正法10条は，3つの措置のいずれかを講ずることを定める9条1項に違反する事業主に対して，厚生労働大臣は指導，助言，勧告をすることができるとして，行政措置についてのみ定めており，違反する行為の私法上の効力についてはふれていない。この点からみると，9条1項で定められた事業主の措置義務は公法上の義務としての性格を有するといえる。したがって，9条1項を根拠に，直接，これに違反する事業主の行為について私法上の効力を否定することはできないものと解する。

(4) しかしながら，定年の引き上げ以外の高年齢者雇用確保措置，具体的には継続雇用制度の導入を講じていないにもかかわらず，定年年齢が段階的に設定された所定の年齢（最終的には65歳）にまで引き上げられていない60歳以上の定年制は，就業規則あるいは労働協約で定められることになるところから，就業規則法理あるいは労働協約法理によるその効力の有無の法的判断を検討する必要があると考える。

すなわち，9条1項の具体的内容としては，所定年齢への定年の引き上げ

と継続雇用制度の導入とがいわば二者択一の関係にあることから、継続雇用制度を導入していないにもかかわらず定年年齢が所定年齢未満である就業規則あるいは労働協約の定年制の規定は、措置義務を履践していないことになるのであり、この9条1項の措置義務を履践していない定年制の効力判断がここでの法的な検討課題となる。

(5) まず、就業規則による場合には、最高裁の判例法理および労基法92条1項の適用という2つの点から、このような定年制に効力が存在するのか否かが問われることになる。

就業規則に関する判例法理は、周知のように、秋北バス事件最高裁大法廷判決[12]に基づき、その後の労働条件についての就業規則の不利益変更をめぐる判例により形成されてきた。ここで問題とする定年制は不利益変更の直接的な事例ではないが、就業規則の内容が合理的なものであれば労働契約の内容となって労働者を拘束するとした電電公社帯広局事件最高裁判決[13]からみて、措置義務を履践していない定年制が合理性を有するかが問われることになる。

下級審の裁判例として、職安所長により高年齢者雇用安定法による定年の引き上げ要請が行われた事例について、60歳定年制が産業界の主流となっていたとしても、この事例で問題となった55歳定年制を公序良俗に反する違法、無効なものとの評価を与えることはできない、と判示するアール・エフ・ラジオ日本（定年制）事件[14]がある。この裁判例では55歳定年制の公序良俗違反性が争われ、就業規則としての合理性判断は争点とはなっていない。なお、同じく職安所長の定年引き上げ要請が行われた事例で、合理性判断が争点となったアール・エフ・ラジオ日本事件[15]は、平成2年2月当時は55歳定年制から60歳定年制への移行段階にあり、55歳定年制が合理性を欠くに至っていたということはできない、と判示する。いずれの事例も高年齢者雇用安定法における定年についての事業主に対する法的規制が60歳定年努力義務にとどまっている時期のものであり、ここで問題とする定年制の合理性判断とは高年齢者雇用安定法の法的規制のレベルが異なる。

措置義務を履践していない定年制の合理性判断については、改正法9条1項が高年齢者雇用確保措置を事業主の措置義務とし、法的規制を強化したこ

とを判断要素に入れるべきであると考える。先にもふれたように、この事業主の措置義務は公法上の義務であるといえるが、措置義務を履践していない就業規則の定年制は、この公法上の義務を実質的に無意味化するものであり、労働者に対して拘束力を保持するための合理性をもつものとは解すべきではない。また、労基法92条1項との関係でみても、同条項にいう「法令」は強行法規と解されているが[16]、この強行法規には、これに反する就業規則の規定を無効とするいわゆる強行性をもつ規定のみならず、公法上の義務を設定した規定も含まれるものと解すべきであろう。その際の同条違反の法的効果について、公法上の義務を設定した規定に関しては、少なくとも判例法理との整合性を考慮して就業規則としての合理性を有しないという法的な効果を引き出すべきであると考える。

(6) 次に、このような措置義務を履践していない内容の定年制が労働協約で定められている場合、これに規範的効力を認めるべきか否かが問題となる。

この点については、労働協約が労働組合と使用者との合意を前提とする協約自治の原則との関係で、わが国の労働協約法理において有利原則が一般的に確立されているわけではなく、不利益に変更された労働協約にも特段の事情のない限り規範的効力を認めるのが通説であり[17]、最高裁も、定年および退職金算定方法を不利益に変更した事例において、協約締結の経緯、企業の経営状態、協約基準の全体としての合理性に照らして、「協約が特定の又は一部の組合員を殊更不利益に取り扱うことを目的として締結されたなど労働組合の目的を逸脱して締結されたものとはいえず、その規範的効力を否定すべき理由はない。」としており[18]、就業規則とは異なる問題が生ずることになる。

しかし、ここで検討の対象としている定年制の問題は、労働協約の不利益変更そのものの問題ではなく、事業主に公法上課せられた措置義務に反していることとこのような定年制を定める労働協約の規範的効力との関係であり、協約自治の原則の限界が問われることになる。すなわち、協約自治の原則も強行法規あるいは公序良俗に違反しない限り規範的効力を認めるのが通説であるところから[19]、労基法92条1項の場合と同様に、事業主に公法上の措置義務を定めた高年法9条1項は強行法規に該当し、その規範内容に反する

労働協約の定年制は規範的効力を有しないと解すべきである。

4　継続雇用制度の導入
(1)　9条1項2号にいう継続雇用制度の導入は，65歳未満の定年に関して，その引き上げをせずに，定年後について何らかの形で雇用を継続する制度を事業主が採用すれば法の要件を充足したことになり，9条2項のみなし規定，さらには附則5条による準備期間におけるいわゆる激変緩和措置とも相まって，事業主にとりもっとも採用しやすい高年齢者雇用確保措置である。したがって，3つの選択肢が設定されているとはいえ，事業主の選択行動としては，継続雇用制度の導入に集中するものと予測される[20]。
(2)　この継続雇用制度は，「現に雇用している高年齢者が希望するときは，当該高年齢者をその定年後も引き続いて雇用する制度をいう」と定義されている（9条1項2号括弧書き）。この定義規定では，継続雇用の内容を限定していないので，継続雇用の形式からすると勤務延長から再雇用まで，従業員の身分でいえば正規従業員から嘱託等の非正規従業員まで，広範な形式と内容の雇用がカバーされることになる。この点で，高年齢者雇用確保措置の3つの選択肢は同質ではなく，定年の引き上げや定年の定めの廃止という措置に比べると，継続雇用制度の導入はかなり緩やかな措置であるといえる。
　このことは先にふれたように，「研究会報告書」が年齢を理由として「離職させないというルール作り」を重視することに力点を置いたことの反映であるといえるが，60歳代前半層の高年齢者を引退課程にある労働者としてとらえるかという問題とも関連する。すなわち弾力的引退の問題である。
　60歳代前半層については，労働への意欲と能力の個人差が拡大することが予測されるとすると，引退課程にある労働者としての側面を法制度に反映させることは十分考えられる。継続雇用制度はこのような引退課程にある高年齢者に対応する制度であるといえるが，その場合には，高年齢者の意欲と能力に基づいて，高年齢者の側で継続雇用の内容を選択できる制度が検討されるべきであろう。9条1項2号がもっぱら事業主の設定する継続雇用制度を前提とし，高年齢者側の選択の余地を考慮していない点は改善の余地があるといえよう。

(3) 一方，継続雇用制度に関しては，希望者全員の継続雇用が予定されているか否かが現実には重要な問題となる。

まず，9条1項2号括弧書きの定義では，希望者全員の継続雇用が基本とされていることを確認すべきである。ただし，2004年改正法は9条2項でこの点を緩和するみなし規定をおいており，さらに，高年齢者雇用確保措置を講ずるために必要な準備期間として3年間（中小企業の事業主については5年間）は9条2項をさらに緩和するいわゆる激変緩和措置がとられているので（高年法附則5条），この点について若干の検討をしておく。

9条2項の内容は，過半数組合あるいは労働者の過半数代表者との書面協定により，継続雇用制度の対象となる高年齢者に関する基準を定め，その基準に基づく制度を導入した場合には，9条1項2号に定める継続雇用制度の導入の措置を事業主が講じたものとみなすとするものであり，いわゆるみなし措置を定めたものである。継続雇用制度の対象となる高年齢者に関する基準を定めるということは，継続雇用制度の対象となる高年齢者を一定の基準により選別することを意味し，この基準に該当しない高年齢者は継続雇用を希望しても，高年齢者雇用確保措置の一つとして導入された継続雇用制度の適用外ということになる。

すなわち，基準非該当の高年齢者は60歳以上65歳未満の定年制の適用を受けることになり，2004年改正以前と同じ状況におかれることになる。そうであれば，2004年改正法の趣旨に基づき，基準非該当の範囲をできるだけ小さくすることが要請されているというべきである。

また，この基準の内容が強行法規や公序に違反する場合には無効と解されることになり，とりわけ，雇用差別禁止を定める労基法3条，雇用機会均等法5条，6条，8条，労組法7条1号などに違反することはできない[21]。もっとも，9条2項の規定からすると，この基準設定は労使の自主性に委ねられる部分が大きく，雇用差別禁止以上に基準の内容を解釈により制約するのは困難であると解するので，9条2項の書面協定の締結にあたり，過半数組合あるいは過半数代表者は基準の合理性を十分に検討する代表義務を負っているものというべきである。このような代表義務を履践してない締結行為は無効と解される余地がある。

(4) 高年法附則5条1項による激変緩和措置とは次のような内容のものである。すなわち，高年齢者雇用確保措置を講ずるために必要な準備期間と位置づけられた3年間（中小企業の事業主については5年間，附則5条2項）[22]について，事業主は，9条2項の書面協定を締結するために努力をしたにもかかわらず，協議が調わない場合には，就業規則等により，継続雇用制度の対象となる高年齢者に係る基準を定め，この基準に基づいて継続雇用制度を導入することができることになっている。そして，この就業規則等による基準に基づき継続雇用制度を導入した事業主は，9条1項2号の措置を講じたものとみなされる。

激変緩和措置は，9条1項の希望者全員に対する継続雇用制度の導入という高年齢者雇用確保措置を，9条2項のみなし規定により，書面協定の基準に適合する高年齢者に対する措置に緩和したものを，さらに，協定締結のために事業主が「努力したにもかかわらず協議が調わないとき」という要件の下ではあるが，事業主が一方的に決定できる就業規則等で定める基準によって，継続雇用制度の対象となる高年齢者を限定することを可能にするものである。

この激変緩和措置は，高年齢者雇用確保措置を講ずるために必要な準備期間における特例措置であり，高年齢者の雇用の現状からするとやむをえないものといわざるをえない。しかし，これまでも事業主に対しては希望者全員に対する継続雇用制度の導入等の措置を講ずることが努力義務とされてきたことを考慮すると（改正前の高年法9条），「努力したにもかかわらず」という要件は厳格に解釈されるべきであろう。また，附則5条3項により3年間（あるいは5年間）という期間が延長される可能性があるが，政策の方向としては，10条の厚生労働大臣の指導，助言および勧告の活用という高年法の本来の姿に早く戻すべきであり，安易な延長は避けるべきである。

Ⅳ　おわりに

(1) 以上，2004年高年法改正について，改正の主軸である同一の事業主の元での安定した雇用確保すなわち高年齢者雇用確保措置について検討して

きた。今回の改正により，高年齢者雇用確保措置は事業主の努力義務から措置義務へと強化されることになる。このことは高年齢者雇用政策が雇用と年金との接合を重要な課題として認識したことを意味する。

(2) もっとも，措置義務化された高年齢者雇用確保措置の内容は，事業主に対して3つの選択肢を用意するというものであり，とくに継続雇用制度の導入という柔軟な措置を制度化したことは，改正法の漸進的性格を示すものといえる。

とはいえ改正法9条の規制を潜脱する事態はありうることから，措置義務に反する定年制の法的効力についても検討をしてきた。この問題は就業規則あるいは労働協約の内容と法的規制とをめぐる理論的な論点を含むものである。同時に，このような法的効力の検討が，厚生労働大臣の指導，助言および勧告という高年法上の実効性確保のための制度（10条）をより有効にするものと考える。

継続雇用制度の導入に関しては，希望者全員の継続雇用措置（9条1項）という原則が，労使による書面協定により基準該当の高年齢者に限定されること（9条2項），さらには，法施行後3年間（あるいは5年間）については，一定の場合には，事業主の定める就業規則等でその基準を設定でき（附則5条），これにより継続雇用制度の対象者がさらに絞られる余地があること，これらを指摘し検討を行ったところである。

(3) 改正法は，高年齢者雇用確保措置のほかに，再雇用の促進に関して，事業主の再就職援助措置および年齢制限についての理由の提示をも定めている。

高年齢者雇用確保措置は同一の事業主の元での安定した雇用確保を意味するが，再雇用の促進に関する措置はこれまでの事業主の元を離職し再就職により雇用を確保するための措置であり，同一事業主の元での65歳までの雇用確保が確立されていない現状あるいは高年齢者の転職（法的には雇用選択の自由をも意味する）を考慮すると，政策的な対応が必要な課題であるといえる。この意味で，事業主の再就職援助措置および年齢制限についての理由の提示の法的内容および課題の検討が必要であるが，本稿ではそこまでふれることができなかった。別の機会に委ねたい。

11 高年齢者雇用の法的課題

(1)　改正法附則1条2号および改正法施行期日政令。
(2)　2004年改正法について，松下守男「65歳雇用確保義務化と法的問題点」労働法学研究会報2347号（2004年）4頁以下，柳澤武「新しい高年齢者雇用安定法制」ジュリスト1282号（2005年）112頁以下，菊池高志「高年齢者雇用——政策の到達点」法律時報77巻5号（2005年）38頁以下，伊藤実「高齢者雇用の基本戦略」労働法学研究会報2353号（2005年）34頁以下など参照。また，行政サイドからのものとして，藤枝茂「高年齢者等の雇用の安定等に関する法律の一部を改正する法律」ジュリスト1274号（2004年）71頁以下，実務サイドからのものとして，広田薫『65歳までの雇用延長制度導入と実務』（2004年，日本法令）がある。
(3)　厚生労働省職業安定局推計（2002年7月）による。
(4)　団塊の世代については，財務省財務総合政策研究所の「団塊世代の退職と日本経済に関する研究会」の検討がある。財務省ホームページ参照。
(5)　諸外国の労働力率については，ILO, Year Book of Labour Statistics 2003参照。わが国については，総務省統計局「労働力調査」参照。
(6)　厚生労働省「雇用管理調査（2003年）」による。
(7)　高年齢者等職業安定基本方針は高年齢者等雇用安定法6条（2000年基本方針の当時は2条の5）に基づくものであり，65歳未満の高年齢者の雇用の機会の増大の目標に関する事項や職業能力の開発・向上，作業施設の改善その他の諸条件の整備に関して，事業主に対する指針となる事項などを定めるものである。2000年基本方針は労働省告知100号として策定されている。
(8)　高齢者雇用対策に関する行政評価・監視の結果については，総務省行政評価局編『65歳までの雇用確保を目指して——高齢者雇用対策に関する行政評価・監視結果より——』（2002年，財務省印刷局）参照。
(9)　アドバイザーは，都道府県ごとに設置されている公益法人である高年齢者雇用開発協会等が社会保険労務士等に委嘱している。なお，この高年齢者雇用開発協会等は都道府県高年齢者雇用安定センターとして指定されている。
(10)　研究会報告書については，山下昇「今後の高齢者雇用対策とその法的課題——『今後の高齢者雇用対策に関する研究会』報告書を読んで」労旬1567・68号（2004年）54頁以下参照。この報告書は労働政策審議会雇用対策基本問題部会においても審議されている。同報告書は厚生労働省ホームページおよび労旬1567・68号（2004年）78頁以下に掲載されている。
(11)　研究会報告は，これまでの「法定定年年齢に基づく60歳定年制を基盤とし，65歳までの多様な形での雇用・就業を推進する取組」から「各企業における定年年齢の引上げを基本とした取組による65歳までの雇用確保を基盤とし，併せて65歳までの多様な働き方を支援する取組」に転換していくことが求められている」とも指摘する。
(12)　最大判昭和43・12・25民集22巻13号3459頁。

第Ⅱ部　労働条件

(13)　最1小判昭和61・3・13労判470号6頁。
(14)　東京地判平成12・7・13労判790号15頁。
(15)　東京高判平成8・8・26労判701号12頁。本件の第1審判決については，拙稿「55歳定年制と公序及び平等原則」ジュリスト増刊『平成6年度重要判例解説』(1995年) 189頁以下参照。
(16)　菅野和夫『労働法（第7版）』（2005年，弘文堂）99頁参照。
(17)　菅野・前掲書520頁以下，西谷敏『労働組合法』（1998年，有斐閣）329頁以下など参照。
(18)　朝日火災海上保険事件最1小判平成9・3・27判時1607号131頁，労判713号27頁。
(19)　たとえば西谷「労働協約による労働条件の不利益変更」ジュリスト別冊『労働判例百選（第7版）』（2002年）210頁参照。
(20)　厚生労働省「雇用管理調査（2003年）」によると，一律定年制を採用する企業のうち勤務延長・再雇用制度を有するものは67.4%存在するものの，希望者全員を対象とするものは，勤務延長制度で29.4%，再雇用制度で23.6%に止まっているのが実状であるといえるが，一方，65歳定年制を実施する企業は7.0%に過ぎないことからすると，9条2項の緩和措置もあり，事業主は継続雇用制度の導入を選択するものと考える。柳沢・前掲論文115頁も同旨。
(21)　この点を論ずるものとして，柳沢・前掲論文116頁以下参照。
(22)　正確には，2004年改正法の施行の日から起算をして3年を経過する日以降の日で政令で定める日までの間，ということになる。

12　雇用における高齢者処遇と年齢差別の法的構造

山　田　省　三

I　はじめに

　わが国の高齢化の進捗状況は著しいものがあり，全人口に占める 65 歳以上人口が 7％を占める高齢化社会（aging society）を迎えた 1970 年から，同比率が 14％を超える高齢社会（aged society）に至るまで，わずか 24 年しか要しなかった。わが国の少子化現象が，さらにこの現象を加速化させ，2003 年の特殊合計出生率は 1.29 にまで落ち込んでいる。今後，同様の状況が続けば，21 世紀末におけるわが国の総人口は，現在の半分程度の 6500 万人と半減することが推計されている。このような出生数の飛躍的減少と高齢者の増加という状況を受け，年金，医療，介護などの社会保障制度のみならず，労働の分野においても，女性や高齢者を労働市場に誘導するための施策が求められている。

　このように，高齢者の雇用や処遇をどのようにするかがわが国にとって不可避の問題となっているが，従来では，この問題は，定年制の違法性というかたちでもっぱら論議されており，募集・採用を含む年齢差別そのものの議論は，さほどなされてこなかった。

　本稿は，高齢者雇用のありかたに言及するとともに，今後の課題である年齢差別の法理を追究するものである。

II 年齢差別禁止前史

わが国では当初，中高年齢者の雇用に関する施策は，これらの労働者の雇用率設定という採用段階の処遇から始まったのが特色である。この施策が第1段階であるが，1966年からの努力義務としての雇用率制度（6％）は実効性をあげることができず，1981年の高年齢者雇用安定法による60歳定年制の努力義務化により廃止されることになり，中高年齢者から，高年齢者の定年制度に立法施策の関心が移っていくのが，第2段階である。そして，第3段階が，年齢を採用基準としないことを求める雇用対策法および65歳までの継続雇用制度（2004年高年齢者雇用安定法）の登場である。以下，論述していきたい。

1 第1段階——雇用率制度

(1) 高度経済成長期においては，長年にわたる年功序列的雇用慣行が支配的であったため，雇用需要の大半は新規学卒者を中心とする若年者であり，中高年齢層については低水準であったことから，中高年齢層の就職を促進することが課題とされていた。このため採用されたのが，中高年齢者の雇用率設定という手段であった。

1965年に「雇用対策大綱」が策定され，「中高年齢者等の雇用の促進」との項目のなかで，①新規学卒者等若年者などに集中しすぎている雇用需要を中高年層等にも分散し，その雇用を促進するため，労働大臣は，中高年齢者または身体障害者の能力に適合すると認められる職種（適職）を選択し，これを公表するとともに，産業界の協力を得て，中高年齢者又は身体障害者がこれらの職種の労働者として雇用されることを促進するよう努めるものとする，②労働大臣は，中高年齢者に関し，その適職について，身体障害者と同様に事業主の努力目標としての雇用率を設定することができるものとし，常時100人以上の労働者を使用する事業所で，中高年齢者の雇用が著しい困難を伴わないと認められるものの事業主に対し，その雇用率による数以上となるよう必要な要請をすることができるというものであった。

同大綱に盛られた施策は，1966年6月に成立した雇用対策法に継受されることになる。同法において，労働大臣は，中高年齢者の「適職」を選定・公表することにより，雇用の促進に努めること（20条），および事業主の努力義務としての雇用率を設定できること（19条1項）などが定められた。また，雇用対策法附則3条により，職業安定法が改正され，まず，労働大臣は，中高年齢者（35歳以上の者—附則3条の2）の「適職」として選定された職種ごとに雇用率を設定することができること（47条の2第1項）が定められたが，その趣旨は，中高年齢者がその能力を有する職業に就労することを促進することにあるから，雇用率は一律に定められるものではなく，中高年齢者の適職ごとに設定されるものとされた[1]。もっとも，この雇用率制度が適用とされるのは，国，地方公共団体，特殊法人のみであり[2]，民間企業がその対象となるのは，1971年の「中高年齢者等の雇用の促進に関する特別措置法」まで待たねばならなかった。

さらに，職業安定法は，雇用率が設定された職種の労働者の雇入れについては，当該職種の中高年齢労働者の比率が，所定の雇用率以上になるように努めなければならない（47条の2第2項）と定め，常時100人以上の労働者を使用する事業所であって，雇用率を下回る雇用主に対して，労働大臣は，特に必要と認める場合には，雇入れについての計画の作成，求人の必要が生じた場合に公共職業安定所への求人申込みを行うなど，中高年齢者の雇入れの要請ができること（47条の3）などが規定された。

(2) その後，高度経済成長がさらに進展するなかで，若年労働者の労働力不足と，高年齢者の再就職困難という事情が加速化され，さらなる高齢者雇用対策が求められることとなった。そこで，1971年には「中高年齢者等の雇用の促進に関する特別措置法」が制定された。同法によれば，中高年齢者の定義が45歳以上の者に引き上げられたほか，中高年齢者雇用率制度が民間事業所にも拡大されることとなった。すなわち，「労働大臣は，政令で定めるところにより，雇用対策法第20条の規定により中高年齢者について選定した職種に応じ，中高年齢者の雇用率を設定できる」旨の規定がおかれた[3]が，雇用率達成義務の対象となるのは，雇用率が設定された職種に係る「常時雇用する労働者」とされることとなった。この雇用率の達成は，同

法でも努力義務であることが維持されたが、その実効性を確保する手段として、「求人の申込みの受理に関する特例」と、「雇入れの要請」という2つの規定が新設された。前者は、雇用率未達成の事業主が、中高年齢者でないことを条件として、当該職種の求人申込みを行った場合には、公共職業安定所はこれを受理しないことができるものであり、後者は、労働大臣が雇用率未達成の事業主（常時100人以上の労働者を使用する事業主）に対し、中高年齢者の雇入れを要請することができるものであり、具体的には、雇入れについての計画を作成させること、公共職業安定所へ求人の申込みを行わせることである。

　しかし、以上の措置は、全体の雇用需要の伸びを前提として、そこへ中高年齢者を振り向け、雇入れ数を増大させることで、雇用率の達成を図ろうとしたものであるため、雇用が拡大しない時期には、十分な効果を有しないものであり、そして何よりも、雇用率が職種別に設定されたために、その運用が複雑なものとなり、効果が乏しいものであったし、さらに、高齢化の進展により、対策の中心が55歳以上の高年齢層に移行していったが、当時は55歳定年制が一般的であったことから、この年齢層の雇用改善に資するものではなかった[4]。

　(3)　以上の事情から1976年には、前記「特別措置法」が改正され、職種にかかわりなく、従業員総数に高年齢者雇用率を乗じた数の高年齢者を雇い入れる制度に改訂される一方で、中高年齢者の能力に適合すると認められる「選定職種」に着目して中高年齢者の雇用の促進を図っていくことも有効と考えられた[5]ため、公共職業安定所は、この選定職種（63種類を指定）について、正当な理由がないにもかかわらず、中高年齢者でないことを条件とする求人の申込みがあった場合には、これを受理しないことができることとされた。次に、必要があると認められる場合には、公共職業安定所は、事業主または事業主団体に対し、①選定職種については、可能なかぎり、中高年齢者を雇い入れることを奨励すること、②選定職種に係る求人は、公共職業安定所に申し込むよう指導すること、③選定職種について、労働者の数を増加することが困難でない事業主に対して、中高年齢者を雇入れることを要請すること、④事業主に対して、選定職種について、中高年齢者を雇用すること

を容易にするよう，職務再設計などの技術的な指導，助言を行うこと，⑤事業主および事業主団体に対して，中高年齢者でない者を，できる限り選定職種以外の業務に従事させることなどにより，選定職種に中高年齢者を雇用することを可能とする措置をとるよう指導することなど，中高年齢者を選定職種の労働者として雇い入れることを促進するための「必要な指導」を行うことができるとされた。

このほか，選定職種ごとに雇用率を適用するというシステムにかわって，高年齢者雇用率制度として，55歳以上を対象として，職種を問わず，その雇用割合を一律6％とする努力義務を課すものとなった。そして，雇用率を達成する手段として，以下の4つの措置が規定された。第1に，公共職業安定所は，高年齢者雇用率未達成の事業主が，正当な理由なく高年齢者でないことを条件として求人の申込みを行った場合には，これを受理しないことができること，第2に，労働大臣は，100人以上の労働者を雇用する高年齢者雇用率未達成の事業主に対し，高年齢者雇用率の達成に関する計画の作成を命じ，その提出を求めることができ，また必要があると認められる場合には，同計画の変更およびその適正な実施についての勧告ができること，第3に，労働大臣が高年齢者雇用率未達成の事業主に対し，高年齢者の雇入れその他，高年齢者の雇用の安定に関して必要な措置を採ることである。具体的には，高年齢者の新規雇入れのために公共職業安定所に求人の申込みを行うこと，定年の延長，再雇用などである。最後に労働大臣は必要がある場合，事業主から高年齢者の雇用状況の報告を求めることができることが規定された。

しかし，雇用率制度も，終焉を迎えることになる。雇用率制度は，高度成長期においては，中高年齢者の適職における雇用の促進において，一定の機能を果たしてきたものの，その効果は限定的であった[6]ため，この制度は廃止され，かわって高齢者雇用助成金制度にシフトしていったのである。

3　第2段階——定年年齢の法制化

(1)　1980年代に入ると，定年年齢と年金の受給開始年齢との乖離が論じられることとなり，高年齢者の雇用に関するテーマは，募集・採用という「雇用の入口」から，定年制という「雇用の出口」に関心が移っていった。

第Ⅱ部　労働条件

　まず，1980年4月には，当時の4野党の共同提案による「定年制及び中高年齢者の雇入れ拒否の制限等に関する法律案」が国会に提出された。同法は，その名が示すとおり，45歳以上65歳未満という年齢の範囲に限定されているのが特徴であるが，中高年齢者に対する「差別禁止」という考え方が，わが国において初めて示されたものとして注目されよう。同法案では，①事業主は，定年あるいは年齢を理由として，65歳（当分の間60歳）未満の労働者を退職させてはならず，その他年齢を理由として65歳（当分の間60歳）未満の労働者を退職させてはならないこと，②事業主は，年齢を理由として，中高年齢（45歳以上65歳未満）の雇入れを拒んでならないこと，③職業紹介事業者は，年齢を理由として，中高年齢者である求職者に対する職業紹介を拒んではならないこと，④事業主または職業紹介事業者は，労働者または求職者の募集に関し，中高年齢者を除外する広告をしてはならないこと，⑤これらの規定に違反すれば，刑罰が科されることなどが定められていた。この法案は廃案となったが，同法の背後には，40歳以上の年齢を理由とする差別を禁止していたアメリカの1976年年齢差別禁止法（Age Discrimination in Employment Act）の影響を伺い知ることができよう。

　しかし，1981年には，高年齢者雇用安定法が成立し，事業主は，定年制を設ける場合には，その年齢が60歳を下回らないよう，努力義務が課された（4条）。また，この努力義務の実効性を確保するため，①労働大臣は，60歳を下回る定年を定めることについて，特段の事情がないと認める場合には，事業主に対し，定年の引き上げの要請をすることができること（4条の2），②労働大臣は，必要があると認める場合には，当該要請に係る事業主に対し，定年年齢の引き上げ計画の作成命令，当該計画の変更勧告，適正実施勧告を行うこと（4条の3），③正当な理由なく，これらの命令，勧告に従わない事業主名を公表できること（4条の4）が定められた。しかし，この努力義務にも例外が認められ，法4条の2の「特段の事情」として，①2年間，連続して経常利益の計算上損失を生じており，かつ，新たに労働者を雇い入れていないことその他その事業活動に著しい支障を生じていることにより，定年を60歳以上に引き上げることが困難であると認められる事業（施行令1条1号），および②当該事業主の雇用する労働者のうち，高齢者が

従事することが困難であると認められる事業（鉱業事業）の常時坑内作業に従事している労働者が占める割合が相当程度の割合であること（過半数）により，定年を60歳以上に引き上げることが困難であると認められる事業である（同条2号）。

(2) 続いて，1994年の同法改正により，60歳定年制が法的義務とされ，例外は前記の坑内労働従事者のみとなった（4条）。しかし，事業主は，その雇用する労働者が，その定年（65歳未満のものに限る）後も当該事業主に引き続いて雇用されることを希望するときは，当該定年から65歳に達するまでの間，当該労働者を雇用するように努めなければならない（4条の2）として，65歳までの雇用継続の努力義務をあらたに課すこととなったが，職業能力の開発および向上ならびに作業施設の改善その他の諸条件の整備を行っても，なお当該労働者の能力に応じた雇用の機会が得られない場合または雇用を継続することが著しく困難となった場合は，この限りではないとされた。

3　第3段階——年齢差別の「禁止」，65歳までの継続雇用制度
(1) 2001年雇用対策法

2001年雇用対策法第7条は，「事業主は，労働者がその有する能力を有効に発揮するために必要であると認められるときは，労働者の募集及び採用について，その年齢にかかわりなく均等な機会を与えるように努めなければならない」と規定し，その法的効力は努力義務にとどまるものであるとしても，はじめて採用の段階における均等待遇原則に言及した立法であると評価することができよう。しかし，同法第12条に基づく「指針」（労働者の募集及び採用について年齢にかかわりなく均等な機会を与えることについて事業主が適切に対処するための指針）では，事業主は，労働者の年齢を理由として，募集および採用の対象から当該労働者を排除しないことと定める（指針第二(1)）一方で，10項目にもわたる例外が認められている（指針第三）。この例外は，①従来の人事慣行を維持するもの（1号ないし4号），②職業能力・体力的理由特定の年齢以下を対象とするもの（5号ないし8号），③中高年齢層に限定するもの（9号），④法令による就業の禁止・制限特（10号）に4分する

ことができる[7]。

しかし,「指針」は,同時に,事業主は,職務の内容,当該職務を遂行するために必要とされる労働者の適性,能力,経験,技能などの程度その他の労働者が応募するに当たり必要とされる事項をできる限り明示することと定めている（指針第二(2)）。また,上記の例外に該当する場合でも,事業主は,例外に該当する旨を,職業紹介機関,求職者などに説明する必要があること（指針第三）に留意されるべきであろう。このような規定が設けられたのは,厳しい雇用環境におかれている中高年齢者の再就職を促進するため,事業主の責務として,労働者の募集および採用について年齢にかかわりなく均等な機会を与えるように努めなければならないとする年齢制限廃止の努力義務が規定されたものと説明されている[8]。

このように,雇用対策法は,わが国の法制において,年齢を理由とする採用取扱いに言及するものとして注目される[9]ものであるが,その法的実効性ははなはだ疑問である。しかし,定年年齢の法制化を図る高年齢者雇用安定法とは異なり,募集・採用に関して「年齢」を理由としないことを定めた雇用対策法の規定は,努力義務としても,年齢差別法理への途を開いたものと評価することができよう。しかし,半面において,60歳定年制の法制化は,労働条件決定における能力主義的要素の導入に拍車をかけ,中高年労働者の労働条件の切り下げの大きな要因となった[10]ことも忘れてはならない。

(2) 2004年高年齢者雇用安定法改正

定年制に関する法制について,平成16年には65歳までの雇用継続を定める制度（高年齢者雇用確保措置）高年齢者雇用安定法の改正がなされた。同法は,まず,高年齢者の安定した雇用の確保の促進として,事業主は,高年齢者雇用確保措置を採ることが義務付けられる。これは,65歳未満の定年の定めをしている事業主は,その雇用する高年齢者の65歳までの安定した雇用を確保するため,①当該定年の引き上げ,②継続雇用制度の導入,③当該定年の定めの廃止のいずれかの措置を講じなければならないと定めている（9条）。

まず,定年年齢の引き上げおよび継続雇用制度については,平成18年4

月1日から，平成25年4月1日の間に，段階的に引き上げるものとされる(11)。継続雇用措置については，労使協定により，継続雇用制度の対象となる高年齢者の対象に係る基準を定め，当該規準に基づく制度を導入したときは，この措置を導入したものとみなされるが，特例期間として，平成18年4月1日から，同21年3月31日までの間（常時雇用する労働者が300人未満の中小企業は，平成23年3月31日まで），事業主は，継続雇用措置に関する労使協定を締結するための努力をしたにもかかわらず，協議が整わない場合には，就業規則その他これに準ずるものにより，継続雇用制度の対象になる高年齢者に係る基準を定め，当該基準に基づく制度を導入することができ，この場合にも，当該基準に基づく制度を導入した事業主は，この制度を導入したものとみなされることとなった。

　また，高年齢者などの再就職の促進については，①事業主は，離職する高齢者などが希望するときは，その職務の経歴，職業能力その他の再就職に資する事項，および事業主が講ずる再就職援助措置を明らかにする書面（求職活動支援書）を作成し，当該高年齢者などに交付すること，②事業主は，労働者の募集及び採用をする場合においては，やむを得ない理由により，一定の年齢（65歳以下のものに限る）を下回ることを条件とするときは，求職者に対し，当該理由を示さなければならないことも規定された（18条の2）が，これは重要な規定である。これらの措置は，交付の日から6か月以内の政令で定める日から施行される。

III　年齢差別の法理

1　年齢差別をめぐる法制

　差別禁止に関するわが国の法制を概観すると，まず憲法14条1項が人種，信条，性別，社会的身分，門地を理由とする差別を禁止している（もっとも，これらの差別禁止類型は，例示列挙と解されており，合理性を欠くその他の差別も禁止されるものと解されている）。

　次に，労働法規についてみると，職業紹介法は，人種，国籍，信条，社会的身分，門地，従前の職業，労働組合の組合員であることを理由として，職

業紹介，職業指導等について，差別的取扱いを受けることがないと規定している（3条）ほか，労働基準法第3条は，国籍，信条，社会的身分を理由とする賃金，労働時間その他の労働条件差別を禁止し，同法第4条は，女性であることを理由とする賃金差別を禁止している。また，男女雇用機会均等法は，女性であることを理由とする募集・採用，配置，昇進，教育訓練，福利厚生あるいは解雇・定年・退職に関する均等取扱い義務を規定している（5条ないし8条）。さらに，短時間労働者法，いわゆるパートタイム労働法の指針（事業主が講ずべき短時間労働者の雇用管理の改善等のための措置に関する指針）は，事業主に対して，「短時間労働者の賃金，賞与及び退職金については，その就業の実態，通常の労働者との均衡等を考慮して定めるように努めるものとする」（第二，一（八））として，「均衡」という概念を用いているが，その法的効力は努力義務にとどまっている。このほか，労働組合法第5条2項は，組合員が人種，宗教，性別，門地および身分によって組合員資格を奪われないことを組合規約に規定することを求めているが，これは組合の民主性にかかわるもので，差別禁止規定とみることはできない。

次に，比較法的にみると，アメリカの年齢差別禁止法が著名であるが，国際的には，ILO「使用者の発意による雇用の終了に関する条約」（1982年採択）は，労働者の雇用は，当該労働者の能力もしくは行為に関連する妥当な理由，または企業，事務所もしくは行為に関連する妥当な理由，または企業，事務所もしくは施設上・運営上の必要に基づく妥当な理由がない限り，終了させてはならないと規定し（第4条），さらに，妥当な雇用の終了事由に該当しないものとして，人種，皮膚の色，性，婚姻，家族的責任，妊娠，宗教，政治的意見，国民的出身または社会的身分を列挙するが，これに年齢は含まれていない。これは，高齢者問題がさほど顕在化していなかった1982年に同条約が採択されたという時代背景もその一因とみることができよう。

これに対して，EUの2000年「雇用および職業における均等待遇の一般的枠組を設定するための指令」（一般雇用均等指令）1条は，同指令の目的として，宗教，信条，障害，性的志向（sexual orientation）と並んで，年齢に関する差別の是正を含んでいることは注目されよう（軍隊については例外あり—4条）。そして，同指令は，高齢者については，当該ポストにおける職

業訓練または退職前の合理的な雇用期間が必要であることを理由として，採用に年齢の上限を設定することが許容されるとしている（6条c号）。この他，イギリスでは，年齢差別を禁止する制定法は存在しないが，教育・雇用省は，「雇用における年齢の多様性（Age Diversity in Employment）」と題するガイドラインが策定され，たとえば「採用」の項目において，使用者が「当該職種に必要とされる技能および能力に基づいて採用すること」を勧告しているが，その対象には，選抜，昇進，教育訓練，剰員および退職に及んでいる[12]。

以上のように，アメリカのみならず，ヨーロッパ諸国においても，年齢差別の問題が法的課題として登場していることが理解されよう。

2 年齢差別という概念は成立するか

前述したように，わが国の実定法においては，前述の雇用対策法を除き，年齢を理由とする差別を禁止するものは存しない。むしろ，公職選挙における選挙権行使の開始年齢は20歳と定められ（公職選挙法9条），婚姻適齢についても，男性は16歳，女性は16歳と定められている（民法731条）ほか，運転免許の取得年齢も18歳と規定されている（道路交通法88条）ほか，労基法も，労働開始年齢年あるいは年少者や児童に関する各種の特例規定を設けている（64条以下）。

この点からすれば，年齢差別は禁止されているものではないとも考えられるが，これらの規定は，すべて権利発生に関する年齢要件であることに注意される必要があろう。これをアナロジーすれば，65歳になれば婚姻，選挙権行使あるいは自動車等の運転ができないか否かが問われることになろう。このことは，定年制のように，とりわけ権利終了要件としての年齢が問題となるはずである。

このように，年齢も差別類型のひとつであるが，一定の権利発生要件については，その合理性が肯定されることが多いであろうから，年齢差別という法概念を考察するにあたっては，権利発生要件としての年齢と，権利喪失要件としてのそれとは峻別されるべきなのである。とくに雇用開始年齢を定める労基法56条の規定のように，権利発生年齢については，相当の理由が認

められることが多いであろうからである。

　また年齢差別が他の差別類型と異なるのは，誰でもが年齢を重ねていくという互換性を有している点であり，年齢差別を考察する際には，この点への考慮が不可欠であろう。同時に，年齢という概念の属性にも留意される必要がある。すなわち，年齢は0歳から100歳まで多様なものであり，その身体的・精神的あるいは社会的条件がきわめて異なる点にも留意されなければならない。

　この点で，注目されるのは，定年年齢を60歳に延長するために，55歳以降の基本給を55％ないし60％に減額し，以降の定期昇給を行わないとする就業規則の変更の効力が争点となった日本貨物鉄道名古屋地裁判決（平11・12・27労判780号45頁）である。同判決は，年齢が憲法14条1項の「社会的身分」には該当しないが，同条に列挙された事由は例示的なものであり，「年齢を理由とする差別的取扱いについて，法の下の平等の埒外にあると直ちにいうことはできないものである。しかし，右法条件は，国民に対し，絶対的な平等を保障したものではなく，差別すべき合理的理由なくして差別的取扱いをすることは，右法条の禁止するものではない」として，年齢差別の憲法判断を回避している。しかし，続いて，同判決は，国籍，信条，社会的身分を理由とする差別を禁止する労基法3条に「列挙された事由も例示的なものと解されるから，使用者は，たとえ年齢を理由として，差別すべき合理的理由なくして労働条件について差別することは許されない」として，労基法3条の各差別類型を例示列挙と解したうえで，合理性を欠く年齢差別が労基法3条違反を構成する可能性を示した初の司法判断となった。

　ところで雇用における年齢差別の成否については，募集・採用，賃金などの処遇，定年制などの雇用終了事由の3つに分けて論じる必要があろう。

(1)　募集・採用

　年齢を理由として，募集・採用の対象から除外することは，労基法56条のように，労働者の採用開始最低年齢を定める場合を除き，原則的に許されるべきではない。むしろ，募集・採用における年齢が問題となるのは，40歳未満といった年齢の上限を設定するケースであることに留意される必要があろう。

募集・採用に関する均等待遇を定める法令としては，男女雇用機会均等法と雇用対策法とが存するが，前者が禁止規定であるのに対し，後者は努力義務規定である。今後は，後者についても，10の例外事由を整理・限定したうえで，禁止規定化していくべきであろう。

(2) 処　遇

近年，55歳以上の高齢者の賃金を引き下げる裁判例が急増している。ここでは，労働条件の引き下げという形で争われるため，労働協約や就業規則の不利益変更の効力として議論されており，高齢者の処遇あるいは年齢差別の視点から論議されたものではないのが特徴である。典型的であるのが，雇用における均等待遇を定めた労基法3条の差別禁止事由（国籍，信条および社会的身分）を例示列挙と解し，同条は年齢差別をも包含するものと理解しながら，就業規則の一方的不利益変更の問題に解消してしまった前掲・日本貨物鉄道事件名古屋地裁判決が，その典型である。

労働協約の不利益変更として論議されたものとして，まず，朝日火災海上保険（石堂・本訴）事件最高裁判決（最1小判平成9・3・27労判713号27頁）がある。同判決は，退職金規定の算定方法を不利益に変更するものであり，不利益は小さいものではないが，同協約が締結されるのに至った経緯，会社の経営状態，同協約に定められた基準の全体としての合理性に照らせば，同協約が特定のまたは一部の組合員を殊更不利益に取り扱うことを目的として締結されたなど，労働組合の目的を逸脱して締結されたものといえず，その規範的効力を否定すべき理由はないと判示している。また，賃金を53歳到達時に最高で21.7%，58歳以上の組合員は23%減額する旨を定める労働協約の規定が，経営状況が良好であり，必要性も合理性も存しないこと，および組合大会の決議を経ていないことから締結手続に瑕疵があるとして無効とされた中根製作所事件（東京高判平成12・7・26労判789号6頁）がある。ここでも，労働協約の規範的効力（労組法16条）の及ぶ範囲に論議が集中されており，年齢差別という発想は存しない。

これに対して，みちのく銀行事件青森地裁判決（平成5・3・3労判631号49頁）は，管理職階者・監督職階者としての労働能力が55歳を境に一律に急激に低下し，これまで55歳以降もそれ以前と同等ないしそれ以上の賃金を

支給してきたのは恩恵的な措置であったということは証明されていないから，高齢であることを理由として賃金を減額することは，当該賃金の支給の趣旨が変更されない限り，労働基準法3条に抵触するおそれがあると指摘されている(13)のは注目されよう。

(3) 整理解雇における年齢基準

整理解雇の4要件のひとつとして，解雇基準の合理性が要求されるが，一定の年齢以上の労働者という解雇基準は合理的であろうか。この点に関し，エベェレット汽船事件（東京地判昭和63・8・4労判522号11頁）では，年齢45歳以上の者という整理解雇基準について，人件費の削減を図り必要最小限の人員で事業を継続するという本件合理化の目的に照らせば，人件費コストの高い高年齢の従業員を解雇の対象とすることは合理的と判断され，また，三井石炭鉱業事件（福岡地判平成4・11・25労判621号33頁）も，年齢という恣意の介入しない客観的基準であるとしているが，これは炭鉱労働という特殊性に着目したものと考えられるべきであろう。

以上のように，裁判例はいずれも，高齢者という整理解雇基準を有効と判断しているが，その理由は，人件費の削減と，恣意が介入しない基準というものである。前者の基準については，それが人件費の削減に結びつくことが個別具体的に証明される必要があるし，そもそも人件費の削減が整理解雇に直結するものではなく，まず他の労働者も含めて賃金などの切り下げを行うことが求められるはずである。このため，整理解雇の基準として，人件費の抑制というのみで高齢者を解雇することに合理性を見出すことはできない。

また，後者の「恣意が介在しない」という基準は，一見，合理性のように思われる。しかし，たとえば性別，人種を理由とする差別でも，「恣意は存在しない」し，反対に，「若年者」を解雇するとの基準にも「恣意は存在しない」のである。問われるべきは，恣意が存在するか否かではなく，年齢という基準を理由とする解雇の合理性そのものであることに留意されるべきである。

3 定年制

(1) 定年制の法的性格

定年制は，通常，定年解雇制と定年退職制とに分類される。定年制は期間を定めたものではなく，労働契約の終期を付したもの（終期条件付契約）とされる。そして，定年解雇制については，定年年齢に到達することが解雇事由のひとつであるから，労働基準法上の解雇規制（19条，20条など）に服することになる。しかし，定年制が適用される場合であっても，解雇であれば，解雇権濫用法理（労基法18条の2）に該当するか否かが，あらためて問題となるはずである。また，定年退職制については，さらに疑問が残る。労働契約が労働者の死亡により終了することはあり得るとしても，当然に，労働契約が終了する事由というものが当然に認められるであろうか。就業規則の規定の方式を問わず，いかなる定年制も解雇事由を定めたものと解すべきであろう[14]。

(2) 一律定年制の合理性

　定年制については，それが男女別定年制のように，それが男女差別を構成する場合には男女雇用機会均等法8条や公序良俗違反として無効と解されることは当然であろう。これに対し，一律定年制については，合理性があると考えるのが通例である。たとえば，従来定年制のなかった主任以上の従業員に対して，あらたに55歳定年制を新設した就業規則の効力が争われた秋北バス事件最高裁判決（最大判昭43・12・25民集22巻13号3495頁）では，「およそ停年制は，一般に，老年労働者にあっては当該業種又は職種に要求される労働の適格性が逓減するにかかわらず，給与が却って逓増するところから，人事の刷新，経営の改善等，企業の組織及び運営の適正化のためにおこなわれるものであって，一般的にいって不合理な制度ということはでき」ないとして，定年制そのものの合理性があるものと判断している。また，アール・エフ・ラジオ日本事件東京地裁判決（平6・9・29労判658号13頁）は，憲法14条1項は，年齢による差別を明示的に禁止していないが，雇用関係において，年齢による取扱いの差が合理性を欠くものであるならば，右憲法条項違反となることがありうる」が，「一般に定年に達したすべての者に対して機械的かつ一律に適用されるものであって，いわゆる形式的平等は満たされている」し，また実質的にみても，「一般に労働者にあっては，年齢を経るにつれ，当該業種又は職種に要求される労働の適格性が逓減するにかかわら

ず，給与が却って逓増するところから，人事の刷新・経営の改善等，企業の組織及び運営の適正化を図るために定年制の定めが必要であるという合理性が存するし，労働者の側からみても，定年制が存するが故に，労働者は，使用者による解雇権の行使が恣意的になされる場合は，これが権利濫用に当たるものとして無効とされ，その身分的保障が図られているものということができ，また，若年労働者に雇用や昇進の機会を開くという面があり，一応の合理性があることを否定できない」と判断している。さらに，国家公務員の定年制の効力が争点となった東京大学（助手任期制）事件（東京地判平成9・4・14）では，①職員の新陳代謝を計画的に実施することによる組織の活力維持による公務能率の維持・増進を図ること，②所定の年齢まで職員の勤務を継続して，安んじて職員を公務に専念させることから，定年規則が憲法14条1項および国際人権B規約26条に違反しないと判断されている[15]。

しかし，前掲・秋北バス事件最高裁では，一律定年制が合理的としている理由は，いずれも企業側の合理性に過ぎない。そもそも，ある制度の合理性が肯定されるためには，制度を構成する当事者双方にとって合理的なものでなければならない。企業にとって合理的なものが，法的にも，当然に合理性が認められるものではない。では，労働者側における定年制の合理性とは何であろうか。定年制における労働者の受ける利益のひとつは，退職金の受給であるが，その金額じたい，老後の生活を完全に保障するものではないことは周知の事実である。

そこで，定年制の合理性の理由として主張されるのが，定年制の雇用保障機能論である。すなわち，従業員の雇用尊重を最優先課題とし，かつ年功による処遇（賃金・昇進）を基本とするわが国の長期雇用システムにおいては，年功による昇進秩序を維持するものであり，労働者にとって，定年までの雇用保障や，勤続年数による賃金上昇などの利益を享受してきた点で，定年制には合理性が存するという見解[16]をあげることができる。しかし，定年制が雇用保障の役割を果たしてきたという事実は，社会的イメージに合致するものであっても，法的にはまったく正しくない。定年制が存する場合でも，勤務成績不良などの場合には普通解雇され，企業秩序違反に該当する行為をすれば懲戒され，何よりも労働者に帰責事由がなくとも企業業績が悪化すれ

ば，整理解雇されるのである。また，年功処遇が変容していることは，すでに周知の事実である。身分保障が強固である公務員においても，かつては定年制が存在しなかったのであり，身分保障と定年制とがパラレルな関係にある訳ではない。57歳定年制の新設の効力が争点となったヤマゲンパッケージ事件大阪地裁判決（平9・11・4労判738号55頁）では，年功序列賃金体系と長期雇用制が強固に存在している訳ではなく，定年制を合理的なものとする基盤がないと判断されている。

　さらに，後身に道を譲ることは，すべての職種に妥当するものではない。かつてのアメリカのADEのように，大学教授や企業役員のように，職種を特定すればすむものである。また，年功制の下での高齢化による経営への圧迫要因としての賃金などのコスト増の削減は，定年制の導入によってではなく，本来，仕事や能力，成果などを評価基準とした職務給・職能給，さらには資格給などの導入や諸手当制度の合理化など，適正な賃金管理システムへの転換によって行われるのが望ましいとの指摘[17]も存する。

　このため，労働者の労働能力や適格性を問うことなく，当然に雇用を終了させる定年制は，公序違反で無効である見解は，古くから存在するところである。すなわち，一律定年制という解雇事由ないし解雇基準は，なんらの合理性もない年齢による差別的取扱いであり，憲法14条1項，労働基準法3条の趣旨に反して無効であるとの指摘である[18]。また，労働者の意欲や労働能力，あくまで個人により異なるものであり，また自己のライフスタイルや家族生活の必要性などから，定年年齢を一律とすることは妥当ではない。健康状態や家族の生活を勘案する労働者の退職時期選択権というものが，個人の尊重を定める憲法13条を根拠として構想されるべき時代にきているのではないだろうか。

　これに対して，定年制の法的・社会的合理性を肯定したうえで，もっぱら定年年齢の延長という立法政策によって，高齢者の雇用確保を図るべきとの折衷的見解も存する[19]。

　たしかに，年功処遇が一般的であった時代には，定年制はそれなりの合理性を有していたものと考えられる。同年齢で入社し，年功的処遇を受け，そして同一年齢で退職することは，それなりの支持を受けていたものだからで

ある。しかし，年功処遇が減少し，年齢にかかわらない雇用慣行が一般化していけば，自ずから定年制も姿を消していくこととなろう。

IV　年齢差別禁止法にむけて

1　各種報告書の動向

経済企画庁は官公庁としてははじめて，2000年6月に「雇用における年齢差別に関する研究会」報告書において，年齢差別に関する中間報告書を発表した。同報告書にはきわめて重要な論点が提示されていたにもかかわらず，マスコミの注目は大きくなかったが，同報告書が作成されたのが厚生労働省ではなく，経済企画庁である点が注目されよう。

同報告書は，「定年制や採用時の年齢制限のような『年齢による一律的な取扱い』により働く意思と能力のある人々が必ずしも有効に活用されていない現状がある。こうした現状を改善するための最も根本的な方法の一つは，アメリカのような『年齢差別の禁止』という考え方を導入することであろう」としながら，「年齢差別を禁止すれば一朝一夕にすべて問題は解決するというわけにはいかない。年齢差別禁止以外の様々な政策の選択肢それぞれのメリットも比較考量する必要もある」としている。

同報告書の背景にあるのは，「企業の人事管理制度の年功的性格から成果主義への傾斜という時代の流れと，政府の政策全体として市場への介入は必要最小限とし，政府はルールづくりに徹するという方向を考えれば，高齢者の雇用と採用時の年齢制限のいずれの問題の解決方法としても，年齢による差別を禁止するといった手法は，真剣に検討すべき一つの理念系といえよう」と指摘している。ここでは，高齢者の雇用維持という政策目標よりも，企業における人事制度の変更とおよび政府の市場介入の理念が中心的な関心となっていることに留意される必要があろう。同報告書が，「年齢にとらわれずに働くことができる社会の実現のための前提条件」として列挙しているのが，①成果主義への浸透と公正な職務評価，②退職管理と採用方法，③賃金格差の拡大と就業規則の不利益変更の問題とされているのが，その証左であろう。

さらに，2002年6月27日，厚生労働省の「年齢にかかわりなく働ける社会に関する有識者会議」の提言は，「年齢にかかわりなく働ける社会の実現のためには，年齢差別禁止というアプローチをとる必要があるという意見がある一方，年齢にかかわりなく働ける社会の実現のための条件として，職務の明確化と社会的な能力評価システムの整備，能力・職務を重視した賃金・人事処遇の普及，多様な働き方の定着などが大前提となると考えられる。年齢差別禁止という考え方については，こうした前提を踏まえ，誰もが高齢期を迎えるという意味で，『年齢差別』という概念が他の差別と異なるという点などが勘案しつつ，高齢者の雇用の促進のためにはいかなるアプローチがより効果的であるかといった観点から，総合的な検討を深めていく必要がある」として，最終的な結論を回避している[20]。

2　年齢差別禁止の立法案

　高齢者の雇用あるいは処遇を考察する場合には，定年年齢の延長などの高齢者雇用の確保と，年齢差別の禁止という2つの手法が考えられる。もちろん両者は相互排斥の関係にあるものではなく，相互の法政策を機能させることにより，所期の目的を達成することが可能である。しかし，前述した雇用率制度や，定年年齢の延長をはかる高年齢者雇用安定法だけでは限界があり，やはり年齢差別禁止法の制定が課題となろう。では，年齢差別を法律で禁止するとすれば，どのような案が考えられるであろうか。

　第1に，「事業主は，労働者の採用について，60歳以上65歳未満の高齢者に対し，60歳未満の労働者と均等な機会を与えなければならない」との禁止ないし努力義務規定により，60歳台前半の高齢者の採用に限定して保護する見解[21]である。しかし，現行雇用対策法が，数々の例外を有しながらも，高齢者のみを対象としていない点からすれば，むしろ立法的には後退ではないだろうか。この説では，採用差別を禁止規定とする点に意義があると考えられるが，高齢者については，その処遇や退職（とくに定年）が最も問題となっている点に鑑みれば，その範囲は狭きに失するのではないだろうか。

　第2が，「当分の間」という条件付であるが，募集・採用における年齢制限

の規制に限定した施策を考慮すべきとの見解[22]である。ここでは，現行の雇用対策法を義務規定に改訂するのか，それとも新たな差別禁止法を制定するのかは定かではないが，いずれにしても，現行雇用対策法が規定する例外をどのように設定するかが問題となろう。

第3が，やはり年齢差別禁止法制定の環境が整ったとときとの条件付であるが，禁止の対象を募集・採用に限定せず，20歳以上の者に対して，解雇，賃金その他あらゆる雇用のステージにおいて，年齢を理由とする差別を禁止しようとする見解[23]がある。もっとも，この見解では，当面は45歳以上の労働者を対象とすることから始めるのが現実的であり，その際には，早期優遇制度や若年者を対象として，技能養成をする職務に関しては適用除外とすることが付言されている。これは，いわば2段階の立法化提言と評することができるが，年齢というセンシティブな差別禁止という視点からは，現実的な施策と評価できよう。ただこの見解にある「年齢差別禁止法制定の環境が整ったとき」とは，具体的にどのような状態を指すのかが不明であるし，また，なぜ20歳以上に対象を限定するのかも明らかではない。

私見によれば，将来的には，すべての雇用ステージにおいて，すべての年齢における差別を禁止すべきであるが，差別が現実に問題となるのが，中高年労働者である点からすれば，まず30歳以上の採用差別の禁止と，45歳以上65歳までの労働条件および退職（解雇を含む）に関する差別を禁止する立法規定とすべきであろう。

3 残された課題

ところで，年齢差別の法理を確立することは，重要な課題であるが，残された問題がない訳ではない。たとえば，一律定年制が年齢差別として禁止されると，企業に残る者と退職する者との選抜が始まることとなる。そこに，新たな差別が生じない保障はないであろう。このため，選抜において差別を極力回避できるような，より透明性のある人事考課制度が確立される必要があろう。

（1） 七瀬時雄・高年齢者雇用対策の発展（1995年，労務行政研究所）99頁。

(2) 官公庁などについての中高年齢者雇用率（1968年5月17日施行）によると，4段階に区別され，守衛・管理人など（95%），寮使用人・洗たく作業員など（85%），料金徴収係・自動車運転手など（65%），郵政外務職・電報配達員（60%）と，4段階に区別されていた（七瀬・前掲書102-103頁）。
(3) 民間企業においては，守衛・監視人から，一般事務・販売外交員までの9段階において「適職」が設定され，雇用率は各々70%から20%とされた（北浦正行「中途採用時の年齢制限緩和について」日本労働研究雑誌521号（2003年）19頁。
(4) 北浦・前掲論文18-19頁。
(5) 七瀬・前掲書178頁。
(6) 古い資料であるが，1978年度における企業規模100人以上の企業での高年齢者の雇用率は5.6%であり，法定雇用率に達しない企業の割合は57%と言われている（日本労働協会編・定年制（1979年）174頁）。
(7) 北浦・前掲論文21頁。
(8) 厚生労働省職業安定局雇用対策課編・前掲書87頁。
(9) 平成12年度の時点において，年齢別の有効求人倍率は，平均が0.62であるが，55歳～59歳では0.18，60歳～64歳では0.08であり，また，23種類に分類された各求人職種の上限年齢をみると，企画・広報・編集が32.4歳と最も若く，30歳代台が11職種，40歳台が9職種であるほか，運転手が52.4歳，清掃・雑務が58.2歳，警備・守衛が58.6歳となっている（厚生労働省職業安定局雇用対策課編・改正雇用対策法の実務解説（労働新聞社，2003年）89-90頁）。
(10) 野田進「労働条件の切り下げの『条件』」河野正輝=菊池高志編・高齢者の法（有斐閣，1997年）39頁。
(11) 定年年齢および継続雇用制度年齢の段階的引き上げのスケジュールは，以下のようになっている。
　　 平成18年4月～平成19年3月　62歳
　　 平成19年4月～平成22年3月　63歳
　　 平成22年4月～平成25年3月　64歳
　　 平成25年4月～　　　　　　 65歳
(12) John Bowers, Employment Law, Blackstone Press, 1990, p.173.
(13) 高齢者の労働条件を切り下げることが許容されるための条件として，整理解雇の要件をアナロジーするものとして，野田進「労働条件の切り下げの『条件』」，河野正輝=菊池高志編・高齢者の法（有斐閣，1997年）52頁。
(14) 西村健一郎「高年齢者の雇用問題と定年制」季労別冊3号（1978年）121頁。
(15) これらの裁判例の分析については，島田陽一「雇用差別をめぐる裁判例の動向と問題点」法律時報73巻9号55頁以下参照。
(16) 菅野・労働法444頁。同・新・雇用社会の法96頁以下。

(17) 奥山明良「高齢者の雇用保障と定年制問題」成城法学 50 号（1995 年）52 頁。
(18) 島田信義「定年制『合理化』論の法的批判」季刊労働法 119 号 13 頁。横井芳弘・労働判例 119 号 13 頁も同旨。裁判例として，下関商業事件・山口地裁下関支部判昭 49・9・28 労旬 873 号 60 頁。
(19) 奥山・前掲論文 57 頁。
(20) 労働法令通信 55 巻 19 号（2002 年）10 頁以下。
(21) 森戸英幸「高齢者の引退過程に関する立法政策」ジュリスト 1066 号（1995 年）108 頁。
(22) 菅野和夫・新・雇用社会の法（有斐閣，2002 年）97 頁。
(23) 藤本茂「年齢差別禁止立法化の前提」労旬 1493 号（2000 年）88 頁。

13 賃金差別訴訟における文書提出命令

佐藤 優希

I はじめに

　賃金差別をめぐる労使争訟においては，労働者が使用者に対して，賃金差別があったことを立証する証拠となりうる賃金台帳あるいは考課査定関連資料などの提出命令を求めて裁判所に申し立てる事案がみられる。使用者によって作成されるこれらの資料を法廷に提出させることができれば，申立人の賃金と申立人と同種・同年齢の他の労働者の賃金とを比較することが可能となるため，差別の存在および差別で生じた格差賃金を立証し得ることになる。しかし，使用者の有する自由な処分権のもとで，それらの文書が任意に提出されることを期待することはできない。そこで，労働者は裁判所にその文書の提出命令の申立てを行い，使用者の所持する文書を書証として提出させることになる。

　ところが，旧民事訴訟法（以下，旧民訴）下においては，そのような文書の提出命令申立裁判に対して，全般的に否定的な判断が下されていた。そこで，このような労働訴訟を含む現在型訴訟に顕著であった証拠の偏在の是正と集中的な審理構造への移行をめざした当事者の訴訟・証拠資料収集手続手段の拡充が必要となり，文書提出命令制度への注目が高まった[1]。そして，平成10年1月1日施行の新民事訴訟法（以下，新民訴）220条において，旧民訴下では特別義務であった文書提出義務が国民の一般義務へと改正されることになったのである。文書提出義務の一般義務化によって，賃金差別訴訟における重要証拠文書である賃金台帳あるいは考課査定関連資料などの提出命令にも大きな変化がもたらされることとなった[2]。それは，新民

訴施行後において，それらの文書提出を求めた判例8件のうち2件を除いた全てにおいて，文書提出命令が発令されていることからも明白であろう。

しかし，文書提出義務が一般義務化されたことによって，従来から生じている解釈上の問題が完全に解決されたわけではない。すなわち，解釈問題としては，従来から拡張解釈が行われてきた利益文書および法律関係文書は新民訴下ではどう解釈すべきか(3)，また，旧民訴312条1号ないし3号を維持しつつ新しく4号で除外事項を列挙したことによる新民訴220条1号ないし3号と4号との関係および提出義務の範囲はどのように解すべきか，さらには，利益文書や法律関係文書の拡張解釈による文書提出義務の範囲拡大を防止するために従来から採用されてきた自己使用文書と新民訴220条4号ハ（13年改正法，同号ニ）規定の自己専利用文書との関係はどうなるのか等が，未解決な解釈問題として議論されている。

また，新民訴施行後，多くの文書提出義務に関する裁判の中でも特に，銀行の貸出稟議書の自己専利用文書該当性について激しく争われ，学説上も対立が続いていたが，平成11年11月の二つの最高裁決定において，「特段の事情」がない限り，「自己専利用文書」に該当するとして，文書提出義務のない旨が明らかにされた。さらに，平成12年12月の最高裁決定において，この「特段の事情」についての判断が下されたことによって，これらの論議についての一応の決着をみたようではあるが，これでは，文書提出義務が完全に一般化されたとはいえないのではないかと疑問に思われるのである。

このような状況を踏まえ，小論では，賃金台帳あるいは考課査定関連資料が旧民訴下ではどのように解釈されていたか，また，新民訴下で一般義務化された文書提出義務によりそれらの文書概念にどのような変化が生じたか，さらには，下級審判例が積み重ねられている段階であるが判例を概観し，賃金差別訴訟における文書提出命令に関する若干の感想を述べてみたい。

II 旧民訴下における文書提出義務と賃金台帳

1 利益文書および法律関係文書

(1) 利益文書

旧民訴312条における文書提出義務の範囲については，
「一　当事者カ訴訟ニ於テ引用シタル文書ヲ自ラ所持スルトキ
　二　挙証者カ文書ノ所持者ニ対シ其ノ引渡又ハ閲覧ヲ求ムルコトヲ得ルトキ
　三　文書カ挙証者ノ利益ノ為ニ作成セラレ又ハ挙証者ト文書ノ所持者トノ間ノ法律関係ニ付作成セラレタルトキ」
に限定的に規定されていた[4]。昭和40年代以前は，文書提出義務に関する判例数自体が少なく，賃金台帳の提出命令の可否をめぐった判例についても，その頃から徐々に出てきたという程度しかなかった[5]。

賃金差別訴訟にかかる文書提出命令申立においては，旧民訴312条3号の前段所定の利益文書（以下，利益文書）について，「身分証明書，授権書，遺言書などのように，その文書により挙証者の地位，権利および権限が直接明らかにされるものを指す」とし[6]，「労働者の利益に資する面のあることは否定し得ないが，……挙証者の利益にあたらないことは明らかである」[7]といった極めて限定的な解釈をするのが通説であった[8]。つまり，挙証者の利益とは，契約関係あるいはこれに準ずる関係から直接発生するものであることを前提とし，当該文書が挙証者の利益を直接証明しまたは基礎づけるものであり，さらには，当該文書は作成時に挙証者のそのような利益を証明し又は基礎づける目的で作成されたものであって，当該文書の作成時点にはすでに利益の主体が特定されていることを要していた。

ところが，昭和40年代以降は，スモン訴訟裁判（福岡高決昭和52・7・13高民30巻3号175頁）[9]のような薬害訴訟，公害訴訟，医療訴訟，労働訴訟などの現代型訴訟の増加とともに証拠の構造的偏在が指摘され，それらの判例および学説において，利益文書の範囲を拡大解釈しようとするものが多く現れ，従来の限定的な解釈の立場をとる通説との対立がみられるようになったのである[10]。

(2)　**法律関係文書**

旧民訴312条3号後段に定められる法律関係文書（以下，法律関係文書）とは，挙証者と文書所持者との間の法律関係それ自体を記載した文書だけではなく，その法律関係に関係のある事項又は構成要件の一部を記載した文書

をいうのであり，旧民訴下の多数の判例[11]にみられるように，法律関係文書という場合の「法律関係」には，契約に基づくもの以外の法律関係も含んでおり，通説[12]もこれらを支持していた。

賃金台帳にかかる提出命令申立について，同じ文書について原審では認容されたが抗告審では否定されるように，賃金台帳等の法律関係文書該当性についての判断基準が，「法律関係の構成要件事実の全部又は一部を記載した文書」を法律関係文書に含むとする通説的見解[13]と，そのような拡張解釈は許されないとして厳格に解釈すべきだとする見解[14]とで対立していた。利益文書の場合と同様，拡張解釈というテクニックを通じてする文書提出義務の範囲拡大の問題性が露呈していたものと指摘されている[15]。

(3) 自己使用文書

かくて，利益文書および法律関係文書の拡張解釈による文書提出義務の範囲の拡大化に対する歯止めとして，自己使用文書（または内部文書）の法理が形成されたのである[16]。法律関係文書につき文書提出義務が認められるのは，その文書が挙証者と所持者との共通の利益のために作成されたか，少なくとも専ら挙証者の利益のために作成されたことを要し，専ら所持者の利益のために作成されたものについては，文書提出義務を負わないとするのが通説[17]であった。もっとも，プライバシー保護等の見地から一定範囲の文書を提出義務から免除する考え方である，この自己使用文書の該当性の判断においては，文書所持者に処分の自由を認めるべき文書であるか否かを作成者・作成目的・記載内容等について実質的に検討すべきとする実質説と，文書所持者の処分の自由を最大限に重視する形式説とが主張されたが，前者は多くの学説によって支持され[18]，後者は多数の判例によって採用された。

2 旧民訴下における賃金差別訴訟での文書提出命令に関する判例

賃金上の格差ないしは昇給・昇格の時期における格差などを生じさせる使用者の行為は不法行為に該当することから，労働者はこれらの不法行為に対して損害賠償請求ないしは現在受け取っている賃金と本来受け取ることができるはずの賃金との格差賃金の請求を行える。不法行為に対する損害賠償請求訴訟にあっては，通常，原告が相手方に過失があったことを主張しなけれ

ばならないため（民法709条），使用者を相手方にして賃金差別訴訟を提起する場合，思想，信条あるいは性別などで差別を受けたとの立証責任を負うのは労働者側ということになる。

この場合において，労働者がまず立証しなければならないのは，賃金上の差別を受けていることであり，そして，差別を受けていなければ請求し得る差額賃金額またはそれに相当する損害賠償額である。これらの具体的事実としては，他の労働者の賃金額と自己の賃金額との間に差があること，または昇給に差があること，自己が本来受け得たであろう賃金額と現に支払いを受けている賃金額との差額を立証しなければならない[19]。さらには，このような賃金に格差を生じさせている理由が，性別，思想・信条，あるいは労働組合活動にあるということも，労働者の立証責任となる。また，自己の賃金が他の労働者の賃金よりも著しく低いことを証明できたとしても，そのことが差別によって生じているということを証明する必要性がある。さらに，そのような賃金の格差は差別によるものではないとする使用者からの主張に対して再反証するために，自己の労働能力が他の労働者と比較しても著しく劣っていないということも証明しなければならないのである。

しかし，このような事実を立証することは容易ではない。立証における重要証拠文書である賃金台帳[20]あるいは考課査定に関係する資料等[21]については，賃金台帳は，労働基準法108条において作成義務が，109条においては3年間の保存義務が定められているため，通常，使用者が所持している。考課査定に関係する資料についても，大小含めた全企業の半数以上，大企業であれば98％が人事考課制度を導入している[22]ため，義務づけられた文書ではないが，大抵の場合においては使用者がこれを作成し，所持しているものと考えられる。そして，文書所持者である使用者がその文書に対する処分権を有しているため，使用者がその文書提出の求めに任意に応じず使用者側からそれらの文書が提出されない限り，労働者は賃金格差があることを含め他の労働者との比較ができないということになる。それゆえ，労働者は，これらの文書が旧民訴312条3号に該当する文書であるとして，使用者側に対して文書提出命令を申し立てることになるのである。

賃金台帳は利益文書または法律関係文書に該当するか，または，該当する

場合に「自己使用のために作成した日記帳」などのいわゆる自己使用文書に該当するため提出義務はないと解すべきか、ということが賃金差別訴訟における主な争点となっていた。ここでは、賃金差別訴訟および未払賃金請求訴訟において、賃金台帳あるいは考課査定関連資料の提出命令申立判例をみていくことにする。

(1) **地方裁判所判例**

申立本人以外の労働者の賃金台帳は利益文書および法律関係文書に該当しないとして、①，②の提出命令申立は却下されている。また、⑧は申立本人の人事記録に関しても、3号文書のどちらにも該当しないとしている。

(A) **却下された判例**

① 放送映画製作所事件（大阪地決昭和52・9・12、原決定および同地裁追加決定昭和52・11・22 労判 295 号 50 頁）[23]

② 全税関労働組合人事記録事件（大阪地決昭和54・5・18 下民集 32 巻 9～12 号 413 頁）[24]

(B) **提出が命じられた判例**

賃金台帳が利益文書に該当するとされた③および⑤の原審（地裁および決定月日は不詳）は、いずれも抗告審においては、利益文書に該当しないとされた。さらに、利益文書にも法律関係文書にも該当するとされた③が、抗告審においては利益文書に該当せず法律関係文書に該当するとされた（⑨）。拡張解釈において法律関係文書への該当性が認められた④は、抗告審では該当しないとする逆転判決となった（⑦）。

③ 丸互タクシー事件（大分地決昭和47・11・30 労民集 24 巻 1・2 号 30 頁）[25]

④ ダイハツ棚池事件（大阪地決昭和54・5・31 下民集 32 巻 9～12 号 1434 頁）[26]

(2) **高等裁判所判例**

(A) **却下判例及び提出命令破棄判例**

高等裁判所判例は、7件のうち4件の裁判において却下決定または抗告棄却となっている。原審決定の提出命令が取消となったのは、⑤，⑦である。また、⑦は、賃金台帳が法律関係文書に該当するとして提出命令が出された

④の証拠保全決定に対する即時抗告審であるが，一般的義務になることに反対して限定的な解釈がなされているもので，利益文書にも法律関係文書にも該当しないとした最初の高裁判例である。

⑤　第一運輸作業事件（大阪高決昭和 40・9・28 判時 434 号 41 頁，原決定の地裁および決定月日不詳）[27]

⑥　鈴鹿市事件（名古屋高決昭和 51・1・16 労働経済判例速報 919 号 3 頁）[28]，原審（津地決昭和 50・7・17 判例集未登載）

⑦　ダイハツ棚池事件（大阪高決昭和 54・9・5 下民集 32 巻 9～12 号 1471 頁）[29] ((1)(B)④の抗告審）

⑧　全税関労働組合人事記録事件（大阪高決昭和 54・9・5 下民集 32 巻 9～12 号 1460 頁）[30] ((1)(A)②の抗告審）

(B)　提出を命じた判例

利益文書に該当するとしたものはなく，法律関係文書に該当するものとして，⑨，⑩，⑪がある。これらの判例においては，賃金台帳の記載内容と法律関係の関連性の程度が緩やかに解され，さらに，使用者の内部的自己使用のためにのみ作成されたものではないとして，法律関係文書に該当するとの判断が下されている（なお，⑪の原審である①については，Xに関する賃金台帳の提出が命じられたが，旧民訴 312 条のどの号に該当する文書としたのかという指摘は決定中になく不明である）。

⑨　丸互タクシー事件（福岡高決昭和 48・2・1 労民集 24 巻 1・2 号 26 頁）[31] ((2)(B)③の抗告審）

⑩　丸互タクシー運転日報事件（福岡高決昭和 48・12・4 判時 739 号 82 頁）[32]，原審（大分地決昭和 48・9・12 判例集未登載）

⑪　放送映画製作所事件（大阪高決昭和 53・3・15 労判 295 号 46 頁）[33] ((1)(A)①の控訴審）

III　新民訴下における文書提出義務と賃金台帳

1　新民訴 220 条規定の文書提出義務

旧民訴 312 条 3 号所定の文書提出義務の範囲は，利益文書および法律関係

文書の拡張解釈のもとで拡大されてきたが、一般義務である証人義務（新民訴 190 条）とは異なって、限定的義務である文書提出義務によって証拠収集手続の拡充を図るには限界があった[34]。そのため、民事訴訟法の全面改正において、文書提出義務が一般義務化されることになり、旧民訴 312 条 1 号ないし 3 号は新民訴 220 条 1 号ないし 3 号に口語化して置き換えられ、新たに 4 号（イないしロ）において、文書提出義務の除外事由が規定された。さらにその後、平成 13 年 6 月 27 日に可決成立し、同年 7 月 4 日に公布され、平成 14 年 1 月 1 日から施行された「民事訴訟法の一部を改正する法律」（平成 13 年法律第 96 号。以下、平成 13 年改正法）によって、公文書についても文書提出義務は一般義務化されることとなり、私文書と同様に提出義務が除外される場合のほか、公務員の職務上の秘密に関する文書でその提出により公共の利益を害し、または公務の遂行に著しい支障が生ずるおそれがあるもの（平成 13 年改正法 220 条 4 号ロ）、刑事事件に係る訴訟に関する書類若しくは少年法の保護事件の記録またはこれらの事件において押収されている文書（平成 13 年改正法 220 条 4 号ホ）が除外事由として追加されている（新民訴 220 条 4 号ハが平成 13 年改正法では 220 条 4 号ニとなるが、引用等の関係上、以下ではハのままで表示する）。

(1) 新民訴下における利益文書・法律関係文書

文書提出義務を一般義務化することで、旧民訴下で行われてきた利益文書および法律関係文書の意義に関する拡張解釈に対しての解決が図られた。しかし、従来から生じている問題が立法的に解決されたわけではなく、解釈問題としてそのまま残されている。以下では、これらの問題点に触れてみたいと思う。

まず、拡張解釈が行われてきた 3 号文書の概念を、新民訴下においては、どのように解釈すべきであるかという点である。この点に関して立法担当者らは、新民訴においても旧民訴下の 3 号文書と同様に解されると説明した[35]が、3 号文書については 4 号の除外規定が適用されるべきではないため、3 号文書の解釈は従来の解釈よりも拡大するという見解[36]が示された。また、文書提出義務の除外事項が 4 号において新設された以上、3 号文書は、本来の利益文書および法律関係文書に限定し、旧民訴下で拡張解釈に

よって3号文書にされてきた文書は，今後は4号文書として取り扱うことによって従来の3号文書より狭まるとする見解も有力に主張された[37]。

次に，旧民訴下では文書提出義務が免除される理由として認められていた証言拒絶事由や自己使用文書に類似の事由が，4号文書に関して明文規定としておかれたのに対し，1号ないし3号文書についてはこのような規定がおかれていないことから，解釈上の問題が生じると指摘[38]された。この点に関しての解釈も分かれていた[39]が，旧民訴下では，3号文書につき証言拒絶権に関する規定（旧民訴281条，新民訴272～274条）の類推適用が通説であった[40]。その点について，立法担当者自身，立法的に解決したものではないため，従来の解釈問題が新民訴下でもそのまま残ることになると説明した[41]が，新民訴220条3号と4号の文理解釈からすれば，証言拒絶事由にあたることを理由として除外を認めないと解するのが自然であり，類推適用を肯定しつつ秘密保護を理由とする提出拒絶の範囲はより狭く解釈すべきであるとの主張が多くなされた[42]。

これに付随して，3号文書と4号との関係は並列的，選択的な関係にあるのか，あるいは，4号が1号ないし3号を補完，補充する関係にあるのかについての見解も分かれている。1号ないし3号までの文書は，挙証者と文書との間に特別の関係がある場合に提出義務が認められるとする，提出義務を積極的に定めた規定であるのに対して，4号の規定は，そのような特別な関係等の有無を問題とせずに文書一般について提出義務を消極的に認めた規定であるとの立法担当者らの説明する並列的な関係とする見解[43]と，1号ないし3号に該当しない文書についてのみ4号の該当性が問題になる補完的な関係であるとする見解[44]とがある。

(2) 自己専利用文書

さらに，これまでの「自己使用文書」と新民訴220条4号ハに定める「専ら文書の所持者の利用に供するための文書」（以下，自己専利用文書）とはどういう関係にあるのかという解釈上の問題もある。旧民訴下において法律関係文書等の拡張解釈による文書提出義務の範囲拡大を防ぐために使用されてきた「自己使用文書」の概念[45]が，「自己専利用文書」として一般的文書提出義務の除外事由に採用されている。しかし，この自己専利用文書の意義に

関しては，旧民訴312条3号に関する自己使用文書概念自体が，本来の意義を離れて拡張されて安易に使用されていただけに，その拡張された概念をそのまま新民訴220条4号ハの解釈に持ち込んではならないとする見解が有力である(46)。

新民訴施行後，銀行の貸出稟議書への自己専利用文書の該当性をめぐって解釈が分かれていた(47)が，最決平成11・11・12民集53巻8号1787頁において，解釈の統一が図られた。すなわち，銀行の貸出稟議書とは，その作成目的や記載内容からすると，銀行内部において，融資案件についての意思形成を円滑，適切に行うために作成される文書であって，法令によってその作成が義務づけられたものでもなく，融資の形成を円滑，適切に行うために作成される文書であり，その性質上忌たんのない評価や意見も記載されることが予定されている文書である。それゆえ，専ら銀行内部の利用に供する目的で作成され，外部に開示することを予定していないのであって，開示されると銀行内部における自由な意見の表明に支障を来し，銀行の自由な意思形成が阻害されるおそれがあるものとして，特段の事情がないかぎり自己専利用文書にあたるとして，文書提出義務はないとされている(48)。

2 新民訴下における賃金差別訴訟での文書提出義務に関する判例

新民訴下では，賃金台帳が新民訴220条4号の除外事由に該当する文書であるか否かが，文書提出命令申立裁判の争点となっている。地裁および高裁における賃金台帳等の提出命令申立が争われた裁判数は合わせても8件と少ないため，地裁と高裁との別なく紹介する。

(1) 判 例

民訴法改正後の判例8件のうち，2件を除いた6件において提出命令が発令されている。法律関係文書に該当するが自己使用文書ではないとした⑭，4号ロにあたらない⑮，⑰，⑱，ハにあたらない⑭，⑮，⑰，⑱，⑲であり，4号の除外文書にあたらない⑯となっている。⑱では，プライバシーの保護の観点から，名前を記載しないで挙証者本人と同期生に限定した提出命令へと決定変更された。

(A) 却下された判例

却下された事案は 2 件だけであり，どちらも控訴していない（なお，⑬は，対象となる文書等についての解釈が示されておらず，証拠調べの必要（新民訴 181 条 1 項）がないとして却下されたものであるため，本稿では詳細にはふれない）。

　⑫　住友金属工業事件（大阪地決平成 11・9・6 労判 776 号 36 頁）(49)
　⑬　住友重機械工業事件（東京地決平成 15・10・24 労働経済判例速報 1858 号 30 頁）(50)

(B)　提出が命じられた判例
　⑭　商工組合中央金庫（人事考課表）事件（大阪地決平成 10・12・24 労判 760 号 35 頁）(51)
　⑮　住友生命事件（大阪地決平成 11・1・11 労判 760 号 33 頁）(52)
　⑯　高砂建設事件（浦和地川越支部決平成 11・1・19 労判 760 号 32 頁）(53)
　⑰　京ガス事件（京都地決平成 11・3・1 労判 760 号 30 頁）(54)
　⑱　京ガス事件（大阪高決平成 11・7・12 労判 762 号 80 頁）(55)（⑰の抗告審）
　⑲　住友金属工業履歴台帳事件（大阪地決平成 11・10・14 労判 776 号 44 頁）(56)

Ⅳ　若干の感想

　平成 10 年から施行されている新民訴によって，文書提出義務は一般義務化された。そして，新民訴下の賃金差別訴訟にかかる文書提出命令申立では，賃金台帳および考課査定関連資料に関して裁判所は，提出義務のある文書として多くの判例で認めている。しかし，文書提出義務に関する従来からの未解決な解釈問題に加えて，文書提出義務を規定する新民訴 220 条の条文構造から生じる更なる解釈問題，それに関する判例の立場をみても，文書提出義務が一般義務化されたというには疑問を抱かざるを得ないような結果となっている(57)。
　このような文書提出義務の不完全な一般化の流れを是認することは，民訴法改正の目標であった証拠偏在の是正および集中審理への移行を妨げることになり，しいては当事者の裁判を適正・公正に受ける権利を奪うことになるのではないかと思量されるのである。そのことは，新民訴施行後の賃金差別

訴訟にかかる文書提出命令申立の却下事例の存在によっても示されているところであろう。

そこで、以下には、完全な文書提出義務の一般化を達成するために、新民訴220条3号および4号がどのように解され、賃金差別訴訟において賃金台帳および考課にかかる関係資料がどのように取り扱われるべきかについて、簡単にコメントしておきたい。

(1) まず、新民訴220条の条文構造から生じた問題点に関しては、旧民訴下での3号文書の意義の拡張的解釈に対処することへの限界から、文書提出義務を一般化することで立法的解決が図られた経過を考慮すると、前述した有力説と同様、新民訴220条4号に文書提出義務の除外規定が新設された以上、3号文書は、本来の意義に立ち戻った解釈をすべきであろう。つまり、所持者と挙証者が当該文書につき共同の利益、目的、利用のために作成し、一種の持分権的権利が挙証者にあり、文書の記載内容が共通性を有する文書が共通文書、すなわち3号文書であるとして提出義務が認められるのであり[58]、法律関係文書でいえば、挙証者と所持者との間の法律関係自体または法律関係の構成要件の少なくとも一部の記載があるとする制限された文書ということになる。このように3号文書を本来の厳格に解釈することを前提にし、4号の除外規定の範囲、特に自己専利用文書の範囲を、旧民訴下の拡張解釈を抑えるために用いられていた自己使用文書の解釈とは異なるものとして狭く解するとすれば、3号文書に4号の除外事項を適用する必要性はなくなったといえる。

さらに、「前3号に掲げる場合のほか」との規定からも、4号の除外規定は3号文書以外の文書にのみ適用されると解するのが自然である[59]とされるのであって、3号文書への該当性が否定される文書については、4号文書の妥当性を検討するということにするほうが、文書提出義務の範囲拡大を目的とした立法趣旨にも適うであろう[60]。

(2) また、新民訴220条4号ハ（13年改正法、同号ニ）については、特に銀行の貸出稟議書の自己専利用文書該当性に関して激しく争われたが、最高裁は、新民訴220条1ないし3号の場合にも、4号のイロハのいずれかに該当すれば、特段の事情がないかぎり、文書提出義務はないとした[61]。しか

し，これでは，一般義務化されたと現実にいえないのではないかと疑問視する学説も多く存在する(62)。そして，作成者側の事情ばかりを考慮したために提出命令が却下される結果になった判例である⑫についても，疑問が残る結果となっている。

　しかし，文書提出義務が一般義務化された以上，旧民訴下での自己使用文書についての形式説を維持することはできないとされる(63)。現に，賃金台帳にかかる旧民訴下での判例において，3号文書に該当しない，または，法律関係文書に該当する場合であっても自己使用文書における形式説によって該当性が認められ賃金台帳の提出を命じえないとするものが多く存在したが，新民訴下においては自己専利用文書について実質説が認められる傾向にある。判例⑫においても，当該文書が自己使用文書に該当するかどうかについて実質説に基づいて判断されたが，公開しないというのが作成者の前提であることと適正な運営を妨げるおそれがあることから，人事考課の運用上の処理要綱にすぎないにも関わらず自己使用文書に該当するとして提出命令が否定されている。これでは，当該文書の提出が実質的に妥当か否かを比較考量する(64)としても，その具体的な判断によっては自己専利用文書の範囲を広くも狭くも判断できることが示された(65)だけになってしまうであろう。従って，自己専利用文書に該当するのは，個人のプライバシーに関わる文書（例えば日記帳など）に限定し(66)，当該文書の記載内容については狭めて解釈することで，より広く賃金台帳および考課査定資料等の提出が命じられるべきであろう。

　(3)　挙証者本人にかかる文書に関しては，新民訴220条1号ないし3号に該当する文書であれば無条件に提出されるべきであるが，挙証者以外の労働者の賃金台帳に提出命令を申立てる場合には，その者のプライバシーの問題を考慮する必要性がある(67)。旧民訴下においては，賃金台帳につき挙証者以外の労働者の氏名部分を塗りつぶす等の隠ぺい手段を施して提出を命じてもよいのではないか(68)とされていたため，実務においては，文書の一部を抄本として提出し，あるいは当該訴訟に関係ない部分を抹消して書証として提出するやり方が定着していた(69)。新民訴223条1項後段においてこの部分的提出が明文化され，それを認める最高裁判決（最決平成13・2・22判時

1742号89頁）が出された[70]ことによって，文書提出拒絶事由の存在から直ちに文書全部の提出を拒否される場合は確実に減少するであろう。

さらに，賃金台帳が新民訴220条4号ロ（13年改正法，同号ハ）後段の秘密文書に該当し，それが法廷に提出され公表されるとその職業の維持遂行が不可能または著しく困難になるようなものであるとすることには疑問がある。労働条件の最も主要な賃金については，労基法3条および4条で規制されており，さらにその実効性が確保される手段として労基法108条および109条が適用されるのであるから，いかに使用者によって作成されているものであるとしても，それらの文書を基本的に秘密文書として解すべきではないであろう。秘密文書であるかどうかの基準については，具体的な事案毎に検討すべきであり，判例の蓄積が必要であると思われる。

V　おわりに

文書提出義務の一般義務化によって，賃金台帳および考課査定関連資料などを使用者側から提出させることは，以前より容易になった。それにより，労働者側が，賃金差別を受けていたという事実を主張し立証することも容易になったが，賃金差別訴訟における差別の有無を立証することは，依然として困難であることに変わりはなく，さらには，終身雇用制度の崩壊とともに，年功序列型の賃金形態は変化し，能力主義の外資系型の給与形態となりつつある現代では，各労働者と使用者間だけで成立する雇用契約形態をとるシステムであることから他の労働者との比較をする基準にすべきものが消滅する傾向にあり，差別の立証は益々困難なものとなっていくのであろう。

民事訴訟法の改正によって，文書提出義務を一般義務化したことによって労働者の立証責任は軽減されうるのであるが，強制力をもたせることになった文書提出命令が濫用されるようなことは当然あってはならない。また，賃金差別であっても，どのような原因が存在する訴訟であっても，労使間の対立関係がおおやけとなる労働訴訟は両者に様々な打撃を与えてしまうことは不可避であるため，適正公平な審理が迅速に行われ，争訟の早期解決がなされるよう訴訟手続の充実が望まれる。そのためにも，当事者が任意に文書を

提出することで真実解明に協力する義務を果たしうるのであり，新民事訴訟法のめざす理念と合致すると思われる。

（1）　法務省民事局参事官室編・一問一答新民事訴訟法（商事法務研究会，1996年11月18日）6頁，245頁。
（2）　さらに，平成13年改正において，新民訴220条4号の除外事由にニ，ホが追加され，新民訴4号ロ，ハが現行民訴法4号ハ，ニへとそれぞれ移動しているが，内容の変化はない。平成13年改正については，深山卓也=菅家忠行=原司=武智克典=髙原知明「民事訴訟法の一部を改正する法律の概要」NBL 719号（2001年8月15日）8〜12頁，「民事訴訟法の一部を改正する法律の概要(上)」ジュリスト1209号（2001年10月1日）102〜110頁，「民事訴訟法の一部を改正する法律の概要(下)」ジュリスト1210号（2001年10月15日）173〜181頁など参照。

また，賃金差別と文書提出命令との関係を扱った文献としては，大錦義昭「差別賃金の民事訴訟と賃金台帳の提出命令」労働法律旬報953号（1978年6月10日）19〜31頁，斎藤浩「説得力増す賃金台帳提出命令」労働法律旬報979号（1979年7月10日）46〜48頁，小室直人「鑑定意見」労働法律旬報979号（1979年7月10日）49〜55頁，三浦恵司「賃金差別の立証と賃金台帳の提出命令」労働判例320号（1979年7月15日）4〜13頁，平岩新吾「賃金差別訴訟と賃金台帳提出命令」経営法曹会議編・労働争訟（日本経営者団体連盟弘報部，1980年6月12日）271〜296頁，秋田成就「人事考課・賃金差別と不当労働行為」蓼沼謙一=横井芳弘=角田邦重編・労働法の争点［新版］（法律学の争点シリーズ7）（ジュリスト増刊）（有斐閣，1990年11月10日）61頁，上村明広「人事考課と賃金差別」岡山大学法学会雑誌40巻3・4号（1991年3月23日）369〜384頁，藤内和公「判批」民商法雑誌118巻4・5号（1998年8月15日）249〜258頁，中筋一朗「賃金台帳の提出命令」経営法曹123号（1999年3月1日）7〜22頁，井村真己「民事訴訟法改正と賃金差別訴訟における立証」沖縄法学29号（2000年3月20日）61〜88頁，宮地光子「住友電工男女賃金差別訴訟」神奈川大学法学研究所年報22号（2004年3月31日）1〜7頁，三柴丈典「判批」民商法雑誌130巻1号（2004年4月15日）161〜178頁などがある。
（3）　文書提出義務の範囲拡大のテクニックとして利用されたのは，旧民訴312条3号の利益文書や法律関係文書の拡張解釈であるのに対して，同条1号の引用文書や同条2号の権利文書は，概念内容が相対的に明確で，拡張解釈ということはあまり問題とならなかった（上野泰男「文書提出義務の範囲」松本博之=宮﨑公男編・講座新民事訴訟法II（弘文堂，1999年1月30日）35頁）ため，本稿においては，賃金台帳と同条3号に関する問題だけを取り上げることにしたい。
（4）　竹下守夫=野村秀敏「民事訴訟における文書提出命令(1)」判例時報798号（判例評論204号）（1976年2月1日）116（2）頁以下は，ドイツ法およびドイツ法の文

第II部　労働条件

書提出命令制度の基本的構成を引き継いだ日本法だけが文書提出義務を一定の範囲に限定していたのではなく，諸外国においても同様であったとする。また，ドイツ法で文書提出義務が限定的なものとされてきた根拠については，竹下守夫=野村秀敏「民事訴訟における文書提出命令（2・完）」判例時報804号（判例評論206号）（1976年4月1日）119（5）頁，野村秀敏「文書提出命令」鈴木忠一=三ケ月章監修・新・実務民事訴訟講座2（日本評論社，1981年8月15日）171〜177頁参照。

（5）　住吉博「文書提出義務」民商法雑誌74巻5号（1976年8月15日）803〜840頁の判例研究においても昭和50年頃までの賃金台帳の提出命令に関する判例は3件のみである。また，松山恒昭「賃金台帳と文書提出命令の許否（上）」判例タイムズ437号（1981年6月1日）44〜53頁，同「賃金台帳と文書提出命令の許否（下）」判例タイムズ438号（1981年6月15日）52〜61頁においても，大阪高決昭和40・9・28の第一運輸作業事件（後述⑤の判例）の検討から始まっている。兼子一=松浦馨=新堂幸司=竹下守夫・条解民事訴訟法（弘文堂，1986年5月30日）1053頁〔松浦馨〕によれば，社会における紛争・利益対立の深刻化により，従来のような文書の任意提出が期待薄になったことや，現代型紛争事件および労働事件，行政事件などにおける構造的な証拠の偏在に対する当事者の実質的平等を回復させる手段として，文書提出命令の重要性が認識されたことなどにより，文書提出申立事件が急増したとされる。

（6）　大阪高決昭和40・9・28判時434号41頁（後述⑤の判例）。

（7）　福岡高決昭和48・2・1労民集24巻1・2号26頁（後述⑨の判例），大阪高決昭和53・3・15労判295号46頁（後述⑪の判例）。

（8）　賃金差別訴訟に関する多くの判例において，賃金台帳は，使用者の資料であって，労働者の地位を明らかにするために作成された文書ではないから，利益文書ではないと判断された。このような見解は，松山・判例タイムズ437号52頁，菊井維大=村松俊夫・全訂民事訴訟法II（日本評論社，1989年7月15日）615〜616頁，斎藤秀夫=小室直人=西村宏一=林屋礼二編著・注解民事訴訟法［第2版］(8)（第一法規出版，1993年11月15日）150頁〔斎藤秀夫=宮本聖司〕などにおいても肯定され，文書の記載自体が挙証者の地位・権利などを「直接に」基礎づけていることを必要としていた。

（9）　被告であるY（製薬会社）が，原告であるXら（患者）の主張するキノホルム服用とスモン罹患との因果関係を争う裁判において，Xら主張のスモン症状発生当時からその後Xらの診療にあたったA（医療機関）が作成した診療録の提出命令が申し立てられた事例である。XらとAとの間には直接の法律関係が存在するが，Yとの間にはないため，Yは，診療録が利益文書に該当するとして文書提出命令の申立てを行ったが，原審では，診療録が診療に直接関係のないYの立証活動のために用いられることは診療録の作成目的に含まれていないため，Yは反射的利益を有するにすぎないとして，Yの申立ては却下された。しかし，抗告審では，利益文書は，「挙証者のみの利益のために作成されたことに限られるものではなく，挙証者と所持人その他の者の

共同の利益のために作成されたものでもよく，また，それが直接挙証者のために作成されたものはもちろん，間接に挙証者の利益を含むものであつてもよいものと解すべきである」として，本件診療録が，Yの法的地位を明らかにし，間接的ではあるが極めて密着したYの利益をも含むものであると示して，原審を破棄・差戻しにした。

(10) 例えば，上村明広「判批」判例時報883号（判例評論232号）(1978年6月1日) 158 (44) 頁は，その文書が少なくとも挙証者の法的地位，権利，権限などを明かにすることに役立つのであれば，その文書は挙証者の利益のために作成されたものとみるのが合目的であるから，客観的に，挙証者の法的地位，権利，権限などを明らかにする文書は利益文書であるとする。また，小林秀之「文書提出命令の利益文書・法律関係文書の意義」判例タイムズ549号 (1985年5月1日) 25頁以下は，利益には証拠的利益も含まれ，それが直接的な利益でなければならない論理的必然性はなく，間接的な挙証利益も含まれるし，証拠的価値の大小は紛争が生じて初めて決まるという観点から，作成時において利益がなければならないとする必要はないとする。さらに，小室・労働法律旬報979号51頁は，賃金台帳は，労働基準法108・109条によって作成・保存が義務づけられており，使用者の適正な賃金管理を担保するとともに，労働者の賃金内容が法令等に照らして適正に算定することを目的とするものであるため，挙証者である労働者にとって利益文書と考えられるとし，挙証者の実体上の権利・権限を直接証明しまたは基礎づける目的で作成された文書のみならず，重要な争点の解明に役立つ文書（間接的に挙証者の権利・権限を証明する効果を有する文書）も利益文書にあたるとする。さらに，木川統一郎・民事訴訟法重要問題講義(下)（成文堂，1993年8月1日) 620頁は，利益文書が挙証者の利益のために作成されていれば（作成時），間接に証明するにすぎないものでも少しも差し支えないとし，さらに，吉村徳重=小島武司編・注釈民事訴訟法(7)証拠(2)簡易裁判所手続（有斐閣，1995年7月30日) 75〜76頁〔廣尾勝彰〕は，利益文書の限定的解釈が文書の利用範囲を必要以上に狭くしてしまうために，判例⑤，⑦，⑨，⑪の未払賃金請求訴訟や差別賃金訴訟における使用者の作成・保持する賃金台帳が労働者の利益のために作成された文書ではないとの判断が下されたと批判している。

これらに対し，このような拡張解釈によると，当該文書の記載内容が訴訟において証拠として価値のあるものであれば文書提出義務が認められることになり，実質上，一般的な文書提出義務を認めるに等しいとして，通説の立場から批判があった（例えば，本間義信「文書提出義務」吉川大二郎博士追悼論集・手続法の理論と実践(下)（法律文化社，1981年7月20日) 212頁，菊井=村松・全訂民事訴訟法Ⅱ 617頁など）。

また，対立するこれらの見解の間にある説として，兼子=松浦=新堂=竹下・条解民事訴訟法1056頁〔松浦〕は，3号文書の沿革となった共通文書の概念を基礎として，利益文書の範囲を通説よりも拡張しつつ，利益文書の要件として，別個に，自己使

第Ⅱ部　労働条件

用・内部文書に該当しないことを利益文書の要件としている。
(11)　文書提出命令に関する判例については，上野泰男「新民事訴訟法における文書提出義務の一局面」原井龍一郎先生古稀祝賀・改革期の民事手続法（法律文化社，2000年2月25日）103～104頁参照。
(12)　挙証者と文書所持者との間の発生原因が両者間の契約関係である場合を予定して立法者が「法律関係文書」を設けたのであろうとの推測（斎藤＝小室＝西村＝林屋・注解民事訴訟法［第2版］(8) 153頁〔斎藤＝宮本〕）から，立法者はもともと，法律関係文書の法律関係を，主として挙証者と文書所持者との間の契約に基づくものと考えられていたとする（上野・原井古稀105頁）。法律関係文書の具体例には，契約書，家賃通帳，契約解除通知書，印鑑証明書等が挙げられる。

　契約に基づくもの以外の法律関係も含まれるとする通説の中には，文書の記載内容としての法律関係は，物権，債権等権利の性質を問わないし，契約による法律関係に限る根拠は全くないとする説（木川・民事訴訟法重要問題講義(下)628頁）や，法律関係自体を記載した文書のほか，法律関係の構成要件事実やそれを基礎づける事実の記載があればよいとする説がある（兼子＝松浦＝新堂＝竹下・条解民事訴訟法 1059頁〔松浦〕，吉村＝小島・注釈民事訴訟法(7) 79頁〔廣尾〕。菊井＝村松・全訂民事訴訟法Ⅱ619頁は，少なくとも構成要件事実の一部の記載がなければならないとしている）。
(13)　通説的見解の立場から，住吉博「文書提出命令と「法律関係文書」」昭和49年度重要判例解説（ジュリスト臨時増刊590号）（有斐閣，1975年6月30日）107頁，竹下＝野村・判例時報804号（判例評論206号）121（7）頁，兼子＝松浦＝新堂＝竹下・条解民事訴訟法 1059頁以下〔松浦〕は，賃金台帳の記載内容には挙証者の権利の根拠となる事項が含まれており，それを作成する義務は，労働者の利益の保護も目的の一つとなっているのであるから，この文書に関する権利の存否について争われている場合には，使用者がこの文書を顕出しない自由を否定する方が公平の理念に合致し，また，法がこの文書の作成を義務づけた趣旨にも適うのであるし，解釈上は，その記載が挙証者と所持人との間の権利義務関係に関することから，賃金台帳は法律関係文書に該当すると解している。さらに，木川・民事訴訟法重要問題講義(下)629頁は，挙証者の法的地位が書かれていれば，その挙証者の法的地位が，文書の所持者との間に関するものであることを要しないとして，賃金台帳およびタクシー会社の運転日報は，法律関係文書であり，利益文書でもあると解しており，また，斎藤＝小室＝西村＝林屋・注解民事訴訟法［第2版］(8)〔斎藤＝宮本〕152頁も，作成者が挙証者，文書所持者以外の第三者であってもかまわないが，文書記載の事実が両者間の法律関係に関連がなければならず，かつ，挙証者と所持者その他の者の共同の目的・利用のために作成されたもの（共通文書）であることを要するとしている。
(14)　特に⑧（後述）は，両者間の法律関係の発生原因が，両者間の契約関係以外のもの（不法行為など）である場合には法律関係文書に該当しないとして，通説に反対す

るものである。学説では，小林秀之「文書提出命令をめぐる最近の判例の動向（4・完）」判例時報998号（判例評論268号）（1981年6月1日）147(9)頁，伊藤瑩子「証拠保全手続における診療録提出命令」新堂幸司=青山善充編・民事訴訟法判例百選［第2版］（別冊ジュリスト76）（有斐閣，1982年5月28日）221頁などがある。

(15)　上野・講座新民事訴訟法II 37頁。

(16)　髙田昌宏「文書提出命令（1）」伊藤眞=高橋宏志=高田裕成編・民事訴訟法判例百選［第3版］（別冊ジュリスト169）（有斐閣，2003年12月20日）160頁，松山恒昭「文書提出命令」福永有利=井上治典=伊藤眞=松本博之=徳田和幸=高橋宏志=高田裕成=山本克己編・鈴木正裕先生古稀祝賀・民事訴訟法の史的展開（有斐閣，2002年1月31日）525頁。なお，自己使用文書の理論については，上野・講座新民事訴訟法II 37頁以下参照。

(17)　例えば，兼子=松浦=新堂=竹下・条解民事訴訟法1057頁［松浦］，上野・講座新民事訴訟法II 38頁，上野・原井古稀107〜108頁など。

(18)　住吉・昭和49年度重要判例解説109頁，本間・吉川追悼219頁，小林秀之「文書提出命令をめぐる最近の判例の動向（2）」判例時報992号（判例評論266号）（1981年4月1日）151(13)頁，上野・講座新民事訴訟法II 39〜40頁など。

(19)　松山・判例タイムズ437号44頁。

(20)　賃金台帳の記載内容は労働基準法施行規則54条において，各労働者につき，氏名，性別，賃金計算期間，労働日数，労働時間数，時間外労働時間数，休日労働時間数，深夜労働時間数等を各人別に記入するよう定められている。

(21)　考課査定に関係する資料について，判例で提出命令の申立があったものは，人事記録，運転日報，履歴台帳などがある。これらの文書は，法律で作成を義務づけられた文書ではないが，厚生労働省（平成11年当時，労働省）の人事考課制度の定義によれば，「人事考課表を用いている場合をいう。なお，考課表を用いていないが，それに準じた形で慣行として行っている場合も含めている」としている〈http://www.jil.go.jp/kisya/daijin/990625_01_d/990625_01_d.html #調査結果〉参照（accessed on Sep 4, 2004）。

(22)　人事考課制度を採用している企業は，人事考課表ないし何らかの形で労働者についての文書を作成して管理していることになる。なお，平成14年6月に厚生労働省が発表した雇用管理調査結果によれば，従業員数5000人以上の大企業においては98.3％が人事考課制度を導入している〈http://www.mhlw.go.jp/toukei/itiran/roudou/koyou/kanri/kanri02/3-3.html〉参照（accessed on Sep 4, 2004）。

(23)　労働組合員が非労働組合員との間で賃金差別を受けていることに対する訴訟を提起するのに先立ち，その証拠保全手続の申立をなし，労働者自身の賃金台帳と非組合員の賃金台帳，つまり賃金台帳全部の提出命令を求めた事例である。

　　裁判所は，昭和52・9・12判決で，どの号に該当する文書であるとの指摘なしに申

立人である労働者自身に関する部分のみの賃金台帳の提出を命じたが，その後の追加決定において，申立人以外の非組合員に関する賃金台帳の提出を否認している。この却下決定についての詳しい理由は付されていないが，民訴法417条2項による原決定裁判所の意見によれば，申立人自身の賃金台帳は法律関係文書に該当するが，他の第三者の賃金台帳はいかに比較の必要があろうとも法律関係文書には該当しないという考えのようである。

(24) 組合員が非組合員との間で昇給，昇格の差別があったことを理由とした損害賠償請求訴訟において，組合員および同期採用者の人事記録の提出命令を求めた事例である。人事記録とは，「統一性ある信頼性のある人事に関する記録を作成・保管することによって，人事行政の科学的な運営ひいては公務員の利益保護に資することを目的として，国家公務員法19条に基づいて作成され，その様式・作成方法・記載事項及び保管等については，人事記録の記載事項等に関する政令，及び，人事記録の記載事項等に関する総理府令によって規定され，各職員ごとに，氏名及び生年月日，学歴に関する事項，試験及び資格に関する事項，勤務の記録に関する事項，本籍・性別・研修・職務に関して受けた表彰・公務災害に関する事項などが記載されるもの」とされる（上野燮男「文書提出義務に関する判例について（3）」関西大学法学論集48巻1号（1998年4月25日）80頁）。本件では人事記録に関し，「原告らの昇任，昇格，特別昇給等に関する原告の主張は被告によって認否され，ほぼ当事者間に争いがない」から，「原告ら自身の人事記録に対する提出命令の申立は必要性がなく，失当」であり，組合員と同期入関者の職員に関する人事記録については，組合員と使用者に対する「法的地位又は権限を直接証明し，これを基礎づける目的で作成されたものでない」ため，利益文書には該当しないとした。また，「法律関係ニ付作成」とは挙証者と文書の所持者との間の法律関係それ自体を記載した文書およびその法律関係の構成要件事実の全部又は一部が記載された文書であることを要し，それらを明らかにする目的のもとに作成されたことをいうのであるため，法律関係文書にも該当しないとしている。

(25) タクシー会社に対する賃金請求事件で運転手ら49名が申立人自身に関する賃金台帳の提出命令を申し立てた事例である。本件では，法律関係文書の意義を「その文書により直接その法律関係を立証できる契約書などの文書に限られず，その法律関係の要件たる事実に関して作成された文書をも含む」が，日記などのような作成者自身の便宜のためだけに作成される自己使用文書は含まれないと解するとしたうえで，賃金台帳は，この請求の基礎となる労働時間，手当額などが記載され，労働者の利益や行政上の監督のためにも作成されるものと認められるから，被告のみの便宜のために作成された文書とはいえないとして，法律関係文書に該当するとした。さらに，「賃金台帳が法により作成，保管を義務づけられているのは，労働賃金関係に関する証拠を明らかにして賃金関係の紛争を予防することにより労働関係当事者の利益を護ろう

とする目的を有していると解される」こと，そして，これら賃金台帳は労働基準監督官の求めに応じて賃金台帳を提出しなければならない（労働基準法101条1項）とする目的が労働者の保護を達するためであると解されることから，賃金台帳は利益文書にも該当するとした。

(26) 賃金差別訴訟にかかる証拠保全により，申立人自身の賃金台帳と，申立人と年齢・勤続年数がほぼ同じ労働者62名の賃金台帳の提出命令を求めた事案である。本件は，⑪放送映画製作所事件の大阪高裁の考え方をほぼ踏襲して，申立てを認容しており，賃金台帳を「使用者が労働の実績と支払賃金との関係を明確に記録し，その額を把握するための資料とすることを目的として作成されるものであるが，他面，法が使用者にその保存を義務づけ，その義務違反に対しては罰金が課せられるとしていることからすると，賃金台帳は，労働者の権利関係に関する証拠を保全し，労使紛争を予防するとともに行政上の監督に資するためにも作成されるもの」と解したうえで，「本件賃金台帳には，……法律関係の構成要件事実の一部が記載されているものということができ，……，また，賃金台帳が，……労使紛争の予防解決のためにも作成されるものであることからすると，本件のような差別がなされているか否かを明らかにすることをも予定して作成されるものといえるから，相手方が単独で作成するものとはいえ，本件賃金台帳は申立人と相手方との間の法律関係に付き作成された文書」であるとして，申立人自身および申立人と年齢・勤続年数がほぼ同じ労働者に関する賃金台帳の提出命令申立を認容した。なお，小室教授の「鑑定意見」労働法律旬報979号49頁以下は，賃金台帳の利益文書性を認めている。

(27) 労働者ら4名が，未払賃金請求訴訟の提起を企図し賃金台帳等の証拠保全の申立てをした原審が全部認容されたので，使用者が即時抗告した事例である。抗告裁判所は，利益文書の意義を「身分証明書，授権書，遺言書などのように，その文書により挙証者の地位，権利および権限が直接明かにされるものを指す」と解し，「賃金台帳は使用者が各労働者について，基本給や労働日数など賃金計算の基礎となる事項および賃金の額を記録しておく台帳であり，本来使用者がこれらの証拠を保存し，その額を把握するための資料とすることを目的として作成されるものであって，労働者の地位，権利および権限を証明しまたは基礎づけるために作成されるものということはできない」とし，さらに，労働基準法108条によって使用者に賃金台帳作成保存義務が賦課されたが，それは，賃金台帳が国の監督機関において労基法の規定を忠実に守られているかどうかを把握するための一つの資料としての役割をも果たすようになったとはいえ，労働者の地位，権利，権限を明らかにするためのものになったとはいえないとして，賃金台帳が挙証者の利益のために作成された文書には該当しないと判示し，使用者の抗告を認めて賃金台帳の提出を命じた部分を取消し，文書提出命令の申立てを却下した。この限定的解釈による決定に反対する意見として，木川・民事訴訟法重要問題講義（下）617頁は，労働行政上の目的で作成されるとしても，同時に労働者の

第Ⅱ部　労働条件

ため「でも」あることは明らかであることから，賃金台帳は利益文書であるとしている。

(28)　男女差別事件において賃金差別を立証するため申立人ら47名の職員台帳の提出命令申立をしたが，津地裁はこれを却下している（判例集未登載）。抗告人が抗告の理由中に引用したところによれば，職員台帳は，「当該各市吏員と相手方との間においては，それぞれ該当部分が各市吏員にとって相手方との間の法律関係にある事項を記載した文書であって同法312条3号後段の文書に当るとしても，抗告人と相手方との関係においては，本件文書が同号後段に規定する右当事者の法律関係につき作成されたものということはできない」として，却下されたようである。抗告審では，労働基準法によって作成・保存・提出義務の課せられている賃金台帳は各労働者毎に賃金計算の基礎となる事項及び賃金の額を記載する台帳なのであるから，一定の労働者に関する賃金台帳部分は，その労働者については関係法律文書に該当するとはいい得ても，他の労働者の賃金台帳部分までがそのような文書であるとはいい得ないと述べ，抗告人が引用した判例⑨（賃金台帳は法律関係文書に該当する）の決定とは事案が異なる（申立人自身の賃金台帳）ため本件に適切でないとし，原審決定を支持し，本件抗告を棄却した。

(29)　本決定では，「法律関係」を「当事者間のあらゆる法律的関係に関して何等かの意味で関係のあるもの一般を指称するものと解すると，挙証者が，文書の所持者を相手方として訴訟を提起している場合には，当該訴訟で挙証者が文書所持者に対して主張している権利が認められるか否かという法律関係が両者間に必ず存在することになるから，当該文書に挙証者に利害関係のあることが記載されていれば，それだけで，挙証者は常にその提出を求め得ることになり，およそ現行民訴法が予定しているところと異なる結果を生ぜしめることになる」として，法律関係文書を限定的に解するべきであるとした。また，本件賃金台帳は，従業員と使用者の「法律関係そのものを記載した文書にも，その成立過程で当事者によって作成された当該法律関係に相当密接な関係を有する事項が記載された文書にも該当しないというべき」であり，さらには，労働基準監督官が賃金台帳の提出を求め得るのも，結局「国の監督機関がその監督権行使するためのものであって，労働者にその地位等を右賃金台帳によって証明させること等を目的とするものではない」ことを合せ考えると利益文書に該当しないと解するのが相当であるとして，本決定は，挙証者本人である従業員および挙証者と年齢・勤続年数がほぼ同じ従業員62名の賃金台帳もすべて利益文書に該当しない旨の判断を示して，一審判決を取消し，抗告も却下した。従来からの厳格な解釈のもとで判断されている。

(30)　本決定は，利益文書への該当性に関しては，一審決定理由をそのまま引用しているが，法律関係文書への該当性については限定的に解して，人事記録の記載事項は任命権者が当該職員の関与なしに独自に作成するものであるため，申立人と相手方との

間の「法律関係そのものを記載した文書にも，その成立過程で当事者によって作成された当該法律関係に相当密接な関係を有する事項が記載された文書にも，該当しない」として，人事記録の提出命令申立を却下した原決定は正当であるとし，本件抗告を棄却している。

(31) 本件では，利益文書の意義と，労働基準法108条，109条で使用者に賦課されている賃金台帳の作成保存義務の意義を⑤と同旨に解し，賃金台帳が，「労働者の利益に資する面のあることは否定し得ないが，右のような利益が前記法条にいう挙証者の利益にあたらないことは明らかである」として，利益文書に該当しないとした。一方，法律関係文書に関しては，「賃金台帳は，抗告人と相手方らとの間の雇用関係そのものを記載した文書ではないが，右雇用関係に関係のある相手方らの基本給，手当など相手方らが本案訴訟で請求する賃金請求権の基礎となる事項が記載されているものであるから，抗告人が単独で作成するものとはいえ，抗告人と相手方らの間の法律関係に関係のある事項を記載した文書」であるため，本来使用者が労働者に対する支払賃金額を明確に把握するためという使用者の便宜のために作成されたものではあっても，「行政上の監督のためや労使紛争の予防解決のためにも作成されるものであつて，日記帳などのように専ら作成者の内部的な自己使用のためにのみ作成される文書とは異なるものである」として，賃金台帳の法律関係文書の該当性を認め，使用者の抗告を棄却している。

(32) 本件は，③，⑨の丸五タクシー事件における賃金支払請求訴訟に関連して，同じ申立人らが運転日報（乗務記録）の提出命令申立をしたものに対する抗告審である。原審は，運転日報は雇用関係そのものを記載した文書ではないが，右雇用関係に関係のある申立人らの乗務時間，距離等賃金台帳に相俟って申立人らの賃金請求権の基礎となる具体的事項が記載されているから，専ら使用者の内部的自己使用のためにのみ作成された文書とはいえず，法律関係文書に該当するとして提出命令が出された。本決定では，「……運転日報は，本来は，自動車運送事業の適正な運営を確保するため，右運送事業者とその監督官庁である陸運局長との間に作成される文書であつて，右運送事業者とその雇用する運転者との間の法律関係を記載することを目的とした文書ではない」としたが，他方においては，使用者が申立人らに対し，自動車運送事業等運輸規則によって記録が義務づけられている事項とともに，乗客の乗車，降車の地点，時刻，所要時間並びに現収及び未収の料金を記載させ，これらをもとに申立人らに支給すべき歩合給算定の資料にしていることが，当事者間の雇用「法律関係に関係のある文書」に該当するとして，原審の判断を維持した。

(33) 本件は，「申立人らに関する部分」についてのみの提出命令を出した①の決定を不服として，申立人らが即時抗告を申し立てた事案である。本決定では，賃金台帳が利益文書に該当しないことについては，⑤，⑨における利益文書の意義，賃金台帳作成保存義務と同旨に解して認定した。また，法律関係文書の意義についても，本決定

第Ⅱ部　労働条件

は⑨と同旨に解して，本件賃金台帳は，申立人と使用者との間の雇用関係それ自体を記載した文書ではなく，当然に法律関係文書に該当するものともいえないが，少なくとも申立にある申立人以外の賃金台帳というのは，申立人以外の者らが申立人とそれぞれ年齢，勤続年数がほぼ同一であり非組合員であるため，申立人の「立証事項とする，抗告人ら労働組合員と非組合員との間の基本給（年齢給，職能給，勤続給）ならびに諸手当の格差の存在の有無およびその程度に関する事項が記載されていると推認されるから，相手方が単独で作成するものとはいえ，抗告人と相手方との間の法律関係に関係のある事項を記載した文書であ」るから，法律関係文書に該当するとして，①の決定を一部変更して，「申立人らと年齢，勤続年数がほぼ同一の非組合員である者らに関する部分」についての賃金台帳の提出命令の申立を認容した。この判例評釈として，大錦・労働法律旬報953号19〜31頁，三浦・労働判例320号4頁参照。

(34)　法務省・一問一答247頁によれば，旧民訴312条3号は，ドイツ民事訴訟法の「共通文書」（挙証者と所持者の共同の利益のために，あるいは共同の事務遂行の過程で作成された文書）について提出義務を認めるという考え方を採り入れたものであるため，この利益文書・法律文書の概念を拡張するには限界があり，その外延が一層不明確になるという問題があったとされる。

(35)　法務省・一問一答253頁。これに賛同する学説として，出水順「文書提出義務（2）」滝井繁男=田原睦夫=清水正憲編・論点新民事訴訟法（判例タイムズ社，1998年6月19日）265頁，新堂幸司「貸出稟議書は文書提出命令の対象となるか」金融法務事情1538号（1999年2月15日）11頁などがある。

(36)　田原睦夫「文書提出義務の範囲と不提出の効果」ジュリスト1098号（1996年10月1日）63頁，「文書提出命令」青山善充=伊藤眞編・民事訴訟法の争点［第3版］（法律学の争点シリーズ5）（ジュリスト増刊）（1998年9月5日）223頁。

(37)　上野・講座新民事訴訟法Ⅱ51頁，原井古稀106頁は，3号文書の拡張解釈は文書提出義務の範囲拡大のためであったことから，3号文書に組み込まれてきた文書が4号文書として取り扱われるのが自然であるとし，旧民訴の判例で法律関係文書とされることがあった，法律関係の形成過程で作成された文書は，新民訴下では法律関係文書に該当しないとする。ほぼ同じ見解として，山下孝之「文書提出命令②」三宅省三=塩崎勤=小林秀之編集代表・新民事訴訟法大系第3巻（青林書院，1997年9月25日）153頁，佐藤彰一「証拠収集」法律時報68巻11号（1996年10月1日）18頁，松村・石川古稀102頁，門口正人編集代表・民事証拠法大系第4巻（青林書院，2003年6月30日）121頁〔山下郁夫〕など。

(38)　髙田昌宏「文書提出命令」法教192号（1996年9月1日）28頁，田原・ジュリスト1098号62〜63頁，松井秀樹「新民事訴訟法における文書提出命令と企業秘密（1）」NBL604号（1996年11月1日）13頁，西口元「証拠収集手続（1）―文書提出命令」塚原朋一=柳田幸三=園尾隆司=加藤新太郎編・新民事訴訟法の理論と実務（上）

(ぎょうせい，1997年10月1日）406頁，上野・講座新民事訴訟法Ⅱ 51頁など。
(39) 原強「文書提出命令①」三宅省三＝塩崎勤＝小林秀之編集代表・新民事訴訟法大系第3巻133頁，西口・新民事訴訟法の理論と実務(上)406頁，小室直人＝賀集唱＝松本博之＝加藤新太郎編・基本法コンメンタール新民事訴訟法2（別冊法学セミナー181号）（日本評論社，2003年6月25日）211頁〔春日偉知郎〕，門口正人編集代表・民事証拠法大系第4巻（青林書院，2003年6月30日）101頁〔萩本修〕は，新民訴220条の1号ないし3号と4号との関係は，4号が文書提出義務を定めた一般規定であるのに対して，1号ないし3号は当事者と特別の関係にある文書についての特別規定であるため，4号の提出義務の阻却事由は適用されず，無条件に提出義務を負うとする。反対に，1号ないし3号にも4号が適用されると主張するのは，松井秀樹「新民事訴訟法における文書提出命令と企業秘密（4）」NBL 609号（1997年1月15日）64頁。
(40) 菊井＝村松・全訂民事訴訟法Ⅱ 621頁，竹下＝野村・判時804号（判例評論206号）126（12）頁など。
(41) 法務省・一問一答254頁。
(42) 松井・NBL 604号13頁，山下・新民事訴訟法大系第3巻151頁，原・新民事訴訟法大系第3巻133頁，伊藤眞・民事訴訟法［第3版］（有斐閣，2004年1月20日）379頁など。上野・講座新民事訴訟法Ⅱ 52頁，原井古稀110頁は同じ証言拒絶事由に該当する事項が記載された文書が，3号文書とされるか4号文書とされるかによって，除外文書とされたりされなかったりすることは不合理であるため，4号イ，ロおよびハの除外規定を3号文書にも類推適用すべきであるとする。
(43) 法務省・一問一答254頁。山下・新民事訴訟法大系第3巻153頁によれば，優先・補完関係にはなく併存関係にあるとする。
(44) 原・新民事訴訟法大系第3巻131頁。
(45) 例えば，内部文書あるいは自己使用文書は提出義務なしとした判例である大阪高決昭和59・11・12判例タイムズ539号389頁は，旧民訴下において，形式説の判例といわれているものであり，「文書の所持者の処分の自由の観点からして，所持者が専ら自己使用のために作成した内部文書」のごときは，「文書の所持者が文書の提出により不利益を受けないか否か，又は受忍の範囲か否かについて」考慮するまでもなく，法律関係文書に含まれないとの立場を採った。
(46) 田原・ジュリスト1098号64頁，民事訴訟法の争点［第3版］223頁，竹下守夫「新民事訴訟法と証拠収集制度」法学教室196号（1997年1月1日）6頁，18頁，西口・新民事訴訟法の理論と実務(上)407頁，新堂・金融法務事情1538号11頁，伊藤・民事訴訟法［第3版］379頁など。他方，松井秀樹「新民事訴訟法における文書提出命令と企業秘密（3）」NBL 606号（1996年12月1日）31頁は，自己使用文書と自己専利用文書の範囲は基本的には変わらないとする。

(47) 上野・原井古稀112頁によれば，自己使用文書の理論を適用した最初の事例である仙台高決昭和31・11・29下民集7巻11号3460頁が，稟議書にこの理論を適用したことから稟議書が自己使用文書の典型とされることもあるが，稟議書であるとの一事でもって，その文書を自己使用文書と見ることが許されないのは当然であり，むしろ，提出を求められている文書に含まれる企業秘密その他の秘密やプライバシーを保護する利益と，裁判所がその文書を提出させ，適正な事実認定をすることによって得られる法益とを比較し，前者が後者を上回る場合に，その文書は自己使用文書として文書提出義務を免除されると解さなければならないとする。

(48) 特段の事情を信用金庫の会員代表訴訟について否定した判例として，最決平成12・12・14民集54巻9号2709頁があり，特段の事情を破綻信用組合にかかる賃金返還請求等訴訟について認めた判例としては，最決平成13・12・7民集55巻7号1411頁がある。

(49) 本件は，男女間の賃金差別を立証する資料として「C職処遇運営制度の概要」と「人事関連帳票の作成の手引き」と題する"人事考課についての能力評価に関するマニュアル"の文書提出命令申立事案である。本件文書が，「個々の評定者の利用に供する目的として作成された文書であり，その内容も実質的に処理要領というものであって，ただ，運用の基準や指針を含む部分があるものの，これをもって申立人らの法的地位や権利もしくは権限を証明したり，基礎づける目的で作成された文書ということはできない」のであり，「挙証者の法的地位や権利もしくは権限を証明したり，基礎づける目的で作成された文書」でなければならないという利益文書の限定的な解釈基準に基づいて，利益文書への該当性を否定した。また，「本件各文書は，……いずれも，人事担当者の利用に供することのみを目的として作成された運用上の処理要領であり，申立人らと相手方との雇用契約上の法律関係又はこれと密接に関係のある事項を記載した文書とはいえない」のであって，「運用における基準や指針あるいは手続が労働契約の内容となっているとまではいえない」とし，法律関係を雇用契約上の法律関係と狭く解釈し，さらに「考課そのものには，使用者の裁量に属する部分も大きく，相手方との関係において，申立人らがこれを運用の水準まで明らかにすることを要求する根拠はない」と，人事考課を使用者の人事権の範疇にあることからその裁量権の範囲を広く認めて，法律関係文書にも該当しないとした。さらに，実質的に当該文書を提出させることが妥当であるかを比較考慮する立場にたち形式説は採用せず，本件文書は，「人事考課を担当する評定者（部長かぎり）に限られ，専ら相手方の人事考課の運用のために作成された文書であり，これを公開又は公表することは予定されていない」ため，公開することになれば，「公開を意識して人事考課に関する文書の作成や保管を抑制することとなり，円滑な人事考課を妨げることになるなど適正な組織の運営を妨げるおそれもある」と，自己使用文書に該当するとして，これらの文書提出命令申立は却下された。

(50) 本件は，異なる組合員間の昇格差別を立証するため，労働者名簿もしくは社員履歴台帳または個人経歴書の文書提出命令申立の事案である。本件では，対応する申立人ごとに異なる類型の者と比較するために本件文書の提出が求められたが，申立人らは争点の判断のためにそのような比較をすべき理由について，何ら疎明しておらず，また，比較対象者として挙げられている者が，申立人らとの比較の上で適切であるかどうかも不明であるとして，申立ては棄却された。

(51) 本件は，申立人に関する人事考課記録である職員考課表の文書提出命令申立の事案である。本決定では，当該職員考課表は「人事部の通牒によって作成及び保管が義務づけられている文書で，人事考課制度の公正な運用を客観的に担保することなどを目的として，その結果を被評定者に公開するとの前提でその評定の結果及び理由を記載するものであり，……その評定結果は，昇給昇格の要件と密接に結びついていることが認められることからすれば，職員考課表は，申立人と相手方との労働契約関係と密接に関連する事項を記載した文書である」として，法律関係文書への該当性を認めた。さらに，本決定は，当該文書が，新民訴220条「3号が，同条4号と異なり，文書所持者の自己使用のために作成された文書を提出除外事由としなかったことからすれば，自己使用文書であるとの理由で同条3号後段の文書に当たらないとすることには疑問がある」と一般論を示したうえで，「仮に，自己使用文書が同条3号後段の文書から除外されると解するとしても，職員考課表は，人事考課制度の公正な運用を客観的に担保するために作成されるもので，人事考課において相手方の便宜上作成されるメモや覚え書の類と同視できないことは明らかであり，また，その記載内容が通牒に定められて公開されていることに鑑みると，これを人事考課の意思決定過程において作成される相手方の自己使用のための文書あるいは内部文書ということはできない」と示して，文書提出命令を認容した。

(52) 本件は，同じ一般職の女性従業員の間で，既婚者と未婚者の間に差別があったとして，地位確認および損害賠償請求を求めた訴訟において，申立人らと同期・同学歴の女性従業員の賃金台帳の文書提出命令申立事案である。「民訴法197条1項3号にいう「職業の秘密」とは，これが公表されると，職業の維持遂行が不可能又は著しく困難になるおそれがあるものをいうと解すべきところ，従業員の賃金水準や労働時間の状況等が公開されたとしても，生命保険会社である相手方の業務遂行が不可能又は著しく困難になるような事情は認められない」として，当該賃金台帳は使用者にとって新民訴220条4号ロの「職業の秘密」に関する文書に該当しないとした。また，「賃金水準を公表されることによる従業員の不利益は，賃金台帳を提出させることにより適切な事実認定をすることができるという利益と比較考量すると，当該文書提出の必要性を上回るほど重大なものではない」として，従業員のプライバシー保護を根拠に文書提出義務を否定することできないとし，さらに，「賃金台帳は，単に使用者の人事管理上の便宜のために作成される内部文書とは性格を異にすることは明らかで

第II部　労働条件

あるし，外部の者に見せることが全く予定されていない文書であるともいえない」ことから，自己使用文書にも該当しないとして，提出命令申立は認容された。

(53)　本件は，男女賃金差別および賃金格差の有無が生じていたとして，申立人と同程度又はそれ以下の経験を有する男性営業員の平均賃金と申立人に現実に支給された賃金との差額相当の損害金等の支払請求訴訟において，昭和62年から平成8年までの全従業員の賃金台帳の提出命令申立の事案である。本決定では，申立人以外の他の賃金台帳は，「各人の具体的給与額が記載されている点で，第三者のプライバシーに関する事実が記載されているといえるが，民事訴訟法220条は，同条4号イロハに各記載の例外事由にあたらない限り，一般的に当該文書の所持者に提出義務を課したものであって，これは第三者のプライバシーに関する事実が記載されている文書であっても例外ではな」く，また，相手方によって同号に該当するような例外事由の主張もなされていないことから，使用者側に対する賃金台帳提出命令が出された。

(54)　本件は，男女賃金差別の有無をめぐり，申立人が採用されてからの全男女従業員の賃金台帳の提出命令申立の事案である。「賃金台帳は，労働基準法によって作成を義務づけられているのであって，必要な場合には監督官庁等に提出させることを目的としているものであり，このような文書は，民事訴訟において提出されることも予定していると解するのが相当である」として，自己使用文書には該当しないとした。さらに，⑮と同様に解して「賃金台帳は220条4号に該当しない」とし，「従業員のプライバシーは，保護に値しないものではないが，その公表によって生じる不利益は，賃金台帳を提出させ，適正な事実認定をすることによって得られる利益を上回るほど重大なものではない」と解し秘密文書にも該当しないとして，申立人が求めた当該賃金台帳の提出命令申立は認容された。

(55)　使用者側が抗告した本決定では，「賃金台帳には，他人のプライバシーに関する事項が含まれ，プライバシーの尊重は，憲法等が要請するところである」が，「それは適正な事実認定を行うため，必要不可欠な最小限度に限られ，右限度を超えたプライバシーの侵害まで許容するものではない」として，とりわけ人数の少ない事業所であるために，プライバシーに対する配慮が慎重になされる必要性があることから，具体的な氏名の記載をしないで，申立人とほぼ同時期に入社した者に限定した賃金台帳の提出命令へと決定内容が一部変更された。

(56)　本件は，⑫の事件（"人事考課についての能力評定に関するマニュアル"の提出命令が却下された事案）に関連して，「履歴台帳」の文書提出命令申立の事案である。本決定では，「自己使用文書とは，専ら所持者の利用に供する目的で作成され，外部の者に見せることが全く予定されていない文書をいうと解すべきところ，労働者名簿は，労働基準法が労働基準監督行政の便宜のために使用者に調製及び記入を義務づけた文書であって，必要があれば，監督官庁が労働行政上の必要性からその提出を受けて利用することを予定した文書であるから，これが所持者以外の者の利用を前提

としていることは明らかである」として，履歴台帳は自己使用文書とはいえないとの判断を示し，文書の提出を命じた。
(57) 文書提出義務の一般化を空洞化させていくのではないかとの危惧を覚えるとするのは，松村和徳「文書提出義務の一般化に関する若干の考察」石川明先生古稀祝賀・現代社会における民事手続法の展開下巻（商事法務，2002 年 5 月 25 日）80 頁。
(58) 松村・石川古稀 102 頁。
(59) 西口・新民事訴訟法の理論と実務（上）406 頁。
(60) 旧民訴下の判例②においては，すでに，賃金台帳が利益文書か法律関係文書に該当することとして提出命令申立をしていたが，新民訴下においても，3 号文書に該当しない場合でも 4 号所定の除外事由に該当しない限り提出義務が容認されるとすれば，文書提出命令の申立ては容易になったといえよう。
(61) 同旨の判例として，最決平成 12・3・10 民集 54 巻 3 号 1073 頁など。
(62) 文書提出義務は一般義務化されたものではないという有力な見解として，井上治典「文書提出命令（1）―第三者の所持する診療録」新堂幸司＝青山善充＝高橋宏志編・民事訴訟法判例百選 II［新法対応補正版］（別冊ジュリ 146）（有斐閣，1998 年 3 月 30 日）292 頁が存在する。松村・石川古稀 80 頁，三谷・民事訴訟法講義［第 2 版］140 頁ほか。
(63) 田原・ジュリ 1098 号 64 頁，上野・原井古稀 109 頁。
(64) 旧民訴のもとでの解釈は新民訴のもとでは採用できないという前提にたって，当該文書の証拠としての重要性を総合的に比較考慮する見解として，伊藤眞「文書提出義務と自己使用文書の意義」法学協会雑誌 114 巻 12 号（1997 年 12 月 1 日）1444 頁。
(65) 香川孝三「能力評価のマニュアルの提出命令が認められなかった事例」ジュリスト 1187 号（2000 年 10 月 15 日）115 頁は，人事考課を作成する側の文書の取扱方法によって結論が変わることを批判し，本件文書が，査定の結果の影響を及ぼす事柄であること，運用上の処理要領とはいえ申立人らの査定の結果に影響を及ぼすこと，相手方における人事考課の運用の実態の解明に有益な面があることを重視すれば，提出命令が出せる根拠になり得たとする。
(66) 田原・ジュリ 1098 号 64 頁，山本和彦「稟議書に対する文書提出命令（下）」NBL 662 号（1999 年 4 月 1 日）32 頁，松村・石川古稀 103 頁など。また，川嶋四郎・民事訴訟過程の創造的展開（弘文堂，2005 年 9 月 15 日）では，最（2 小）決平成 11・11・12 の貸出稟議書は，自己専利用文書に該当しないと解し，このような自己専利用文書の一般的な定式化は，広すぎるため妥当ではないため，厳格に判断できるよう速やかに判例変更を行うべきであるとする。
(67) 松山・判タ 438 号 61 頁。これに対して，三浦・労判 320 号 10 頁は，賃金に関しての閉鎖性の不存在を主張する。

(68) 野村・新・実務民事訴訟講座2・179頁は，名古屋高決昭和52・2・3判時854号68頁が，原告と類似の規模の同業者らの法人税確定申告書等を提出した被告税務署長がとった方法であったとするが，このような手段を施しても，使用者規模が小さければ各労働者が容易に推測され得るため，挙証者の差別を受ける理由いかんにより，場合によっては全面的に提出義務を否定するほかない場合もあるだろうとする。

　文書の一部について提出命令が出されることを否定する判例としては，大阪高決昭和61・9・10判時1222号35頁があり，この判例批評として，佐藤彰一「青色申告決算書の一部を削除した写しに対する文書提出命令の可否」判例時報1273号（判例評論353号）（1988年7月1日）181（35）頁参照。

(69) 三谷忠之「文書提出命令（3）―守秘義務」新堂幸司=青山善充=高橋宏志編・民事訴訟法判例百選II［新法対応補正版］（別冊ジュリ146）（有斐閣，1998年3月30日）297頁は，診療録の閲覧について，患者に閲覧させるべき部分と閲覧させるべきでない部分に分ける考え方，当事者公開と一般公開とに区別し裁判所にその判断を任せる方法等があるが，租税訴訟の関係においては，青色申告所の記載内容が申告者の秘密を保護されるべき利益でもあるため，後者の考え方は通用しないとし，将来的には青色申告諸の原本を裁判官だけが閲覧したり，弁護士のみが閲覧したりする方法も考えられてよいとする。そのような方法で知られた第三者の秘密を暴露した場合の制裁を規定する必要があり，それを他の訴訟で利用できない事も確保しなければならないとする。

(70) 三谷忠之・民事訴訟法講義［第2版補訂版］（成文堂，2005年8月4日）139頁。

第III部
職場環境と労災

14　安全配慮義務の履行請求

鎌 田 耕 一

I　はじめに——問題の所在

　一般に，安全配慮義務はその違反に対して損害賠償請求のみが許され，履行請求できないといわれてきた。
　こうした判例・学説の動向に対し，水野名誉教授は以下のように問題を提起された。「問題は，——（安全配慮義務の）履行請求にある。通説・判例によれば，付随義務は独立の給付義務ではなく，履行請求権は認められない，とされる。しかし，安全配慮義務を付随義務ととらえること自体の妥当性が問われなければならない。また，付随義務ととらえる場合でも——労安法の健康管理義務規定——，平成8年の同法改正による産業医の勧告権の強化や使用者の健診で異常と診断された従業員に関する産業医への問合せ手続き等をも考慮に容れる形で，可能な条件の検討が試みられる必要がある」[(1)]。
　本稿は，雇用関係における安全配慮義務が履行請求されうるか，そして，履行請求されうるとした場合，いかなる要件の下にいかなる措置を要求しうるかを検討する。
　履行請求の可否をめぐる議論を通じていくつかの問題が提起されている。第一に，安全配慮義務の法的性質と履行請求をめぐる問題がある。
　安全配慮義務の履行請求の可否に関連して，学説は，安全配慮義務が訴求可能な給付義務なのか，または損害賠償のみを請求しうる保護義務なのか争ってきた。現在に至るまで，安全配慮義務の法的性質に関する議論は未結着なままである。近年では，安全配慮義務が保護義務であるか否かとそれが履行請求しうるか否かとは必ずしも一致しないとする説も提唱されている（第II

章)。

　第二に，労働安全衛生法との関連が問題となる（第Ⅲ章）。周知のように，労働安全衛生法及び同規則は，労働災害の防止及び職場における労働者の安全と健康の確保のために様々な義務を事業者に課している。労働者は，事業場に労働安全衛生法の規定に違反する事実がある場合，その事実を，労働基準監督署等に申告して，是正のため適当な措置をとるように求めることができる（労働安全衛生法97条の労働者の申告権）。こうした行政による労災予防の他に，個々の労働者による私法的な履行請求権を認める必要があるのだろうか[2]。

　第三に，就労請求権との関連が問題となる。労働者は使用者が安全配慮義務を任意に履行しない場合，労務提供を拒否しうると解されている。労働者は労務提供を拒否したにもかかわらず，特定の安全措置の履行を請求しうるだろうか（第Ⅳ章）[3]。

　例えば，使用者には労働者からの労務を受領する義務がないとすれば（就労請求権の存在しない場合），労働者による安全措置の履行請求（たとえば，受動喫煙の被害を回避するために他の部署への配転を請求すること）に対し積極的に応える義務があるのだろうか[4]。

　最後に，安全配慮義務の履行請求の具体的プロセスの問題がある（第Ⅴ章）[5]。

　履行請求する場合，労働者は，損害賠償の場合とは異なり，事前に使用者に対しいかなる行為をなすべきか特定しなければならない。判例・学説が一致してみとめるように，安全配慮義務の具体的内容は労働者が置かれた状況に応じて特定される。労働者が履行請求するためには，現実に損害を被る前に安全配慮義務の具体的内容を特定しなければならないが，これは容易ではない。

　さらに，問題を困難にしているのは，労働者が使用者に対して請求する具体的措置が複数存在する場合である。たとえば，職場でのタバコ煙（受動喫煙）被害の防止を例に取れば，防止策として，職場における空気浄化装置の設置，受動喫煙のない職場への配転，工場内の分煙，そして工場内での全面的禁煙命令等がある。このように健康被害を除去するためにいくつかの選択

肢があるとき，労働者は使用者に対し，全面的禁煙命令などの特定措置の履行を請求することができるのだろうか。

本稿は以上の論点について検討する。

本稿で用いる履行請求または履行請求権という用語の意味については後で（第V章）詳しく検討するが，ここでは，労働者が裁判外で使用者に対し行う履行請求と，裁判上の請求（訴求）及び履行の強制を求める請求権を指している。前者を指す用語としては「任意的履行請求権」，後者を指す用語としては「強制的履行請求権」という表現を用いる。

II 安全配慮義務の法的性質と履行請求

1 裁判例
(1) 安全配慮義務概念の形成

周知のように，安全配慮義務は判例が形成した概念であるが，これを始めて認めた最高裁判決は，「安全配慮義務は，ある法律関係に基づいて特別な社会的接触の関係に入った当事者間において，当該法律関係の付随義務として当事者の一方又は双方が相手方に対して信義則上負う義務として一般的に認められるべきもので」ある（最判昭和50年2月25日民集29巻2号143頁）と述べている。

最高裁は，安全配慮義務を付随義務と位置づけた上で，安全配慮義務は，「国が公務遂行のために設置すべき場所，施設もしくは器具等の設置又は公務員が国もしくは上司の指示のもとに遂行する公務の管理にあたって，公務員の生命及び健康等を危険から保護するよう配慮すべき義務」であるとか，あるいは，「労働者が労務提供のため設置する場所，設備もしくは器具等を使用し又は使用者の指示のもとに労務を提供する過程において，労働者の生命及び健康等を危険から保護するよう配慮すべき義務」である[6]と定義している。

上記最高裁判決が安全配慮義務の存在を認めて以降，最高裁，下級審裁判例は幾度となく安全配慮義務の存在を認める判決を繰り返し，現在では確立した判例となっている。

裁判例では，安全配慮義務の内容および適用範囲について注目すべき展開がなされている。

まず，最高裁は，一連の公務員の労災事件で判断を行った後，民間の労働者の労災事件について注目すべき判決を行った。最判昭和59年4月10日（民集38巻6号557頁）（川義事件）では，宿直勤務中夜間に侵入した元従業員により刺殺された労働者の遺族が使用者に対して損害賠償を請求した事案で，最高裁は，ドアに防犯チェーンなどの防犯設備を講じなかったことや，宿直員への安全教育を十分に行わなかった点に安全配慮義務違反があるとしている。

また，鹿島建設・大石塗装事件（最判昭和55年12月18日民集34巻7号888頁）において，最高裁は，直接の雇用関係にない下請労働者と元請会社との間に安全配慮義務の存在を認めている。

下級審裁判例に目を転じると，安全配慮義務としての「健康配慮義務」の存在が認められている。たとえば，空港グランドサービス・日航事件（東京地判平成3年3月22日判時1382号29頁）は，航空機のクリーニングに従事していた労働者が腰痛を悪化させたことについて，以下のように判示して使用者の安全配慮義務違反を認めた。「被告は，被用者である原告らに対し，雇用契約に付随する義務として，作業に従事する被用者の健康保持についてはもとより，被用者が，業務によると否とにかかわらず健康を害し，そのため当該業務にそのまま従事するときは，健康を保持する上で問題があり，もしくは健康を悪化させるおそれがあると認められるときは，速やかに被用者を当該業務から離脱させて休養させるか，他の業務に配転させるなど，従業員の健康についての安全を配慮すべき雇用契約上の義務がある」と述べている。

ここで紹介した事案はすべて損害賠償請求事件であるが，裁判例が用いている安全配慮義務の概念について要約すると以下のようにいうことができる。

①安全配慮義務は「ある法律関係に基づいて特別な社会的接触の関係に入った当事者間において，当該法律関係の付随義務として当事者の一方又は双方が相手方に対して信義則上負う義務」であり，②特別な社会的接触の関係とは，国・公務員関係及び民間の雇用関係にとどまらず，直接の雇用関係にない下請労働者・元請会社関係にも及ぶが，現在のところ適用範囲はほぼこ

うした関係に限定されている(7)，③安全配慮義務の内容としては，使用者の供給した機械・設備，使用者の指揮命令等における瑕疵を除去することにとどまらず，第三者による加害を未然に防止したり，業務と直接関係ない労働者の素因又は基礎疾患の発症・増悪を防止すべき義務をも含む。

さて，安全配慮義務をどのような性質をもつものと捉えているかについて，判例理論は必ずしも明らかではないが，裁判所は安全配慮義務を保護義務と同視しているというのが学説の一致した見方である(8)。

奥田昌道名誉教授は，前記昭和50年最高裁判決の調査官の解説を参考にしながら，その理由として以下の点をあげる。まず，①安全配慮義務の概念はドイツ民法618条に由来すること，②私法上の法律関係に適用される規範ないし法理と実質的に同内容の規範ないし法理を公法上の法律関係に定立する基底となる原理として信義則が援用されていること，③ドイツ判例上承認されてきたいわゆる保護義務の実定法上の根拠は信義則であり，これはドイツ民法618条の安全配慮義務の根底にある法思想と同一であり，両者は同性質のものであること，④いわゆる保護義務の成立する法律関係は広汎なもので，雇傭・労働関係におけるそれが安全配慮義務であることがそれである(9)。

しかし，安全配慮義務が保護義務と性質を同じくすることは，安全配慮義務の内容が完全に保護義務と同一であることを意味しない。学説は，後述するように，安全配慮義務が基底において保護義務と同じであることを認めたうえで，安全配慮義務は保護義務を超える内容をもつと主張するからである。

(2) 履行請求に関する裁判例

安全配慮義務の履行請求の可否について判示した裁判例は，下級審において少数ながら存在する。

ある裁判例（高島屋工作所事件・大阪地判平成2年11月28日労経速1413号3頁）は，疾病による視力低下のために，旧労働安全衛生法66条7項に基づき業務内容の変更，配置転換等の措置を求めた事案である。原告が所属する部の中で現在自ら遂行している業務以外に自分に適当と思われる業務があるかどうかわからないので会社に適当と思われる業務を提示してほしいと申し入れたのに対し，使用者はこれを提示せず，協議の場も設けなかった。そこ

で，原告は被告に対し「原告に対し，業務内容の変更，配置の転換等の具体的措置を提示し，協議を開始するまでの間，平成2年6月8日以降1日につき金6000円支払え」といった請求内容の訴えを提起した。

判決は，安全配慮義務は「労務の提供義務又は賃金の支払義務等労働契約における本来的履行義務とは異なり，あくまでも労働契約に付随する義務であり，予めその内容を具体的に確定することが困難な義務であるから，労使間の合意その他の特段の事情のなき限り，労働者は，裁判上，使用者に対し直接その義務の履行を請求することができず，労働者に疾病の発生又はその増悪等の具体的結果が惹起した場合において始めて事後的にその義務の具体的内容及びその違反の有無が問題になるにすぎない」として，安全配慮義務の履行請求は原則的になしえないとしている。

他方で，この判決は，上記「特段の事情」があれば安全配慮義務であっても「本来的履行義務」に高まると述べている。そこで，判決は，旧労働安全衛生法66条7項が本件義務を「本来的履行義務」に高めるものか否かを検討し，「その規定（同法66条7項——鎌田）の仕方が——抽象的，概括的であるうえ，同条1項ないし3項あるいは6項と異なり，右規定に反する事業主に罰則を課すことを予定されていないことからすると，右規定が存在することから，直ちに，その規定が使用者に命じた行為内容が，使用者の労働契約における本来的履行義務になったとまで認めるのは困難である。」としている。

また，京都簡易保険事務センター（嫌煙権）事件判決（京都地判平成15年1月21日労判852号38頁）は，「この安全配慮義務は，もともとは，かかる義務違反によって損害を受けた者の国に対する損害賠償請求の場面で認められてきたものではある。しかし，生命，健康等に対する現実的な危険が生じているにもかかわらず，国が公務員の生命，健康等を危険から保護するための措置を執らず，それが違法と評価される場合であっても，安全配慮義務を理由に危険を排除するための措置を執ることを求め得ないのであれば，公務員の生命，健康等の保護に十分ではないことを考慮すると，このような場合には，安全配慮義務を根拠に，上記の措置を執ることを求め得ると解する余地がある。」としている。

これに対して，雇用関係における「付随的履行義務」を認める裁判例もある。日鉄鉱業松尾採石所じん肺第1審判決（東京地判平成2年3月27日判時1342号16頁）は，「じん肺法が制定された後においては，粉じん作業使用者は，粉じん作業労働者に対し，その違反が損害賠償義務を負うにとどまらず，粉じん作業労働者がじん肺に罹患するのを防止するために雇用契約の継続する限り，絶えず実践可能な最高の医学的・科学的・技術的水準に基づく作業環境管理，作業条件管理及び健康等管理に関する諸措置を講ずる履行義務（以下では『粉じん作業雇用契約に基づく付随的履行義務』という）を負担し」「そして，当該時点における実践可能な最高の医学的・科学的・技術的水準に基づく前記の諸措置の具体的内容（例えば，湿式削岩機の機種，呼吸用具の機能・種類，じん肺健康診断の時期・内容等）は，通風体系──を除いては，いずれも特定することが可能なものといえるから，右義務の内容は履行可能なものというべきである。」と判示している。

以上の裁判例からわかるように，判例は安全配慮義務の履行請求に関して（「付随的履行請求権」という権利がいかなる性質をもつのか必ずしも明らかでないが，これを安全配慮義務と同種の義務とみると），原則として履行請求しえないものとしながらも，履行請求権を認めるに足る「特段の事情」があり，生命・身体に対する現実的な危険が生じている場合，その履行すべき措置が特定されている限り履行請求の可能性を認めている。

2 学　　説

学説には，原則として履行請求しえないとする説（以下「原則否定説」と呼ぶ）と履行請求しうるとする説（以下「原則肯定説」と呼ぶ）及び安全配慮義務を履行請求しうるものとそうではないものに二分する説（以下「二分説」と呼ぶ）が存在する。

(1) 原則否定説

多数説は，判例と同様に，安全配慮義務を保護義務ととらえ[10]，原則として履行請求しえずただ例外的に履行請求しうると説く。代表的論者として，北川善太郎教授，前田達明教授がいる。

保護義務とは，給付義務の実現そのものに向けられたものではなく，契約

締結から終了に及ぶ，契約過程で相手方の生命・身体・人格・財産を保護することを目的とした「付随義務」である[11]。また，それは本来の契約利益の外にある相手方の法益を保護する義務であり，その性質上，不法行為法上の注意義務に類似した義務である。

北川説は，安全配慮義務を上記の保護義務と同視する理由を以下のようにのべる。

「安全配慮義務が提起した問題は，わが法にドイツの積極的債権侵害論が輸入されて以来存在したものである。というのは，ドイツの学説においては，相手方の生命・身体・健康を保護するべき契約上の保護義務・保持義務に対する実定法上の例としてドイツ民法618条（労務者の生命・健康に対する雇用者の安全配慮義務）がしばしば引用されている――[12]。」「生産物責任が問題として定着するにいたった今日，欠陥商品による人身事故の危険性と，労働災害におけるそれとを比較した場合，とくに両者を区別しなければならないほどの差が債務内容として両者間にはないといえそうである[13]。」「さて，以上の検討から，安全配慮義務は労災事故で発展をみた概念であるが，これを労働契約固有の義務と言い切ってよいものかは問題であろう。むしろ，――安全義務ないし保護義務と法的には同性質のものと考える方が，法体系全体の整合性（なぜ労災事故のみにかかる特別な義務があり，たとえば欠陥商品被害と法的に区別されるのかの問題）からみて妥当であろう[14]。」

北川説が安全配慮義務を保護義務と位置づける理由は，ドイツ法学の支配的学説が安全配慮義務を保護義務として位置づけていること，労災事故と欠陥商品事故の被害の間に差異がないということに帰着する。

安全配慮義務を保護義務と同視する説は，その帰結として，この義務は給付義務ではなく，履行請求権は原則として認められないと述べる。

給付義務とは給付結果又は給付行為の実現を目的とする債務であり[15]，当事者が合意した目的ないし行為の達成に向けられた義務であるために，その裁判外での請求をなしうることはもちろん，これが任意に履行されない場合訴求し執行しうる義務である[16]。

安全配慮義務が給付義務ではないことの理由を，前田説は売買契約を例にとって次のように説明する。

売主は履行期に売買目的物を引き渡す義務を負うが（これは通常の用語からすれば給付義務であるが，前田説はこれを「本来的履行義務」（primäre leistungspflicht）と呼ぶ），その他にも売主は善管注意義務を負う（これは「附随的注意義務」と呼ぶ）。この「附随的注意義務」には，「履行義務」を債務の本旨に従って実現しうるように配慮・保護する義務と，履行に際して債権者・債務者が相互に相手方の生命・身体や財産的利益を侵害しないようにする義務がある。後者が保護義務とされる。

保護義務は，附随的注意義務と同様，「あらかじめ内容が確定したものではな」く，「（事後的にみて）あの時こうすればよかった，こうすれば債務不履行を回避し得たとされる」ものであるから，訴求すること自体が無理であり「履行義務」とはいわない[17]。

しかし，こうした説であっても，警備保障契約のように安全注意を当事者の合意[18]により，または法規（典型的にはドイツ民法 618 条のように）により附随義務のまま履行請求しうる義務に高められることがあることを否定しない[19]（前田説はこれを「附随的履行義務」と呼ぶ）。

要するに，多数説によれば，安全配慮義務は保護義務として位置づけられ，事前に具体的内容を確定できないために履行請求を観念することはできないが，特段の事由がある場合給付義務（または履行義務）となるという。

こう整理すると，多数説には不可解な点もある。多数説によれば（前田説で代表させうるとすれば）付随義務が履行請求しえない理由はこれが事前に特定できないということにあったが，他方で合意によって安全確保を履行請求しうる義務に高められるという。これはよく理解できない。なぜなら，これが事前に確定し得ない義務であることに変わりがないからである。とすれば，事前に内容が確定しないことは履行請求を否定する決定的理由とはいえないように思われる[20]。

たとえば，競業避止義務を例にとると，この義務は，在職時又は退職時に会社と従業員が念書等の特約をもって設けられる。競業避止義務は，民間企業の従業員が退職後に，同業他社に就職しないという不作為義務をいうが，この義務が設定された時点では，債権者である会社は事前に不作為義務の具体的内容を特定することができない。にもかかわらず，裁判例・学説は一致

して，この不作為義務の履行請求を肯定している[21]。

このことは法規が履行請求を認める場合も同様である。

不正競争防止法3条1項は，不正競争によって営業上の利益を侵害され，又は侵害されるおそれのある者は，その営業上の利益を侵害する者又は侵害するおそれのある者に対し，その侵害の停止又は予防を請求することができると規定している。文言からみて，この規定が不作為義務の履行請求権（「差止請求権」）を認めていることは明らかである。

しかし，差止請求権者が，事前に義務の内容を特定することは不可能である。そのことは，同規定が，営業上の利益を侵害し，または侵害のおそれがある者に限って差止請求を認めていることから明らかである。なぜなら，差止請求の具体的内容は，侵害の態様又は将来侵害の現実的なおそれがある状況によって異なりうるし，こうした具体的状況に基づいて特定されるからである。

したがって，事前に義務の具体的内容が不確定であることは，安全配慮義務の履行請求権を否定する理由とならない。この理は，安全配慮義務の履行請求を認めるドイツの判例・学説も認めているところである[22]。

のみならず，多数説のように，付随義務の履行請求を特段の事由がある場合（当事者の合意又は法規に定めがある場合）に限定することも，裁判例の動向からみると自明というわけではない。

ここでも競業避止義務を例にとると，裁判例の中には，競業避止義務を労働契約上の付随義務としているものがある。競業避止義務には明確な合意が必要だとするのが多数説だから，競業避止義務の性質については議論があるが，裁判例に従えば，特約及び法規の定めが存在しない場合にも競業避止義務が成立し，これを使用者は差止請求することができるのであるから，安全配慮義務について履行請求しうる場合を限定するいわれもないことになろう。

(2) 原則肯定説

安全配慮義務を「給付義務」ととらえる学説は，安全配慮義務も原則として履行請求しうると説く。

奥田昌道名誉教授（以下奥田説）は，安全配慮義務が保護義務と共通点があることを認めながら[23]，使用者の安全配慮義務は労働者の労働給付義務

の履行の前提をなし，かつ，論理的に先行することから「給付義務」にあたると主張し(24)，安全配慮義務を保護義務と区別された雇傭・労働契約に固有の義務として位置づける(25)。

　安全配慮義務が労働者の労働義務の履行に「論理的に先行する」という理由から，これを履行請求しうる義務とする説は，労働法学においても共鳴する学説が多い(26)。

　例えば，渡辺章教授は以下のように言う。「労働契約における安全配慮義務は，性質上使用者の給付義務（賃金支払い義務）に付随する義務か，それとも通説，判例のように労働契約上の信義則に基づく付随義務かが問題とされている。しかし，重要なことは安全配慮義務は右にのべたように法規的性質の義務であり，労働者に対する労働義務の履行請求権に論理的にも，事実的にも先行して履行されるべき本質的ないし密接不可分の義務であるということであろうと思う。すなわち，労働者は使用者が安全配慮義務に違反する場合には，予めその履行を求め，安全になったら労働するという趣旨の行動をとることができるであろう。(27)」

　安全配慮義務が給付義務である理由を，奥田説は二つあげている。

　一つは，安全配慮義務はドイツ民法618条に由来するが，ドイツにおいて618条の生成の経緯と保護義務のそれとは全く異なっていること(28)，第二に，安全配慮義務と保護義務とはその内容に差異があるということがそれである。

　日本法にとって第二の理由が重要だが，奥田説によれば，「保護義務は，契約準備交渉の目的であれ，契約の履行過程においてであれ，特定人間に生じた特別の接触のゆえに，一方的あるいは相互的に相手方の生命・身体・財産への干渉可能性・侵害可能性が増大することを根拠に，その者に特別に高められた注意を払うように義務づけるものである。」こうした義務の具体的形態は物・設備・場所を提供した者の管理責任である(29)。賃貸人，売主，使用者が同一の義務を負う点で，安全配慮義務は一般的保護義務と一致する。

　しかし，物・設備から生ずる危険に対する責任は，売主，賃貸人は目的物を提供した時点で買主，賃借人に移転するのに対して，使用者はそのまま負担する。この維持管理責任が使用者の安全配慮義務の基底となる。

保護義務は自分の行為から生ずる危険に対して責任を基礎づける。しかし，安全配慮義務によって，使用者には「自己の行為によって労働者の人身を侵害することのないように振る舞う（不法行為規範のもとでの不可侵義務）のみならず，労働者の健康管理の面で積極的にさまざまの措置をとることが義務づけられる。これは一般的な保護義務の内容あるいは限度を超えたものといわざるを得ない。[30]」

そして，奥田説において，上記のような安全配慮義務の具体的内容は労働安全衛生法によって特定される[31]。

労働法学では，安全配慮義務を付随義務ではなく労働契約の本質的義務ととらえるものが多数学説といえよう。すなわち，「科学技術を基礎としている近代企業の労働が労働者の生命と健康を侵害する危険を本質的に内包していること，しかも生命と健康が労働者の根源的権利であることが強調され，単なる私法上の信義則上の付随義務ではなく，生存権の法理に照射された労働者保護の原理にたつ労働契約の本質的義務であるとされ，あるいは労働契約締結の前提的不可欠の本質的義務であるとされるなど，雇傭契約と異なる労働契約の特殊性に関連づけてとらえられる傾向が強い。[32]」

しかし，労働法学においては，義務の範囲と程度について，保護義務との関連で論じることよりも，健康配慮義務との関連で安全配慮義務の特質が論じられる。すなわち，安全配慮義務を使用者の物・設備等の管理義務ととらえるか，これを超えた義務，たとえば労働者の健康管理面での積極的な措置をとる義務とみるかについて議論が交わされてきた[33]。

労働安全衛生法所定の健康障害防止義務の具体的措置を例にとると，そこには，①業務要因性のある危険から労働者を保護するものと，②直接業務要因性のない・労働者の肉体的，精神的素因ないし基礎疾患の発症，増悪の防止を含む健康自体の保護との，二つの性質の異なる保護目的が併存している[34]。

上記①の義務が基本的に，使用者が提供する設備器具または使用者自身の指示による事故を防止すること，すなわち，不作為を内容とする義務であるのに対し，上記②は，業務に起因しない危険（労働者自身の素因を含む）であっても業務遂行の過程において生ずる危険から積極的に労働者の生命・健康

を防止する措置を講ずるという義務，すなわち，作為を内容とする義務であり，労働法学説の多くは，これら二つを共に安全配慮義務としている(35)。これはまた，多くの裁判例がとる用語法でもある(36)。

　もっとも，少数説は，上記①の業務要因性のある危険からの保護を目的とした義務は安全配慮義務というべきであるが，上記②を目的とした義務は健康配慮義務であるとして，これを安全配慮義務と区別すべきだとする(37)。

　使用者が安全配慮義務を負う実質的根拠は，使用者による労働場所の「指定」，設備・器具の「供給」，労務提供過程での「指示・管理」にあるのに対し，健康配慮義務は「それ自体としては，労働者自身の健康に対する注意ないし自己管理に事業者が積極的に協力するよう義務づけられたもの」であり，「その違反は労働関係の場にふさわしい内容の不法行為法上の注意義務違反の問題」だとする(38)。

　労働法学説において安全配慮義務の履行請求について詳しく検討したものに三柴丈典助教授（以下三柴説）がいる。

　かれによれば，安全配慮義務は，労働安全衛生法規が目的とする労災予防の私法的派生である。かれは労働者の生命・身体・健康を確保する法的手段として「労災予防権」を提唱する。

　三柴説によれば，労働安全衛生に関する現行の法政策は，「複雑多様化した労働危険に対応するにあたり，本来そうした労働危険に最も身近な立場にある労働者の主体的活動を可能ならしめる権利体系及び参加体制，ならびに労働者がこのような活動をなす上での前提条件整備が欠如している」点で問題を有しており，こうした問題点を解決する法的手段として「労働者には労務給付拒絶権及び履行請求権等の私法上の労災予防権」が必要だと述べる(39)。

　三柴説は，ドイツにおける判例・学説を詳細に紹介した上で，これまでの裁判例は労働安全衛生法が定める義務について履行請求可能性を否定したものではなく，「むしろその内容が特定化され，とりわけ罰則の裏付けを有する規定等については，これを肯認したものである。」と評価する。

　かくして，三柴説は，労働安全衛生法に基づく行政監督による労災予防システムの問題点を克服するために，労働者個人による予防制度として労災予

防権の積極的導入を図り，その一環として安全配慮義務の履行請求権を位置づけるのである(40)。

以上のように，安全配慮義務の履行請求権を認める学説は，安全配慮義務を給付義務又は雇傭・労働契約に固有の義務として位置づけ，内容を労働安全衛生法上の義務によって補充し，義務違反に対する救済として損害賠償のみならず履行請求権をも認める。そして，こうした学説は労働安全衛生法上の義務を取り込む結果，健康配慮義務を安全配慮義務に加えたり，履行請求権の意義を行政による労災予防システム全体の中に位置づけるのである。

しかし，こうした学説に対していくつかの批判がなされている。

まず，批判の一は，安全配慮義務を雇傭・労働契約における固有の義務または給付義務と捉える説については，保護義務との比較において，安全配慮義務の内容が保護義務を超えるものとしているが，これは不法行為法上の注意義務と異ならないとするものである。たとえば，使用者が労務指揮権によって自己の管理する領域において労働者を危険に接触すべく強制するというが，問題は，個々の措置の不作為一般ではなく，予想される具体的危険との関連で必要な措置を講じたかどうか，これを講じないで労働者を危険が内在する業務に従事させたという作為が問題となる。これを一般的にいえば，「他人を危険に接触させる者がその危険の現実化を防ぐために負う義務という範疇が不法行為法上可能であるならば，適任の人員配置，安全教育，健康管理の義務を不法行為規範から導くことに問題はないのではないかと思われる(41)。」

第二の批判は，給付義務ないし固有の義務とすることが履行請求権と結びつけることに向けられる。だが，この批判については，次の学説と関連するので後で論ずることにしたい。

(3) 二分説

民法学と労働法学の理論動向をふまえ，安全配慮義務を履行請求の有無に従って「安全確保義務」（給付義務としての安全配慮義務）と「保護義務」に分かつ説が提唱されている。代表的論者として，宮本健蔵教授と下森定名誉教授があげられる。

宮本説(42)は，「労働者の生命・健康に対する損害の防止に関する，使用者

の指揮・命令の下でなされる労務のための物的環境の整備および人的環境の整備を内容とする」義務だけをとくに「安全確保義務」と呼んで、保護義務としての安全配慮義務から区別する。安全確保義務は、その効果として事後的救済の損害賠償にとどまらず、事前救済としての労務給付拒絶権および履行請求権をも認められ、その意味で「従たる給付義務」に位置づけられる[43]。

下森説[44]も、安全配慮義務を保護義務と区別して、労働契約に固有の義務としてとらえる。そして、雇傭・労働契約における安全配慮義務を、「高次の給付義務としての安全配慮義務」と位置づけ、給付義務性の根拠を、労働安全衛生法1条及び労働基準法13条に求める。すなわち、労働安全衛生法規で定められた使用者の、それ自体は公法上の義務が、同時に、使用者の私法上の安全配慮義務の内容をなすものと説く。

この学説は、安全配慮義務違反の効果として、履行請求、労務給付の拒絶、解約告知および損害賠償請求をあげ、保護義務違反としては損害賠償のみを認める。そして、使用者が安全確保義務を履行しない場合、「労働者の生命・健康に対する危険が現実に存在する場合あるいはその危険発生の蓋然性が強い場合には、労働者はその危険の除去あるいは予防措置を請求しうる。[45]」と説く。そして、「労働者が履行請求権の行使として実際にどの程度のことを請求しうるかは、ケース・バイ・ケースで判断するほかないが、労働安全衛生法規の定める基準が一応の目安となる。[46]」と説いている。

かくして、下森説は宮本説と同様に、給付義務の安全確保義務と保護義務としての安全配慮義務を区別し、前者を給付義務とするのである。

このように安全配慮義務を保護義務と給付義務に二分する説の要諦は、安全配慮義務を給付義務(安全確保義務)として位置づけ、履行請求権を積極的に認める点にある。他方で、保護義務と安全配慮義務の共通性を考慮し債務法体系全体との整合性を図って、安全配慮義務を保護義務としている。その意味では、雇傭・労働契約における固有性と保護義務の一般性を構造的に組み込んだ巧みな理論ということができる。

しかしながら、安全配慮義務と安全確保義務の違いについて必ずしも明確ではない。下森説は、労働安全衛生法上の義務は労働契約の内容となって安

全確保義務の具体的内容になるというが、その後で、「安全確保義務の具体的内容はこれにつきるものではなく、当該労働契約の内容、労務給付の場所、施設等の具体的状況により決定されるべきものである」と述べる(47)。

これはあたかも、保護義務としての一般的性格が安全確保義務にもあることを示している。下森説によれば、これもまた履行請求しうるとすれば、保護義務として存在するものも履行請求しうるということと同じことになるのではないか。換言すれば、履行請求可能性を基準にして、給付義務と保護義務に分けたことの意味が改めて問われることになる。

かくして、この二分説に対して次のような批判がなされることになる。すなわち、「ある義務がいかなる目的・内容のものであるかということと、それが請求可能か（さらには訴求するに適するか）ということとは別次元の問題である。(48)」そうだとすれば、そもそも安全配慮義務の法的性質を決定することと履行請求しうるということの関連性そのものが問われることになろう。

(4) 保護義務＝従たる給付義務説

安全配慮義務の履行請求について、その法的性質と履行請求について新たな視点を提供したのは潮見佳男教授である(49)。潮見説は、保護義務（完全性利益保護のための保護義務）を「従たる給付義務」と位置づけその訴求可能性を認めた上で、「給付義務か否かは、当該行為に対する請求権能を付与するのが妥当か否かという判断に基づき決定されるべきである。」(50)と説く。

「そして、身体、財産の完全性を侵害されずに債権者が給付結果を適切に享受するという状態を積極的に作出するためには、『契約目的達成のための行為義務』も『完全性利益保護のための行為義務』も、『（従たる）給付義務』とすることになんら論理的不都合はない。つまり、契約規範は単なる給付結果実現を保障するのみならず、契約目的が有効に達成されるように、かつ債権者の完全性利益を侵害することのない状態でその実現が図られるように、履行過程を規制するという目的に出るものである上に、そこでは何よりも給付結果を積極的に作出するという使命を担っているものであるから、その効果として、本旨に適わない行為の差止め——や単なる事後的効果としての損害賠償にとどまらず、事前の積極的な履行請求権をもこれら付随的な義務について付与することが妥当である。(51)」

潮見説は，履行過程の完全性利益の保護を目的とする保護義務を，四つの段階に分けて捉える。第一に，完全性利益の保護が合意を基礎として実現されるべきものとされる主たる給付結果を目的とする場合で，例えば，警備契約，寄託契約，幼児保護預かり契約における保護義務がこれにあたる。第二に，給付結果は完全性利益の保護それ自体を目的としていないが，給付結果を契約目的に適って保持・利用するためには完全性利益が保護されていることが必要である場合で，例えば，運送契約，診療契約，宿泊契約等の保護義務がこれにあたる。第三に，完全性利益保護が契約目的達成のための必要条件となっていないけれど，「取引的接触」つまり，給付結果を実現する目的でなされた具体的行為に際して発生しうる完全性利益侵害から相手方の保護を図るべき保護義務である。さらに，第四に，およそ特別の事実的接触が存在すれば，そこにおいて生じうる完全性利益の侵害をも保護義務の保護対象とする場合である[52]。

そして，これら各段階にある保護義務が「従たる給付義務」として履行請求しうるためには，潮見教授は，四つの規準に従って判断すべきだとする。すなわち，第一に，給付結果ないし契約目的実現のために，債権者の完全性利益が債務者に対して開示されること，第二に，そうして開示された完全性利益を保持・管理するために必要とされる注意を相手方（債務者）に委ねたこと，第三に，債務者による完全性利益侵害が，給付結果ないし契約目的の達成へと向けられた行為の中で生じたこと，第四に，当該完全性利益侵害は，給付結果ないし契約目的の達成に伴う特殊な危険の実現であることがそれである[53]。

以上の論述をふまえて，潮見教授は，安全配慮義務について，上記保護義務の第三段階の保護義務，つまり，「完全性利益保護のための従たる給付義務」で論じたのと同様の理論構成が，狭義の安全配慮義務について可能となる，とする。こうして，安全配慮措置請求権も，狭義の安全配慮義務を「従たる給付義務」と構成することにより帰結される[54]。

潮見説はこれまで給付義務・付随義務という二分法をその実現すべき利益の構造に立ち入り，これまで保護義務だという理由で履行請求権を否定してきた通説的見解に対し，一定の規準のもとに従たる給付義務として履行請求

(5) 平井説

　安全配慮義務に関するこれまでの学説はドイツ法流の債務構造論を踏まえたものであるが，平井宜雄教授はこれと全く異なる視点からこの問題にアプローチしている。

　平井教授は，給付義務・付随義務の区分について以下のように述べる。「大体において，給付義務とは『契約の目的を達成する義務』，付随義務とは『給付義務を実現すべく配慮する義務』と考えられている。効果としては，前者においては，その違反に対して強制履行・解除・損害賠償請求のいずれもなしうるが，後者においては，損害賠償請求にとどまると解されているようである。」「しかし，日本民法の解釈論としては，各種の義務を定立した上でその不履行により賠償責任が生じるという考え方に従う必要は必ずしも存しない。すなわち，履行不能・遅滞以外に明文のないドイツ民法では，積極的債権侵害を損害賠償法にとりこむ必要が生じたため，給付義務以外の各種の義務（付随義務または保護義務）の存在を認め，積極的債権侵害に対してはこれらの義務違反の故に責任を問いうるという論法が採られざるをえなかった。各種の義務を列挙するという形で問題を解決しようとするのは，このようなドイツ民法独自の構造から生まれたものであって，『債務ノ本旨』に従わざる履行をすべて債務不履行として扱う日本民法では，このような論法に従う理論的根拠は存しない。」[55]

　そして，平井教授は，「問題は，ドイツ民法のように，給付義務・付随義務という形で債権総則のレベルにおいて扱われるべきではなく，債務発生原因が契約の場合には契約各論のレベルで，言いかえれば，個々の契約の解釈として解決されるべきである。すなわち，まずいかなる義務が当事者により明示的または黙示的に合意されたのかを確定すべきであり，次に，契約の解釈という作業によってもなお当事者の意思が明らかにならない場合にはじめて，規範的な判断として当該契約によって意図された（法律の規定にもとづいて発生する債務の場合には，法律の目的に照らして）目的を最もよく達成するような義務が承認されるべきである（法律論としては信義則（1条2項）をその根拠として用いるしかないであろう）。」としている[55 a]。

こうした視点から，平井教授は，「生命及び健康等を危険から保護すべき義務」を，①契約の解釈として当然に生じる場合（保育委託契約等），②契約の規範的解釈として生ずる場合（雇傭契約の場合），③契約が存しない場合でもその法律関係の解釈として生じる場合（最高裁昭和50年2月25日判決）に区別し，上記①②と③を安全配慮義務と呼ぶことは混乱を生じやすく，③のみを狭義の安全配慮義務と呼ぶべきであるとしている(56)。

さて，平井教授が，ドイツ法的な債務構造論ではなく契約解釈論・債務発生原因論を出発点に置いたことは，日本民法415条，416条がイギリス法を母体法として構想されたという近年の比較法制度史の研究成果に照らすと(57)，説得的である。

川村泰啓名誉教授は，各国の約束保障形式の特質をはかる索出概念として「給付保障原則」と「金銭補償原則」を析出し，これが英独の民法の基本的骨格を特徴づけているとしている。これは約束違反の救済方式としては，「履行強制一元主義」と「金銭賠償主義」としても特徴づけることができる(58)。履行強制一元主義とは，約束内容のそのままの実現の強制を原則とする法政策であり，金銭賠償主義というのは，金銭賠償形式を原則的な約束保障形式とする法政策である。

「給付保障原則」に立つ法制（ドイツ）では，当事者による当初の履行約束をそのまま法的に承認し，この給付が不能となった場合に，債務者の帰責事由と相まって，不能となった債務の消滅とその損害賠償義務への転換（「債務転形」）を基礎づけることになる。その結果，ドイツ民法では，「債務転形」の要件として，給付義務の履行不能と履行遅滞の二つの要件しか用意できず，積極的債権侵害を損害賠償法にとりこむために，給付義務以外の各種の義務を定立せざるをえなかった。

これに対して，「金銭補償原則」に立つ法制（イギリス）は，当初の履行約束ではなく，約束違反があった場合の損害リスクの引受約束から出発し，当初の履行約束の帰趨とは別に，約束違反の事態において主として金銭賠償による救済をもたらす(58a)。すなわち，ここでは，債権・債務は，約束違反によって生ずる損害リスクを引き受けることを内容とするものであり，当初から損害賠償債権・債務である。その結果，こうした制度では，ドイツ法に

みられるような各種の義務の定立とその不履行という操作を不要とする。

川村名誉教授によれば，日本民法典は，フランス法と同様にこの二つの主義を併存させる法政策をとっている。すなわち，日本民法典は，給付保障による救済手段に向けて民法414条及び民法400条（債権の目的）が，金銭補償による手段に向けて415条，416条を設けている(58 b)。

その場合，債務不履行による損害賠償は，「与える債務の約束保障に引渡強制が併置されることは拒まないが，それは競合する約束保障形式の一つとしてであって，履行強制一元主義のもとでのように引渡強制が不能となった当初約束の対象を次善的に同強制が可能な金銭による賠償に置き換える，という金銭賠償による不履行修復を履行強制によるそれに従属させる対応とは異なる」ものとして理解されなければならない(58 c)。

それでは，日本民法414条（履行強制）を，金銭補償と給付保障の併存構成の下でどのように理解すればよいのだろうか。これはかなりの難問であり(58 d)，これを全面的に論じる準備も能力も現在の私にはない。また，それは本稿の目的でもない。そこで，以下では本稿の目的と関連する限りで，私なりの視点を示しておきたい。

まず，安全配慮義務の履行請求の可否をめぐる問題を考える場合，①給付義務・付随義務という区分から出発するのではなく，「生命・健康等を危険から保護すべき義務」の履行請求の可否を端的に検討すべきであること，②履行強制を請求する権利（これを「強制履行請求権」と呼ぶ）は日本民法においては，金銭賠償と並ぶ約束保障形式の一つにすぎず，当事者の当初の合意によって任意に履行を求める権利（これを「任意履行請求権」と呼ぶ）と分けて構想すべきだと考えている(59)。

そうだとすると，安全配慮義務の強制履行の可否は，給付義務・付随義務の法的性質とは別に独自に検討されるべきこととなる。

3 安全配慮義務の履行請求を認める理由

(1) 安全配慮義務の履行請求を認める理由

学説の一部は，安全配慮義務が労働者の労働義務の履行に先行する義務であることから，これを労働契約の給付義務ないし本質的義務と位置づけてい

る。しかし，安全確保が履行に先行することは必ずしも履行請求を認める理由とはならない。たとえば，家屋の建設を請け負った請負人が，注文者の所有する建設現場に土砂崩れの危険があるからといって，安全確保の履行を求める理由とならない。なぜなら，かれは作業を中止するか又は契約を解除して，そこから生じた損害を注文者に賠償請求すればよいからである。

　こうしてみると，安全配慮義務違反は原則として損害賠償により救済されるという多数学説は説得的といえよう。しかし，多数学説が安全配慮義務の履行請求または訴求可能性を否定する理由として挙げる理由も必ずしも説得的ではない。

　安全配慮義務の内容の事前不特定性は，競業避止義務の例を考えると，履行請求を否定する理由とはならない。また，安全配慮義務が保護義務であること，または不法行為法でいう注意義務と類似した性格を有することも，履行請求を否定する根拠とならない。奥田説が述べているように，「ある義務がいかなる目的・内容のものであるかということと，それが請求可能か（さらには訴求するに適するか）ということとは別次元の問題である」。

　結局，安全配慮義務の履行請求の可否は，雇用関係における安全配慮義務の特質やその内容の不特定性ではなく，ある安全措置に対する現実的な請求権能を付与することが妥当かどうかの法的判断に委ねられることになる。

　では，この法的判断はどのようになされるべきか。私は以前，安全配慮義務の履行請求について，ドイツにおける判例・学説を検討したことがある[60]。ここで，ドイツの議論を簡単に紹介して，参考としたい。

　ドイツでは，判例・学説は安全配慮義務を保護義務として理解してきたが，一方で，ドイツ民法典618条が定める安全配慮義務（Fürsorgepflicht）を履行請求可能な義務と解してきた。そこで，ドイツ民法学及び労働法学は，安全配慮義務がなぜ履行請求又は訴求可能であるか説明することに苦心することになる[61]。

　ドイツ民法学・労働法学は，様々な説明を試みているが，現代のドイツ法学は，安全配慮義務を保護義務としてとらえながらも，履行請求又は訴求可能であるとする説が有力である。メディクス（Dieter Medius）[62]，シュティルナー（Rolf Stürner）[63]がこの説を代表している。

そこで，ここでシュテイルナーの学説をやや長文になるが紹介したい。

シュテイルナーによれば，履行請求の可否は，法秩序が用意したその他の救済手段（損害賠償，解除，仮処分等）との比較衡量によって決められるべきである。他人の行動の自由を制限する履行請求は，他の救済手段によって妥当な結果が得られない場合に限り認められる。

保護義務は，ある法律関係に基づいて「特別な社会的接触の関係」に入った当事者間に発生する義務である。

その生命・健康および財産が危険にさらされているとき，誰でも「社会的接触」関係を変更することが許される。例えば，継続的商品供給者が，顧客の家屋の違法状態によって身に危険を感じるときは，かれは顧客の自宅での商品供給を拒否することができる。信義則に照らして，債務者は履行地を危険領域の外部に変更するよう請求できる。

危険から逃れるために「社会的接触」を変更することが不可能であるか又は期待できないときには，法益・財産に対する危険を回避するために「社会的接触」を終結させうるかどうかが問題となる。

危険にさらされている側が，相手方との「社会的接触」を簡単に終結させることができるかどうかは場合による。通常，金銭的利害のみが重要なときは，社会的接触の終了が容易だと思われる。終結によって生じた損失は損害賠償により補償されるからである。

したがって，崩落の危険がある注文者の土地の上で建物を建築している建設会社は，安全措置の実行を求める請求権を必要としない。なぜなら，期限内の仕事完成を拒否し，契約を解除し，債務不履行を理由に損害賠償を請求できるからである。その結果，社会的接触が容易に終結しうる場合，保護義務の履行請求権は必要ないことになる。

しかし，「社会的接触」関係の終結が期待できない場合，事情は異なる。というのは，「社会的接触」を維持することから生ずる利益は，終結によって生ずる損失の補償によって塡補されないからである。たとえば，売買契約締結後，目的物の危険な性状に関する情報提供を請求する買主や，企業に特有な技術・ノウハウの守秘を求める使用者には相手方に対する義務の履行請求権が認められる。

そこで問題となるのは,「社会的接触」の変更や終結が期待できない場合としてどのようなものがあるかということになる。シュテイルナーによれば,労働契約に基づく労働関係はそうした「社会的接触」関係に該当する[63a]。

要するに,スティルナーは,①保護義務の履行請求は,損害賠償,解除などのその他の救済手段によって満足が得られない場合の二次的な手段であり,②履行請求の可否は,その他の救済手段との比較衡量によって決せられ,③労働関係における安全配慮義務違反によって生ずる損失は,損害賠償,解約では塡補できず,履行請求権が認められるべきであると主張している。

シュティルナーの所説は,ドイツ法特有の債務構造論に基づいた立論ではあるが,履行請求権の発生根拠を損害賠償等の他の救済手段との比較衡量によって決定しようとする点で,日本法の解釈においても参考となると思われる。

裁判上,安全配慮義務の履行請求を争う事例が増えてきているが,その事案をみると,間接喫煙被害など長期間にわたり健康侵害がなされている場合,あるいは,勤務が労働者の疾病を増悪するおそれがある場合である。いずれも,将来の健康被害が問題となっている。これは損害賠償では問題は解決できない。

第二の特徴として,間接喫煙被害事件にみられるように,問題となっているのは,原告である労働者の個別被害だけではなく,他の労働者の労働条件でもある職場環境だという点である。言いかえれば,安全配慮義務の履行請求で争われているのは,集団的な労働条件の形成である。こうした問題を解決するためには,損害賠償や解約(退職)という手段では不十分であろう。

(2) 就労拒否と履行請求

シュテイルナーのいうように,一般に労働者が労働関係を終結することは期待できないとしても,労働者は,生命・健康が危険にさらされた場合労働給付(就労)を一時的に拒否できる。その場合,安全措置の履行請求を認める必要があるのだろうか。

労働者に労働拒否権(就労拒否権)があるかについて,これを肯定する学説が多数であり,また,わずかであるがこれを肯定する裁判例も存在する。その根拠として,同時履行の抗弁権の行使をあげるもの[63b],履行不能をあ

げるもの(63c)がある。さらに，有名な電電公社千代田丸事件・最高裁第3小法廷昭和43年12月24日判決（民集22巻13号3050頁）は，朝鮮海峡をめぐる拿捕又は機銃掃射の危険から，労働者がこの地域への海底線布設工事を拒否した事例であるが，最高裁は「かような危険は，労使の双方がいかに万全の配慮をしたとしても，なお避け難い軍事上のものであって——，また，その危険の度合いが必ずしも大でないとしても，なお，労働契約の当事者たる千代田丸乗組員において，その意に反して義務の強制を余儀なくされるものとは断じ難い」と判示した。

こうしてみると，生命・身体の危険に対し労働者は就労を拒否する権利があるというべきである。しかし，法的に可能であるからといって，労働者にこうした行為を期待できることにはならない。企業組織の中で労働者が就労を拒否することは事実上困難だからである。

就労拒否は，懲戒処分および賃金不払いといった使用者の反撃を呼ぶ。懲戒処分の効力を争う場合，労働拒否権の有無が直接に関係する。同時履行の抗弁権の行使という構成をとる場合，労働者はまず使用者による安全配慮義務の不履行を立証しなければならない。ところが，履行すべき安全措置を具体的に特定することは容易ではない。このことは，労働債務が社会通念上履行不能となったことの証明の場合にもいえる。

さらに，労働者には不就労期間中の賃金支払請求の問題が残されている。労働者は，労働拒否権とは別に，民法536条2項または労基法26条に基づいて賃金請求または休業手当の支給を争わなければならない(63d)。多くの場合，これは困難な作業となろう。

要するに，生命・健康侵害の危険を理由に労働者が一時的に就労を拒否することは，労働者に著しいリスクを負わせることになり，事実上こうした行為を期待することはできない。

以上のように考えると，一般に労働者が労働拒否権を有することは履行請求権を否定する理由にならない。

III 安全配慮義務の履行請求と労働安全衛生法

1 問題の所在

　安全配慮義務の履行請求の実際上の意義を考える場合，労働安全衛生法との関連を考慮に入れる必要がある。なぜなら，労働安全衛生法は，労働安全衛生規則やじん肺法などの特別法と相まって，事業者に労災予防のための様々な義務を課し，その履行は労働行政によって監督され，罰則をもって担保されているからである。

　これまで，私法的観点から安全配慮義務の履行請求の一般的意義を検討してきたが，民法の強制機構は迅速で具体的な状況に即した対応をとるには必ずしも適していない。そこで，学説の一部から，労災予防は労働安全衛生法等における安全措置に期待し委ねるのが適切であるとして，履行請求権に否定的な意見が出されている[64]。

　ここには二つの問題が含まれている。一つは，労働安全衛生法上の義務の私法的効力に関する問題である。すでにみたように，学説の一部は，労働安全衛生法に定める義務が使用者の私法上の義務となるとしたうえで，この義務は履行請求しうるというのであった。しかし，労働安全衛生法上の義務は，本来，国が使用者に課した公法上の義務であり，それが直ちに私法上の義務となるわけではない。

　第二の問題は，労働安全衛生法の予防システムが安全配慮義務の履行請求を不要とするかどうかである。労働安全衛生法に基づく予防制度が第一次的役割を果たすことは否定できない。しかし，安全配慮義務の履行請求は労災予防システムにおいてなんらの役割をも果たさないのだろうか。

2 労働安全衛生法上の義務と安全配慮義務

　労働安全衛生法令その他の法律は，事業者に対し様々な義務を課している。これらは，行政機関によりその履行が監督され，その違反に対しては刑事的・行政的手段により制裁される。したがって，これらの義務は，国が事業者に課した公法上の義務ということができる。

しかし，これまでの学説は，ほぼ共通して，「労働基準法・労働安全衛生法その他労働者保護法規及びそれに基づく規則等は，一般に使用者が労働契約上負担する安全配慮義務の具体的内容を形成すると解することができる」(64a)としてきた。学説は，その法的根拠として，労働安全衛生法1条が「労働基準法と相まって」職場における労働者の健康と安全を確保すると規定していること（いわゆるドッキング規定）から，労働安全衛生法上の義務は，労基法13条により強行的直律的効力をもつと説明している(65)。

裁判例も同様に，労働安全衛生法，同規則の「各規定は，いわゆる行政的な取締規定であって，右各規定の定める義務は，使用者の国に対する公法上の義務と解される。しかしながら，右各規定の究極的目的は労働者の安全と健康の確保にある（労安法1条参照。）と解するのが相当であるから，その規定する内容は，使用者の労働者に対する私法上の安全配慮義務の内容ともなり，その規準になると解するのが相当である。」（内外ゴム事件・神戸地判平2・12・27労判596号69頁）としてきた。

その意味は，主として，安全配慮義務の具体的内容の特定及び違反事実の主張・立証責任の軽減にある。三菱重工業神戸造船所事件・神戸地判平6年7月12日（労判663号29頁）は，使用者の安全配慮義務の具体的内容を特定し，義務違反に該当する事実を主張・立証する責任は原告（労働者）にあるとしたうえで，「本件のように労働安全衛生法上の各規定に基づき右安全配慮義務内容を主張した場合には，同法各規定の要件に該当する事実主張があれば，同安全配慮義務の内容は，これをもって具体的に特定された」とし，控訴審もまたこれを承認している（同事件・大阪高裁平成11年3月30日判決労判771号62頁）。

これまでの学説・裁判例に対し，最近，労働安全衛生法上の義務の私法的効力を否定すべきだと主張する学説が登場した。

小畑史子助教授（以下小畑説と呼ぶ）は，労働安全衛生法は，①「労働者の安全と健康の確保と，快適な職場環境の形成の促進を目的とし，それを総合的計画的な対策の推進により図ろうとする法規である」という目的の点から，②「労働安全衛生法が，義務規定と共にその履行確保方法をも定める自己完結的な構造であること」（法の構造）ことから，③「本法の義務の主体

が，事業者に限らず，労働安全衛生法に影響を及ぼしうる様々な関係者であること」から，④「罰則を課したり命令を発する他に，勧告，要請，勧奨，指導等，ソフトな行政手法が多用されていること」から（義務の履行確保の面），「その内容は私法的請求により実現されることを予定していない」[66]と主張されている。

さらに，小畑助教授は，これまでの学説に対し以下のように批判する。④労働安全衛生法の諸規定が，労基法13条の「この法律で定める基準」に当たるとは直接には言えない，⑤契約直律効があるとする場合には労働安全衛生法違反に基づく履行請求や労務給付拒否が認められうることになるが，このような請求が認められれば実際上不都合な事態が生ずることが予想される，⑥労働安全衛生法の規定を損害賠償請求訴訟において債務不履行の絶対的基準とすることは，損害賠償責任の判断の硬直化を招くおそれがある，⑦労働安全衛生法に労基法13条に相当する規定がないことは，労働安全衛生法が直接労働契約の内容とならない趣旨で立法されたことを意味する，と主張する[67]。

さて，私は，小畑説が労働安全衛生法の法的意義について包括的かつ詳細に論じ，同時に，安全配慮義務と労働安全衛生法との関連を立ち入って検討しこれまでの学説が十分認識していなかった論点を浮かび上がらせた点で高く評価されるべきだと思う。しかし，労働安全衛生法の定める義務が私法的効力をもたないという結論に賛成できない。

労働安全衛生法が主として公法的な目的から制定され，公法的手法（労働基準監督官等）により履行確保されていることはその通りだと思う。しかし，このことから直ちに労働安全衛生法規上の義務の「私法的効力」を否定することにならない。

近年の学説によれば，ある法規が公法または私法のいずれかに属するとしても，それはそのままその適用範囲を公法領域または私法領域のいずれかに限定することを帰結しない[68]。公法・私法の区分自体を無意味として，両者に共通する規範の存在を認める見解も存在する[69]。

小畑助教授の批判の要点も，労働安全衛生法が公法・私法のいずれに属するかという問題にあるのではない。そうではなく，「労働安全衛生法が，そ

もそも法として，規制対象の事業者等と国との間の規制関係のみではなく，事業者と労働者との間の労働関係を直接規律するのか」が問題とされている(70)。

労働保護法の公法的規制が一定の場合，使用者・労働者の私法的関係に影響を与えることは，労働保護法が登場した時代から問題とされてきた。そして，ドイツ，日本などの同種の労働保護法をもつ国において，労働保護法上の義務がなんらかのチャンネルを通じて私法的効力を有することはほぼ承認されてきた(71)。

確かに，労働安全衛生法は国の機関を用いて履行確保することを予定している。そこには当事者の契約内容に適さない義務も存在する。しかし，例えば，労働安全衛生法66条に定める事業者の健康診断実施義務のように，労働者が事業者に対して請求することを予定している義務も存在する。

これまでの日本・ドイツの学説は，労働保護法が定める公法上の義務がすべて私法的効力をもつというのではなく，その規定が罰則をもって担保されていたり，労働契約の内容となるのに適している限りで当事者間の義務となると考えてきた(72)。

したがって，労働安全衛生法上の義務が「私法的効力」を有するか否かは労働安全衛生法が公法に属しているか，換言すれば，公法的目的をもって制定され，公法的手段によってサンクションされているというだけで決定することはできず，労働安全衛生法上の義務が事業者・労働者その他の当事者間の権利義務関係の内容とされるべきか否かの法的評価の問題だということになる。

むしろ，最近の学説は，公法と私法の分離を相対化するだけではなく，国と私人の役割分担について積極的に「公私協働」が求められるとしている。

「国と私人が，法的性格の差異を維持しつつも，公共善を実現するために協働すること（公私協働 Kooperation）は，常に法的義務とはいえないにせよ，法的に可能である。概括的に言うと，公私協働において，国は，継続的に，また全ての分野を見渡して，公共善を実現することを法的任務とする。いわば公共善実現過程を安定化させ，その過程の概観可能性・一貫性を保障すべき組織として機能する。他方で，基本権自由を有する私人ないし社会は，

その都度それぞれの分野において，公共善の実現に関与する。いわば公共善実現過程に実験・試行と多様性・競争の要素を持ち込む主体として機能する。こうした意味で，公私協働により，公共善の実現過程は非集権化されることになる[73]。」

こうした観点は，労働者の生命・健康の維持・確保を目的とした法領域にも当然求められる。労災予防システムが有効に機能するためには行政組織による監視監督だけではなく，事業者の積極的な予防の取り組みや労働災害によって損害を被る労働者の主体的予防活動が不可欠だからである[74]。

労働者の生命・身体の安全確保という目的を達成するうえで，労働安全衛生法上の義務は，同時に労働者の主体的な活動を促すものとして捉えるべきである。

そう考えると，労働安全衛生法上の義務もまた，使用者・労働者間の権利義務として捉える必要があると思われる。

しかし，これまでの学説が，いわゆるドッキング規定と労基法13条に基づいて，労働安全衛生法上の義務が契約内容となるとしてきたのは，小畑助教授のいうように適切ではない。

学説を詳しくみると，そのいわんとするところは，労働安全衛生法上の義務は安全配慮義務の具体的内容となるということだけである。労働安全衛生法上の義務が独自の私法上の義務を創設するとまで主張している学説は見あたらない[75]。

また，こうした考えは妥当でもない。なぜなら，労働安全衛生法上の義務が独自の私法上の義務を創設すると考えると，この義務は，労働安全衛生法に定めたものに限定されることになるからである。したがって，労働安全衛生法その他の規定が，そのまま労働関係上の権利義務を創設するという意味で私法的効力をもつと解することができない。この点で，労基法の定める基準を直接に契約に定着させる労基法13条を援用することはミスリーディングであろう。

裁判例においても，労働安全衛生法規が直接に独自の権利を基礎づけるとするものはなく，安全配慮義務の内容を特定する限りで契約内容となるという（前出・三菱重工業神戸造船所事件・第1審及び控訴審参照）。

労働安全衛生法上の義務が私法的効力を有するという意味は、安全配慮義務の内容の具体化において、労働安全衛生法令の「規範的な判断として」（平井）、当該契約によって意図された目的を最もよく達成するような義務が承認(76)されることを指すと思われる。これは、通常の当事者意思の解釈とはいえず、信義則を根拠に、裁判官が一種の規範の定立を行っているとみるべきであろう。その結果、労働者は労働安全衛生法規に定める義務と使用者がその義務を履行していないことを主張・立証すれば、それだけで特定及び義務違反の立証がなされたことになる。

この点、小畑説をはじめ一部の学説は、裁判例につき、安全配慮義務を①労働安全衛生法令を遵守すべき義務として措定する立場と、②労働安全衛生法令上の規定を斟酌して措置する義務を使用者に課する立場と二つあるとしたうえで、後者の上記②の立場を妥当とする(77)。

上記①を労働安全衛生法令が直接に労働者・使用者間に独自の権利義務を創設する立場とみれば、確かに、上記①の立場は妥当とはいえないであろう。しかし、労働安全衛生法令上の義務は、それが安全配慮義務の具体化に適する場合、そのまま契約内容となるという意味にとらえるなら、上記①の立場は妥当ということになろう。

ただ、このように考えた場合、労働安全衛生法令に基づく膨大な安全措置がすべて使用者の義務となり「使用者に不可能を強いるに等しくなる」という懸念も存在する(78)。これは、労働安全衛生法令に基づく安全措置義務の不履行が、ただちに、履行請求権を発生させると想定した場合の懸念ではないだろうか。後述するように、労働安全衛生法令に基づく安全措置義務の不履行が直ちに履行請求権が発生させるのではなく、不履行によって健康侵害が継続しているか又は侵害の具体的な危険がある場合に履行請求しうると考えるので、そうした懸念はないと思われる。

3 安全配慮義務の履行請求と行政による労災予防

さて、行政による労災予防制度は、安全配慮義務の履行請求権を不要とするか。

小畑助教授は、労働者の申告権が定められていることから「行政への申告

に重ねて，それよりも時間がかかる私法的請求を許すのかという疑問が生ずる」ので，履行請求権を認めるべきではないという。そして，「本法を罰則つき義務規定を含めて公法的法規と解したとしても，特に不都合が生ずるとは考えられない。履行の実現は，申告権により私法的な履行請求よりも迅速・確実に達成され得る。」(79)と述べている。

だが，果たしてそういえるだろうか。

労働安全衛生法97条は，「労働者は，事業場に労働安全衛生法または命令の規定に違反する事実がある場合，その事実を都道府県労働局長，労働基準監督署長又は労働基準監督官に申告して，是正のため適当な措置をとるように求めることができる。」と規定している。

ここでいう「申告」とは，労働者が，労働基準監督機関に対して，法律違反等の事実を通告して，その権限の発動を促すことをいう(80)。この点に関し，判例は，「申告は，労働者が労働基準監督官に対して事業場における同法違反の事実を通告するものであるが，同法は使用者がその申告をしたことを理由に労働者に不利益な取扱いをしてはならない旨を定めるのみで，その申告の手続や申告に対応する労働基準監督官の措置について別段の規定を設けていないことからして，労働基準監督官の使用者に対する監督権発動の有力な契機をなすものではあっても，監督官に対してこれに対応して調査などの措置をとるべき職務上の作為義務まで負わせたものと解することはできない」と判示している（青梅労働基準監督署事件・東京高判昭和56・3・26）。

要するに，労働者が労働安全衛生法規違反を申告しても，労働基準監督署がそれで活動を開始するとは限らないということである。そこで，学説は，「このような申告に対しては，行政がこれに応じない場合も往々にあり得る。それというのも，かような申告権について，労働基準監督署を含めた行政機関は，これまでに行政判例において形成されてきた『反射的利益の法理』もしくは『自由裁量の法理』によって行政権発動の可否，およびそのあり方に関して広範な裁量権を保障されてきているから(81)」であると主張する。

最近では，労働者の生命・健康に直接関わる労働安全衛生の領域において，労働保護機関の裁量権に一定の限界を設けようとする判例(82)も出てきた

389

が，それも行政機関の作為義務を生じさせる上で厳しい条件を課しており，その雇用過程において健康不安を感じた労働者が，症状が発現する前段階で，迅速にその対応を求めることに困難があるといえる[83]。

こうした現状認識に立って，三柴助教授は，労安法上の本来的救済手段たる労働者の申告権については，その行使にどれほどの効果を期待できるかは未知数であり，さらには，安全衛生問題に積極的興味を示さない労働組合が対応を怠った場合，又は危険が切迫していてかような手続きを踏み得ない場合も想定でき，この場合にも，「労働者には労務給付拒絶権及び履行請求権等の私法上の労災予防権を行使し，その前後に司法上の確認を得る手段が唯一残されることになる。」としている[84]。

Ⅳ　就労請求権と履行請求

ドイツにおける判例・学説によれば，安全配慮義務の履行請求権は，労働者が就労請求権を有する限りで存在するとされている[85]。これに対して，日本では履行請求権と就労請求権の関連についてこれまで十分論じられてこなかった。

就労請求権とは，労働契約関係が有効に存在しているにもかかわらず，正当な理由なく使用者が就労を拒否した場合，労働者が，労働契約に基づいて現実に就労させることを請求できる権利である[86]。

宮本教授は，履行請求権を有する「安全確保義務」と保護義務としての安全配慮義務に分けたうえで，前者について，「労働者は働くこと自体に自己形成や自己存在の確認等の利益を有し，このような労働者の利益を保護することが人間尊厳の思想に合致する」から，労働者に「就労請求権」が認めるべきだとしたうえで，ここから「生命や健康に対する危険の除去を求める権利（履行請求権）が労働者に認められなければならない」と主張する[87]。

一般的にいえば，損害賠償，労働者からする退職，労務提供拒否の他に，なぜ労働者はことさらに安全配慮義務の現実的実現を求めるかと言えば，それは，職場での現実的労働に特別の価値を認めるからに他ならない。その意味では，安全配慮義務の履行請求と，職場での現実的就労を求める就労請求

権は密接に関連している。

それどころか、労働者が安全配慮義務の履行を請求しうるのは、職場における現実的就労を請求しうることを条件とするのだから、就労請求権は安全配慮義務の履行請求権の論理的前提とさえいえるかもしれない。

しかし、就労請求権が認められる限りで履行請求権を認めるという説には従うことができない。

就労請求権が裁判で問題となるのは、違法な解雇や出勤停止等の処分を受けた労働者が、従業員としての地位保全の仮処分や賃金仮払いの仮処分とともに、就労妨害禁止の仮処分を求める場合である[88]。これに対して、安全配慮義務の履行請求が問題となるのは、労働者が現に就労しているなかで安全確保措置の実現を求める場合である。すなわち、就労請求権が問題となるのは、就労が拒否されている場合であるのに対し、安全配慮義務の履行請求が争われる場合は現に就労している場合だから、問題状況が全く異なるといわざるをえない。

安全配慮義務の履行請求を求める意義は、必ずしも人間の尊厳を確保したり、働くこと自体に価値を見いだすことにあるのではなく、生命・身体・健康への危険を免れるという点にある。

V 履行請求のプロセスと内容

1 問題の所在

履行請求権という用語はいろいろなレベルで用いられ、混乱を来すおそれがある。能見教授は、履行請求権を「債権の内容」のレベルで用いるべきではなく、損害賠償や解除とともに、「契約違反に対する救済手段」として位置づけ[89]、「履行および不履行のプロセスに関連する債権者の権能[90]」として用いるべきだとしている。

多くの学説は、履行請求権を履行ないし不履行のプロセスにおいて債権者に認められる権能であるとしたうえで、これを、①例えば債務の履行期が到来したことを理由に債権者が履行を請求するという場合のように、裁判外で用いられる履行請求権（これを「任意的履行請求権」と呼ぶ）と、これに対し

て②債務不履行の後，債権者が債務者に対して裁判で給付を請求できるという意味の履行請求権（これを「強制的履行請求権」と呼ぶ）に分けている[91]。

このように，任意的履行請求権と強制的履行請求権を区別することによって，両者を異なった内容をもつものとしてとらえることが可能となる[92]。任意的履行請求権は，当事者の当初約束（履行引受約束）及び債権者の期待した利益状態の達成に向けたもの，すなわち，債務者側の事情を考慮しない・約束の端的な履行実現に向けたものと解されるのに対して，強制的履行請求権は，債務者側の履行できなかった又は履行しようとしない事情を考慮した履行実現保障に向けられている。例えば，履行不能による債権の消滅は，強制的履行請求権が脱落する障害事由ということになる[93]。

以上の一般的理論は，安全配慮義務についても同様に考えることができる。すなわち，安全配慮義務の履行請求権には，裁判外で労働者が使用者に対して履行請求する場合と，使用者がその履行を怠った場合に強制的実現を求める場合の二種類を想定することができる。

しかし，安全配慮義務は当事者の合意ではなく信義則により生ずる場合もあり，信義則上の安全配慮義務は事前に債務の内容が特定されておらず，当該労働者が置かれた状況によって履行請求すべき内容が変化する。そこで，任意的履行請求権と強制的履行請求権の内容も，契約締結とその後の履行プロセスのなかで異なる内容をもって特定されることになる。そのために，両者の違いが明瞭に現れることになる。

問題の所在を明らかにするため，具体的に高島屋工作所事件を例に考えてみよう。

前出の高島屋工作所事件（大阪地判平成2年11月28日労経速1413号3頁）は，原告は被告に対し「原告に対し，業務内容の変更，配置の転換等の具体的措置を提示し，協議を開始するまでの間，平成2年6月8日以降1日につき金6000円支払え」といった請求内容の訴えを提起した。

通常，労働者が安全配慮義務の履行請求を行う場合，何らかの意味で自己の生命・健康の侵害のおそれを感じている。それは，現在すでに健康侵害が継続していてこれを差し止めようとする場合もあろうし，まだ健康被害は生じていないが損害発生が差し迫っている場合もあろう。

14　安全配慮義務の履行請求

　そこで，なんらかの安全措置または健康増悪防止措置の実現を請求することになるが，労働者には二つの選択肢がありうる。一つは，労働者が望む措置を特定しそれを使用者に請求するというものである。この場合，労働者は履行請求する安全措置を自分で特定することになる。

　問題は，当該労働者には具体的にいかなる措置を講ずべきかよく分からない場合である。高島屋工作所事件を例にとれば，視力が低減している労働者にとって配転に適する職場がどこにあるのか知らないし，また，配転以外いかなる方法があるのかわからないからである。

　ここで求められていることは，使用者が労働者の求めに応じて適切な措置を提案し協議することである。通常，これは，裁判外での労使の自主的な交渉事項であり，裁判上の訴求を念頭においていない。しかし，現に健康の増悪が差し迫っており，勤務に耐え得ない状況なのだから，労働者としては使用者に対し業務遂行により疾病が増悪しないようなんらかの対策を講ずるよう求めることになる。

　この請求に対する使用者の対応には二つ考えられる。第一に，高島屋工作所事件の使用者のように，協議に応じないというものである。第二に，ある特定の措置を決定しこれを業務命令するというものがある。

　まず，使用者の第一の対応（使用者が協議に応じない場合）に対して，労働者は上記の請求内容をそのまま裁判上訴求することが考えられる。すなわち，高島屋工作所事件を例にとれば，「業務内容の変更，配置の転換等の具体的措置を提示し，協議せよ」という請求がこれである。この場合，これが「請求の趣旨」として適法なのかどうか，すなわち，訴求し，強制執行する対象として特定されているかどうかが問題となる。

　この他，使用者の第一の対応に対して，労働者は労務給付を拒否するという対応も考えられる。ここでは，労働者の労務給付拒否の正当性と不就労の間の賃金支払請求権の有無が問題となろう。

　さて，使用者の第二の対応（使用者が特定の措置を命令する）に対して，これに同意しない労働者は，使用者の業務命令に従わないこと（業務命令違反）や，使用者が命令した措置ではなく自分が適切と考えた特定の措置の履行を裁判上訴求することが考えられる。業務命令違反の場合には，使用者に

よる懲戒処分の効力が問題となる。

　ここで重要な問題は第二の対応である。第二の対応に対して，労働者の生命・健康の危険を除去する方策が複数存在し，使用者がその中から一つを選択したことに対して労働者がこれに異を唱えることが考えられる。ところが，いかなる措置をとるかについて，使用者は当該労働者の健康被害の蓋然性のみならず，経営上のコストその他のリスクを考慮しなければならない。複数の選択肢が存在する場合，このうちからどれを選択するかは，基本的に，使用者の裁量に委ねられている。使用者の裁量と労働者の履行請求との調整をどのように行えばよいかが問題となる。

2　任意的履行請求権
(1)　任意的履行請求権の内容の特定

　安全配慮義務の具体的内容の特定の問題に入る前に，安全配慮義務の内容を確認しておきたい。

　判例によれば，安全配慮義務とは「労働者が労務提供のため設置する場所，設備もしくは器具等を使用し又は使用者の指示のもとに労務を提供する過程において，労働者の生命及び健康等を危険から保護するよう配慮すべき義務」である。

　すでに述べたように，安全配慮義務は，使用者が提供した機械・設備や指揮命令によって，労働者の生命・健康を侵害しないようにするという不作為を内容とするものと，第三者による加害を防止したり，労働者に従前から存在した疾病，素因による増悪を防止するために適切な措置を講ずるといった作為を内容とするものがある。

　任意的履行請求の場合であっても，履行請求する内容は労働者が特定しなければならない[94]。

　判例によれば，使用者の安全配慮義務の内容は，生命・健康侵害の態様・程度，労働者の職種，労務内容，労務提供場所等安全配慮義務が問題となる当該具体的状況等によって特定される。労働者が具体的状況に合わせて，生命・健康被害を除去する措置を特定することになる。

　多くの場合，安全配慮義務の具体的内容は，労働安全衛生法に定める義務

14 安全配慮義務の履行請求

によって特定される。

　労働者が履行請求権の行使として実際にいかなる請求しうるかについて，労働安全衛生法などの規定を考慮して，次のように考えることができる。

　第一に，労働安全衛生法規が，一定の要件を満たさないものの使用を禁止している場合（例えば，黄燐マッチやベンジンなどの有害物の製造・販売・譲渡・使用の禁止）には，事業者はこれらの規定に違反するとき，労働者は当該行為の差し止めを請求することができる。

　第二に，ある物を使用するには一定の事故防止装置を施すべきことが規定されている場合（例えば，研削盤等に覆いを設けるよう命じている場合）には，労働者は当該防止装置の設置を請求できる[95]。

　第三に，労働安全衛生法規が，労働者のために事業者に一定の作為義務を課している場合にも，労働者はその行為の履行を請求できる。

　例えば，労働安全衛生法66条1項は，事業者による健康診断の実施義務を定めているが，使用者が法定健康診断を実施しない場合，労働者は同法所定の要件に該当することを主張すれば，健康診断の履行を請求しうる。

　労働安全衛生法上の義務が発生する要件が概括的，抽象的である場合には，労働者の置かれた具体的状況及び労働安全衛生法の趣旨を総合的に考慮して決定することになる[96]。

　高島屋工作所事件判決において，旧労働安全衛生法66条7項が「事業者は，健康診断の結果，労働者の健康を保持するため必要があると認めるときは，当該労働者の実情を考慮して，就業場所の変更，作業の転換，労働時間の短縮等の措置を講ずるほか，作業環境測定の実施，施設又は設備の設置又は整備その他の適切な措置を講じなければならない」と規定しているが，判決はこの規定の仕方が抽象的，概括的であるうえ，この規定が罰則を科すことを予定していないことから，本来的履行義務になったとまでは認められないとして，請求を棄却している。

　しかし，「事業者は，――労働者の健康を保持するために必要と認めるとき」とは，その趣旨を考慮すれば，労働者において健康診断の結果，就業に支障をもたらす程度の障害，疾病が客観的に認められる場合を指すと解することができる。本件では，労働者に眼病があり，そのためにこれまでの業務

の遂行に支障があることは明らかなのであるから，使用者は適切な措置を講ずるために労働者と協議する程度に特定されていると解することができる。

安全配慮義務の内容が労働安全衛生法によって具体化できない場合，履行請求する内容をどのように，またどの程度特定するかについて争いがある。

(2) 使用者の安全措置提案義務

問題は，当該労働者にとってどのような安全措置を講ずべきか明らかではない場合に生ずる。というのは，通常，労働者は生命・健康の危険を除去する方法を選定する情報を持たないし，さらに，考え得る措置が複数存在する場合もあるからである。

例えば，同僚の喫煙によって健康被害が生じた場合（いわゆる受動喫煙），被害を受けた労働者は，当該職場における空気清浄機の設置，タバコ煙被害が存在しない職場への配転命令，事業所内の分煙または事業所内の全面禁煙措置のいずれを使用者に履行請求すべきか判然としない。

仮に，労働者がこの中で最も効果的と思われる措置，すなわち，事業所内全面禁煙措置を使用者に求めた場合，今度は，同僚労働者の喫煙の自由との抵触が問題となる（さらに，職場が列車・旅客機であれば顧客の喫煙の自由も問題となる）。のみならず，使用者にとってこのいずれの措置をとるにしても，必要となる経費，事業所内のスペース，顧客との関係など様々な事項を考慮に入れて判断せざるを得ず，結局，どのような安全措置を講ずるかは使用者の裁量に委ねざるを得ない面がある[97]。

そうだとすると，ここには，使用者の裁量と労働者の履行請求権との調整問題が存在することになる。

通常は，職場における安全の実現のために，労使が自主的に協議し，適切な措置を協議することになろう。一般に，当事者間の履行に向けた交渉は，契約に内在する要請と考えるべきであろう[98]。とりわけ，継続的契約関係である労働関係においては，履行に伴う紛争を解決するために双方が交渉し協議することは，労働契約の当事者に要請されているとみるべきである。

そこで，安全配慮義務の履行請求のプロセスの第1段階として，労働者は使用者に対し，当該状況においてどのような安全措置を講ずるべきか裁量的に判断し，適切な措置を労働者に提案し協議するよう履行請求することがで

きると解する⁽⁹⁹⁾（これを「安全措置提案義務」と呼ぶ）。

したがって，安全配慮義務の任意的履行請求権は，三種類の請求，すなわち，危険・有害物を使用しないという不作為請求，安全配慮のための具体的措置をとることに対する作為請求と交渉機会の実効的保障という作為請求から成る⁽¹⁰⁰⁾。

安全配慮義務の履行請求は，義務が具体的に特定されるか否かにとどまらず，使用者の行為又は不作為により労働者が現に生命・健康が侵害され，又は侵害される具体的なおそれがあることが要件となる。なぜなら，安全配慮義務の履行請求は，使用者の業務命令権や施設管理権を直接に制限するものであり，また，損害賠償請求のように，現実の損害の発生，義務違反と損害の因果関係を要しないため濫用のおそれがあるからである⁽¹⁰¹⁾。

京都簡易保険事務センター事件（第1審判決）（京都地判平成15年1月21日労判852号38頁）は，履行請求権は現実に被害が発生しなくても事前に予防措置を講ずることを求めるものであるから，損害の発生は必須の要件ではないが，生命・健康に「現実的な危険が生じていること」が要件となり，被害が一時的な不快感にとどまる場合には，履行請求権は成立しないとしている。

これまでの裁判例をみると，「現実的な危険が生じている」状態とは，①健康被害が現に生じており，こうした状況が継続している状態，②生命・健康被害が生ずる具体的な危険がある状態をいうと解させられる。

3　強制履行請求権

(1)　強制的履行請求権の内容の特定

実体法上，履行請求権が認められるとしても，裁判においては，この請求権を具体化し，特定して仮処分，訴訟等の裁判を求めることが必要である。これは，具体的には，「請求の趣旨」（訴訟の場合），「申請の趣旨」（仮処分の場合）をどのように記載するかという問題になる。

履行請求権が実体法上認められても，適法な内容，態様の請求の趣旨として記載することができなければ，不適法な訴訟として却下されることになる。

この問題は，公害などの差止請求裁判において抽象的作為請求または抽象的不作為請求の問題として議論されてきた。

一般に，請求の趣旨を記載するに当たって，訴訟物を特定することが必要である。訴訟物の特定は，審理の対象を明確にし，相手方の防御権を保障し，二重起訴の範囲や既判力の範囲を確定するために不可欠である。

訴訟物の特定の要素，程度については，必ずしも明確な基準があるわけではないが，①行為の種類，②行為の態様，③行為の場所，④行為の対象，⑤行為の方法，⑥請求者の範囲，⑦請求の相手方の範囲等によって，審理，相手方の防御権，二重起訴，裁判の効力（既判力，執行力等）の各段階において裁判手続きの要請を満たせば足りると解されている[102]。

もっとも，特定の程度は，特定すればするほど履行請求の範囲が狭く限定され，その実効性が失われるおそれがあるのに対し，この要請を緩和すればするほど，強制執行が困難となり，この側面から履行請求の実効性が失われるおそれがある。

特定の要素，程度については，個々の事案毎に必要な範囲で決定することが求められる[103]。

安全配慮義務の履行請求に関しても，訴訟において請求の趣旨が明らかになる程度に具体的に特定しなければならない。

どの程度特定すべきか個々の事案ごとに判断することになる。例えば，他人の喫煙による被害を被った場合に，原告である労働者は使用者に対し，「事業所内を禁煙にせよ」といった内容の請求は許される。

前掲・京都簡易保険事務センター事件第1審判決は，請求内容が特定されていないとする被告の主張に対して，以下のように判示した。「原告らの，本件センターの庁舎――を禁煙にせよとの請求は，請求原因とも併せると，被告に対し，本件センターの庁舎管理権に基づき，本件センターの庁舎内において職員，外来者を問わず，すべて人による喫煙を禁止し，かつ，適宜の方法で，そのことを周知させ，これを遵守させるようにすることを求めるものであることは明らかである。そして，その内容は，社会通念上容易に理解することができ，被告に対し，困難ないし不可能な措置を求めるものではない（被告は，その方法，手段が明らかではない旨主張するが，いかなる方法によって，庁舎内の禁煙を実現するかは，被告に委ねられていることであるから，その手段方法までも特定しなければならないものとは解されない）。」

(2) 使用者の安全措置に対する異議申立

　使用者が特定の措置を選択し，これを実行したにもかかわらず，労働者はこれに異を唱え，労働者が適切と考える措置の履行を裁判上請求しうるだろうか。これを肯定すべきだと考えるが，この場合，裁判において，使用者が自己の裁量を瑕疵なく行使したかどうかが審査される。

　具体的な判断枠組みについては，同種の問題が，いわゆる受動喫煙における差止請求裁判（岩国市職員嫌煙権訴訟・山口地裁岩国支部判平成4年7月16日判時1429号32頁，東京地判平成3年4月23日）で問題となっているので，これを参考とすると以下のように考えることができる[104]。

　使用者の決定の是非を判断するためには，現に行われている侵害行為の態様・程度又は将来生ずべき侵害の危険の蓋然性に加え，使用者が複数存在する防止措置から当該措置を選定したときの合理性（ここには複数存在する措置のそれぞれの有効性，措置をとるに要する費用の多寡，難易度等が比較衡量されるべきである），使用者が選定した措置によっても残る労働者の不利益の程度等を総合的に判断しなければならないと思われる。

(3) 使用者が任意の履行請求に応じなかった場合

　裁判外で，安全措置提案義務を使用者が任意に履行しなかった場合，労働者は特定の安全措置の履行を請求できるだろうか。

　労働者が任意履行請求権の段階で特定の安全措置について，使用者が協議に応じなかったことは，任意的履行請求に対する不履行となる。使用者は安全配慮について自己の裁量を行使しなかったのであるから，労働者は使用者に対し，具体的な安全措置の履行を訴求することができると解するべきである。

　しかしながら，安全措置が複数存在するのであるから，通常は，特定の措置をとるという作為ではなく，使用者は労働者に対し「〜させてはならない」といった不作為請求がとられることになろう。

　たとえば，長時間勤務による過労死の損害賠償事件である富士保安警備事件判決（東京地判平成8年3月28日）を例にとると，請求の趣旨には「所定労働時間以外に，連続する4週において43時間を超えて就労させてはならない」というように一定期間の総労働時間規制を可能とする請求が考えられ

る(105)。

さて，労働者は任意的履行請求権として請求した内容（安全措置の提案・協議）をそのまま訴求することができるだろうか。

高島屋工作所事件でなされた「業務内容の変更，配置の転換等の具体的措置を提示し，協議せよ」という請求が「請求の趣旨」として適法なのかどうか，すなわち，訴求し，強制執行する対象とすることには疑問なしとしない(106)。交渉という事柄の性質上給付内容を特定することが困難だからである(107)。

しかし，使用者は任意に協議に応じないことにより労働者は安全配慮について使用者と協議する地位そのものが否定されているのだから，この場合，使用者が協議に応ずべき地位にあることの確認を求めること（確認請求）又は労働者が協議を求める地位にあることを仮に定める仮処分の申請を行うことは可能であろう(108)。

こうした司法的救済は，給付請求権のように直接に特定の安全措置の実現を求めるものではないが，元請会社が下請労働者の安全配慮義務の存在を否定する場合のように，安全配慮義務の債務者性を確定して当事者間の法律関係の枠組みを確定する機能を果たす点で意義があると思われる。

（１）　水野勝「過労死をめぐる法律問題――予防と補償の促進の視点から」日本労働法学会誌90号（1997）171～2頁。
（２）　小畑史子「労働安全衛生法規の法的性質（３）」法学協会雑誌112巻5号644～5頁。
（３）　H.Köhler, Vertragliche Unterlassungspflichten, AcP 190 (1990), S.511.「――（契約的不作為義務の）訴求可能性を否定する要件は，保護されるべき者が不作為義務違反から生ずるおそれのある危険を期待できる方法で回避しうることである。例えば，労働者は，使用者が作業を困難にするようにみえるという理由で機械の保護装置を除去しようとする場合には，通常618条に基づく不作為請求権をもたない。というのは，労働者は危険のある機械を用いた作業を拒否できるからである。」
（４）　ドイツ労働法学では，安全配慮義務の履行請求は就労請求権を保有する場合に限定されている。
（５）　望月浩一郎「過労死と安全配慮義務の履行請求」日本労働法学会誌90号（1990）178頁は，「安全配慮義務の履行請求が実務上認められないとされてきた実質

的理由は，第一に，義務の内容が不確定であり，状況に応じて可変的であること，第二に，安全配慮義務の履行方法が複数存するときにそのいずれを選択するかは，使用者の業務指揮権として，裁量に委ねられていることにある。」と指摘している。

(6)　最判昭和 59 年 4 月 10 日民集 38 巻 6 号 557 頁。

(7)　下級審裁判例においては学校事故の損害賠償事件においても安全配慮義務違反が問題とされているが，川井健ほか編『民法コンメンタール（9）民法第 415 条　10 特殊問題──安全配慮義務』(1989) 2078 頁（高橋眞）は，近時の最高裁判決は学校事故について安全配慮義務という表現を用いていないことに注意を促し，「最高裁が，雇傭関係およびそれと同視しうべき法律関係以外の場面において安全配慮義務の語を用いることには消極的であることを示唆するものと解しうる」と述べる。

(8)　奥田昌道「安全配慮義務」『石田喜久夫・西原道夫・高木多喜男先生還暦記念論文集・中巻　損害賠償法の課題と展望』(1990)　7 頁。宮本健蔵「雇傭・労働契約における安全配慮義務」下森定編『安全配慮義務法理の形成と展開』(1988) 190 頁。國井和郎「安全配慮義務」についての覚書」判タ 364 号（1978) 72〜4 頁。

(9)　奥田・前掲注(8) 7 頁。

(10)　奥田昌道編『注釈民法(10)債権 1』(1987) 366〜7 頁（北川善太郎）。「契約上，契約当事者が相手方の生命・身体・健康ないし財産に対して負担する安全義務・保護義務と労働関係における安全配慮義務とを特に区別しない見解があり，これは民法学者に多い。──安全配慮義務を私法上の安全義務・保護義務と特に区別しない説は今日でも有力であり一般的といえよう。」

(11)　北川善太郎「債務不履行の構造とシステム」『安全配慮義務の法理の形成と展開』276 頁。

(12)　北川・前掲注(10) 368 頁。

(13)　北川・前掲注(10) 368 頁。

(14)　北川・前掲注(10) 368〜9 頁。

(15)　奥田昌道『債務総論（上）』(1982) 16 頁。

(16)　椿「履行請求権（下の 1 ）」法律時報 69 巻 3 号 70 頁，能見「履行障害」NBL 別冊 51 号『債権法改正の課題と方向』(1998) 110 頁。後述するように，履行請求しうるという意味を，裁判外で履行請求しうるというものと，裁判で訴求しうる又は執行しうるというものとは性質が異なり，区別する必要がある。

(17)　前田達明「債務不履行責任の構造」判例タイムス 607 号（1986)　2〜3 頁。北川・前掲注(11) 293 頁は，「安全注意の履行請求権は当然ながら認められない」という。

(18)　北川・前掲注(11) 293 頁。

(19)　前田・前掲注(17) 3 頁。

(20)　このことを明確に指摘するのは，stürner である。Der Anspruch auf Erfuellung

von Treue- und Solgfaltspflichten, JZ 1976, S.386.

(21) 東京リーガルマインド事件・東京地決平成 7 年 10 月 16 日（労判 690 号 75 頁）は以下のように判示している。「退職した役員又は労働者が特約に基づき競業避止義務を負う場合には，使用者は，退職した役員又は労働者に対し，当該特約に違反してされた競業行為によって被った損害の賠償を請求することができるほか，当該特約に基づき，現に行われている競業行為を排除し，又は将来当該特約に違反する競業行為が行われることを予防するため，競業行為の差止めを請求することができる」。岩村正彦「競業避止義務」別冊ジュリスト『労働法の争点［第 3 版］』(2004) 147 頁。

(22) Stürner, a.a.O., S.386.

(23) 奥田・前掲注(8)23 頁。

(24) 奥田・前掲注(15)20 頁。「――ここで問題とされている安全配慮義務は，国と公務員，使用者（雇用主）と労働者（労務者），という労務提供関係（本質的には，雇傭契約・労働契約関係）における国・使用者の，公務員・労働者に対する安全配慮義務なのであって，『公務員が前記の義務を安んじて誠実に履行するためには，国が，安全配慮義務を負い，これを尽くすことが必要不可欠』と述べているごとく，公務員・労働者の給付義務の履行の前提をなし，かつ，論理的にはそれに先行するものというべきである。したがって，(3)で述べた保護義務というよりも，給付義務そのものである，つまり，国・使用者は，給与・賃金支払義務と安全配慮義務との二つの給付義務を同時に負っているものと解すべきであろう。」

(25) 労働契約上，使用者は労働者が労働給付を行う際にその前提としての就業環境を整備するために労働者の生命・身体を侵害しないように労務指揮権を行使しなければならない。こうした労務指揮権との関連性において，安全配慮義務が労働契約に固有な義務であることの根拠を認めることになる。

(26) 和田肇「雇傭と安全配慮義務」『安全配慮義務法理の形成と展開』143 頁は次のようにいう。「第一に，安全配慮義務は法律関係当事者間の『特別な社会的接触』から生じる危険を未然に防止すべき義務であるが，それは労働契約では次のことを意味する。つまり，労働契約を締結した労働者は，使用者の提供する労働場所，設備等を利用し，その指揮命令に従って労務給付を行わなければならない。そして，かかる労務給付に伴いがちな危険を未然に防止すべきは，労務給付の前提要件を整える義務として，労務指揮権を行使する使用者に課される。換言すれば，使用者の安全配慮義務は，労務給付請求権あるいはその一部をなす労務指揮権の行使に当然随伴する義務なのである。」。

(27) 「労働法理論における法規的構成と契約的構成」日本労働法学会誌 77 号（1991）35 頁。

(28) ドイツ民法 618 条の成立の経緯については，高橋眞『安全配慮義務の研究』(1992) 25 頁以下参照。

(29) 奥田・前掲注(8)24〜5頁。「保護義務の内容は、瑕疵(危険)のない正常な物・設備・場所等を提供すること、物・設備等に内在する固有の危険については、十分な情報(使用上の注意等)を与えることなどが考えられる。売買・賃貸借における売主・賃貸人の買主・賃借人に対する保護義務は、以上のことで尽きているといえよう。その後の当該目的物・設備等の維持・管理は、買主・賃借人が自己の責任において行う。使用者—労働者関係においては、この維持・管理責任は依然として使用者に留保される。この維持・管理責任が安全配慮義務の根拠(基底)ではなかろうか。」

(30) 奥田・前掲注(8)23頁。「労働関係における安全配慮義務は、物的設備の危険性に由来する労災事故の場合に限られないこと、広く労務の管理、健康の管理など広汎な拡がりを有していること(職業病の防止や、過労死の問題なども射程に入る)、言い換えれば、自己の供給した物または自己の行為から相手方の生命・健康等に被害が生じないように注意すること(これが保護義務に共通のメルクマール)に尽きない」(27頁)。

(31) 奥田・前掲注(8)14頁、和田・前掲注(26)。

(32) 水野勝「安全配慮義務」別冊ジュリスト『労働法判例百選［第6版］』(1995)122〜3頁。

(33) 水野・前掲注(32)123頁は、安全配慮義務の内容を使用者の物・設備等の管理義務ととらえる見解を「管理権説」と呼び、これに反対する学説を三つあげている。第一は、使用者の管理支配する業務遂行の過程で接触するおそれのある危険から労働者の生命、健康を保護する義務であるとする見解(支配権説)、第二には、従属労働関係に規定された労働災害の危険の特殊性に留意し、安全配慮義務を労働者の生命の安全と健康それ自体を確保する高度の義務と解し、労働者の過失、第三者の行為、不可抗力が介在しない限り賠償責任を免れないとする見解(高度義務説)、第三に、労働者の過失をも予想し万全の措置を尽くして労働者の生命の安全と健康を確保する義務であって、不可抗力の存在する場合を別とすれば責任を免れないとする見解(絶対的結果債務説)がそれである。水野名誉教授のこの整理は、川義事件・最高裁判決や下級審での健康配慮義務を認めた裁判例の出現によって再度見直される必要があると思われる。

(34) 渡辺章「健康配慮義務に関する一考察」『労働関係法の国際的潮流』78頁。

(35) 諏訪康雄「職業病の総合精密検診は業務命令で強制することができるか」判例評論308号(判例時報1123号)55頁は、「健康配慮義務は広く認められるに至った安全配慮義務の下位概念と目すことができよう。」また、安西愈「企業の健康配慮義務と労働者の自己保健義務」季刊労働法124号(1982)19頁「この健康配慮義務はわが国の実定法上には明文の規定はないが、いわゆる判例法として形成され定着したいわゆる安全配慮義務であ」ると述べている。

(36) 例えば、前掲の空港グランドサービス・日航事件(東京地判平成3年3月22日判

第Ⅲ部　職場環境と労災

例時報1382号29頁）。
(37)　渡辺・前掲注(34)78頁。
(38)　渡辺・前掲注(34)81頁。
(39)　三柴丈典『労働安全衛生法論序説』(2000) 4頁，70頁。
(40)　三柴・前掲注(39)462頁以下。
(41)　奥田説ないし給付義務ととらえる説についての包括的な検討は，高橋眞「安全配慮義務の性質論について」『奥田昌道先生還暦記念　民事法理論の諸問題　下』(1995) 307頁以下。
(42)　宮本・前掲注(8)193頁以下。
(43)　宮本・前掲注(8)193頁。
(44)　下森定「国の安全配慮義務」下森編『安全配慮義務法理の形成と展開』239頁。
(45)　下森・前掲注(44)245頁。
(46)　下森・前掲注(44)246頁。
(47)　下森・前掲注(44)245頁。
(48)　奥田・前掲注(8)29頁。
(49)　潮見佳男『契約規範の構造と展開』(1991) 160頁，143頁以下。
(50)　潮見・前掲注(49)143〜4頁。潮見説はこれまでの給付義務のとらえ方と異なるので，給付義務・付随義務をどのように説くか確認してみよう。潮見説（144〜6頁）は，「給付義務」について，「給付結果の実現という面を中心に据え，かつ，給付結果を『債権者が請求権の作用に基づいて債務者に求めることができる利益』と定義した上で，かかる給付結果を実現すべき義務（給付結果実現義務）として『給付義務』を捉えることができる。」そして，「ここでは，給付結果は行為の目的であると同時に給付義務の対象でもある。この給付義務は，履行過程の展開の中でその内容が具体化される。」「このような立場からは，給付義務は，一方において，給付結果実現を目的とする抽象的・包括的レベルにおいて把握されると共に，他方において，その内容が履行過程において具体化したものが結びつけられた具体的行為レベルにおいて把握される」。そして，潮見説は上記の履行過程において具体化したものと結びつけられた義務を付随義務と呼び，これを給付結果を実現するために履行過程の各段階で債務者がなすべき「具体的行為義務」と「給付結果を取り巻く『付随的利益』について配慮する義務としての『従たる給付義務』」を析出する。さらに，こうした義務とは区別されたものとして完全性利益を保護するための従たる給付義務が存在することになる。
(51)　潮見・前掲注(49)143〜4頁。
(52)　潮見・前掲注(49)148〜9頁。
(53)　潮見・前掲注(49)151頁。
(54)　潮見・前掲注(49)159〜160頁。
(55)　平井宜雄『債権総論［第2版］』(1994) 49頁。

(55 a)　平井・前掲注(55)49〜50頁。
(56)　平井・前掲注(55)57頁。安全配慮義務を上記のように分類した上で，平井教授は，安全配慮義務の要件・効果について，①原被告間に私法上の契約関係が存在しないけれど，それと同様の権利義務関係の存在（とくに公法上の権利義務関係）を公認できる場合であって，②その権利義務関係が一方当事者の提供する場所・設備・器具等を使用しまたはその指示の下に労務を提供するという内容（雇傭契約類似の関係）に伴って発生するものであり，③その義務違反が生命・身体の侵害をもたらす場合に，債務不履行の効果としての損害賠償責任を発生させるものであるとしている。しかし，この定義は，雇傭契約上の安全配慮義務とは別の狭義のものに向けられており，安全配慮義務をこのように狭く捉えるべきか疑問なしとしない。
(57)　川村泰啓『個人史としての民法学』(1995) 403頁は「私（川村名誉教授――鎌田）は，日本民法典の『債権ノ目的』規定の体系的組成をドイツ民法典のそれと対比することを介して，間接的に民法415-6条が金銭補償原則に立脚する，それもフ民型ではなくてイギリス・モデルに倣った金銭補償原則に立脚した制度構成を採るものであることを検証してみました。」として，日本民法典415-6条の比較法的位置づけを本書において実証している。川村名誉教授は，415条，416条を起草した穂積陳重が，起草にあたってイギリス法にいう breach of contract と Hadley v. Baxendale case をモデルとしたこと，そして，この穂積草案が，その後の民法起草委員会において様々な修正を加えられながら，基本的に維持されたとしている。詳細は，同書183頁以下参照。こうした比較法制度史の方法をもちいて，売主の担保責任制度を分析したものに，川村洋子「比較法制度史と日本民法典の売主の担保責任制度」がある。この論文は，（一）（法学志林99巻1号（2001））から掲載が開始され，現在（八）（法学志林102巻3・4合併号（2005））まで公刊されているが，未完である。
(58)　川村洋子「比較法制度史と日本民法典の売主の担保責任制度」（一）法学志林99巻1号（2001）64頁以下は，約束保障方式を「金銭賠償主義」と「履行保障第一主義」（この用語は後に「履行強制一元主義」に変更されるので，以下では履行強制一元主義という表現を用いる）に分け，以下のように説明している。「第一の立場は，約束を履行保障形式による約束保障（任意履行の成果の法的承認と現実的履行の強制，以下，履行保障と略記する）の対象として一元化する履行保障第一主義の立場であり（ドイツ民法241条），第二の立場は，これに対して，約束を第一義的には金銭賠償形式による約束保障の対象として捕捉してくる金銭賠償原則の立場である（フランス民法1138条，同1142条）。前者では，契約時を基準時とする給付の可能が，履行保障の対象である給付義務が有効に成立するための必須要件である（ドイツ民法306条）。金銭による損害賠償義務は，少なくとも契約的債務としての損害賠償義務は，有効に基礎づけられている給付義務の履行保障（すなわち現実的履行の強制）が後発的に不能化した事態において，しかもこの事態が債務者の責めに帰すべき事由により

惹き起こされていることを加重要件として（同280条），給付義務が次善的に履行保障が可能な金銭による損害賠償義務に目的を変更（債務転形）した第二次的救済（同249条以下）にとどめられている。」そして，この約束保障をめぐる二つの立場に対応して，保障の根拠となる約束の法的とらえ方もまた分かれてくる。「一つは，約束違反に起因する損害リスクの引受（"assumpsit", charger le risque）という約束観であり，このような約束観を踏まえて基礎づけられてくる『債権・債務』は言葉の厳密な意味において損害賠償債権・損害賠償債務であることになる。もう一つは，任意履行レベルでの約束観をそのまま継承した履行引受約束であり，したがってこのような約束観のうえに基礎づけられてくる『債権・債務』は，給付請求権・給付義務となる。」。同（三）法学志林101巻1号4～5頁。

(58 a) 川村泰啓・前掲注(57) 424頁以下参照。

(58 b) 川村泰啓・前掲注(57) 404頁参照。

(58 c) 川村洋子・前掲注(57)（五）94頁。

(58 d) 併存構成をとっているフランス民法は，債務を「与える債務」と「なす債務又はなさない債務」に分け，後者の不履行は損害賠償に帰する旨を明文（フランス民法1142条）で規定している。つまり，履行強制は与える債務だけに許されている。また，イギリス法においても強制履行（特定履行 specific performance）が認められているが，これはエクィティ法上の救済手段であり，コモン・ロー上の救済手段と区別されている。したがって，金銭補償原則に立脚する法制では，この併存を調整する試みがなされているといえよう。これに対して，日本民法414条1項は，このような二分法をとらず，すべての債務につき直接強制をなしうると規定している。その結果，両者を整合的に理解することが著しく困難となっている。そこで，通説は，フランス流の「与える債務」と「なす債務」の区分を導入し，414条1項に定める直接強制が許されるのは「与える債務」であり，「なす債務」については原則として直接強制は許されず，414条2項，3項が定める強制手段のみが許されるとした（我妻栄『民法講義Ⅳ 債権総論』87頁以下参照）。

(59) 約束違反に対する救済の面から，債権・債務の意味も異なっていることから，履行請求権の内容も，契約の任意履行のレベルの履行請求権とこれの不履行に対する履行請求権という二つのタイプの履行請求権が分化させられることになる。川村洋子・前掲注(57)（三） 5頁注(5)参照。

(60) 鎌田耕一「ドイツにおける使用者の安全配慮義務と履行請求」釧路公立大学紀要『社会科学研究』 6号（1994）35頁以下。

(61) この点で，学説の一部は，安全配慮義務は原則として付随義務又は保護義務であり，損害賠償を請求できるにすぎないが，特定の場合，例えば，当事者が相手方の安全を契約目的として合意した場合やそれが法律に定められた場合，従たる給付義務に高められると主張している。これはラーレンツ（Karl Larenz）の説であるが，ドイ

ツ民法学説のかっての通説といわれる。これに対して，618条の定める安全配慮義務を保護義務とは異なる義務（「配慮義務」と呼ぶ）であると主張する説が存在する。これはかっての労働法学の通説とみられるもので，ニッパーダイ（Nipperday）の学説がこれを代表している。詳細は，鎌田・前掲注(60)参照。
(62)　Dieter Medicus, Bürgerliches Recht, 19. Aufl. 2002, S.149-150.
(63)　Stürner, a.a.O., S.386.
(63 a)　Stürner, a.a.O., S.387.
(63 b)　宮本・前掲注(8)。同時履行の抗弁権が行使しうるためには，安全配慮義務の履行請求権が成立し，使用者がこれを履行していないことを要件としている。安全配慮義務の具体的内容は当該労働者が就業場所において置かれた状況によって異なるのだから，履行請求の具体的内容が特定された時点をもって履行請求権が成立すると考えるべきである。
(63 c)　東京地判昭和57年12月24日判時1071号142頁。これは，会社内において他の社員らから集団暴行を加えられたのに使用者が安全確保措置を講じなかったことが，民法536条2項本文の「債権者の責めに帰すべき事由」にあたるとして，集団暴行を受け就労しなかった労働者らが，右安全確保措置のなされるまでの期間の賃金請求権が認容された事案である。ここで，裁判所は，「——使用者が右の義務（安全配慮義務—鎌田）を尽くさないために労働者が労務を提供しようとすればその生命及び身体等に危害が及ぶ蓋然性が極めて高く，そのため労働者において労務を提供することができないと社会通念上認められる場合には，労働者の使用者に対する労務の給付義務は履行不能に帰し，しかもその履行不能は使用者の責めに帰すべき事由よる履行不能に当たるものと解するのが相当である。」と判示している。
(63 d)　同時履行の抗弁権の行使ととらえる説によれば，労働者が履行を拒否している間に労働給付義務は不能となり，それは債務者（使用者）の責めに帰すべき事由により不能となったことを証明しなければならない。履行不能と構成する説は，職場において危険が存在することは使用者の責めに帰すべき事由であり，これから直截に536条2項の適用を主張することになろう。
(64)　北川善太郎「私法学会シンポジュム総括」私法52号36頁。
(64 a)　片岡曻「労働者の健康権」季刊労働法124号7〜8頁，西村健一郎「白ろう病と民事損害賠償」ジュリスト827号（1084）50頁。なお，労働安全衛生法の歴史的展開と概略については，保原喜志夫「労働災害防止立法はどのように展開してきたか」保原・山口・西村編『労災保険・安全衛生のすべて』（1998）2頁以下及び畠中信夫『労働安全衛生法のはなし』（2001）を参考とした。
(65)　下森・前掲注(44)241頁。「今日の労働関係においては，労働安全衛生法規により，労働者の安全衛生に関し，様々な高次の社会法的義務が使用者に課されており，それは同法1条（労基法とのドッキング規定），労基法13条を通じて労働契約の内容

となっているといえる。」和田肇「雇傭と安全配慮義務」122頁。
(66)　小畑・前掲注(2)644～5頁。
(67)　小畑・前掲注(2)614頁。
(68)　大久保邦彦「公法と私法」神戸学院法学32巻2号（2002）51頁。「法体系全体を公法と私法の二つに峻別し、両者を、固有の法原理を異にする完全に独立した別個の法体系と捉える見解は、かっては有力だったけれども、今日それを支持する見解は存在しない。」
(69)　大久保・前掲注(68)56頁以下参照。
(70)　小畑史子「労働安全衛生法規の法的性質」(一) 法学協会雑誌112巻2号221頁頁。
(71)　片岡曻・西村信夫他『労働基準法』(1959) 5頁。こうした理解が通常であったことについて、小畑・前掲注(70)239頁。ドイツの学説状況については、Wlotzke, O., Öffentlichrechtliche Arbeitsschutznormen und privatrechtliche Recht und Pflichten des einzelnen Arbeitnehmers, in Festschrift für Marie Luise Hilger und Hermann Stumpf, 1983, S.739.
(72)　片岡曻『新版労働法』(1989) 551頁は罰則を伴わない規定は安全配慮義務の内容とならないという。ドイツでは、労働契約の内容に適した規定について私法的効力をもつという。Nipperdey, Die privatrechtliche Bedeutung des Arbeitsschutzrechts, in Festgabe zum 50. Bestehen des Reichesgericht, Bd.4 (1929) S.203ff.
(73)　山本隆司「公私協働の法構造」『公法学の法と政策(下)』(2000) 535頁。
(74)　例えば、厚生労働省・今後の労働安全衛生対策の在り方に係る検討会「今後の労働安全衛生対策の在り方に係る検討報告書」(2004)「1　今後の労働安全衛生対策の在り方に関する検討」は以下のようにいう。「今までの労働安全衛生法は、労働者の安全と健康を確保するために最低限必要な措置につき法令で定め、その遵守を図ることを基本として法の仕組みが組み立てられている。この仕組みを維持しつつ、今一度労働災害の大幅な減少を実現するために、労働安全衛生法の基本的な考え方を、後追い的に個別の予防対策を追加していく手法から先取り的に予防対策を導入する手法に転換し、事業者が積極的に自ら危険・有害な状況を把握し、その除去・低減を図ることとする制度的な環境整備が重要である。」事業者にとどまらず労働者の役割も重要である。「労働災害で最大の被害を被るのは労働者当人であり、また、労働災害の危険を予知しやすい立場にいる。労働安全衛生法においても労働者の責務は定められているが、その中心は事業者の講ずる措置に対する対応義務に限られている。労働者の安全意識を高め、労働者も主体的、かつ、積極的に労働災害の防止活動に参加することが望まれる。」
(75)　これは、ドイツにおける議論と大きく異なる点であるように思える。ドイツでは、労働者保護法規が二重の効果をもち、618条の意義は公法上の義務を契約上の義務に

転化させる点にあった。
(76) 平井宜雄『債権総論』（初版）45 頁。
(77) 中島士元也「労働関係上の付随的権利義務に関する感想的素描」『労働関係法の現代的展開』（2004）170 頁。
(78) 中島・前掲注(77)170 頁。
(79) 小畑・前掲注(2)649 頁。
(80) 佐藤勝美『労働安全衛生法の詳解』（1992）830 頁。
(81) 三柴・前掲注(39)69 頁。
(82) 大東マンガン事件・大阪地判昭和 57 年 9 月 30 日判時 1058 号 3 頁，札幌栗山クロム事件・札幌地判昭和 61 年 3 月 19 日判時 1197 号 1 頁。
(83) 三柴・前掲注(39)69 頁。
(84) 三柴・前掲注(39)69～70 頁。
(85) Schaub, Handbuch des Arbeitsrechts 10, Auflage 2002, S.24.
(86) 就労請求権に関する文献は多い。就労請求権を概説している文献に限れば，水野勝「就労請求権」増刊ジュリスト『労働法の争点』（1979）199～200 頁，下井隆史「就労請求権」増刊ジュリスト『労働法の争点［新版］』176 頁以下，藤原稔弘「就労請求権」別冊ジュリスト『労働判例百選［第 7 版］』（2002）36～7 頁，大沼邦博「就労請求権」増刊ジュリスト『労働法の争点［第 3 版］』（2004）143～4 頁。
(87) 宮本健蔵「雇傭・労働契約における安全配慮義務」明治学院大学紀要・法学研究 36 号（1986）155 頁。
(88) 藤原・前掲注(86)36 頁。
(89) 履行請求を損害賠償（金銭賠償）に対してどのように位置づけるかはコモンロー体系と独仏の法体系で異なる。川村洋子・前掲注(57)（五）94 頁によれば履行強制を請求する権利（伝統的な用語でいえば履行請求権）は金銭賠償原則の下では，金銭賠償と並ぶ・約束違反に対する約束保障形式の一つにすぎず，債権の効力として発生する・任意履行を求める請求権（これも伝統的には履行請求権と呼ばれている）とは異なるという理解をもたらす。これを自覚的にする用語法を用いれば，約束違反に対する履行請求権は「強制的履行請求権」であり，任意履行を求める履行請求権は「任意的履行請求権」ということになる。
(90) 能見善久「履行障害」『債権法改正の課題と方向』NBL 51 号（1998）108 頁。
(91) 椿教授は，つとに，これまでの民法学説における履行請求権の用語法を分析し，履行請求権を裁判外の任意の請求力（これを椿教授は「狭義の履行請求権」と呼ぶ）と裁判上の請求力（これを椿教授は「履行訴求権」と呼ぶ）に分けることを提唱している。「履行請求権（中）」法律時報 69 巻 2 号 40 頁。
(92) 「任意履行請求権」は当事者の合意の履行引受に対応している。「強制履行請求権」の内容は当事者の当初約束（履行引受約束）に明示された内容に限定されず，逆

(93)　潮見佳男『債権総論』(2003) 158 頁以下。
(94)　安全配慮義務の内容を特定するのは原告（労働者）であるとするのが判例である。最判昭和 56 年 2 月 16 日民集 35 巻 1 号 56 頁。
(95)　宮本・前掲注(8) 207 頁。
(96)　日鉄鉱業松尾採石所じん肺第 1 審判決（東京地判平成 2 年 3 月 27 日判時 1342 号 16 頁）。
(97)　望月浩一郎「過労死と安全配慮義務の履行請求」日本労働法学会誌 90 号 (1997) 178 頁。宮本・前掲注(8) 208 頁。
(98)　内田貴『契約の時代』(2000) 89 頁以下は、契約を「契約締結前の段階から履行完了後に至る、連続的な一連のプロセス」ととらえ、こうした観点から、契約改訂、交渉促進をめぐる様々な権利義務が発生することを説いている。
(99)　山本隆司「学校事故と安全配慮義務」法律時報 55 巻 1 号 210 頁は、安全配慮義務の「交渉機会の実効的保障という作為請求」を強調する。「──安全配慮義務の給付義務性を強調する学説が、安全配慮義務の具体的履行方法が義務者に一任されているものではなく、その履行過程における関係両当事者の交渉によって形成されるとする考え方の契機を含んでいる」。
(100)　山本・前掲注(99) 210 頁。ただし、山本教授は、これを任意的履行請求権の問題として論じていない。
(101)　競業避止義務の差止請求に関する東京リーガルマインド事件・東京地決平成 7 年 10 月 16 日（労判 690 号 83 頁）は、「──競業行為の差止請求は、職業選択の自由を直接制限するものであり、退職した役員又は労働者に与える不利益が大きいことに加え、損害賠償請求のように現実の損害の発生、義務違反と損害との間の因果関係を要しないため濫用の虞があることにかんがみると、差止請求に当たっては、実体上の要件として当該競業行為により使用者が営業上の利益を現に侵害され、又は侵害される具体的なおそれがあることを要し、右の要件を備えているときに限り、競業行為の差止めを請求することができる」と説いている。
(102)　升田純「差止請求の裁判例と実務」総合研究開発機構・高橋宏志共編『差止請求権の基本構造』(2001) 43 頁。
(103)　升田・前掲注(102) 43 頁。請求の特定については、高橋宏志・大塚直・瀬木比呂志・秋山幹男・井上治典「差止めと執行停止の理論と実務」判タ 1062 号 (2001) 26 頁以下参照。
(104)　岩国市職員嫌煙権訴訟では、判決は、人格権に基づき侵害行為の差止請求の可否を判断するためには、一般に、侵害の態様、程度、加害行為の利益、差止による影響を考慮しなければならないとし、いわゆる受動喫煙の差止請求を争った本件では、

14 安全配慮義務の履行請求

非喫煙者が受ける影響の程度(その性質上,生命,身体,健康上の利益を重視する)のほか,社会一般の喫煙に対する考え方,喫煙者と非喫煙者とが混在する職場における喫煙規制の状況等を総合判断し,侵害行為が受忍限度を超えたものであるかどうかを判断すべきだとしている。
(105) 望月・前掲注(97)182頁。
(106) 山本・前掲注(99)。交渉機会の実効的保障という作為請求について,「実際にはこうした作為請求自体を例えば強制履行の対象とするというような形で裁判の俎上に載せることには疑問がある。」と指摘している。
(107) 例えば,団体交渉請求権の可否をめぐって,山口浩一郎『労働組合法』(1983) 129頁。
(108) この考えは,団体交渉を求める法的地位に関する多数学説・裁判例を参考にした。団体交渉を求める法的地位の確認又は仮処分の可否については,菅野和夫「団体交渉拒否の司法救済」増刊ジュリスト『労働法の争点〔新版〕』(1990) 90〜91頁参照。

15　職場いじめ・嫌がらせの法理
――フランス法と比較した素描的考察――

石 井 保 雄

I　問題状況

　日本における1970年代，80年代の職場いじめは企業にとっての異端者あるいは少数派を排除しようとするものであり，職場八分や他の従業員からの隔離，差別などの方法がとられ，彼らをいわば，他の労働者への「見せしめ」とすることにより，企業支配を貫徹させようとしていたと指摘されている[1]。裁判例では，東京電力や関西電力，全税関に関する一連の事件など思想・信条を理由とする組合間差別に関する複数の事案が取り上げられた。これに対し90年代のわが国では，バブル経済崩壊後，とくに中高年労働者への退職強要が広く社会的関心を集めた。具体的には，ポスト外し，仕事の取り上げ，職場での隔離，日付なしの退職届の提出，執拗な呼出しや詐言を弄した退職勧奨，遠隔地への配転・出向，生活できないほどの賃金・一時金の切り下げなどの手段が用いられている。そしてこれに対峙する労働者たちはほとんど孤立していて，孤独な対応を余儀なくされていると指摘されている[2]。さらに最近では，労働者の自発的（?）な退職へと追い込むなどの目的を実現するための手段としてではなく，いじめ・いやがらせそれ自体がいわば自己目的化したと思われるような例も増えている。

　1990年代以降，わが国のみならず世界的にもILOやEU諸国を中心に職場いじめ・いやがらせに関する関心が高まっている。とくにスウェーデン（1993年），フランス（2002年），ベルギー（同），さらに北米カナダのケベック州（同）では，それぞれ，職場いじめ・嫌がらせを規制する法規定が設け

られている⁽³⁾。諸外国におけるそれと類似した現象はみられるが，規制する立法のない日本では，このような問題ははたして現行法上どのように捉えられ，処理されているのか。本稿は，制定法を有するフランスにおける議論と対比することにより，このことの検討を試みたいと思う。

II　職場いじめ・いやがらせの類型化

1　職場いじめ・嫌がらせとは何か

　日本では，職場いじめを直接規制する法規定はなく，その概念規定を試みる裁判例もない。後述する類型論をのぞき，それ自体，法的議論の対象となっていないがゆえに，その概念把握のあり方は，フランス法の方が活発に論じられている。

　フランスで今日「精神的ハラスメント harcèlement moral」といわれるものが社会的に注目され始めた 1990 年代当初は，他のヨーロッパ諸国と同様に「モビング mobbinng」や「ブリイング bullying」という英語表記——とくに前者——が用いられていた。それは，長年この分野で研究を重ねてきた故ハインツ・レイマン Heinz Leymann の著書 (Mobbing, Rowohlt Taschebuch Verlag GmbH, 1993) の存在およびそれが 1996 年に翻訳・紹介された (MOBBING: La persécution au travail, traduit par Edmond Jacquemot, Ed. Seuil, 1996) ことによるものであろう。同書では，10 年以上におよぶスウェーデンでの調査を踏まえて「長期間にわたる，一ないし複数の者による，第三者への敵対的言動の連鎖」である「モビングは，破壊のプロセスである。それは個別的にはさほどのものではないが，継続して繰り返されることにより重大な結果をもたらす敵対的行動である」(Ibid., p.27.) と説明されている。その後仏語表記としては「心理的ハラスメント harcèlement psychologique」あるいは「職業的ハラスメント harcèlement professionnelle」なども用いられていたが，労働法典および刑法典中に，従来のセクシャル・ハラスメント harcèlement sexuelle と並んでこれを規制する法規定を設けた社会現代化法 Loi du 17 janvier 2002 de modernisation sociale⁽⁴⁾制定時 (2002 年) は「精神的ハラスメント」という表現が一般化していた。こうし

て今日，仏労働法典 L.122 条の 49 第 1 項は，いう。

「いかなる労働者も，その権利及び尊厳を毀損し，身体的若しくは精神的健康を損なわしめ，又はその職業的将来を危うくさせるおそれのある，労働条件の悪化を目的とし，又はそのような結果をもたらす精神的ハラスメントの反復した行為を受けてはならない」。

これは従来から設けられていた（1992 年 11 月 2 日法）セクシュアル・ハラスメントに関する刑法典 222 条の 33 の 2 の文言・形式を踏襲するものである。同条は① 権利および尊厳の毀損，② 身体的ないし精神的健康を損なうこと，そして③ 労働条件の悪化の 3 つを並列させている。すなわちこれら 3 つのいずれかに該当した場合，精神的ハラスメントが存在することになる。そこでは，行為＝加害者の主観的意図とは関係なく，そのような結果が生じたか否かが重視される。つぎに同条は「精神的ハラスメントの反復した行為」とのべているが，それは本来的に一時的なものではなく，繰り返し行なわれるものとして，想定されている。なお，このような呼称や立法内容に大きな影響を与えたと思われる著書では，つぎのように説明されている[5]。

「精神的ハラスメントという言葉は，行動，言語，行為，身振り，文書による，人の人格や尊厳，または精神的・肉体的完全性を侵害して，その者の雇用を脅かし，また労働環境を悪化させる，あらゆる濫用的活動を意味する」。

一方日本では，職場いじめ・嫌がらせについて，主にそれがどのような機能や実際的な効果をもつものなのかということに着目した類型論がみられる。それによれば，「タイプⅠ」は，「いじめそのものを目的とする行為」である。その具体的な行為形態として，特定の従業員の作業態度・性格・容貌・服装などの悪口をいう，些細なミスをとらえて罵倒する，プライヴェートな生活について根も葉もない噂を流す，電話を盗み聞きする，休憩中の振舞いを監視する，私物を汚すなどの行動が例示されている。「タイプⅡ」は「労働諸条件の低下をともなういじめ」であり，賃下げ，降格，配転，出向などによって実現される。「タイプⅢ」は「退職勧奨のいじめ」であるという[6]。しかしこれら 3 つの類型のうちタイプⅠとタイプⅢが当該いじめ・嫌がらせによりいかなる結果ないし事態を生じさせるのかという加害者側の主観的側面

に着目しているのに対し,タイプⅡは手段・方法に関心を寄せるもので,両者のあいだで視点を異にする。つぎに,タイプⅡはタイプⅠとタイプⅢのいじめ・嫌がらせのなかにも現われ,それぞれと重複するのではなかろうか。

これに対しフランスでは,精神的ハラスメントはつぎのような態様をもって現われると指摘されている[7]。

(a) 侮辱的な対応：会話の拒否,狡猾または明らかに侮辱的な指示や注意,相手を傷つける言葉,悪口,そして愚弄する意思,嘲笑。

(b) 懲戒規定の適用：存在しないか,あるいは虚偽の事実に基づく不当な injustiffiées な制裁。

(c) 指揮権の濫用 détournement du pouvoir de direction：仕事を与えない pas de travail,過重労働 trop de trvail を命じる,実現不可能な目標設定,無意味な労働を指示する,同僚からの隔離する。

(d) 組織権限の濫用 détournement du pouvoir d'organization：労働条件や契約上本質的な雇用条件の恣意的な改訂。

思うに,職場いじめは「退職勧奨」——というよりは,本来その意思のない者をして退職（辞職）の意思を表明せざるを得ない情況に追い込むものであるから,「退職強要」と表すべきかもしれない——が意図される場合と,あたかもいじめそれ自体を目的とするような場合の,大きく2つに分けることができるのではなかろうか（ただし実際の判断に際しては,行為者の主観的意図いかんを重視するのではなく,当該行動が客観的にいかなる機能・効果を果したかにより判断されるべきであろう）。またその加害主体が使用者ないし上司か,それとも同僚かということにも関心をもたなければならない。日本では,最近耳にする「パワー・ハラスメント」という和製英語表記が端的に示すように,それは専ら上司による部下への「いじめ」が想定されている。これに対しヨーロッパでは,いじめは,そのような「垂直的（下向型）ハラスメント」のみならず,「水平的なそれ」すらもあると解されている。すなわち,職場いじめは使用者や上司が,従業員や部下に対し行なう場合のみならず,同僚間,とくに昇進をめぐってライバル関係にある者同士の場合や,例は少なかろうが,顧客やユーザーにより,サービス業務に従事する労働者に対し,なされることもあるという。さらに上司と同僚の両者による「垂直

型」と「水平型」の複合型や，また部下から上司に向けられた「垂直上向型」のそれすらもときには見られると指摘されている。それゆえにハラスメントの職階・階層的区別や相違はさほど重要なものではないとも解されている(8)。ただし現実には多くみられるのは，使用者や管理職らによる，その従業員や部下に対する「垂直下向型」のそれではないかと推測する。

2　職場いじめ・精神的ハラスメントから保護されるべきものは何か

つぎに職場いじめ・嫌がらせにより保護されるべきものは何か。この点に関する日仏両国の議論を見てみよう。

フランスでは，社会現代化法が新たに設けた労働法典122条の49第1項により「いかなる労働者も，その権利及び尊厳を毀損」する「精神的ハラスメントの反復した行為を受けてはならない」と定められ，同じく同法により挿入された刑法典222条の33の2も，「他人の権利若しくは尊厳を毀損し……ハラスメントする行為は，1年の拘禁及び1万5000ユーロの罰金に処する」とのべている。すなわち両法典は，それぞれ精神的ハラスメントを，人間の尊厳に対する侵害 atteinte à la dignité de la personne humaine と捉えている。社会現代化法が制定される前は，精神的ハラスメントの違法・有害性はセクシュアル・ハラスメントに関連・対比させて論じられていた。前者は概念上，後者を包含しうるものかもしれない。しかし立法者はセクシュアル・ハラスメントについて，加害者の権限濫用，性的脅威を考慮したことはあっても，それを「人間の尊厳」への侵害とは捉えていなかった。ただしフランスにおいて「人間の尊厳」が法原則として各種の裁判所の判断のなかで言及されるようになったのは，比較的最近の1990年代に入ってからのことである。すなわち1994年7月27日の憲法院判決（JO du 29 juillet 1994, p. 11024; RFDC 1994, p. 794, note D.L. Favoreu; D., 1995.J.237., note Mathieu）により「人間の尊厳」は憲法的価値を有するものとされるにいたった。同判決は1994年，国会で相次いで採択された3つの生命倫理に関する法律のうちの2つ，「人体の尊重に関する1994年7月29日法 loi no94-654 du 29 juillet 1994 relative au respect du corps humain」と「人体の構成要素及び産物の提供と使用，医学的に補助された生殖及び出産前診断に関する1994年

7月29日法 loi no94-654 du juillet 1994 relative au don et à l'utilisation des éléments et produits du corps humain, à l'assistance medicale, à la procreation et au diagionstic prénatal」を合憲とするなかで「人間の尊厳」に言及している。フランス第四共和国憲法（1946年10月27日）は，ドイツ（＝ボン基本法〔1949年5月23日法〕）とは異なり，その本文においても，前文においても，人の人格的尊厳の尊重について明言していない。しかし憲法院は，今日では，そのような意味が同憲法（前文）に当初から含意されていたとして，人間の尊厳の保護を憲法的原則の一つとして確認するにいたった。また先の「人体の尊重に関する法」により，民法典16条には，新たに「法律は，人の優越性を保障し，人の尊厳に対するあらゆる侵害を禁止し，その出生の時から人間の尊重を保障する」という規定が挿入された[9]。

一方労働法学説はこのような公・私法分野における動向に対し，社会現代化法が制定される前は，「すべて人間は，生まれながらにして自由であり，かつ，尊厳と権利とについて平等である」（1条前段）とする1948年12月10日の「世界人権宣言 Déclaration universelle des droits de l'homme」や，欧州人権及び基本的自由の保護のための条約 Convention européenne de sauve- garde des droits de l'homme et des libertés fondamentales（1953年9月3日発効）第3条，そして1996年5月3日，ストラスブールで採択し，2000年2月4日のデクレによりフランスが批准した「欧州社会憲章 Charte sociale européenne」を引用して，人の尊厳の尊重ということを導いていた。とくに同憲章26条は，つぎのように規定されている。

「すべての労働者がその労働における尊厳を保護された権利の行使を確保するために，関係当事国は使用者及び労働者の両団体に諮問して，次のことをしなければならない。

1　（略）
2　職場において又は労働に関連して，すべての労働者に対する非難すべき，又は明白に敵対的及び繰り返し向けられた攻撃的行為について，関心をもつこと，知らせること，及び予防することを促進すること。」

さらにいえば，上記のような特別裁判所の判断や国際的な人権憲章や条約

を引用するまでもなく，それ以前から，人間の尊厳の法思潮はすでに，フランス実定法のなかに現れていたと考えることができるかもしれない。すなわちそれは，新刑法典（1994年3月1日施行）225条の13および225条の14である。とくに後者は，つぎのように規定されている。

　「人の脆弱な状態又は，従属状態に乗じて，<u>人間の尊厳</u>と相容れない労働又は宿泊の条件へ服しめる行為は，2年の拘禁及び5万フランの罰金に処する」。

　同条はとくに，違法な移民労働者を搾取する繊維産業や建設業においてみられた，いわば現代の奴隷売買ともいうべき労働のあり方を規制しようとするものである。同条は，差別や売春幹旋などとともに，刑法典第2部第2編第5章「人間の尊厳への侵害」のなかに定められている。労働法典は，刑法典ほどには明確ではないかもしれない。しかし学説は以前から，同L.120条の2（1992年12月31日法）や，従業員代表の任務に関するL.422条の1の1（同）には，人間の尊厳の尊重が含意されているのではないかと注目していた。

　これに対し日本では，どのように解されているのであろうか。いくつか裁判例をとりあげる。たとえば**東京教育図書事件**（**東京地判平4.3.30 労判605号37頁，51頁**）は，主に小中学生を対象とする学習塾（教室）を開設し，指導する人を募り，会社が開発した教材を提供するとともに，教室の運営や，生徒指導を助言する会社で，従来教材作成や，個別訪問をして教室開設者を勧誘してきた者らが組合を結成したことに対し，「今日から仕事は何もない」として，トイレ清掃，直営教室の落書き消し，あるいはダイレクトメールの宛名書き・発送などの「仕事外し」を行なったというものであった。裁判所は経営危機を理由とする整理解雇も，経営批判文書配布を理由とする懲戒解雇も，無効としたが，原告労働者らに各自50万円の損害賠償を認容するにあたり労働者の「名誉及び利益に対する侵害」を理由としている。また**エール・フランス事件**（**千葉地判平6.1.26 労判647号11頁，41-42頁**）では，希望退職者募集の過程で従来旅客接遇の職務に従事していた労働者（組合員）に，コンピュータ処理された到着者，予約者，最終搭乗者の各リストを各統計用紙に書写して集計するという単純作業に7ヶ月間従事させたり，ま

た組合役員（管理職）らによる暴行等のほか、チョークの粉を制服につける、机上への落書きやごみをおく、資料の散乱・紛失などの嫌がらせ行為がなされていた。すなわち、ここでは、学校社会の小中高生に見られるそれと何ら変わらないことが企業社会の大人たちによりなされていたということが示されている。判決は暴力行為に200万円、仕事差別に100万円、弁護士費用30万円を認定したが、「労務指揮に名を借りて」労働者が「仕事を通じて自己の精神的・肉体的能力を発展させ、ひいては人格を発展させる重要な可能性を奪うものであり、かつ……ことさらに屈辱感を与え……仕事に対する誇りと名誉等の人格権を侵害」するものだとのべている。このように裁判所はセクシャル・ハラスメントの場合と同じく、不法行為責任いかんという観点から、職場いじめ・嫌がらせにより侵害される法的利益を名誉ないし人格権として捉えている。

　一方学説はこの点について、より明確に職場における人格権の確保を主張している。それは「企業内もひとつの社会として、外部の一般社会から遮断され隔離された法的空間であることは許されない」[10]との前提から出発している。企業は、労働者が使用者とのあいだで締結された労働契約に基づく労務提供という義務を履行する場であるだけにとどまらず、働くことを通じて「自分」を表現・実現する場でもあり、同僚や仲間との触れ合いを通じて社会関係を形成していくべき場所でもある。そこにおいて保護されるべきは、社会生活一般のなかで形成されたものではなく、むしろ労働生活のなかで培ってきた利益であると捉えている[11]。

　精神的ハラスメントを「人間の尊厳」を侵害するものと捉える場合と、職場いじめ・嫌がらせを名誉等の人格権ないし利益侵害と理解する場合とでは、前者の方が保護範囲は広くなるように思われる。しかし、その表現は異なるにせよ、日仏両国のあいだでそのような行動から保護されるべき利益・価値に関する基本的な捉え方は互いに共通するものがあると解される。ただし日本の場合、フランスほどには、保護利益に関する積極的な意味づけを行なう議論はさかんではないように思われる。

III 裁判例に現われた職場いじめ・いやがらせ

では職場いじめあるいは精神的ハラスメントに関する法的紛争は，一体どのような形態をもって現われるのであろうか。この点に関する法的議論は，その訴訟形態のあり方に影響を受ける。日仏両国のいずれにおいても，職場いじめ・精神的ハラスメントは同じく主に損害賠償請求の可否をめぐって論じられている。しかし両国のあいだでは，賠償責任追及の法的根拠が異なる。すなわち日本では，名誉や人格権侵害を理由とする不法行為責任や同使用者責任（民法709条，715条など）の有無が主要な争点である。これに対しフランスでは，労働者が使用者に対し雇用関係解消の責任があると主張して，労働契約解消の責任をめぐり議論されている（不法行為責任を問う裁判例もあるが，多くはない）。

1 日本における職場いじめに対する裁判所の対応

わが国でも同僚間の水平的関係におけるいじめ・嫌がらせも現実世界には存在しようが，裁判上取り上げられることは多くはなかろう（同僚看護士のいじめから自殺した誠昇会北本共済病院事件〔さいたま地判平16.9.24労判883号38頁〕は，稀な例であろうか）。また退職によって勧奨ないし強要・追い込み型の場合，職場いじめが配転や出向あるいは降格などによってなされたときは，その効力の無効確認等の訴えがなされよう（たとえばフジシール事件〔大阪地判平12.8.28労判793号13頁，大阪地決平11.7.15労判776号83頁〈要旨〉〕；マルマン事件〔大阪地判平12.5.8労判787号18頁〕，近鉄百貨店事件〔大阪地判平11.9.20労判778号73頁〕など）。しかし多くは，不法行為（民法709条）を理由とする損害賠償請求事件である。さらに加害者本人に対するよりは，会社に使用者責任を求める場合が多い（同715条）。この点については，同じく「ハラスメント」とも表記されることに端的に示されているように，フランスなどとは異なり特別な法規定がないためか，法的処理の先例としてセクシュアル・ハラスメントに関する使用者の民事責任法理とほぼ同じ処理がなされているように思われる[12]。

(1) 退職勧奨の延長線上に位置付けられる職場いじめ

退職勧奨型のいじめ・嫌がらせは，退職勧奨の限界如何という観点から処理されている。すなわち退職勧奨は，使用者が労働者をして自ら職を退く（「退職」というよりも「辞職」とすべきかもしれない）を勧めることをいうが，それ自体は何らの法的効果をともなわない事実行為であろう。その限界について**下関商業事件**（最一小判昭55.7.10 労判345号20頁）は，原審（広島高判昭52.1.24 労判345号22頁）の① 勧奨の回数・期間が，退職を求める事情等の説明や退職条件の交渉に通常必要な限度を超えること，② 被勧奨者の自由な意思決定を妨げるような言動を行なうこと，③ 勧奨者の人数，優遇措置の有無という自由な意思決定が妨げられたか否かという判断基準を維持した。これは今日でも，退職勧奨に関する基本的な判断指標として機能している。たとえば**全日本空輸事件**（大阪地判平11.10.18 労判772号9頁）は，空港に向かう会社手配のタクシーに乗車中，トラックに追突されむち打ち症になり，労災認定を受け，約4年間休職したのち，復職するに当たり，上司との30数回の面談を受けたが，そのなかには8時間に及ぶものもあり，「寄生虫」「他の客室乗務員の迷惑」といったり，大声を出したり，机をたたいたりしたことがあったと認定されている。裁判所は就業規則中の解雇事由である「労働能力の著しく低下したとき」に該当せず，解雇権濫用であり，また上司の態度は社会通念上許容しうる範囲を超えて単なる退職勧奨とはいえず，違法な退職強要として不法行為にあたるとした[13]。

(2) いじめそれ自体が自己目的化しているもの

一方，いじめそれ自体があたかも自己目的化したかのように思えるものは，具体的には業務命令として，労働者に不利益が課されることから，業務命令の限界性という観点から問題処理されている。使用者は，労働者との間で締結した労働契約に基づき，かつまたその範囲内で（のみ）労働者に業務命令を発することができる（電々公社帯広局事件〔最一小判昭61.3.13 労判470号6頁〕）。したがってそれが契約の範囲を超え，または範囲内であっても，それが濫用的になされた場合，無効となる。いじめ・嫌がらせの場合は，それが恣意的なものとして濫用と評価されることになろう。業務命令には，多様な類型があろうが，ここでは，日々の日常的な「労務提供」について，具体的

な労働内容を個別・具体的に命じるものが念頭におかれる(14)。濫用性の評価にあたっては，その動機と態様が問われる。下級裁判所は著名な配転命令の有効性に関する東亜ペイント事件（最２小判昭和61.7.14労判477号6頁）における判示内容を，労務遂行のあり方に関する業務命令について，つぎのように表現しなおしている。

「外形的には業務命令により指示できる事項であると認められる場合でも，それが主観的に不当な動機・目的で発せられ或いはその結果が労働者に通常甘受すべき程度を著しく超える不利益を与える場合」には，当該業務命令は濫用として無効かつ違法になる（松蔭学園事件〔東京地判平4.6.11労判612号6頁，26頁〕）。

いじめ・嫌がらせそれ自体を目的とする場合は，上司により業務上必要のないことや苦痛な仕事が命じられる。上司から休暇申告手続上の軽微な過誤について，執拗に反省書の提出を求められたり，作業後の後片付けの際の行為を再現するように強要されたことから心因反応となり，欠勤したことについての損害賠償を求めた**東芝府中工場事件（東京地八王子支判平2.1.18労判558号68頁）**はこのような類型に関する初期の例であろう(15)。また組合専従から復帰した者を他の従業員から隔離し，摂氏40度近い室温の倉庫内で，使用ずみコーヒー豆用麻袋に僅かに付着しているコーヒー豆を中腰で佇立しながら回収するという「見せしめ」労働に従事させた**ネッスル事件（大阪高判平2.7.10労判580号42頁）**は，その典型的なものではなかろうか。また労働者にとっての，なすべき仕事が取り上げられることもある。**松蔭学園事件（東京高判平5.11.12判時1484号135頁）**は，私立高校の女性教諭が産休を２度とったことを嫌悪した校長により，10年以上にわたって，授業だけでなく，校務分掌等の一切の仕事を取り上げられ，しかも出勤することだけは義務付けられて，他の教職員から隔離された席あるいは職員室から隔離された一人のみの部屋で，一日中具体的な仕事もなく机の前に座っていることを強制され続けたのは，「精神的苦痛を科する以外の何ものでもなく」，その「見せしめ的な処遇は，原告の名誉及び信用を著しく侵害」したとして，600万円の損害賠償が認容されている。

そしていじめそれ自体を目的としているかのごとくみえるものには，組合

間差別の延長線上に位置付けられるものもみられる（ただし，その不当労働行為が争われているのではない）。**国鉄鹿児島自動車営業所事件（最2小判平5.6.11労判632号10頁）**は，組合バッヂ取り外し命令を拒否した旧国鉄の地方自動車営業所で運転管理業務に従事する者に対し，7月と8月に通算10日間にわたり，前記業務から外し，営業所内に降り積もった火山灰の除去作業を命じた。一・二審ともに降灰除去作業を労働契約上の付随的な業務と解しながらも，7，8月の暑さの中，長時間にわたり一人火山灰除去を，服装や方法への配慮もなく，営業所長の監視のもと行なわせたもので，従来外部の業者に委託していたことから，同人に命じる必要性はなく，組合バッヂ取り外し命令に従わなかった者への懲罰としてなされ，業務命令権の濫用とした。しかし最高裁は職場管理上やむを得ず，殊更に労働者に不利益を課するという違法，不当な目的でなされたものではないとした[16]。一方**JR東日本（本荘保線区）事件（最2小判平8.2.23労判690号12頁）**では，作業中組合記章がちょう付されたベルトを着用したことが就業規則に違反するとして，翌日始業時から午後4時半頃まで就業規則の書き写し等をさせられ，翌日午前も腰痛を訴えるまで続けさせられた。「成人した社会人が自発的意思に基づかずに本来の業務を離れて全文142条もある就業規則を一字一句の間違いもないように書き写すことは，時間的制限等がないとしてもそれ自体肉体的，精神的苦痛を伴うものと推測するに難くない」として，本件は「見せしめを兼ねた懲罰目的からなされたものと推認せざるをえない」とした原審判断（仙台高秋田支判平4.12.25）が維持されている。さらに**JR西日本吹田工場事件（大阪高判平15.3.27労判858号154頁）**は同じく国労組合員に対し，真夏の炎天下，踏切脇の一メートル四方の白線内に終日立ち，踏切横断者の指差し確認情況を監視，注意するという業務命令は，肉体的的，精神的にも極めて過酷で，労働者の健康に配慮を欠いたもので，合理性を欠き，使用者の裁量権を逸脱したものと判断されている。

2　フランス法における精神的ハラスメントと契約責任

　フランス法上精神的ハラスメントに関する不法行為責任が問われる例は多くない。むしろ労働契約解消の責任について，つぎのような3つの場面で論

じられている。
(1) 精神的ハラスメントと労働契約の解消

　裁判所はたとえば，労働の質への非難から生じた持場の放棄が，使用者の傲慢かつ過度のいじめによるものであり，解雇を正当化する「重大かつ現実的な理由 cause réelle et sérieuse」（労働法典L.122条の14の1）には該当しないとした（ナンシー控訴院1995年6月7日判決）[17]。しかし精神的ハラスメントを構成する解雇は，無効とはなりえなかった。労働者は，使用者に対し，その解雇期間中に被った損害や解雇手当の支払いを求めることができるにすぎなかった[18]。今次の法改正により精神的ハラスメントにより惹起された契約解消等についても，セクシュアル・ハラスメントの場合（同L.122条の46）などと同様に，それ「から生じた労働契約の，あらゆる破棄，本条に違反する規定，又は行為は，法的に無効である」（労働法典L.122条の49の第3項）とされるにいたった。したがって労働者は労働審判所において使用者に復職と解雇期間中被った損害の賠償（なお，その間に就いた他の職業活動で得た報酬相当額は除かれる）を請求するか，あるいは復職を希望しないときは，解雇手当や違法な解雇により受けた損害に相当する賠償金の支払いを求めることができることとなった[19]。

　ただし精神的ハラスメントが解雇の効力をめぐって議論されるのは，まれである。フランスではそれは通常，病気休暇明けの者や企業内組合・従業員代表など法的に保護されているために解雇することができない労働者をして自ら職を辞し，企業外へと出て行くように仕向け，あるいは，そのような状況に追い込むためになされる。

(2) 労働契約の裁判上の解約

　使用者が精神的ハラスメントに対し十分な対応をしなかったり，自ら加害者であったとき，労働者には，債務不履行を理由に，労働審判所に労働契約の「裁判上の解除 résolution juridique」を求めることもできる。すなわち民法典1184条によれば，双務契約において相手方が債務を履行しないとき，債権者は履行可能であれば，それを求めることもできるが，損害賠償を請求するとともに，契約を解除することもできる[20]。ただし，この方法は当事者間では行なえず，裁判所に請求しなければならない[21]。しかし社会現代

化法が制定された今日，後述するように労働法典 L. 120 条の 4 は，労働契約が誠実に履行されねばならないと規定していることから，労働契約の「裁判上の解約」が承認されたならば，それは，重大かつ現実的な理由のない解雇として，労働者は契約破棄に関わる諸手当（法的又は協約上の手当，有給休暇，予告手当，さらに労働法典 L. 122 条の 14 の 4 にかかげる要件を満たせば，重大かつ現実的理由のない解雇のための手当）を受け取り，精神的損害を被ったときは，さらにそれに関わる賠償が付け加えられる。

(3) 「退職」「辞職」の『解雇』への性格転換＝裁判所による解決

さらにより一般的には，労働者は自ら職を退き，それと同時に労働審判所に対し，その契約破棄の責めは使用者に帰せられるべきものであると主張して裁判を提起する。すなわち精神的ハラスメントに直面したり，労働条件や待遇が従来にくらべて悪化した場合，労働者は自ら職を辞することにより，不快な環境から一刻も早く逃れようとするとともに，その民事責任を問うことになる。

辞職 démission は，「労働者が期間の定めのない労働契約を一方的に終了させる意思 volonté unilatérale de mettre fin を表明する行為」を意味する。したがってそれは，労働者による「自由で，真実かつ明確な意思 volonté libre, sérieuse et non équivoque」から結果したものでなければならない[22]。もしも，このような労働者の辞職＝労働契約の一方的解消の意思表示が，その自由かつ熟慮されたものではないようなとき，裁判所は，これらについて「真実かつ重大な理由のない解雇」と同じ法的効果をもたらすものとして取扱う。かりに当該辞職が使用者や職階上の上司による圧力によるとか，または耐えがたい労働環境に結果すると解する余地があれば，労働者の辞職の意思表示に真実性はないと捉えられる。すなわち破棄院は「使用者による義務の不履行は，もしも労働者が契約の履行を要求しないのであれば，契約の破棄であり，解雇通告はないけれども，それは真実かつ重大な理由のない解雇と分析される」(Cass. Soc., 4 janv. 2000. Gaz. Pal., 24-25 mars 2000, resumés, p. 24.) と判示している。そのような場合には，惹き起こされた辞職は，裁判所により真実かつ重大な理由のない解雇であると改めて性格付けられることになろう[23]。すなわち「労働者の提案により，かつ使用者の非行 faute

により宣せられた労働契約の司法上の解消は真実かつ重大な事由のない解雇の諸効果を生み出す」(Cass. Soc., 20 janv. 1998, D., 1998. J., p.350, note Christophe Radé)[24]。ここで問題となっている精神的被害とは，心理的ハラスメントと判断しうる行動から生じる場合にも該当しよう。たとえば，使用者が「労働者に対し，純粋かつ単純な敵意に近い感情から，意味もなく屈辱的に振舞い，……（他方）労働者に，同僚や顧客の目からみて信用を落としたとは思えないことから降格 retorogradation させた」のは，「不可避的に労働者に……精神的被害をもたらしたものである」（ブルージュ控訴院 1996 年 6 月 13 日判決 Toutain c/ Société HL Industrie, cité par B. Lapérou, op. cit., p. 432.) と判示されている。すなわち使用者は，従業員に対し賃金を支払う義務のみならず，その尊厳を尊重して，必要な条件を確保しなければならないのである（このことについては，後で再説する）。

3　日本における「準解雇」論

わが国では退職強要ないし追い込み型の職場いじめの場合，退職ないし辞職した労働者が事後に提起した損害賠償請求が裁判所により肯定された例もある。たとえば**国際信販事件**（東京地判平 14.7.9 労判 836 号 104 頁，112 頁）は，入社以来の職務遂行のあり方（不明朗・ずさんな金銭管理を厳格に対応したこと）に不満をもつ一部従業員の反発を背景に，長期間具体的な仕事を与えなかったり，以前は資料置き場として使用していた壁に面し，後ろの机まで 35 センチメートルしか間隔のない場所に机を異動させられたり，侮辱的発言を受けたりしたことに対し，何らの対応もとらなかったのは，「原告を被告会社の中で孤立化させ，退職させるための嫌がらせ〔であった〕といわざるを得」ないとして，会社と会社代表者の不法行為責任を肯定した。**東京女子醫科大学事件**（東京地判平 15.7.15 労判 865 号 57 頁，67 頁）は 25 年間以上の長期にわたり助教授のままに据え置かれ，新たに上司となった主任教授（出身大学の後輩）から「古くからの知己も含む衆人環視の下で，誰にでも認識できるような状況下で，ことさらに侮辱的な表現を用いて原告の名誉を毀損する態様の行為」について，それは「許容される限界を逸脱したものである。また……大学脳神経センター医局室における……やり取りは，……売り

言葉に買い言葉の口論の中で、相互の攻撃を含むものであったと認められるが、被告が原告にとって上司の立場にあることを考えれば、助教授からの降格をにおわせたり、ことさらに名誉を毀損する態様の行動は違法な行為である」として、被告教授の行為は概観上は職務執行と同一な外形を有するとして、使用者責任に基づき連帯して450万円の損害賠償責任を認容した。

そして先に紹介したようなフランス法上の問題処理をみたとき、類似した議論が日本でも、解釈論として主張されていることが想起されよう。すなわち労働者が辞職せざるを得ない状況に追い込まれた場合、その「退職追い込み行為」を自発的退職や合意解約（＝依願退職）ではなく、使用者による解雇として規制すべきであるとの理解が提唱されている。まず、労基法の解雇規制を実現するために、たとえ当該合意解約が使用者の一方的発意により、またその影響・支配下のなかでなされたものを「解雇として取り扱う」とする（擬制解雇説）[25]。つぎにいじめ・嫌がらせが将来的に継続する可能性を考慮すれば、労働者が職にとどまりながら裁判上使用者の責任追及をすることは困難ではないかとの認識から、① 使用者に労働契約を終了させるべき、社会通念上相当な事由がない、② 使用者の労働者追い出し意図を具体化する行為の存在、③ 合意解約（＝依願退職）または辞職により契約関係が終了した、そして④ ②の使用者の行動と③の労働者による契約終了行為とのあいだに相当因果関係があること、以上4つの要件を充足することが必要であるとする。そして使用者の雇用関係終了誘致の行動が違法と解されることにより、労働者は離職後、使用者に損害賠償を請求することができるという（準解雇説）[26]。なお先の二つの裁判例は、このような主張と符合するものと解することもできよう。また両説を踏まえて強迫（民法96条）概念を拡大することにより使用者の追い出し意図に基づく辞職や合意解約の取消しを広く認めるべきではないかとの提案もなされている（強迫概念拡張説）[27]。さらに近時、上記既存の学説の検討を踏まえて民法93条（心裡留保）但書の類推適用の可能性も提案されている[28]。それは使用者の退職追い込みといっても、ハードなもの＝無意味な、あるいは過酷な労働をさせたり、強要するものや執拗・陰湿ないじめからソフトなもの＝労働者の錯誤、あるいは指導者が誘導するものまで多様であるとの事実認識から、民法学や消費者保護

法々理などをも考慮しながら主張されている。

　フランス法では，労働者は制定法上解雇に必要な「真実かつ重大な理由」がないとして，復職をのぞむか，または希望しないときは，損害賠償の請求のいずれかを選択することができるとされる。日本の場合も，損害賠償に限定するのではなく，従来の使用者に対し，強い抑止力が働き，最終的には元の職場に戻ることはなくとも，金銭的解決において労働者に有利な解決が可能な「権利濫用による解雇無効」という法的構成が追究されるべきなのであろうか[29]。

Ⅳ　労働契約と信義則

　労働契約関係は，売買（民法555条以下）を典型とする一回性のものではなく，賃貸借（同601条以下）等と同様に，継続的債権関係としての性格を有する。労使はその関係の継続するなかにおいて，互いにいかなる態度をもってのぞまなければならないのか。社内いじめや精神的ハラスメントは，これとどのように関係するのか。

1　使用者の契約誠実履行義務としてのハラスメント対処

　フランスでは，社会現代化法（2002）により，精神的ハラスメントに関する法的規制が実現する前，裁判所や学説は，その違法性を根拠付けるために，民法典1134条にいう契約の誠実履行義務 obligation d'exécution loyale に言及していた[30]。「適法に形成された約定 conventions légalement formées は，それをなした者に対して，法律に代わる」（同条1項）として，当事者間における合意の強制力を宣明するフランス民法典は，当事者間における契約内容の履行について，同条3項で，そのように当事者間で合意された「約定は誠実に de bonne foi 履行されなければならない」とする。フランス法上《bonne foi》は，一方で日本法にいう「善意」に相当するが，他方では，とくに義務の履行における誠実な行動，すなわち日本法の「信義側」に相当する意味を有する。後者の《bonne foi》は，契約の履行に際し悪意でないことにとどまらず，誠実かつ信義に則した行動をとるべきこと conduite loyale et bonne を求めている(31)。すなわち使用者が企業内における精神的ハラスメントを放置したり、労働者をして退職に追い込むためのいじめや嫌がらせをするのは、契約当事者の相手である労働者に対して負う誠実義務に反するのではないかと主張されていた。

　今日の裁判所および学説は、このような契約の誠実履行義務の観念について、これを対等ではない当事者間においても、契約上の衡平性 équilibre contractual を回復し、契約的正義 justice contractuelle を確保することを目的としていると理解している。すなわち使用者と労働者との関係は、法的には労働契約によって一方が他方とのあいだで報酬との引き換えに、その指揮監督のもとにある服従関係において勤務することにある。労使間の法的従属関係 lien de subordination juridique は、社会秩序のなかに存する経済的なそれの投影である。労働法は、このように本質的に不均等なものにならざるをえない労使関係における当事者間の平等性を現実化させることを目的としているとされる。労働法典 L.121 条の 1 は「労働契約は一般法の規則に従う」（1項前段）とのべているが、それは契約の誠実履行義務を表明している民法典 1134 条 3 項をさしていると解される。

　そして契約の履行レベルにおいて、労働契約は当事者が互いに相手方に対し、権利と義務を有する双務契約 contrat synallagmatique であることから、労使のいずれかが労働契約上の義務に違反した場合、それは相手方への制裁の法的根拠となる。それゆえに労働法典 L.135 条の 3（前段）は「労働者団体及び使用者団体若しくは集団、又は、労働協約若しくは協定に個別的に結びついた使用者らは、その誠実履行義務に反するような行動をしてはならない」としている。したがって労働契約当事者の一方たる使用者にとって、労働契約に定める、労働者の資格に相当する労務提供の履行を確保しなければならず、それを逸脱したとき、裁判所は使用者による権利ないし権限の濫用 abus de droit ou pouvoir として処理することになる。また使用者は、労働者の指揮・監督にあたり、その行使のあり方についても規制される。労働法典 L.120 条の 2 はこの点に関し「何人も、達成されるべき任務の性格的にも正当化されず、追求される目的にも釣り合わない制限を個人の権利及び個別的又は集団的自由にもたらすことはできない」と定める。要するに、信義＝誠

実は民法典1134条が確認する契約的自由の補完物であるのみならず、労働関係を特徴づける使用者の指揮権や監督権限を規制する補完物でもあるのである[32]。そして今次の改正法により、新たに労働法典中にL.120条の4として「労働契約は誠実に履行される」という規定を設けられることにより、このことが、より明確にされた。

2　日本における業務命令権規制法理

わが国においても、労使双方は契約上相手方に対し、信義則（民法1条2項）に基づく誠実義務を負うべきことが肯定されている。裁判所は先にみたように、業務命令権についてはたしてそれが契約に基づくものかどうか、またその範囲内のものか否か、またそれが濫用的に行使されていないか否か（民法1条3項）を判断することによって規制されている。

日本の裁判所は動機の態様いかんにより、権利濫用の成否を判断しようとしているかのようにも思われる。これに対しフランスでは、精神的ハラスメントの成否について、行為者の主観的意図を探るのではなく、それがいかなる結果を生じさせたかどうかが重要であると解されている。この点に関し最近わが国でも、学説のなかから権利濫用法理による事後的救済ではなく、労働契約の性格に依拠した業務命令権の限界性を探るという議論が、すでに試みられている[33]。そのメリットとしては、使用者の意図や動機を詮索する必要がなく、一義的な処理ができるということがあげられている。そこでは制約法理として、業務命令が① 労働者の行為・意思を媒介にして現実化し、② 懲戒や解雇、賃金不払いなどの強制力を背景にして行使され、③ 労働者には「職務専念義務」「誠実労務提供義務」があるとされていることを考慮して、信義則に基づいた限界が考慮されねばならないとする。具体的には、まず相当な理由なく差別してはならないという「公平取扱義務」である。今日広く承認されている人事上の処遇差別の禁止や平等性ということがいわれるけれども、その延長線上に、労働者を合理的かつ公平に処遇しなければならないということが要請されているのではないか（民法1条2項参照）と指摘されている。つぎに仕事を十分かつ適切に与えなかったり、無意味な仕事をさせることがないようにすべきであるという「適正職務付与義務」がある

とする(34)。このような発想はフランスでの議論と類似したものであるように思われる。なお裁判所が仕事を与えなかったり，無意味な仕事をさせたことに対し，名誉や人格権への侵害を理由に損害賠償（不法行為）を認容していることは，すでに見た。その際，裁判所は労働者の職場内において享受すべき人格的利益を強調していた（たとえばエール・フランス事件〔前掲〕参照）。これは，同学説によれば，使用者が労働者に対し契約上，その有する資格や能力に即して，それに適合した処遇がなされねばならないということを意味しよう。仕事を与えなかったり，まったく無意味な仕事をさせるのは，労働者が有するその労働能力を発揮させないことであり，労働契約上の義務違反となろう(35)。また労働者は職場において，同僚や上司とのあいだでコミュニケーションや交流を通じた社会的関係性をもつことにも有用性が見出される。

3 「職場環境配慮義務」ということ

日本では，使用者には労務遂行過程における「危険」性を除去・防止すべき「安全配慮義務」があるとされていることの類比であろうか(35)，使用者はセクシュアル・ハラスメントについて職場環境を整備すべき「配慮義務」があるとの指摘もなされている(36)。それはドイツ法の影響であろうか，労働者が使用者に対し誠実義務があるということと対称させるものであり，やはりかつての労使関係を主従的関係として把握した頃のニュアンスを感じさせる表現となっている。フランス法では，労使双方が互いに相手に対し忠実（誠実）義務を負うとする。どちらの国でも，同様のことが職場いじめ・嫌がらせにも適用されるのではないかといわれている。それは職場いじめ・嫌がらせが使用者自身ではなく，職場の上司を典型とする管理職員によりなされる場合を想定して，いじめの実態を把握しながら適切な措置をとらなかったことについての損害賠償責任（契約責任）を負うと解する。なおセクシュアル・ハラスメントにおいて指摘されているように，「職場環境配慮義務」――福岡セクシュアル・ハラスメント事件（福岡地判平 4.4.16 労判 607 号 6 頁）は不法行為責任（注意義務）を肯定するためになされたものであった――を労働者の人格的利益に関わり，契約上の債務として，これを配慮すべきである

と解して，構成するのは困難であるとの理解もある[37]。しかし一方では，職場環境保持義務の，やはりその基礎となった「安全配慮義務」と同様に，使用者側の債務不履行責任を積極的に導き出そうとする議論がみられた[38]。

V 結 び

 以上，世界的に類似する現象が労働社会に現われているなか，これへの法的対応のあり方を考える手立てとして，日本とフランスという二つの国それぞれにおける職場いじめ・嫌がらせまたは精神的ハラスメントに関する法的な把握の姿勢や，両国で議論されていることについて概観してみた。その結果，二つ国のあいだに細部における相違はあろうが，その内容はほぼ共通の方向を指向しているのではないかということがわかった。これ自体は，月並みな感想である。しかし反面同様ないし類似した社会病理現象を前にして，それに対する法的診断や処方（箋）のあり方や内容が，自ずと同じものとなるのは当然なのかもしれない[39]。

（1） 鵜飼良昭「『職場のいじめ』の構造と課題」（1）法学セミナー 508（4/1977）号 10頁。
（2） 同前論文9頁。
（3） フランス法の動向の詳細については，別稿「フランスにおける精神的ハラスメントの法理」季刊労働法208号（2005）113頁以下を参照。本稿は，この延長線上にあり，表現や内容に重複するところがあろうことを予め了とされんことを願う。なお，わが国と同じく立法のないイタリアについては，大内伸哉「海外判例リポート（イタリア）／職場内でのいじめ（mobbing）の告発行為を理由とする解雇」労働判例805号（2001）158-159頁，ドイツに関しては，根本到・後掲論文および水島郁子「海外判例リポート（ドイツ）／職場のいじめと使用者の損害賠償責任」労働判例877号（2004）96-97頁を参照。
（4） 同法は，「経済的理由による解雇」に関する規制強化，不安定雇用に関する制限，労働審判所裁判官の選挙規定改正など広く労働・社会保障分野に関する多くの法改正を含むものであるが，新たな精神的または性的ハラスメント規定については，すでに山崎文夫「セクシュアル・ハラスメントと人格権アプローチ」比較法（東洋大学）40号（2003）298頁以下，とくに307-308頁（同『〔改訂版〕セクシュアル・ハラスメントの法理』〔労働法令・2004〕379頁以下，とくに386-394頁）により，その概

略が紹介されている。
(5) フランスでベスト・セラーとなった Marie-France Hirigoyen, Le harcelement moral, La violence perverse au quotien, Ed. La Decouverte et Syros, 1998, p.55. ／マリー=フランス・イリゴイエンヌ・高野優〔訳〕『モラル・ハラスメント：人を傷つけずにはいられない』（紀伊国屋書店・1999）102頁。
(6) 熊沢誠「職場いじめ・序説」労働法律旬報1530号（2002）5–8頁。また根本到「『職場におけるいじめ』と労働法——ドイツ法における動向を中心として」同19頁でも，「① 無意味な労働の割当てや労働条件の切下げなど使用者の法的権限を通じたいじめ，② 退職勧奨などを通じたいじめ，および③ いじめそれ自体を目的とした直接の加害行為」という，熊沢・同前所とほぼ同じ3つの類型化がなされている。なお，近時「パワーハラスメント」ないし「パワ・ハラ」という和製英語を日常生活のなかで耳にするようになった。これは上司により部下に対し，些細なミスを捉えて罵倒することや，理不尽な要求をすることなどを指しているようであり，このような類型にふくまれるものかもしれない。またいじめそれ自体を目的とするタイプは，小中高校等の学校社会でのそれに類似している。
(7) Paul Bouaziz, Harcèlement moral dans les relations de travail: Essai d'approche juridique, Dr. Ouvr., Mai 2000, p.206.
(8) 鈴木隆「企業の懲戒・制裁」講座21世紀の労働法6『労働者の人格と平等』（有斐閣・2000）160頁では，「企業による嫌がらせ」と「労働者間のいじめ」と表現されている。
(9) 以上詳しくは，小林真紀「フランス公法における『人間の尊厳』の原理」（1）（2）上智大学法学論集42巻3＝4号（1999）167頁以下，43巻1号（同）55頁以下および同「フランス司法裁判所の判例にみる『人間の尊厳』の原理」（1）（2）愛知大学法経論集162号（2003）1頁以下，163号（同）38頁以下を参照。
(10) 角田邦重「企業社会における労働者人格の展開」日本労働法学会誌78号（1991）6頁。
(11) このような観点を強調するのは，渡寛基「企業社会における労働者の人格権侵害の法的救済」同61頁以下および同「職場における労働者の人格権保障」静岡大学法経研究44巻4号（1996）429頁以下である。これに対し島田陽一「企業における労働者の人格権」講座21世紀の労働法6『労働者の人格と平等』（有斐閣・2000）は，消極的である。なお石田眞「労働関係における人格権」ジュリスト増刊『労働法の争点〔第3版〕』（2004）110頁は，人格権は「生成途上の権利」であり，その象徴的作用により，労働者の保護法益拡大に寄与しているとしている。
(12) わが国のセクシュアル・ハラスメント法理については，浅倉むつ子「セクシュアル・ハラスメント」前掲『労働法の争点〔第3版〕』115-117頁を参照。
(13) 本件は，平13.3に控訴審判決（損害賠償額を50万円から80万円に変更），同年

9.25最高裁（3小）決定（未公刊）が示されている（徳井義幸「全日空（石富解雇）事件」労働法律旬報1530号〔2000〕38-41頁）。
(14) 道幸哲也『職場における自立とプライヴァシー』（日本評論社・1995) 205頁以下，とくに218-223頁。なお「パワー・ハラスメント（パワ・ハラ）」という表現を提唱する岡田康子『許すな！パワー・ハラスメント』（飛鳥新社・2003) 19頁によれば，それは「職権などのパワーを背景にして，本来の業務の範疇を超えて，継続的に人格と尊厳を侵害する言動を行い，就業者の働く環境を悪化させ，あるいは雇用不安を与えること」と定義している。そこでいう「パワー」とは何か明確ではないが，上司が部下に対し，職務権限に基づいた「業務命令」として実現されたいじめ・嫌がらせ行為を想定しているものと思われる。なお同所では，労働者の人格的利益とともに，その「尊厳」が保護されるべきものとして明言されている点は，注目してよかろう。なお「業務命令」一般については，浜田冨士郎「業務命令」季刊労働法別冊9号『チェックポイント職場の労働法』(1986) 124頁（注）2に引用されている文献を参照。
(15) 本件については，熊沢誠『民主主義は工場の門前で立ちすくむ』（現代教養文庫・1993) 所収のⅠ「労働組合の必要な人びと」Ⅱ「民主主義は工場の門前で立ちすくむ——民間大企業の職場」Ⅲ「東芝府中人権裁判鑑定意見書」を併せて参照。
(16) 本判決については，脇田滋「業務命令—国鉄鹿児島自動車営業所事件」別冊ジュリスト『労働判例百選〔第7版〕』(2002) 34-35頁および同所に引用されている文献を参照。
(17) Cité par Béatrice Lapérou, La notion de harcèlement moral dans les relations de travail, RJS 6/2000, p432.
(18) 野田進『労働契約の変更と解雇』（信山社・1997) 167頁以下，とくに233頁以下参照。
(19) Béatrice Lapérou-Scheneider, Les measures de lutte contre le harcèlement moral, Dr. soc., n° 3, Mars 2002, p.319; Laurent Milet, Le harcèlement moral au travail, RPDS, n° 701, Sépt. 2003, pp. 284-285.
(20) L. Milet, op. cit., p.285.; Paul Bouzzuz, Harcèlement moral dans les relations de travail: Essai d'apprche juridique, Dr. ouvr., Mai 2000, p.208.
(21) 詳しくは，山口俊夫『フランス債権法』（東京大学出版会・1986) 231-233頁参照。なお野田・前掲書211-212頁によれば，使用者が法や労働協約などの解雇制限・手続の適用を回避するために，これを利用することがあるという。
(22) Sandy Licari, De la nécessité d'une legislation spécifique au harcèlement moral au travail, Dr. soc., n° 5 Mai 2000, p.500.
(23) Corinne Daburon, Loi relative au harcèlement moral, RJS, 8-9/2002, p.725.
(24) 労働者は労働審判所 Conseil de prud'homme に対し，急速審理 référé——わが国の「仮処分」にあたる——を利用して法的救済を求めることもできる（労働法典

R.516条の30)。

(25) 小西國友「労働契約の合意解約」有泉享教授古稀記念『労働法の解釈理論』（有斐閣・1976）所収（同『解雇と労働契約の終了』〔同・1995〕141頁以下）。

(26) 小宮文人「『準解雇』再論」労働法律旬報1576号（2004）4頁以下および三井正信「準解雇の法理」（1）広島法学27巻1号（2003）62頁（注）5に引用されているものを参照。なお同説は英米両国におけるみなし解雇 constructive discharge or dimissal 法理を基礎にして主張されている。

(27) 森戸英幸「辞職と合意解約」講座21世紀の労働法④『労働契約』（有斐閣・2000）227頁。

(28) 三井・前掲論文（3）広島法学27巻3号21頁以下，同（4）同27巻4号32頁以下。

(29) 三井・同前論文（1）広島法学27巻1号（2003）61頁。小宮文人「退職と擬制解雇」前掲『労働法の争点〔第3版〕』167-168頁も併せて参照。

(30) たとえば，P. Bouaziz, op. cit., p. 208; S. Licari, op. cit., p.501; B. Laperou, op. cit., 429.

(31) 山口・前掲書62-63頁，同『フランス法辞典』（東京大学出版会・2002）61頁《bonne foi》の項参照。

(32) 以上，Fanny Vasseur-Lambly, La bonne foi dans les relations individuelles de travasil, Petittes affiches, 17 Mars 2000, N° 55, p. 5 et s. なお最近時フランスでも，労働契約上の誠実義務ないし信義則が関心を集まっているように思われる。そのことは，Christophe Vigneau, L'impératif de bonne foi dans l'exécution du contrat de travail, Dr. soc., N° 7/8 Juillet- Aout 2004, p.706. および ibid., note(6) に引用されている労働法文献の多さからも理解できよう。

(33) 道幸・前掲書205頁以下。なおわが国における労働法学における信義則に関する議論については，福島淳「労働法における信義則」林迪廣教授還暦記念『社会法の現代的課題』（法律文化社・1983）201頁以下およびそこで引用されている文献を参照。

(34) 道幸・同前書233頁以下。

(35) 同前書・234-243頁。これは使用者の労働受領義務＝労働者の就労請求権から導き出そうとするものであるが，同様の指摘は，ドイツ法理の検討を踏まえた根本・前掲論文20-21頁によりなされていた。そして三井・前掲論文（5）広島法学28巻1号（2004）75-95頁がその他の学説を含めて，検討している。さらに唐津博「労働者の『就労』と労働契約上の使用者の義務」下井隆史教授古稀記念『新時代の労働契約法理論』（信山社・2003）157頁以下，とくに187-192頁も，イギリス法に示唆をえながら就労請求権に着目して，職場いじめへの法的対応を模索する試みを行なっている。

(36) セクシュアル・ハラスメントに関して，不法行為法上の注意義務ではなく，労働契約上の義務として「職場環境配慮義務」を志向する学説については，山川隆一「セ

クシュアル・ハラスメントと使用者の責任」花見忠教授古稀記念『労働関係法の国際的潮流』(信山社・2000) 9 頁注 (15) に引用されている。また職場いじめに関し，根本・前掲論文 21-22 頁は不法行為責任を想定しているようであるが，三井・前掲論文 (5) 74 頁は，契約上の義務として，履行請求も可能ではないかとしている。

(37)　山川隆一「わが国におけるセクシュアル・ハラスメントの私法救済」ジュリスト 1097 号 (1996) 70 頁。

(38)　フランス労働法典 L.230 条の 2 ［I］は「企業の長は……事業所内の労働者の安全を確保し，健康を守るために必要な措置をとらなければならない。(略)」という。従来，同条にいう労働者の健康保護・確保については，専ら身体的なそれが想定さえていたが，今日は精神的ハラスメントを前提にした精神的ないし心理的健康の確保もふくまれているのではないかと指摘されている (Corinne Daburon, Loi relative au harcèlement moral, RJS 8-9/02, p.823.)。なお，日本の労働安全衛生法も事業者に対して，労働者の健康保持増進をはかるための措置 (69 条) と快適な職場環境を形成すること (71 条の 2) をいわゆる努力義務として課している (濱口桂一郎「職場のいじめに対する立法の動き」労働の科学 59 巻 4 号〔2004〕8 頁) ことを想起されるべきである。

(39)　学校社会におけるそれと同じく，日本 (川崎市水道局事件〔東京高判平 15・3・25 労判 849 号 87 頁〕および誠昇会北本共済病院事件〔前掲〕，なお前者については，拙稿「職場いじめによる自殺と市の損害賠償責任―川崎市水道局事件・横浜地川崎支判平 14 年 6 月 27 日」法律時報 77 巻 3 号〔2005.3〕111-115 頁参照) でも，フランス (Liom, 22 22 Févrie 2000, Dr. soc. n° 7/8, p.805; Gaz. Pal., 25 juillet 2000, p.21; RPDS, n° 663, juillet 2000, p.213.〔同判決については，拙稿「外国労働判例研究/(仏) 使用者の職場いじめによる労働者の会社内における自殺は『労働災害』にあたるか」労働法律旬報 1515 号〔2001〕18-21 頁参照〕) でも，被害者が自殺するにいたることもある。

16 ドイツにおける疾病解雇の法理
―― 連邦労働裁判所の判例理論を中心に ――

藤原 稔弘

I はじめに

　労働者が，負傷しあるいは病気に罹患した結果，労働契約上義務づけられた労働給付を全く履行できないかもしくは極めて不十分にしか履行できなくなった場合，それが長期間にわたれば，当該労働者を解雇すべきかどうかが問題となってくる。傷病による労働給付能力の欠如ないしは低下を理由とする解雇（以下，「傷病解雇」という）が行われたとき，当然，判例上の解雇権濫用法理を法制化したといわれる労基法18条の2の適用を受ける。もっとも，多くの企業においては，就業規則上傷病休職の制度があり，解雇となる以前に傷病休職処分になるのが通常であり[1]，また，判例上原則として，傷病休職処分に付さずに解雇した場合解雇は無効となる[2]。
　わが国においては，傷病解雇の効力は解雇の根拠規定となる就業規則所定の解雇事由の存否によって判断されるが，解雇事由の存否の判断に当たっては，解雇権濫用法理によって要求される解雇の必要性や相当性の存在が決定的な意味を持つ（なお，私傷病休職期間の満了による労働契約の自動的終了＝自動退職という取り扱いの適法性判断に関して，解雇と同様，そうした取扱いの合理性あるいは相当性を問題とする判例が有力である）[3]。ところが，後述のように傷病解雇に関して，いかなる事実を重視し，どのような要素に着目して解雇権の濫用を判断するかは判例により異なり，傷病解雇について解雇権濫用の統一した判断枠組みが存するとは考えにくい[4]。しかし，傷病解雇は，疾病による労働不能（一部あるいは全体の）という共通の事由による解雇で

あるから，解雇権濫用の判断について共通した判断枠組みが構築されなければならず，そうでないと，法的安定性が害されるという結果を招くだろう。

ところで，ドイツにおいては，疾病は，解雇制限法1条2項の解雇の正当化事由の一つである労働者の心身に存する事由（personenbedingte Gründe）の一形態であり[5]，連邦労働裁判所（Bundesarbeitsgericht，以下，「BAG」と略す）の判例により，疾病を理由とする解雇（krakheitsbedingte Kündigung，以下，「疾病解雇」という）の有効性判断につき，共通のかつ精緻な判断枠組みが形成されている。本稿は，BAG の判例理論を中心に，こうした疾病解雇の有効性判断についての法理を検討することにより，わが国の傷病解雇の有効性判断基準（有効要件）の構築に当たり，参考となる視点や示唆を得ることを目的とする。

II　ドイツの疾病解雇の法理

1　疾病解雇の有効要件の概要

上述のように解雇制限法の適用を受ける事業所の労働関係では，少なくとも同法1条2項に定められた三つの解雇事由の一つが存在しなければ，解雇は社会的に正当なものとは認められず無効となる[6]。三つの解雇事由とは，被用者の行態に存する事由（verhaltensbedingte Günde），経営上の事由（betriebsbedingte Gründe）および被用者の心身に存する事由である。疾病により労働者の労働能力が低下あるいは失われた場合に，そのことを理由として行われる解雇，すなわち疾病を理由とする解雇＝疾病解雇は，労働者の心身に存する事由にもとづく解雇の主要な形態の一つである。ここでいう疾病とは，すべての正常ならざる身体的および精神的状態をいう。

一般に，疾病解雇は，その有効性の判断に当たり，学説・判例上，次のような四つの類型に分類される。すなわち，①頻繁な短期間の疾病（häufige Erkrankungen）を理由とする解雇，②長期の疾病（Langzeiterkrankung）を理由とする解雇，③疾病にもとづく労働給付の継続的な履行不能を理由とする解雇および④疾病にもとづく給付能力（Leistungsfähigkeit）の低下を理由とする解雇の四類型である[7]。

このような疾病を理由に申し渡された通常解雇の社会的不当性の審査のために，BAG の判例は，独自の基準を発展させ，しかも，疾病解雇は，多様な原因を有するにもかかわらず，BAG の審査基準は，疾病解雇の四つの類型のすべてに，原則として一律に適用される。BAG 判例の審査基準によると，疾病解雇の効力は，解雇の一般的な有効要件を別にすれば，次のような三段階の審査により判断される[8]。すなわち，まず第一段階は，健康状態の否定的予測の証明（Nachweis einer negativen Gesundheitsprognose）である。こうした否定的予測は，現在の疾病にもとづき将来の欠勤状態が予期することが十分に可能である場合に肯定される。第二段階の審査では，疾病にもとづく欠勤状態により，使用者の経営上の利益あるいは経済的利益の重大な侵害があったかどうかが問題となる。そして最後に，第三段階では，労使間の利益衡量（Interessenabwägung）が行われなければならない。利益衡量においては，経営上の利益等の重大な侵害が個々の事例の具体的諸事情にもとづき，使用者により受忍可能であるかどうか，あるいは，すでに経営上の利益の重大な侵害の受忍が使用者にとり期待可能でない程度に達していたかどうかの審査が行われる。

　以上の三つの審査段階において問題となる疾病解雇の各有効要件の関係については，第一要件の健康状態の否定的予測と第二要件の使用者の経営上のあるいは経済的利益の重大な侵害は，心身にもとづく解雇の解雇理由を形成するものであるから，どちらかが欠けると，疾病解雇は無効となる。第三段階の審査の労使間の利益衡量は，解雇理由の存在を前提に，将来予測された経営上のあるいは経済的利益の侵害を使用者が受忍することが，個々の事例の特殊事情にもとづき期待可能か否かが審査され，期待可能性がなければ，解雇は有効となる。逆に，個々の事例の諸般の事情を総合考慮し受忍することが期待可能であれば解雇は無効となる。

　以下では，これら三段階の審査基準の内容として，疾病解雇の四つの類型のそれぞれに焦点を当てて，BAG により形成された判例理論を考察することとする。

2 健康状態の否定的予測

解雇理由が将来においても存在するであろうことは, 解雇制限法にもとづく全ての解雇の有効要件である。このことは, 疾病解雇に関しては, 客観的事実にもとづき, 将来においても疾病を原因として欠勤状態や給付の縮減 (Leistumgsminderungen) が予測できることが証明可能であることを意味する。疾病解雇の解雇理由は, 過去の欠勤時間の状況ではなく, 将来において更に重大な欠勤時間の発生を明らかに予測させ得るような解雇の時点における客観的諸事実の存在である。疾病を理由とする解雇は, いかなる制裁としての性格 (Sanktionschrakter) も持つものではなく, 比例原則 (Prinzip der Verhältnismäßigkeit) にもとづく最後の手段として受忍することが期待不可能な負担から使用者を保護することを目的としている[9]。

健康状態の否定的予測に関して, まず第一に問題となるのは, それがどのような時点で存在しなければならないかである。この判定時点 (Beurteilungszeitpunkt) については, 一時期 BAG の判例において, ある種の不明確さが見られたが, 今日否定的予測は, 解雇の意思表示の到達の時点での客観的事実にもとづき認められなければならないことが明確にされている。

この点についての BAG の代表的判例は, BAG 1987 年 4 月 9 日判決 (AP Nr.18 zu §1KSchG 1969 Krankheit, 以下特に断らない限り BAG の判決は, 第 2 小法廷のものである) である。この判決によると, 解雇の意思表示の到達の時点で存在する客観的事実が否定的予測の判定にとり重要である。頻繁に反復される短期的な疾病を理由とする解雇に関して将来における疾病への罹患の懸念 (Besorgnis) を正当化する客観的事実は, 解雇の意思表示の到達の時点で存在していなければならず, 将来疾病に罹患する危険が存在するかどうかは, 使用者が解雇以前に予測にもとづき確定していなければならない。

したがって, 同判決によると,「解雇の申し渡し後口頭弁論終結までの事実関係の展開は, 予測の確認あるいは修正に役立つ限りで, すなわち事後の展開により予測の正しさあるいは誤りが示される限りで考慮することができる」とされる。そして, このことは, 解雇の時点以後新たな因果関係の経過が開始されない場合に限り肯定されるにすぎない。新たな因果関係が生じている場合には, 解雇後の事実上の疾病の展開は, 解雇の時点が立てられた予

測の客観的正当性について何らの意味も持たない。たとえば，解雇の時点で労働者が疾病の治療に有効な手術を拒否したことによって立てられた否定的予測は，解雇の申し渡し後労働者がこのような手術を受けることを決断しそれが成功した場合でも，それによって全く影響を受けない。なぜなら，この場合，新たな因果関係の展開が認められるからである。前記 BAG 1987 年 4 月 9 日判決の事案でいうと，アルコール依存症についての否定的予測の判定に際し，解雇の申し渡し後ほぼ 3 ヵ月して実施された 11 日間の持続的な禁酒治療およびそれに続く外来治療の受診に原告（労働者）が積極的であるということは，考慮できない。なぜなら，原告は，解雇の時点では明らかに治療を拒否していたからであるとされる。

(1) 頻繁な短期の疾病の場合

この類型の解雇の場合，BAG の判例によると，先行する疾病にその性質上あるいはその発生の原因から反復の危険性（Wiederholung）が認められないとき，それは，健康状態の否定的予測の判定に当たり考慮の対象とはならない。たとえば，BAG 1989 年 9 月 6 日判決（AP Nr.21 zu §1 KSchG 1969 Krankheit）では，一度切り（einmalig）の再発しない健康障害（労働災害を含む事故等にもとづく）による欠勤日数は，予測の確定に当たり考慮されないとされている。さらに，この判決によると，健康状態の予測に関しては，過去の疾病にもとづく欠勤日数が，年月を経るに従い，増加する傾向にあるか，変化がないかそれとも減少傾向にあるかどうかも重要な意味を持つし，問題となる疾病がある程度の頻度（1983 年と 1987 年はそれぞれ 4 回発症，1984 年は 5 回，1985 年と 1986 年それぞれ 6 回）およびある種の規則性（1983 年は 1 月から 6 月まで罹病，1984 年と 1985 年は 1 月から 12 月まで，1986 年は 2 月から 11 月まで，1987 年は 3 月から 10 月まで）をもって発症したかどうかも，将来の健康状態を予測する適切なデータとなる。

また，BAG 1993 年 1 月 14 日判決（NZA1994, S.309f.）によると，一度限りの疾病の他，業務上災害に起因する労働不能期間やその治療のための欠勤期間（使用者に責任がある欠勤期間），一定期間発症していない（いわば治癒したと考えられる）疾病による欠勤期間は，否定的予測に関し考慮するのは適切ではない。たとえば，原告は，一群の胃腸病により 1985 年と 1986 年に合

わせて33日欠勤したが1986年を最後に解雇の時点（1990年3月31日）まで，こうした疾病が発症していない場合，33日の欠勤期間は，否定的予測の確定に当たり考慮されない。総じて，従来のBAGの判例では，過去数年間において考慮可能な疾病にもとづく欠勤日数が年間の総労働日の15％から20％に達する場合，原則として健康状態の否定的予測が肯定されているとの指摘がある[10]。

否定的予測の主張・立証責任については，BAGの判例では，次のように説かれている。すなわち，前掲のBAG 1989年9月6日判決によると，過去における頻繁な短期の疾病の反復が，将来のそれに相応した現象（entsprechendes Erscheinungsbild）を推測させる場合，使用者は，差し当たり最初に，過去において現実に生じた欠勤期間の将来疾病の反復への徴憑的効果（Indizwirkung）を主張，立証するだけで許される。こうした使用者の立証を受けて，民訴法138条2項に従い労働者は，何故に将来の疾病の反復はなく早期の回復（baldige Geneaung）が予期できるか立証しなくてはならない[11]。

この訴訟上の協力義務は，労働者が自己の病状やその将来の推定された展開につき認識が不十分である場合，使用者の主張を否認しかつ診療を担当した医師の守秘義務を免除することにより履行することができる[12]。ごく例外的な場合（労働者自身が医師である場合）を除いて，診療を担当した医師の守秘義務を免除することによって，使用者が主張・立証した否定的予測に対し，労働者が具体的な事実にもとづく抗弁をしたと解される。このような労働者の抗弁により，否定的予測についての使用者の有利性のある陳述から推認される徴憑的効果の信頼性が揺らぐかどうかの解明のためには，通常，担当医師を鑑定証人として尋問するかあるいは，民訴法377条3項および4項により担当医師に文書による証言を求めることが必要である。これによってのみ，従来使用者により主張されていた展開とは異なる事実経過（将来における僅少な疾病への罹患率）を真摯に考慮すべきかどうかが解明され得る。なお，担当医師の守秘義務の免除という方法ではなく，労働者自らが，疾病が完治したことや症状が収まっていることを明らかにするために具体的事情を陳述する場合も，それらが従来の疾病にもとづく欠勤期間の将来への徴憑的

効果の信頼性を揺るがせるのに適切なものでなくてはならない。しかし，将来の頻繁な疾病の反復が確実に予測され得ないことを証明する義務までは，労働者にはない(13)。

(2) 長期の疾病の場合

　BAG の判例によると，長期にわたって継続する疾病を理由とする解雇の場合も，解雇が有効であるためには，労働者が解雇の時点で疾病により労働不能であるばかりでなく，解雇の意思表示の到達の時点で存在する客観的な事情にもとづき予見可能な期間内に労働者の労働能力の回復を見込むことが出来ないこと（健康状態の否定的予測）が必要である。つまり，解雇の時点で労働能力の回復が不確か（ungewiß）でなくてはならず，このことにより，長期疾病を理由とする解雇は，疾病にもとづく継続的な労働給付不能を理由とする解雇（将来の労働不能が不確かでなく確定的）と区別される(14)。

　こうした否定的予測の意味に関して，まず，BAG 1980 年 2 月 22 日判決（AP Nr.6 zu §1 KSchG 1969 Krankheit）によると，長期に及ぶ疾病にもとづく労働不能が存在すること自体は，解雇の有効要件とはならない。つまり，過去に，どのくらいの期間労働者が疾病により労働不能であったかは重要ではなく，重要なのは将来の予測である。もっとも，上述のように，長期疾病を理由とする解雇（第二類型の疾病解雇）の場合，疾病による継続的労働不能を理由とする解雇と異なり，労働能力の欠如が確実ではなく，労働能力の回復が不確実であるにすぎないとされる。なお，前記 BAG 1980 年 2 月 22 日判決および BAG 1999 年 4 月 29 日判決（AP Nr.36 zu §1 KSchG 1969 Krankheit）によると，解雇は，比例原則にもとづき最後の手段として是認されるにすぎないから，長期疾病の場合も，期待可能な他の措置（臨時労働者の採用，一時的な組織改編，労働過程における一時的な組織変更，時間外労働や超過勤務の一時的な導入等）により，将来の疾病による欠勤時間を埋め合わせできれば，健康状態の否定的予測は，肯認されない。

　また，前掲 BAG 1999 年 4 月 29 日判決は，労働能力の回復の不確実性が疾病解雇の第一要件である将来の否定的予測として充分であるための期間（不確実な期間）につき，具体的な基準を示している。すなわち同判決によると，労働能力の回復の不確実性は，予見可能な期間内に否定的予測以外の予

測が成り立ち得ない場合に限り，疾病にもとづく継続的な労働給付不能と同視することができる。そして，この予見可能な期間は，旧就業促進法の1条1項（現行のパートタイム・有期法＝Teilzeit-und Befristungsgesetz 14条2項）に準拠し，24ヵ月間とするのが適当である。なぜなら，この期間内ならば，法律上，必要ならば有期労働関係で代替労働者を採用することによって，欠勤にもとづく経営上の障害を回避することが可能であるからであるとされている[15]。

最後に，証明の問題であるが，頻繁な短期疾病の場合と同様，長期疾病の場合も，従来の労働不能期間の存在が，ある種の徴憑的効果を持つ。このような徴憑的効果に対して反証を行うためには，労働者は，その訴訟上の協力義務（民訴法138条2項）にもとづき，何時，自己の労働能力の回復を見込み得るかを立証しなくてはならない[16]。

(3) 疾病にもとづく継続的労働不能を理由とする解雇および疾病にもとづく労働給付の低下を理由とする解雇

疾病にもとづく継続的労働不能を理由とする解雇（第三類型の解雇）に関して，健康状態の否定的予測とは，解雇の時点で労働者が将来，契約上義務づけられた労働給付をもはや履行し得ないことが確実であることである[17]。長期疾病を理由とする解雇は，将来の労働給付の適正な履行の不確実性が否定的予測の内容をなしたが，この場合は，労働給付不能が確実である点に特色がある。

次に，疾病による労働給付の低下を理由とする解雇（第四類型の解雇）については，BAG 1991年9月26日判決（AP Nr.28 zu §1 KSchG 1969 Krankheit）が次のように判示している。すなわち，労働者（原告）は，1986年5月5日の配転以後1987年にかけて多様な職場で通常の給付水準の50％から60％の労働給付を履行し，1987年末から解雇の時点（1988年12月31日）までは通常の給付水準のわずか66％しか履行していなかった。このような給付の不均衡の排除が，労働給付の低下の原因に関する労働者自身の陳述から，将来においても見込み得ない場合，審査の第一段階において必要な健康状態の否定的予測が肯定される。

最後に，これら二つの疾病解雇に関して，将来の健康状態の否定的予測に

関する証明責任の問題については，頻繁な短期疾病や長期疾病を理由とする解雇の場合と同じルールが妥当する。

3　使用者の将来の経営上のあるいは経済的利益の重大な侵害

BAG の判例によると，予測された欠勤時間は，それが使用者の将来の経営上のあるいは経済的利益の重大な侵害 (erhebliche Beeinträchtingen zukünftiger betrieblicher oder wirtschaftlicher Interessen des Arbeitsgebers) を生ぜしめる場合に限り，疾病を理由とする解雇を社会的に正当化するのに適切なものとなる。こうした侵害は，否定的な健康状態の予測と全く同様に，解雇理由を形成する[18]。この疾病解雇の第二の有効要件は，次のような四種類に大きく分けることができ，疾病解雇の四類型に応じて異なる種類の要件が問題となる。

(1) 報酬の継続支給による使用者の重大な経済的負担

まず第一に，疾病により欠勤するにもかかわらず，賃金・給与が継続して支給しなければならない場合に生じる使用者の経済的負担が重大である場合に，疾病解雇の第二の有効要件が充足される。たしかに，報酬継続支給法 (Entgeltfortzahlungsgesetz) によると，報酬の継続支給は年間 6 週間に限定されている。しかし，こうした制限は同一の疾病についてのものであり，労働者の頻繁な欠勤が多様な疾病を原因とするものである場合，6 週間という期間の報酬継続支給は，たえず新たに行われることになる。したがって，報酬の継続支給について法律により制限を設けたにもかかわらず，法律の制限を明らかに超える報酬の継続支給に伴う費用負担が企業に生じ得る。

BAG 1989 年 2 月 16 日判決（AP Nr.20 zu §1 KSchG 1969 Krankheit）および前掲 BAG 1989 年 9 月 6 日判決によると，使用者の重大な経済的負担も解雇を社会的に正当化する理由となることができ，こうした負担には，労働者の絶えず新たに相当な範囲で生じる欠勤状態とそれに対応する臨時労働者の雇用のための超過費用等が含まれるだけではなく，1 年間に 6 週間を超える期間にわたって支出しなくてはならない非常に高額の賃金継続支給の費用も含まれる[19]。つまり高額の賃金継続支給費用は，それ自体単独で，疾病解雇の第二の有効要件を充足する。そして，この賃金継続支給の費用が経済

的負担として重大であるかどうかは，事業所の全体的な負担ではなく，当該労働関係の維持の費用を基準として判断すべきであるとされている[20]。

　賃金継続支給のための費用を解雇の社会的正当性の判断要素とすることへの批判としては，次のような立法者の評価矛盾（gesetzgeberischer Wertungswiderspruch）が指摘されている[21]。すなわち，一方において報酬継続支給法や民法612条により疾病に際し労働者に賃金を継続支給し一時的な経済的保障を与え，他方で労働者がこうした社会的給付を請求するとその経済的な生存の基礎の喪失（つまり解雇）を甘受すべきことを立法者が意図していたとは想定できないという疑問が提示されている。前掲BAG 1989年2月16日判決は，このような疑問には，解釈理論上理由がないことを詳細に論じているが，要は，賃金継続支給を受けることが解雇理由となるのではなく，賃金継続支給のコストは，労働者によって疾病を原因として履行されなかった反対給付（Gegenleistung，つまり労務提供）の大きさを算定する数値指標であるにすぎない。この場合も，実質的には，重大かつ甘受することが期待不可能な交換関係の中断状態（Strörung des Austauschverhältnisses）を解雇法上，どのように評価すべきかが問題となるとされる。

　また同1989年2月16日判決では，賃金継続支給費用を解雇理由の有無の判断に際し考慮することは，決して，それを，事業所の諸事情と関わりのないほとんど絶対的な解雇理由（fast absoluter Kündigungsgrund）として捉えることでないとされている。すなわち，BAGの判例により，たえず強調されているように，疾病解雇に関しては，いかなる確定的な限界値（feste Grenzwerte）も存在せず，むしろ解雇の社会的正当性は，つねに，個々の事例の状況（つまり，疾病の原因，労働者の年齢や勤続年数，労働関係の従来の経緯等）に依存する。このことは賃金継続支給の費用にも妥当し，結局，賃金継続支給の費用も，一方において重大でなければならず，かつ他方で使用者に受忍することが期待不可能な負担となるものでなくてはならないとされる。

(2) 事業遂行上の重大な障害

　BAGの判例によると，疾病解雇の第二の有効要件は，報酬の継続支給にもとづく経済的負担の他に，事業遂行上の障害（Betriebsablaufströrungen）によっても充足される。前掲BAG 1989年2月16日判決では，機械の停止

あるいは生産の減少のような生産過程における障害のみならず，代替労働による他の労働者の負担過剰状態の発生や他の職場からの労働者の移動に伴い職場規律に支障が生じること等が，事業遂行上の障害として例示されている。また，商品受注の処理が遅延することにより，顧客との関係が悪化することも事業遂行上の障害に含まれるだろう。

　前掲 BAG 1989 年 2 月 16 日判決および BAG 1989 年 9 月 6 日判決（AP Nr.23 zu §1 KSchG 1969）によると，これらの事業遂行上の障害は，可能な緩和・解消措置（Überbruckungsmaßnahmen）により回避され得ない場合に限り疾病解雇の理由として考慮することが適切である。緩和・解消措置には，労働者の具体的な欠勤を契機として行われる様々な措置が含まれ，例としては，他の労働者の時間外労働，臨時労働者の新規採用および予備として置かれた要員の代替就労等が考えられる。短期の疾病の反復の場合，長期の疾病の場合と比べて，臨時労働者の採用の可能性は制限されている。これらの措置によって労働者の欠勤による不都合が解消され得るし，解消されることとなるならば，客観的に，事業遂行障害は存在せず，それゆえ解雇を社会的に正当化するのに適切ないかなる理由も存在しない（事業遂行障害が緩和・解消措置により回避され得ない場合，障害が軽微なものかそれとも重大な（erheblich）ものかどうかの検討が残される）。もっとも，既述の措置により重大な事業遂行障害が回避可能であるとしても，第三段階の審査（つまり労使間の利益衡量）において，事業遂行障害を除去するために広範囲にわたる緩和・解消措置を実施することが使用者に期待可能かどうかが検討され，期待可能性がなければ，解雇の社会的正当性が肯定される。

　また BAG の判例によると，空席となっている部署に疾病労働者を配転することにより，重大な事業遂行障害が緩和・解消されるならば，解雇は許されない[22]。これは，比例原則にもとづき要請される（最後の手段原則の具体化）。この場合，使用者は，まず比較可能な同価値の部署への配転を検討し，それが存在しない場合，より不利な労働条件の労働部署への配転を検討すべきである。さらに，それどころか，BAG 1997 年 1 月 29 日（AP Nr.32 zu §1 KSchG 1969）によると，使用者は，疾病労働者に適当な部署を確保するために，その適当な部署で就労している労働者を他に配転し空席にするこ

と，つまりある種の順繰り配置転換（Ringtausch）の実行を義務づけられる。

ところで，BAG 1993年7月29日判決（AP Nr.27 zu §1 KSchG 1969）によると，解雇法上予備要員を置く義務は使用者にはない。予備要員を置くかどうかあるいは，どのような比率（従業員数の何%）で置くかは，基本的に裁判所の審査の及ばない企業家の決定の自由に委ねられた問題であるとされる。事業遂行障害の有無との関係では，既存の予備要員が，解雇の対象となった労働者の欠勤時間を埋め合わせるために利用されたかあるいは将来も利用することができるかどうかが重要であり，現在の客観的諸事情にもとづき，将来にわたって，この利用可能性が肯定されるならば，労働者の疾病の再発により，重大な事業遂行障害は生じないと解される。もっとも BAG 1989年11月2日判決（2AZR 366/89, http://www.jurisweb.de/jurisweb から引用）によると，予備要員を設けていることは，使用者の経済的負担の受忍の期待可能性の判定（第三段階の審査）において使用者に有利に考慮すべきであり，予備要員の設定は，賃金継続支給に伴う使用者負担を，それと並んで事業遂行障害や別の事業所の負担がなくとも，受忍を期待不可能なものにする。

長期疾病を理由とする解雇については，以上の，事業遂行障害による使用者の経営上の利益の侵害が解雇の有効要件として重要な意義を有する。こうした解雇の場合，短期の疾病の反復の場合と異なり疾病が同一であるので，6週間を超える高額の継続支給費用を使用者が負担することは通常あり得ないからである[23]。

最後に，立証責任の問題であるが，使用者は，個別具体的に，疾病を原因とする欠勤状態によりいかなる事業遂行障害が発生しているかおよび予測され得る欠勤状態により将来の事業遂行障害の発生が確実であるかを，個別具体的に主張し立証しなくてはならない[24]。この点，BAG 第7小法廷 1983年11月2日判決（AP Nr.12 zu §1 KSchG 1969）によると，通常，標語的あるいは見出し語的な使用者の概括的陳述（pauschale schlagwort- oder stichwortartige Angaben des Arbeitsgebers）では，現に発生したあるいは将来発生が予測される経営上の利益の重大な侵害の主張・立証としては十分ではない。欠勤と結び付いた事業遂行への影響の陳述は，単に使用者の価値判

断を示すものであってはならず可能な限り具体的でなければならない。なぜなら，それによって労働者は，使用者の陳述に具体的事実にもとづき抗弁することができるようになるからであるとされる。

(3) 指揮権の重大な侵害

疾病解雇の第二の有効要件は，疾病にもとづく欠勤が使用者の指揮権に重大な制限を課す場合にも充足される。度重なる欠勤がつねに同一の疾病を原因とする場合，法律による賃金の継続支給は6ヵ月間に限定され，上述のBAG の判例によると，使用者の重大な経済的負担に該当しないから，指揮権の重大な侵害の有無が第二要件の存否については重要な意味を有する。それゆえ長期間の疾病を理由とする解雇や疾病にもとづく継続的労働不能を理由とする解雇に関して，指揮権の重大な侵害が BAG 判例により重視されている。

この指揮権の侵害の要件の意味内容は以下の通りである。まず，長期間の疾病を理由とする解雇に関して，BAG 1992年5月21日判決（AP Nr.30 zu §1 KSchG 1969）によると，労働者が将来労働義務をもはや履行し得ないことが確定した場合，労働関係は継続的に重大な障害を受ける。この場合，経営上の利益の重大な侵害は，使用者が労働者の継続的な給付義務の不履行を計算に入れなければならず，使用者が予見不可能な期間その指揮権の行使を妨げられるという点に見い出される。使用者は，労働時間の決定や仕事の手順等の点で，もはや自由に労働者を使用することができず，何らかの種類の計画にもとづき労働者を使用すること（交代勤務への規則正しい組み入れ等）もできない。さらに，疾病労働者の職務への復帰時点が不確かであるため，代替労働者（Vertretungskäften）の利用も困難である。なお，長期疾病を理由とする解雇の場合，経営上の侵害の重大性は，予測される労働不能の期間の長さや治癒過程の不確かさによって定まる[25]。それゆえ，解雇の時点で労働能力の回復が全く不確かであり，疾病がすでに長期に及んでいるときには，これとは別の使用者の経済的負担を問題とすることなく，長期間継続している疾病は，解雇を社会的に正当化しうる要件になるとされている。

また，BAG 1990年2月28日判決（AP Nr.25 zu §1 KSchG 1969）は，契約上の労働給付義務の履行が疾病により継続的に不能となることが通常，解

雇をする権限を使用者に与える要件になるとしたうえ，労働者が将来労働給付義務を履行し得ないことが予見され得る場合，給付と反対給付の交換関係としての労働関係は，継続的に重大な障害を受け，それが重大な経営上の侵害を構成するとしている(26)。つまり，労働者の継続的な労働不能により労働関係がもはや実行され得ない場合は，それは意味を喪失し，内容空疎な外皮として存在するにすぎない(27)。

(4) 給付と反対給付の重大な不均衡

疾病により労働者の労働給付能力が低下・縮小した場合にも，経営上の利益の重大な侵害を生じ，疾病解雇の第二の有効要件が充たされる。前掲BAG 1991年9月26日判決によると，まず，この場合，頻繁な短期疾病の反復のケース等と異なり完全な欠勤ではないので，上述の事業遂行障害や賃金継続支給による使用者の経済的負担は生じ得ない。しかし，労働者の給付能力が低下し制限的なものとなったときには，別の経済的負担が使用者に生じる。すなわち，こうした労働者は成果主義賃金で使用することはもはやできないし，かといって，完全な時間賃金を支払うことは，経営経済的および労働経済的諸原則に照らし合わせて適切な労働給付が行われていないので，給付と反対給付の不均衡が生じるとされる。この不均衡が重大である場合にも，疾病解雇の第二の有効要件を充足する。そして同判決では，本件の原告（労働者）は，最後の職場で通常の給付の3分の2の労働給付を履行していたが，このレベルでさえ，給付と反対給付との重大な不均衡といえ，かくて被告（使用者）の経済的利益の重大な侵害に該当するとされている。

4 労使間の利益衡量について

疾病解雇の第三段階の審査は，労使間の利益衡量であり，これは，疾病解雇に限らずすべての労働者の心身に存する理由にもとづく解雇の有効性の判断に際し要求される。利益衡量においては，個々の事例の特殊事情にもとづき使用者の経営上のあるいは経済的利益の重大な侵害がなお使用者により受忍可能かどうかあるいは，そうした侵害は，すでに，もはや使用者に受忍することが期待不可能な程度に達しているかどうかが審査される(28)。この場合，労働関係を終了させる使用者利益と，労働者の労働関係の存続保護の利

益が比較衡量される。利益衡量に際し，使用者側（に有利な）事情として考慮されるのは，①労働関係の障害を受けていない期間の短かさ，②予備要員の存在，③労働者側の責任の存在，④賃金継続支給費用の総額等であり，労働者側（に有利な）事情として考慮されるのは，⑤疾病の原因，⑥他の空席の部署での継続雇用の可能性，⑦他の同僚労働者との比較，⑧年齢や事業所勤続年数，⑨労働市場での転職の見込みおよび⑩扶養家族の状況等である。

まず，使用者側の事情から検討する。①について，前掲 BAG 1989 年 9 月 6 日判決によると，労働関係が支障を受けることなく存続した期間が長ければ長いほど，使用者からより多くの配慮を受け得ることを労働者は期待してもよい。それゆえ使用者は，20 年間無事に勤務を続けた後しばしば疾病に罹患するようになった労働者に対して，1 年の勤続年数の後重大なかつ次第に増大する疾病を理由の欠勤状態にある労働者よりも，かなり多くの配慮を行う責任を負っているとされている。②の予備要員の存在が利益衡量（＝経営上の重大な侵害の受忍の期待可能性の判断）において，使用者に有利な事情になることは，上述した。③は，疾病の原因が労働者の個人的責任領域 (persönlicher Verantwortungsbereich) に存する場合（例えば，アルコール依存症＝Alkoholsucht）であり，こうした事情は使用者に有利に評価される[29]。

④について，BAG 1990 年 7 月 5 日判決 (AP Nr.26 zu §1 KSchG 1969 Krankheit) によると，それのみで労働者の継続雇用を期待不可能なものとし得るためには，賃金の継続支給の費用は，非常にないしは極端に (ausergewöhnlich bzw. extrem) 高くなくてはならない。この判決の事案では，解雇の時点で，年間平均 60 労働日の賃金継続支給費用が予測され得た。このような法律上の限界である 6 週の間の労働日（30 日間）の 2 倍以上の賃金継続費用の負担は，非常に高い (ausergewöhnlich hoch) と評価されている。また，前掲 BAG 1989 年 9 月 6 日判決では，法律上の限界である 6 週間 30 労働日（最低の負担として使用者は甘受しなくてはならない）を 50％上回る賃金継続支給費用の負担（年間平均 45 日）は，労働者の作業領域に生じる平均 10％の疾病による欠勤状態に対応する予備要員の確保等の事実と相俟って，労働者の継続雇用を期待不可能なものにするとされている。

次に，労働者側（に有利な）事情として，まず，⑤は，労働者の疾病が業

務上の原因（betriebliche Ursachen）によるものかどうかであり，業務上の原因による場合，継続雇用の期待可能性が大きくなる（つまり，経営上の侵害の使用者による受認限度が広がる）(30)。⑦について，疾病により欠勤を繰返す労働者の継続が使用者にどのような場合に期待可能かどうかの判断に際しては，当該労働者の属する事業所あるいはその限定可能な一部における平均的な欠勤状況との比較が問題とされなければならない。そして，所属事業所あるいはその限定可能な一部における疾病による欠勤率が比較的高い場合，当該労働者が完全に相当に高い欠勤率（eine ganz erhebliche höhere Ausfallquote）を示していなければ，その継続雇用が期待不可能にならない。⑧の労働者の年齢も利益衡量において重要な意味を有する。この点につき，BAG 1989 年 11 月 2 日判決（2 AZR 23/89, http: //www.jurisweb.de/jurisweb より引用）は，「否定的な健康状態の予測にもとづき，従来と同様の範囲で欠勤時間が将来予測不可能な期間生じると見込まれる場合，欠勤時間に対応する賃金継続支給費用の予測される負担は，被用者が若ければ若いほど（つまり退職年齢に遠いほど——筆者），それだけいっそう高くなる」と判示している。

⑨の労働市場における転職の見込みも，BAG の判例によると，利益衡量に際しての重要な考慮要素となる。ただ，解雇の対象となった労働者が，労働市場において転職困難であるということだけでは，継続雇用の期待可能性が肯定されるわけではない。⑩について，前掲 BAG 1990 年 7 月 5 日判決は，利益衡量において労働者に有利な事情として，勤続年数の長さとともに，配偶者，子供および母親に対する扶養義務（Unterhaltspflichten）を挙げている。これに対し学説により，この点につき BAG は，社会的観点（soziale Gesichtspunkte）の考慮が解雇制限法において明文で経営上の理由による解雇についてのみ定められているにすぎないことを見逃しているとの批判がなされている(31)。

III おわりに

最後に，以上のドイツにおける疾病解雇の法理と，わが国の傷病解雇の有

効性判断に関する判例の動向とを比較検討し，わが国の傷病解雇法理の構築に参考となる点を明らかにしたい。

　最初に，わが国の判例の動向を検討する。判例上問題となった傷病解雇を傷病休職との関係や就業規則の根拠条文に着目して類型化すると，次のような4類型に分類することができる。まず第一は，就業規則等により設けられた傷病休職を経ることなく，就業規則の「傷病のため業務に堪え得ないと認めたとき」等の条項に該当するとして解雇になるケース[32]であり，第二は，傷病休職後復職し就労した後で就業規則の「傷病のため業務に堪え得ないと認めたとき」等の条項により解雇となるケース[33]で，第三は，傷病による欠勤の後傷病休職処分となり，復職を申し出たが拒否され，就業規則の同様の条項により解雇となる事例[34]である。第四は，傷病による休職処分になり，休職期間の満了時に傷病が治癒しておらず復職可能でないとして休職期間の満了（就業規則上の解雇事由の一つ）を理由に解雇となる場合[35]である。

　以上の判例により，どのような要素に着目して解雇権濫用の成否が判断されているかを見ると，次のような六つの要素を指摘できる。すなわち，①一定の疾患（心臓疾患や高血圧症等）に罹患した労働者について，ペースメーカーの装着や服薬により身体的に正常な就業が可能となるか，②他の仕事や業務への配転の可否（労働者に就労を命じることが可能な業務は，雇用契約の内容，労働者が提供できる労働の内容，会社の経営状況，他の従業員との公平等を考慮し判断すべき），③基本的な労働能力の低下がなく比較的短期に従前の職務に復帰可能となるか，④比較的短期に復帰可能な場合短期間の復帰準備期間を提供したり，教育的措置をとるなど信義則上求められる手段を解雇以前にとったか，⑤病気の特質，罹患後の経過，罹病期間の長さ，復職後の就労状況等を総合して労働者は解雇当時将来にわたって，安定した労務を提供しうる状況にあったか，および⑥使用者による一定の配慮措置（適宜の補助者の付置，業務の軽減，労働時間の短縮，他の従業員や生徒の協力等）があれば，本来の業務に耐えうるか等である。第一のケースでは，①の要素が主として問題となっているが，第二から第四のケースでは，②から⑥の要素の一つまたはいくつかが，個々の解雇の事例ごとに問題とされている[36]。

これに対し，ドイツの疾病解雇に関しては，まず，有効性判断について共通のルールが BAG の判例を中心に形成されている。すなわち，①健康状態の否定的予測の証明，②使用者の将来の経営上の利益あるいは経済的利益の重大な侵害の有無，③労使間の利益衡量の三段階の審査である。そして，このような三段階審査が共通して適用される解雇の類型化についても，ドイツの疾病解雇法理には特徴が見られる。解雇は，疾病の形態（短期の反復型か，長期の罹病か），疾病による労働能力の状態（完全な労働不能か，労働能力の部分的な低下か）および将来の予測可能な期間内での労働能力の回復の見込みの程度（不確実か，全く無理か）により，四類型に分類されているが，わが国では，こうした観点からの類型化はなされていない。しかし，ドイツにおける解雇の四類型化は，三段階審査との関係で意味を有するものであるので，三段階審査が採られていないわが国で，ドイツのような類型化が行われていなくとも当然である。

また，疾病解雇に関しても，比例原則，その中でも特に最後の手段原理が重要な意味を有する。疾病解雇も，解雇を回避するための他の措置の実施が可能でないかあるいは期待可能でない場合に初めて，最後の手段（ultima ratio）として実行可能であるにすぎない。そして，この最後の手段原理は，疾病解雇の有効性審査の第一段階および第二段階において問題とされている。わが国の傷病解雇法理では，こうした原理の体系的位置づけはなされていない。

第一段階の審査である健康状態の否定的予測の証明では，疾病解雇が決して過去の事実に対する制裁的性格を持つものでないことが明確にされる。つまり，疾病解雇を正当化する理由は，労働者の従来の欠勤状況ではなく，将来において更に重大な欠勤時間の発生を明らかに予測させ得るような解雇時点の客観的諸事実である（この原則は，すべての種類の解雇の正当理由の判断について当てはまる）。こうした原則は，わが国では明確にされていない。

また，否定的予測の存否の審査に関しては，その判定時点についての BAG の判示もわが国では必ずしも明確に認識されていない点で，興味深い。BAG によると，将来の疾病への罹患の懸念を正当化する客観的事実は，解雇の意思表示の到達の時点で存在していなければならず，将来の疾病

への罹患の懸念は，使用者が解雇以前に予測にもとづき確定していなければならない。解雇以後の事実関係の展開は，それが予測の正しさあるいは誤りを示す限りで考慮可能であるが，新たな因果関係が生じている場合には，解雇後の事実上の疾病の展開は，解雇の時点の予測の客観的正当性の判断にとり全く無意味である。さらに，疾病解雇も，比例原則にもとづき最後の手段として是認されるにすぎないから，期待可能な他の措置（臨時労働者の採用，一時的な組織改編，労働過程における一時的な組織変更，時間外労働や超過勤務の一時的な導入等）により，将来の疾病による欠勤時間を埋め合わせできれば，健康状態の否定的予測は，肯認されない。

　第二段階の審査である，使用者の将来の経営上のあるいは経済的利益の重大な侵害の有無については，四つのカテゴリーによる類型化が行われ，疾病解雇の類型ごとに，どのカテゴリーの使用者利益の重大な侵害が問題となるか明らかにされている。この点では，法律上義務づけられた年間6週間という期間を超えて賃金継続支給が行われた場合の費用負担が使用者利益の重大な侵害になると解されていることや，最後の手段原理にもとづき，事業遂行上の障害は，可能な架橋的措置（Überbruckungsmaßnahmen，他の労働者の時間外労働，臨時労働者の新規採用および予備として置かれた要員の代替就労，疾病労働者の他の適当な部署への配転等）により回避され得ない場合に限り肯定可能であるとされていること等が注目される。

　最後に，第三段階の審査である労使間の利益衡量であるが，第二段階の審査で問題となる使用者利益の侵害は，それが一般的に重大であるかどうかが問題となるのに対し，労使間の利益衡量では，個々の事例の特殊事情にもとづき使用者利益の重大な侵害がなお使用者により受忍可能かどうかあるいは，それが，すでに，もはや使用者に受忍することが期待不可能な程度に達しているかどうかが審査される。このような一般的な基準にもとづく侵害の程度と，その使用者による受忍の期待可能性とを明確に区別して理解されている点は，注目に値する。

（1）　傷病休職期間満了後復職できないときに行われる解雇についても，解雇であるから労基法19条および同法20条が適用になる。この点，自動退職扱いの場合とは異

なる。
（2）　日放サービス事件（東京地判昭 45.2.16 判タ 247 号 251 頁）等。もっとも，回復の見込みのない傷病の場合には，休職処分に付す必要はない（日野自動車事件・東京高判昭 52.11.22 労判 290 号 47 頁）。
（3）　エールフランス事件（東京地判昭 59.1.27 労判 423 号 23 頁），マルヤタクシー事件（仙台地判昭 61.10.17 労判 486 号 91 頁）および東京シート事件（広島地判平 2.2.19 判タ 757 号 177 頁）等参照。
（4）　傷病解雇についての判例の動向については，小宮文人「解雇に関する判例の動向とその評価」法律時報 73 巻 9 号（2001 年 8 月）36 頁以下参照。
（5）　労働者の心身に存する事由を含む解雇の正当化事由の解釈に関するドイツの学説・判例の動向については，村中孝史「西ドイツにおける解雇制限規制の現代的展開（上）」季刊労働法 135 号（1985 年 4 月）145 頁以下参照。なお，ドイツの解雇制限法をめぐる最近の動向については，名古道功「海外労働事情（25）・ドイツにおける労働市場改革立法」労旬 1571 号（2004 年 3 月）18 頁以下および Martin Quecke, Die Änderung des Kündigungsschutzgesetzes zum 1.1.2004, RdA 2004, S.86ff.を参照。
（6）　本稿では，疾病を理由とする通常解雇（ordentliche Kündigung）のみを取り上げることとするが，協約上解雇が禁止されている労働者や事業所委員会委員（Betriebsratsmitgliedern）等の場合，例外的に特別解雇（außerordentliche Kündigung）が問題となり得る（疾病を理由とする特別解雇の有効性判断については，根本到「疾病を理由とする解雇の法理——解雇法理における『予測原理』」労働法律旬報 1423・24 号（1998 年 1 月）96 頁以下参照）。
（7）　Vgl.G. v.Hoyningen-Huene/R.Linck, Kündigungsschutzgesetz Kommentar, 13. Aufl., München, 2002, Rn.219; E.Stahlhacke/ U.Preis/ R.Vossen, Kündigung und Kündigungsschutz im Arbeitsverhältnis, 8.Aufl., München, 2002, Rn.1215.
（8）　Vgl. v.Hoyningen-Huene/Linck, a.a.O., Rn.220; G.Etzel u.a., Gemeinschaftskommentar zum Kündigungsschutzgesetz und zu sonstigen kündigungsschutzrechtlichen Vorschriften, 6.Aufl., Neuwied,2002, §1 KSchG Rn. 323 (G.Etzel). なお,E.Stahlhacke/ U.Preis/R.Vossen, a.a.O., Rn.1217f. は,BAG の審査方法を四段階に分類しているが,実質的な内容は,三段階審査と変わらない。
（9）　BAG 第 2 小法廷 1983 年 6 月 23 日判決（AP Nr.10 zu §1 KSchG 1969 Krankheit, 以下，特に断らない限り BAG の判決は，第 2 小法廷のものである）参照。なお，この点については，根本到「解雇法理における『最後的手段の原則（ultima ratio Grundsatz）』と『将来予測の原則（Prognoseprinzip）』——ドイツにおける理論の紹介と検討——」日本労働法学会誌 94 号（1999 年 10 月）195 頁以下参照。
（10）　Vgl. A.Hoß, Die Krankheitsbedingte Kündigung, DB 1999, S.778.

(11) Vgl. v.Hoyningen-Huene/Linck, a.a.O., Rn.227f.
(12) 同様の判示は，前掲・注（9）BAG 1983 年 6 月 23 日判決にも見られる。
(13) 同旨，前掲・注（9）BAG 1983 年 6 月 23 日判決。
(14) Vgl. v.Hoyningen-Huene/Linck, a.a.O., Rn.245.; Hoß,a.a.O., S.779.
(15) こうした BAG の見解に対しては，学説による批判が強い（Vgl. v.Hoyningen-Huene/Linck, a.a.O., Rn.245a f.）
(16) Vgl. Hoß, a.a.O., S.779.
(17) BAG 1999 年 4 月 29 日判決（AP Nr.36 zu §1 KSchG 1969 Krankheit）等を参照。
(18) Vgl. v.Hoyningen-Huene/Linck, a.a.O., §1 Rn.231.
(19) BAG の判例は， 6 週間までの賃金継続支給費用の負担は，使用者の経済的利益の侵害として重大ではないとしているという（Vgl. Stahlhacke/Preis/Vossen, a.a.O., Rn.1224.）
(20) この点については，前掲・注（9）BAG 1983 年 6 月 23 日判決も参照。
(21) A.Stein, Partielles Verbot krankheitsbedingter Kündigungen durch die Regelungen über Lohnfortzahlung im Krankheitsfall?, BB 1985, S.608 および K. Popp, Lohnfortzahlungskosten als Kündigungsgrund? DB1986, S.1464ff. 等参照。
(22) Vgl. v.Hoyningen-Huene/Linck, a.a.O., §1 Rn.234b.
(23) Vgl. Hoß, a.a.O., S.781.
(24) Vgl. G.Etzel u.a., a.a.O., §1 KSchG Rn.340 (G.Etzel).
(25) この点に関して，その経過後はじめて，指揮権の重大な侵害が肯定される確定的な期間（feste Fristen）は，存在しない（BAG 1982 年 11 月 25 日判決＝AP Nr.7 zu §1 KSchG 1969 等参照）。
(26) 同旨，BAG 1986 年 1 月 30 日判決（NZA1987, S.555f.）。
(27) Vgl. v.Hoyningen-Huene/Linck, a.a.O., Rn.252b.
(28) Vgl. v.Hoyningen-Huene/Linck, a.a.O., §1 Rn.235; Stahlhacke/Preis/Vossen, a.a.O., Rn.1220: Etzel u.a., a.a.O., §1 KSchG Rn.347.
(29) U. Weber/A.Hoß, Die krankheitsbedingte Kündigung im Spiegel der aktuellen Rechtsprechung des BAG, DB 1993, S.2434.
(30) BAG 1990 年 7 月 5 日判決（AP Nr.26 zu §1 KSchG 1969 Krankheit）等参照。
(31) Vgl. Hoß, a.a.O., S.783. また，扶養義務の考慮は，疾病解雇が労働者の心身に存する理由にもとづく解雇の一種であることとも相容れないとされている（Vgl. Weber/Hoß, a.a.O., S.2434.）。
(32) まこと交通［本訴］事件・札幌地判昭 61.5.23 労判 476 号 18 頁，同［仮処分］事件・札幌地決昭 58.12.15 労経速 1264 号 7 頁，新潟あさひタクシー事件・新潟地判昭 54.12.24 労旬 993 号 84 頁等。

第Ⅲ部　職場環境と労災

(33) 住友重機浦賀造船所事件・横浜地横須賀支決昭 55.6.18 労判 345 号 49 頁，全日本空輸事件・大阪地判平 11.10.18 労判 772 号 9 頁等．
(34) 宮崎鉄工事件・大阪地岸和田支決昭 62.12.10 労経速 1333 号 3 頁，学校法人小樽双葉女子学園事件・札幌地小樽支判平 10.3.24 労判 738 号 26 頁，北海道龍谷学園（旧小樽双葉女子学園）事件・札幌高判平 11.7.9 労判 764 号 17 頁等．
(35) マール社事件・東京地判昭 57.3.16 労経速 1116 号 13 頁，ニュートランスポート事件・静岡地冨士支決昭 62.12.9 労判 511 号 65 頁，全国電気通信労組事件・東京地判平 2.9.19 労判 568 号 6 頁，鉄道弘済会事件・東京地判昭 61.10.29 労判 490 号 70 頁等．
(36) なお，傷病休職事由が消滅せず休職期間が満了したとき，解雇ではなく，退職扱いになった場合も，従前の職務を通常の程度に行える健康状態に達していなくとも，他の軽易な職務への配置換えや作業量の軽減，他の従業員の協力の取り付けや当面就労時間を制限することにより徐々に完全回復させる措置等復職が可能になるよう様々な配慮をする使用者の義務を肯定し，これにより労務の提供が可能になれば，休職事由が消滅した（つまり治癒した）して，使用者による退職扱いを無効とする判例（エールフランス事件＝東京地判昭 59.1.27 労判 423 号 23 頁，東洋シート事件・広島地判平 2.2.19 判タ 757 号 177 頁，JR 東海事件・大阪地判平 11.10.4 労判 771 号 25 頁，北産機工事件・札幌地判平 11.9.21 労判 769 号 20 頁等）が多い．

17　職場における精神疾患者をめぐる判例分析と労働法上の課題

春田吉備彦

I　はじめに

　過労死や過労自殺，あるいは職場いじめ等，長時間労働や職場におけるストレス等から体や心を壊してしまう労働者の問題は，近年，注目を集めている問題である。これらの諸問題の背後には，たとえ過労死や自殺にいたらなくても，職場のストレス等を反映し，精神疾患に陥る者が多数いることは想像に難くない。精神疾患者の問題は，精神疾患の病状の多様性や精神疾患者の個別的状態を考慮した上で，でき得るかぎりの精神医学的知見を加味し，別途検討されなければならない特殊性も有している。

　労働法上は，すでにある程度の「職場（私企業および公務員）における精神疾患者」をめぐる判例が集積されている。本稿は，これらの判例を系統立てて分析し，職場における精神疾患者をめぐる労働法上の課題に一定の解答を提示することを目的としている。

II　精神医学と労働法

　本稿の検討の前提作業として，労働法的視点に引き付けて，労働法と精神医学の交錯する局面についてのべていきたい。

　近年，精神疾患の本態や原因についていまだ根本的に解明されたわけではないものの，相対的に有効な診断法や治療法[1]が出揃いつつあるように見受けられる。従来の（古典的な）精神障害の診断法[2]は，①内因性精神障

害，②外因性精神障害，③心因性精神障害といった分類に基づいており，病気がすでに原因によって分類されている（病因的意味合いを含む）という欠点を有していた[3]。近年，精神科における診断法として，WHOによる分類であるICD-10（国際疾病分類基準第10回修正）第V章「精神症障害，ストレス関連障害および身体性表現障害」や，アメリカ精神医学会によるDSM (Diagnostic and Statistical Manual of Mental Disorders) -4（診断と統計のためのマニュアル第四版）が診断のガイドライン[4]として採用される傾向にあり，「心理的負荷による精神障害等に係る業務上外の判断指針について」（平11.9.14基発544号，労判770号24頁）および「精神障害の自殺の取扱いについて」（平11.9.14基発545号，労判770号28頁）は，前者の診断法およびストレス脆弱性論に依拠している。精神疾患者の自殺をめぐる判例では，前者の医学的知見が主として採用されている（例えば，豊田労基署長（トヨタ自動車）事件・名古屋高判平15.7.8労判856号14頁）[5]が，後者の医学的知見が用いられる判例（例えば，地公労基金岩手県支部長（平田小学校教諭）事件・仙台高判平14.12.18労判843号13頁）もある。しかし，判例において，DSM-4やICD-10への言及がなされる場合，このような診断法は治療やその戦略であるにもかかわらず，本来の用途とは異なって，自殺が業務（公務）に起因するか否かの判断という限られた部分に利用されているということは指摘できる。さらに，性同一性障害[6]や（セクシャルハラスメント被害者の）PSTD（心的外傷後ストレス障害）[7]は，DSM-4に基づく診断であることからも，今後，労働法上の様々な問題に精神医学的知見が寄与する局面が増加していくであろう。

III 分限免職処分あるいは普通解雇の有効性が問題とされた判例

1 公務員関係の議論

職場における精神障害者をめぐる判例は，私企業関係[8]よりも，公務員関係のほうが，より実質的な議論がなされてきた。なぜなら，公務員法上の解釈論上の争いが存するからである。

国家公務員法（以下，国公法）78条および地方公務員法（以下，地公法）28条1項は，分限処分としての降任および免職処分の事由として，勤務実績不良（1号），心身の故障（2号），その（官）職に必要な適格性を欠く場合（3号），官制若しくは定員の改廃又は予算の減少により廃職又は過員を生じた場合（4号）を規定し，その具体的運用は人事院規則11-4（以下，人事院規則）7条に委ねている。

そして，国公法78条1号ないし3号の関係については，従来，以下のような見解の対立が見られた。

すなわち，第一の見解は，1号および2号は，その官職に必要な適格性を欠く場合のうち，勤務実績の不良および心身の故障という極めて明確な二つの場合を例示したものであり，3号はそれ以外の事由による適格性を欠く場合を指しているという説である。この説に立つ限り，任命権者が精神疾患等の何らかの疾病に罹患していることを理由として分限処分を行う場合，必ず，国公法78条2号のいうところの「心身の故障のため職務の遂行に支障があり，またはこれに堪えない場合」に該当しなければならず，人事院規則7条2項が要求する任命権者指定医師2名の診断という要件が必要とされる。第二の見解は，1号および2号の各事由はあくまで例示であり，広義ではいずれも3号の適格性を欠く場合に含まれるとする説である。つまり，この見解は国家公務員法78条2項の判断に際して，場合によっては，人事院規則7条2項の要件と3号の「その官職に必要な適格性を欠くことが明らかな場合」という要件の競合を認めることになり，3号に即した分限処分を認めることになる。

このような公務員法上の解釈論上の問題として争われてきた分限免職処分をめぐる諸判例は，後述する芦屋郵便局職員分限免職事件において，一応，決着が図られたといってよいであろう[9]。

公務員法上の分限免職処分は懲戒処分と異なり，公務員として職務に耐えられない場合になされるものである。したがって，分限免職処分を私企業における普通解雇に相当するものであると理解するならば，公務員法上の解釈の問題として争われてきた精神疾患者にかかわる公務員関係の分限免職処分をめぐる判例は，私企業の精神疾患者の普通解雇をめぐる判例と同様な手法

463

で整理可能であろう。このような作業の過程で獲得された問題点を，労働法上の課題として提示していくこととする。

2　処遇をめぐる5つの局面

これまでの精神疾患にかかわる公務員関係の判例を概観していくと，興味深い傾向が読み取れる。職場における精神障害者に対する処遇をめぐって，①精神疾患者の自殺と職務の（公務）業務起因性が問題となる局面，②精神疾患者の非違行為それ自体が問題とされる局面，③精神疾患を理由として，休職期間終了後に任命権者が分限免職処分を命じる必要性が問題となった局面，④休職期間終了後も精神疾患等の理由から精神疾患者が復職を拒む局面＝復務診断の受診命令を拒否することが問題となる局面，⑤休職期間終了後の職場復帰過程で精神疾患者に発せられた受診命令の合理性が問題となる局面のそれぞれで，問題が生じている。

なお，①の局面についての判例の傾向および分析については，すでに詳細な検討を行った論稿[10]が存在するので，本稿では考察の対象から除外する。

3　非違行為をめぐる問題

②職場における精神疾患者の非違行為それ自体が問題とされる局面が問題となった事例としては次のものがある。

公務員関係では，杉並区立公民館職員分限免職事件（東京地判昭59.11.12 判例時報11巻57頁）がある。同事件は，精神疾患者がその職場での職務遂行過程で，公会堂の使用申込みにきた住民に対する暴言や利用者へのいやがらせ，あるいは上司や同僚への暴行・暴言といった「異常な言動等」の繰り返しが見受けられる場合には，地公法28条1項3号の「適格性を欠く」に該当するとされたものである。判決は「原告は，平生健常な状態にある時から自己の精神的疾患について深刻にこれを受け止め，右疾病により万一にも職場に迷惑が及ぶようなことのないよう，医師の指示どおり通院，服薬し，周囲の協力を得て再発の徴候があるときは早期に治療を受ける等の配慮をすべきであり，またこれをし得たにもかかわらず，自己の精神疾患の重大さと

これが職場に与える影響等について十分思いを致さず、これを極めて安易に考え、傾聴すべき周囲の意見に耳を貸さず、また、医師の指示にも必ずしも従わず、さらに疾病が再発した初期の段階において早期に治療を受けることもしなかったことから、これらが結局自己の精神疾患を極端にまで悪化させ……『異常な言動』を繰り返させる大きな要因となったというべきである」と判示し、地公法28条1項3号に該当する分限免職処分を認めた。同様に、小松郵便局職員分限処分事件（金沢地判平6.4.22公務員関係判例速報［以下、公判速］236号46頁）では、郵政事務官である原告が「妄想性障害」（〈証拠略〉によれば「パラノイア」と同義）に罹患し、職場で非違行為を繰り返したことやその勤務態度に照らして、国公法78条1号および3号に該当するとして任命権者が行った分限免職処分に対して、原告側が国公法78条2号の要件を満たしていないと主張したものである。判決は「原告の非違行為等がその精神疾患に起因したものであったとした場合、……国公法78条2号との関係が問題になるけれども、国公法78条1号ないし3号に定められた各事由の間には、優劣関係は存在しない……（即ち、同条1号および2号各事由は例示であって、広義ではいずれも3号の適格性を欠く場合に含まれると解すべきである）から、いずれかの号の事由に該当すれば、仮に同時に他の各号の事由に該当したとしても、分限免職処分の効力に影響はないというべきである」と判示した。

　私企業関係では、東京合同タクシー事件（東京地判平9.2.7労判731号88頁）がある。同事件は、妄想性状態や躁状態と診断されたタクシー運転手（原告）が約3ヵ月半の入院治療によって病状が軽快したことから、勤務を再開したが、その後、会社に対して家族をだまして無理に入院させたという文書を数回送り付けたり、上司に対し罵詈雑言を浴びせたり、原告の過失による物損事故に対する上司の注意に暴言をはいたため、会社は、就業規則の「精神若しくは身体に障害があるか又は虚弱、老衰、疾病のために業務に堪えないと認めたとき」という条項に基づいて行った普通解雇を有効としたものである。判決は復職後に通院をやめたことを認定している。また、マール事件（東京地判昭57.3.16労判383号23頁）は、業務成績優秀であった営業マンが次第に営業成績を低下し始め、異常な言動の目立つようになったため、

被告会社が原告を原告の母親の同意を得たうえで精神病院に入院させ，休職処分としたことが不法行為にあたらず，休職期間満了を理由とする解雇が有効とされた事案である。

　精神疾患者にとってその病状は本人にしかわからない辛さがあり，それをもっとも理解してほしい周囲の者（家族や職場関係者）が理解しない，あるいはわかっていても十分な対応ができないということに対する反発として非違行為がなされる場合がある。また，一旦，症状が緩和すると患者が治療を懈怠する場合がある。しかし，判例を通じてみる限り，精神疾患者に病状を漫然と放置することなく，医師による疾病に対する適切な治療方法により，ある程度疾病がひどくならないように努めること，あるいは職場復帰が可能となる程度に病状が回復した場合でも，自己の判断で勝手に通院をやめるのではなく，医師との相談の上，治療のある程度の継続を要請しているように読みとれる。したがって，企業（や使用者）は，精神疾患者を腫れ物のように取扱うという対応や，反対に就業規則該当性に即して安易に普通解雇に処するというのではなく，どのくらい精神疾患者の非違行為により企業活動が阻害されてきたか，あるいは精神疾患者の家族との連携も含めて，どの程度まで懇切丁寧な対応や可能な手段を講じたかが，裁判上は問題とされることになるであろう。

4　休職期間終了時の問題

　つぎに，③精神疾患を理由として，休職期間終了後に任命権者が分限免職処分を命じる必要性が問題となった局面にかかわるのが，守口市門真市消防組合事件（大阪地判昭62.3.16労判497号121頁）である。判決は，消防吏員である原告に対する任命権者の医師2名の診断書を徴した上での地公法28条1項2号に基づく分限免職処分は，原告には「狭義の精神病に属する精神分裂病に該当するか心因反応ないしは精神病質に該当するかの違いはあるにしても」広い意味での精神疾患が存し，「消防の職務の基本的な性格が危険性の高い公安職であることを考慮する」ならば，分限免職処分は有効であるとした事案である。もっとも，職員配置表から原告の氏名を外すことで，原告に与えた精神的打撃（職場におけるいやがらせ行為）については，違法性を

認め，国家賠償法による請求（5万円の慰謝料）が一部認容されている。また，野方警察署事件（東京地判平5.3.30労判629号27頁）は，精神分裂症と診断された警察官に対する休職処分，ならびに3年の休職期間終了時になされた医師2名の診断書を徴した分限免職処分が有効とされた事案である。このような事案は，一般的にいうならば，住民の安寧な生活に密接に関係するという職務の特質があり，かつ直接的に住民と接することからも，任命権者としてとりわけ慎重に精神疾患者の処遇を考慮せざる得ないものであろうことからも，このような帰結は肯定されよう。

　同様な類型に位置づけることができるとおもわれる私企業の判例として，東京芝浦電気事件（東京地判昭58.12.26労働経済判例速報1181号13頁）があげられる。同事件は，つぎのような事案である。労働者（X）は東京大学大学院工学研究科終了後，Y社に入社していたが，はじめは神経症で，その後肺結核で自宅療養のため欠勤した。その治療終了後，精神科医の再診を上司に勧められたが，これを拒否した。その後，原子力事業本部の耐震設計グループ所属となったが，原子力発電所建設事業において関係のあるK社の所有するプログラムに欠陥があると思い込み，東京電力の柏崎原子力発電所を担当したK社のkはそのプログラムが原因で左遷されたと聞いているが真相はどうかなど非常識な問い合わせを行ったり，さらに直接kに電話し，同様な質問を行った結果，KだけではなくK社を著しく憤激させ，同社の業務遂行上の被害を惹起した（なお，同判決はその他の関係先や客等に対する非常識な言動が再三みられると判断している）。あるいは，仕事上のことで上司と話す場合でも大声で怒鳴りつけたり，わめき散らすような態度をとり，本人に対する話し合いや周囲の者の業務遂行に大きな障害となっていた。このため，Yは，勤務成績不慮，職務懈怠，業務阻害等を理由に就業規則に即した普通解雇を行ったというものであるが，判決はこれを認容している。

　②と③の局面を対比すると，前者は主として職場そのものでの非違行為が問題となっているが，後者は職場だけではなく，対外的な関係が問題となっている。精神疾患からくる患者本人しか理解できない苦しみやこれに起因する冷静な判断力の鈍磨というものは確かにあるであろう。しかし，「労働という場」においては，同僚や上司である他の労働者（公務員）との関係なら

びに取引先(住民)との関係も加味せざる得ないのであり，その意味でも，職務の特殊性や対外的な取引関係への影響は，判決においても，②の局面とは別の考慮要素となるということはいえよう。

IV 職場復帰(復職可能性)を示唆する判例

1 職場復帰をめぐる問題

④の局面は，②および③の局面とは異なった視角で考察されなければならない。一般的にいうならば，精神疾患者が再び復職可能な段階(ある程度の治癒状態)に至った場合でも，回復期である精神疾患者は，家族あるいは保護者，さらには職場といった環境に対して過敏な反応をする一方で，突然やる気をみせるというように，心理的にも揺れ動きがあるかもしれないということは考慮されなければならない。

④休職期間終了後も精神疾患等の理由から精神疾患者が復職を拒む局面＝復務診断の受診命令を拒否することが問題となる局面にかかわる東京都交通局長・目黒自動車営業所事件(東京地判平12.3.13労判794号79頁)は，病気休職後の復職に際して，根拠のない自己の主観的な理由に基づいて，復職期間であるにもかかわらず，無断欠勤・復務診断受診拒否を続けたとされた地方公務員の事案である。なお，同事件の原告は左脾腹筋部分断裂が公務災害と認定され病気休暇を取得していたが，その途中で抑うつ状態・高尿酸血症・肝障害に罹患したと認定されている。判決は，地公法28条1項1号の「勤務実績がよくない場合」および3号の「その職に必要な適格性を欠く」に該当することから，分限免職処分が有効であるとしている。

留意されなければならないのは，④の局面において，任命権者や使用者が形式的に(意図的に)復職に際して，厳格な態度を貫徹すれば，ストレスに弱い段階にある精神疾患者を追い詰めることになり，事実上，復職そのものが困難となることである。

この点は，②あるいは③の局面とは異なって，任命権者(使用者)に，ある程度の細やかな対応が可能な領域であり，配置転換の可能性や復職の最初の段階での職務軽減をおこなうといった配慮が可能な領域といえるであろう。

同事件の事実関係からは，必ずしも，明らかではないが，判決が，任命権者にとって「受け入れることのできない独自の見解」に基づいて，復職期間であるにもかかわらず，無断欠勤・復務診断受診拒否を続けたとして「自らの独自の見解を曲げようとしない人格」と認定するだけでは，このような要請をみたしたものとはならないということは，指摘しておきたい。

さらに，私企業における大建工業事件（大阪地決平15.4.16労判849号35頁）も同様な視点で再評価されるべきであろう。同事件は，つぎのような事案である。使用者（Y）は，自立神経失調症あるいはうつ病に罹患したことを理由にした18ヵ月の病気休職を付与したが，休職期間は終了後，復職の前提として，労働者Xに通院治療C医師の事情聴取や診断書提出や使用者の産業医の紹介によるDクリニックの診察を求めたが，Xはこれらを拒否した。その後，Xの所属する労働組合との団体交渉の結果，同組合が紹介したE医師の診断書を提出することが確認された。しかし，Yによる3回の診断書提出期限の延期にもかかわらず，Xは診断書提出をおこなわなかった。その後，XはYにさらに別のF医師の「診断書」ではなく，「証明書」を提出したというものである。Yは，Xの復職可否を判断するため，質問事項を記した書面をXを通じてF医師に交付することを求めたが，Xはこれを拒否した。このため，Yは就業規則所定の「精神……に障害があるか，……疾病のために勤務に耐えられなと認められた者」を理由に解雇に及んだという事案である。事案はやや複雑であるが，Xの職場復帰への期待と葛藤をまさに象徴している経過のように読み取れる。着目したいのは，決定が精神疾患者の職場復帰に際して，『従前の』職務を通常の程度行える健康状態」に復すことを求めていることである。精神疾患者の職場復帰に際して，『従前の』職務を通常の程度行える健康状態」を要求することが，果たして説得的であるのか，あるいはたんにY側の主張を追認するだけで，争いの本質から眼をそむけたものになってしまっているのではないかということは，今一度吟味されるべきものとおもわれる。

独立行政法人N事件（東京地判平16.3.26労判876号57頁）は，神経症により長期間休職し，休職の限度期間満了を理由としたXの解雇の当否が争われた事案であり，大建工業事件と同様な系譜に位置づけられる。Xは，休職

前の職務として「上司の資料作成の手伝いとしての書類のコピー，製本，書類の受け渡し，単純な集計作業および会議などのテープ起こしなどの機械的作業」を行っていたが，判決は，私傷病休職からの「復職が認められるためには，休職の原因となった私傷病の治癒が必要であり，治癒とは，原則として従前の業務を通常の程度に行える健康状態に回復したこと」をいい，「Xの復職に当たって検討すべき従前の職務について，Xが休職前に実際に担当していた職務を基準とするのは相当」ではないと判断し，復職に際しては，休職前の職務軽減がなされた機械的単純作業ではなく，Xが本来通常行うべき職務を基準とすべきであるとして，休職前に比して，より高度な業務遂行能力を要求している。

傷病による能力欠如を理由とする解雇あるいは休職期間満了後の退職にかかわる裁判例においては，①従前の職務を通常の程度に遂行できる健康状態に回復していることを有するという見解と，②復職当時は軽易業務に就き，段階的に一定程度の猶予期間をおいて通常業務に復帰できる程度に回復しておればよいとする見解の対立[11]がある。大建工業事件および独立行政法人N事件における両判決は，前者の見解に与しているが，判決に求められているのは，精神疾患者の病状を固定的に捉えて判断するだけではなく，職業生活を通じて，労働能力の回復や職場復帰が実現可能となるような法制度の創造であろう[12]。

さらにいえば，判例法理からしても，（平成15年改正労基法18条の2により明文化された）解雇権濫用法理に即して，一般の疾病における復職後の労務提供可能性については，可能な限りの雇用継続が要請されているということである。例えば，片山組事件（最一小判平10.4.7労判736号15頁）は，建築工事現場監督に従事していた原告がバセドウ病に罹患したため，会社側が自宅治療命令（自宅治療命令は約4ヵ月継続した）を発し，この間，原告が就労しなかったため会社側は賃金を支給しなかった（なお，原告は事務作業については可能との診断書を提出している）という事実関係の下で，原告が会社側に対し，自宅待機命令の無効と不就労期間中の賃金を請求したという事案である。判決は「労働者が職種や業務内容を特定せずに労働契約を締結した場合においては，現に就業を命じられた特定の業務について労務の提供が十全

にはできないとしても，その能力，経験，地位，当該企業の規模，業種，当該企業における労働者の配置・異動の実情および難易等に照らして当該労働者が配置される現実的可能性があると認められる他の業務についても労務の提供をすることができ，かつ，その提供を申し出ているならば，なお，債務の本旨に従った履行の提供があると解するのが相当である」として，不就労期間中の賃金の支払いを認めている。このような病気休職後の復職に関わる使用者の適性職場配置義務ともいうべき配慮義務については，職種が特定された労働者に対しても，就業規則の解釈を通じて拡張されていく傾向にあると評価されよう。例えば，カントラ事件（大阪高判平14.6.19労判839号47頁）は，大型貨物自動車運転手として稼動してきた原告が慢性腎不全に罹患したために，2年間の休職期間を取得後の復職に際して，産業医の軽作業の就業なら可と記載された診断書に基づいて，労働組合を交えた復職交渉は不調に終わったが，のちに和解が成立して原告は職場に復職したが，原告がこの過程での復職期間までの賃金支払いを会社に求めた事案である。高裁判決は「労働者がその職種を特定して雇用された場合において，その労働者が従前の業務を通常の程度に遂行することができなくなった場合には，原則として，労働契約に基づく債務の本旨に従った履行の提供，すなわち特定された職種の職務に応じた労務の提供をすることはできない状況にあるものと解される」が，「就業規則において……業務の都合により職種の変更もあることを予定して」いることからも，「他に現実に配置可能な部署ないし担当できる業務が存在し，会社の経営上もその業務に担当させることにそれほど問題がないときには，債務の本旨に従った履行の提供ができない状況にあるものとはいえないものと考えられる」とし，この期間の賃金の一部支払いを認めている。このような判例法理は精神疾患者の復職に際しても妥当するものでなければならない。

2　芦屋郵便局職員分限免職事件の概要

「職場における精神疾患者をめぐる判例」の多くが，公務員関係の判例および私企業の判例においても，いずれにせよ，分限免職処分あるいは労働契約の解約というそれぞれの職場における身分上の地位を失うかどうかが争わ

れてきたといっても過言ではない。この点で、⑤休職期間終了後の職場復帰過程で精神疾患者に発せられた受診命令の合理性が問題となる局面にかかわる芦屋郵便局職員分限免職事件（神戸地判平11.2.25公判速284号32頁、大阪高判平12.3.22判例タイムズ1045号148頁、最一小判平12.10.19判例集未登載）は、職務軽減、労働時間短縮への配慮、一定の合理的な休職期間後の職場復帰のための条件整備といった新たな視角を有する判決という位置づけが可能である。

同事件は、次のような事案である。

郵政事務官であるXは頸肩腕障害に罹患し勤務削減措置を受けていたが、さらに頸肩腕障害および自律神経失調症のため勤務に服することが困難となったため、Y（郵便局長）は通算90日の病休を付与した。職場の労働組合との労働協約によれば、3年間の休職期間が満了しても職務に復帰できない者には、特例として一旦復職の上でさらに一定期間の病休を付与し（特例復職）、期間経過後も職務復帰できない場合に退職する扱いとしていた。

Xは特例復職後、再び自律神経失調症（抑うつ状態）に罹患したため、数回の病休付与がなされたが治癒に至らなかった。そのため、YはXに3年間の休職処分に付したが、なお病状の改善はみられなかった。Yは労働組合との休職協約に基づき、直ちにXを退職とすることはせず、再び、特例復職させ、通算9ヵ月の病休を付与し、特例復職期間経過後に、国公法78条2号に基づき、Xを分限免職処分（本件前処分）に付した。

その際に医師1名の診断しかないため、分限免職処分の要件を欠くことから、Yはこの処分を取消し、Xに遡及的に病休を付与し、この取消日以降も病休を付与した。

なお、Xは長期にわたりC病院やBクリニックで毎週のようにB医師の診療を受け、Yに安静加療を要する旨の診断書提出がなされていた（Xは1回目の休職処分の途中から分限免職処分に付されるまでの全期間について、間断なく延べ33回の診断書を提出している）。

YはXの職場復帰可能性の判断のため、人事院規則7条2項に定めるもう一名の医師としてD病院精神神経科医師を指定し、YはXに4回の受診命令と、3回の受診命令文書の送付を行った（このうち3回分は職務命令としてな

されている)。

　YはXが受診命令に従わなかったことと，病状の改善がなく職務復帰できないという2点から，国公法78条3号および人事院規則7条3項に該当すると判断し，Xに分限免職処分（本件処分）を行った。

　これに対して，XはYが医師2名の診断がないところでは国公法78条2号の該当事由の存否を判断することはできず，国公法78条3号の文理上も同号の適格性判断に際して，同条2号の事由を考慮することをできない等を理由として訴訟を提起した。

3　同事件の争点と一・二審判旨

　地裁判決および高裁判決の争点は，①国公法78条および人事院規則7条の解釈，②受診命令に従わないことの合理性，③精神疾患者の処遇，である。地裁判決は，Xの請求を認容したが，高裁判決は，地裁判決を取消し，Xの請求を棄却した。最高裁判決は，Xの上告を棄却したため，高裁判決の判断が確定している。以下では，本稿の問題関心から，②の論点と③の論点を中心に考察を進めていく。

　まず，地裁判決は，②受診命令に従わないことの合理性について，受診命令に際して，診断書作成者B医師に病状や診断書記載内容等について何らの問い合わせもないこと，Xにも病状把握のために指定医師に診てもらう必要がある程度の説明をしたにすぎなかったこと，あるいは十分な説明がないため，Xはなぜ受診命令をうけるのかを理解できず，B医師にかわりY指定医師の治療を受けることを求められていると誤解し，その旨の説明を求めたことに対しても，Yが何ら具体的な説明をしなかったこと，あるいはこのことから，Xが強制入院の不安等[13]を感じたため，受診命令を拒否したと認定し，「このような経緯に照らせば，……本件受診命令を拒否したことには無理からぬ面があり」，Xの受診命令拒否は何ら合理的な理由がないということはできないとしている。

　これに対して，高裁判決は，XはYがXを分限免職処分に付するには，医師の診断書が必要なことを知っており，受診命令の意味を十分に理解していることから，分限免職処分を受けるおそれを回避するため，受診命令を拒否

し続けたものと認められると認定することで、受診命令の合理性を肯定している。

　さらに、地裁判決は、③精神疾患者の処遇について、障害者雇用促進法は精神疾患者となった労働者の雇用継続を求めており、人事院は「各省庁に対して職場におけるメンタルヘルス対策を求め、……人権に配慮した慎重な対応が肝要であるとして、受診勧奨に際してはあらかじめ精神科医らと勧奨の方法や時期等について十分打ち合わせをすること等を求めるとともに、職場復帰に際して種々の困難が伴うものであり、復職の時期、適応する職種、受け入れ体制等について、専門医らとの協力関係は不可欠である旨を指摘し」、「精神障害者の人権の尊重および社会復帰の促進等は、社会的に強く要請されて」おり……「個々の具体的事案、状況に応じた適切な方法および表現で懇切丁寧に説明して納得してもらうよう十分に配慮すること」が求められていると判断している。

　これに対して、高裁判決は、Xは本件処分までの約4200日のうち、出勤し、勤務したのは、……僅か合計約500日にすぎず」、「年休、非番日（勤務を要しない日）、週休日を含めると、勤務しなかった日は、……約3600日で、全日数の約6割弱にも及」び、この「約500日についても、数回にわたり2割の勤務軽減措置を受け」たが、これだけの措置では復職は不可能であり、「1日4時間の勤務を6ヵ月間続ければ、通常の勤務に服することができる健康状態とほぼ遠い状態であった。…Xが職場に復帰するには、まず2ヵ月間位の準備期間をもうけ、そのうちの午後からせいぜい3時間程度の勤務を1、2年間位続ける必要があった」と判断した。その結果、「職場復帰に際して、1日4時間勤務を6ヵ月間続ければ、通常の勤務に服することができる健康状態とはほぼ遠い状態で、5割の勤務削減措置の特例を受けても復職することは不可能であった」し、Xは障害者雇用促進法が想定する「障害の程度をはるかに超えた重い障害のため、職務を遂行する能力に著しく欠けていた。障害者雇用促進法が、国に対し、そのような職員でも、職場環境、勤務条件を根本的に変更してまで、その雇用を継続すべき義務を課しているとまではいえない。本件処分が障害者雇用促進法の精神に違反する違法なものであるとは認められない」と結論づけた。

同事件の特徴は，地裁と高裁の結論は異なるが，③精神疾患者の処遇という論点に関連して，従来の判例にみられない受診命令の（手続的）合理性とその判断に際しての「精神疾患者の職場復帰の可能性」＝「精神疾患者の職場復帰への条件整備の程度」を本格的に検討している点にある。精神疾患者を短時間労働から通常労働に段階的に移行させることが，再び，もとの職場等で就労を促進するための欠くべからず条件であることからも，この判決から読み取れる視点は特殊公務員的な問題であるといい切れない普遍性と新たな視点を有している。職場における精神疾患者に対して，職務軽減や労働時間の短縮について配慮する，あるいは一定の合理的な休職期間後の職場復帰のための条件を整備するといったことは，今日，社会的にも要請されている[14]。しかし，精神疾患者の職場復帰のためのくふうのためには，いったいどのような条件が必要か，あるいは他の労働者との関係でどこまでの職務軽減がどのくらいの期間まで用意されるべきなのかは，立法論も含めて今後検討されなければならない課題である。

4　一つの復帰モデル

使用者が労働時間の短縮や職場復帰のプロセスとしてナイトホスピタル（昼間は通勤し，夜間は病院で過ごす治療法）を受け入れたという事実関係のある豊田通商事件（名古屋地判平9.7.16労判737号70頁）は，労働法と社会福祉の領域を架橋する可能性をもつ判例として注目されるべきであろう。

同事件は，精神分裂症によって2度入院し，2度目の入院後半に会社（Y）の協力を得てナイトホスピタルを行い，「全快状態になったので就業可能と認める」との医師の診断に基づき，復職したXが，その後も，無銭飲食，上司や同僚に対する暴行，業務妨害，物品持出等の非違行為を行ったため，Yが解雇（懲戒解雇事由を引用して）普通解雇を行った事案である。

精神疾患者の誰もが「働くこと」を通じて，社会に役立つことが当人の「生きがい」に通じるというステレオタイプの説明に与することには，なお慎重な留保が必要であるが，少なくとも，精神疾患者が自ら希望する場合の福祉的就労や社会復帰（職場復帰）[15]は望ましいものであろう。

「精神障害者の福祉サービス」について言及したある論稿によれば[16]，精

神疾患者の職場復帰の手法＝就労援助の手法として，①公共職業安定所（以下，職安と略記）を利用し企業等に就労する（一般就労）と，②職業リハビリテーションあるいは保護的就労がある。①の一般就労の前段階として，職安での職業適応訓練の後，保健所を窓口に通院患者リハビリテーション事業（回復途上にある精神疾患者を一定期間理解のある協力事業所に通わせ，社会復帰を目的とするもの）がおこなわれている[17]。そのほかに，通所授産施設あるいは小規模作業所（精神障害者共同作業所）等が精神疾患者の一般就労を目標にした，保護的就労の場として存在する。

　しかし，これらの手法は，いずれも，もとの職場での復職を前提とするものではない。精神疾患者が，環境の変化に対する対応が困難なこと，あるいは他者とのコミュニケーションのとりづらさといった弱点を有しているとしたら，まったく知らない職場で新たな環境に慣れていく困難性よりも，もとの職場への復職が望ましいであろう。その意味で，同事件の事実関係に見受けられる①職場復帰に際しての勤務削減措置から労働時間を段階的に通常の労働時間に戻していく手法や，②ナイトホスピタルを用いた手法は「職場復帰のための一モデル」として参考になろう。

　判決は，Yが「Xのナイトホスピタルに協力するなど，Xの治療に協力的な態度をとっていること」，「Xの親族に対して，専門医の治療を受けるようにXを説得してほしいと依頼しており，Xが治療を受けられるようにするため，Yとして適切な行動をとっていること」，「Yの提出した証拠によると『職場において分裂病が疑われる者がいる時，原則として，家族ないし保護者に連絡し，職場での異常行動などについて，精神衛生的な立場から充分に説明し，家族ないし保護者の者が責任をもって病者を専門医に受診させるようにすることが，最も適切な処置であると思う』との記載からすれば，YはXが治療を受けた上で正常な勤務をすることができるように協力してきたということができる」とし，この結果，「精神疾患によって惹起された可能性がある行為であっても，事理弁識能力を有する者である以上，懲戒解雇について定めた就業規則の適用を受ける」ことから，普通解雇が解雇権濫用に該当しないと判断している。

　同事件は，従来の精神疾患者の普通解雇をめぐる判例からすると，より説

得力のある考察が判決においてもなされているといえよう。

5 精神病患者と配転の可否について

　精神疾患者の職場復帰を考える際に，現職に復帰させるのか，それとも労働者の復職がスムーズになされるために，より好ましい職場への配置転換などの人事異動がなされるべきなのかは，ひとつの論点である。厚生労働省の「心の健康問題により休業した労働者の職場復帰支援の手引きについて」(18)によれば，「まずは現職に復帰」が原則であるとされている。もちろん，川崎市水道局（いじめ自殺）事件（横浜地川崎支判平13.2.2労判800号5頁）のような職場いじめ，あるいはパワー・ハラスメントが横行している職場については，使用者は積極的な人事異動を履践しなければならないことはいうまでもない。使用者としては，何が精神疾患者のストレスや職務遂行上の障壁になっているかを適切に把握し，それに即して，人事異動の可能性を検討する必要があるというべきであろう。

　また，精神疾患者に対する使用者の配転行為が，労働者本人の事情から「通常甘受すべき程度を著しく超える不利益」を認め，配転を無効とする判例が散見され，そこでは，素朴な議論を展開している。損害保険リサーチ事件（旭川地裁決定平6.5.10労判675号72頁）は，神経症により約1年3ヵ月休職していた労働者が復職を申し出た際に出された旭川から東京への配転命令を無効としたものである。ミクロ情報サービス事件（京都地判平12.4.18労判790号39頁）は，メニエール病に罹患している労働者に対する京都から大阪への配転命令に対して，病気のために仕事に支障が生じるかもしれないことは周知されていたこと，当該労働者が1時間40分以上の通勤に耐えられるかは疑問であること等を理由に無効としたものである。

　鳥取県・米子市（中学校教諭）事件（鳥取地判平16.3.29労判877号74頁）は，中学校教諭であるXが，うつ状態（あるいは抑うつ状態）による病気休暇および休職後のB中学校から児童自立支援施設内に設置された分教室への配転を命じられたことにつき，病状悪化はB中学校校長Cの裁量権を逸脱したことにより，過失があるとされ，米子市および鳥取県に対して，国家賠償法1条1項および3条1項に基づく，損害賠償責任が認められたものである。

国家賠償法が民法の不法行為法に対する特則であることからすれば，私企業においても，行過ぎた使用者の配転行為が単に無効であるというだけではなく，損害賠償を惹起する余地もあることになろう。

V 結びにかえて

本稿では，公務員関係の判例および私企業関係の判例の分析を通じて，労働法上の課題として，職場における精神疾患者の処遇が問題となる局面をそれぞれ考察してきた。

精神疾患者の治癒や病状の回復は本人の自助努力だけでは回復困難な場合があり，他律的なサポートも不可欠である。精神疾患は，①本人自身に対する精神疾患が有するスティグマの除去，②病状や自殺リスクの有無に応じた専門医への受診，③家族や周りのサポート，④適切な治療および休養，が密接に連携することが必要である。③に関しては，職場の同僚や労働組合のサポート[19]とともに，企業の配慮が必要とされる[20]。

今日，使用者は，職場における精神疾患の問題に対して，①発病前の健康状態や病状把握，②発病後の職務軽減や労働時間短縮の措置，③復職のための一定の休職期間後の合理的な条件整備が，求められる時期にきている。

平成15年労基法改正を受けた厚生労働省の就業規則のモデルによれば，解雇事由の一例として，「精神又は身体の障害については適正な雇用管理を行い，雇用の継続に配慮してもなおその障害により業務に耐えられないと認められるとき」という例が推奨されている。今後，職場における精神疾患者の処遇と就業規則およびその運用の妥当性をめぐる実質的な議論を展開する判例が増えていくことになろう。

〔付記〕

本稿脱稿後，K事件（東京地判平17.2.18労判892号80頁）判決を読む機会があった。同事件は，躁うつ病の躁状態にあることなどを理由に被告から解雇された労働者の解雇が，解雇権を濫用したものであり，無効であるとされたものである。判決は，①原告の勤務時間等の具体的状況を検討し，さ

らに，②解雇に先立って，被告が原告の主治医の助言を求めた形跡がない点，③原告の本人尋問の供述態度からは治療の効果が上がっていたと考えられ，その病状が重く，治療により回復する可能性がなかったとはいえないこと，④被告会社では原告のほかに病気で通常勤務ができない者2名の雇用を継続しており，原告の症状に照らすと，原告のみを解雇するのは，平等取扱いに反することを理由とし，解雇を無効と判断している。同判決は，私企業における「精神疾患者」の解雇が無効と判断された，おそらくはじめてのものであり，今後の判例法理の展開に重要な意味を持ち得る判決といえようが，具体的検討は今後の課題としたい。

(1) 久保田富房編『内科で診るうつ治療の手びき』」(2000年，ヴァンメディカル) によれば，このような診断法とともに，その治療薬として従来の三環系や四環系に加えて，SSRI（選択的セロトニン再取り込み阻害薬）やSNRI（セロトニン・ノルアドレナリン再取り込み阻害薬）が用いられることで，治療法も大きくかわったとされている。
(2) 精神医学には，精神疾患を生物医学的に（脳の問題）と捉えるアプローチとメンタルな現象（こころの問題）と捉えるアプローチがあるが，両者は対立するものではなく，相補的な関係にあるという理解が可能であろう。
(3) 野村総一郎『精神科にできること　脳の医学，心の治療』(2002年，講談社) 67頁の分類では，①内因性精神病，②神経症，③器質精神病，④心因反応とされている。また，同書61頁以下では，「対人恐怖症」，「思春期妄想症」，「登校拒否症」，「自律神経失調症」等の名称が症状のネーミングであり，病気のメカニズム，経過，治療法について述べたことにはならず，医師により意味するものが違うことがこの診断法の問題点として指摘されている。
(4) ICD-10については，融道男・中根允文・小見山実『ICD-10　精神および行動の障害　臨床記述と診断ガイドライン』(2003年，医学書院)，DSM-4については訳者高橋三郎・大野裕・染矢俊幸『DSM-IV-TR　精神疾患の判断・統計マニュアル　新訂版』(2004年，医学書院) 参照。
(5) 同事件の判例研究については，水野勝「精神障害に基づく自殺と業務上外認定――豊田労基署長（トヨタ自動車）事件（名古屋高判平15.7.8 労判856号14頁）を契機として――」労判860号5頁。
(6) S社（性同一性障害者解雇事件）・東京地判平14.6.20 労判830号13頁。
(7) 岡山セクハラ（労働者派遣会社）事件・岡山地判平14.5.15 労判832号71頁の「争点に対する判断」の事実認定の中で，「ストレス障害」への言及がみられる。同様

第Ⅲ部　職場環境と労災

に，熊本セクハラ（教会・幼稚園）事件・神戸地尼崎支部判平 15.10.7 労判 860 号 89 頁においては，「PSTD に準じるような重篤な被害」が認定されている。さらに，暴力団組員がクラブに手榴弾を投げ込み，女性従業員らが負傷した事件において，事件のショックによる PTSD も含めた労災申請の認定が認められている（朝日新聞 2004 年 2 月 3 日）。

(8)　私企業における精神疾患者の解雇の有効性が本格的に争われたのは，西部病院事件（東京地判昭 50.4.28 労判 225 号 20 頁）である。同事件は，被告西部病院が精神分裂病に罹患した原告に対してなした解雇権行使が是認された事案である。その中で，原告の継母乙や妹の丁や叔母丙らが原告との無関係を装おうとしていることや，当初は不当労働行為という側面から原告を応援していた労働組合が原告の病歴を知ると同時に手を引いた経緯が事実認定としてなされており，使用者であった西部病院も含めて，その当時の精神疾患者を取り巻く状況が如何に偏見に満ちたものであったかを髣髴とさせる。なお，同事件においては就業規則の規定については言及されていない。日本大学事件（東京地判昭 56.4.28 労判 363 号 11 頁）は，精神分裂病に罹患した大学助教授に対する休職処分の適法性が問題となった事案であるが，判決は就業規則に即した休職期間満了後の退職扱いが適法としている。

(9)　拙稿「職場における精神疾患者をめぐる法的諸問題の検討」労旬 1576 号 32 頁。

(10)　石井保雄「従業員の自殺と使用者の民事責任——電通事件以後の裁判例の動向——」労判 847 号 5 頁以下で，過労自殺裁判例の詳細な分析がなされている。その中で，過労自殺に，長時間労働や慢性的疲労状態という職務それ自体の過重性からの過労自殺と労働過程に起因する職場ストレスからの自殺があるという指摘があるが，この点は最近の精神医学の知見とも一致する。うつ病は遺伝的素因を基盤に，ライフスタイルや何らかのストレスが誘因となり，神経伝達物質である化学物質のドーパミンやセロトニン等の減少やバランスの崩壊に原因があるという見解が有力になっている。したがって，ストレス因子が過重労働か，あるいは職場における様々なストレスかにより，その治療法やメンタルヘルス対策はおのずと異なることになる。

(11)　日本労働弁護団・宮里邦雄編『労働相談実践マニュアル Ver.4』（2004 年，日本労働弁護団）233 頁。

(12)　日本障害者雇用促進協会は，休職した社員のリハビリ出勤を推奨している。フルタイム勤務が当初は困難な社員の労働時間を徐々に長くしていくことが，休職した社員の円滑な職場復帰のために不可欠であろう。とりわけ，精神疾患者の復職においては不可欠な手続といえるのではなかろうか。日本障害者雇用促進協会開発相談部『精神障害者雇用管理マニュアル』（2004 年，日本障害者雇用促進協会）。

(13)　精神保健福祉法 29 条は，都道府県知事が自傷あるいは他害のおそれがあると認めた精神障害者の措置（強制）入院について規定する。この場合，都道府県知事が指定する 2 名以上の指定医の診察と診察結果の一致が措置入院の要件となっている。

(14) 平成14年7月から，日本障害者雇用促進協会障害者職業総合センターにおいて，試験的に「在職精神障害者のための職場復帰支援プログラム」（リワークプログラム）が実施されており，精神疾患者の職場復帰（社会復帰）に向けたサポート・システムが構築されている。
(15) 障害者雇用促進法2条の4は，事業主の責務として「すべての事業主は，障害者の雇用に関し，社会連帯の理念に基づき，障害者である労働者が有為な職業人として自立しようとする努力に対して協力する責務を有するものであって，その有する能力を正当に評価し，適切な雇用の場を与えるとともに適切な雇用管理を行うことによりその雇用の安定を図るように努めなければならない」と規定する。この「障害者」には，同法2条の定義により，「精神障害者（精神疾患者）」も含まれている。
(16) 高木博光「精神障害者と就労援助」小野哲郎・白沢久一・湯浅晃三監修『公的扶助と社会福祉サービス』（1997年，ミネルヴァ書房）378頁以下。
(17) 精神保健福祉法50条の4により，「精神障害者社会適用訓練事業」として法制化されている。
(18) 厚生労働省ホームページ（http://www.mhlw.go.jp/houdou/2004/10/h1014-1a.html）。
(19) 岡村親宜「精神障害・自殺と労働組合の取り組み」季刊・労働者の権利234号19頁。
(20) 労働安全衛生法68条は病者の就業制限を定めているが，その運用基準である労衛則61条の平成13年改正により，「精神障害のために，現に自身を傷つけ，又は他人に害を及ぼすおそれのある者」が削除された。このため，事業主は事業主の判断に基づき，精神疾患を強制的に休業させるという方法をとることはできない（労働新聞平15.4.7）。この部分は，精神保健福祉法により，運用されることになる。

18 精神障害・自殺の労災認定
―― 99年認定指針の問題点と今後の課題 ――

岡 村 親 宜

I 問題の所在

　行政機関は，戦後初期から，精神障害を成因論により3分類し，「内因性精神障害」（原因の明らかでない精神障害）と「心因性精神障害」（精神的負担が原因となって発病した精神障害）は労災補償の対象とはならず，「外因性精神障害」（外傷，薬物等が原因となって発病した精神障害）だけが労災補償の対象となるとしてきた。しかし1984年に至り，心因性精神障害につき初めて労災補償を認めた（日本交通技術事件）。が，心因性精神障害を「業務上」と認定するには，①発病するに足る十分な強度の精神的負担が認められ，②発病原因となる業務以外の精神的負担がなく，③発病原因となる個体要因がないこと，の要件が「十分な資料によって認められることが必要」とする厳格な行政解釈を示した。
　また行政機関は，労基法75条及び労災保険法旧19条（現行12条の2の2第1項）の補償制限規定につき，「ある結果が発生するであろうことを知りつつそれを実現しようとする意思」である「故意」がある場合は，相当因果関係は中断され，業務起因性は認められないことを定めたと解し，自殺が「業務上」と認められるには，業務上の負傷または疾病により発症した精神異常のために，かつ心身喪失状態で行われ，しかもその状態が当該負傷または疾病に原因している場合に限られるとしてきた。このため，1999年に指針が制定されるまでに，心因性精神障害を発病して自殺した事例で労災認定されたのは，わずか2件しかなかった。従って，精神障害・自殺に対するわ

第III部　職場環境と労災

[表1]　過労自殺裁判の展開と労働行政の推移表（1983〜2003年）〔岡村親宜作成〕

	運動・裁判の展開	労働行政の推移	請求件数	認定件数
1983			3(2)	1(1)
1984		2・14　事務連絡5号（心因性精神障害につき労災適用を打ち出す） 2・21　日本交通技術事件労災認定	13(3)	0
1985			6(4)	0
1986			2(2)	0
1987			1(1)	1
1988	6・16　過労死110番活動開始		8(4)	0
1989	11・22　サンコー堀金工場事件労災請求		2(2)	1(1)
1990			3(3)	1(1)
1991	11・29　神戸製鋼所事件裁判提訴		2(0)	0
1992	4・8　飛鳥建設事件労災請求		2(1)	2
1993	1・29　電通事件裁判提訴		7(3)	0
1994	6・15　川崎製鉄事件労災請求・裁判提訴		13(5)	0
1995			13(10)	1
1996	3・28　東京地裁電通事件判決 4・26　神戸地裁神戸製鋼所事件判決 10・26　オタフクソース事件裁判提訴		18(11)	2(1)
1997	9・26　東京高裁電通事件判決 10・13　過労死弁護団意見書提出	10　地公災基金精神疾患等研究会発足 12・8　飛鳥事件，オタフクソース事件労災認定	41(30)	2(2)
1998	2・23　岡山地裁倉敷支部川鉄事件判決 8・27　大阪高裁加古川幼児園判決 9・26　過労死弁護団第2回意見書提出	2　労働省精神障害等検討会発足 人事院精神疾患専門家会議発足	42(29)	4(3)
1999	3・12　長野地裁サンコー堀金工場事件判決	7・16　人事院精認定指針制定 7・29　労働省検討会報告書公表 9・14　労働省認定指針制定 9・14　地公災基金自殺認定指針制定	155(93)	14(11)
2000	3・24　最高裁電通事件判決 5・18　広島地裁オタフクソース事件判決 6・13　東京高裁電通事件和解成立 10・2　広島高裁岡山支部川鉄事件和解成立	3・23　労働保険審査会川鉄事件裁決 5・25　労働保険審査会日立造船事件裁決 12・7　長崎労基署長崎新聞事件認定 八戸労基署モデン工業事件認定	212(100)	36(19)
2001	2・23　盛岡地裁釜石小学校事件判決 6・18　名古屋地裁トヨタ自動車事件判決	3・19　京都下労基署寺西事件認定	265(92)	70(31)
2002	7・8　名古屋高裁トヨタ自動車事件判決 3・22　神戸地裁長田消防署事件判決		341(112)	100(43)
2003	12・11　大阪高裁長田消防署事件判決		447(122)	108(40)
2004			524(121)	130(45)

〔注〕　請求事件及び認定件数は，精神障害と自殺双方を含む事件数であり，括弧内の数字は自殺事件数である（出所は構成労働省補償課）。

が国の半世紀の対応は，精神障害・自殺に労災補償を適用しないとする精神障害・自殺切捨政策の実施というべきであった[1]。

ところで労働省は，1999年7月に「精神障害等の労災認定に係る専門検討会報告書」(以下「報告書」という)を公表し，同年9月14日，報告書に基づき「心理的負荷による精神障害等にかかる業務上外の判断指針について」(基発545号)と「精神障害等による自殺の取扱について」(基発545号)の二つの通達(以下「指針」という)を制定した。

報告書と指針の制定は，精神障害・自殺に対する労災補償要求，裁判による闘い及び司法によるこれを容認する判例の出現により，精神障害・自殺切捨政策の維持・実施はもはや不可能とし，政策転換をした行政機関の対応であった。1993年以前には，1年度の精神障害(自殺)の労災補償請求事件数は10件足らずであったが，1994年度以降，94年度13(5)件，95年度13(10)件，96年度18(11)件，97年度41(30)件，98年度42(29)件と増大してきた。が，労災認定件数は，94年度0件，95年度1(0)件，96年度2(1)件，97年度2(2)件，98年度4(3)件にしかすぎなかった。しかし1999年9月の指針の制定により，労災補償請求事件数は99年度155(93)件，2000年度212(100)件，01年度265(92)件，02年度341(112)件，03年度447(122)件，04年度524(121)件と増大し，その労災認定件数も，99年度14(11)件，2000年度36(19)件，01年度70(31)件，02年度100(43)件，03年度108(40)件，04年度130(45)件と増大したからである。

だが，労災認定件数は増えたとはいえ，その件数は1年度わずか100〜130件程度で，補償請求件数の4分の1程度に過ぎない。これで果たして良いのか。本稿はこの問題意識から，指針制定後約6年の現時点立って，99年認定指針の構造，99年指針の構造上の問題点，99年認定指針改定の課題の順に検討することを目的とするものである。

II 1999年認定指針の認定構造

行政機関が1999年に制定した指針の認定構造を要約すると，下記のとお

(1) 認定要件

①WHO の ICD 10 第Ⅴ章に分類されている精神障害を発病していること，②発病前おおむね6ヵ月間に，客観的に当該精神障害を発病させるおそれのある業務による強い心理的負荷が認められること，③精神障害が業務以外の心理的負荷及び個体的要因により精神障害を発病したとは認められないこと，④「業務上」の精神障害に罹患した被災者が自殺したこと，の要件を満たす精神障害・自殺は，「業務上」の疾病もしくは死亡と取扱う。この要件を満たさないものは「業務上」とは取扱わない。

(2) 基本的考え方

「心理的負荷による精神障害の業務上外の判断にあたっては，精神障害の発病の有無，発病の時期及び疾患名をあきらかにすることはもとより，当該精神障害の発病に関与したと認められる業務による心理的負荷の強度の評価が重要であ」り，「その際，労働者災害補償制度の性格上，本人がその心理的負荷の原因となった出来事をどのように受け止めたかではなく，多くの人々がどう受けとめたかという客観的な基準によって評価する必要がある」。「また業務以外の心理的負荷についても同様に評価する必要があ」り，「さらに個体側要因についても評価されなければなら」ず，「事案の処理にあたっては，まず精神障害の発病の有無等を明らかにした上で，業務による心理的負荷及び個体側要因の各事項について具体的に検討し，それらと精神障害との関連性について総合的に判断する必要がある」。

(3) 業務によるストレスの評価

被災者が，発病前6ヵ月間に，①日常の労働生活ではまれにしか遭遇しない7種類31項目の心理的負荷の平均的強度Ⅰ（軽度），Ⅱ（中度），Ⅲ（強度）に区分した［別表1］のいずれかの出来事に遭遇したか否かを検討し，②次に同表の「修正すべき着眼点」によりその強度Ⅰ，Ⅱ，Ⅲを修正すべき場合は修正し，③そして同表の「出来事に伴う変化等を検討する視点」によりその強度Ⅰ，Ⅱ，Ⅲを修正すべき場合は修正し，④その上で出来事への対処，変化の状況を斟酌して心理的負荷の程度を総合評価し，(イ)②の評価でⅢと評価され，③の評価で「相当程度過重（同種労働者と比較して業務内容が困

難で業務量も過大である等)」と認められる場合，ロ②の評価でⅡと評価され，③の評価で「特に過重(同種労働者と比較して業務内容が困難で恒常的な長時間労働が認められるか，過大な責任の発生・支援・強力の欠如等特に困難な状況)」と認められる場合，のいずれかに該当する場合は「強」と評価され上記の要件が充足されたものと判断し，前記イもしくはロのいずれにも該当せず「弱」及び「中」と評価された場合は上記の要件は充足されないと判断すべきである。

上記②及び③の評価は「本人がその出来事にともなう変化等を主観的にどう受け止めたかではなく，同種の労働者(職種，職場における立場や経験等が類似する者)が一般的にどう受け止めるかという観点から検討されなければならない」。

(4) 業務によるストレス評価の例外

但し，①前記［別表１］の②の修正評価がⅢと評価される出来事のうち，①「生死にかかわる事故への遭遇等心理的負荷が極度のもの」，②「業務上の傷病によりおおむね６ヵ月を超える期間にわたって療養中の者に発病した精神障害」につき「病状が急変し極度の苦痛を伴った場合などの上記①に準ずる程度のものと認められるもの」，③「極度の長時間労働，例えば数週間にわたり生理的に必要な最小限度の睡眠時間を確保できないなどの長時間労働により，心身の極度の疲弊，消耗を来し，それ自体がうつ病等の発病原因となるおそれのあるもの」の３つの特別の事実が認められるときは，前記③の総合評価につき，前記(イ)または(ロ)のいずれかに該当しなくても「総合評価を『強』とすることができる」。

(5) 業務以外のストレスの検討

被災者が発病前６ヵ月間に，①職場以外で遭遇する６類型31項目の心理的負荷の平均的強度Ⅰ，Ⅱ，Ⅲに区分した出来事の［別表２］のいずれかの出来事に遭遇したか否かを検討・評価し，②その評価が「Ⅲ」と評価される出来事に遭遇していた場合は，上記の要件につきその出来事による心理的負荷が客観的に精神障害を発病させるおそれのある程度のものか否かを検討する。

(6) 個体側要因のの検討

[表2] 1999年精神障害認定指針ライフイベント（出来事）ストレス強度表

〔上畑鉄之丞作成〕

強度	職場における出来事［別表1］	職場以外の出来事［別表2］
III	・仕事での大きな病気やケガをした ・仕事上の交通事故（重大な人身事故，重大な事故） ・労働災害（重大な人身事故）発生に直接関与した ・会社にとって重大な仕事上のミスをした ・退職を強要された	・離婚又は夫婦が別居した ・自分が重い病気（流産を含む）やケガをした ・配偶者や子供，親又は兄弟が死亡した ・配偶者や子供が重い病気やケガをした ・親類の誰かが世間的にまずいことをした ・多額の財産の損失又は突然の大きな支出 ・天災や火災の遭遇，犯罪に巻き込まれた
II	・悲惨な事故や災害を体験（目撃）をした ・会社で起きた事故（事件）について責任を問われた ・ノルマが達成できなかった ・新規事業，会社建て直しの担当になった ・仕事内容・仕事量の大きな変化があった ・勤務・拘束時間が長時間化した ・出向した ・左遷された ・仕事上の差別・不利益扱いを受けた ・転職した ・配置転換があった ・セクシャルハラスメントを受けた ・上司とのトラブルがあった	・自分が病気やケガをした ・親族とのつきあいで困ったり辛い思いをした ・収入が減少した ・借金返済の遅れ，困難があった ・自宅に泥棒が入った ・交通事故をおこした ・騒音など家の周囲の環境が悪化した ・引越した ・友人，先輩に裏切られショックを受けた ・親しい友人，先輩が死亡した ・失恋，異性関係のもつれがあった ・隣近所とのトラブルがあった
I	・顧客とのトラブルがあった ・勤務形態に変化があった ・仕事のペース，活動の変化があった ・職場のOA化が進んだ ・自分の昇格，昇進があった ・部下が減った ・部下が増えた ・同僚とのトラブルがあった ・部下とのトラブルがあった ・理解者の異動があった ・上司が変わった ・昇進で先を越された ・同僚の昇進・昇格があった	・夫婦のトラブル，不和があった ・自分が妊娠した ・定年退職した ・家族の婚約，又はその話しが具体化した ・子供の入試・進学，又は受験勉強の開始 ・親子の不和，子供の問題行動，非行があった ・家族が増えた，又は減った（子供が家を離れた） ・配偶者が仕事を始めた，又は辞めた ・住宅ローン又は消費者ローンを借りた ・軽度の法律違反をした ・家屋や土地の売買又はその具体的計画があった ・家族以外の人が一緒に住むようになった

［出所］ 上畑鉄之丞「過労自殺-実情と背景，予防の可能性について」（「心療内科」7巻4号，2003年4月，35頁）

［注①］ 精神障害認定指針（1999.9.14付基発545号）の職場における出来事（別表1）と職場外の出来事（別表2）につき，心理的負荷（ストレス）の強度別に分類して上畑鉄之丞医師が作成したものである。

［注②］ 上記指針は，強度Iは日常的に経験するストレスで一般的に問題とならないストレス，強度IIIは人生の中でまれに経験する強いストレスであり，強度IIはその中間である。

①精神障害の既往歴，②過去の生活史，③アルコール等依存状況，④性格傾向の各事項につき客観的に精神障害を発病させるおそれのある程度のものか否かを検討する。

(7) 業務上外の判断

①業務以外に特段の心理的負荷，個体側要因が認められない場合で，業務による心理的負荷の強度が総合評価で「強」と評価されるとき，②業務による心理的負荷の強度が総合評価で「強」と評価される場合であって，業務以外の心理的負荷の強度の評価が「Ⅲ」と評価される出来事が認められたとしても，それが複数認められる等業務以外の心理的負荷が精神障害発病の有力な原因となったと認められる状況がないとき，③業務による心理的負荷の強度が総合評価で「強」と評価される場合であって，個体側要因に問題が認められても，精神障害の既往歴や生活史，アルコール等依存状況，性格傾向に顕著な問題が認められ，その内容，程度等から個体側要因が精神障害発病の有力な原因となったと認められる状況がないとき，の三つのいずれかに該当すれば業務起因性があると判断し，そのいずれにも該当しなければ業務起因性はないと判断する。

(8) 自殺の業務上外の判断

自殺は，ICD-10 の F 0 から F 4 に分類される多くの精神障害では精神障害の病態としての自殺念慮が出現する蓋然性が高いと医学的に認められることから，業務による心理的負荷によってこれらの精神障害が発病したと認められる者が自殺を図った場合には，精神障害によって正常の認識，行為選択能力が著しく阻害され，または自殺を思い止まる精神的な抑制力が著しく阻害されている状態で自殺が行われたものと推定し業務起因性が認められるが，<u>業務による心理的負荷によって精神障害が発病したと認められない者が自殺を図った場合は業務起因性は認められない</u>。

Ⅲ　1999 年認定指針の認定構造上の問題点

だが指針は，その認定構造上下記の五つの根本的な問題点を有していると考えられる。

(1) 慢性ストレスを発病原因とする精神障害問題

問題の第1は，指針は，発病前6ヵ月間に，被災労働者が［別表1］の日常の労働生活でまれにしか遭遇しない7種類31項目の非日常的な事件的出来事に遭遇し，しかもその事件的出来事による心理的負荷の強度が指針のⅡないしⅢと評価され，かつ総合評価で「強」と評価されないかぎり「業務上」とは認定されないとし，［別表1］のⅡないしⅢと評価される事件的出来事に遭遇していなければ「業務以外の心理的負荷や個体側要因に特に問題がないときでも業務外となる」が，それは「『ストレス－脆弱性』理論によって形に現れない脆弱性という個体要因が本当の原因であると理解される」[2]とされ業務起因性を否定されてしまうことである。

しかし，現実のわが国を見ると，精神障害発病以前には何ら個体側要因に問題なく労働生活をしていた労働者が，指針の［別表2］の日常の労働生活ではまれにしか遭遇しない強度Ⅱ及びⅢの非日常的な事件的出来事に遭遇しその事件的出来事による心理的負荷の強度が総合評価で「強」と評価されなくても，むしろその場合に該当せず日常の労働生活で繰り返し遭遇する様々の小さな出来事の連続による「慢性的ストレス」が原因で精神障害を発病しており，この現実を無視し業務起因性の認められる場合を限定することは根本的に問題である。認定指針の［別表2］の日常の労働生活でまれにしか遭遇しない事件的出来事の項目につき，検討会報告書は「ストレスの強度の客観的評価に関する多くの研究を基に，独自」に作成したとしているが，基本的には大阪府立公衆衛生研究所精神衛生部の夏目誠らの「勤労者におけるストレス評価法（第1報）点数法によるストレス度の事故評価の試み」（産業医学30巻：266-279, 1988）等夏目らの一連の研究を基礎としている。そしてこの夏目らの研究は，アメリカのホームズ（Holmes, T.H）とレイ（Rahe, R.H）の1967年の論文「社会的再適応評価尺度」のライフ・イベント（life events）の項目についてのストレス度の評価法とその調査結果（結婚50，離婚73，配偶者の死100）を基礎とし，職場生活に関する項目を加えて同様の調査をしたものである。夏目等自身，「最近の勤労者におけるストレス度評価」（平成12年度労働省災害科学研究報告書）において，「我々は12年前に，Holmesらの社会的再適応評価尺度（結婚によるストレス度を50とし，各スト

レッサーのストレス度を 0-100 の間で評価し，その平均値を求め，ストレス点数とした。点数が高いほどストレス度が強い）に準拠し，18 項目の職場ストレッサーを追加した 65 項目からなる勤労者ストレス調査表を作成し，勤労者のストレス度を調査してきた。この成果は労働者の『精神障害等の労災認定に係わる専門検討会報告書』……にも引用された」と述べているところである。

しかし，アメリカの社会心理学者ラザレス (R.S.Lazarus) が鋭く指摘しているとおり，ホームズらの社会的再適応評価尺度によるストレス度の評価法とその調査結果は，①最も重要で生きていくうえでの慢性的な圧力 pressures や（環境からの）要求 demands などを無視していること，②出来事の個々人に対する意味合 individual meanimg を無視していること，③ストレスフルな条件に深い影響を与える「対処行動」を無視していること，④ライフ・イベントにより測定されたストレスと健康への結果との間の相関は非常に低いこと，の問題を有している（ラザレス・林俊一郎訳『ストレスとコーピング』星和書店，1990 年，15 頁）。したがって，今日では「人生に起こる」ホームズらの「一般にライフ・イベントと言われて」いる「さまざまな出来事」による「ストレッサーが（精神障害の）発症の原因となるという単純な因果律は近年修正されつつある。例えば，ラザレス R.S.Lazarus らは，そのような数少ない大きなストレスとなる出来事よりも，日常的に繰り返し生ずる小さなストレスとも呼べる混乱や落ち込みが重要な原因となっていると考え，それを日常的混乱 (dayly hassls) と呼び，これにもとづいたストレス測定法を開発している。それとともに，ストレス状況というものは，状況の意味付け方（状況判断 appraisal）や，それらに対する対処方法（対処努力機能 coping）も考慮に入れるべきであるという考え方を提唱して」おり，「このように，近年ストレッサーの個体に及ぼす影響は，個の側の要因と状況要因とのさまざまな相互作用の中でとらえられるようになってきている」とされているところである（加藤正明他編『新版精神医学事典』弘文堂，1994 年，415 頁）。

そして，精神医学上，精神障害は「今日では多くの精神障害の発病には，単一の病因ではなく，素因，環境因（身体因，心因）の複数の病因が関与すると考えられている」ところであり，環境からくるストレスと個体側の反応

性，脆弱性の相関関係で精神破綻が生じるとする「ストレス―脆弱性理論」が受け入れられており，そして発病の原因となる「環境からくるストレス」は，ホームズらの研究によるライフ・イベントによるストレスや，指針が取り上げている労働者が日常生活でまれにしか遭遇しない出来事による「急性ストレス」だけではなく，職場上もしくは職場外の日常生活において生ずるさまざまの混乱や落ち込みのデイリー・ハッスルズといわれている「慢性ストレス」をも含み，むしろこの慢性ストレスが発病の原因として作用しているとしていることは公知の事実である。

　指針は，この精神障害発病の原因となる「慢性ストレス」として，①「業務上の傷病によりおおむね6ヵ月を超えろ期間にわたる療養生活」と②「極度の長時間労働」だけを問題とし，しかも前者については「病状が急変し極度の苦痛を伴った場合など」で「生死にかかわ」りその「心理的負荷が極度のもの」に限定し，後者についても「数週間にわたり生理的に必要な最小限度の睡眠時間を確保できないなど」の「極度の長時間労働」に限定して発病の原因となるとしているが，精神医学，社会心理学上はもとより，一般経験則に照らしてもそのような限定の合理的根拠は存在しない。

　精神科医師の林峻一郎教授は，「実際の生活では，山のように聳えたった大事件よりも，『ちりあくた』の堆積の方が健康状態により影響しやすい」とし，「たとえば，離婚する。離婚して悲しむ人もいれば，なかには，やっと離婚できてほっとする人もいる。生活大事件という（ホームズらの）考え方は，このケース・バイ・ケースでの個人差という考え方が入っておらず，一律におなじ73点という点数のストレスを考えてしまう。つまり個人差やその時の状況差は，無視している。」，しかし「『離婚』という出来事はその余波のさまざまな出来事をうむ。生活上の細かな煩わしさは増加する。むしろ，実際にストレスとなるのは，この細かな日常生活の煩わしさではないだろうか？　また逆の場合では，困りものの妻なり夫とのさまざまな細かい煩わしさは消えてしまう。そのどちらに傾くか，どの程度そうなのかは，まさに千差万別だろう。となると，これに常に同じ点数をあたえてしまうことは，最初から無理だったのではないだろうか……それより，自分の『離婚』について，どの程度にどういう感情をもっているのかを，見たほうがよい。さら

に，その『離婚』の結果の生活を，どう感じながら生きているのかをみた方がよい。つまり，離婚後の今の日常生活事態の実際を，測定することである。」，「生活というものは『事件』から成り立つものではなく，まざまな細かな事柄についての，実際の生活環境の『出会い』の連鎖なのだ」と指摘している[3]。

　したがって，労働者が日常の労働生活において生ずるさまざまの混乱や落ち込みのデイリー・ハッスルズといわれている「慢性ストレス」を原因として発病した精神障害を「業務上」の疾病としない認定指針は，その認定構造として根本的な問題を有している[4]。

(2) 「過重ストレス」の強度の評価基準問題

　問題の第2は，指針が業務上外の判断に当たり，本人が「どのように受け止めたかではなく，多くの人々が一般的にどう受け止めたか」という客観的な基準によって評価する必要があり，認定要件として発病前に「客観的に当該精神病を発病させるおそれのある業務に強い心理的負荷が認められること」が必要であるとし，前記発病前6ヵ月間に，［別表2］の日常の労働生活でまれにしか遭遇しない7種類31項目の非日常的な事件的出来事に遭遇し，心理的負荷の平均的強度が指針の定めるⅠ，Ⅱ，Ⅲの強度を出発点として修正する視点で修正後，その後の変化を同種の労働者が一般的にどう受け止めるかという観点から検討してⅡないしⅢと評価され，かつ①そのうちのⅡと評価された上で被災者に「同種労働者と比較して業務内容が困難で恒常的な長時間労働が認められるか，過大な責任の発生・支援・強力の欠如等特に困難な状況認められる」か，または②Ⅲと評価された上で「同種労働者と比較して業務内容が困難で業務量も過大である等が認められ」れば「業務上」と認定するが，この①または②以外の場合は「業務上」とは認定されないとし，指針の認定構造によれば，指針の［別表2］の事件的出来事に遭遇していても，そして「業務以外の心理的負荷や個体側要因に特に問題が認められないときでも業務外とな」り，それは，「『ストレス―脆弱性』理論によって形に現れない脆弱性という個体側要因が本当の原因であると理解される」とされ，業務起因性を否定されてしまうことである。

　しかし，そもそも労災補償制度は，社会に発生した損害の公平な塡補を目

的とする損害賠償制度と異なり損害の塡補を直接の目的とするものではなく，使用従属関係の下で発生した死傷病による被災労働者とその家族（遺族）が「人たるに値する生活を営むため必要を充たす」最低限の法定補償を行って迅速かつ公平にその生活を保障することを目的とする労働者保護制度であり，補償対象はこの制度目的に即して決定されるべきであり，補償対象を厳しく限定することは同制度の制度目的に反する。そして，補償対象は，業務と相当因果関係ある死傷病と解するのが相当であるとしても，この制度目的に照らせば精神障害の業務上外の判断における業務によるストレスの強度の評価は，被災労働者本人が感じたままと理解するのは相当でないとしても，多くの人々が一般的にどう受け止めたかという健康な平均人基準ではなく，少なくとも，名古屋高判 2003.7.8 豊田労基署・田島うつ病自殺死事件（トヨタ自動車シャーシー設計部事件，労判 856 号 14 頁）が判示しているとおり，「ストレスの性質上，本人の置かれた立場や状況を充分斟酌して」「ストレスの強度を客観的見地から評価することが必要」であり，「同種労働者（職種，職場における地位や年齢，経験等が類似する者で，業務の軽減措置を受けることなく日常業務を遂行できる健康状態にある者）の中でその性格傾向が最も脆弱である者（ただし，同種労働者の性格傾向の多様さとして通常想定される範囲内の者）を基準」とするのが相当であり，指針は「当該労働者が置かれた立場や状況を充分斟酌して適正に心理的負荷の強度を評価するに足りるだけの明確な基準になっているとするには，いまだ充分とはいえず，うつ病の業務起因性を」指針の「基準のみをもって判断する」のは不相当というべきである。

そして同事件の名古屋地判 2001.2.23（労判 814 号 64 頁）が判示するとおり，「業務上の心身的負荷の強度は，同種の労働者を基準にして客観的に判断する必要がある」が，「被災労働者の性格傾向が同種労働者の性格傾向の多様さとして通常想定される範囲を外れるものでない限り，当該被災労働者を基準として」判断するのが相当というべきである[5]。

かって行政機関は，過労性脳・心臓疾患の業務上外認定につき，業務の過重性の判断基準につき，指針と同一の健康な同僚基準説を採用していたが（1987 年 10 月 26 日付基発 620 号），その後これが不相当であることを認めて「当該労働者と同程度の年齢経験等を有し日常業務を支障なく遂行できる健

康状態にある者」を基準とするとし（1995年2月1日基発38号），さらにこれが不相当であることを認めて「当該労働者と同程度の年齢経験等を有し，基礎疾患を有していたとしても日常業務を支障なく遂行できる健康状態にある者」を基準とすると変更した（2001年12月12日基発1063号）。したがってこの過労性脳・心臓疾患の基準に照らしても，精神障害の認定の場合には，職種，職場における地位や年齢，経験等が類似する者で業務の軽減措置を受けることなく日常業務を遂行できる健康状態にある者の中でその性格傾向が最も脆弱である者を基準とするのが相当というべきである。

(3) 業務起因性の判断基準問題

問題の第3は，①業務による心理的負荷，②業務以外の心理的負荷及び③個体側要因が競合（共働）して精神障害が発病した場合の判断基準につき，指針が業務による原因が他の原因と比較して相対的に有力と認められなければ「業務上」とは認められないとする相対的有力原因説を採用し，①業務による心理的負荷が総合評価で「強」と評価され発病の原因となったと認められ，そして②業務以外の心理的負荷の強度Ⅲが複数認められる等業務以外の心理的負荷が精神障害発病の有力な原因となったと認められないとき，及び②精神障害の既往歴や生活史，アルコール等依存状況，性格傾向に顕著な問題が認められ，その内容，程度等から個体側要因が精神障害発病の有力な原因となったと認められる状況がない時でなければ，「業務上」と判断して差しつかえないが，そうでない限り「業務上」と判断してはならないとしていることである。しかし，上記労災補償制度の制度目的に照らせば，原因競合の場合，①業務による心理的負荷，②業務以外の心理的負荷及び③個体側要因は精神障害の発病原因として分離できず密接不可分であるから，これらを分離して①の業務による心理的負荷が，②の業務以外の心理的負荷及び③個体側要因と比較して相対的に有力と認められなければ「業務上」と判断してはならないとする指針は根本的に問題である。局医として労災認定に携わってきた篠田毅医師が指摘しているとおり，精神医学上，「たとえ個人的要因において脅迫性格，執着気質やうつ病親和的人格が推測される場合でも，それらの病前人格は個人本来の性格ではなく，勤労者が会社組織にあって職責を全うすることを自己に課し，また課される状況下で病因となるのであ」り，

「職責は業務と勤労者との第一義的関係を成立させる根拠であ」り，「精神障害は，勤労者が職責を全うすべく最大限の努力をするが，それでも職責を全うできない事態に至ることを病因として発病したもの」であって，「業務要因と個人要因とは発病においては不可分一体の共働原因となっていて，いずれが相対的有力原因であると（は）判断できな」いのである（「精神医学」42巻10号）。

したがって，本来，業務要因と業務外要因及び個人要因が共働原因となって発病したと認められれば相当因果関係を肯定して「業務上」扱いするのが相当というべきであるが，少なくとも前記トヨタ自動車シャーシー設計部事件名古屋高裁判決が判示しているとおり，社会通念（一般経験則）に照らし，「発症前の業務内容，及び生活状況並びにこれ等が労働者に与える心理的負荷の有無や程度，さらには当該労働者の基礎疾患等の身体的要因や，うつ病に親和的な性格等の個体側の要因等を具体的かつ総合的に検討」し，業務が「一定程度以上の危険性を内在または随伴していること」が認められれば業務起因性を認めるのが相当というべきである[6]。

(4) 発病後症状増悪事案の補償対象問題

問題の第4は，指針は，被災労働者が精神障害発病後，業務が原因となって精神障害を増悪させ，その結果自殺した場合につき，発病前の業務による心理的負荷と当該精神障害発病との相当因果関係が認められない限り，発病後の業務による心理的負荷と精神障害の増悪・自殺との相当因果関係が認められても「業務上」と判断することを閉ざし，これらを「業務上」と取扱わないことである。しかし，労災認定で問題となる精神障害・自殺事件の多くは，被災労働者が精神障害を発病し，適切な精神科の診療を受ける必要があったにもかかわらずこれを受けず，発病後も引き続き業務に従事して精神障害を増悪させ，ついには自殺に至っているのである。

典型的な精神障害であるICD 10の「うつ病エピソード」は，症状の程度により，①軽症，②中等症，③重症に分類され，軽症は通常症状に悩まされて日常の仕事や社会的活動を続けるのにいくぶん困難を感じるが完全に機能できなくなることはない，中等症は通常社会的，職業的あるいは家庭的な活動を続けていくのがかなり困難になる，重症はごく限られた範囲のものを除

いて社会的,職業的あるいは家庭的な活動はほとんどできないとされている。したがって,被災者が業務に起因しない軽症うつ病エピソードを発病し,適切な精神科の診療を受けさせる必要があったにもかかわらず事業者がこれを受けさせず,発病後も引続きこれを増悪させる業務に従事させて中等症もしくは重症に増悪させ,自殺するに至らせた場合には,発病後の業務による心理的負荷とうつ病の増悪もしくは自殺との相当因果関係は認められ,「業務上」と取扱うのが相当というべきである。

(5) 精神障害を発病していない自殺の補償対象問題

問題の第5は,指針は労災保険法第12条の2の2第1項の「故意」につき,行政機関の故意因果関係中断説を維持した上で,「『故意』とは,自分の一定の行為により負傷又はその直接の原因となった事故を意図した場合」をいうとの解釈(1965.7.31付基発901号)を維持し,「故意」とは「結果の発生を意図した意思」と解し,「業務上の精神障害によって,正常の認識,行為選択能力が著しく阻害され,又は自殺行為を思いとどまる精神的な抑制力が著しく阻害されている状態で自殺したと認められる場合には,結果の発生を意図した『故意』には該当しない」とし,精神障害に罹患している者の自殺についてのみその取扱いを変更し,精神障害に罹患していない者の自殺については従前どおりこの場合は「故意」があるとし「業務上」と取扱わないとの解釈を維持したことである[7]。

しかし,人間の意思決定は,現実にはその者のおかれている諸条件に制約されており,因果関係の展開における一契機にすぎず,因果関係の中断は存在せず,故意因果関係中断説は観念論というべきである。後掲②の根本論文が指摘するとおり,「意思決定が存するだけで因果関係の中断を認めるとのわが国の支配的考え方は,現実に業務上の事故や負担が自殺の動機になることがしばしばあることからいって,事実に適合しないだけでなく,法的因果関係論における法的論理としてももはや正当化することができない」というべきである。自殺は,結果の発生を意図した「故意」があっても,そして被災者が業務と相当因果関係のある精神障害に罹患していなくても,自殺の動機と被災者の自殺前に従事していた業務との相当因果関係が認められれば「業務上」と取扱うのが相当というべきである。労基法第78条の趣旨は,休

業補償及び障害補償を詐取しようとして手指を切断する自傷行為又は自損行為による負傷にはその補償を行わないことができることを明らかにした休業補償及び障害補償の補償制限規定であり，労災保険法12条の2の2第1項の趣旨も，この労基法78条の趣旨と対応したものと解するのが相当というべきであり，自殺した労働者が結果の発生を企図する「故意」を有していたとしても業務との相当因果関係が認められる事故については，同項の適用がないと解するのが相当というべきである。

したがって，労災保険法12条の2の2第1項の「故意」とは，「結果の発生を意図した意思」ではなく，「偽りその他不正の手段により保険給付を受けようとする意思」と解するのが相当というべきある[8]。

IV　99年認定指針改定の課題

ところで新聞報道（2004年9月15日付読売夕刊）によれば，「厚生労働省は，うつ自殺を認定する際の判断基準になる『心理的負荷評価表』を見直すことを決め」，「年内に事例の収集・分析を済ませ，具体的な作業に入る」としている。その理由として，①現行評価表では，例えば「昇格・昇進」でのストレスの直後に発病していなければならず，20歳代で課長に昇進した男性が1年後に力尽きて自殺しても，対象外とされてしまう，②仕事のミスを苦に自殺したとみられるケースでは，ミスが会社にとって「重大」なものでなければならなかったり，リストラがきっかけになったとみられても退職の「強要」が要件とされたりするなど，自殺者本人の置かれた精神的な状況が必ずしも適切に反映されないなどの不都合が目立っている，としている。そして，「新基準では，例えば，大プロジェクトが未達成におわったなどミスとはいえない場合，新入社員の4，5月など必ずしも負荷が大きいとはいえない場合なども，自殺者本人が置かれた実態を見て判断する。睡眠時間についても，極端な睡眠不足でない場合や，就寝していたが実際に眠っていた時間が短い場合なども考慮することを検討する方針」と報じている。

しかし以上の検討により，99年精神障害・自殺認定指針はその制定後約6年の今日段階，根本的な問題を有しており，「心理的負荷評価表」の見直し

では足りず，その内容を根本的かつ全面的に見直す必要があり，その抜本的改定こそが期待されているのである。

そこで，以上の検討を踏まえ，精神障害・自殺の認定指針改訂案（2004年岡村私案）を［表3］として提示する次第である。

［表3］　精神障害・自殺労災認定指針改正私案（2004年岡村私案）

第1　基本的な考え方

　労働者の精神障害は，今日では，単一の病因ではなく，素因，環境因（身体因，心因）の複数の病因が関与しているとされ，環境からくるストレスと個体側の反応性，脆弱性の相関関係で精神破綻が生じて発病するとされている。そして，環境からくるストレスには，労働者がその人生でたまにしか遭遇しない事件的出来事による急性ストレス（心理的負荷）よりも，むしろ長期間の日常生活において生ずる混乱や落ち込みのディリー・ハッスルズ（日常的煩わしさ）と言われている慢性ストレスが発病の原因として作用しているとされている。

　そこで，本認定指針は，この精神障害の発症機序を前提にして，被災者が業務以外のストレス及び個体要因ではなく，業務による「過重ストレス」（精神障害の発病の要因となり得る過重な慢性ストレス及び急性ストレス）が加わることによって発病したと認められる精神障害及びその自殺は，その発病との間に相当因果関係が認められるとし，業務に起因することの明らかな疾病もしくは死亡と取扱うものである。この場合，精神障害の発病の原因となる業務による「過重ストレス」の強度の評価をいかなる基準に基づき行うのが相当かが重要であるが，被災労働者とその遺家族の人間に値する生活を営むための必要を充たす最低限度の法定補償を迅速公平に行うという労災補償制度の制度目的に照らし，多くの人々がどう受けとめたかという基準（健康な平均人基準）ではなく，当該労働者が置かれた立場や状況を充分斟酌して適正に心理的負荷の強度を評価する必要があり，同種労働者のなかでその性格傾向が最も脆弱である者を基準として評価するのが相当である。

　また，精神障害を発病後，適切な治療を受けずに引き続き業務に従事し，その業務による慢性ストレス及び急性ストレスによって症状を増悪させ，もしくはその増悪のために自殺念慮により自殺した場合についても，症状の増悪もしくはその増悪による自殺と発病後に従事した業務との間に相当因果関係が認められるものとし，これらも業務に起因することの明らかな疾病もしくは死亡と取扱うものである。

第2　対象疾病

　本認定指針は，WHOのICD-10第Ⅴ章に分類されている全ての精神障害を対象疾病として取り扱う。

第3　認定要件

　次の(1)又は(2)に該当する精神障害及び自殺は，労働基準法施行規則別表第1の2第9号に該当する疾病，もしくは「業務上」の死亡として取り扱う。

(1)　下記①，②及び③の要件を満たす対象疾病を発病しもしくはその発病により自殺

第Ⅲ部　職場環境と労災

した場合
① 被災者が，発病前おおむね1年間に，精神障害の発病要因となり得る過重ストレスの認められる業務に従事していたこと
② 被災者の精神障害が，業務以外のストレス及び個体側要因により発病したとは認められないこと
③ 被災者には，他に精神障害を発病させる確たる要因は認められないこと
(2) 精神障害発病後，適切な治療を受けることなく業務に従事し，当該業務による慢性ストレスおよび急性ストレスにより症状を増悪させ，もしくは症状の増悪により自殺した場合

第4　認定基準の運用基準

1　対象疾病について　従前，精神障害を成因により外因性，心因性及び内因性の三つに分類し，内因性精神障害は労災補償の対象とはならず，外因性及び心因性の精神障害のみ労災補償の対象とする取扱いをしていたが，この取扱いは廃止し，WHOのICD-10第Ⅴ章に分類されている全ての精神障害を労災補償の対象疾病として取扱う。

2　精神障害発病の有無，病名及び発症時期の特定について　精神障害の発病の有無，病名及び発病時期は，業務と発病との関連性を検討する際の起点となり重要であり，被災者本人の日記・メモ等の資料，治療歴のある場合はその資料，治療歴のない場合は関係者からの報告書，聴取書等の資料，その他の情報を総合し，ICD-10診断ガイドラインの診断基準に照らして特定すること。なお，この場合，治療歴がなく，もしくは発病後相当期間を経過して治療を開始し，情報が少なく診断基準を充たす事実が十分に確認できなくとも，合理的に推定し特定して差しつかえない。

3　認定要件　の①の「過重ストレス」について
ア　「過重ストレス」とは，一般経験則に照らして，精神障害の発病の要因となり得る過重な慢性ストレス及び急性ストレスをいい，被災者がこの過重ストレスを生じせたと認められる業務に従事したことと，被災者が業務による発病要因となり得る過重ストレスがなくても，業務以外のストレス及び個体側要因により発病したとは認められないこと，並びに被災者に他に精神障害を発病させる確たる要因は認められないこと，を認定要件としたものである。
イ　業務による過重ストレスは，労働者がその労働生活においてまれにしか遭遇しない非日常的な事件的出来事（ライフイベント）のみならず，日常の労働生活おいて生ずるさまざまの混乱や落ち込みの慢性ストレス（ディリー・ハッスルズ）が存在する。
ウ　過重ストレスか否かの評価は，ストレスの性質上被災者の置かれた立場や状況を十分に斟酌して行う必要があり，同種労働者（職種，職場における立場や経験等を同じくする者）を基準にするのではなく，一般経験則に照らして同種労働者の中でその性格傾向がもっとも脆弱である者（但し，同種労働者の性格傾向の多様さとして通常想定される範囲内の者）を基準として，精神障害を発病させ得るストレスであれば足りる。
　　なお，被災労働者の性格傾向が同種労働者の性格傾向の多様さとして通常想定される範囲を外れるものでない限り，過重ストレスか否かの評価は当該労働者を基準

に評価して差しつかえない。
エ 「過重な慢性ストレス」は，発病前おおむね１年間に日常的に従事した業務を対象とし，その業務に従事したことそれ自体の慢性ストレスと共に，その業務に従事していたことにより日常的に生ずるさまざまな混乱や落ち込みによるストレスを総合して，そのストレスの強度を評価すること。例えば，自動車会社の設計業務に従事していた係長が恒常的な時間外労働や残業規制により相当程度の心理的負荷を受けて精神的・肉体的に疲労を蓄積していたところ，２車種の出図期限が重なり出図の遅れによる強い心理的負荷を受け，かつ職場委員長への就任が決まり出図期限が遵守できなくなるのではないかと不安，焦燥による心理的負荷が認められれば，これらを総合して「過重な慢性ストレス」か否かを評価するものとする（名古屋高判03.7.8トヨタ自動車事件）。
オ 「過重な急性ストレス」も，発病前おおむね１年間に従事していた業務を対象とし，その業務に従事していた際に遭遇した事件的出来事によるストレスが，発病要因となり得るか否かを評価するが，ストレスの性質上，被災者本人の置かれた立場や状況を充分斟酌し，健康な平均人の心理的負荷の強度を示す［別表１］の事件的出来事を参照して個別・具体的にその強度をⅠないしⅢと修正評価すること（例えば「顧客とのトラブル」の平均的強度は［別表１］ではⅠとされているが，個別具体的に被災者本人の置かれた立場や状況を充分斟酌してⅢと修正評価できる場合もある）。
そして，その事件的出来事によるストレスがその後の労働生活において生ずる慢性ストレス及び急性ストレスを総合し，被災者心理的負荷が弱くなっていったか，それとも強くなっていったかその変化を検討してそのストレスの強度を評価すること。例えば，経理・庶務等の事務に携わったことのなかった係長が，経理・庶務等の事務に携わり，過去に軋轢のあった上司が署長である消防署管理係長に配置転換され，初めて携わる経理・庶務等の事務に対する不安及び緊張にとどまらず，その署長の下での人間関係に対する極度の不安及び緊張の加わった配置転換をされ，配転後にその署長から経理事務の決済の際に詳細なチェックをされ，疑問点毎に詳しい説明を求められ，前署長時代の会計帳簿上の使途不明箇所につき追及され，部下の管理係員の面前で大声でどなり，書類を机にたたきつけたりした事等の事実による心理的負荷が認められれば，配転という出来事と上司とのトラブルという二つの出来事による心理的負荷として切り離して個々に評価するのではなく，これらを総合して発病要因として「過重なストレス」か否かを評価するものとする（大阪高判03.12.11長田消防署事件）。
4 認定要件(1)の②の業務以外のストレスについて ①被災者が発病前おおむね１年間に遭遇した業務以外のストレスを［別表２］を参照し，被災者本人の置かれた立場や状況を充分斟酌して個別具体的にそれが発病要因となり得るか否かを検討・評価し，②その評価が「Ⅲ」と評価される出来事に遭遇していた場合は，上記(1)の②の業務以外のストレスの要件につきその出来事による心理的負荷が精神障害を発病させるおそれのある程度のものか否かを検討する。
5 認定要件(1)の②の個体側要因について ①精神障害の既往歴，②過去の生活史，③アルコール等依存状況，④性格傾向の各事項につき，精神障害を発病させるおそ

れのある程度のものか否かを個別具体的に検討する。
6　業務上外の判断について　社会通念（一般経験則）に照らし、①被災者が発病前おおむね1年間に精神障害の発病要因となり得る過重ストレスの認められる業務に従事していたかどうか、②被災者の精神障害が業務以外のストレス及び個体側要因により発病したとは認められないかどうか、③被災者には他に精神障害を発病させる確たる要因は認められないかどうかを総合し、業務による心理的負荷が発病・増悪に一定程度以上の危険性を有していたと認められれば、業務起因性があると判断する。
7　自殺の業務上外の判断　労災保険法第12条の2の2第1項の「故意」とは、「結果の発生を意図した意思」と解するのは不相当であり、「偽りその他不正の手段により保険給付を受けようとする意思」と解するのが相当であり、精神障害を発病した者の自殺はこの意味での「故意」は存在しないと推定され、その自殺は自殺念慮の症状が原因と推定されるから業務起因性があると判断する。

（1）　精神障害・自殺切捨政策の形成とその論理、これを転換させた闘いの展開とその論理につき、拙著『過労死・過労自殺救済の理論と実務』（旬報社、2002年12月、332頁以下）参照。
（2）　労働省補償課編著『精神障害等の労災認定』（労働調査会、2000年3月、190頁）。
（3）　林峻一郎『「ストレス」の肖像』（中央公論社〔中公新書1113〕、1993年1月、226～7頁）。
（4）　検討会報告書自身、「検討の概要」では職場におけるストレス要因として、「ある出来事が起きたことが明確に認識される事実に係る」「急性ストレス」と、「長く続く多忙、単調な孤独な繰り返し作業、単身赴任、交替勤務などのように持続的であり、継続される状況から生じる」「慢性ストレス」が存在していることを認めながら、「検討結果」では、精神障害の発病要因として出来事（ライフイベント）によるストレスだけを取り上げるという矛盾をさらけ出している。
（5）　私は、前掲の拙著『過労死・過労自殺救済の理論と実務』（395頁以下）で述べているとおり、当該労働者基準説が相当と考える（同旨参考文献③玉木論文）が、本稿では、判例の到達点に従い、本文のように、少なくとも最弱者基準説を採用すべきであるとしたものである。なお、参考文献⑥の石田論文は、「ストレス性疾患の場合には、発症にあたっての個体差は大きいといわれて」おり、「今後、その労災認定においては、ますます個体差を重視すべきこととな」り、「公正な認定のためには、同僚基準から本人基準への転換の徹底が必要になってくる」としている。
　これに対し、参考文献⑤の渡邊批評は、「本人基準説では結果の発生自体から、業務による強度の心理的負荷の存在が認められやすい反面、個体要因がほとんど考慮されないおそれがある」と批判する。しかし、指針も概ね認めているとおり、当該労働者が「それまでの生活史を通じて社会適応状況に特別の問題がなければ、個体側要因

として考慮する必要はない」のであり，平均人基準説は，高いハードルの観念的な「業務による強度の心理的負荷」を設定することにより，それが存在しないとして，発病の原因が本来「考慮する必要はない」個体側要因とする誤りを看過している。
（6）　私は，前掲拙著『過労死・過労自殺救済の理論と実務』(397頁以下)で述べているとおり，共働原因説が相当と考えるが，本稿では，判例の到達点に従って相対的有力説ではなく，判例に従うべきであるとしたものである。
（7）　参考文献④の田中論文は，労働省検討会の委員であった同教授が省の委託研究として省に提出したものであるが，指針は，法の補償給付支給制限規定の「故意」につき，「結果の認識と認容」ではなく，「昭和40年基発901号通達のいうように，結果の発生を『意図』することを意味すると解され」，「問題は，傷病・死亡という結果の発生を『意図』したものであるかどうかを本人の主観的過程の問題として考えるだけでなく，本人の精神・心理の客観的過程として，本人の意図的な選択を超えて結果の発生にいたる蓋然性があったかどうかに着目すべきである」との田中論文の考え方を採用したものといえよう。
（8）　同旨参考文献①の佐伯他論文。なお前掲拙著『過労死・過労自殺救済の理論と実務』(365頁以下)参照。

［参考文献］
①　佐伯静治他「自殺と労災補償」(「季刊労働者の権利」213号，1996年1月，88頁)
②　根元　到「自殺と労災認定：日本とドイツの比較」(「労働旬報」1428号，1998年3月，40頁)
③　玉木一成「過労自殺の労災認定基準と新指針」(「労働法律旬報」1467号，1999年11月，6頁)
④　田中清定「労災補償制度と労働者の『故意』による事故」(関東学園大学「法学紀要」13号，1999年7月。同著『労働法の課題』労働法令協会，2000年8月，所収)
⑤　渡邊絹子「過労自殺の業務起因性－地公災基金岩手支部長（平田小学校）事件」(「ジュリスト」1223号，2002年6月，102頁)
⑥　石田眞「作業関連疾患」(労働法学会編『講座21世紀の労働法7巻』有斐閣，2000年，10月，88頁，所収)
⑦　水野幹男「設計労働者の過労自殺と労災認定：トヨタ過労自殺・名古屋高裁判決」(「季刊労働者の権利」252号，2003年10月，72頁)
⑧　小畑史子「うつ病による自殺と業務起因性：豊田労基署長（トヨタ自動車）事件」(「ジュリスト」1269号『平成15年度重要判例解説』，2004年6月，233頁)
⑨　水野勝「精神障害に基づく自殺と業務上外認定」(「労働判例」860号，2004年2月，5頁)

19 バーンアウトと業務上外認定の法理

藤 木 清 次

I 問題の所在

　労働基準法75条（以下，労基法という。）は「労働者が業務上負傷し，又は疾病にかかった場合においては，使用者は，その費用で必要な療養を行い，又は必要な療養の費用を負担しなければならない。」と規定し，業務に内在または随伴する危険が現実化したと認定された負傷・疾病・障害・死亡は「業務上」ないし「業務上の事由による」もの（労働者災害補償保険法1条・7条）として労災保険が給付される。問題は，法文上「業務上」の定義規定が存在しないことである。そのため労働者の傷病にかかわる業務上外の解釈が，行政解釈，判例，学説，に委ねられることになる。そして，あらかじめ疾病と業務との因果関係について医学的評価が確立しているものについては，労働基準法施行規則（以下，労規則という。）別表第1の2において第1号から第7号まで類型的に列挙した上で，第8号では「厚生労働大臣の指定する疾病」，第9号では「その他業務に起因することが明らかな疾病」を規定している。したがって，第1号から第8号に掲げられた疾病以外のものでも業務に起因したと認定された疾病を補償しているのである。だが，「その他業務に起因することが明らかな疾病」をめぐっては，いわゆる過労死といわれる脳血管疾患および虚血性心疾患等や精神障害および自殺が業務上外認定の問題として，社会的関心を集めているが，バーンアウトも「その他業務に起因することが明らかな疾病」の業務上外認定をめぐる問題として注目されつつある今日的な課題のひとつである。

　さてしかしながら，バーンアウトはそもそも疾病といえるのか，という疑

問がある。つまり，バーンアウトとは，ただ当該労働者のやる気が失われたということであって，誰もが1度や2度は経験する事柄ではないのか。それだけに本人がうまく気分転換をはかりストレスを発散すれば回復するのではないのか。また，バーンアウトは本人の主観的な基準に立脚するもので，客観的・画一的な処理を旨とする行政解釈の基準とは相容れないところがあるのではないのか。そもそもバーンアウトと業務との因果関係について，現在，医学的評価が確立しているとはいえない段階で，業務上外認定を問題にすること自体，労災保険と他の社会保険（健康保険，厚生保険等）との統合化の途を開くことになるのではないか，という懸念もある。だが，バーンアウトは長年，看護師，教師，ソーシャルワーカーなど，ヒューマンサービスに従事する人々の職業病ではないかといわれてきたものである。さらに近年の市場主義の一層の進展によって，企業倒産やリストラが増加しているなかで，リストラが実施された後の企業に残った人々の中にもバーンアウトを起こし，やる気をなくしてしまう従業員が見受けられるようになったことも指摘されている[1]。

たしかにバーンアウトは，現在のところ医学的な知見として，その発症機序が業務を原因とするものとは特定されていない。しかし，バーンアウトを発症した労働者がバーンアウトから回復する方法として，業務を離れる以外に方法がないとするならば，業務起因性がまったくないとはいえないし，また，非災害性の業務起因性の法的判断が，かならずしも医学的な知見と一致しなければならないということでもない。

本稿は，これらの問題意識にもとづき，バーンアウトの業務上外認定基準について考察するものである。

II　バーンアウトと調査

バーンアウト（burnout）は，わが国では燃え尽き症候群と訳されている。燃え尽きとは，昨日まで仕事に熱心に取り組んでいた人が，ある日，突然，仕事への興味や，やる気が損なわれ，いわゆる燃え尽きたように働く意欲が失われる状態になることである。

さて，バーンアウトも業務起因性が認められる場合は，業務上災害として労働者災害補償保険法（以下，労災保険法という。）が適用されるが，問題は，バーンアウトが災害性の労働災害に比べて，発症と原因との因果関係が確定していないことである。その理由はこうである。そもそも職業病を含む非災害性の疾病では，災害性の疾病に比べて，疾病の発症時期が業務従事期とかならずしも一致していないこと。また，疾病の発症原因としても，複数の原因か考えられることなどがあることである。加えて，バーンアウトは，現在の医学的知見では，果たして，疾患と認めることができるか否かも疑問だからである。それは，バーンアウトに陥り，仕事への意欲が失われたとしても環境が変化することによって回復することがあること。また，バーンアウトは進行過程や症候群の形成，行動や態度が各人によって異なること。つまり，バーンアウトが出来事ではなく，過程による発症であることから，発症そのものを特定することに困難がともなうからである[2]。では，業務とバーンアウトとの因果関係は，どのようにすれば把握することができるのであろうか。従来から研究されている方法は，調査とその尺度である。

ところで，バーンアウトは主として米国で研究されてきたものである。1960年代，アメリカのヘルス・ケア領域において，もともと全く手の施しようもなくなった麻薬中毒患者の状態を指し，燃え尽き（burnout on drug）と称していたが，その用語を学問領域で広めたのは，精神科医フロイデンバーガであった。彼のバーンアウトに関する研究成果が1974年，Journal of Social Issuesに掲載されてからである。わが国において，バーンアウトがマスコミに取り上げられたのは1980年代であった。それは働き過ぎからバーンアウトに陥り，仕事への意欲を失う人が続出したためである。バーンアウトの定義として，わが国の医療関係者や対人専門家の間でコンセンサスを得ているのは，マスラックの「長期間にわたり人に援助する過程で，心的エネルギー，目的，関心などが除々に失われていくこと」[3]及び，フロイデンバーガの「自分が最善と確信してきた方法で打ち込んできた仕事，生き方，対人関係などが，全く期待はずれにおわることによりもたらされる疲弊あるいは要求不満の状態」[4]とする定義である。これらの定義にもとづき，バーンアウトについて，これまで実施されてきた先行研究者の調査のなかから6つ

の事例を紹介し，業務との関連を検討する。

① 元国立精神衛生研究所所長土居健郎を代表とする医療従事者精神保健研究班が全国の外科・内科系医師，精神科医師，看護者（サンプル数計 498 名）を対象とした調査事例がある。調査の概評は，次のとおりである。医療従事者別の燃えつき状態および神経症圏にあると推定された者（神経症群）の比率をみると，看護者はもっとも精神的に不健康であり，一般医はもっとも健全であった。つぎに，燃えつき症状を示す質問では，一般医，精神科医，看護者に共通して多いのは，「疲れる」で，3 割以上の人たちがそう感じている。精神科医は，一般医や看護者に比べると「面白くない」「元気がない」と感じている人の割合が 3～4 割と多い。また，一般医に比べると，「疲れる」(41.3%)，「幸福感を感じていない」(29.8%) 人の割合が統計的に有意に多い。看護者は，一般医や精神科医に比べると「悩んでいる」(32.3%)，「いい 1 日ではなかった」(37.8%)「自分は駄目な人だ」(21.9%) と感じている人の割合がそれぞれ有意に多い結果となっていて，看護者の燃えつき症状と多さが目立っている。ついで，過去 3 ケ月間のストレス性の高い生活出来事について質問してみると，一般医，精神科医，看護者ともに，2 割以上の人に生じた出来事は，「外来治療をうける病気にかかった」ということのみである。生活出来事全体の量をみると，看護者に過去 3 ケ月間で 2 項目以上の頻度の人が 37.2% 以上と多いが，医師に比べ有意差はない。また，最近の日常苛立事では，一般医，精神科医，看護者ともに半数以上の人が最近苛立っている事柄は，「家庭でも仕事でも責任が重いこと」，「乗り越えなければならない課題があること」「自分の将来」である。一方，少ない事柄（10%以下）は，「近所や親族以外の人間関係」であった。これらのことから，医療従事者は，仕事そのものが苛立ちのもとで，患者関係以外の人間関係には意外にもそんなに苛々しているわけではないことがわかった，と報告されている[5]。

② 前記①の医療従事者精神保健研究班には医師や看護者の調査票を土台として，千葉県市川市内の現職中学校教諭（サンプル数 204 名）を対象とした調査事例がある。調査の概評は，次のとおりである。高い燃えつき状態にあると思われる群の比率は，サンプルの中学校教員全体の 41.2%（N =

204) になる。この比率は，精神科医を除く大きな病院の医師（全国）の16.0％，看護婦（士）（全国）の31.7％に比べても有意（一般医師 P＜0.0001，看護婦（士）P＜0.05）に高い割合であり，中学校教員の燃えつき問題の大きさを示していた。また，神経症・抑うつ症圏にあると推定される神経症群の比率は，中学校教員全体の32.8％（N＝204）になる。つぎに，仕事の志気の低下と燃えつき状態とは強い相関関係がみられ，また燃えつき状態と神経症・抑うつ症状や，仕事の志気の低下と神経症・抑うつ症状とも同様の強い相互の関連性が確認できる。つまり，教師が燃えつきた状態にあるとき，仕事の志気はかなり低下しており，神経症・抑うつ症状が強くみられる傾向にあることを示している。また，燃えつき状態を生みだす最も影響力のある背景は，教師の苛立事であった。教師の日常苛立事として多くみられるものは，「仕事の量が多すぎること」(15.2％)，「生徒とのかかわりの難しさ」(13.2％)，「自分の将来のこと」(12.3％)，「自分や家族の健康のこと」(12.3％)，「出費がかさむこと」(11.8％)，「乗り越えなければならない課題」(10.3％)，などであった。苛立つことの多い教師ほど，燃えつき状態に陥りやすいことを意味する，としている。また，「自主性がない，指導に従わない，何を考えているかわからない」などといった「生徒に対する否定的なイメージ」を強くもっていることが，燃えつき状態を生む有意な影響力をもっている。換言するならば，生徒との悪化した人間関係を認知している教師は，燃えつきやすいといえそうである，と報告されている[6]。

③ 田尾雅夫・久保真人の京都府下の病院（10施設）に勤務する看護婦（976名）を対象とした調査事例では，個人属性，ストレス，社会的支持率がバーンアウトと，どの程度関連しているかが検討されている。調査の概評は次のとおりである。個人属性とバーンアウトとの関係は，地位では，婦長や主任の地位にあるものは，スタッフに比べて情緒的消耗感が低く，個人的達成感が高いという結果が得られた。部署では，内科系や外科系の病棟で働いている看護婦の方が，外来＋手術室の看護婦よりも高い情緒的消耗感を感じているという結果が得られた。年齢での結果と勤務年数との関係は，ある臨界点があり，その前後でバーンアウトの程度に大きな違いが存在していることになる。本調査の結果によると，年齢ではほぼ40歳，勤務年数では11年

程度が，この臨界点である。結婚では，既婚者は，未婚者に比べて脱人格化や情緒的消耗感が低く，個人的達成感が高いという結果が得られた。環境要因とバーンアウトとの関係は，脱人格化を引き起こす主要なストレスは，上司との関係，同僚との関係，コミュニケーションの欠如，ケアにおける不全感，そして，教育環境の不備の5つであった。そのうち，上司との関係，同僚との関係，コミュニケーションの欠如の3つは，対人関係ストレスであり，ケアにおける不全感には患者との関係に由来するストレスが含まれている。また，教育環境の不備も，脱人格化に影響を及ぼすストレスとして選択された。社会的支持とバーンアウトの関係との関係は，最初の相談相手として職場外の知人・友人を選択した人は，同僚や上司を選択した人に比べて，脱人格化の得点が高かった，と報告されている[7]。

④　清水隆則・田辺毅彦・西尾祐吾のソーシャルワーカー職（675名）を対象とした調査事例では，質問紙として前記③の田尾雅夫・久保真人が日本語に標準化した質問紙が使用された。調査の概略は次のとおりである。今回の調査対象者となった社会福祉士においては，全般的に顕著なバーンアウトの傾向はうかがえないが，ストレス要因との関連で，バーンアウト現象が深刻な事態に陥りかねない可能性があり，転職希望者が半数近くあることも考慮に入れると，バーンアウト予備軍が多いことが示唆された。なかでも，バーンアウト感にさらされているのは，20歳代の未婚者の62％が女性ワーカーであると推測される。ただし，20歳代の未婚者の62％が女性で，今回の調査回答者世代グループとして最も数が多かったため，単純な比較はできないが，このグループが，最もバーンアウトを感じており，関心も高かったため，回答者の多数派になった可能性がある，と報告されている[8]。

⑤　宮崎和子の看護婦（94年調査847名・96年調査788名）を対象とした調査事例では，調査票はPinesらによって作成され，稲岡が翻訳，日本人向けに修正したものが使用されている。調査の概評は次のとおりである。平均バーンアウトスコアは94年調査3.52±0.99，96年調査3.64±0.98で先行文献に比して高い。個人属性では配偶関係において既婚が最もバーンアウト率が低く，未婚に比して有意であった。平均年齢29.6歳で20歳以下が最も率が高い。仕事の属性では施設を変更した転職経験者が未経験者よりも高い。

看護婦経験年令とバーンアウトに関連があり，ことに就職後4ケ月の新人が最も高く，次いで10年から15年の中堅層であった。勤務部署とバーンアウトの関連は顕著であり，病院別にみるとさらに顕著で，バーンアウト要因の考察上注目すべきことである。心身状態についてみると，バーンアウトは疲労と強い相関関係（例，蓄積疲労とバーンアウトの相関関係 $r = .5486$）があることから，バーンアウトと関連のある諸条件はすべて慢性疲労の原因であるといえる。睡眠障害の有無，睡眠状態，睡眠時間及び仕事に関連した腰痛経験がスコアと関連していた。労働条件では，時間外労働時間の頻度の多さが最も顕著に関連しており，時間外労働の長さおよび週実働時間，1ケ月総労働時間がバーンアウトに関連していた。また，休憩，仮眠がとれないことがバーンアウトに影響していた。94年調査において深夜勤務の時間外労働の長さがバーンアウトに関連し夜勤の長時間労働に問題があることがわかった。バーンアウトの身体症状は睡眠障害（88.6％）がもっとも多く，ついで疲労感（83.5％）頻回の頭痛，胃痛，便秘，下痢，腹痛，嘔吐，動悸，息切れその他であった。その他94年調査では，上司，同僚，医師，患者との人間関係が，関連があることがわかっている，と報告されている[9]。

⑥　横山敬子の一般会社員（587名）を対象にした調査事例では，マスラックが開発したMBI-GS（3版）が使用されている。横山調査の特徴は，日本における職務バーンアウトの研究が少ないことから米国での職務バーンアウトの研究をサーベイした上で，職務バーンアウトの統合モデルをめざして実証的研究を行ったことである。調査結果の要約は次のとおりである。(1)役割曖昧は消耗感とは正に，職業上の効力感，会社への貢献度とは負に関係する。役割曖昧は，意思決定への参加に負に関係する。(2)役割過重は職業上の効力感に負に，消耗感には正に関係する。役割過重は役割葛藤に正に関係する。(3)意思決定への参加は消耗感に負に関係する。(4)上司のサポートは役割葛藤と役割曖昧に負に関係し，外在的職務満足には正に関係する。(5)消耗感は会社への好感度と会社への貢献度に負に関係し，内在的職務満足，外在的職務満足にも負に関係する。消耗感は冷笑癖とは正に関係する。消耗感は冷笑癖に正に関係する。消耗感は消耗感に正に関係する。(6)職業上の効力感は内在的職務満足と冷笑癖には正に，外在的職務満足には負に関係する。(7)会

社への好感度は離職の意思に負に関係する。(8)年齢は会社への貢献度に正に，役割曖昧に負に関係する。(9)役割葛藤は会社への貢献度と離職の意思に正に，会社への貢献度には負に関係する。役割葛藤は内在的職務満足に負に関係する。(10)内在的職務満足は外在的職務満足に正に関係する，と報告されている[10]。

以上，バーンアウトと業務との関連について概観したが，6つの事例のすべてにおいて，バーンアウトが業務と関連していることが確認された。

ところで，バーンアウトの特徴は，バーンアウトの尺度化に当初から取り組んできたマスラックを中心としたグループのMBI (Maslach Burnout Inventory) によると，情緒的消耗感，脱人格化，個人的達成感の3つの下位次元からなる尺度である。情緒的消耗感とは「仕事を通じて，情緒的に力を出し尽くし，消耗してしまった状態」と定義されている。脱人格化とは「サービスの受け手に対する無情で，非人間的な対応」と定義されている。個人的達成感とは「ヒューマン・サービスの職務に関わる有能感，達成感」と定義されているが，これら3つの因子のなかで，バーンアウトの中心となる因子が情緒的消耗感であることは，研究者の共通認識となっている[11]。そして，本稿で概観した調査事例においても，そのすべてにおいて情緒的消耗感を見出すことができるのである。では，仕事をつづけたいと意図しながらも，バーンアウトに陥り業務の遂行が困難になった労働者は，どのような要件が備われば，業務上災害として認定されるのであろうか。

Ⅳ　バーンアウトの業務上外認定の法理

厚生労働省は，心理的負荷による精神障害等に係わる労災請求事件が増加傾向にあることから，1999年9月14日，精神疾患等，自殺の労災認定について，労働基準局長発第544号「心理的負荷による精神障害等に係る業務外の判断指針について」，同基発545号「精神障害等による自殺の取扱いについて」及び労働基準局補償課長事務連絡第9号「心理的負荷による精神障害等に係る業務上外の判断指針の運用に関しての留意点等について」等を通達した。そして厚生労働省が発した精神疾患，自殺についての労災判断指針

(以下，労災判断指針という。）は，次の3つを要件としている。

　①対象疾病に該当する精神障害を発病していること。②対象疾病の発病前おおむね6ケ月の間に，客観的に当該精神障害を発病させるおそれのある業務による強い心理的負荷が認められたこと。③業務以外の心理的負荷および個体側要因により当該精神障害を発病したとは認められないことである。

　まず，①でいう対象疾病とは何かである。労災判断指針のいう対象疾病とは，原則として，国際疾病分類第10回修正（以下，「ICD-10」という。）第Ⅴ章「精神および行動の障害」に分類されている精神障害のことである[12]。そこで分類されている精神障害は，F0からF9まであるが，主として業務に関連して発病する可能性のある精神障害は，ICD-10のなかの「F0　症状性を含む器質性精神障害」，「F1　精神作用物質使用による精神及び行動の障害」，「F2　精神分裂病，分裂病型障害および妄想性障害」，「F3　気分〔感情〕障害」，「F4　神経症性障害，ストレス関連障害および身体表現性障害」である。そのうち，F0，F1の精神障害は，他の認定基準等により労災となるかどうかの業務起因性を判断することになる，としている。したがって労災判断指針のいう対象疾病とは，F2，F3，F4の精神障害であるといえる（日本精神学会では2002年8月，「精神分裂病」を「統合失調症」へと名称変更した。）。

　ところで，厚生労働省は精神障害について，これまで器質性（外因性）精神障害，機能性（内因性）精神障害，心因性精神障害とに分類し，内因性精神障害については補償の対象としないという取扱いをしていた。そのため，うつ病に罹患していることについて専門医の間で異論がない場合でも，それが心因性のうつ病か，内因性のうつ病か，ということをめぐっては，専門医の間でも意見がわかれて，心因性のうつ病でないことを理由にして，労働基準監督署長の段階で業務起因性が認められず，不支給処分が下されることが多かった。しかし，労災判断指針では精神障害を器質性（外因性）精神障害，機能性（内因性）精神障害，心因性精神障害に区別して，機能性（内因性）精神障害を補償の対象としないとする従来の取扱いを見直し，新たにICD-10第Ⅴ章の「精神および行動の障害」に分類される精神障害を対象疾病としたのである。これは，専門検討委員会報告書によると，多くの精神障

害の発病には，単一の病因ではなく，素因，環境因（身体因，心因）の複数の病因が関与していると考えられるようになったからである。しかして，これまでのように精神障害をその成因によって，外因性と心因性とに区別し，原因のよくわからない精神障害を内因性と分類した単純な原因論はしだいに古典的なものとなって，精神障害を「ストレス―脆弱性」理論で理解することが多くなった。「ストレス―脆弱性」理論とは，環境由来のストレスと個体側の反応性，脆弱性との関係で，精神的破綻が生じるかどうかが決まるという考え方である。ストレスが非常に強ければ，個体側の脆弱性が小さくとも精神障害が起るし，逆に，脆弱性が大きければ，ストレスが小さくても破綻が生ずる，というものである[13]。

さて，ではICD-10のF2，F3，F4の，どの対象疾病が，バーンアウトの症例と類似するのであろうか。バーンアウトを長年にわたって研究している久保真人は，バーンアウトをストレスの結果生じるストレス反応の一つとし，理想に燃え使命感にあふれた人を襲う病と位置づけている。すなわち「ヒューマンサービスの現場では，クライエントとのあわただしい，ゆとりのない関係が日常化しています。仕事への切迫感，そして，それにともなう多忙さや過重な負担がヒューマン・サービス従事者のストレスを高めていることは想像に難くありません。ヒューマン・サービスは，その性質上，ひとりのワーカーが，その全能力をそそぎ込むのが理想のかたちとされています。しかし，この1対1という理想のサービス関係を貫こうとすれば，現実には，ヒューマン・サービスは，半永久的に人材不足に苦しむことになります。この理想と現実とのギャップが，ヒューマン・サービス従事者に過重な労働負担を強いているのです。つまり，彼らが担当するケースの一つひとつに，1対1の理想にしたがって，全力を投入していくと，割り当てられるケースとの際限のない格闘を余儀なくされることになります。肉体的，情緒的な消耗感を経験せざるをえません。」と述べている[14]。ここでいうストレスが，組織が個人に及ぼすストレスと捉えるのか，あるいは，職務関連，クライエント関連のいずれかのかかわりが強くなるとバーンアウトになりやすいとして職務上のストレスと捉えるか，という視点の差異はあるもののも，バーンアウトはストレスにより精神エネルギーが枯渇し，自分が苦しむとともに，利

用者へのサービス水準が低下すること，とする見方が心理学研究者の大勢であるといえる。また，横山敬子は医師，カウンセラーへのヒアリング調査を実施している。その調査によると，DSM-4，ICD-10 による職務バーンアウトという診断カテゴリーはなく，気分障害の中の鬱病エピソード（エピソードとは，それ自身の診断コード番号を持たず，独立した疾患単位として診断する事はできないが，疾患の診断の構成部分として用いられる）に職場不適応が含まれ，その中の一部として，職務バーンアウトが存在すると考えられる，としている[15]。これを別言すると，それは臨床的病像の多様性によって起こりうるすべての状況を診断用語で対応させることが不可能であることを物語っているものであって，バーンアウトが精神障害という疾病のひとつであることを排除するものではないといえる。したがって，これらを総合すると，バーンアウトは，病型として特定されたものではないが，F2，F3，F4のすべてに関わる精神障害のひとつの疾病である，ということができる。

　つぎに，②対象疾病の発病前おおむね6ケ月の間に，客観的に当該精神障害を発病させるおそれのある業務による強い心理的負荷が認められたこと。及び，③業務以外の心理的負荷および個体側要因により当該精神障害を発病したとは認められないことであるが，労災判断指針によると，業務における心理的負荷の強度の評価にあたっては，当該心理的負荷の原因となった出来事及びその出来事にともなう変化等について，総合的に検討する必要がある，として「職場における心理的負荷評価表」を指標として用いることとしている。その総合評価の程度は，「強」「中」「弱」の三段階評価とし，「客観的に精神障害を発病させるおそれのある程度の心理的負荷」とは，別表1の総合評価が「強」と認められる程度の心理的負荷としている。なお，出来事があった期間としては，精神障害発病前おおむね6ケ月間にあったことが必要とされている。また，業務以外の心理的負荷および個体側要因については，「職場以外の心理的負荷評価表」によって評価する，としている。そして，精神障害は，業務による心理的負荷，業務以外の心理的負荷及び個体的要因が複雑に関連して発病することから，精神障害の発病と判断された場合は，業務による心理的負荷の強度の評価，業務以外の心理的負荷の強度の評価，個体側要因について検討し，その上で，これらと当該精神障害の発病との関

係について総合判断する，としている。問題は，「職場における心理的負荷評価表」の具体的出来事の項目が，さきに検討した，バーンアウトの評価尺度とどう関わるかである。すなわち，バーンアウトは組織や職務あるいは仕事への情熱といった心理的な葛藤を通して，精神的ストレスを増大させるなかで，燃え尽きたように仕事への意欲を失うというものである。他方，労災判断指針における具体的な出来事とは，たとえば，仕事の量・質の変化や対人関係のトラブルなど，出来事が視認されるものである。これは，本人がその出来事をどう受けとめたかではなく，同種の労働者が，一般的にはどう受け止めるかという観点から検討されなければならない，とする考え方とひとつにしたものである。例えば，勤務形態が交替制勤務へと変更され，そのことによって精神的ストレスとなり心理的な負荷が強度になること。また，上司とのトラブルが精神的ストレスとなって心理的な負荷が強度になること，などである。だがしかし，そのような突発的な出来事がなくても，日々の職務そのものに内在するコンフリクト（conflict）が精神的ストレスとなって，ある日，突然，バーンアウトが発症することもある。したがって，精神的なストレス発生のすべてを労災判断指針でいう「職場における心理的負荷評価表」で評価することには困難がともなうことになる。いいかえると，業務上外の認定における客観的基準とは何か，が再考されなければならない。その意味はこうである。行政官庁のいう客観的基準とは，労働基準監督署長の恣意的な判断の入る余地を排するため，画一的に立証することが可能な因果関係を基準におくことが要請され，そのために設定された人為的な基準である。だが，人間は顔や形が一つひとつ違うように，身体能力も，精神的反応も，そして病気への抵抗力も一人ひとり異なるものである。人間の生命とはまことに複雑きわまりない存在である。複雑きわまりない存在である人間に対し，人為的な境界線を設定し判断するところにそもそも困難があることを認識しなければならない。また，コミュニケーション能力も一人ひとり異なるものである。コミュニケーションとは，当事者間で共通の意味を形成する過程であるが，例えば，仕事が忙しい，という言葉ひとつにも，主観的な気持ちを伝える意味と客観的な事実を伝える意味とがあり，それがまた混在して用いられることがある。したがって，精神的ストレスの意味を理解する

こととは，人間が社会のなかで生きること，協働することの意味を理解することが前提となる。ストレスを初めて学術用語として用いたハンス・セリエが「生きとし生けるものは，程度の差こそあれ，ストレスと無縁ではおられぬ。重篤な疾患や，心身の強烈な侵襲のみがストレスを惹起すると考えるならば，それは誤解である。雑踏する交差点を渡るのも，冷風にあたるのも，いな純粋な欣びでさえもが，時と場合では十分に生体のストレス機序を励起せしめうるのである」「ある人を病ましめるストレスが，他の人にとっては，その生命力を励起させるものとなることもある」[16]と述べているように，同じ環境にあっても，ストレスに起因する疾病で治療を必要とする人もいるし，健康で働きつづけている人もいる。それゆえ，ストレス―脆弱性理論は軽視できないのである。

　さてところで，行政解釈として精神障害の業務上外の認定基準は，これまで3次に亘って通達[17]がだされ対象範囲は順次，拡がっている。しかしながら，その基本的な考え方は変わっていない。すなわち厚生労働省のいう「労働者災害補償制度の性格」とは，被災労働者の労働力毀損に対する損失塡補と捉える損失塡補説である。この立場は，労働災害も民法上の損害賠償と同様，業務と災害との間に相当因果関係の存在が必要であるとし，災害補償と民事損害賠償との調整は，災害補償と損害賠償とは同じ性格のものとして相互補完性を認め調整を必要とする，とする。だが，労基法で定める災害補償は，次の3点で民法上の損害賠償とは異なるものである。①無過失責任であること。②実損害に関わりなく定型，定率の補償であること。③行政官庁の審査，罰則によって，使用者の補償が義務づけられていること，である。しかして，労基法が定める災害補償は，生存権にもとづく制度であり，被災労働者とその家族（遺族）の生活補償に重点をおく生活保障説とが対峙することになる。この見地からすれば「業務上」の認定は，生活保障という災害補償の目的に即して補償の合理的範囲の確定の問題ととらえられ，また，補償と賠償の補完関係も災害補償と損害賠償とはその性格を異にするため本来的に両者は調整されるものではない，とされる[18]。

　判例の支配的立場は最高裁第2小法廷判決・熊本地裁八代支部廷吏事件（昭和51年11月12日判例時報837号）以降，相当因果関係説に立脚している

といわれる[19]。ここでいう相当因果関係説とは，事実認定としての「因果関係」と法的判断の「相当」性によって構成されており，判例は，この概念によって事実判断ではなく，法的価値判断を行っているのである[20]。問題は，日常的なストレスが蓄積し，ある日，突然，バーンアウトが発症したような場合の業務との因果関係である。いいかえると，個人のストレスの感じやすさをどの程度，評価するかである。これについて判例は，厚生労働省の新通達以降，業務による強い心理的負荷が認められるかどうかをめぐって争われている。例えば，地公災基金岩手支部長（平田小学校教諭）事件は，昭和51年4月に岩手県に採用された教諭が，57年平田小学校に転任し第1学年を担任していたが，翌58年1月行方不明になり，2月縊死の状態で発見され自殺と認定された。亡教員の妻は，夫の自殺が過重な勤務に基づくうつ病によるものとして被告地公災県支部に地方公務員災害補償法に基づく公務上災害認定を請求したが公務外と認定され，不服申立，審査・再審査の申立ても却下されたので，同処分の取消しを求め本訴を提起した。第一審では，「公開授業における指導案は，授業の出来不出来を左右する極めて重要なものであり，担当教諭は，その作成を始め，検討，修正にかなりの労力を注がざるを得ず，相当な負担となっていること，教諭という職業については，ストレスが多いことを調査研究した複数の論文も存在すること」「公務は，客観的に見て，同人疾病の発現，増悪の原因となるに足る過重な心理的負荷が与えられた」（盛岡地判平成13年2月23日労働判例810号65頁）として業務上と認定した。しかし，仙台高裁は「公務が特に加重であった点にあるとまで認めることはできないというべきである。」（平成14年12月18日労働判例843号19頁）として業務外としている。判例の業務上外認定の分かれ目は，加重性の判断において，①当該労働者を基準とするか，②業務の軽減措置を受けることなく日常業務を支障なく遂行できる健康状態にある者の中でその性格傾向が最も脆弱である者を基準とするか，③平均労働者を基準とするか，であるといえる。厚生労働省の立場は③であり，判例も例えば，三田労基署長（ローレルバンクマシン）事件[21]では，「ローレルバンクマシンがこの業務を先に延ばし，他の軽減された業務に従事させたとしても，同業務が（省略）のとおり平均的労働者に対して強度の心理的負荷を与えるようなもので

はなく」(東京地判平成15年2月12日労働判例848号41頁)として,相当因果関係があるとはいえないとしている。①の立場は,地裁の判例のなかで,当該労働者を基準とするようにも読めるものがあるという程度である[22]。②の立場の判例は見受けられる。豊田労基署長(トヨタ自動車)事件がそれである。本事案は自動車会社に勤務していた設計係長の妻(原告)が夫の飛び降り自殺は業務に起因するうつ病によるものであるとして労働基準監督署長(被告)に対し遺族補償年金等の請求を行ったところ同署長が不支給処分を行ったことから処分取消しを求めて提訴したものである。判決は業務とうつ病の発症との相当因果関係を肯定した上で,「確かに,業務上の心身的負荷の強度は,同種の労働者を基準にして客観的に判断する必要があるが,企業に雇用される労働者の性格傾向が多様なものであることはいうまでもないところ,前記『被災労働者の損害を補塡するとともに,被災労働者及びその遺族の生活を保障する』との労災補償制度の趣旨に鑑みれば,同種労働者(職種,職場における地位や年齢,経験等が類似する者で,業務の軽減措置を受けることなく日常業務を遂行できる健康状態にある者)の中でその性格傾向が最も脆弱である者(ただし,同種労働者の性格傾向の多様さとして通常想定される範囲の者)を基準とするのが相当である。」とし「同種労働者の中でその性格傾向が最も脆弱である者を基準とするということは,被災労働者の性格傾向の多様さとして通常想定される範囲を外れるものでない限り,当該労働者を基準として」(名古屋地判平成13年6月18日労働判例814号86頁)判断すればよいとしている。また,名古屋高裁判決(平成15年7月8日)も「控訴審判決の過重性の評価基準は,一審のそれと実質的にほとんど異ならないといってよいであろう。」[23]と評されている。

　ところで,バーンアウトは「モーターがバーンアウトした(焼き切れた)」,「電球がバーンアウトした(切れた)」という日常的な用語を語源として学術用語に転じたものである。日常の精神的・身体的なストレスが負荷となって,除々に積み重なり蓄積された結果,ある日,突然,バーンアウトして,情緒的消耗感,脱人格化,個人的達成感などが発症し,働く意欲が失われた状態になることである。そしてストレスとは,セリエが「医学的に用いられるストレスの本当の意味は,身体の磨耗(wear and tear)の度合いとい

える」(24)と述べているように、日常生活において人間に影響を与える精神的な刺激、身体的な疲労がストレッサー因子となる。もとより、バーンアウトに関するこれまでの研究は主として、看護師、教師、ソーシャルワーカーなど、ヒューマンサービスに従事する人々を対象としたものであった。そのため、バーンアウトの発症原因については、ヒューマンサービスに従事する人々の視点からの仮説が多く見受けられる。たとえば、理想に燃え使命感にあふれた人を襲う病と位置づけることや看護労働の特性に注目する見解が、そうである。看護労働の特性に注目する見解とは「患者の急変、死亡場面に直面することは強度の緊張、興奮、恐怖、驚愕等の強度の精神的負荷をひきおこす突発的出来事であり、いかにベテランであっても何回経験しても、この負荷は絶えがたいものであり、心身共に疲労の極に達することはしばしば経験するものである。」(25)とするものである。しかしながら、横山敬子の調査にみられるように、ヒューマンサービスに従事する人々でなくとも、バーンアウトは発症している。そうだとすれば、バーンアウト発症と業務との因果関係は、ヒューマンサービスに従事する人々に特定したものとして理解するのではなく、労働契約にもとづき指揮命令下に拘束されている労働者全般の問題として、すなわち、使用者に従属せざるをえないという労働過程において、業務に内在ないし随伴する危険が現実化したものとして、バーンアウトを捉えることが必要である。

　思うに、資本制社会とは優勝劣敗・適者生存の社会であるが、市民法の規範は契約自由の原則として労働者にも適用される。だが、労使の取引上の位置は交渉力の不均衡を招来させ、労働条件の劣悪化を生起させる。それゆえ、市民法の規範とは異なる労働政策が必要となり、資本制社会の発展の視角から団結の法認とともに労働保護政策が必要となる。現代の企業社会では、目標管理、成果主義賃金とともに、リストラ、アウトソーシングなどの人件費削減政策をはじめサービス残業の黙視、作業準備時間の労働時間への未算入など、さらなる効率性が追求され、労働者のストレスは増加している。またそれに加え、社会学者ホックシールドが、19世紀の労働者は肉体労働を酷使されていたが、現在の対人サービスに従事している労働者は、感情労働を酷使されている(26)、と指摘しているように、労働の質も、知識労働や感情

労働と呼ばれるものへと変化している。しかして，業務上外の認定ではこれまで，加重負荷，過重労働という概念が使用されてきたが，それは主として，長時間労働（残業時間，休日出勤など）が検討され，身体的な加重負荷，過重労働を通して，精神面への因果関係が考察されてきたものであった。しかし現代社会は，知識労働，感情労働（肉体的疲労もともなうが）の酷使によって，精神的ストレスが負荷され，バーンアウトを発症させる労働者が増加しているのが特徴であり，またそれは，今後とも増加する傾向にある。とすれば，バーンアウトが現在の医学的知見では疾患と認めることができるか否か疑問であるとして，いつまでも法の保護外に放置しておくことは許されないといえる[27]。

バーンアウトを発症した労働者が，バーンアウトから回復する方法として業務を離れる以外に方法がないとするならば，つまり，法的価値判断として，当該業務に従事していなかったら発症しなかったであろうという関係を重視し，バーンアウトも精神障害の疾病のひとつとして，厚生労働省が発した労災判断指針の3つの要件に該当する場合は，業務上災害として労災保険法が適用されることになると解すべきである。3つの要件とは，①対象疾病に該当するバーンアウトを発病していること。②対象疾病の発病前おおむね6ケ月の間に，客観的にバーンアウトを発病させるおそれのある業務による強い心理的負荷が認められたこと。③業務以外の心理的負荷および個体側要因によりバーンアウトを発病したとは認められないことである。問題は，バーンアウトについては，バーンアウト発症と業務との因果関係が精神的ストレスにあることである。精神的ストレスは，きわめて主観的なものであり，それゆえ加重性の判断が問題となるが，本人を基準として判断することが望ましい[28]。だがそうでなくとも，豊田労基署長（トヨタ自動車）事件一審判決にみられるように，「ストレス－脆弱性」理論を認める立場からすると，バーンアウトを発症した被災労働者の個別的，具体的な状況を重視することが必要である。

IV おわりに

ところで，人間とは何か，人間にとって一番大切なものは何か。現代社会

とは何か，組織と人間との関係は，いかなるものであり，いかなる法理に導かれて展開しているのか。私自身にとって，バーンアウトを考察することは，改めて人間の協働様式のあり方を問うことであった。

さて，マスラックとライターは，バーンアウトを個人の問題ではなく，その人が働いている組織の問題だと捉える。「人々がどのようにかかわりあうか，どんなふうに仕事をするかは職場の構造と機能によって決まる。職場が仕事の人間的側面をないがしろにするとき，燃え尽きが起こる危険が高まり，高い代償を強いるのである。」[29]として，「1グラムの予防薬は1キログラムの治療薬に等しい」と述べている[30]。予防薬とは，マネジメント（科学的管理）のことであり，法律は，経営を担う人々に対してバーンアウト予防を促進する機能を営むものとなる。

今日のマネジメントは，効率や能率を追求する経済的目的に偏重しているように思える。だが，マネジメントの本質は，人間を対象とし，人間の協働様式を追求することである。しかして，企業，学校，病院・福祉施設，労働組合，行政体，NPOなどのあらゆる組織において，自由と生存の基底にある人間の尊厳理念を前提として，協働体は統合されなければならない。そして，そのことによって始めて，マネジメントが1グラムの予防薬となるのである。最後に，水野勝先生のご健勝を祈念いたします。

（1）　たとえば，大手コンピューター会社に勤務する30代のプログラマー，T氏はリストラから逃れようと一心不乱に仕事に打ち込んだ。毎日，昼食も取らず夜9時，10時までシステム設計に精を出し，土，日も休まず出社した。奮闘のかいあってT氏はリストラを免れた。しかし数ヶ月後，皮肉なことにTさんは自ら出社を拒否するようになったのだ。「Tさんは仕事に打ち込む結果，心身のエネルギーが枯渇し，まったく気力がわいてこない状態に陥った。そこに至るまでには何度も自殺を考えてもいます」（関谷院長）（サンデー毎日「リストラ勝ち組を襲う燃え尽きうつ病の恐怖」2001年10月21日号）154頁。
（2）　土居健郎監修『燃えつき症候群』（金剛出版）25頁。
（3）　Maslach, C.: Burned Out, Human Bihavior, 5, 16-22, 1976.
（4）　Freudenbeger, h.J. & Richelson, G.: Burnont: The High Cost Achievement, Garden City, N.Y.: Anchor Press, 1980.
（5）　土居健郎監修『前掲』39頁〜49頁を筆者が要約した。

（6） 土居健郎監修『前掲』97頁〜117頁を筆者が要約した。
（7） 久保真人・田尾雅夫論文「バーンアウト──概念と症状，因果関係について──」『心理学概評』1991.Vol.34.No 3.412頁〜430頁を筆者が要約した。
（8） 清水隆則・田辺毅彦・西尾祐吾編著『ソーシャルワーカーにおけるバーンアウト』（中央法規）93頁。
（9） 宮崎和子論文「看護労働におけるバーンアウト症候群の補償と予防」（日本労働法学会誌90号）64頁〜68頁を筆者が要約した。
（10） 横山敬子著『仕事人間のバーンアウト』（白桃書房）109頁〜110頁の結果の要約を筆者が一部修正した。同著はバーンアウトの統合モデル作成をめざしたもので仮設検証し調査結果も丁寧に分析されている。興味深い問題提起がなされているので，詳細は同著を参照されたい。
（11） 久保真人著『バーンアウトの心理学』（サイエンス社）26頁。
（12） ICDとは，国際疾病分類のことである。その起源は1850年代まで遡るが，1899年，オスロウで開催された会議において10年ごとの更新と死因統計の国際的統一のための議決が採決され，1900年，パリにおいて第1回会議が開催された。その後，1983年，世界保健機構（WHO）主催のICD-10改訂準備会議がもたれ，1990年，WHO総会において可決採択されている。わが国は，昭和26年にICD-10を受け入れている。
（13） 岡村親宜著「過労死・過労自殺救済の理論と実務」（旬報社）393頁，玉木一成論文「過労自殺の労災認定基準と新指針」（労働法律旬報No 1467-1999.11.10）7頁〜8頁。
（14） 久保真人著『前掲』101頁〜102頁。
（15） 横山敬子著『前掲』10頁〜11頁。
（16） Hans Selye: THE STRESS OF LIFE, revised edition 1956, 1976（杉靖三郎・田多井吉之介・藤井直治・武宮隆訳「現代社会とストレス」〔原書改訂版〕法政大学出版局）4頁。
（17） 精神障害の業務上外の認定に関しては，労災保険法（以下12条の2第1項は，「労働者が，故意に負傷，疾病，障害若しくは死亡又はその直接の原因となった事故を生じさせたときは，政府は，保険給付を行わない」と定めている。そこで「故意」の解釈が問題となるが，第1次通達（昭和40年7月31日付基発第901号）は旧労災保険法の抜本的改正に際し出されたもので，結果の発生を意図した故意であると解釈した。つまり，結果の発生を意図して生じさせる場合を自傷行為とみて保険給付の対象となることを否定するものであった。第2次通達（昭和59年2月14日付基収330号の2）は，労働基準局長が労基署の職員の業務遂行上の疑義に答えて発せられたものである。この通達によって，はじめて反応性うつ病による自殺の業務起因性を肯定したが，しかし，精神障害の業務起因性については，次の4条件を必要とするとして

いた。①業務自体が、反応性うつ病の発症原因として十分な強度の精神的負担を内包していること。②心因性精神障害の有力な発症原因として個体的要因が存在しないこと。③反応性うつ病の原因となり得る業務以外の精神的負担が認められないこと。④心因性精神障害であることを複数の専門医の審査等で明らかにされていること、である。これは第１次通達当時医学上の通説とされていた精神障害の３分類を前提とした基準を見直したものではあつたが、しかしまた、心因性精神障害と内因性精神障害とが明確に区別されるものでなかったことも医学的知見であった。この見解を改めたのが、第３次通達（平成11年９月14日付基発554号）である。

(18) 水野勝「労災補償と業務上外の認定理論」水野勝・岡村親宜・畠中信夫『労災・職業病・通勤災害』（総合労働研究所）99頁、水野勝「保険事故」『労働災害補償法論』（法律文化社）165頁、水野勝「労災補償制度の理論的課題」（日本労働法学会誌76号）5頁。

(19) ただし、最高裁第２小法廷判決では、なぜ、相当因果関係説に立脚するのかの説明はない。

(20) 相当因果関係説は、ドイツにおいて法的因果関係を探求するなかから因果関係論が登場し、因果関係論の中のひとつとして相当因果関係説が生まれたものである。わが国では、大審院（大連判大15・5・22民集5巻386頁）以来、裁判官の判断概念となって定着し、現在では損害賠償の範囲を画するための基準のみにとどまらず、過労死の業務上外認定基準の概念としても用いられている。詳しくは拙稿「過労死の認定と相当性の法理」（東洋大学大学院紀要第40集）参照。

(21) 三田労基署長（ローレルバンクマシン）事件とは、精密機械の製造・販売・保守サービス等を業とするローレルバンクマシン社に雇用され、現金両替機等の保守部門を統括する部署の課長職にあった男性が、平成３年１月７日に自殺（縊死）したことについて、自殺した男性の妻（原告）が三田労基署長に対し、自殺は業務によるうつ病に罹患したためであるとして、労災保険法にもとづき遺族補償年金および葬祭料の請求をなしたが、いずれも支給しないという処分をうけたため本件処分の取消しを求めて提訴した事案である。

(22) 例えば、地公災基金愛知県支部長（瑞鳳小学校教員）事件は、昭和42年４月１日教員として採用され、昭和53年４月１日から愛知県尾張旭市立瑞鳳小学校に教諭として勤務していた男性が、ポートボール練習試合の審判として球技指導中に倒れ、入院後「突発性脳内出血」により死亡したことにつき、公務災害にあたらないとした地公災基金愛知県支部長の処分の効力が争われたものである。名古屋地裁は「突発性脳内出血の場合には、前期血管腫様奇形等という素因等の存在により当該職員の脳内微小血管は脆弱で破裂しやすい状態にあるため、正常な血管を有する正常人と比較すると精神的、身体的負荷によって当該職員が受ける負担の程度はより大きいものになるから、公務による精神的、身体的負荷が一般的に特に過重な程度に至らなくても、

当該職員にとっての負担は特に過重な程度に至る場合がある。」（名古屋地判平成元年12月22日労働判例557号51頁），「ただし，生理的負担度については個体差があるほか，ゲームの展開や審判の仕方によってはより大きい負担になる場合もあり，さらに，ゲーム中の進行状況によって短時間的に運動強度が増大する場合のあることも考えられる。」（同58頁）として当該労働者を基準としたようにも読める。

(23)　水野勝著『精神障害に基づく自殺と業務上外認定』（労働判例860号）9頁。

(24)　Hans Selye: THE STRESS OF LIFE, revised edition 1956, 1976（杉靖三郎・田多井吉之介・藤井直治・武宮隆訳「前掲」15頁。

(25)　宮崎和子論文「前掲」71頁。なお，私の本テーマへの関心は，東洋大学大学院水野勝ゼミに於ける宮崎和子先生の研究発表であった。記してお礼を申し上げます。

(26)　Arlie Hochschild, The Managed Heart: Commercialization of Human Feeling, University of California Press, 1983（石川准・室伏亜希訳『管理される心』（世界思想社，2004年））。

(27)　法の保護外に放置しておくとは，こうである。バーンアウトが「業務上」であると認定されると，労災保険の給付が受けられ，その支給水準は，私生活領域での傷病の場合に受けられる社会保険（健康保険，厚生年金保険等）の給付に比べて相対的に高く，定額の給付を受けることができる他，療養のための休養期間及びその後30日間は解雇が制限される（労基法19条）などの保護規定も適用される。したがって，バーンアウトが「業務上」の認定を受けられるか否かは，バーンアウトを発症した労働者にとっては重大な関心事である。

(28)　石田眞教授も次のように述べておられる。「とりわけストレス性疾患の場合には，発症にあたっての個体差は大きいといわれている。こうした作業関連疾患の性格を考慮すると，今後，その労災認定においては，ますます個体差を重視すべきことになろう。公正な認定のためには，同僚基準から本人基準への転換の徹底が必要になってくると思われる」と（石田眞「作業関連疾患」『日本労働法学会編・講座21世紀の労働法（7）健康・安全と家庭生活』（2000）108頁）。

(299　Maslach, C. & Leiter, M.: The Truth About Burnout, jossey-Bass Inc, Publishers. 1997（高城恭子訳『燃え尽き症候群の真実』（トッパン，1998年）26頁）。

(30)　Maslach, C. & Leiter,M.:「前掲」109頁。

20　通勤災害保護制度と労働者保護の課題

山﨑文夫

　通勤は，労働に不可欠な行為であるが，現行法の下では，使用者の支配下にある行為とはいえないため，労働者の通勤途上の災害は労働災害にあたらないのが原則である。わが国では，通勤災害は労災保険法上の通勤災害保護制度により保護されているが，同制度は創設から30年を超えており，現在その見直しが厚生労働省内で論じられているところである。その成果の一部は，平成17年3月4日，第162回国会（常会）に，労働安全衛生法等の一部を改正する法律案として提出されたが，同年8月のいわゆる郵政解散により衆議院が解散されたため，同法案は，廃案となった。この法案は，再度国会に提出される模様である。本稿は，このような状況のもとにおいて，通勤災害保護制度と労働者保護を論じるものである。

I　通勤災害保護制度

　通勤は，労働契約に基づく労務提供のために必要不可欠な行為であるが，①使用者が送迎バス等通勤専用の交通機関を提供している場合，②通勤途上で特命処理をする場合，③突発的非常事故による督励・休日出勤の場合，④臨時・緊急の必要による早出・休日出勤の場合，⑤屋外労働など勤務の特質上集合・解散地点の慣行がある場合を除いて，使用者の支配下にある労働者の行為とはいえないため，通勤途上の負傷・疾病・死亡は，労働基準法75条以下及び労災保険法上の業務災害（労働災害）にあたらない[1]。しかし，都市化の進展により通勤は多くの危険を伴うものとなったため（昭和45年労働省調査で年平均1000人に4人・30万人の労働者被災。ただしその6割はバイク・自転車利用中の災害）[2]，労働組合等から通勤途上災害を業務災害として保護す

べしとの主張が強く打ち出された。また，ILO 121 号条約・業務災害の場合における給付に関する条約（1964 年）7 条が，業務災害の定義の中に通勤災害を含ませるか，通勤災害にそれと同等の給付を行なうこと求めたこともあり，わが国では，昭和 48 年の労災保険法改正により通勤災害保護制度が創設され，通勤災害が保護されている（翌年同条約批准）[3]。

わが国では，制度実現のため通勤災害が業務災害か否かというその基本的な性格に関する議論は棚上げのうえ[4]，通勤災害は一種の社会的危険として業務災害とは別個のものとされて，通勤災害保護制度は，使用者の無過失責任に基づく労災補償制度と区別された労災保険法独自の制度として創設された（「通勤途上災害調査会報告書」昭和 47 年 8 月。社会的公平の見地から保険料使用者負担・保険料率 1000 分の 0.9，徴収則 16 条）。そのため，通勤災害には業務災害と同等の給付が行なわれるが，①業務災害と異なり給付に補償の文字はなく（療養給付，休業給付，障害給付，遺族給付等），②療養給付に 200 円を超えない範囲の一部負担金や，③休業給付に労基法 76 条による使用者の補償のない 3 日間の待期期間があり，④労基法 19 条の業務災害被災者に対する休業期間中及びその後 30 日間の解雇制限規定の適用もなく，⑤通勤災害による休業期間は年次有給休暇の要件たる年間 8 割以上出勤についても出勤したものとは取り扱われていない。

労災保険法 7 条 1 項 2 号は，「労働者の通勤による負傷，疾病，障害又は死亡」に関する保険給付を定め，2 項は，「前項第 2 号の通勤とは，労働者が，就業に関し，住居と就業の場所との間を，合理的な経路及び方法により往復することをいい，業務の性質を有するものを除く」と定め，3 項は，「労働者が，前項の往復の経路を逸脱し，又は同項の往復を中断した場合においては，当該逸脱又は中断の間及びその後の同項の往復は，第 1 項 2 号の通勤としない。ただし，当該逸脱又は中断が，日常生活上必要な行為であって厚生労働省令で定めるものをやむを得ない事由により行なうための最小限度のものである場合は，当該逸脱又は中断の間を除き，この限りでない。」と定めている。

この立法により，通勤途上の災害は原則として業務外とする通説・判例と，原則として業務上災害性を肯定する少数説の対立は，立法の当否のレベルの

問題に転化したと評価されているが(5), 労働者保護の拡大という観点から見れば, 通勤災害が業務災害か否か (使用者の民事無過失責任を前提とするか否か) の問題に固執することは, 現実にはそれほど意味がないように思われる。たとえば, フランスでは, 労災補償制度が社会保障制度に組み込まれることにより労災補償責任自体を民事責任の一種と理解することはできなくなり, 通勤災害も業務災害とみなされ (1954年9月15日の法律), 現在通勤途上の労働者は使用者に対する従属関係にないとする考え方が優位を占めているが(6), それでも, まったく労働者保護に欠けるというわけではない。また, ドイツにおいても, 個別的に経営との関連性の有無を問うことなく通勤途上災害が業務災害とみなされているが(7), まったく労働者保護に欠けるというわけではないのである。わが国においても, 労災補償の社会保障化により労災保険法による給付内容が労基法上の補償内容より充実していることは周知のとおりである。また実際, この問題に関する論争が, 現在わが国ではほとんど見られない状況にあることは, 労働者保護の立場からの関心が, 通勤災害の基本的性格よりも, 現行制度の合理的解釈による保護や, 現行制度の限界を超える問題に対する立法論的解決の方向に移ってきていることによるものと思われるのである。それに, 現行の労災補償に関する法解釈と通勤災害保護制度創設後の関連判例の展開をみると, 通勤災害を業務災害とする場合に克服すべき点である, 通勤における支配従属関係の存否, 使用者の安全配慮義務の問題, 通勤の労働時間性すなわち賃金支払い問題や, 通勤途上の労働者の行為による使用者責任の問題などは(8), それほど簡単に解決できる問題ではないように思われる。

　わが国では, 上記規定の解釈・運用は, 基本通達 (昭和48.11.28基発644号) その他の行政解釈により弾力的に対応されてきた(9)。しかも, 規定創設後現在まで約30年の間, 7条3項にいう日常生活上必要最小限度の行為の通学等への拡大・明示に関する改正 (昭和62年) を除けば, 大きな法改正はない。行政解釈も, 特別加入制度創設に伴う特別加入者に対する通勤災害保護制度の適用 (昭和52.3.30基発192号) や, 後述の単身赴任者等の週末帰宅型途上災害の取扱い (後掲通達) を除けば, 大きな変更はない。通勤災害保護制度については, 業務災害でないにもかかわらず保険料事業主負担で業務

災害とほぼ同程度の保護があるなど制度的にあいまいな点があり[10]，条文上も争う余地が少ないためか，学説・判例の展開も少なく，新しい問題に対する解釈による労働者保護には限界がある。通勤災害保護制度が創設されて以来30年が経過しており見直しの必要があることは否定できないところだが，労働者保護を拡大するためには，現行制度の合理的解釈のほかに，現実的な保護の必要性に裏付けられた立法論的議論が必要である。

II　通勤災害保護制度の課題

通勤災害保護制度に関する課題には，現在のところ，①7条1項2号の「通勤による」に関わるもの，②2項の「通勤」に関わるもの，③3項の通勤途中の「逸脱・中断」に関わるものがある。

1　通勤による災害

まず，通勤災害は，「通勤による」ものであることが必要である（1項2号）。通勤によるとは，災害と通勤との間に相当因果関係があること，すなわち，通勤に通常伴う危険が具体化したことを意味する（基本通達）。通勤途中の自動車事故や電車急停車による受傷，階段からの転落や歩行中の落下物による受傷，有害物質による急性中毒等の一般に通勤中に発生した災害は通勤によるものと認められる。通勤途中の夜道でのひったくりや暴漢や痴漢による受傷，野犬に嚙まれることも通勤によるものと認められる（昭和49.3.4基収69号，昭和49.6.19基収1276号，昭和53.5.30基収272号）。自動車運転中のいわゆるクラクション殺人も通勤災害と認められる（昭和52.12.23基収1032号）。1995年の地下鉄サリン事件の被災者は通勤災害と認定されたが，労働者がオウム真理教の信者によりスパイと疑われ通勤途中VXガスで殺害されたことは，通勤が機会原因にすぎず，通勤に内在する危険が現実化したものとはいえないとされている（大阪南労基署長事件・最二小決平12.12.22労判798号5頁）。

この問題については，行政解釈では，通勤途上の労働者が通り魔に魘われてつぎつぎと負傷したようなケースは，通勤に通常伴う危険が具体化したも

のというよりも，機会原因的なもので通勤の途上で偶発的に生じたものにすぎないから，通勤災害と認められないとされているが（昭和 50.6.4 基収 753 号），犯罪の増加等の社会の変化に対応して，被災者と加害者との間に私的な怨恨関係があるとか，災害の発生につき被災者本人に積極的な恣意的行為が認められるなどの事情がない限り，こうした災害についても，通勤が相対的に有力な原因となっているものとして通勤災害の成立を認めるべきであろうとする見解が有力である[11]。

なお，通勤途上の疾病発症については，高血圧症の基礎疾患を有する労働者の通勤途上自家用車を運転中の自損事故による死亡について，直接の死因は衝突事故ではなく，運転中に発症した脳内出血であるとして死亡が通勤災害にあたらないとした判例があり（名古屋北労基署長事件・名古屋高判昭 63.4.18 労判 522 号 74 頁），労働者が通勤途上で脳幹出血を発症しこれにより死亡したもので通勤起因性を認めることはできないとした判例もあるが（地公災基金北海道支部長（芦別市職員）事件・札幌地判平 9.1.27 労判 745 号 67 頁。くも膜下出血死につき同旨＝大阪中央労基署長事件・大阪地判平 17.1.26 労判 893 号 122 頁），後者については，高裁で，労働者は事故により脳幹部挫傷の傷害を負ってそれにより死亡したものであると事実認定され通勤起因性が認められている（地公災基金北海道支部長（芦別市職員）事件・札幌高判平 10.5.26 労判 745 号 61 頁）[12]。立証の問題として困難が伴う事案である。

また，行政解釈は，通勤が災害の相対的に有力な原因でなければならないとする立場（相対的有力原因説）をとっており[13]，通勤途上の疾病発症については，通常より 5 分遅れて住居を出て急いで自転車で駅に向かった労働者の出勤途上の急性心不全による死亡について，特に発症の原因となるような通勤による負傷又は通勤に関連する突発的な出来事等が認められないかぎり，通勤に通常伴う危険が具体化したものとは認められず，通勤災害には該当しないとしている（昭和 50.6.9 基収 4039 号）という問題もある。

2　通勤に関わる諸問題
(1)　就業関連性

つぎに，住居と就業の場所との間の往復行為が「通勤」であるためには，

「就業に関し」行なわれる就業関連性が必要である。休日にサークル活動等で会社施設を利用するための往復行為は通勤にあたらないが，業務終了後のサークル活動や組合活動等の私的な理由に基づく職場滞留後退勤中に災害にあった場合には，就業関連性が問題となる。行政解釈は，滞留時間が「社会通念上就業と帰宅との直接的関連を失わせると認められるほど長時間であった場合を除き，就業との関連性を認めてもさしつかえない」としており（基本通達），おおよそ2時間を超えない限りで就業関連性が認められている（昭和49.11.15基収1881号・終業後2時間5分の組合活動後の通勤災害）。

判例も同様の立場であり，駅助役らの管理者会の会合が使用者の実質的支配下にあるものとして業務とし，懇親会に移行し（約55分），その閉会後，帰宅途上自転車ごと転倒し死亡した事案について，業務と帰宅行為との間の関連性は失われていないとしている（大河原労基署長（JR東日本白石電力区）事件・仙台地判平9.2.25労判714号35頁）。

なお，わが国の仕事の仕方の特殊性から職場同僚や顧客・同業者と酒食をともにする会合（歓送迎会・忘年会・慰労会・打合せ・懇談会など）が多く，このような会合はなかば業務であると一般的に理解されているが[14]，①事業運営上の（社会通念上の）緊要性の存在，②出勤扱いや特命などの事業主による参加強制の要件を課し，業務性を厳格に解するこれまでの判例や行政解釈を前提とすれば（福井労基署長（足羽道路企業）事件・名古屋高金沢支判昭58.9.21民集34巻5・6号，昭和32.6.3基発456号），このような会合の後の帰宅行為を通勤災害の保護の対象とすることはきわめて困難を伴うであろう。

(2) 住居と週末帰宅型通勤問題

通勤は，「住居」と就業の場所との間の往復でなければならない。住居とは，労働者が居住して日常生活の用に供している家屋等の場所であって本人の生活の拠点をいう（基本通達）。早出や長時間の残業のために借りたアパート，交通機関ストライキ等の交通事情や台風などの自然災害等の不可抗力により一時的に宿泊する場所も，やむを得ない事情によるものとして住居と認められる。妻が夫の看病のために一日おきに寝泊りしている病院（昭和52.12.23基収981号）等も住居と認められる。

単身赴任に伴う週末帰宅型通勤については，赴任先住居のほかに，帰省先住居も，就業の場所との往復行為に反復・継続性が認められるときは住居と認められる（平成7.2.1基発39号。原則毎週1回以上の往復と片道3時間及び200km以内の条件を規定する平成3.2.1基発74号廃止）。これについては，就業の場所と帰省先住居との間の往復行為は通勤となるが，就業の翌日又は前日の赴任先住居と帰省先住居との間の往復行為は住居間の往復行為で通勤とならないという問題がある（廃止された前掲基発74号は，赴任先住居での長時間の滞在は週末帰宅型通勤を中断すると解し，洗濯物持ち帰りや着替えのために赴任先住居に立ち寄る行為は，後述施行規則8条に規定する日常生活上必要最小限度の行為である日用品の購入その他これに準ずる行為として中断後は通勤となるとしていた）。

判例は，工事現場から少し離れた作業員宿舎に家族のいる自宅から作業前日に戻る行為を通勤と認めなかったが（三原労基署長事件・広島地判平2.8.30労判573号56頁），工事現場と一体となって業務を遂行するための付帯施設である寮は就業の場所と同視してよいとして，工事現場から少し離れた寮に作業前日に戻る行為を通勤と認める判例があらわれ（能代労基署長事件・秋田地判平12.11.10労判800号49頁），この問題を立法的に見直す契機となった。厚生労働省は，単身赴任者が全国で83万人4千人（男性71万5千人／女性11万9千人・2002年）と増加傾向にあり，このような事故を私生活上の損失として放置できず，実態上労働者が勤務日の当日又は翌日・前日に移動することが大半であるところから，法改正に向けた作業を進め（労災保険制度の在り方に関する研究会「労災保険制度の在り方に関する研究会中間とりまとめ～通勤災害保護制度の見直し等について」2004年7月），平成17年3月4日に，改正法律案を国会に提出したところである（ただし，前述のように国会解散により廃案）。また，この改正案を先取りした形で，勤務前日の帰省先住居から赴任先住居への移動を通勤とする判例もあらわれている（高山労基署長事件・岐阜地判平17.4.21労判894号5頁。水野勝・本件評釈，労働法律旬報1605号51頁）。

なお，新規採用や配転などによる赴任途上における災害は，①新たに採用された労働者が移転のため住居地から採用事業場等に赴く途上又は転勤を命

じられた労働者が転勤に伴う移転のため転勤前の住居地等から赴任先事業場等に赴く途上に発生した災害であること，②赴任先事業主の命令に基づき行なわれる赴任であって社会通念上合理的な経路及び方法による赴任であること，③赴任のために直接必要でない行為あるいは恣意的行為に起因して発生した災害でないこと，④当該赴任に対し赴任先事業主により旅費が支給される場合であることとの要件を満たすものについては，業務上災害として保護が図られている（赴任先事業場の保険関係適用）（平3.2.1基発75号）。

(3) 二重就職者問題

つぎに，通勤は，「住居」と「就業の場所」との間の往復行為でなければならない。就業の場所とは，業務を開始又は終了する場所をいい，本来の勤務場所に限られない。本業と副業を有する二重就職者（ダブルジョブホルダー）については，退社後他の就業場所への移動は，就業の場所の間の往復行為であり通勤とはならない。厚労省は，就業形態の多様化により二重就職者も81万人余と増加傾向にあり，社会的危険として保護の必要性があるところから（第一の事業場と第二の事業場の間を毎回直行する者が約30％）。法改正作業を進め（前掲労災保険制度の在り方に関する研究会「中間とりまとめ」），平成17年3月4日に，改正法律案を国会に提出したところである（ただし廃案）。

これについては，二重就職者の保険関係（第二の事業場の保険関係による処理），二重就職者の給付基礎日額（合算），平均賃金の算定，メリット収支率の算定の際の取扱い等が論点として取り上げられている。ほかに，事業場間の移動に関わる時間調整のための私的行為の介在あるいは職場への滞留と就業関連性の問題などがあげられている（労災保険制度の在り方に関する研究会第8回議事録）。

なお，前掲労災保険制度の在り方に関する研究会「中間とりまとめ」は，見直しの問題意識において企業の副業解禁の動きをあげているが，各企業の就業規則等の兼業禁止規定については，民事上の問題を公的保険である労災保険の給付にあたって考慮することには疑問があること，兼業禁止の効力についての裁判所による最終的な判断が確定するまでには相当な期間を要する場合があり，その判断を待っていたのでは，被災労働者や遺族の迅速な保護

に支障をきたすおそれがあることから，特段異なった取扱いを行なうことは適当ではないと考えられるとして，兼業禁止規定違反の有無を問わず，労働者を保護する考えを示している。一般に企業は，①兼業による従業員の疲労によりその企業との労働契約を誠実に履行できなくなるおそれがあること，②従業員が競業会社で就労することにより企業の利益や経営秩序が害されるおそれがあること，③風俗営業などで従業員がアルバイトすることにより企業の信用や名誉が汚されるおそれがあること，④労基法38条1項の労働時間通算原則から企業が時間外労働の労基法違反の責任を追及されるおそれがあることなどの理由から，従業員の兼業禁止規定を定めている。ただし，各企業とも，労働者の私生活の自由や職業選択の自由に配慮して，労働契約の誠実な履行を妨げない範囲で兼業を認める兼業許可規定を定めているのが普通である[15]。ダブルジョブホルダー（あるいはマルチジョブホルダー）問題は，所得を補う形でフルタイマーがパートタイムをする場合，パートタイムが掛け持ちをする場合，大学の非常勤講師などが典型と考えられているようであるが（第10回「仕事と生活の調和」に関する検討会議（議事録）），パートタイムや非常勤講師は兼業禁止規定の対象外であることが多く，この問題は，フルタイマーのみに関わる問題であるように思われる。しかし，パートタイム等の非正規従業員増大の傾向の下，パートタイムにも兼業禁止・兼業許可規定を定める就業規則もあるようであり，その運用及び規制の妥当性が問題となろう。

(4) 合理的な経路及び方法

また，通勤は，「合理的な経路及び方法」で行なわれなければならない。合理的な経路及び方法とは，社会通念上一般的に労働者が用いると認められる合理的な経路及び方法であるが，経路に限っていえば，乗車定期券に表示され，あるいは，会社に届け出ているような，鉄道，バス等の労働者が通常利用する経路及び通常これに代替することが考えられる経路等が合理的経路になる（基本通達）。したがって，会社に届け出られた経路に限らず，交通機関のストライキや台風等により通常とは別の交通機関を用いることも合理的な経路及び方法である（昭和49.3.1基収260号）。

これとは別に，わが国では，子供を監護する者がいない共稼労働者が子供

を預けるために託児所等に立ち寄る行為も，合理的な経路による往復行為とされている（基本通達）。また，マイカー通勤者が同一方向にある妻の勤務先を経由するような場合，それが夫の通勤先とそれほど離れているのでなければ，合理的な経路と取り扱うのが妥当とされている（昭和49.3.4基収289号）。

合理的な方法については，免許を一度も取得したことのないような者が自動車を運転する場合や，自動車を泥酔して運転するような場合には，合理的な方法とは認められず，軽い飲酒運転の場合や免許証不携帯，免許証更新忘れの場合等は，必ずしも合理性を欠くものとして取り扱う必要はないが，諸般の事情を勘案し，給付の支給制限が行なわれることがあるとされている（基本通達）。

3 逸脱・中断に関わる諸問題
(1) 逸脱・中断と日常生活上必要な行為

7条3項の通勤途中の「逸脱」とは，通勤の途上において通勤と無関係な目的で合理的な経路を逸れることをいい，「中断」とは，通勤経路上で通勤と関係のない行為を行なうことをいう。逸脱・中断中及びその後の往復行為は，通勤にはあたらないのが原則である。ただし，逸脱又は中断が，「日常生活上必要な行為であって厚生労働省令で定めるものをやむを得ない事由により行なうための最小限度のものである場合」は，逸脱・中断後復帰した通勤経路上の往復行為は通勤にあたる（同項但書）。厚生労働省令で定める日常生活上必要な行為は，①日用品の購入その他これに準ずる行為（惣菜店，クリーニング店，理髪店への立ち寄り等），②公共職業能力開発施設における職業訓練，学校教育法に規定する学校における教育訓練等を受ける行為，③選挙権の行使その他これに準ずる行為，④病院又は診療所において診察を受けることその他これに準ずる行為である（労災保険法施行規則8条）。なお，前掲労災保険制度の在り方に関する研究会「中間とりまとめ」は，労働者の通勤に関わる行動の実態を踏まえて，ボランティア活動等の社会に有益な活動に逸脱・中断の特例的取扱いを拡大することや，特例的取扱いの対象を日常生活上必要な行為以外にも広げることや，逸脱・中断事由を問わず経路復

帰後も保護の対象とすることを，引き続き検討すべき課題としている。

　日常生活上必要な行為については，勤務時間終了後，労働者が大学・高校に登校することは，上記②学校教育法に規定する学校における教育訓練等を受ける行為にあたり，通勤経路上は保護の対象だが，経路から逸れたときは逸脱にあたり逸脱中は通勤災害保護の対象とならず，下校して通勤経路に復帰したとき以降が，日常生活上必要な行為によるものとして保護の対象とされているにすぎないという問題がある。また，大学生や高校生が学校帰りにアルバイト先に向かう途中の被災は，住居と就業の場所との往復行為にあたらず，通常の学生については大学・高校が職業能力の向上に資するものという上記②に関わる要件も満たさないため，通勤災害とは認められないという問題もある[16]。社会人に大学入学が広く解放されている現在，また，大学生・高校生のアルバイトが常態化している現状において，これらの場合を合理的経路に含めて保護するか，ダブルジョブホルダー問題同様，法改正により保護することが必要である。

　逸脱・中断については，ただし，明文の根拠規定はないが，労働者が通勤途上で行なう経路近くの公衆トイレ使用，経路上でのタバコ・雑誌等の購入，経路上の店でごく短時間お茶を飲むこと等の労働者が通常通勤途中で行なうささいな行為は，実務上，逸脱・中断として取り扱う必要はないとされている（基本通達）。これは，あまりにも非常識な結果がもたらされることを回避するための実務独特の工夫であると解されている[17]。ただし，経路上の喫茶店で同僚と約40分間雑談したことは，ささいな行為ではないとされている（昭和49.11.15基収1867号）。

　このほか，通勤経路上における通勤とは関係のない飲酒行為は，往復を中断し，日常生活上必要な行為などの7条3項但書の該当事由にあたらず，その後の災害による負傷は通勤による負傷とはいえないとされている（立川労基署長（エムシーエレクトロニクス）事件・東京地判平14.8.21労経速1814号22頁）[18]。飲酒行為により自動車等の運転が合理的な方法といえない場合があることは，前述の通りである。

(2) 逸脱・中断中の災害の保護

　逸脱・中断については，逸脱・中断中は一切通勤災害保護制度の対象とな

らないという問題がある。たとえば、女性労働者が帰宅途中夕食の買物をするために通勤経路を40m離れた地点での交通事故による負傷も、逸脱中の事故として通勤災害にあたらないとされている（札幌中央労基署長事件・札幌高判平元5.8労判541号27頁）。しかし、このような日常生活上必要な行為による逸脱・中断中の事故も、通勤災害の保護の対象にすべしとの主張が有力である[19]。

これに関連して、わが国では日常生活上必要な行為による逸脱・中断中も通勤災害の保護の対象になっている国としてフランスが紹介されることがある[20]。たしかに、フランスでは、パン屋や肉屋に食材を買いにいくような家事行為（activités domestiques）は、「日常生活上本質的に必要な行為（actes essentiels de la vie courante）」として保護の対象である（Soc.17 oct. 1974, Bull. civ.V, no 485; Soc.15 fév. 1962, Bull. civ.IV, no 201.）。子供のミルクを買いにいくことも同様である。また、理髪店に行くこと、銀行や郵便局に預金を引落にいくこと、手紙を出しにいくこと、税務署に申告にいくことなどの行政手続や必要な役務（démarches administratives ou services nécessaires）、通勤途中に子供を幼稚園に送り迎えすることなどの家族生活上の行為（vie familiale）（わが国ではこの問題は前述のように合理的な経路及び方法の問題であり逸脱・中断の問題ではない）も、日常生活上本質的に必要な行為と認められている[21]。

フランス労働法典L.411-2条は、「被災者又はその権利承継人が以下に規定する要件がすべて満たされたと証明したとき、又は審査の結果金庫がこの点について十分な推定をすることができるときは、次のいずれかの間の通勤の往復中に労働法典本冊に規定する労働者に生じた災害は、労働災害とみなす。1　主たる住居、恒常的性格を有する副次的住居その他の家族的理由により習慣的に訪れる場所と就業の場所の間の通勤。2　就業の場所とレストラン、食堂又はより一般的に労働者が習慣的に食事をとる場所の間の通勤。ただし、いずれも、往復行為が、個人的利益により強いられ、かつ、日常生活の本質的必要若しくは雇用に関わらない理由のために、中断又は逸脱されないかぎりにおいてである。」と規定しており、同条2号但書の反対解釈により、日常生活上本質的に必要な行為による逸脱・中断の場合は法の保護は

及ぶのである。

　しかし，労働者が食事のために食堂に赴く行為が通勤とされるためには（わが国では独身者が通勤途中に食堂に食事に立ち寄る場合は日常生活上必要な行為と認められているが（基本通達，平3.2.1基発75号），妻帯者の場合はそうとは認められていない（昭49.8.28基収2105号）），その食堂の利用が習慣的（habituellment）（週1～2回必要）[22]であるという要件が付いており，わが国でいう日常生活上必要な行為と認められる行為についても，日常生活に本質的に必要な行為の要件が付いており（銀行に預金を引落しにいく行為，病院に治療にいく行為など），純粋に私的な行為は保護の対象外であり，また，パン屋や食堂内の災害は保護の対象でなく（Cass. assemblée plénière, 29 février 1968, D.1968.409. 災害が交通事故の性格を有しなければならない）[23]，逸脱・中断が可能なかぎり短時間でなければならないなど[24]，その保護の対象は限定的であることは留意しなければならない。わが国では，立法政策の問題として，買物のほかに，映画・演劇・音楽の鑑賞，外国語学習，飲酒等を通勤に通常伴う行為として保護すべしとの議論があるが[25]，この議論自体通勤災害保護制度創設時期のものであり，現在のわが国において逸脱・中断中の行為の保護のための法改正を考える場合，問題は現実的に保護の必要性がより高い，日常的な買物など日常生活上本質的に必要な行為に限定して考えなければならないだろう（平成16年9月脱稿，同17年9月修正）。

（1）　水野勝・岡村親宜・畠中信夫『労災・職業病・通勤災害〜補償法制と企業責任』総合労働研究所，1978年，146頁以下（水野勝）。
（2）　この調査の内容・分析については，荒木誠之「通勤途上災害の実態と法理」季刊労働法82号4頁以下に詳しい。通勤災害が，ヨーロッパ諸国では通勤の実情を反映し，マイカーによる事故が多く，件数もわが国より多いことについては，山口浩一郎『労災補償の諸問題』有斐閣，2002年，202頁以下を参照。
（3）　通勤災害保護制度創設の経緯については，特集・通勤途上の災害，ジュリスト518号16頁以下が詳しい。また，通勤災害保護制度の現状と問題点については，西村健一郎『社会保障法』有斐閣，2003年，363頁以下，同「通勤途上災害」労働法の争点（旧版），1979年，267頁以下，保原喜志夫「通勤途上災害」労働法の争点（新版），1990年，264頁以下，松岡三郎「通勤途上災害の労災保険法適用問題」日本労働法学会誌43号5頁以下，拙稿「通勤途上災害」労働法の争点（3版），2004年，

251頁以下を参照。
（4） この論争の経緯については、保原喜志夫「通勤途上災害の業務上・外論争」季刊労働法86号129頁以下を参照。
（5） 水野勝「保険事故」（窪田隼人還暦記念論文集・労働災害補償論、法律文化社、1985年）188頁。水野勝先生は、数少ない少数説のおひとりである（水野勝「通勤途上の災害」ジュリスト増刊・労働法の判例（2版）、1978年、116頁）。ただし、水野先生は、労災認定について相当因果関係説ではなく、合理的関連性説を採られており（水野ほか前掲書110頁以下）、使用者の責任に必ずしもこだわられないのかもしれない。
（6） 藤井良治・塩野谷祐一編『先進諸国の社会保障⑥フランス』東京大学出版会、1999年、146頁以下（岩村正彦）、保原喜志夫「フランス法における通勤途上の災害」法学協会雑誌84巻2号66頁。
（7） 片岡昇・西村健一郎「ドイツ災害保険法における通勤災害」季刊労働法80号245頁以下。
（8） 西村健一郎「通勤途上災害の保護とその問題点」季刊労働法90号137頁以下。
（9） これがわが国の制度運用上の特色であることについては、西村健一郎「通勤災害保護制度の現在」週刊社会保障2109号27頁を参照。行政解釈については、労働省労働基準局編著『業務災害及び通勤災害認定の理論と実際・上巻』労働法令協会、1991年、厚生労働省労働基準局編『労災保険法解釈総覧』労務行政、2004年、労働省労働基準局補償課編『通勤災害認定事例総覧』労働法令協会、1991年、厚生労働省労働基準局労災補償部補償課編『改訂版・通勤災害～認定の実務』労務行政研究所、2002年、厚生労働省労働基準局労災補償部補償課編『改訂版・通勤災害Q＆A』労務行政研究所、2002年等を参照。
(10) 西村健一郎前掲「通勤途上災害の保護とその問題点」136頁以下。
(11) 西村健一郎前掲書365頁。
(12) 地公災基金北海道支部長（芦別市職員）事件については、山口浩一郎前掲書233頁以下が詳しい。
(13) 労働省労働基準局編著前掲書153頁。
(14) 山口浩一郎前掲書215頁。
(15) 実務解説として、拙稿「終業後のアルバイト規制」企業と人材815号28頁以下を参照。「今後の労働契約法制の在り方に関する研究会報告書」（厚生労働省、2005.9.15）は、兼業制限を原則無効とする方向を示しているが、独立行政法人・労働政策研究・研修機構の調査では、情報流出防止等の観点から、正社員の副業禁止を定める企業は増えているようである（朝日新聞2005年10月5日夕刊）。
(16) 厚生労働省労働基準局労災補償部補償課監修『新訂・労災保険実務問答集・第2集』労働調査会、2003年、193頁以下。

(17) 山口浩一郎「通勤災害の補償に関する問題点」週刊社会保障 2123 号 26 頁。
(18) 判例研究として，小西國友「帰宅途中の事故と飲酒の関連性の有無～立川労基署長事件」ジュリスト 1248 号 142 頁以下がある。
(19) 立法論としては，本項但書を削除し，逸脱・中断の合理的解釈に委ねるか，通勤に随伴する日常的行為は，ひろく逸脱・中断の救済事由とするように改めることが望まれるとするものがある（水野勝ほか前掲書 172 頁（水野勝））。また，子供を預けたり迎えにいく行為，日常生活に必要な現金の出入や支払い，食料品購入等は，日常生活に必要な行為とし，逸脱・中断と扱わないようにするのが望ましいとするものもある（山口浩一郎前掲「通勤災害の補償に関する問題点」27 頁）。前掲労災保険制度の在り方に関する研究会「中間とりまとめ」も，前述のように，逸脱・中断の特例的取扱いに係る考え方や具体的範囲についての取扱いが現在でも妥当なものであるかという問題を，引き続き検討すべき課題としている。
(20) 保原喜志夫「労災認定の課題」日本労働法学会編・講座 21 世紀の労働法 7 巻，2000 年，77 頁，山口浩一郎前掲書 247 頁，同前掲「通勤災害の補償に関する問題点」27 頁。
(21) 具体的な例は，Code de la sécurité sociale/Code de la mutualité 2002, Dalloz, 2002. の 359 頁以下に詳しい。
(22) Mémento pratique Framcis Lefebvre – Social 2003, Framcis Lefebvre, 2003, p. 19.
(23) Yves Saint-Jours, Nicolas Alvarez et Isabelle Vacarie, Traité de sécurité sociale, L.G.D.J., 1982, p.108.
(24) Jean-Jacques Dupeyroux et Xavier Prétot, Sécurité sociale, 10e éd., Sirey, 2000 ,p.84.
(25) 保原喜志夫「通勤途上災害における経路の逸脱中断について」石井照久先生追討論集・労働法の諸問題，勁草書房，1974 年，448 頁，棚田洋一「通勤災害をめぐる社会法理論」日本労働法学会編・現代労働法講座 12 巻，総合労働研究所，1983 年，249 頁以下。

21　通勤災害に関する諸問題
——通勤概念の拡大の観点から——

小　西　國　友

I　はじめに

　(1)　昭和22年に制定された労働者災害補償保険法（労災保険法）は労働法の性質を有するとともに社会保障法の性質も有する。そして，労災保険法において定められている各種の規定についてはかなりの数の判例が存在する中で，通勤災害に関してはわずかな数の判例が存在するにすぎない。このようなわずかながら存在する通勤災害に関する判例には，被災労働者自身の自損事故による災害についてのものが多い。したがって，それは電車や列車という交通手段の利用による災害のものは少く，多くは自動車やモーターバイクや自転車によるものであり時には徒歩によるものもある。
　これらのうちの自転車の利用による事故が通勤途上災害と認められるか否かが問題にされる事例としては，自転車自体の速度の制約から，就業の場所への又は就業の場所からの短距離間において発生する事故についての事例が多く，このことは通勤が徒歩による場合はいうまでもなく，モーターバイクの利用による場合にもほぼ同様である。ところが，通勤が自動車の利用による場合には事情が相違し，この場合には，事故が就業の場所への又は就業の場所からの長距離間において発生することが少くないのである。そして，自動車の高性能化と高速道路の一層の整備によって，このような傾向は今後ますます顕著になると予想されるのである。
　(2)　労働者が交通手段として自動車を利用し住居から就業場所へ長距離間の通勤をする典型的な場合の一つとして，単身赴任者である労働者が週末を

利用して本来の自宅へ帰宅し週明けに就業の場所へ出勤する場合がある。そして，このような場合には深夜や早朝に本来の自宅を出発するところから，労働者が退勤して本来の自宅に帰宅することに比較して事故の発生する危険性が高く，労働者は本来の自宅から就業場所への長距離間において事故に遭うことがある。ところが，かかる場合には，本来の自宅と就業の場所との間の距離が長く事故と就業との関連性が稀薄なところから，労働者の被災事故の通勤途上性に疑問のもたれることがある。

そして，実際に，労働省は平成3年2月1日基発74号によって，災害が通勤災害と認められるための時間的要件と距離的要件に関して「片道3時間以内及び200キロメートル以内」としていた。その後，平成7年2月1日基発39号により時間と距離に関するかかる厳格な形式的要件は廃止されたが，事故の通勤災害性を判断するための要件である業務との関連性すなわち「就業に関して」という実質的要件をどう判断するかという問題はなお残ることになった。また，判例の中にも，よく知られる平成2年の三原労基署長事件の広島地方裁判所の判決のように，通勤災害性を判断するための他の実質的要件である「住居」に関して，居住の反覆性は問題にすることなく継続性を問題にし要件を厳格に把握するものがあった。

(3) ところが，平成17年4月21日に至り，単身赴任者である労働者が家族のいる本来の自宅から赴任先の社宅に向う途中における事故の通勤災害性の争われた事件において，岐阜地方裁判所は事故の通勤災害性を認める判決を言い渡したのである。この判決は一地方裁判所の判決であり，しかも，東京や大阪や福岡などの大都市の地裁の判決ではなかったが，画期的な判決として各地の新聞やテレビなどのメディアにより大々的に報道され，この報道に接した労働者や使用者に大きな衝撃をもたらしたのである。そして，4月22日の朝日新聞の朝刊は，「単身赴任中　日曜の夕方　家から社宅も『通勤』」という見出しのもとに，この岐阜地裁の判決を一面のトップ記事として報じたのである。

わが国では，昭和48年に，モータリゼイション化等による通勤災害危険の増大という社会的現実を背景にして労災保険法が改正され通勤災害の規定が挿入されたが，労災保険法と表裏一体をなす労基法中にはこれに対応する

規定がなく,また,通勤災害は業務災害の一種ではなく別個の保険事故とされている。しかも,住居と就業の場所との間の経路における事故が通勤上災害として保険給付のなされる要件が厳格に規定され,また,このような厳格な要件をさらに厳格にする行政機関の通達が発せられ,労災保険法中の通勤災害規定の社会保護法としての性質が稀薄化されている。本稿はこのような問題意識に基づいて,通勤概念の拡大の方向を模索し検討するものである。

II 通勤災害法の立法とその社会的背景

(1) (イ) 明治時代から昭和時代までを近代と呼び,昭和時代が終了したのちの平成時代を現代と呼ぶ場合に,近代の黎明期にあたる明治6年に既に古典的な社会保障法である恤救規則が制定されていたが,本来の近代的な社会保障法が制定されるに至ったのは大正時代に入ってからである。その典型的な法の一つが大正11年に制定され大正15年に施行された健康保険法である。

この近代的な社会保障法(社会保険法)である健康保険法は大正デモクラシーを社会的背景として大正11年に制定されたがその施行には数年を要し,これが施行されたのは大正15年のことであった。それは多くの医師や従って日本医師会が健康保険法の施行に反対したからであるといわれている[1]。この大正11年(1922年)という年は日本共産党が結成(機関誌赤旗の発行は翌年の1923年)された年であり,また,ワシントン軍縮条約の締結された年でもあって,平和的ムードの年であったということができる。

しかし,経済的にはわが国は既に不況下にあり,しかも,大正11年の頃には打ち続く不況が慢性化しはじめていたともいわれている。だが,このような状況の中にあって,社会的には東京の上野で平和博覧会が開催されるとともに,文化的には東京の日比谷にライト兄弟の設計による帝国ホテルが新築・落成したのである。そして,このライト兄弟の設計による帝国ホテルは翌年の関東大震災によっても崩壊することがなかったのである。

(ロ) 大正11年に公布され同15年に施行されるに至った健康保険法は適用事業所を鉱業法と工場法の適用事業所に限っていた[2]。このうちの鉱業法は明治38年3月8日に公布された明治38年法律45号のことであり,1条

において「本法ニ於テ鉱業ト称スルハ鉱物ノ試掘，採掘及之ニ付属スル事業ヲ謂フ」と規定し，2条1項において「本法ニ於テ鉱物ト称スルハ金鉱，銀鉱，銅鉱，鉛鉱……鉄鉱……石炭，亜炭，石油，土瀝青，石膏及重晶石ヲ謂フ」と規定していた。

また，工場法は明治44年3月29日に公布された明治44年法律46号であり，1条1項において「本法ハ左ノ各号ノ一ニ該当スル工場ニ之ヲ適用ス」と規定し，1号において「常時十五人以上ノ職工ヲ使用スルモノ」と，2号において「事業ノ性質危険ナルモノ又ハ衛生上有害ノ虞アルモノ」と規定していた。そして，2項において「本法ノ適用ヲ必要トセサル工場ハ勅令ヲ以テ之ヲ除外スルコトヲ得」と規定していた[3]。

(ハ) 明治44年の工場法は，15条において「職工自己ノ重大ナル過失ニ依ラスシテ業務上負傷シ，疾病ニ罹リ又ハ死亡シタルトキハ工業主ハ勅令ノ定ムル所ニ依リ本人又ハ其ノ遺族ヲ扶助スヘシ」と規定し，「職工」の「業務上負傷……疾病……死亡」に関して「工業主」が「扶助」すべきことを定めていた。そして，この規定は，大正12年法律33号により全面的に改正され，「工業主ハ勅令ノ定ムル所ニ依リ職工カ業務上負傷シ，疾病ニ罹リ又ハ死亡シタル場合ニ於テ本人又ハ其ノ遺族若ハ本人ノ死亡当時其ノ収入ニ依リ生計ヲ維持シタル者ヲ扶助スヘシ」とされた。

(2) (イ) 大正11年に公布された健康保険法は，工場法15条等による「職工」の「業務上負傷……疾病……死亡」に関する「工業主」の扶助責任を前提としながら，職工等の私生活上の死傷病と業務上の死傷病の双方を保険事故としそれぞれについて保険給付を行う旨を規定した。そして，工場法は昭和19年法律21号により15条の2項を追加し次のように定めた。「職工カ健康保険法又ハ厚生年金保険法ニ依リ前項ノ扶助ニ相当スル保険給付ヲ受クヘキトキハ工業主ハ同項ノ規定ニ拘ラス同項ノ扶助ヲ為スコトヲ要セス」と。

(ロ) 健康保険法の適用事業所は鉱業法と工場法の適用事業所と一致するものであり，鉱業法と工場法とは密接に関係するものであって，鉱業法も工場法と同様に鉱夫（工場法の場合には職工）の業務災害の規定を定めていた。すなわち，鉱業法の第5章は「鉱夫」という見出しの下に，75条において「採掘権者ハ鉱夫ノ雇傭及労役ニ関スル規則ヲ定メ鉱山監督局長ノ許可ヲ受

クヘシ」と定め，80条で次のように定めていた。「鉱業権者ハ命令ノ定ムル所ニ依リ鉱夫カ業務上負傷シ疾病ニ罹リ又ハ死亡シタル場合ニ於テ本人又ハ其ノ遺族若ハ本人ノ死亡当時其ノ収入ニ依リ生計ヲ維持シタル者ヲ扶助スヘシ」と。

(ハ) (i) 工場法により保護される職工と鉱業法により保護される鉱夫は，それぞれ業務災害に関して使用者である「工業主」と「鉱業権者」に扶助を要求しうる余地があったが，これとは別に，職工と鉱夫は健康保険法により保険者に対して保険給付を請求することもできた(4)。これに対して，工場法や鉱業法の適用がなく保護を享受しえない労働者については，業務災害に関する保護がきわめて不十分なものであった。そこで，昭和6年4月2日に労働者災害扶助法が公布され，その2条で「事業主ハ勅令ノ定ムル所ニ依リ労働者ガ業務上負傷シ，疾病ニ罹リ又ハ死亡シタル場合ニ於テ本人又ハ其ノ遺族若ハ本人ノ死亡当時其ノ収入ニ依リ生計ヲ維持シタル者ヲ扶助スベシ」と規定された。

そして，この労働者災害扶助法は，その適用事業所に関して，1条1項柱書において「本法ハ左ノ各号ノ一ニ該当スル事業ニ之ヲ適用ス」と規定したのちに以下のように規定した。

「一 土石砂鉱ヲ採掘スル事業ニシテ動力若ハ火薬類ヲ用ヒ若ハ地下ニ於テ作業ヲ為スモノ又ハ常時十人以上ノ労働者ヲ使用スルモノ」「二 土木工事又ハ工作物ノ建設，保存，修理，変更若ハ破壊ノ工事ニシテ左ノ一ニ該当スルモノ (イ) 国，道府県，市町村又ハ勅令ヲ以テ指定スル公共団体ノ直営工事」「三 鉄道，軌道若ハ索道ノ運輸事業又ハ一定ノ路線ニ依ル自動車ノ運輸事業」等と。

(3) (イ) 昭和6年の労働者災害扶助法により，工場法等の適用を受けない事業所においても扶助制度が導入されることになり労働者の保護が拡大されることになったが，その後に，昭和10年法律18号により1条1項2号の(ロ)を「鉄道，軌道若ハ索道ノ運輸事業又ハ水道，電気若ハ瓦斯ノ事業ヲ営ム者カ其ノ事業ノ為ニスル直営工事並ニ此等ノ事業ニ於ケル使用中ノ工作物……ニ関スル注文ニ依ル工事」と改正して，「並ニ此等ノ事業ニ於ケル使用中ノ工作物……ニ関スル注文ニ依ル工事」を付加した。

そして，昭和10年法律18号により労働者災害扶助法の4条1項・2項が全面的に改正されるとともに，4条ノ2が追加され，その1項において「事業主本法ニ基キ扶助ヲ為シタルトキハ事業主ハ其ノ扶助ノ価額ノ限度ニ於テ民法ニ依ル損害賠償ノ責ヲ免ル」と規定された。さらに，その後，昭和19年法律21号により，2条が追加され「労働者ガ健康保険法又ハ厚生年金保険法ニ依リ前項ノ扶助ニ相当スル保険給付ヲ受クベキトキハ事業主ハ同項ノ規定ニ拘ラズ同項ノ扶助ヲ為スコトヲ要セズ」と規定された。

(ロ) 労働者災害扶助法の公布された昭和6年（施行日は昭和7年1月1日）は満州事変が起った年であり，軍部が台頭しわが国の社会はすでに軍国主義的な色彩を帯びるに至っていた。そして，翌年の昭和7年には五・一五事件が発生しこのような傾向はより一層鮮明なものになった。ところが，わが国の当時の農村社会は疲弊し，細菌感染による疾病が蔓延し，強力な軍隊を編成することの障碍になっていた。そのために，農業に従事する農村社会の構成員にも適用される医療保険法の必要性が強く意識されるようになった。ここに検討されることになったのが国民健康保険法の立法であった。

(ハ) こうした農村社会の疲弊に関して，昭和7年ごろから国家的対策が検討されはじめ，内務省はデンマークの国民保険制度を研究対象に取り上げ，昭和9年には市町村ごとに「国民健康保険組合」を作りこれを保険者とする「国民健康保険制度案要綱」を作成した。その後，この要綱に基づいて法案が作成され法案は昭和12年に国会に提出された[5]。そして，この約4ヶ月後の7月7日には中国の蘆溝橋において日華事変が発生し，わが国は戦時体制に移行することになった。

国民健康保険法の法案では，保険に関する事務を行い，保険事故が発生した場合に保険給付を行う主体である保険者は「国民健康保険組合」とされた。そして，国民健康保険組合には「普通組合」と「特別組合」の2種類があり，前者の普通組合は市町村の区域内に居住する世帯主を任意加入の組合員とし，後者の特別組合は同一の事業または同種の業務に従事する者を任意加入の組合員とする組合であるとされた。また，被保険者は組合員とその世帯員とされた。

さらに，この法案では，国民健康保険組合は組合員から保険料を徴収する

こと，組合の管理運営は組合会と理事会で行い，保険給付や保険料など必要な事項は組合の規約で定めること，国・道府県および市町村は組合に対し補助金を交付すること等とされた。その後，法案に若干の修正がされて昭和13年に国会に再提出され，国民健康保険法が昭和13年4月1日に公布（施行日は同年7月1日）されるに至った。そして，昭和16年には，国民健康保険組合の数は2013組合になり，また，組合員数も672万人になった[6]。

(4) (イ) わが国の農村社会における医療問題を解決するとともに強力な軍隊を編成することをも目的として制定された国民健康保険法は，保険事務と保険給付を行う保険者を国民健康保険組合とし，保険給付の前提要件である保険事故を被保険者の死傷病・分娩とするものであって，このような基本的な法的構造はその後も永く変更されることがなかった。そして，この保険事故に関しては，被保険者の私生活上の死傷病と業務上の死傷病とを区別することなくいずれも保険事故とされるものであり，このことは双方の場合において保険給付の行われることを意味するものであった。

この点に関しては，大正11年の健康保険法も同様であった。しかし，健康保険法は，明治38年の鉱業法や明治44年の工場法が鉱夫や職工について規定する扶助制度（業務上の負傷・疾病・死亡について補償する制度）を別個の制度として前提するものであったのに対して，国民健康保険法は鉱業法や工場法の適用のない者に関する医療保険法であったから扶助制度を前提することはなかった。もっとも，鉱業法や工場法の適用のない労働者であっても労働者災害扶助法の適用のある労働者については，国民健康保険法による保険給付のほかに労働者災害扶助法による扶助も保障されていた。だが，農民や自営業者については公的な扶助制度の保護はなかったのである[7]。

(ロ) このような医療保険制度と公的扶助制度との併存という基本的な構造は，若干の修正を経ながらも第二次大戦終了の時期まで継続した。かかる基本的な構造が大きく変化したのは，第二次大戦の終了直後の昭和22年に新たに労働基準法が制定され，工業主等の扶助制度が使用者の災害補償制度に変更されるとともに，健康保険法上の保険事故が私生活上の死傷病・分娩に限定され，業務上の死傷病は新たに制定された労働者災害補償保険法上の保険事故とされたことによるものであった。

これを従前の制度と比較してみると，労基法の適用のある労働者については，工場法等の適用のある労働者についてと同様に，私生活上の死傷病に関して健康保険法上の保険事故とされることで類似していたが，労基法の適用のある労働者数は工場法等の適用のある労働者数と比較にならないほど多くなったのである[8]。また，労基法上の労働者にも工場法上の労働者等にも業務災害に関して使用者等に対する災害補償制度や災害扶助制度がありこの点も類似していたが，後者については労災保険法のような特別法としての社会保険法による保険給付制度はなく，この点は画期的な差異であったということができる。

(ハ) このような第二次大戦直後の画期的な法改正により，それまで享受することがなかった社会保険法上の特別の給付を受けられるようになった労基法上の労働者も，業務上災害したがって業務災害と密接に関連する通勤災害については，永らく保険事故とされることなく，通勤災害が社会保険法上の保険事故として保険給付の対象にされるようになったのは昭和48年の労災保険法の改正によるものであった。これは，わが国の社会が昭和40年代になって高度成長の後期に入りさまざまな社会的危険が増加した中にあって，労働者の通勤災害の危険も増大したことによるものである。

通勤災害の危険の増大は，通勤にあたって利用される通勤手段の大型化と高速化に原因するものである。たとえば，鉄道の大型化と高速化であり，また，バスの大型化・高速化である。このほかに，わが国の社会全体のモータリゼイション化も通勤災害危険の増大の一因になっている。社会のモータリゼイション化とは社会の自動車化のことであり，社会の各所に多数の自動車が配備されるに至ることである。たとえば，国であれば各官庁に多数の公用車が配備されるようになることであり，地方公共団体であれば各自治体に多数の消防自動車等が配備されるようになることであり，企業であれば各会社に多数の営業車輛が配備されるようになることである。

そして，何よりも，モータリゼイション化とは，社会を構成している各家庭に多数の自家用車が配備されるようになることである。このような自家用車は家庭の構成員であるそれぞれの家族が使用するものであり，その中には女性も含まれる。かかる女性ドライバーの数は増加傾向にあり，女性ドライ

バーの存在が社会的関心を引くようになったのは昭和40年代の中頃からである[9]。自家用車の女性ドライバーとしては当初は家庭の主婦が多かったが，その後主婦以外の家族構成員の女性ドライバーも増えてきている。だが，ペーパードライバーではなく現実に運転する女性ドライバーはやはり主婦が多いようである。

　㈡　(i)　ドイツにおいて労働災害に関する法律が制定されたのはきわめて古く，1883年の「労働者の疾病保険に関する法律」(Gesetz betreffend die Krankenversicherung der Arbeiter) に続き，1884年に「労働災害保険法」(Unfallversicherungsgesetz) が制定された。そして，これらが，1889年の「廃疾ないし老齢の保険に関する法律」(Gesetz über die Invalitäts-und Altersversicherung) とともに，1911年にライヒ保険法 (Reichsversicherungsordnung) に統括された。

　このライヒ保険法（RVOと略称）は永らくドイツおよび西ドイツにおける基本的な社会保障法典として使用されてきたが，そのうちの労働災害に関する規定は1973年の「工場医および労働安全専門委員に関する法律」により補充されるなど幾多の重要な改正を受けるに至った。しかも，これらのライヒ保険法中の労働災害に関する規定は，その後に，東西ドイツの統一後の1996年7月4日に制定された社会法典第7編に編入されるに至った[10]。

　(ii)　新たに多くの事業所が災害保険の適用事業所とされることになったこととは別に，当初は単に事業所災害 (Betriebsunfall) のみが災害保険の適用範囲であったものが，1925年からは「労働からのおよび労働への経路における災害」すなわち通勤災害 (Wegeunfall) にも拡大されることになり，また，同様に，職業病 (Berufskrankheit) にも拡大されることになった。そして，なされるべき給付 (Leistung) に関しても，RVO 546条および708条以下において「予防」(Prävention) の給付の行われることが規定され，また，567条以下において「リハビリテイション」(Rehabilitation) の行われることが規定された[11]。

　(iii)　第二次大戦により東西ドイツに分割されたドイツは，1990年8月31日に締結された西ドイツと東ドイツの統一条約 (Vertrag zwischen der BRD und der DDR über die Herstellung der Einheit Deutschlands　EVと略称) に

より単一のドイツ連邦共和国になった。そして，新たに連邦のラントになった領域についても，RVO 636条ないし642条が1991年1月1日から適用されることになった。このことに関してはEVである統一条約の30条において規定されたが，災害保険については特別の経過措置法（Überleitungsgesetz）が制定され，新たな連邦ラントには1991年7月25日の「年金および災害保険の法的統一の創設に関する法律」（年金等経過措置法と略称）によることになった。

そして，ここにおいて以下のようなことが規定された。①1992年からは，災害保険に関するRVOの諸規定が，加盟領域（Beitrittsgebiet）におけるあらゆる保険事故に適用される。②発生したあらゆる労働災害および職業病（alle eingetretenen Arbeitsunfälle und Berufskrankheiten）には加盟領域の社会保険から給付される。③継続的な災害年金（lanfende Unfallrente）の審査にあたっては，災害結果についてはRVOの諸原則（Grundsätze der RVO）に従った判定がなされる。④災害年金（Unfallrente）と介護年金（Pflegerente）については，加盟領域における年金保険の適用に準じた適用がなされる。これらのことを別にすれば，新たな加盟領域である連邦ラントにおいても，社会法典の第7編が適用される，と[12]。

III わが国における通勤災害法の特殊性

(1) (イ) 昭和22年に，労基法の定める災害補償制度を前提にしながら，労災保険法中に災害補償給付の制度が規定されたことは画期的なことであった。この労基法と労災保険法との相互の関係において，労災保険法の定めは，一方で業務災害を契機にする使用者の労基法上の責任を免除せしめるとともに，他方で労働者自身の過失や第三者の故意・過失を問題にすることなく労働者やその遺族に損害補償として一定の保険給付を行うことを定めるものである。このような基本構造は昭和22年における労基法と労災保険法の立法当時から今日に至るまで変化していない[13]。

(ロ) わが国の社会は昭和35年ごろから高度成長の時代に入り，それが中期を経て後期に至った昭和40年代の始めごろから労働者の通勤災害の問題

が発生し，このような通勤災害の増加という社会的現実を背景にして，通勤災害についても労働者の保護がはかられるべきであるという社会的要請が強くなった。かかる社会的要請の存在を強く認識し，個々の労働者に代りこれを強く主張したのは労働組合であったといわれている。そして，高度成長の時代が終ろうとしていた昭和48年に至り，労災保険法の第3章第3節に「通勤災害に関する保険給付」の1節が新たに規定されることになった。

　この昭和48年（1973年）における通勤災害規定の創設は，ドイツにおける通勤災害が1925年に既にRVO中に規定されたこととの対比において遅きに失した憾を免れないが，それでもわが国における労働法ないし社会保障法の長い歴史の中にあって画期的なことであった。しかし，労災保険法の災害補償給付制度が労基法の災害補償制度を前提しそれと一体をなすものであるのに対して，労災保険法中に新たに規定された通勤災害制度についてはこれに対応する規定が労基法中に存在せず，このことは従来まで認められてきた労基法と労災保険法との相互の関係と全く相違するものであった。

　従来までにおける労基法と労災保険法との相互の関係は，既に述べたように，労災保険法が業務災害を契機にする使用者の労基法上の責任を免除せしめるというものであり[14]，かかる基本構造は労基法と労災保険法が立法されたのち今日に至るまで変っていない。ところが，労基法中には通勤災害に関する規定がなく，使用者は通勤災害については労働者に災害補償する責任を負わないのである。したがって，ここでは，労災保険法が労基法上の使用者の責任を免除する，という基本構造は存在しないのである。強いていえば，労働者の通勤途上の災害が使用者の用意した交通手段によるなどして業務災害と認められるならばかかる構造が認められることになるが，これらのことは別個の問題である。

　(ハ)　(i)　労災保険法の改正による通勤災害法制の創設にあたってのもう一つの問題として，労働者の通勤災害を業務災害の一種と位置づけ，これに対しても従来からの労災保険法の災害補償給付を行うことが適切なのではないか，という問題がある。すなわち，従来からの保険給付である「労働者の業務上の負傷，疾病，障害又は死亡……に関する保険給付」と，新設される保険給付である「労働者の通勤による負傷，疾病，障害又は死亡……に関する

保険給付」を相互に併列することなく，後者の通勤災害給付を前者の業務災害給付の一種として位置づけることが適切であるのではないかという問題である。

　しかし，これに対しては，業務災害という保険事故は使用者の包括的な指揮命令下（支配下）において発生する事故であるのに対し，住居と就業の場所との間の通勤途上における保険事故は全く使用者の支配下にない事故であるから，両者は本質的に相違するものであり，このように性質の相違するものを同種の保険事故として位置づけることは不適切であるとの反論がなされうる。だが，法の領域においては，性質の相違する或るものを他のものと同質のものとして同列に取り扱うこと即ち擬制することの是認されることがある。このことは労働法や社会保障法などの社会法においても同様である。

　(ⅱ)　このような擬制としては，立法上のものもあれば判例上のものもあれば学説上のものもある。いずれの擬制においても，あらゆる擬制が適切なものとして是認されるのではなく高度の必要性や相当程度の合理性の存在する場合に限って是認されるのである。かかる観点から考察すれば，業務災害と通勤災害とがかりに本質的に相違するものであるとしても，通勤災害を業務災害と見做すことは立法的に容易であるとともに労基法と労災保険法との従来からの基本構造にも合致するものであり，この擬制には高度の必要性の存在は別としても相当程度の合理性の存在が肯定されると考えられるのである。

　しかし，現実には，昭和48年の労災保険法の改正にあたっては通勤災害を業務災害と擬制する立法はなされなかったのである。かりに当時すでに通勤災害という保険事故を業務災害という保険事故と見做す旨の判例が存在していたとすれば，昭和48年の労災保険法の改正にあたっても擬制を前提にする立法がなされたと想像されるのである。あるいは，このような先例が存在しなかったとしても，かかる内容の有力な学説が当時存在していたとすれば，裁判所も擬制を前提にする判決をすることが容易であったと想像されるのである。労災保険法の通勤災害法制が現在のようなものであるのは，結局のところ当時のわが国の労働法や社会保障法において十分説得的な学説が形成されていなかったことによるものと考えられるのである。

　(ⅲ)　通勤災害を業務災害の一種と把握しうるという考え方にせよ，これら

は本質的に相違するとしても通勤災害を業務災害と擬制しうるとする考え方にせよ，このような考え方を一元主義と呼び，これに対して，通勤災害と業務災害とを別個の併存的な事故とする考え方を二元主義と呼ぶ場合に，昭和48年当時のわが国の労働省は後者の二元主義に立ち，業務災害と通勤災害とを別個の保険事故とし，したがって，業務災害給付と通勤災害給付とを別個の保険給付とした。そして，労基法の災害補償制度を前提とする業務災害給付については療養補償給付等のように「補償」という文字を用いたが，災害補償制度を前提としない通勤災害給付については休業給付等のように「補償」という文字を用いなかった。

このような形式的な差異ではない実質的な差異としては，一元主義に立つ場合には，労働者（労基法上の労働者）が「〔通勤上〕負傷し，又は疾病にかかり療養のために休業する期間及びその後三十日間」について，使用者は労基法19条により「解雇してはならない」という解雇制限の負担を負うことになる。これに対して，二元主義に立つ場合には，労働者が「業務上負傷し，又は疾病にかかり療養のために休業する期間及びその後三十日間」については使用者の解雇制限が認められるが，通勤上の傷病は業務災害ではないので解雇制限は認められないことになる。だが，「就業の場所」に近接する経路における労働者の傷病に関して解雇制限を認めないことは，社会通念に照らし妥当性を欠くことが少なくないのである[15]。

(2) (イ) 労災保険法の災害補償給付制度は，労基法の災害補償制度の存在を前提とし，使用者が負担することになる労基法上の法的責任を保険する機能を有する。このことを労働者の請求権の観点から考察すれば，労働者（労基法上の労働者）が業務災害に遭遇する場合に，労基法75条以下の規定に基づいて使用者に対し各種の災害補償請求権を取得するとともに，労災保険法12条の8以下の規定に基づいて保険者である国に対して各種の災害補償給付請求権を取得することになる。たとえば，療養補償給付請求権などである。そして，このように発生し併存することになる請求権は競合（請求権の競合）の関係に立つとともに，労働者は労災保険法上の請求権を優先して行使すべきことになる。

請求権の競合あるいは請求権競合という概念は多義的であり，狭義には，

同一の当事者間で同一の事由から複数の請求権が発生し併存する場合を意味する。このような概念の使い方をすれば，右に述べた労基法上の災害補償請求権と労災保険法上の災害補償給付請求権とは併存はするが請求権競合の関係に立つものではない。けだし，労基法上の災害補償請求権は労働者と使用者との間において存在し，労災保険法上の災害補償給付請求権は労働者と保険者である国との間において存在するからである。また，より狭義には，請求権の競合は，同一の当事者間で同一の事由から同一性質の複数の請求権（たとえば，金銭給付請求権など）が発生し併存する場合を意味する。このような概念の用い方をすれば，ここで検討している 2 個の請求権が競合の関係に立たないことはより一層明瞭である[16]。

これに対して，広義には，請求権の競合という概念は必ずしも同一の当事者間で同一の事由から複数の請求権が発生し併存する場合を意味するとは限らず，相互に相違する複数の当事者間で同一の事由から発生する複数の請求権に関して問題にされることがある。たとえば，民法 715 条の規定する使用者責任の場合である。この場合には，「事業のために……使用〔される被用者〕」が故意・過失から「事業の執行について」第三者に損害を加えたときは，第三者は「使用する者」に損害賠償請求権を取得するとともに「事業のために……使用〔される被用者〕」に対しても損害賠償請求権を取得する。したがって，ここでは，第三者と相互に相違する当事者との間において，同一の事由から発生する複数の請求権が併存することになる。そして，一般的には，この場合も請求権の競合の一場合と理解されている[17]。

(ロ) ある者と他の者との間において信頼の保持が重視される関係は「法的特別関係」と呼ばれ[18]，このような関係にある当事者には信義誠実の原則（信義則）の適用が肯定される。たとえば，親子の関係であり，賃貸人・賃借人の関係であり，使用者・労働者の関係である。そして，信義則は法的特別関係の当事者の権利・義務の行使・履行を規制し，また，当事者間における法律行為の解釈基準として機能し，さらに，そもそも当事者に各種の権利・義務（付随的な権利・義務）を設定することがある。なぜなら，主たる権利・義務は法律行為それ自体により基礎づけられるが，法的特別関係にある一方当事者が他方当事者に一定の期待（信頼）を有するに至れば，他方当事者は

それに添う行為を行うことが義務づけられることになるからであり，また，一方当事者が他方当事者にこれに相応する権利を有することになるからである。

　労働者と使用者との間の労働関係も信頼の保持が重視される法的特別関係であり，これについて信義則が適用されることは全く異論のないところである。したがって，労働関係の当事者にも信義則が適用され，使用者は労働者に対して安全配慮義務を負担し[19]，これに対応して労働者は使用者に対し安全配慮請求権を取得することになる。このことは，使用者が労働者に対し各種の付随的な義務を負担する場合には労働者も使用者に対し各種の付随的な権利を取得することがあることを意味する。このような付随的義務の負担と付随的権利の取得との対応関係についてはこれまであまり議論されたことがなく，陸上自衛隊事件の最高裁判決においても，使用者である国の労働者である自衛官に対する義務の信義則による基礎づけが検討されているにすぎないが，義務に対応する自衛官の国に対する請求権の基礎づけも検討されるべき必要性があると考えられる。

　(ハ)　使用者が労働者に対して安全配慮義務を負い，労働者が使用者に対して安全配慮請求権を有すると認められる場合に，使用者が故意・過失から安全配慮義務に違反した行為を行うならば，労働者は使用者に対して債務不履行（安全配慮義務違反）を理由に損害賠償請求権を取得するとともに不法行為（安全配慮請求権侵害）を理由に損害賠償請求権を取得し，これらの請求権は併存するものとして請求権競合の関係に立つことになる。なぜなら，この場合にも，同一当事者間において同一事由からの複数の請求権が併存することになるからである。

　このような使用者の安全配慮義務違反（安全配慮請求権侵害）による労働者の傷病が同時に労基法上の「業務上の負傷又は疾病」に該当する場合には，労働者は使用者に対して労基法上の請求権である災害補償請求権を取得し，これも同一当事者間における同一事由からの併存する複数の請求権として請求権競合の関係に立つことになる。しかも，使用者の安全配慮義務違反等による労働者の傷病が同時に労災保険法上の「業務上の負傷，疾病」に該当する場合には，労働者は保険者である国に対して災害補償給付請求権を取得し

これも既に述べた各種の請求権と請求権競合（広義の請求権競合）の関係に立つことになる。そして，ここでも労働者は労災保険法上の災害補償給付請求権を優先して行使すべきことになる[20]。

(3) (イ) わが国におけるモータリゼイション化等を背景に昭和48年に新設された通勤災害制度は，業務災害制度と相違して労基法上の災害補償制度を前提にするものではないが，労災保険制度の一部として業務災害制度と法的構造を共通にするものである。したがって，業務災害に関して，ある傷病が業務災害である旨の公的確認（労働基準監督署長の認定処分）がなされてはじめて保険者である国に対し保険事故の発生を適法・有効に主張しうるのと同様に，通勤災害に関しても，ある傷病が通勤災害である旨の労働基準監督署長の認定処分がなされてはじめて保険事故の発生を保険者に適法・有効に主張しうることになる。

(ロ) これに対して，労基法の災害補償制度においては，労働者が使用者に業務災害の発生を適法・有効に主張しうるために公的確認は必要ではなく，また，労働者が使用者に実体的に災害補償請求権を取得するためにも公的確認は必要でない。これらのためには客観的に業務災害が発生することで足り，それによって労働者は使用者に業務災害の発生を主張しうるし，また，災害補償請求権も取得することになる。しかし，通勤災害に関しては，労基法と労災保険法によるかかる保障の二重構造は存在しないので，このようなことを論ずる余地も必要性もないものである。

だが，通勤災害が同時に第三者の不法行為の結果であることがあり，かかる場合には公的確認のなされることを前提にして労働者は保険者である国に対して災害給付請求権を取得するとともに，加害者である第三者に対して損害賠償請求権を取得し，これらの請求権は請求権競合の関係に立つことになる。しかし，通勤災害制度の免責的効力は業務災害制度と相違して労基法上規定されていないので，労働者は第三者に対して損害賠償請求権を行使することもでき，国に対して災害給付請求権を行使することもできる。そして，労働者が時間的に先行して災害給付請求権を行使した場合には，給付された金額に対応する損害賠償請求権が労働者から国に移転することになる。

(ハ) (i) 業務災害と通勤災害との関係について，わが国ではこれまで述べ

たように二元主義が採用されているが，ドイツにおいては一元主義が採用されている。そのために，ドイツにおける労働災害（Arbeitsunfall）の概念は包括的なものになっており，労働災害の概念の中に通勤災害も含まれている。すなわち，社会法典第7編は，7条1項において「保険事故（Versicherungsfall）は労働災害と職業病である」と規定し[21]，8条1項において「労働災害（Arbeitsunfall）とは，被保険者の災害であって，2条・3条または6条による保険保護（Versicherungsschutz）を基礎づける就業（保険される就業 versicherte Tätigkeit）を原因にするものである」と規定した後に，2項1号において次のように規定している。「就業の場所への及び就業の場所からの，保険される就業に関連する直接的な経路の往来も，保険される就業である」と[22]。

　(ii)　事業主（Unternehmer）は原則として労働災害保険の被保険者に対し負担する責任を免責されるが，次の場合には事業主は労働災害（Arbeitsunfall）によって発生する人的損害について損害賠償義務を免れない。第一は，事業主が故意に（vorsichtlich）それを発生させた場合であり，第二は，労働災害が社会法典第7編8条2項1号ないし4号により保険される経路（Weg）において発生せしめられた場合である。これらの場合には，災害が経営危険とは関係なしに（außerhalb des Betriebsrisikos）生じたものであるから，責任は免除されず残存するのである。

　労働災害が故意に発生させられた場合とは次の場合である。すなわち，第一に，事業主がその災害を認識しかつ意図して（bewust und gewollt）発生させた場合であり，第二に，事業主が災害を単に可能性のあるものとして（nur für möglich）思慮していたが，かりにそうなっても止むを得ないと是認的に判断した（billigend in Kauf nehmen）場合である。前者は確定した故意（確定的故意 dolus directus）と呼ばれ，後者は未必の故意（dolus eventualis 条件的故意）と呼ばれる。これに対して，事業主が災害防止規定（Unfallverhütungsvorschrift）に故意に違反したとしても，そのことのゆえに免責特権がなくなるものではない。また，故意が刑事裁判によって確定されることは必要でない[23]。

Ⅳ　通勤災害の法的構造

(1)　(イ)　わが国における現行の労災保険法は，通勤災害を業務災害の一種とすることなく，これらを別個の保険事故とする二元主義に立っている。これは，労災保険法と労基法とは表裏一体をなすものであり，労災保険法は労基法75条以下の規定による業務災害を保険によりカヴァするが，通勤災害は業務に内在する危険それ自体が現実化したものではない，との基本的な認識に基づくものである。このことに関して別の表現をすれば，業務災害は使用者の経営危険の現実化した災害であるが，それに対して，通勤災害は経営危険とは関係のない通行危険の現実化したものである，との基本的な認識に基づくものということができる。

しかし，現行の労災保険法は，このような基本的認識に立ちながらも，労働者が業務に就き労務を提供するためには一般的に出勤しなければならないから，業務との直接的な関連性はなく間接的な関連性にすぎないものであっても，相当程度の関連性がある出勤行為や退勤行為については労働者保護法の趣旨に照らしこれを保護しようとしているものと理解することができる。そして，現行の労災保険法7条2項はこの「相当程度の間接的な関連性」に関して「就業に関し，住居と就業の場所との間を，合理的な経路及び方法により往復すること」と表現しているのである。したがって，「〔就業に関する〕合理的な経路及び方法〔による往復〕」とは，労働者の出勤行為や退勤行為が業務と間接的ながらも相当程度に関連性の認められるものを意味していることになる。これを別言すれば，就業に関する合理的な経路および方法による往復行為と，業務と相当程度の間接的関連性のある往復行為とは基本的に等価値の概念であることになる。

(ロ)　業務災害と通勤災害との関係について，ドイツにおけるような一元主義に立つ場合には，通勤災害は労働災害の一種であることになるから，業務と出勤行為ないし退勤行為との関連性を直接的な関連性と間接的な関連性に強いて別けることなく，労働者の出勤行為等が災害保険により保険されるか否かに関しては単に就業（業務）と出勤行為等との関連性（直接的関連性）

が問題にされることになる。むろん，同じく直接的関連性といっても，直接性の度合いにさまざまな差異があることは否定しえない。だが，重要なことは，就業との間の直接的な関連性の存否なのである。

そして，Zöllner 教授は，通勤災害が労働災害と認められ使用者の責任が免責されるか否かの問題に関して次のように述べている。「要件は，むしろ，労働災害にあたり常に必要とされる，災害保険により保険される就業と事故との間の関連性（Zusammenhang）が単に稀薄である（lose）というものである」と。そして，Zöllner 教授は，具体例として，使用者が仕事に赴くための経路において偶然に（zufällig）被用者を運搬する場合や，使用者が好意から（aus Gefälligkeit）被用者を同乗させる場合を挙げている。これらのことから分ることは，一元主義に立つ場合には業務と事故との関連性を直接的関連性と間接的関連性に区別することがないということである[24]。

(ハ) (i) わが国においては二元主義が採用されているが，通勤災害も業務災害も同一の労災保険法中に規定されているのであり，その基本的な法的構造を同じくするものである。まず，被保険者である労働者が保険者である国に対して災害の発生を適法・有効に主張しうるためには，通勤災害についても業務災害についても，公的機関である労働基準監督署長の公的確認（認定処分）が必要なのである。そして，このことについては全く異論がないところである。

また，実体的に労働者の国に対する療養給付請求権や療養補償給付請求権が基礎づけられるためにも，ともに労働基準監督署長の認定処分と支給決定が必要である。これに対して，労働者の使用者に対する災害補償請求権は，既に縷述したように，労働基準監督署長の認定処分を必要とすることなく，客観的に業務災害が発生することにより基礎づけられるものである。業務災害の客観的な発生に関して訴訟になる場合には，労働者が主張・立証責任を負う[25]。これは，労働者と使用者との災害補償請求権の存否の争訟が弁論主義の妥当する民事訴訟であるからである。

しかし，業務災害や通勤災害の発生の有無に関する労働基準監督署長の認定処分や，これを前提とする災害給付・災害補償給付の支給・不支給決定の適否に関する労働者と国との間の争訟は行政訴訟であり，これには弁論主義

は妥当せず職権探知主義が部分的にせよ妥当することになる。それゆえ，労働者や国の主張・立証が必ずしも十分になされていない場合には，裁判所は釈明権（解明権のこと。質問権ともいう）を積極的に行使して事案の解明に努めるべきことになる。だが，現実的には，行政訴訟の訴訟指揮においても民事訴訟の訴訟指揮についてとそれほどの差異はなく，裁判所は釈明権の行使に消極的であるといわれている。

(ii) 労働者の使用者に対する災害補償請求権の発生態様と，労働者の国に対する災害給付請求権ないし災害補償給付請求権の発生態様はこのように基本的に相違する。したがって，災害補償請求権と災害（補償）給付請求権の発生時期も相違する。このことも既に繰り返し述べたところである。そして，労基法上の療養補償請求権ないし障害補償請求権の消滅時効の起算点と，災害（補償）給付請求権のそれも相互に相違することになる。この点に関して，抽象的には，消滅時効の起算点はいずれの請求権についても同一である。けだし，民法166条1項により，消滅時効の起算点は私法上の請求権にしろ公法上の請求権にしろ「権利を行使することができる時」だからである。

そして，療養補償請求権は現物給付ではなく金銭給付に関する請求権であり，消滅時効制度に服するものであって，消滅時効期間の起算点は一般的な基準である「権利を行使することができる時」と解することができる。この療養補償請求権の「行使することができる時」とは，具体的には，多くの場合に「諸般の事情から……その業務起因性を認識しえた〔時点〕」であり，また，障害補償請求権を「行使することができる時」も，「諸般の事情から……傷病の症状の安定ないし固定及びその業務起因性……を認識しえた〔時点〕」ということができる。このような考え方は既に東京高裁の判決にも示されているところであるが[26]，重要なことはかかる考え方は労災保険法上の療養（補償）給付請求権等には妥当しないということである[27]。

(iii) 業務災害としての死傷病には時間的に限られた突発的な事故を原因にするものとそうでないものとがある。前者の傷病は災害性傷病と呼ばれ後者の傷病は職業病と呼ばれる。いずれの場合においても，ある傷病が業務災害と認められるためには，業務と災害との間に因果関係の存在することが必要である。しかし，このような因果関係（業務に内在する危険が現実化したとい

う因果関係。業務起因性）は立証が困難であるところから，前者の災害性傷病（事故性傷病）に関しては，業務と事故との間の因果関係と事故と傷病との間のそれとを区別し，第一の因果関係については事故が業務遂行中に発生した場合には業務起因性が推定されるという判断方法がとられている。また，後者の職業病に関しては，労基法施行規則の別表1の2が一定の傷病について定型的に因果関係の認められることを法定している。

ところで，現行の労災保険法は二元主義に立ち，業務災害と通勤災害とを別個の保険事故として規定している。だが，通勤災害と業務災害とは基本的な法的構造を共通にするものである。したがって，通勤災害に関しても傷病が事故の介在する災害性傷病である場合には，通勤と事故との間の因果関係（通勤起因性）は通勤遂行性により推定されると考えられることになる。すなわち，ある事故が「〔業務に関する〕合理的な経路及び方法〔による往復〕」の途上において発生した場合には，その事故の通勤起因性が推定されることになる。そして，この第一の因果関係の存在を前提にして，第二の因果関係として事故と傷病との間の因果関係が肯定されれば，その傷病は通勤災害と認められることになる。これに対して，非災害性傷病について通勤起因性の認められることは稀ではあるが，全くありえないというものではない[28]。

これまでの判例・学説において，災害の介在する災害性傷病の通勤起因性に関して，傷病が通勤遂行中（通勤途上）において発生する場合には通勤起因性が推定されるという理論が明確に指摘されたことはほとんどなかったといってよい。しかし，このことはかかる理論が否定されてきたということを意味するものではない。それは，労災保険法上の通勤概念が，抽象的ながらも合理性という価値概念を含み詳細に規定されているところから，通勤遂行性（通勤途上性）が肯定される場合には原則として通勤起因性を肯定することにとくに問題がなかったことによるものである。しかし，時には通勤遂行性が肯定されても通勤起因性の否定されるべき場合もあり，これまでの理論もこのことを否定する趣旨ではなかったのである[29]。

(2) (イ) 事故が通勤途上災害と認められ，問題の傷病がこれに基づくものとして労災保険法上の保険事故になりうるためには，何よりも往来行為が業務と相当程度に間接的関連性を有することが必要である。そして，このこと

に関して，労災保険法は，傷病が「〔就業に関する〕合理的な経路及び方法〔による往復〕」の途上での事故に基づくことを必要とする旨を定めている。また，「合理的な経路及び方法」とは，通常の労働者が問題の具体的状況に置かれたならば取るであろう経路と方法のことと理解しうる[30]。

したがって，ある傷病が通勤災害と認められるためには，実質的にみて，往来行為が業務と相当程度に間接的関連性を有することが必要であり，また，法形式的にみて，それが就業に関し「合理的な経路と方法」によるもの，すなわち，往来行為が通常の労働者が問題の具体的状況に置かれたならば取るであろう経路と方法によるもの，であることが必要である。そして，家庭の主婦である女性労働者が出退勤の途中において食料品を購入するためにする往来行為は実質的に見て業務と相当程度に間接的関連性を有し，また，法形式的にみても通常の家庭の主婦である労働者であれば出退勤とくに退勤にあたり食料品を購入するための往来行為をするであろうから，かかる往来行為は通勤の一部であることになる[31]。

(ロ) 同様に，共働きであって，児童福祉法39条にいう「保育に欠ける」児童を保護する労働者が，その児童を保育所に連れて行き又は連れて帰るための往来行為も通勤と考えうることになる。けだし，労働者が出退勤の途中において児童を保育所に委託するための往来行為も実質的にみて業務と相当程度に間接的関連性を有し，また，法形式的にみても「保育に欠ける」児童の保護者である通常の労働者であれば児童を保育所に委託するための往来行為をするであろうからである。かかる児童を保護する労働者に関して保育所における保育がなされないとすれば，その者は業務を遂行することがきわめて困難になってしまうのである。

そして，ドイツの社会法典第7編8条2項は，1号において「就業の場所への及び就業の場所からの，保険される就業と関連性を有する直接的な経路 (der mit der versicherten Tätigkeit zusammenhängenden unmittelbaren Weg) の往来行為」が保険されるべきことを規定した後に，2号において次のように定めている。「就業の場所への及び就業の場所からの直接的な経路 (ein unmittelbarer Weg) と相違する経路の往来行為が，被保険者（第1編56条）の子であって被保険者と生計を共通にして生活している子を，被保険者

又はその配偶者の職業活動（berufliche Tätigkeit）のゆえに，他人の保育（fremde Obhut）に委託するためにするものである場合」には保険される，と。

(ハ) 必要な食料品の購入にしろ，保育所における児童の保育の委託にしろ，労働者がこれらの行為を行いうるためには相当な費用を必要とする。そして，これは一般的には労働者の労働の対償である賃金によりまかなわれている。したがって，かりに労働者の食料品の購入のための往来行為や児童の保育のための往来行為の途上での事故による傷病が通勤災害として労災保険法により保険されるべきものとすれば，購入費用や保育料の前提になる賃金の受領のための往来行為の途上での事故による傷病も保険されて然るべきことになる。かくして，労働者が預蓄金口座への振込の方法により賃金を受領している場合に，少くとも賃金振込直後における出退勤にあたっての銀行や郵便局への往来行為は保険されるべきことになる(32)。

これらのことを，労災保険法7条3項の定める「往復の経路を逸脱し又は往復を中断した場合」すなわち「経路の逸脱」または「往復の中断」をも視野に入れて整理すると次のようになる。労働者の住居と就業の場所との間の往来行為は，必要な食料品の購入のための行為などであっても，業務と相当程度に間接的関連性を有する場合には，労災保険法により保険される通勤と認められ，その途上における傷病は通勤に内在する危険の現実化した通勤災害と推定される。そして，必要な食料品の購入行為や保育の委託行為や預蓄金の返戻行為などは，それ自体では業務ではないが業務と相当程度の間接的関連性を有する限り，経路の逸脱でも往復の中断でもなくその全体が一連の行為として通勤と認められることになる(33)。

(3) (イ) 労災保険法上の保険事故である通勤災害の前提概念である通勤は，業務と相当程度に間接的関連性を有する往来行為のことであり，別言すれば，「就業に関し，住居と就業の場所との間を，合理的な経路及び方法により往復する〔往来行為〕」のことである。ところが，労働者の本来の住居が就業の場所と時間的・場所的にかなり隔っており，そのために通勤に時間がかかる場合には労働者は就業場所それ自体の内部やその付近にマンション等の宿泊所を所有しあるいは賃借することがある。これらのうちで，労働者が宿泊

565

所を就業場所の内部に保有する場合には通勤の問題になることは実際的にはほとんどないが，宿泊所が就業場所から隔っている場合には，このような宿泊所と就業場所との間の往来行為が通勤に該当するか否かが実際的にも理論的にも問題になることがある。

　この問題に関して，かつての下級審の判例は労働者の往来行為が通勤と認められるための要件を厳格に解し，広島地裁は三原労基署長事件において「住居とは，労働者が居住して日常生活の用に供している家屋等の場所で，本人の就業のための拠点となるところをいう」と解した上で次のように判断した。「これに該当するか否かは，当該場所に継続して居住し，日常生活を行っていた実態が存在したかどうか……によって判断すべきである」と[34]。ここでは，「住居」に関する伝統的な概念規定に従い，「日常生活の用に供している……場所」すなわち私的生活の継続的・不断的な場所が「住居」とされた。そして，これにより労働者の周期的・反覆的な生活場所は保険される範囲から除外されることになった。

　(ロ)　この事件から約10年を経過した平成12年に至り，秋田地裁は能代労基署長事件において周期的・反覆的な場所も「住居」足りうるか否かに関し次のように述べてこれを肯定した。「本件事故当時の行政解釈によっても，一定の要件を満たして週末帰宅型通勤と認められる場合には，被災者らの自宅もまた『住居』と取り扱われてきたものであるが，法7条2項が，通勤について，『就業に関し，住居と就業の場所との間を，合理的な経路及び方法により往復すること』と定めていることに照らすと，本来，単身赴任者らの生活の本拠は家族らの住むそれぞれの自宅であるから，単身赴任者らが，日常的には自宅を離れた『就業の場所』の近辺の『住居』から通勤しているとしても，休日等を利用して『就業の場所』と家族らの住む自宅との間を往復しているとすれば，これが反覆・継続するものと認められる限り，法の定める右の定義に該当し得る」と[35]。

　そして，さらに約5年を経過した平成17年に至り，岐阜地裁は単身赴任者（単身赴任労働者）の自宅から社宅に向う途中の事故に関する高山労基署長事件において次のように述べた。「帰省先住居と赴任先住居との往復についても，翌日の勤務に備えるためのもののように業務と密接な関連を有する

と評価することができるものは, 移動の際の災害の危険についても対処する必要があると考えられるようになってきたこと……に鑑みると, 勤務前日に帰省先住居を出発して赴任先住居に到着し同所で一泊した後, 翌日に就業の場所に移動する一連の移動を, 住居から就業の場所への移動と捉え, これを『通勤』の概念に含まれうるものと解し, その上で, 通勤の他の要件を満たす場合には,『通勤』に該当すると判断するのが相当である」と。

しかも, この判決は単身赴任労働者がいったん赴任先住所に到達し宿泊することの法的意味について次のように付言したのである。「なお, このように解し, 帰省先住居を勤務前日に出発して赴任先住居における一泊を経て勤務当日就業の場所に移動することが通勤と認められる場合においては, 帰省先住居から赴任先住居に到着した時点で, 通勤は中断するものと解され, かつ, 勤務当日の赴任先住居から就業の場所への移動は, 法7条3項……で通勤と認められる例外的場合に該当しないことから……通勤としては保護されないといわざるを得ないが, 別途, 赴任先住居から就業の場所への移動としての『通勤』に該当するものとして保護することが可能である」と[36]。

(ハ) (i) この高山労基署長事件判決は単身赴任労働者が本来の自宅から赴任先住居である「社宅」へ自動車で向う途中で発生した事故に関する判決であり, また, 能代労基署長事件判決も単身赴任労働者が本来の自宅から赴任先住居である「寮」へ自動車で向う途中で発生した事故に関する判決である。そして, 能代労基署長事件判決は問題の寮が「工事現場と一体となった付帯施設」であるとし, 寮に向う行為を「『就業の場所』に向うのと質的に異なるところがない」と法律構成したのである。

これに対して, 高山労基署長事件判決は, 問題の社宅が営業所の2階にあり社宅と営業所が同一敷地内の同一建物内にあるという特殊性が認められるにもかかわらず,「通勤前日に帰省先住居を出発して赴任先住居に到着し同所で一泊した後, 翌日に就業の場所に移動する一連の移動を, 住居から就業の場所への移動と捉え〔て通勤性を判断する〕」という論理を展開したのである。この事件においても社宅に向う行為を「『就業の場所』に向うのと質的に異なるところがない」と法律構成することが可能であったが, あえて一般論を展開したものと理解することができる。

(ii) このような明白な一般論はこれまでのわが国の判例・学説においてほとんど見られたことがなく、ましてや、労災保険法中にはこれに対応する明文の規定は存在しない。しかし、既にドイツでは、社会法典第 7 編の 8 条 2 項 4 号が次のように規定している。「保険される就業と関連性を有する経路であって、通常の家族住居（ständige Familienwohnung）からの及びそこへの経路の往復は、就業の場所が家族住居から遠隔であるゆえに被保険者が就業の場所において又はその近辺において居所を有する場合にも保険される」と。そして、わが国においても、「労災保険制度の在り方に関する研究会」が平成 16 年 7 月 5 日に、「中間とりまとめ」において単身赴任者の赴任先住居と帰省先住居との間の移動についても通勤災害制度の保護が及ぶべきことを提言した。

(iii) この高山労基署長事件判決が多くの労働者の関心を引きまた共感を得たのは、あえて展開された一般論が先進資本主義国家の通勤災害法制と軌を一にするとともに、わが国の国内における「労災保険制度の在り方に関する研究会」の中間報告とも趣旨を同一にするものであり、妥当な判決であると評価されたことによるものと考えられる。そして、この判決が、単なる事例判決としてではなく、先例的価値を有する判例として意識的に作成されたことはほぼ間違いないと想像される。この事件においては、赴任先住居と就業の場所とが同一家屋内にあり、赴任先住居と就業の場所との間の移動が通勤とされる余地はほとんどないからである。だが、厳密にいえば、通勤は被保険者がその居住する家屋の出入口を離脱する（verlassen）ことをもって開始するものと考えられる[37]。したがって、この事件において、判決が「なお書き」で指摘するように、被災労働者が分離して設置されている 2 階の出入口から 1 階の出入口へ移動する行為も通勤と認められる余地がないわけではない。

V　おわりに

(1) 労災保険法の改正により昭和 48 年に新設された通勤災害規定は、モータリゼイション化等の社会的現実とこれを背景とする社会的要請を契機に

して立法されたが，通勤災害を業務災害の一種とすることなくこれらは別個の保険事故とされた。しかも，ある傷病を通勤災害と認定するための要件を，外観上は厳格ながらフレクシブルなものとして規定した。

その典型的な一例が通勤の概念に関する「労働者が，就業に関し，住居と就業の場所との間を，合理的な経路及び方法により往来すること」とする規定である。そして，通勤災害と認定されるための基準について，労災保険法上とくに根拠規定がないにもかかわらず，いくつかの厳格な行政通達が発せられた。たとえば，平成3年2月1日基発74号などである。

(2) その後，「合理的な経路及び方法」という基準に関して法改正のなされることはなく，また，その必要性が強く意識されることもないまま今日に至ったが，「住居と就業との間」に関しては，単身赴任労働者の移動行為の通勤性をめぐり，「労災保険制度の在り方に関する研究会」による提言がなされるに至った。

この提言はドイツにおける社会法典第7編8条2項の立法に比較し遅きに失したものではあるが，それでも労災保険法の立法史上画期的なものであった。そして，岐阜地方裁判所がこの提言を視野に入れ高山労基署長事件を解決したことも特記すべきことであった。このような通勤概念の拡大は，近い将来において，同じ労災保険法中の重要概念である業務概念の拡大にも必然的に影響を与えるものと予想されるのである。

(3) 通勤概念の拡大のみならず業務概念の拡大もなされるとした場合に，検討されるべき課題の一つとして，労働者が賃金を口座払いではなく直接払いの方法により受領するために，労働者が事業所内の担当部局に赴く行為の業務性が問題になる。そして，業務概念の拡大がなされれば，このような行為も業務付随行為の一つとして業務に含まれることになる。これに対して，口座払いの方法による場合には，金融機関に赴く行為の通勤性が問題になる。かかる問題も今後に検討されるべき重要な課題である。

(1) 日本医師会等が健康保険法の施行に反対したのは，健康保険法によると，患者から受領する診療報酬が通常のそれよりも安くなることが原因であったようである。
施行予定日は大正12年4月1日であり，当初の被保険者数は約200万人と予想さ

れていたが，通常の診療報酬との差額がどれほどになるかが医師たちの関心事であったといわれている。
（２）　大正11年に公布されたにもかかわらず数年を経過し，大正15年7月1日（保険給付および費用の負担については，大正16年1月1日）になりようやく健康保険法が施行されるようになったのは，政府（内務省）と日本医師会との間で健康保険法の適用による診療報酬の取り扱いについて合意（団体契約と呼ばれていた）が成立したことによるものである。

　このことについて，大正15年10月17日の東京日日新聞は次のように報じている。

　「健康保険医の問題については，内務当局と日本医師会との非公式交渉の結果，既報のごとく決定を見たが，最近日本医師会理事会でこの団体契約案を可決したので，来る22，23日，日本医師会総会を開き正式に決定するはず」と。毎日コミュニケーションズ・大正ニュース事典Ⅶ162頁。
（３）　「勅令」である工場法施行令は，1条において「左ニ掲クル事業ノミヲ営ム工場ニ於テハ工場法ノ適用ヲ除外ス」と規定し，「菓子，飴又ハ麺麭ノ製造」等を定めていた。

　なお，職工に支給する賃金についての通貨払いの原則と毎月1回以上払いの原則は工場法中には規定がなく，これについては工場法施行令22条が次のように規定していた。「職工ニ給与スル賃金ハ通貨ヲ以テ毎月一回以上之ヲ支払フヘシ」と。
（４）　「常時十五人以上ノ職工ヲ使用スル〔工場〕」の労働者であっても，工場法施行令2条により「鉱業法ノ適用ヲ受クル工場ニ付テハ工場法ノ適用ヲ除外ス」とされていたので，このような労働者は業務災害については鉱業法により鉱業権者に扶助を要求しうるとともに，健康保険法により保険給付を請求しうるものとされた。
（５）　土田武史「国民健康保険法の成立」ＬＲＬ2005年4号24頁。
（６）　土田・前掲論文24頁および25頁参照。しかし，施行直後においては，保険料が高かったために組合員数が少なく，したがって，組合数もきわめて少なかったといわれている。
（７）　昭和6年法律54号である労働者災害扶助法が公布された昭和6年4月2日と同じ日に，法律55号として労働者災害扶助責任保険法が公布された。この法律はその名称から明らかなように保険法であったが，今日の労災保険法などとは相違して，使用者が労働者に対して負担する業務災害責任を保険によりカヴァするものではなかった。

　すなわち，この責任保険法は，2条1項において「労働者災害扶助責任保険ニ於テハ労働者災害扶助法，工場法又ハ鉱業法ニ基ク扶助責任ヲ保険スルモノトス」と規定し，3条においては「労働者災害扶助法第一条第一項第二号(ハ)ノ工事ノ事業主及勅令ノ定ムル事業主ハ政府ト保険契約ヲ締結スベシ」と規定していたが，第4条1項にお

いて「保険契約者ヲ以テ保険金受取人トス」と規定していた。
（8）　平成10年法律112号により労基法8条が削除されたことにより，労基法75条以下の災害補償の規定は，船員法の適用のある「船員」や「同居の親族のみを使用する事業〔に就労する労働者〕及び家事使用人」を除き，原則としてあらゆる種類の労働者に適用されることになった。

そして，このような災害補償規定と一体をなす社会保険法として労災保険法が存在するが，国家公務員については特別法として昭和26年法律191号である国家公務員災害補償法があり，また，地方公務員については，昭和42年法律121号である地方公務員災害補償法がある。
（9）　わが国で昭和40年代の中頃から女性ドライバーが増え始めたことに関連するつぎのような新聞記事がある。

「日高さん〔京都の総合地球環境学研究所の日高敏隆所長のこと〕の話を聞いていて，女性ドライバーが増え始めた67年に揚った〔サザエさんの〕作品を思い出した。

魚屋の店先から魚を盗んだドラ猫が，おかみさん運転の自家用車に追われて，ぼやく。『昔は暮らしよかった……』」と。朝日新聞平成17年5月7日 Be On Saturday E4 だんらん頁参照。

この長谷川町子氏の「サザエさん」の漫画はわが国における最も有名な4コマ漫画であるが，昭和21年4月から西日本新聞の「夕刊フクニチ」に連載されるようになった後，昭和23年から学童社によって創刊された「漫画少年」に2月号から連載され，さらに，昭和24年からは朝日新聞に連載されるようになったものである。
(10)　小西・社会保障法194頁以下。
(11)　Norbert Henke, Grundzüge des Sozialrechts S.108.

なお，事業所災害（Betriebsunfall）は，1942年以降は労働災害（Arbeitsunfall）と呼ばれるようになったという。
(12)　Günter Schaub, Arbeitsrechtshandbuch 10. Aufl., S.1168.
(13)　Vgl. Norbert Henke, a.a.O., S.107.

ここでは，災害保険の機能として，労働災害を契機にする使用者の私法上の責任の免除と，被用者の損害補塡のための給付の支給が論じられている。
(14)　このことについて，労基法84条1項は次のように規定している。「この法律に規定する災害補償の事由について，労働者災害補償保険法……に基づいてこの法律〔労基法のこと〕の災害補償に相当する給付が行なわれるべきものである場合においては，使用者は，補償の責を免れる」と。
(15)　このほかに，一元主義に立つ場合には，労働者が児童を通勤の途中で保育所に連れて行き或いは保育所から連れて帰る際の事故などのような，業務との関連性のきわめて高い事故を保険事故と認めやすい等の差異もある。これらのことについてはⅣで

第Ⅲ部　職場環境と労災

　　　再論する。
(16)　労働者の使用者に対する災害補償請求権は，療養補償請求権をも含めてすべて金銭給付請求権である。これに対して，労働者の保険者である国に対する療養補償給付請求権は原則として現物給付請求権である。
(17)　請求権の内容が金銭給付であるか現物給付であるかは，請求権の競合といえるか否かの判断にあたり通常はあまり重視されていない。これは，相互に内容の性質が相違しても，存在する権利が請求権であることに変りがないからである。
(18)　最高裁は，陸上自衛隊事件において，このような法的特別関係を「特別な社会的接触の関係」と表現している。最三小判昭和50・2・25民集29巻2号143頁参照。
(19)　前掲・陸上自衛隊事件参照。
(20)　これらのことに関連して，労基法84条2項は，「使用者は，この法律による補償を行った場合においては，同一の事由については，その価額の限度において民法による損害賠償の責を免れる」と規定している。
(21)　ドイツでは，職業病（Berufskrankheit）は労働災害（Arbeitsunfall）の一種ではなく，明文の規定によりこれと並ぶ保険事故であるとされている。そして，職業病は，労働災害との対比において，時間的に限定された出来事（Ereignis）によるものではなく，政府の作成した法令に列挙されており，かつ，被保険者が社会法典（かつては，ライヒ保険法）に規定されている一定の就業に際して罹患した疾病である，と理解されている。このことについては，Norbert Henke, a.a.O., S.113 を参照。
(22)　災害（Unfall）とは，社会法典第7編8条1項2文によれば，時間的に限定された，外部から身体に作用する出来事であって，健康侵害または死亡を発生させるもの，のことである。これは，外部から作用する，身体を毀損する，突然の即ち時間的に限定された出来事のことである，と表現されることもある。Vgl. Norbert Henke, a.a.O., S.111。

　　　これに対して，わが国において用いられる災害の概念はこのような出来事によって発生する健康侵害や死亡（死傷病）それ自体を意味し，また，職業病およびそれによる死亡それ自体を意味している。したがって，通勤災害について用いられる災害の概念も，わが国とドイツとでは相違することになる。
(23)　Günter Schaub, a.a.O., S.1182
(24)　Wolfgang Zöllner, Arbeitsrecht S.151. この著書はZöllner教授がC. H. Beck'sche社から1977年に出版した第1版のものである。
(25)　労基法上の災害補償請求権の発生は労働者にとり有利な法律効果であるから，その要件事実は労働者が主張責任と立証責任を負担すると考えられる。
(26)　今市労基署長事件・東京高判平成3・6・27労働判例608号79頁参照。
(27)　療養補償給付請求権や療養給付請求権については，そもそも労働基準監督署長の認定処分と支給決定がなされない限り，これらの請求権は発生しないのである。

(28) 住居から就業場所までの通勤経路において有害物質が埋蔵されており，労働者が長期間にわたる通勤により疾病に罹患する場合などである。
(29) たとえば，通勤途上の災害である事故が通勤に内在する危険の現実化したものではなく，加害者と被害者たる労働者の個人的事情による場合などである。
(30) 小西・社会保障法 225 頁以下。
(31) 札幌労基署長事件・札幌地判昭和 63・2・12 労働判例 515 号 49 頁，および，札幌高判平成 1・5・8 労働判例 541 号 27 頁は反対の結論を取る。しかし，これらには批判が多い。
(32) このことに関して，ドイツの旧ライヒ保険法の 548 条は次のように規定していた。「使用者が被保険者のためにその賃金又は俸給を金融機関に振り込む場合には，被保険者が金融機関において金銭を引き出す行為も，被保険者が賃金又は俸給の支払期限の到来後はじめて自ら金融機関に赴く場合には，本項第一文にいう業務とみなす」と。これについては，小西・前掲書 228 頁参照。
(33) 昭和 48 年 11 月 22 日基収 644 号は，「合理的な経路及び方法」の意義について，「『合理的な経路及び方法』とは，当該住居と就業の場所との間を往復する場合に，一般に労働者等が用いるものと認められる経路及び手段等をいうものである」と一般論を述べた上で，児童の保育の委託行為に触れて次のように述べている。

「他に子供を監護する者がいない共稼ぎ労働者が託児所，親せき等に子供をあずけるためにとる経路などは，そのような立場にある労働者であれば，当然，就業のためにとらざるを得ない経路であるので，合理的な経路となるものと認められる」と。しかし，保育を委託したりする行為それ自体も通勤の一部とするのか，往復の中断中の行為とするのかは不明である。
(34) 三原労基署長事件・広島地判平成 2・8・30 労民集 41 巻 4 号 42 頁。
　本件事故は，昭和 57 年 3 月 14 日の早朝に，本来の住居から工事現場に行く途中で，センターラインを越えた対向車と衝突して発生したものである。
(35) 能代労基署長事件・秋田地判平成 12・11・10 労働判例 800 号 49 頁。
　本件事故は，平成 5 年 3 月 13 日の夜に，本来の住居から寮に向う途中で，路面の凍結により発生したものである。
(36) 高山労基署長事件・岐阜地判平成 17・4・21 労働判例 894 号 5 頁。
(37) Günter Schaub, a.a.O., S.1176.

水野勝先生略歴

学　歴
1957年3月　中央大学法学部法律学科卒業
1957年4月　中央大学大学院法学研究科修士課程入学，労働法専攻
1960年3月　同課程を卒業（法学修士）
1960年4月　中央大学大学院法学研究科博士課程入学，労働法専攻
1964年3月　同課程修了

略　歴
1965年4月　千葉敬愛短期大学専任講師
1966年4月　千葉敬愛経済大学専任講師
1967年4月　東洋大学法学部兼任講師
1968年4月　千葉敬愛経済大学助教授
1969年3月　千葉敬愛経済大学依願退職
1969年4月　東洋大学法学部助教授，中央大学法学部兼任講師
1978年4月　東洋大学法学部教授
1980年4月　海外研究のため，ドイツ，チュービンゲン大学労働法・社会法研究所で研究に従事。
1981年8月　海外研究を終えて帰国。法学部教授として勤務に戻る。
1990年4月　東洋大学大学院博士課程の労働法特論担当
1991年4月　東洋大学比較法研究所長に就任，2期4年を務める。
1991年4月　東洋大学大学院研究科委員に就任，労働法演習，労災補償法を担当。
1998年4月　東洋大学大学院法学研究科委員長に就任，2期4年を務める。

学会活動
1985年5月　日本労働法学会監事（現在に至る。）

水野勝先生主要業績

1　著書（編著・共著を含む）

1978年

労災・職業病・通勤災害—補償法制と企業責任—（共著〈水野勝・岡村親宣・畠中信夫〉，第二章労災補償と業務上外認定理論，第3章業務上外認定基準の運用，第4章通勤途上災害，第5章労災保険法制の適用と給付を分担執筆），総合労働研究所刊，1978.12

1979年

現代労働法（2）（共著〈坂本繁雄・伊藤博義・水野勝・西村健一郎・浜田富士郎・木村五郎〉，第3章賃金と労働時間を分担執筆），有斐閣刊，1979.1

コンメンタール労働基準法（共著〈下井隆史・水野勝・保原喜志夫・山口浩一郎・渡辺章・菅野和夫・浜田富士郎・中島士元也〉，第3章賃金〈24条—31条〉を分担執筆），有斐閣刊，1979.11

1985年

労働災害補償法論—窪田隼人教授還暦記念—（共著，第二章外国法制のうちのフランス，第五章保険事故を分担執筆），法律文化社刊，1985.11

1988年

現代労働法（2）〈新版〉（共著，〈昭和54年1月刊行の現代労働法（2）の改訂版〉），有斐閣刊，1988.9

1994年

現代労働法（2）第3版（共著，新版の法改正に伴う全面改訂版），有斐閣刊，1994.9

2　テキスト類（分担執筆）

1971年

学説・判例労働法—労働者保護法—（年次有給休暇を分担執筆）（青木宗也・片岡昇編），法律文化社刊，1971,3

基本法コンメンタール（8）労働法Ⅰ［団体法］（債務的効力（1）―（5）までを分担執筆）（野村平爾・沼田稲次郎・青木宗也・横井芳弘編），日本評論社刊，1971.11

1972年

演習労働法（第13章災害補償を分担執筆）（片岡昇・横井芳弘編），青林書院刊，1972.3

判例演習講座労働法（平和義務違反の争議行為，年次有給休暇の利用目的を分担執筆）（久保敬治編），世界思想社刊，1972.5

基本法コンメンタール（10）労働法Ⅱ（労基法89条就業規則の作成及び届出義務を分担執筆）（有泉亨・青木宗也編），日本評論社刊，1972.5

1973年

労働基準法講義（第2章使用者・労働者・適用範囲の分担執筆）（青木宗也・秋田成就編），青林書院刊，1973.5

1975年

別冊法学セミナー判例労働法Ⅱ（労災補償のうち業務上外認定を分担執筆）（松岡三郎編），日本評論社刊，1975.5

1978年

基本法コンメンタール新版労働組合法（債務的効力（1）―（5）分担執筆）（野村平爾・沼田稲次郎他編）（前掲昭和46年コンメンタールの改訂版），日本評論社刊，1978.5

1979年

現代労働法入門（第3編11章労働契約を分担執筆）（窪田隼人・横井芳弘編），法律文化社刊，1979.4

1983年

基本法コンメンタール新版労働基準法（89条の解説）（有泉亨他編），日本評論社刊，1983.10

労働法事典（第2編11章安全衛生を分担執筆）（沼田稲次郎他編），労働旬報社刊，1983.10

1990年

基本法コンメンタール労働基準法第3版（労基法89条の解説）（昭和58年の

新版労働基準法の改訂版)，日本評論社刊，1990.12

1991年

社会保障法（第6章 失業と保険保障を分担執筆）（籾井常喜編），エイデル研究所刊，1991.3

1992年

新版現代労働法入門（第6章安全衛生労働災害補償を分担執筆）（窪田隼人・横井芳弘編），法律文化社刊，1992.12

1995年

現代労働法入門3版（窪田隼人・横井芳弘・角田邦重編・新版現代労働法入門の全面改訂版），法律文化社刊，1995.5

3 論 文

1965年

西独の政治スト判例理論，法学新報72巻1－3号合併号，1965.3

政治スト―フランスにおける学説判例の展開―，法学新報73巻2－3号合併号，1965.3

1967年

年次有給休暇請求権の再検討（1），（2），労働法律旬報648号・649号，1967.10, 11

1968年

年次有給休暇〈特集労働基準法―現下の論争点〉，季刊労働法68号，1968.6

労災補償の法構造（1），（2），東洋法学12巻1号，2－3号合併号，1968.12

出退勤時間，季刊労働法70号，1968.12

1969年

企業内政治活動禁止条項と懲戒，東洋法学13巻3－4号合併号，1969.8

1970年

デモストの法理，季刊労働法75号，1970.3

労働者の政治活動と経営秩序，労働法律旬報733号，1970.3

減給の制裁，季刊労働法78号，1970.12

1971年
複数組合併存下の法律問題—労働条件差別,季刊労働法81号,1971.9
第三者の行為と不当労働行為,労働法研究会法929号,1971.11
業務上外認定基準の法構造と問題点,季刊労働法82号,1971.12

1972年
公務員の政治活動の禁止と懲戒処分の違憲性,労働法律旬報800号,1972.1
団結侵害禁止の仮処分と被保全権利,労働法律旬報802号,1972.2
争議権保障と政治スト,季刊労働法83号,1972.3
条件付採用期間の満了と解雇,労働法律旬報806号,1972.4
タイピストの白ろう病と業務上災害,労働法律旬報811号,1972.6
政治ストに伴うピケと刑事責任(討論　労働判例研究)(蓼沼謙一・山口浩一郎・水野勝),季刊労働法85号,1972.9
官公労働者の労働基本権と裁判所の考え方,現代法ジャーナル1巻9号,1972.9
出勤途上の災害,ジュリスト増刊号労働法の判例,1972.12

1973年
基礎休職の合理性の根拠と限界,季刊労働法90号,1973.12

1974年
懲戒権の根拠と団結意思,労働判例199号,1974.2
年次有給休暇権の法構造,季刊労働法91号,1974.3
懲戒権論,沼田稲次郎先生還暦記念(下),労働法の基本問題所収,1974.5
除名の無効とユ・シ協定に基づく解雇の効力,ジュリスト別冊労働判例百選3版,1974.9
ハンスト,同上労働判例百選3版,1974.9
療養の継続給付と傷病手当金の受給資格,季刊労働法93号,1974.9
生休権の行使と精皆勤手当の減額,労働判例206号,1974.10

1975年
社内預金協定と従業員の義務,季刊労働法95号,1975.3
賞与の性格とその受給資格をめぐる問題,労働判例223号,1975.6
最高裁判決にみるユ・シ協定の性格と効力,労働法律旬報885号,1975.7

拡大化する労災認定の動向と限界，季刊労働法98号，1975.12
1976年
年休取得と不利益取扱いの可否，労働法律旬報905号，1976.6
1977年
企業内政治活動規制条項の合理性と許可制，労働判例266号，1977.3
休憩・休日の保障と意義，季刊労働法別冊1号，1977.6
出退勤・時間外労働と労使慣行，季刊労働法104号，1977.6
特定企業の専属的サービス業者への労災補償適用，ジュリスト別冊社会保障判例百選，1977.12
就業規則違反の行為と労働災害，同上社会保障判例百選所収，1977.12
1978年
通勤途上の災害，ジュリスト増刊・労働法の判例第2版，1978.10
1979年
就労請求権，ジュリスト増刊・労働法の争点，1979.9
業務上外の認定，ジュリスト増刊・労働法の争点所収，1979.9
1983年
時間外労働・休日労働，日本労働法学会編・現代労働法講座11巻所収，1983.5
1984年
安全配慮義務の再検討，労働判例432号，1984.9
1986年
労働時間制と立法構造，学会誌労働法67号，1986.5
1987年
労保護法制の展開と保護の近代化，東洋大学創立100周年記念論集，1987.3
西ドイツの労災認定と本質条件説，東洋大学比較法研究所年報比較法24号，1987.3
1988年
西ドイツの労災・職業病の認定法理，横井芳弘・現代労使関係と法の変容所収，勁草書房刊，1988.11
1989年
長期年休請求と時季変更権行使の正当事由，季刊労働法151号，1989.4

1990年

労災補償制度の理論的課題—補償と予防の統一的把握の視点から—，労働法学会誌76号，1990.10

業務上外の認定（昭和54年の改訂版），ジュリスト増刊・労働法の争点〈新版〉，1990.11

1991年

業務起因性疾病の意義，ジュリスト別冊，社会保障判例百選第2版，1991.10

1994年

フレックスタイム制の位相と主要法律問題，労働保護法の研究，外尾健一先生古稀記念，有斐閣刊，1994.3

年次有給休暇の取得と不利益取扱い，労働法律旬報1338号，1994.6

1995年

競合的原因と過労死の認定に関する理論的主要問題，労働法律旬報1358号，1995.4

安全配慮義務，ジュリスト増刊・労働判例百選6版，1995.10

1996年

労災保険特別加入の建設業一人親方の事故死と業務上外認定，判例時報1573号，1996.10

1997年

資格外就労外国人労働者の労災と損害賠償額の算定，労働判例717号，1997.8

過労死をめぐる法律問題—予防と補償の促進の視点から—，労働法学会誌90号，1997.10

2000年

建築現場付近でのけんかによる大工の死亡と業務上認定，ジュリスト別冊，社会保障判例百選第3版，2000.3

2002年

ドイツにおける年次有給休暇権保障の法構造と休暇時期の特定（1），東洋大学比較法研究所年報，比較法39号，2002.3

2004年
精神障害に基づく自殺と業務上外認定，労働判例860号，2004.2
2005年
通勤災害の認定要件と単身赴任者の途上災害，労働法旬報1605号，2005.8

4 その他
1968年
労働法——企業併合と労使関係，白門19号，中央大学通信教育部発行，1968.1
1970年
独禁法における公共の利益，東洋16巻8号，東洋大学通信教育学部発行，1970.3
1994年
W.ツェルナー，工業化時代における集団的労働法の現代的諸問題（W. Zöllner, Moderne Probleme des Kollektiven Arbeitsrecht im Industoriezeitalter），東洋大学比較法研究所年報，比較法30号（ツェルナー教授の東洋大学比較法研究所における講演原稿の翻訳），1994.3

フレックスタイム制と基本法律問題，東洋31巻4号，東洋大学通信教育学部発行，1994.4
1995年
随想「過労死と新認定基準に思う」，東洋32巻6号，東洋大学通信教育学部発行，1995.10
1996年
随想「脳・心臓疾患死の業務上外認定をめぐる問題」，東洋33巻4号，東洋大学通信教育学部発行，1996.8
1997年
随想「安全法の改正に思う」，東洋34巻2号，東洋大学通信教育部発行，1997.10
1999年
遊筆—労働問題に寄せて労働保護法と労働安全衛生法，労働判例761号，

1999.8

2000年

チェックオフ禁止の立法議論に思う，季刊サティア39号，東洋大学井上円了記念学術センター発行，2000.7

2003年

精神障害に基づく自殺と業務上災害の認定について，東洋40巻2号，東洋大学通信教育学部発行，2003.2

〈編集〉

水野勝先生古稀記念論集編集委員会

労働保護法の再生――水野勝先生古稀記念論集

2005（平成17）年11月15日　初版第1刷発行

編　者	水野勝先生古稀記念論集編集委員会
発行者	今　井　　　貴 渡　辺　左　近
発行所	信山社出版株式会社 （〒113-0033）東京都文京区本郷 6-2-9-102 TEL 03（3818）1019 FAX 03（3818）0344

Printed in Japan　　印刷・製本／東洋印刷・大三製本

Ⓒ水野勝先生古稀記念論集編集委員会，2005．

ISBN4-7972-2439-8　C3332